家事事件手続法 I

〔家事審判・家事調停〕

佐上善和

信山社

は し が き

　本書は，家事事件手続法の総論部分，すなわち家事審判と家事調停を扱っている。旧著『家事審判法』（信山社 2007 年）の改訂版でもある。家事事件手続法の制定に伴い，すでに立法担当者による同法の解説をはじめとしていくつかの解説書，注釈書が刊行され，また家庭裁判所の実務にも大きな変化が生じていると報告されている。旧乙類審判事件（現行別表第 2 に掲げる審判事件に相当）など当事者間に深刻な対立を含む事件の手続規律が十分ではなく，非訟事件である家事審判事件には憲法上も十分な手続保障が充足されないという状況に大きな変更が加えられたことは，喜ばしいことである。非訟事件に属する家事審判手続がようやく他の手続法に肩を並べるに足りる状況になったといえる。また立法を契機に，この分野に対する研究にも目が向けられてきたことを指摘しておきたい。民事手続のうちでも重要な領域であるのに理論的な裏付けが十分とはいえない点が，今後明らかにされるように期待している。

　家事審判には実にさまざまな事件がある。その事件のうちでなお家庭裁判所が扱うべきか議論が生じているものもあり，事件の見方・取扱い方についても社会の変化に伴って差異を生じさせているものがある。たとえばかつて公益性が強調された事項について，現在では私益の観点の重要性が指摘されている。家事審判事件とその手続を概観するのは容易ではない。

　私も旧著の改訂を急がなければならないと感じていたが，同法は別表第 1 および第 2 に掲げる審判事件についても旧法にない新たな規律を多く盛り込んだことから，この規律を念頭に置いたうえで総論ともいえる審判手続の解説を試みようと考え，2014 年に各論に当たる『家事事件手続法 II 別表第 1 の審判事件』（信山社）を刊行した。その後引き続いて別表第 2 に掲げる審判事件と子の引渡しに関するハーグ条約実施法の解説を同書第 3 巻として執筆・刊行する予定を立てていた。しかし，別表第 2 に掲げる審判事件の解説には多くの時間が必要であるが，当面する大学の行政に従事しなければならない時間が多いため，やむなく総論部分を取りまとめることにした。それで

も相当の時間がかかってしまった。これを今回『家事事件手続法Ⅰ』として刊行することにした。

　執筆に際しての態度は，旧著の時と変わりはない。加えて旧法時代の問題点を指摘し，新しい法律の立ち位置との関係を明らかにすること，理論的に見てなおどのような問題が残されているのかを可能な限り指摘することに留意した。いくつかの箇所では，新しい法律に対する率直な疑問も提起している。

　この間，家庭裁判所の実務や理論および裁判例を発信してきた最高裁家庭局編集の『家庭裁判月報』が廃刊となり，家事裁判例の報告に接する機会が減少したことは残念である。家事審判手続や調停手続，さらには個々の審判事件の処理について審判例（高裁決定）から考えることが多かった。新しい法律の解釈に資するよう多くの裁判例が紹介されるよう期待したい。

　本書の執筆から校正の時期に，一身上に大きな変化があった。定年退職後特命教授として勤務していたがその任期を終え，2017年4月からは，新築された大学図書館の個人ブースで研究に没頭することができるようになった。このようにして何物にも制約されずに研究，執筆を続けていたのであるが，7月に突如として学校法人の常勤監事を命じられ，以前にもまして多忙で気を使う仕事に舞い戻り，本書の校正もままならない状態に陥ってしまった。現実を受け止めるしかないが，細々とであるにしても研究は続けて行きたい。

　最後に，今回も渡辺左近さんには大変なご迷惑をかけ，またお世話になった。千葉大学での学会の際には夕食をともにしながら，あれこれ話し合い元気も頂いた。校正に際しても多くの無理を受け入れて頂いた。感謝している。

　　2017年11月20日

佐 上 善 和

旧版はしがき

　本書は，家事審判法の体系書である。家事審判，家事調停について説明している。家事審判および家事調停に限っていえば，これまでどこにどのような問題があり，どこまで解決されているか，今後取り組まなければなければならない問題は何か，こうした基本的な部分についても研究の蓄積が豊富とはいいがたい状況であり，体系書の存在の必要性が指摘されていてもなかなかそれに取り組める状況ではなかった。民事訴訟や強制執行あるいは，破産法との間に大きな差があったといえる。実務家による教科書や注釈書による説明は，実務的な配慮もなされており，その限りでは不満を申し立てることは少ない。しかし，この法の総則に関する問題についてドイツ非訟法（FGG）の解釈と比較した場合に生じる疑問は，決して少なくない。私自身これまで非訟事件に関する若干の論文を公表してきたことから，1つの区切りとして，思い切って家事審判法の体系書を執筆しようと決意した。

　具体的に執筆計画を立て始めたのは，『成年後見事件の審理』（2000年 信山社）の執筆時であった。各論として現れる成年後見事件の問題と非訟法・家事審判法総論とのマトリクスを考えつつ，全体の構成を考え始めたことが執筆のきっかけとなっている。実務の経験のない者が体系書を書くには，どのように考えればよいか判断に迷う問題にも直面する。しかし，その疑問が解消するまで待っていては，いつまでたっても執筆はできない。理論的に押し通すことで，筋は立つであろうと決断した。当時，在外研究でドイツに滞在し，帰国後作業を開始する予定であったが，大学での役職就任等の事情から遷延してしまった。そのような中で，法科大学院の「家事法務」の講義のために，受講生に講義資料として「家事審判法概説」と題するノートを配布してきた。本書はそれを土台としている。

　本書は，家事審判と家事調停を扱っているだけであり，家事審判法総論の説明に限られている。成年後見事件，夫婦関係事件，親権・後見事件，養子縁組事件，遺産分割事件等のいわば各論についても，ほとんど原稿は完成していたが，ページ数が著しく増加してしまうことから割愛した。この部分は，別の形で本書の続編という位置づけで近いうちに公刊したいと考えている。

　本書の執筆にあたっては，最初からページ数を制約していたわけではない。

詳細に扱っている部分と，簡単な説明にとどめている箇所がある。家事審判法を知ろうとする者は，民事訴訟法の知識を有しているであろうと考えれば，もっと説明を省略してよい部分があるかもしれない。他方で民事訴訟との対比をもっと鮮明にする必要がある点が存在する。執筆に際して，このバランスのとり方について考えこまざるを得ないことも多かった。

　本書では，あえて通説に異を唱えている箇所がかなりある。多くはかねてより疑問を抱いていたものであるが，執筆に際して初めて気がついた点も少なくない。従来の通説や判例の理解で，最も大きな疑問があったのは審判に対する不服申立てに関する部分である。通説に異論を唱えることが目的ではない。議論の対象となってより良い解釈で落ち着くための捨て石になれば幸いである。逆にまた，自己の以前の考えを改めざるを得なくなった部分もある。わが国での文献が十分でないと考えたところでは，ドイツ非訟法の解釈を参考としている。いずれにしても，先行する研究を十分に活かしているか不安があり，また誤解を犯しているかもしれない。体系書という性格上，文献引用は最小限度にとどめざるを得なかった。忌憚のないご批判をお寄せいただければ幸いである。

　民事訴訟法の考え方について，多くの教えを受けた井上正三，小室直人，井上治典の各先生方から批評をいただけないのは残念である。ともかく1冊の体系書にまとめたことで学恩に感謝を示したい。

　最後になったが，本書の作成についても前回同様に渡辺左近さんにお世話になった。初稿があがる直前にわざわざ研究室に来られ，貴重なアドバイスもいただいた。心から感謝したい。

　　2007年1月20日

　　　　　　　　　　　　　　　　　　　　　　佐　上　善　和

大 目 次

はしがき

参考文献等

第1編　家事審判

第1章　家事審判制度‥‥‥‥‥‥‥‥‥‥‥‥‥‥‥‥‥‥‥‥‥‥‥ 3
　　第1節　家事審判制度概説（3）
　　第2節　家庭裁判所（14）
　　第3節　家事事件手続規則および非訟事件手続法との関係（30）
　　第4節　家庭裁判所の現状と展望（32）

第2章　非訟事件手続と家事審判手続‥‥‥‥‥‥‥‥‥‥‥‥‥‥ 37
　　第1節　家事審判手続の意義（37）
　　第2節　訴訟事件の非訟化とその限界（62）

第3章　家事審判手続総説‥‥‥‥‥‥‥‥‥‥‥‥‥‥‥‥‥‥‥‥ 69
　　第1節　家事審判事項（69）
　　第2節　審判機関（86）

第4章　当事者・代理人・手続参加‥‥‥‥‥‥‥‥‥‥‥‥‥‥‥ 98
　　第1節　当事者（98）
　　第2節　代理と代理人（123）
　　第3節　当事者適格（138）
　　第4節　手続参加（142）
　　第5節　手続の中断と受継（157）

第5章　家事審判手続‥‥‥‥‥‥‥‥‥‥‥‥‥‥‥‥‥‥‥‥‥ 168
　　第1節　家事審判事件の管轄（168）
　　第2節　審判手続の開始（187）
　　第3節　審判前の保全処分（227）
　　第4節　審判手続の費用（245）

第6章　家事審判事件の審理‥‥‥‥‥‥‥‥‥‥‥‥‥‥‥‥‥ 254

第1節　概　説（254）

第2節　家事審判事件の審理（255）

第3節　家事審判事件の審理の諸原則（274）

第4節　家事事件における当事者の主張の制御（293）

第5節　証拠調べと事実の確定（318）

第6節　審理の終結と手続の中止・終了（335）

第7章　審　判 ………………………………………………… 349

第1節　審判の意義と性質（349）

第2節　審判の成立と告知（354）

第3節　審判の取消し・変更（365）

第4節　審判の効力（376）

第8章　家事審判手続における不服申立て ………………… 397

第1節　概　説（397）

第2節　即時抗告の適法要件（398）

第3節　抗告の申立て（421）

第4節　審理と諸原則等（431）

第5節　特別抗告（440）

第6節　許可抗告（443）

第7節　再　審（445）

第2編　家事調停

第1章　家事調停概説 ………………………………………… 453

第1節　家事調停総説（453）

第2節　家事調停制度の存在理由（465）

第2章　家事調停の対象と調停前置主義 …………………… 471

第1節　家事調停の対象（471）

第2節　調停前置主義（479）

第3章　家事調停の機関 ……………………………………… 489

第1節　家庭裁判所と調停委員会（489）

第2節　家事調停の管轄と移送（498）

大目次　　　　vii

第4章　家事調停の当事者・代理人……………………………………… 505
　第1節　当事者（505）
　第2節　代理人（510）
　第3節　当事者適格（513）
　第4節　参加・手続の受継（517）

第5章　調停手続…………………………………………………………… 526
　第1節　手続の開始（526）
　第2節　調停前の処分（542）
　第3節　調停の実施（549）
　第4節　調停手続の終了（586）
　第5節　調停の成立（600）

第6章　合意に相当する審判および調停に代わる審判……………… 616
　第1節　合意に相当する審判（616）
　第2節　調停に代わる審判（642）

第7章　履行確保…………………………………………………………… 662

第8章　罰　則……………………………………………………………… 673
　第1節　過　料（673）
　第2節　罰　則（678）

　　事項索引・判例索引

細 目 次

第1編 家事審判

第1章 家事審判制度 3
第1節 家事審判制度概説（3）
1 家事審判の意義とその対象（3）
  1 家事審判の対象（3）
  2 乙類審判事件の創設（4）
  3 家事審判事件の基本的考え方（4）
2 家事審判法の制定（5）
  1 制定の経過（5）
  (1) 概 説（5）
  (2) 戦前における家事審判所構想（5）
  (3) 家事審判法の制定（6）
  2 家事審判制度の存在理由（9）
  (1) 前史を確認する意義（9）
  (2) 戦後の家事審判法制定と戦前の構想
    ——連続と不連続（9）
  3 家事審判法制定後の主要な改正（10）
  4 家事事件手続法の制定（11）
  (1) 改正の経過（11）
  (2) 改正の要点（13）
  (3) 残された課題（13）
第2節 家庭裁判所（14）
1 家庭裁判所（14）
2 家庭裁判所の構成等（15）
  1 総 説（15）
  2 家庭裁判所の裁判官（16）
  (1) 法律の定め（16）
  (2) 裁判官に期待される能力（17）
  3 裁判所書記官（18）
  4 参与員（18）
  (1) 意 義（18）
  (2) 参与員候補者の選任（19）
  (3) 参与員の関与（19）

  (4) 参与員による説明聴取（20）
  5 家庭裁判所調査官（21）
  (1) 意 義（21）
  (2) 専門性（22）
  (3) 職務権限（22）
  6 技官たる医師（23）
3 家庭裁判所の権限（24）
  1 裁判所法の定め（24）
  2 家庭裁判所の権限の限界（26）
  3 家庭に関する事件と家庭裁判所と地
    方裁判所の権限分配・交錯関係（27）
  4 家事手続案内（28）
  (1) 概 説（28）
  (2) 家事手続案内の法律上の根拠（28）
  (3) 家事手続案内の限界（29）
第3節 家事事件手続規則および非訟
    事件手続法との関係（30）
1 家事事件手続規則（30）
  1 旧家事審判規則・旧特別家事審判規
    則（30）
  2 家事事件手続規則（30）
  (1) 規則の制定（30）
  (2) 法律事項と規則事項との振り分け
    （31）
  (3) その他の規則（31）
2 非訟事件手続法との関係（31）
第4節 家庭裁判所の現状と展望（32）
1 家庭裁判所の利用実態（32）
  1 全体的な傾向（32）
  2 各事件の推移（33）
2 家庭裁判所に期待されるもの（34）
  表1 審判事件新受件数の推移（35）
  表2 家事調停事件新受件数の推移
    （36）

細目次

第2章　非訟事件手続と家事審判手続……37

第1節　家事審判手続の意義 (37)

1　総　説 (37)

1　概　説 (37)

2　家事審判の特徴 (38)

(1)　別表第1に掲げる事項の特徴 (38)

(2)　財産保護・権利行使条件の整備 (39)

(3)　裁判所の公証行為・証拠の保全 (39)

(4)　別表第2に掲げる事件の特徴 (41)

①　当事者の合意による解決 (41)

②　いわゆる真正訴訟事件について(41)

(5)　訴訟の代替的手続 (42)

2　非訟事件と訴訟事件 (43)

1　非訟事件とは何か (43)

(1)　非訟事件の特徴 (43)

1)　非訟事件の対象 (43)

①　明治31年非訟事件手続法の規律 (43)

②　旧家審法の規律 (44)

③　その後の変更 (45)

2)　非訟事件(家事審判事件)の本質(46)

(2)　非訟事件(家事審判事件)の手続の概略 (47)

2　家事審判手続の合憲性 (49)

(1)　問題の所在 (49)

(2)　いわゆる純然たる訴訟事件と非訟的処理 (49)

(3)　家事審判事件の合憲性 (53)

1)　最高裁の考え方 (53)

2)　遺産分割審判手続における前提問題の審理 (55)

3)　検　討 (56)

(4)　その後の展開 (59)

1)　親権者の変更 (59)

2)　推定相続人の廃除 (59)

3)　特別受益と具体的相続分 (61)

第2節　訴訟事件の非訟化とその限界 (62)

1　非訟化の流れ (62)

2　非訟化の限界 (64)

1　考慮すべき要因 (64)

2　訴訟事件の非訟化が考えられる事例 (67)

第3章　家事審判手続総説……69

第1節　家事審判事項 (69)

1　家事審判事項とその意義 (69)

2　家事審判事項の限定性 (69)

1　原　則 (69)

2　準用ないし類推適用の可能性 (70)

(1)　考え方 (70)

(2)　具体例 (71)

3　家事審判事項の定め方の適切さについて (71)

4　別表第1の家事審判事項と別表第2の審判事項 (73)

1　両者の区別 (73)

(1)　旧家審法の立法趣旨 (73)

(2)　家事調停の対象となるか否かによる区別 (73)

1)　旧家審法のもとでの理解 (73)

2)　家事手続法の立場 (75)

(3)　家事審判事件と紛争性――別表第1に掲げる事項と紛争性 (76)

1)　基本的な考え方 (76)

2)　旧乙類から別表第1への指定替え (77)

3)　別表第1に掲げる事項の紛争性(77)

2　別表第2に掲げる審判事件と他の手続との関係 (78)

(1)　家事調停との関係 (78)

(2)　民事調停との関係 (78)

(3)　人事訴訟との関係 (79)

(4)　通常訴訟との関係 (79)

①　遺産分割と前提問題 (79)

②　子の引渡請求 (81)

(5)　人身保護請求との関係 (82)

1) 人身保護法による扱い（82）

2) 家事審判事件としての取扱い（83）

5 **行政機関の決定と家庭裁判所の審判権**（84）

1 意 義（84）

2 問題となる場合（84）

3 審判権の排除とその理由（85）

第2節 **審判機関**（86）

1 **家庭裁判所**（86）

2 **家庭裁判所職員等の除斥・忌避・回避**（87）

1 制度の趣旨（87）

2 裁判官に対する除斥・忌避（87）

(1) 独自の定め（87）

(2) 裁判官に対する除斥事由（87）

(3) 除斥の申立て・裁判（89）

(4) 裁判官に対する忌避（90）

(5) 回 避（91）

3 **裁判所書記官の除斥および忌避**（91）

1 除斥・忌避事由（91）

2 除斥・忌避の裁判（92）

4 **参与員の除斥および忌避**（93）

1 除斥・忌避の事由（93）

2 除斥・忌避の裁判（93）

5 **家事調停官の除斥・忌避**（94）

6 **家庭裁判所調査官の除斥**（94）

1 除斥事由（94）

2 除斥の裁判（95）

7 **家事調停委員の除斥**（95）

1 除斥事由（95）

2 除斥の裁判（96）

第4章 当事者・代理人・手続参加

....98

第1節 **当事者**（98）

1 **当事者の概念**（98）

1 家事審判における当事者の意義（98）

(1) 概 説（98）

(2) 当事者（関係人）をめぐる議論状況（99）

(3) 形式的当事者概念の採用（101）

(4) 家事手続法における当事者の規律（102）

2 当事者の呼称・表記（103）

3 当事者概念と各種の規定（103）

(1) 裁判所職員の除斥・忌避との関係（103）

(2) 陳述機会の保障（103）

(3) 当事者と証人の区別（104）

(4) 審判の告知（104）

(5) 抗告権能（105）

2 **家事審判手続における当事者・関係人の地位**（105）

1 総 説（105）

2 当事者に対する手続保障（106）

3 **複数の当事者**（109）

1 共同の当事者（109）

2 共同相続人の遺産分割手続への関与（110）

4 **当事者の確定**（111）

1 意 義（111）

2 家事審判における当事者の確定（111）

(1) 確定の必要性と基準（111）

(2) 確定に伴う効力（112）

5 **当事者能力**（113）

1 意 義（113）

2 当事者能力を有する者（113）

(1) 原 則（113）

(2) 胎児の当事者能力（114）

(3) 外国人の当事者能力（114）

3 当事者能力の調査（115）

6 **手続行為能力**（115）

1 概 説（115）

2 未成年者・成年被後見人の手続行為能力（116）

細目次　xi

3　被保佐人・被補助人（116）

4　他の者が申立てまたは抗告をした家事事件における手続行為能力（116）

5　法定代理人の特別の授権（119）

6　未成年者・成年被後見人と法定代理人の手続行為の規律（120）

(1)　未成年者・成年被後見人と法定代理人の手続行為の競合（120）

(2)　法定代理権の範囲（120）

(3)　未成年者等と法定代理人の手続行為の衝突とその取扱い（121）

7　手続行為能力を欠く場合の措置（121）

8　弁論能力（122）

第2節　代理と代理人（123）

1　総　説（123）

1　代理の意義（123）

2　代理権（124）

3　双方代理の禁止（124）

2　法定代理人（125）

1　意義と種類（125）

2　手続上の特別代理人（126）

(1)　意　義（126）

(2)　特別代理人の選任（127）

3　法定代理人の代理権の範囲（127）

4　法定代理権の消滅と通知（128）

(1)　消滅原因（128）

(2)　相手方への通知（129）

(3)　それ以外の手続の場合（129）

(4)　法人の代表者等への準用（129）

3　家事事件における任意代理人（129）

1　任意代理人（129）

2　訴訟委任による代理人（手続代理人）（130）

(1)　代理権の範囲（130）

(2)　代理権の消滅（131）

(3)　弁護士法違反の手続行為の効力（132）

3　家庭裁判所の許可による代理人（132）

4　裁判長による手続代理人の選任（133）

(1)　意　義（133）

(2)　適用対象者・適用される手続（134）

(3)　裁判長による選任（134）

(4)　報　酬（135）

5　いわゆる「子ども代理人」について（135）

4　補佐人（137）

第3節　当事者適格（138）

1　意　義（138）

2　家事審判と当事者適格の果たす役割（138）

1　これまでの見解（138）

2　当事者適格概念の不要（139）

(1)　実質的当事者概念（関係人概念）（139）

(2)　当事者・事件本人の実体的属性（139）

(3)　形成の訴えの当事者との比較（140）

(4)　家事審判事件の限定性（140）

3　職務上の当事者・申立代位・任意的訴訟担当（141）

第4節　手続参加（142）

1　総　説（142）

2　家事手続法における参加の規律（143）

1　旧法下における規律と学説の状況（143）

2　当事者参加と利害関係参加（144）

3　当事者参加（145）

1　意　義（145）

2　参加の申出（145）

(1)　申出人（145）

(2)　申出の手続（146）

(3)　別個の申立てか参加の申立てか（147）

3　引込み（強制参加）（147）

(1)　意　義（147）

xii 細目次

(2) 引込まれる者（強制参加を命じられる者）(148)

(3) 引込み（強制参加）の申立て (148)

(4) 職権による引込み（強制参加）(149)

4 参加の申出の取下げ (149)

4 利害関係参加 (150)

1 意 義 (150)

2 参加の申立て (150)

(1) 申立人 (150)

(2) 参加の申出の手続 (152)

(3) 裁判・不服申立て (153)

3 裁判所の職権による利害関係参加（引込み）(153)

(1) 意 義 (153)

(2) 引込みの要件・手続 (154)

4 未成年者の利害関係参加・引込み (154)

5 利害関係参加人の地位 (155)

6 参加の申出の取下げ (156)

5 手続からの排除 (156)

1 意 義 (156)

2 排除の手続等 (156)

(1) 排除の対象となる者 (156)

(2) 排除の手続 (157)

(3) 排除の効力 (157)

第5節 手続の中断と受継 (157)

1 家事審判手続と手続の中断 (157)

1 中断制度の不存在 (157)

2 手続の中断を認めない理由 (158)

3 陳述機会の保障 (158)

2 家事審判手続の終了・続行 (159)

1 概 説 (159)

2 手続終了の原則 (160)

3 申立人の死亡によって手続が終了しない場合 (161)

4 手続の終了か続行かについて争いのあるもの (161)

3 手続の受継 (164)

1 制度の趣旨 (164)

2 法令により手続を続行する資格がある者が存在する場合 (165)

3 当該審判の申立てをすることができる者による受継 (166)

第5章 家事審判手続……………………168

第1節 家事審判事件の管轄 (168)

1 家事審判事件に関する管轄の規律 (168)

2 職分管轄 (168)

1 法律の定め (168)

2 職分管轄に違反した場合の効果 (169)

(1) 訴訟事件を家庭裁判所が審判手続で処理した場合 (169)

(2) 家事審判事件を地方（簡易）裁判所が訴訟手続で処理した場合 (169)

3 土地管轄 (170)

1 意 義 (170)

2 住所地・居所地を基準とする土地管轄 (170)

3 管轄権を有する家庭裁判所の特則 (170)

4 合意管轄 (171)

5 応訴管轄 (172)

6 優先管轄 (172)

(1) 趣 旨 (172)

(2) 効 果 (173)

7 管轄裁判所の指定 (173)

(1) 趣 旨 (173)

(2) 要 件 (174)

(3) 管轄裁判所の指定の手続 (174)

4 管轄の標準時 (174)

5 回 付 (175)

6 家事審判事件の国際裁判管轄 (175)

1 意 義 (175)

2 国際裁判管轄の定まり方 (176)

(1) 法律の定め (176)

(2) 法律に定めのない場合 (176)

細目次　xiii

7　移送および自庁処理（178）
　1　総　説（178）
　2　管轄違いによる移送（178）
　(1)　管轄裁判所への移送（178）
　(2)　管轄権のない裁判所への移送（179）
　3　遅滞を避けるための移送（180）
　4　移送の裁判（180）
8　自庁処理（181）
　1　これを認める趣旨（181）
　2　自庁処理の要件（181）
　3　自庁処理の手続と不服申立て（182）
9　家庭裁判所・地方裁判所間の移送
　　（183）
　1　訴訟事件と家事審判事件（183）
　(1)　問題の所在（183）
　(2)　判　例（183）
　(3)　学説の状況（184）
　2　民事非訟事件と家事審判事件（186）
第2節　審判手続の開始（187）
1　審判手続の開始（187）
　1　当事者の申立て（187）
　(1)　申立人（187）
　①　その範囲（187）
　②　検察官（188）
　③　代位申立て（190）
　(2)　申立ての時期（191）
　(3)　申立権の濫用（191）
　2　申立ての方法（192）
　(1)　書面による申立て（192）
　(2)　インターネット等を利用した申立て
　　（193）
　(3)　申立書の記載事項（194）
　①　総　説（194）
　②　当事者および法定代理人（194）
　③　申立ての趣旨および申立ての理由
　　（195）
　④　事件の実情（196）
　⑤　その他の記載事項（197）
　(4)　申立てに際しての添付書類等（197）

3　調停手続からの移行（198）
　(1)　審判申立てとみなす場合（198）
　(2)　調停をしない措置をとった場合
　　（198）
4　職権による開始（199）
　(1)　職権事件の意味（199）
　(2)　職権事件の類型（200）
　(3)　申立事件と職権事件の区別の意義
　　（201）
5　申立書の審査および補正命令（202）
6　申立ての効果（203）
7　いわゆる「審判物」について（203）
2　申立ての趣旨の拘束力（204）
　1　総　説（204）
　2　申立ての拘束力（205）
　(1)　別表第1に掲げる審判事件（205）
　(2)　別表第2に掲げる審判事件（206）
　(3)　申立ての趣旨に拘束されない根拠
　　（207）
　(4)　当事者の責任のあり方（209）
　(5)　申立ての趣旨の解釈（211）
　①　成年後見開始申立て（211）
　②　夫婦の協力扶助・婚姻費用分担請求
　　の場合（213）
　③　財産分与請求の場合（214）
　④　親権喪失・親権停止および財産管理
　　権喪失の申立て（214）
　⑤　親権者の指定または変更と監護者の
　　指定（215）
　⑥　子の監護に関する処分（216）
　⑦　後見人解任の申立て（217）
　⑧　推定相続人の廃除（217）
　⑨　児童福祉法28条の措置承認の申立
　　て（218）
　⑩　家事審判における給付を命じる申立
　　て（218）
3　申立ての併合（219）
　1　趣　旨（219）
　2　申立ての併合の要件（220）

xiv　　　　　　　　　　　　細　目　次

3　併合要件を欠く申立て（221）

4　再度の申立ての許否（222）

5　申立ての変更・反対申立て（222）

1　申立ての変更（222）

⑴　趣　旨（222）

⑵　申立ての趣旨または申立ての理由の変更（222）

⑶　申立て変更の要件（224）

⑷　申立て変更の手続（225）

⑸　手続が著しく遅滞する場合（226）

2　反対申立て（226）

第3節　審判前の保全処分（227）

1　保全処分制度の必要性（227）

1　保全処分の意義（227）

⑴　意　義（227）

⑵　保全処分の利用実態（227）

2　特殊保全処分としての位置づけ（228）

2　保全処分の態様（228）

1　概　説（228）

2　財産管理人選任の類型（229）

3　後見命令の類型（230）

4　職務執行停止または職務代行者選任の類型（231）

5　仮差押え・仮処分その他必要な処分の類型（232）

⑴　仮差押え・係争物に関する仮処分（232）

⑵　仮の地位を定める仮処分（233）

⑶　その他の処分（233）

3　保全処分の審理手続（234）

1　特　徴（234）

2　本案審判係属の必要性（234）

3　申立て（235）

⑴　申立人（235）

⑵　申立書（235）

⑶　申立ての取下げ（236）

⑷　管轄裁判所（236）

4　申立ての審理（237）

⑴　申立人の疎明義務（237）

⑵　仮の地位を定める仮処分における陳述の聴取（238）

⑶　記録の閲覧（239）

4　審判前の保全処分の裁判と効力（239）

1　概　説（239）

2　保全処分を受ける者（239）

3　保全処分の効力の終期（240）

5　不服申立て（240）

1　不服申立て方法・不服申立てのできる審判（240）

2　執行停止（240）

6　審判前の保全処分の取消し（241）

1　取消し（241）

2　不服申立て（242）

7　審判前の保全処分の執行（242）

1　保全処分の執行開始の要件（242）

2　仮差押えの執行と効力（242）

3　金銭の仮払い・物の引渡しを命じる仮処分の執行（243）

4　履行確保（243）

5　保全執行と本案の裁判（243）

第4節　審判手続の費用（245）

1　概　説（245）

2　裁判費用と当事者費用（245）

3　費用負担の原則（246）

1　旧法下の定めと問題点（246）

2　家事手続法の規律（247）

3　各自負担の原則の例外（247）

⑴　各自負担の原則を変更する事情（247）

⑵　費用負担を命じられる者（248）

⑶　代理人等の費用の償還（248）

⑷　検察官が費用を負担する場合（249）

⑸　調停成立の場合の費用負担（249）

4　費用負担の裁判・不服申立て（250）

1　費用負担の裁判（250）

⑴　審級を終結する場合（250）

細 目 次　　　xv

(2) 上級審が本案の裁判を変更する場合
　　の費用負担（250）
2　費用負担の裁判に対する不服申立て
　　（250）
3　費用額の確定に対する異議申立て
　　（251）
5　**手続費用の予納・国庫の立替え**
　　（251）
1　意　義（251）
2　立て替えることができる費用（252）
3　立替え後の手続（252）
6　**手続上の救助**（252）

第6章　**家事審判事件の審理**………254
第1節　概　説（254）
第2節　家事審判事件の審理（255）
1　**審理諸原則を規定するもの**（255）
2　**職権による手続形成**（256）
1　裁判所の裁量と当事者の権利（256）
2　期日および期日の呼出し（257）
(1) 期　日（257）
(2) 音声の送受信による通話の方法によ
　　る手続（257）
(3) 期日の呼出し（258）
3　本人出頭主義（自身出頭主義）（259）
(1) 意　義（259）
(2) 事件の関係人の範囲（260）
(3) 代理人の出頭（260）
(4) 不出頭に対する制裁（261）
3　**当事者等の陳述の聴取**（262）
1　総　説（262）
2　陳述の聴取が必要な場合（263）
(1) 別表第2に掲げる事項の審判手続
　　（263）
① 審問期日における審問（263）
② 当事者の審問を必要としない場合
　　（264）
③ 別表第2に掲げる事項の審判事件に
　　おける当事者以外の者の陳述の聴取

　　（264）
(2) 別表第1に掲げる事項の審判事件に
　　おける陳述の聴取（265）
① 規律の仕方（265）
② 旧乙類審判事件から別表第1に移さ
　　れた事件（265）
③ 審判の効力を受ける者・審判の結果
　　により直接の影響を受ける者の陳述
　　の聴取（268）
(3) 陳述聴取・審問の実質的保障（270）
(4) 陳述聴取違反の効果（270）
4　**調整のための措置**（271）
1　総　説（271）
2　社会福祉機関との連絡その他の措置
　　（271）
3　当事者・その家族に対する助言援助
　　（272）
4　心理的調整（273）
第3節　家事審判事件の審理の諸原則
　　（274）
1　**手続の非公開**（274）
1　手続の一般公開の禁止（274）
2　傍聴の許可（275）
3　当事者公開（276）
4　記録の閲覧（277）
(1) 総　説（277）
(2) 家事手続法の規律（278）
① 記録の閲覧等に関する基本的な態度
　　（278）
② 閲覧等を請求できる者（278）
③ 閲覧の対象となる記録（279）
④ 当事者の閲覧等の規律（279）
⑤ 利害関係人の閲覧等の規律（281）
⑥ 裁判書の正本等の交付（281）
⑦ 裁判所の執務に支障があるとき等の
　　例外（281）
⑧ 不服申立て（281）
2　**口頭主義**（282）
1　原則的な定め（282）

2 口頭による審理・口頭による審問（283）

3 直接主義（283）

　1 原　則（283）

　2 参与員による予備調査（284）

　3 直接の調査と証拠調べの必要性（285）

4 双方審尋主義（285）

5 期　間（287）

　1 期間の意義（287）

　（1）行為期間と猶予期間（287）

　（2）法定期間と裁定期間（288）

　2 期間の伸縮（288）

　3 懈怠と追完（289）

　（1）原　則（289）

　（2）家事審判の告知と即時抗告期間（289）

6 期日調書（290）

　1 調書の作成（290）

　2 期日調書の記載事項（291）

　（1）形式的記載事項（291）

　（2）実質的記載事項（292）

　①　必要的記載事項（292）

　②　任意的記載事項（292）

　（3）期日調書に関する民訴規則の準用（292）

第4節　家事事件における当事者の主張の制御（293）

1 民事訴訟との対比（293）

　1 民事訴訟の場合（293）

　2 家事審判の場合（293）

　（1）包括的な事実主張（293）

　（2）申立てとの関係（294）

2 事実・証拠申出に関する時間的限界（294）

3 事実および証拠の収集（295）

　1 総　説（295）

　2 職権探知主義（295）

　（1）その意義（295）

①　原　則（295）

②　職権探知主義の根拠（297）

③　申立事件における職権探知（297）

④　職権探知と当事者の権利（298）

　（2）事実の調査と証拠調べ（299）

①　原　則（299）

②　自由な証明と正規の証拠調べの選択（299）

　（3）調査の範囲（299）

　（4）裁判所の釈明義務（300）

4 当事者（関係人）の説明義務（手続協力義務）（301）

　1 問題の所在（301）

　（1）総　説（301）

　（2）実務からの問題提起（301）

　（3）実務における対処——若干の審判例（302）

　2 当事者（関係人）の説明義務の根拠（304）

　（1）申立てと申立ての理由（304）

　（2）当事者（関係人）の協力なしに探知できない事実（305）

　（3）適用される手続（306）

　（4）説明義務（手続協力義務）か当事者主義的運用か（306）

　（5）当事者（関係人）の協力が得られない場合の措置（307）

　（6）当事者の合意の取扱い（307）

5 事実の調査（308）

　1 総　説（308）

　2 他の家庭裁判所等への事実調査の嘱託（308）

　（1）意　義（308）

　（2）受命裁判官による事実調査（309）

　3 官公署等への調査の嘱託・報告請求（309）

　（1）意　義（309）

　（2）調査嘱託・報告請求の内容（309）

　（3）嘱託を受けた者の報告（310）

4　家裁調査官による調査（310）

(1)　総　説（310）

(2)　事前調査と進行中調査（311）

(3)　家裁調査官の調査の必要な場合（312）

(4)　調査の実施（312）

(5)　調査結果の報告・意見の提出（313）

5　医務室技官の利用（314）

6　事実調査の通知（315）

(1)　意　義（315）

(2)　別表第1に掲げる事項の審判事件における事実調査の通知（315）

①　通知の要件（315）

②　通知の手続（316）

(3)　別表第2に掲げる事項の審判事件における事実調査の通知（317）

①　通知の要件（317）

②　通知の手続等（317）

第5節　証拠調べと事実の確定（318）

1　総　説（318）

1　事実調査の優先（318）

2　自由な証明とその限界（318）

3　旧家審法・旧家審規における規律の問題点（320）

2　証拠の申出（321）

3　証拠調べ手続への民訴規定の準用（321）

4　各種の証拠方法（321）

1　証人尋問（322）

(1)　概　説（322）

(2)　証人能力（322）

2　当事者尋問（323）

3　書　証（323）

(1)　原　則（323）

(2)　文書提出命令（324）

4　鑑定人（324）

(1)　意　義（324）

(2)　鑑定受忍義務（325）

5　検　証（326）

5　事実の確定（326）

1　自由心証主義（326）

(1)　概　説（326）

(2)　自由心証主義における事実の認定（326）

(3)　経験則（327）

(4)　行政機関の判断・他の裁判所の判断に対する拘束（327）

①　総　説（327）

②　行政機関の処分（328）

③　民事訴訟との関係（329）

2　証明と疎明（329）

(1)　概　説（329）

(2)　家事審判と証明・疎明（330）

3　証明責任とその分配（330）

(1)　証明責任という考え方（330）

(2)　家事審判における証明責任（331）

①　総　説（331）

②　客観的証明責任（確定責任）と証拠提出責任（331）

(3)　証明責任の分配（332）

①　基本的な考え方（332）

②　別表第1に掲げる事項の審判事件（333）

③　推定相続人の廃除の審判事件（333）

④　別表第2に掲げる事項の審判事件（334）

第6節　審理の終結と手続の中止・終了（335）

1　審理の集結（335）

1　意　義（335）

2　審理を終結できる場合（336）

3　審理終結の効果（336）

4　審判日の定め（336）

2　審判手続の中止（337）

1　職務執行不能・当事者の故障による中止（337）

2　前提問題の訴訟係属と家事審判手続の中止（337）

3　家事調停申立てと家事審判手続の中

xviii　　　　　細目次

止（338）

3　審判手続の終了（339）

1　総　説（339）

2　申立ての取下げ（339）

(1)　家事審判事件と申立ての取下げの許
否（339）

(2)　家事手続法における申立ての取下げ
の規律の概観（340）

(3)　申立ての取下げの要件（340）

①　別表第1に掲げる事項の審判事件
（341）

②　別表第2に掲げる事項の審判申立て
の取下げ（344）

(4)　申立ての取下げの手続（346）

(5)　申立ての取下げの擬制（346）

(6)　当事者の合意による申立ての取下げ
（347）

(7)　申立て取下げの効果（347）

3　調停成立による審判手続の終了（348）

4　当事者・事件本人の死亡（348）

第7章　審　判……………………………………349

第1節　審判の意義と性質（349）

1　審判の意義（349）

2　審判の性質（350）

1　裁判か否か（350）

2　審判内容の区別（351）

3　審判の種類（352）

1　概　説（352）

2　手続要件（訴訟要件）と却下の審判
（353）

(1)　意　義（353）

(2)　手続要件となる事項（353）

①　裁判所に関する事項（353）

②　当事者（事件本人）に関する事項
（353）

③　申立てに関する事項（354）

第2節　審判の成立と告知（354）

1　審判書の作成（354）

1　審判書（354）

(1)　作成の原則（354）

(2)　代用審判（355）

2　審判書の形式（355）

(1)　主　文（355）

(2)　理由の要旨（356）

2　審判の告知と通知（357）

1　告知の方法（357）

2　告知を受ける者（358）

3　審判の通知（361）

4　審判の効力の発生時期（361）

(1)　即時抗告のできない審判（361）

(2)　即時抗告をすることができる審判
（362）

(3)　申立てを却下する審判（362）

5　公告・戸籍記載・登記の嘱託（362）

(1)　公　告（362）

(2)　戸籍記載・登記の嘱託（363）

3　審判の無効（363）

1　無効となる場合（363）

2　無効の主張（365）

第3節　審判の取消し・変更（365）

1　趣　旨（365）

1　総　説（365）

2　家事手続78条1項によらない審判
の取消し・変更（366）

(1)　民法に明文の定めがある場合（366）

(2)　家事手続法に特別の定めがある場合
（367）

3　家事手続78条の定め（368）

(1)　旧非訟法19条の定めとの異同（368）

(2)　家事手続78条1項による取消し・
変更の対象となる審判（369）

(3)　申立て・取消し・変更をなしうる裁
判所（370）

①　申立て（370）

②　裁判をなしうる裁判所（371）

(4)　取消し・変更をすることができる時
期（371）

細 目 次　　　　xix

- (5) 取消し・変更の理由と審理 （372）
- (6) 取消し・変更の審判とその効力（372）
- 4 事情変更による審判の取消し・変更 （373）
- (1) その必要性 （373）
- (2) 事情変更による取消し・変更の対象となる審判 （374）
- (3) 事情変更の程度 （374）
- (4) 事情変更の具体例 （374）
- (5) 手続・審判 （375）

第4節　審判の効力 （376）

1 総　説 （376）

2 審判の形式的確定 （376）
- 1 意　義 （376）
- 2 審判の更正（更正決定）（377）

3 既判力 （377）
- 1 問題の所在 （377）
- 2 既判力を生じない審判 （378）
- (1) 家事手続78条1項による取消し・変更の対象となる審判 （378）
- (2) 審判の実体的効力を訴訟によって争うことが予定されている審判 （379）
- 3 学説・判例の状況 （380）
- 4 否定説の根拠 （380）
- 5 判例の状況 （381）
- 6 真正訴訟事件と既判力 （382）
- 7 既判力がなくても支障を生じないこと （383）
- (1) 既判力肯定説への疑問 （383）
- (2) 既判力を必要としない理由 （384）
- ① 申立てを認容する審判の場合 （384）
- ② 申立てを却下する審判の場合 （385）
- 8 家事手続277条審判の既判力 （386）

4 形成力 （387）
- 1 原　則 （387）
- 2 第三者に対する効力 （387）

5 執行力 （388）
- 1 給付を命じる審判と執行力 （388）
- 2 強制執行 （389）

- (1) 執行文の付与 （389）
- (2) 扶養義務等に係る定期金債権による予備的差押え （390）
- (3) 扶養義務等に係る定期金債権についての間接強制 （390）
- (4) 子の引渡しの執行 （391）
- (5) 面会交流の強制執行 （393）
- (6) 強制執行ができない場合 （394）

6 審判のその他の効力 （395）

7 外国の非訟裁判の承認 （395）

第8章　家事審判手続における不服申立て………………397

第1節　概　説 （397）

1 概　説 （397）

2 家事事件における即時抗告の状況 （398）

第2節　即時抗告の適法要件 （398）

1 総　説 （398）

2 原審判に対して不服申立てが許されること （399）
- 1 家事事件手続法の規律の特徴 （399）
- 2 旧家審法立法者の意図 （399）
- 3 不服申立てを許さない審判 （401）
- (1) 家庭裁判所における後見事務の監督に属する事件 （401）
- (2) 後見人・後見監督人・財産管理人等の選任の審判 （408）
- (3) 申立認容の審判に対して不服申立てを許さない場合 （409）
- 4 審判以外の裁判に対する即時抗告 （409）
- (1) 即時抗告の対象とならない裁判 （409）
- (2) 明示的に不服申立てを許さないとする場合 （409）
- (3) 即時抗告のできる審判以外の裁判 （410）

5 民事訴訟法の規定による即時抗告

権 （410）

3　抗告の要件としての不服（411）

1　家事審判における抗告要件としての
　不服の位置づけ（411）

2　権利または法律上保護される利益と
　その侵害（411）

(1)　原　則（411）

(2)　親権・後見事件における特則（411）

(3)　権利の侵害（412）

3　不服の基準（413）

4　未成年者の抗告権（414）

4　即時抗告権を有する者・相手方
　（414）

1　総　説（414）

2　事件の分類による検討（415）

(1)　概　説（415）

(2)　職権事件（415）

(3)　申立事件（417）

3　抗告の相手方（418）

(1)　明文規定の不存在（418）

(2)　別表第1に掲げる審判事件（418）

(3)　別表第2に掲げる審判事件（419）

5　抗告期間・追完（420）

1　抗告期間（420）

2　追　完（421）

第3節　抗告の申立て（421）

1　総　説（421）

2　抗告の提起（422）

1　原裁判所への抗告状の提出（422）

2　原裁判所による即時抗告の却下
　（423）

3　事件の送付・意見の添付（423）

4　抗告裁判所の裁判長の抗告状の審査
　（424）

(1)　抗告状の記載事項（424）

(2)　抗告状の審査（424）

5　二重抗告について（424）

**3　即時抗告の提起と原裁判所による
　再度の考案**（425）

1　趣　旨（425）

2　旧家審法下での議論状況（425）

3　家事手続法の定め（426）

4　再度の考案の審理（426）

4　抗告状の送付等（427）

1　総　説（427）

2　規定制定の背景（427）

3　抗告状の写しを送付する場合（428）

(1)　抗告状の写しの送付が必要な場合
　（428）

(2)　抗告状の写しの送付が必要でない場
　合（428）

(3)　抗告状の写しを送付する相手方等
　（429）

(4)　申立てのあったことの通知で足りる
　場合（430）

(5)　送付の手続等（430）

5　移審の効果（430）

第4節　審理と諸原則等（431）

1　審理の諸原則（431）

1　概　説（431）

2　準用される規定（431）

(1)　家事審判に関する規定（431）

(2)　民訴法の規定（432）

(3)　付調停（432）

(4)　職権による事実調査・証拠調べ（432）

(5)　その他第1審の規定の準用に関して
　若干注意を要する事項（433）

①　審判申立ての取下げ（433）

②　申立ての変更（433）

2　抗告審の裁判（433）

1　決定による裁判（433）

2　決定書（433）

3　裁判の内容（434）

(1)　取消自判の原則（434）

(2)　原審判取消しの裁判と陳述の聴取
　（434）

(3)　原審への差戻し（435）

(4)　原審の管轄違いの場合の取扱い

（436）

① 専属管轄違反による取消しの原則
（436）

② 例　外（436）

4　抗告審における不利益変更の禁止原
則（437）

(1)　制度の趣旨と家事審判への準用
（437）

(2)　学説の状況（437）

① 子の監護に関する処分・親権者の指
定変更の審判（438）

② 婚姻費用分担・財産分与・扶養の審
判（438）

③ 遺産分割の審判（439）

(3)　附帯抗告（439）

5　即時抗告の提起に伴う執行停止
（440）

第5節　特別抗告（440）

1　意　義（440）

2　特別抗告の対象となる裁判（441）

3　申立人（441）

4　手続等（442）

5　審理・裁判（443）

第6節　許可抗告（443）

1　意　義（443）

2　許可抗告の対象となる裁判（443）

3　手続等（444）

第7節　再　審（445）

1　再審を認める必要性（445）

2　再審の対象となる審判（446）

3　再審事由・再審期間（447）

1　再審事由（447）

2　再審期間（448）

4　当事者（449）

5　再審の手続（449）

1　申立てをする裁判所（449）

2　再審の裁判（449）

3　執行停止の裁判（450）

第2編　家事調停

第1章　家事調停概説……………………453

第1節　家事調停総説（453）

1　家事調停の概念と性質（453）

1　家事調停の概念と歴史（453）

(1)　家事調停の概念（453）

(2)　当事者の合意・調停機関の判断（454）

(3)　家事調停の対象（456）

(4)　優先的な紛争解決制度（457）

2　家事調停制度の歴史的展開（457）

(1)　第2次大戦以前──臨時法制審議会
（457）

(2)　人事調停法の成立（459）

① 制定の趣旨（459）

② 旧家審法との差異（461）

2　旧家審法の制定と家事調停（462）

1　旧家審法と民事調停法（462）

2　旧家審法制定後の主要な改正（463）

(1)　旧家審法の下での改正（463）

(2)　家事手続法の制定と家事調停の改革
（465）

第2節　家事調停制度の存在理由（465）

1　議論される理由（465）

2　家庭裁判所創設の趣旨から（466）

3　家事紛争の特徴から（467）

4　いわゆるADR法と認証紛争解決
手続（468）

5　家事調停の利用実態（469）

6　家事調停への期待（470）

第2章　家事調停の対象と調停前置
主義……………………………471

第1節　家事調停の対象（471）

1　家事調停条項（471）

2　人事に関する訴訟事件その他家庭
に関する事件（471）

1　概　説（471）
2　人事に関する訴訟事件（472）
3　別表第2に掲げる審判事件（473）
4　その他「家庭に関する事件」（474）
(1)　その意義（474）
(2)　具体的な検討（475）
①　親族またはこれに準じる者という一定の身分関係の存在（475）
②　この者の間で紛争が存在すること（476）
③　紛争の内容に人間関係調整の余地が認められること（476）
(3)　別表第1に掲げる審判事項の除外（477）
3　民事調停との関係（477）
1　総　説（477）
2　家庭裁判所から地方裁判所・簡易裁判所への移送（478）
3　地方裁判所・簡易裁判所から家庭裁判所への移送（478）
第2節　調停前置主義（479）
1　意　義（479）
1　その意味（479）
2　調停前置主義を採用する理由（479）
(1)　従来の考え方（479）
①　旧家審法立法担当者の意図（479）
②　学　説（480）
(2)　新しい位置づけ（481）
(3)　人訴法と調停前置主義（483）
2　調停前置主義の運用（484）
1　適用を受ける事件（484）
2　渉外事件と調停前置主義（484）
3　調停手続の開始など（485）
(1)　家事調停手続の進行（485）
(2)　調停申立ての取下げ（486）
4　付調停（必要的付調停）（486）
(1)　家事手続257条2項本文の場合（486）
(2)　その例外（家事手続257条2項ただし書き）（487）

(3)　調停に付すべき裁判所（488）
(4)　任意的付調停（488）
5　不服申立て（488）
6　調停前置主義違反の効果（488）

第3章　家事調停の機関……………489
第1節　家庭裁判所と調停委員会（489）
1　家庭裁判所（489）
2　調停委員会（489）
1　組　織（489）
2　調停委員とその指定（490）
(1)　調停委員の任命（490）
(2)　調停委員の指定（491）
3　調停委員の職務（492）
1　概　説（492）
2　専門的知識・経験に基づく意見の陳述（492）
(1)　規定の趣旨と想定される事例（492）
(2)　問題点（494）
3　嘱託に係る紛争の解決に関する事件の関係人の意見の聴取（494）
4　調停委員会の権限・任務（495）
4　裁判官だけで行う調停（496）
1　家事手続法の考え方（496）
2　相当であると認められる場合（496）
3　裁判官のみで行う調停の手続（497）
5　家事調停官（497）
1　制度創設の趣旨（497）
2　家事調停官の地位・職務（498）
3　家事調停官の権限（498）
第2節　家事調停の管轄と移送（498）
1　土地管轄（498）
1　土地管轄の定め（498）
2　寄与分を定める調停事件の管轄（499）
3　訴訟・審判事件との関係（499）
(1)　人事訴訟との関係（499）
(2)　別表第2に掲げる審判事件（500）
2　合意管轄（500）

細目次　　　　xxiii

1　合意の方式（500）
2　合意の内容・時期等（501）
3　応訴管轄（501）
3　移送・自庁処理（502）
1　総説（502）
2　地方裁判所または簡易裁判所への移送（502）
3　自庁処理（503）
4　渉外家事調停事件の管轄（503）

第4章　家事調停の当事者・代理人
......505

第1節　当事者（505）
1　意義（505）
2　当事者能力（506）
3　調停行為能力（手続行為能力）（506）
1　概説（506）
2　財産上の紛争を対象とする場合（507）
3　身分行為を対象とする場合（507）
4　調停行為能力を欠く者の行為（508）
5　渉外調停事件における外国人の調停行為能力（509）
第2節　代理人（510）
1　総説（510）
2　法定代理人（510）
3　任意代理人（511）
1　代理人の許否（511）
2　代理権の範囲（511）
3　手続代理人の代理権の消滅と通知（512）
(1)　代理権の消滅原因（512）
(2)　代理権消滅の通知（512）
4　無権代理人のした手続行為の効力（513）
第3節　当事者適格（513）
1　概説（513）
2　家事調停における適格の定まり方

（514）
3　別表第2に掲げる審判事件に関する調停の当事者適格（515）
4　人事訴訟事件の調停における当事者適格（516）
5　その他（516）
第4節　参加・手続の受継（517）
1　家事調停と参加等（517）
1　総説（517）
2　旧法下での参加の問題点（517）
2　当事者参加（518）
3　利害関係参加（519）
4　参加の手続（521）
1　当事者参加（521）
2　利害関係参加（521）
(1)　審判を受ける者となるべき者の参加の場合（521）
(2)　調停の結果により直接の影響を受ける者および当事者となる資格を有する者の参加の場合（521）
(3)　利害関係参加人の地位（522）
5　引込み（522）
1　趣旨（522）
2　当事者による引込み（523）
3　職権による引込み（523）
6　手続からの排除（523）
7　手続の受継（524）
1　家事調停における中断・受継（524）
2　当事者の死亡による調停手続の終了（524）
3　手続の受継（525）
(1)　受継の意義（525）
(2)　受継の手続（525）

第5章　調停手続......526
第1節　手続の開始（526）
1　概説（526）
2　当事者の申立て（526）

xxiv 細 目 次

1 申立書とその提出（526）

(1) 申立書の必要性（526）

(2) 申立書の必要的記載事項（527）

① 当事者（527）

② 申立ての趣旨および理由（527）

(3) 申立書の却下（530）

(4) 証拠書類の写しの添付（530）

(5) 申立手数料の納付（530）

(6) 申立ての併合（531）

(7) 申立ての変更（531）

2 いわゆる調停物について（532）

3 申立ての効果（533）

4 申立ての時期（533）

5 調停申立ての不適法却下（534）

3 申立書の写しの送付（534）

1 原 則（534）

2 申立書の写しの送付を要しない場合（535）

3 申立書の写しの送付に代わる通知（535）

4 申立書の写しの送付をすることができない場合の措置（535）

4 手続の選別（535）

5 付調停（536）

1 意 義（536）

2 審判事件の付調停（537）

(1) 調停に付す時期および基準（537）

(2) 付調停の決定（538）

(3) 付調停を受ける裁判所（538）

(4) 付調停後の調停手続と審判手続（539）

① 調停委員会の構成（539）

② 付調停後の審判手続と調停手続（540）

3 訴訟事件の付調停（540）

(1) 調停に付す時期および基準（540）

(2) 付調停を受ける裁判所（541）

(3) 付調停と訴訟手続（541）

第2節 調停前の処分（542）

1 概 説（542）

2 調停前の処分の要件（543）

1 実体的要件（543）

(1) 調停のために必要であること（543）

(2) 当事者の一方の利益の保全（543）

2 手続的要件（544）

(1) 措置をとりうる時期（544）

(2) 職権による発令（544）

3 審理・発令等（545）

(1) 審理等（545）

(2) 調停前の処分の法的性格（545）

(3) 調停前の処分の対象者（546）

(4) 調停前の処分の告知（546）

4 調停前の処分の内容・効力（547）

(1) 命じる内容（547）

(2) 調停前の処分の効力（548）

5 不服申立て（548）

第3節 調停の実施（549）

1 概 説（549）

2 調停手続に関する諸原則（550）

1 非公開（550）

(1) 一般公開の禁止（550）

(2) 当事者公開（551）

2 当事者の本人出頭主義（551）

(1) 制度の趣旨（551）

(2) 本人の陳述機会の保障（552）

(3) 出頭の確保（552）

(4) 代理人等（553）

(5) 隔地者間の調停と本人出頭主義（554）

3 その他の手続諸原則について（554）

3 調停手続の進行（555）

1 概 説（555）

2 調停委員会の評議（555）

(1) 評議とその必要性（555）

(2) 評議とその秘密（556）

(3) 裁判官と調停委員の評議（557）

(4) 調停の進行に関する評議（557）

3 調停規範（558）

(1) 調停規範の意義（558）

細目次　　xxv

(2) 調停規範の内容（559）

4　調停期日の手続（559）

(1) 期日の日時・場所（559）

(2) 期日の開始（560）

(3) 調停の趣旨および進め方の説明（双方立会手続説明）（560）

(4) 調停手続の指揮（561）

(5) 心理的調整・環境調整（562）

(6) 医務室技官による診断（563）

(7) 期日の続行（564）

5　期日の調書（564）

(1) 期日の調書・事件経過表（564）

① 期日の調書（564）

② 事件経過表（565）

(2) 記録の閲覧（566）

① 家事調停についての独自の定めの必要性（566）

② 閲覧許可の規律（566）

4　事情の聴取（568）

1　聴取する事項（568）

(1) 事情聴取の意味（568）

(2) 事情説明型の聴取（568）

(3) 事情聴取の継続（570）

2　期日における当事者の事情聴取（570）

(1) 事情聴取の方式（570）

(2) 個別面接方式（別席調停）（571）

(3) 同席調停（572）

5　争点の整理（573）

1　争点整理の意義（573）

2　争点整理の方法（574）

6　事実の調査（575）

1　概　説（575）

(1) 家事調停における事実調査の意義（575）

(2) 家事調停における事実調査の対象（576）

(3) 家事調停における事実調査の手続（576）

2　家庭裁判所の行う事実調査（577）

3　調停機関の事実調査（577）

(1) 概　説（577）

(2) 当事者・関係人の呼出し等（577）

(3) 調査の嘱託（578）

(4) 官公署等への調査嘱託・報告請求（578）

4　家事調停委員による事実の調査（579）

5　裁判官の事実調査（580）

6　家裁調査官による事実調査（580）

7　医務室技官の利用（580）

7　証拠調べ（581）

1　事実の調査と証拠調べの関係（581）

2　証拠調べ（582）

8　調停成立に向けた調停委員会の調整（583）

1　総　説（583）

2　基本的な調停案の作成（583）

3　当事者の意見調整（584）

4　調停案の提示（584）

5　調停技法・説得の技術（585）

第4節　調停手続の終了（586）

1　総　説（586）

2　調停申立ての取下げ（586）

1　概　説（586）

2　一部の取下げ（587）

3　一部の者による取下げ（587）

(1) 申立人の一部による取下げ（587）

(2) 相手方の一部に対する取下げ（588）

4　取下げの手続・効力等（588）

3　調停をしない措置（調停の拒否）（589）

1　意　義（589）

2　調停をするのに適当でない場合（590）

3　調停機関の措置（590）

4　別表第2に掲げる事項の調停の拒否（591）

4 調停の不成立（592）

- 1 概 説（592）
- 2 調停不成立とするための要件（592）
- 3 手続の終了（593）
- 4 調停不成立と家事審判申立ての擬制（593）
- (1) 意 義（593）
- (2) 申立てが擬制される事件（594）
- (3) 申立ての擬制に関連する手続（596）
- (4) 移行の効力——調停手続で収集された資料の取扱い（596）
- 5 訴え提起の擬制（598）
- (1) 意 義（598）
- (2) 訴え提起の擬制（598）
- (3) 調停において提出された資料の訴訟手続における利用（599）

第5節 調停の成立（600）

1 概 説（600）

2 当事者間における合意の成立（601）

- 1 調停条項（601）
- 2 合意の成立（601）
- (1) 調停期日における合意（601）
- (2) 電話会議システム等の利用と家事調停（602）
- 3 調停条項案の書面による受諾（602）
- (1) 意 義（602）
- (2) 適用の要件（602）

3 調停機関による相当性の判断と調書への記載（603）

4 調停の法的性質（603）

5 調停調書の更正（605）

- 1 概 説（605）
- 2 更正をする裁判所（605）
- 3 更正決定・不服申立て（605）

6 調書の効力（606）

- 1 総 説（606）
- 2 訴訟事項を対象とする家事調停の効力（606）
- (1) 民事調停との比較（606）

- (2) 形式的確定力（607）
- (3) 既判力（607）
- (4) 執行力（610）
- (5) 形成力（610）
- 3 別表第2の審判事項を対象とする調停の効力（612）

7 戸籍事務管掌者への通知（612）

8 調停の無効・取消し（613）

- 1 総 説（613）
- 2 無効の主張方法（613）
- 3 再 審（614）

第6章 合意に相当する審判および調停に代わる審判……616

第1節 合意に相当する審判（616）

1 制度の趣旨（616）

- 1 家事手続277条の定め（616）
- (1) 制度の趣旨（616）
- (2) 旧家審法立法者の意図（617）
- (3) 二つの側面（618）
- 2 合意に相当する審判の手続構造（618）
- (1) 調停・審判等位説（619）
- (2) 調停優位説（619）
- (3) 審判優位説（620）
- (4) 職権による審判であるとする説（620）
- (5) 本書の立場（620）
- 3 家事調停の機関（621）
- 4 利用の実態（622）

2 合意に相当する審判の対象となる事件（623）

- 1 総 説（623）
- 2 身分関係存否確認事件の範囲（623）
- 3 訴訟事件に附帯する申立て（625）

3 合意に相当する審判の要件（626）

- 1 総 説（626）
- 2 当事者間における合意の成立・原因事実について争いがないこと（627）

細目次　　　xxvii

(1) 原因事実について争いがないこと（627）

(2) 当事者間に合意が成立すること（627）

① 実体法説（628）

② 手続法説（628）

③ 両性説（629）

3 家庭裁判所による必要な調査（630）

4 合意の成立（631）

(1) 合意を正当と認めるとき（631）

(2) 合意を正当と認めないとき（631）

5 当事者適格（631）

(1) 問題の所在（631）

(2) 具体的な対立点（632）

(3) 本書の立場（633）

(4) 問題となる若干の例（635）

(5) 代理人による合意の可能性（635）

(6) 調停手続中における当事者の死亡（635）

6 申立ての取下げ（636）

(1) 取下げの制限（636）

(2) 取下げの手続（636）

4 審 判（637）

5 審判に対する異議申立て（637）

1 異議申立て（637）

2 利害関係人の異議（638）

3 当事者の異議（638）

4 異議申立手続等（639）

(1) 利害関係人の異議申立て（640）

(2) 当事者の異議申立て（640）

6 確定した審判の効力（640）

1 確定判決と同一の効力（640）

2 戸籍訂正等（641）

3 合意に相当する審判に対する再審（641）

第2節 調停に代わる審判（642）

1 制度の趣旨（642）

1 家事手続284条の意義（642）

2 調停に代わる審判に先行する制度・立法（644）

(1) 先行する制度（644）

(2) 旧家審法における立法趣旨（645）

3 調停に代わる審判の法的性質（646）

2 調停に代わる審判の対象（647）

1 概 説（647）

2 別表第2に掲げる事項（647）

3 家事手続277条に掲げる事件（648）

3 調停に代わる審判の要件（650）

1 概 説（650）

2 調停が成立しないこと（651）

3 家庭裁判所が相当と認めること（651）

4 調停委員会の意見の聴取（653）

5 衡平な考慮（653）

4 審 判（654）

1 概 説（654）

2 審判書（654）

3 審判の告知（655）

4 審判後の調停申立ての取下げ（655）

5 審判の効力（656）

(1) 総 説（656）

(2) 審判確定による戸籍届出等（657）

5 異議申立て（657）

1 概 説（657）

2 異議申立権者（657）

3 異議申立手続等（658）

4 異議の理由（659）

5 異議申立ての効果（659）

(1) 審判の失効（659）

(2) 審判の一部に対する異議申立て（660）

(3) 審判失効後の手続等（660）

(4) 調停に代わる審判に服する旨の共同の申出（660）

6 渉外離婚事件と調停に代わる審判（661）

第7章 履行確保……………………………662

1 概 説 (662)	3 不出頭に対する過料 (674)
2 履行状況の調査・履行の勧告 (664)	1 関係人 (674)
1 制度の趣旨・実情 (664)	2 呼出し・正当な事由 (674)
2 調査・勧告の対象となる義務 (665)	4 調停前の処分に従わない場合の過
3 調査および勧告 (665)	料 (675)
(1) 権利者の申出 (665)	5 証拠の提出命令等に従わない場合
(2) 調査および勧告の管轄裁判所 (666)	の過料 (676)
(3) 調査および勧告 (666)	1 規定の新設 (676)
3 義務履行の命令 (667)	2 文書提出命令に従わない場合 (676)
1 意 義 (667)	3 文書の成立の真正の証明に関する文
2 対象となる義務 (668)	書等の提出命令に従わない場合
3 申立て (669)	(676)
(1) 申立て (669)	6 履行命令に従わない場合の過料
(2) 管轄裁判所 (669)	(676)
(3) 申立人 (669)	7 過料の裁判の執行 (677)
4 義務履行命令 (670)	第2節 罰 則 (678)
(1) 義務履行命令の要件 (670)	1 人の秘密を漏らす罪 (678)
(2) 義務履行命令の性質 (670)	2 評議の秘密を漏らす罪 (678)
(3) 義務の履行命令 (671)	
(4) 履行命令に対する不服申立て (671)	
(5) 履行命令手続の終了 (671)	
4 記録の閲覧等 (672)	

第8章 罰 則……………………………673

第1節 過 料 (673)

1 趣 旨 (673)

2 家事手続における過料の裁判 (673)

参考文献等

1 略称を用いて引用するもの
(1) 旧家事審判法に関するもの

① 市川四郎『家事審判法概説（増補版）』（有斐閣 1956 年）　→市川・家事審判法○頁

② 山木戸克己『家事審判法』（有斐閣 1958 年）　→山木戸・家事審判法○頁

③ 加藤令造編『家事審判法講座第 1 巻ないし第 4 巻』（判例タイムズ社 1965 年）→家審法講座第○巻○頁〈執筆者名〉

④ 堀内節『家事審判制度の研究』（中央大学出版部 1970 年）　→堀内・家事審判制度の研究○頁

⑤ 斉藤秀夫＝菊池信男編『注解家事審判法（改訂版）』（青林書院 1993 年）　→注解家審法○頁〈執筆者名〉

⑥ 斉藤秀夫＝菊池信男編『注解家事審判規則（改訂版）』（青林書院 1993 年）　→注解家審規○頁〈執筆者名〉

⑦ 裁判所職員総合研修所編『家事審判法実務講義案（6 訂再訂版)』（司法協会 2009 年）　→実務講義案○頁

⑧ 佐上善和『家事審判法』（信山社 2007 年）　→本書旧版・○頁

(2) 家事事件手続法に関するもの

① 金子修『一問一答家事事件手続法』（商事法務 2012 年）　→金子・一問一答○頁

② 金子修『逐条解説家事事件手続法』（商事法務 2013 年）　→金子・逐条解説○頁

③ 梶村太市『実務講座家事事件法（新版)』（日本加除出版 2013 年）　→梶村・実務講座家事事件法○頁

④ 秋武憲一編『概説家事事件手続法』（青林書院 2012 年）　→秋武編・概説○頁〈執筆者〉

⑤ 松川正毅＝本間靖規＝西岡清一郎編『新基本法コンメンタール人事訴訟法・家事事件手続法』（日本評論社 2013 年）　→基本法コンメ○頁〈執筆者名〉

⑥ 最高裁判所事務総局家庭局監修『条解家事事件手続規則』（法曹会 2013 年）→条解家事事件手続規則○頁

⑦ 高田裕成編『家事事件手続法』（有斐閣 2014 年）　→高田編・家事事件手続法〈発言者名〉（論究ジュリスト第 1 号（2012 年）から第 8 号（2014 年）まで「研究会　家事事件手続法」として連載されたもの）

⑧ 佐上善和『家事事件手続法Ⅱ』（信山社 2014 年）　→本書Ⅱ・○頁

⑨ 梶村太市＝徳田和幸編著『家事事件手続法（第 3 版)』（有斐閣 2016 年）　→梶村＝徳田・○頁〈執筆者名〉

⑩ 裁判所職員総合研修所監修『家事事件手続法概説』（司法協会 2016 年）　→職員研修所・概説○頁

⑪　東京家事事件研究会編『家事事件・人事訴訟事件の実務』（法曹会 2015 年）
→執筆者・家事事件・人事訴訟事件の実務○頁

(3)　家事調停に関するもの

①　沼辺愛一ほか編『現代家事調停マニュアル』（判例タイムズ社 2002 年）　→
家事調停マニュアル○頁〈執筆者名〉

②　小山昇『民事調停法（新版）』（有斐閣 1977 年）　→小山・民事調停法○頁

③　石川明＝梶村太市編『注解民事調停法（改訂）』（青林書院 1993 年）　→注解民
調法○頁〈執筆者名〉

④　梶村太市『新家事調停の技法』（日本加除出版 2012 年）　→梶村・家事調停の
技法○頁

2　その他の文献

(1)　参考文献の記載

　その他の参考文献については，基本的には各章，節で最初に引用する場合に執筆
者名，論文名，掲載誌（掲載書の場合は編集者名・著者名）をフルタイトルで記載
し，その後は適宜略称する。その際前掲注（○）として，最初の引用箇所を示す。
とくにひんぱんに登場するものは次の講座等である。

①　岡垣学＝野田愛子編『講座実務家事審判法第 1 巻ないし第 5 巻』（日本評論社
1989 年から 1990 年）　→執筆者・講座実務家審第○巻○頁

②　中川善之助教授還暦記念『家族法大系Ⅰから Ⅶ』（有斐閣 1960 年）　→執筆者
名・家族法大系○巻○頁

③　鈴木忠一＝三ケ月章監修『実務民事訴訟講座第 7 巻』（日本評論社 1964 年）
→執筆者名・実務民訴講座第 7 巻○頁

④　中川善之助教授追悼記念『現代家族法大系第 1 巻ないし第 5 巻』（有斐閣 1979
年から 1980 年）　→執筆者・現代家族法大系○巻○頁

⑤　東京家庭裁判所身分法研究会編『家事事件の研究(1)(2)』（有斐閣 1970 年，1973
年）　→執筆者・家事事件の研究（○）○頁

⑥　鈴木忠一＝三ケ月章監修『新実務民事訴訟講座第 8 巻』（日本評論社 1989 年）
→執筆者名・新実務民訴講座第 8 巻○頁

⑦　栗原平八郎＝太田武男編『家事審判例の軌跡(1)(2)』（一粒社 1995 年）　→執筆
者・家事審判例の軌跡（○）○頁

⑧　野田愛子＝梶村太市総編集『新家族法実務大系第 1 巻ないし第 5 巻』（新日本
法規 2008 年）　→執筆者名・新家族法実務大系○巻○頁

⑨　松原正明＝道垣内弘人編『家事事件の理論と実務第 1 巻ないし第 3 巻』（勁草
書房 2016 年）　→執筆者・家事事件の理論と実務第○巻○頁

⑩　鈴木忠一『非訟事件の裁判の既判力』（弘文堂 1966 年）　→鈴木（忠）・非訟事
件の裁判の既判力○頁

⑪　鈴木忠一『非訟・家事事件の研究』（有斐閣 1971 年）　→鈴木（忠）・非訟家事
事件の研究○頁

（2） **掲載誌の略記の方法**

　法律論文の引用については，本書の読者の便宜を考えてできる限りフルネームで示すのを原則としているが，2回目以降の引用では適宜略称している。ただし判例時報は判時，判例タイムズは判タ，家庭裁判月報は家月と略記している。

3　判例・決定・審判等の引用

　判決等については，

　最判平成12（2000）・2・24民集54巻2号523頁

　岡山家審平成2（1990）・8・10家月43巻1号138頁

　などのように，一般の引用・表記例に従うが，元号の後に括弧で西暦年を挿入する。判決・決定・審判を引用する場合には公式判例集によることを原則とする。家庭裁判月報と他の公式判例集に重ねて掲載されている場合には家庭裁判月報を優先する。裁判所ウェブサイトに上がっているものを引用している場合もある。

　判決・決定・審判の本文を引用する場合に，漢数字はアラビア数字に改めている。

4　法令名の表記について

　家事事件手続法は，家事手続と略記し，家事事件手続規則も家事手続規則と略記する。

　その他の法令の略記については，『有斐閣六法全書』の略記に従うのを原則とするが，分かりやすさを考慮して若干変更している。また廃止された法律を引用する場合には，旧○法と表記するのを原則とするが，場合によって明治○年法律○号などと表記することもある。

　家事事件手続法別表に掲げる事項の審判事件については，第1第○項，第2第○項のように記載する。また旧家審法9条1項については甲類，乙類と記載する。

5　司法統計

　とくに注記がない限り最高裁判所事務総局家庭局による各年度の『司法統計年報・家事事件編』による。

第1編　家事審判

第1章　家事審判制度

第1節　家事審判制度概説

1　家事審判の意義とその対象

1　家事審判の対象

　家事審判の対象となるのは，一般的にいえば昭和23（1948）年に制定された家事審判法（以下，「家審法」という）が甲類審判事件，乙類審判事件としてまた特別家事審判規則によって審判事件とした事項を指す。この事項が家事手続法においても別表第1，第2に審判事件として掲げられている。民事訴訟と異なり，家事審判事件は法律に定められた事項に限られる。家審法以前においては，これらの事項はあるいは非訟事件手続法で，あるいは人事訴訟手続法や民事訴訟の対象とされていた。その詳細については第3章第1節において「家事審判事項」として説明するが，ここではその概略をみておこう。

　家審法の制定とともに重要なのは，家審法の対象事項を専門的に扱う家庭裁判所（当初は家事審判所と呼ばれた）を設置したことである。家審法で家事審判事件とされたものには，①明治31年非訟事件手続法以来非訟事件とされてきた不在者等の財産管理人選任事件，相続の承認または放棄に関する事件あるいは遺言の確認および執行等の事件，②家審法の制定に伴い旧人事訴訟手続法に定めのあった禁治産宣告・取消事件，失踪宣告・取消事件，扶養請求，相続人廃除などの事件および民事訴訟事件とされていた遺産分割事件，③民法の改正に伴い家事審判事件とされた未成年後見事件，夫婦同居協力扶助，親権および子の監護に関する事件，④民法に関係する法律に定める事件として戸籍法に関する事件など，さまざまなものが含まれていた[1]。家事手続法別表第1には136項目，別表第2には16項目が家事審判事項とされている。

---

　(1)　本書Ⅱ・3頁以下で甲類審判事件を中心にその経過を説明している。

2 乙類審判事件の創設

家審法はこれを家事審判の概念のもとに統合したのであるが，何より注意が必要なのは，乙類審判事件を作り出したことである。これは第二次世界大戦以前に構想されていたものの実現に至らなかったものである。乙類審判事件は，甲類審判事件と異なって常に相手方が存在し，申立人と相手方の法律関係について協議（調停）による解決が可能であり，調停が成立しない場合に家庭裁判所が審判（決定）によって決着をつけることが予定されている。その事件の多くは戦前には訴訟事件とされていたものである。いわゆる訴訟事件の非訟化という現象が見られたのである。家事審判は，古典的な非訟事件には見られない紛争の解決という機能を担うことになった。乙類審判事件はこのように甲類審判事件とは大きく異なる性格を有しているため，審判事件の定義，ひいては非訟事件の定義にも大きな困難をもたらすことになった。訴訟手続によらないで家庭裁判所が非訟手続で家庭に関する事件の解決を図る制度を設けた意図は何であったか，それがどのような問題を生じさせているかについては，第2章以下で詳しく扱う。

3 家事審判事件の基本的考え方

家事審判事件とされている事項および家族・親族間の争いの審判や調停手続において，事件を適切に処理するには単に法的基準を示すだけでは十分ではないことがつとに指摘されている。当事者・関係人の人間関係を調整して，関係の再統合を図ること，自立的に問題に対処できるように支援することである。人間関係や家庭環境を調査し，そこまで立ち入って改善を図ることが求められる。当事者の置かれている状況をさまざまな人間諸科学の力を活用して調査し，調整を図ることが求められるのである。そのためには裁判官のみならず，こうした知識を有する家裁調査官や技官を配置するほか，国民の意見を反映させるために参与員の関与を認めている。もちろん時代によって裁判所の関与のあり方は変化する。かつては公益的な観点が強調された制度が，今日では私的なものとして理解されることもある。またその逆に裁判所の積極的な関与が要請されてくることもある。法律の規制をどのようにするか，制度をどのように運用するか不断に問いかけが必要である。

家庭裁判所は創設以来比較的高い評価を得てきたといえるが，同時に問題も多く指摘されてきた[2]。その解決の一つが平成15（2003）年の人事訴訟の家庭裁判所への移管であり，また平成23（2011）年の家事事件手続法の制定

である。同法制定を機に，実務も変化しようとしている。ここではまず家審法の成立過程を振り返りつつ今日に引き継がれる家事審判の意義を明らかにしよう。

2　家事審判法の制定

1　制定の経過

(1)　概　説

家審法が成立し，家事審判制度が発足したのは，民事の手続法では比較的歴史が浅く，第二次世界大戦後のことである。それ以前においては非訟事件手続法や人事訴訟手続法に規定されていた。家事審判を扱う家庭裁判所の創設とともに，家事審判制度が発足した。家事事件手続法は基本的に家審法の規律を承継しているため，家事審判制度を理解するためにはその成立の経過を確認しておくことが適切であろう[3]。

(2)　戦前における家事審判所構想

家事審判所を設置し，家事に関する紛争を通常裁判所の権限から除外してこれに移管させるという構想は，大正時代にはじまる。大正10（1921）年には臨時法制審議会の下に置かれた主査会議が，法制審議会に対して家庭に関する事件は家事審判所を設け，もっぱら訴訟の形式によらず，「温情ヲ本トシ道義ノ観念ニ基キテ争議ノ調停及ビ審判ヲ為サシムルヲ以テ我邦ノ醇風美俗ニ合スルモノト認メ審判所ノ組織，権限並ビニ調停，審判ノ手続及ビ効力等ニ付」いて要綱を定めるべきであると議決したと報告した。その後法制審議会では，これを基礎として審議を継続し，大正11（1922）年6月7日には内閣に宛てて，「道義ニ本ヅキ温情ヲ以テ家庭ニ関スル事項ヲ解決スル為特別ノ制度ヲ設クルコト」という中間報告を行った。政府は大正13（1924）年11月に司法省内部に家事審判所に関する法律調査委員会を設置し，家事審判に関する法案を準備させた。昭和2（1927）年10月21日には家事審判法案が仮決定されている[4]が，民法親族法・相続法改正が整わなかったため廃

---

(2)　家庭裁判所の問題点の指摘については多くの文献があるが，三ケ月章「家庭裁判所の今後の課題」同『民事訴訟法研究第8巻』（1981）280頁は，家庭裁判所創設30年を経た時点での課題として，①発足当時のポリシーの再考，②家庭裁判所の手続の不備の修正，③出発当初に予定されていなかった任務の法規制をあげ，①については人事訴訟の移管を挙げていた。

6 第1編 家事審判

止に追い込まれている。その後昭和14（1939）年に人事調停法が成立したが，これは家事審判制度構想のうちの調停制度だけを法律化したものである[5]。

(3) 家事審判法の制定

　第二次大戦後，憲法に適合する法改正の作業のために昭和21（1946）年7月2日に，臨時法制調査会が設置され，これに基づいて同年7月11日に司法省に司法法制審議会が設置されて司法関係の審議が開始された。その第2小委員会がとりまとめた民法改正要綱が，同年9月臨時法制審議会総会で議決された（第1から第42まで）。その第42において，「親族相続に関する事件を適切に処理せしめる為速やかに家事審判所を設くること」とされた。ここから家事審判制度の具体的な検討が進められた。審判事件に取り込む事件の整理，審判所の構想，手続の概略等に関し集中的な作業がなされ，昭和22（1947）年12月6日に，法律15号として公布されることになる[6]。きわめて短期間に作業がなされているが，当初念頭にはなかったと思われる家事審判規則に手続細目の定めを委ねるという大きな方針の変更もみられる[7]。

　この作業を経て，家審法が国会に提案された際の提案理由は，次のとおり

---

(3) 家庭裁判所の史的展開と家審法の制定過程については①堀内節『家事審判制度の研究正・続』（1970，1975），②安藤覚『家事審判法の実証的研究』司法研究報告書4輯6号（1952），③内藤頼博「家庭裁判所の沿革」中川善之助ほか編『家族問題と家族法Ⅶ』（1957）77頁が詳しい。近時のものとして，④野田愛子「家庭裁判所の生いたち」判タ1198号（2006）34頁，⑤高地茂世＝納谷廣美＝中村義幸＝芳賀雅顯『戦後の司法制度改革』（2007）187頁以下，⑥岡部喜代子「家事審判手続の歴史と将来」ケース研究300号（2009）53頁がある。しかし①はきわめて膨大な研究書であり，②は現在では入手しにくい。⑦斉藤秀夫＝菊池信男編『注解家事審判法（改訂）』（1987）の序論〈斉藤〉は，比較的詳細に記述している。また，発足時の家庭裁判所の理念としたものの内容については，⑧市川四郎「家事審判の本質」岩松裁判官還暦記念『訴訟と裁判』（1956）699頁以下，⑨宇田川潤四郎「家庭裁判所の史的発展1-5」ケース研究69-74号（1962）（同『家裁の窓から』（1969）に収録）が詳しく伝えている。宇田川は，家庭裁判所発足直後の昭和24（1949）年1月に開催された第1回全国家庭裁判所長会同において，最高裁家庭局長として家庭裁判所の性格について説明し，独立的性格，民主的性格，科学的性格，教育的性格および社会的性格を強調していた（同書216頁以下参照）。⑩野田愛子『家庭裁判所制度抄論』（1985）でも家庭裁判所発足以後の展開が論じられている。

(4) この間の事情については，堀内・家事審判制度の研究228頁以下参照。同書には当時の審議会の経過・委員の発言等も収録されている。

(5) この点については本書第2編第1章第1節1・2参照。

第 1 章　家事審判制度　　7

である。以下に掲げるのは，衆議院および参議院の司法委員会における提案
理由説明書（昭和 22（1947）年 8 月 4 日）の一部である。家事審判制度の全
体的な枠組みを理解するにも適切なので，やや長いが全文を引用することに
する[8]。

　「日本国憲法の施行に伴いまして，個人の尊厳と両性の本質的平等の大原則に
　則り，民法中身分法の分野において一大改正を加えることとなり，既にこれが
　改正法律案を提案したのでありますが，由来身分関係に基づく家庭内や親族間
　の紛争につきましても，訴訟制度の下におきましては，夫婦，親子，兄弟，親
　族が互いに原告，被告として法廷に対立し黒白を争わねばならず，家庭の平和
　と健全な親族の共同生活の維持を図るという見地からは，理想に反する遺憾な
　点があるのでありまして，家庭内や親族間の紛争を理想的に解決するためには，
　裁判官に民間有識者を加えた機関が，訴訟の形式によらないで，親族間の情誼
　に適合するように紛争を解決することが望ましいのであります。夙に，各方面
　から斯る要請を充足する制度として且つ又家庭内や親族間の重大事項について
　後見指導する制度として家事審判所制度の設置が要望され，屢々その趣旨の建
　議や請願があったのであります。

　　司法省におきましても，斯る要望に応えるために，夙にこの家庭内や親族間
　の紛争と重大事項即ち所謂家庭事件について審判と調停を行う制度として家事
　審判制度の設置について調査研究を進め，その一環として，昭和 14（1939）年
　に家庭事件について調停を行う制度として人事調停法の制定を見，相当の成果
　を上げておるのであります。

　　然しながら，改正民法に従い，国民が平和な家庭生活と健全な親族共同体を
　営みますためには，この機会に，家事審判制度を全面的に採用することを必要
　としますので，茲に本法案を提出して御審議を仰ぐ次第であります。

　　次に，本法案の内容とする主要な諸点を挙げてご説明します。

---

(6)　この詳細については，堀内・家事審判制度の研究 228 頁以下，注解家審法 39 頁
　　〈斉藤〉。
(7)　三ケ月・前掲注(2)民事訴訟法研究第 8 巻 283 頁は，旧憲法から新憲法への移行
　　という激動期に家審法が生まれたことに同法の制度的理解の対立の原因が見られ
　　ることに注意すべきだと指摘する。
(8)　堀内・家事審判制度の研究 1204 頁以下および注解家審法 39 頁以下〈斉藤〉に
　　収録されているところによる。

第一に，家事審判所は家庭事件のみを扱い，その手続も訴訟手続によらないものでありまして，訴訟事件を取り扱う裁判所とは処理する事件および処理する手続を異に致しますので，家事審判所を家庭事件のみを取り扱う地方裁判所の特別の支部と致しました。

第二は，家庭裁判所が取り扱う事件でありますが，家庭事件のうち，離婚事件，離縁事件等その性質上訴訟手続によって処理することを必要とする事件を除き，それ以外の家庭事件は，総て審判事件とし，又禁治産事件，失踪事件等その性質上調停に適さない事件を除き，それ以外の家庭事件は，総て調停事件と致しますと共に，この審判の対象とならない訴訟事件については調停前置主義を採り，又調停に適する審判事件については何時でも調停に付し得ることと致しまして，家庭事件は，総て一応家事審判所において処理することと致しますと共に，家庭事件を可及的に関係人の互譲によって円満に且つ自主的に解決するように致しました。

第三は，審判は，原則として家事審判官が参与員の参与によって行い，調停は，原則として家事審判官と調停委員を以て組織する調停委員会が行うことと致しまして，法律専門家である裁判官と世故人情に通じたる徳望ある民間人が一体となって，親族間の情誼を考慮して，家庭事件を具体的妥当に解決するように措置しました。

第四は，現行人事調停法に比し，調停を強化しまして，婚姻又は縁組の無効事件，嫡出子の否認事件等の調停におきましても，当事者間に合意が成立した場合には，必要な事実を職権で調査した上，その合意に相当する審判をなし得ることと致しますと共に，家庭事件について調停が成立しない場合には，強制調停をもなし得る途を開きまして，可及的に，家庭事件を訴訟によらず調停によって処理するように致しました。

第五は，参与員および調停委員について秘密漏泄の刑事罰を設けまして，家庭内の秘密が世間に暴露されることを防止して，当事者が安んじてこの家事審判所制度を利用し得るように致しました。

以上諸点の外，審判および調停につきましては，非訟事件手続法を準用しその手続を簡素に致しまして，事件の迅速な解決と費用の軽減を図りました。

只今申し上げましたのが，本法案の概要でありますが，その他の詳細な点につきましては，御質問に応じてご説明申し上げます。」

2 家事審判制度の存在理由

(1) 前史を確認する意義

　家事審判制度発足後すでに70年以上を経過し，さらに家事事件手続法の制定をみた現在では，この経過を知ることは歴史的な事実をたどるだけのようにも思われるが，戦前の提案が戦後における家事審判制度の運用や解釈に多大の影響を与えたことに鑑みると，ここで家事審判制度の前史を振り返り，家事審判制度の存在理由を確認しておくことには，なお重要な意義が認められよう。家審法の制定後，ほぼ半世紀を経て平成15（2003）年に「人事訴訟法」が制定され，それに伴って人事訴訟事件が家庭裁判所に移管され，同一の裁判所で家事審判・調停と人事訴訟の有機的な処理が実現することになった。この意味でも，家庭裁判所における家事審判制度が，家事紛争の解決にとってどのような意義を有しているかを確認しておくことが重要である[9]。

(2) 戦後の家事審判法制定と戦前の構想——連続と不連続

　家審法は戦後の民法改正に伴い制定されたものである。昭和21（1946）年9月に民法改正要綱案が答申され，その中で「親族相続に関する事件を適切に処理せしむる為速に家事審判制度を設くること」と提案されていた。これに応じて制定されたのが家審法である。この審議経過の中でも，家事審判を行政機関としての家事審判所に委ねるか，司法制度としての裁判所に委ねるかが問題とされていたが，最終的に裁判所に委ねられることになった経過がある。一方，後に家庭裁判所に統合される少年審判所は行政機関として発足していた。また家事審判を担当する裁判官についても，家事審判所を裁判所らしくない雰囲気とするために，家事審判官と呼ぶこととしたのである。

　家審法は，その1条で「個人の尊厳と両性の本質的平等を基本として，家庭の平和と健全な親族的共同生活の維持を図る」ことを目的としている。この趣旨は，戦前における家事審判所の設立の趣旨である「道義ニ本ヅキ温情ヲ以テ家庭ニ関スル事項ヲ解決スル為特別ノ制度ヲ設クルコト」とは決定的

---

(9)　後にも詳しく説明するように，家庭裁判所は当初訴訟事件を扱わず，非訟事件だけを担当する裁判所らしくない裁判所として登場した。いわゆる「家庭裁判所らしさ」という議論はこれを前提としている。その裁判所に訴訟事件を移管させるということは，訴訟事件が非訟事件の処理の方に引っ張られたという点で，極めて象徴的な出来事と位置づけられよう（この点について，佐上「人事訴訟事件の家庭裁判所への移管と手続構想」民事訴訟雑誌48号（2002）1頁以下）。

に異なることは明らかである。この点では，日本国憲法の趣旨に立脚して戦前の理念を根本的に否定し新たな理念を盛り込んだといえる。しかし，その処理方法・手続・体制については，戦前の構想をほぼ引き継いでいるといってよい。とりわけ，訴訟の形式によらない審判と調停による紛争の処理，通常裁判所とは別の裁判所を設けることなどである。そのため新しい制度であるにもかかわらず，戦前の考え方が清算されていないといった批判に加え，実際に調停を担当する調停委員の価値観の古さに対する批判が加わって，家庭裁判所・家事審判および家事調停に関する議論を長期間にわたって複雑なものとした[10]。

3　家事審判法制定後の主要な改正

　家審法は，上記のような過程を経て制定されたものであるが，戦後の混乱期に急いで制定しなければならなかったという事情もあり，衆議院での可決に際して「本法は可及的速やかに将来においてさらに改正する必要を認める」との附帯決議がなされた。この見直しが十分に行われたかについては疑問が残る[11]。

　その後の民法改正に伴い家事審判事項として追加されたものがある（家庭裁判所による後見人の職権解任：民846条・家審9条1項甲類16号，相続人不存在の財産の特別縁故者への分与：民958条の3，家審9条1項甲類32号の2，寄与分：民904条の2，家審9条1項乙類9号の2，未成年者特別養子縁組の成立：民817条の2以下，家審9条1項甲類8号の2）。

　また，家事審判制度自体についても，次のような主要な改正点がある。まず，家事審判所は昭和23（1948）年裁判所法改正により家庭裁判所と改称された。昭和26（1951）年には家事調査官が配置され，事実調査や審判の進行に関する調整を担当することが可能になった。昭和29（1954）年には家事調査官と少年調査官が統合され，昭和31（1956）年に家庭裁判所調査官と称さ

---

[10]　民法の新しい親族・相続法の普及とともに，家庭裁判所の発足に際して，それがいかに先進的で民主的な制度であるかを強調する必要があったことについて，宇田川・前掲注(3)家裁の窓から121頁以下参照。また，簡単には佐上「家事紛争と家庭裁判所」『岩波講座現代の法5　現代社会と司法システム』（1997）267頁以下参照。詳細については，第2編第1章第1節1，第2章第2節1・2を参照のこと。

[11]　最高裁事務総局家庭局監修『家庭裁判所50年の概観』（2000）329頁以下に家庭裁判所50年のあゆみが年表形式でまとめられている。

第1章　家事審判制度　　11

れることになった。また昭和48（1973）年には調停制度の改正に伴って，調停委員の選任方法等が改善され若返りが図られた。昭和55（1980）年には，従来その執行力が認められないため，調停前の臨時の措置よりも実効性に欠けると批判の強かった審判前の保全処分制度が整備された（家審15条の3以下）。しかし，ドイツ法の審問請求権の紹介や学説におけるその受容，手続保障の考え方の定着にもかかわらず，家審法総則や非訟事件手続法の総則において，憲法等の要請する適正手続，関係人の手続保障を満たすための改正は実現しなかった。

　平成13（2001）年6月の司法制度改革審議会意見書の指摘に基づいて，家庭裁判所の利用のしやすさを実現するための法改正作業がなされ，平成15（2003）年には人事訴訟事件等の家庭裁判所への移管を内容とする法律案が国会に提案され，平成15（2003）年法律109号として人事訴訟法が成立した。家庭裁判所において家事事件が多様な手続によって解決されるという考え方が，ようやく制度的にも認められたといえる。また同年には，家審法の一部改正によって家事調停官制度が発足した（家審26条の2以下）。訴訟，審判および調停という解決方式の異なる手続を用意し，当事者の期待に適切に応えうる条件が整い，充実した審理が尽くされるものと期待された。

4　家事事件手続法の制定

(1)　改正の経過

　民事裁判に関係する多くの法律が全面的な改正を経てきている。民事訴訟法，民事執行法，民事保全法，破産法，民事再生法および人事訴訟法である。しかしながら家審法を含む非訟事件手続法の分野は，その動きから取り残されていた。たとえば当事者の審問期日への立会権，記録の閲覧権などが人事訴訟法の附帯処分の審理では認められている（人訴33条4項，35条）のに，家審法・家審規ではそれが反映されていないといった不統一な状況が生じていた。他の手続法との格差がいっそう拡大し，家審法の立ち後れ状態が顕著になっていることからも，改正に向けた取組みが求められた。法制度発足後，半世紀以上を経て，関係人の自己決定の尊重などを最大限に保障できる手続法へと整備することが求められていた[12]。また2009年にドイツにおいて家事事件および非訟事件手続法（その略称をFamFGという）が成立したことも，わが国の法改正の必要性を促したといえよう[13]。

　平成21（2009）年2月，法務大臣より法制審議会に対して非訟法・家審法

の現代化を図るうえで留意すべき事項について諮問がなされた（諮問第87号）。これを受けて法制審議会は，非訟法・家審法部会を設置して平成21（2009）年3月から調査・審議を行い，平成22（2010）年7月に「非訟事件手続法及び家事審判法の見直しに関する中間試案」をとりまとめ，法務省民事局参事官室より公表する[14]とともにパブリックコメントの手続に付した。

平成22（2010）年9月より部会での審議を再開し，平成23（2011）年1月28日，非訟事件手続法及び家事審判法の見直しに関する要綱案を決定した。この要綱案は，同年2月15日の法制審議会で採択され，同日法務大臣に答申された。

この要綱案を踏まえて「非訟事件手続法案」，「家事事件手続法案」および「非訟事件手続法及び家事事件手続法の施行に伴う関係法律の整備に関する

---

(12)　なお直接に家事審判制度に関係するものではないが，平成16（2004）年法律45号として成立した労働審判法は，非訟法の準用を定めつつ（29条），期日への呼出し（14条），証拠調べ（17条）や審理の終結の宣言（19条）などの特則を置いている。また平成17（2005）年法律86号会社法は，非訟法に定めのあった商事非訟事件を取り込み，意見聴取（870条），理由の付記（871条）について総則的な定めを置くほか，事件ごとに特則を定めている。これらも家審法の改正に一定の意味を有したと考えられる。

(13)　平成18（2006）年に商事法務研究会内に「非訟事件・家事審判研究会」が組織され，法制審議会における審議の準備として，両法の検討項目の洗い出しや整理が行われ，その内容が商事法務研究会編「非訟事件手続法及び家事審判法に関する調査・研究報告書」（2009）として公表されている。この研究会報告については，岡部・前掲注(3)ケース研究300号69頁が簡単に議論状況を指摘している。またドイツ家事事件および非訟事件手続法（FamFG）改正については，ミヒャエル・ケスター・渡辺惺之訳「ドイツ家事手続法改正の基本的特徴」立命館法学308号（2006）1250頁，垣内秀介「ドイツにおける新たな家事事件・非訟事件手続法の制定」法の支配155号（2009）35頁。

(14)　NBL編集部編『非訟事件手続法・家事審判法の見直しに関する中間試案と解説』（2010）がある。家事事件手続法制定時における議論等に関しては，三木浩一「非訟事件手続法・家事審判法改正の課題」ジュリスト1407号（2010）8頁，山本和彦「非訟事件手続法・家事事件手続法の制定の理念と課題」法律時報83巻11号（2011）4頁，秋武編・概説3頁以下〈秋武憲一〉，また立法担当者による解説として，金子修「家事事件手続法の制定とその経過とその概要」法律のひろば64巻10号（2011）4頁，金子修「家事事件手続法制定の背景と意義」家族〈社会と法〉30号（2014）23頁がある。

第1章　家事審判制度　　13

法律案」が作成され，同年4月5日参議院に提出された。参議院本会議では
4月27日に，衆議院本会議では5月19日にいずれも全会一致で可決され，
同月20日に公布された。そして平成25 (2013) 年1月1日より施行された。
家事事件手続法成立後，最高裁規則制定委員会により平成24 (2012) 年7月
17日家事事件手続規則が制定され，平成25 (2013) 年1月1日より施行さ
れている。

(2)　改正の要点

　家審法改正の要点は，家事審判および家事調停の手続を国民にとって利用
しやすく，現代の要請に合致した内容とするため，家事事件の手続の改善を
図ることで，そのポイントは，①当事者の手続保障を図るための制度（審判
によって影響を受ける子の利益への配慮のための制度を含む）の拡充，②国民が
家事事件の手続を利用しやすくするための制度の創設・見直しおよび③管
轄・代理・不服申立て等の手続の基本的事項に関する規定の整備である[15]。
その他にも，旧法時に問題の多かった法律事項と規則事項を見直したこと，
家事事件の手続を利用者の便宜の観点から非訟事件手続法の準用をやめて自
己完結的な法律にしていること[16]が注目される。

　上に述べた要請を取り入れたことによって，家事事件手続法の条文が大幅
に増加したこと，さらに全面的な見直しにより現代社会の要請にかなった新
しいものになったことを示すために，家審法の改正ではなく新法を制定する
という方式がとられた[17]。

(3)　残された課題

　家事手続法の制定によって旧家審法の下で指摘されていた問題点がすべて
解決したわけではない。なによりも現在家庭裁判所が各審判事件についてど
のように関与すべきか，それを踏まえて家庭裁判所はどのような役割を果た
すべきであるかという基本的な議論は尽くされていない[18]。また各論的にみ

---

[15]　金子・一問一答25頁，松田敦子「非訟事件手続法，家事事件手続法及びこれら
　の関係法律の整備法の制度について」時の法令1903号 (2012) 4頁，さらに前掲
　注[14]に掲げたもののほか大橋眞弓「家事事件手続法の意義(1)・(2)」法学教室375
　号 (2011) 52頁，376号 (2012) 49頁。

[16]　金子・一問一答10頁，11頁。

[17]　金子・一問一答7頁。家審法と家事事件手続法の編成上の差異については，基
　本法コンメ124頁〈三木浩一〉参照。

ても，家事手続における形式的当事者概念の導入がはたして適切かについては問題があるし，子ども代理人制度を導入すべきであるかという問題についてもその必要性，法的地位，その他関連する諸制度との異同などについて共通理解が形成されているとはいえない状況である。他の法律ではすでに非訟事件から除外された事項がなお家事審判事項とされている例があり，さらに現行法上では訴訟事件とされている事項を家事審判事件として取り込むべきではないかといった問題についても踏み込んではいない。なお残された課題だといえる[19]。家事手続法がどこまで法改正（新法の制定）の目標を達成できているかについては，以下の説明の中で扱うことにする。

第2節　家庭裁判所

1　家庭裁判所

　家庭裁判所は，裁判所法 31 条の 3 第 1 項により，家事審判・家事調停（以下，この両者を合わせて「家事事件」という），人事訴訟，少年の保護事件の審判事件および他の法律で定める権限だけを扱う裁判所である。その管轄区域は地方裁判所と同一である。地方裁判所とは別の庁舎を有する場合もある。人事訴訟のほか，原則として民事，刑事の訴訟事件を扱う権限を有しない（例外として民執 33 条，35 条）。したがって訴訟事件の裁判権の権限行使の上で，簡易裁判所の上級裁判所となることがなく，事物管轄という考え方は存在しない。

　すべて司法権は最高裁判所および法律の定めるところにより設置する下級裁判所に属するところであるが，家庭裁判所はこの一般的に司法権を扱う通常裁判所の系列に属する下級裁判所として，裁判所法により設置されたもの

---

(18)　梶村太市「家事審判法改正の論点をめぐって」戸籍時報 651 号（2010）2 頁以下，同「家事審判法の改正をめぐって」書斎の窓 604 号（2011）17 頁における指摘参照。

(19)　家事手続別表第 1 第 93 項，98 項に掲げる鑑定人の選任（新非訟法 96 条にも同趣旨の規定がある）は，民事執行法 58 条 1 項の評価人と同趣旨のものであるが，民事執行法は鑑定人選任を非訟事件とは位置付けていない。また現在訴訟事件とされているが審判事項として扱うことが適切である一例として，佐上「児童福祉法における一時保護と司法審査」松本博之先生古稀祝賀論文集『民事手続法制の展開と手続原則』（2016）35 頁以下参照。

である。家事事件は非訟事件の性格を有するが，非訟事件は民事裁判権の一部を構成する。その行使を通常の訴訟事件を扱う裁判所と同一の裁判所の一部で行うか，別の裁判所を設置して行うかは政策的な問題である。したがって家庭裁判所は，一般的に司法権を行う通常裁判所の系列に属する下級裁判所であって，憲法76条2項にいう特別裁判所ではない[20]。

　家庭裁判所は，地方裁判所の本庁および支部の所在地に本部と支部が設置されている。また出張所が設けられることもある。家庭裁判所の支部は，家庭裁判所の権限に属する事務を扱い（地方裁判所及び家庭裁判所支部設置規則2条1項），家庭裁判所の出張所は家事事件の審判および調停だけを扱う（家庭裁判所出張所設置規則2項）。

2　家庭裁判所の構成等
1　総　説

家事審判および家事調停（家事事件）を扱う機関として，当初，地方裁判所の特別の支部として家事審判所が設置された[21]。その後昭和23（1948）年法律260号による裁判所法一部改正により，少年事件を扱ってきた法務庁の所轄機関であった少年審判所と統合され，昭和24（1949）年から家庭裁判所と称されるようになった[22]。

---

[20]　最大判昭和31（1956）・5・30刑集10巻5号756頁。特別裁判所とは，憲法が司法権を付託している通常の裁判所，つまり最高裁判所およびその下級裁判所以外の裁判所で，その裁判所に特別の裁判を行わせたのでは裁判所の裁判を受ける権利および法の下の平等を保障した憲法の趣旨に反する結果となるものをいう。最高裁判所の系列下にある下級裁判所の分類として，法律によって特殊の専門的技術的な事件を処理するために，それだけを扱う裁判所を設けることは憲法の趣旨に反しない。兼子一＝竹下守夫『裁判法（第4版補訂）』（2002）137頁，樋口陽一＝佐藤幸治＝中村睦男『浦部法穂『注解法律学全集憲法Ⅳ』（2004）25頁〈浦部〉。

[21]　「家事審判法質疑応答資料」（堀内・家事審判制度の研究429頁）によると，旧家審法の立法担当者は，次のように考えていた。

　「問　『家事審判所』という名称は，少年審判所や特許局審判所と同様審判を行う行政機関の名称と間違われるから『家庭裁判所』とすべきではないか。

　　答　『家事審判所』は『家庭事件審判所』を略した呼称である。『裁判所』と謂う名称を避けたのは，『裁判所』と謂う名称は，如何にも争訟又は刑事裁判を聯想し，国民に近寄り難い感を与えるので，意識的に避け，国民に親しみ易い『審判所』と謂う名称を採ったものである」。

家庭裁判所は，裁判所法31条の2以下の規定により，相応な員数の判事および判事補で構成される。旧法の下ではこれらの裁判官のうち家事審判を扱う者をとくに家事審判官と呼んでいた（旧家審法2条）が，家事手続法の下では単に裁判官と呼ぶことに改めた[23]。

その他裁判所書記官，家庭裁判所調査官（調査官補を含む），裁判所技官（医師）が配置される。さらに家庭裁判所の運営に国民の意思を反映させるために，家庭裁判所委員会が設けられている（家庭裁判所委員会規則，平成15（2003）年最高裁規則10号）。家事調停委員は，家事調停に関与するが審判には関与しない。また家庭裁判所の職員ではない（詳細については第2編第3章第1節2において扱う）。参与員は審判手続に関与して裁判官に意見を述べる（詳細は以下4で説明する）。また平成15（2003）年7月25日旧家審法一部改正により，家事調停官制度が設けられ，これが家事手続250条以下に引き継がれている。これは5年以上の経験を有する弁護士がその身分を有したまま非常勤の形態で家事調停に関与し，裁判官と同等の権限をもって家事調停を主宰することができるとするものである（詳細は第2編第3章第1節5で説明する）。以下家庭裁判所の職員について概説する。

2　家庭裁判所の裁判官

(1)　法律の定め

家庭裁判所の裁判官は，相応の員数の判事および判事補からなる（裁判所31条の2）。各家庭裁判所の裁判官の員数は，最高裁判所が定める。判事補の職務も地方裁判所の場合と同一である（裁判所31条の5による27条の準用）。家庭裁判所が審判または裁判を行うについては，一人の裁判官がその事件を

---

[22]　家庭裁判所は，ここで述べたようにもともと家事審判所として発足したが，実際に開庁してみると事件が予想以上に多く，既定の体制・施設では処理しきれないことになったため，家事審判所を地方裁判所から独立した裁判所にしなければならいという要請が強まっていた。他方行政官庁として発足していた少年審判所については，人権保護の見地から裁判所に改組することになり，それぞれ単独の裁判所とする議論もあったが，結局少年の問題も帰するところは家庭の事件であり，これを家庭の問題は相互に不可分の問題であり総合的に扱うことが適当であるとして，現在の家庭裁判所が生まれた。これによって「家庭には光を，少年には愛を」という旗幟が鮮明にされることになった（注解家審法48頁〈斉藤秀夫〉）。

[23]　家事審判官という名称は，家事審判所以来のものであるが，家事手続法の下でこれを維持する理由は乏しいとして改められた（金子・一問一答15頁）。

第1章　家事審判制度

取り扱う（同31条の4第1項。家庭裁判所の裁判官の除斥・忌避に関する裁判など合議体で取り扱うべきものとされているときはそれによる。同2項）。判事補は一人では裁判することができないので，家事事件の審判もできない。これに対して調停は裁判ではないので判事補でも調停委員会を構成することができるが，合意に相当する審判（家事手続277条）および調停に代わる審判（同284条）をすることができず，また家裁調査官に調査を命じることができない[24]。

(2)　**裁判官に期待される能力**

　家事事件を扱う裁判官の資格や地位は，法律上は一般の裁判官と何ら異ならない。また家庭に関する紛争を扱ううえで特別の知識経験も要求されていない。しかし家庭裁判所は家事審判・調停を扱う裁判所であり，司法的機能に加えて人間関係調整という後見的・福祉的機能を備えていると受け止められてきたことから，通常裁判所の裁判官には見られない能力が期待されてきた。すなわち，家事事件の解決にあたっては，人間関係や紛争の背景を十分に洞察することが必要とされる。審判や調停において家裁調査官が配置され，その専門的知識を生かした事実調査が求められていることからも分かるように，家事事件を扱う裁判官は人間や家庭に関する深い理解と人間諸科学に対するある程度の理解を身に着けることが求められているといえる。また近時は，家庭裁判所が求められている役割との関係で，家庭裁判所の裁判官は「社会の意識の変化をきちんと当事者から受け止める」必要があることが指摘されている[25]。社会の変化に伴い，家族のありよう，家族構成員の意識も多様化しているし，以前においては問題とされなかった事項が社会的に認知されるようになり，家庭に関する問題も複雑化している。裁判官にはこのような変化も的確に認識し，対応する能力が求められるといえる。

---

[24]　最高裁判所事務総局『裁判所法逐条解説上巻』（1967）263頁，注解家審法63頁〈岩井俊〉。

[25]　安倍嘉人「家庭裁判所の裁判官の役割」司法研修所論集114号（2005）166頁。しかし門口正人「家庭裁判所の裁判官に求められるもの」家月61巻1号（2009）1頁以下は，家庭裁判所の裁判官には通常裁判所の裁判官に求められるところと格別に変わるものではないことを強調する。人間諸科学への理解が必要であることに光を当てることは誤解を生じさせるという（24頁）。

3 裁判所書記官

裁判所書記官は，同名の職員で構成される単独制の機関である。裁判所法60条2項，3項に定める裁判官の行う法令・判例の調査その他必要事項の調査，家事審判等の申立事務をはじめとした事件に関する調査・記録の作成，保管のほか，送達事務，登記や戸籍の嘱託，各種書類の公証，執行文の付与など固有の権限をもつ。また申立ての受付けに関連して幅広く家事手続案内を担当している（以下3・4参照）。

申立てのあった場合，申立書の形式的要件の審査や申立要件の調査と補正命令に関する事務は，民事訴訟におけるものと基本的に異なる点はないと解すべきである[26]。家事手続においても，裁判所書記官の役割は徐々に拡張され，裁判官とともに円滑な手続運営に寄与するべき役割が大きくなっている。近時においては，裁判所書記官の調査活動とコートマネジメントの役割が重視されている。前者は家裁調査官の関与しない審判事件において裁判官が必要とする資料を調査・収集することが期待されている。また後者については事件の種類や事案の内容に応じた適正迅速な進行管理を行い，手続に関与する裁判官，参与員，調査官等の各職種間での連携が適切に行われるよう，また当事者との調整が円滑に行われるための中心的な役割が期待されている[27]。

4 参与員

(1) 意 義

参与員は，家庭裁判所が毎年前もって選任する者の中から，個々の家事事件につき審判機関としての家庭裁判所によって指定されて審判に立会いまたは意見を述べる機関である（家事手続40条。人訴9条以下にも同様の規定が置かれている）。旧家審法の制定当初から設けられている。その趣旨は，家事事件を「法律専門家である裁判官と世故人情に通じたる徳望ある民間人が一

---

[26] 実務講義案52頁，56頁。

[27] 石井久美子「家事審判における裁判所書記官の役割」野田愛子＝梶村太市総編集『新家族法実務大系第5巻』（2008）305頁。また家事調停手続における裁判所書記官の関与のイメージについて，小磯治＝鞭圭代「家庭裁判所における裁判所書記官の事務」ジュリスト1259号（2003）141頁，渋井保之＝細井仁「『家裁における書記官事務の指針（家事編）』を参考とした東京家庭裁判所の運用について」ケース研究280号（2004）107頁，林隆峰＝島田幸雄「家庭裁判所における書記官と家庭裁判所調査官の役割及び連携について（対談）」家月61巻1号（2009）125頁などがある。

体となって，親族間の情義を考慮して」具体的妥当な解決をするためである[28]。すなわち，家庭に関する事件は家庭内や親族間の争いであるため，一般の事件のように裁判官が法律のみを適用して処理することが必ずしも適当とはいえず，家庭生活や親族関係の実情に通じた民間人の関与によって具体的に妥当な処理をする必要性があることによる。家事事件が純粋に法的判断だけで解決するという前提であるならば，こうした参与員制度は必要がない。司法に対する国民の参加という意味もある。簡易裁判所の司法委員（民訴279条）と同趣旨の制度である。

参与員は，刑事裁判における裁判員やドイツの刑事訴訟で認められている参審員とも異なり，家庭裁判所の審判機関を構成するものではない。家事事件手続法上の審判機関は裁判官であって，参与員が関与する場合にも合議によるのではない。

(2) 参与員候補者の選任

参与員となるべき者は，各家庭裁判所が徳望良識のある者の中から毎年前もって選任する（家事手続40条5項）。その数は家庭裁判所ごとに20名以上とされる。参与員となるべき者の選任に関して必要な事項は，最高裁判所規則で定める（同6項）。これに基づいて参与員規則（昭和22（1947）年12月20日最高裁規則13号，平成24（2012）年最高裁規則9号）が定められている。

(3) 参与員の関与

裁判官が審判を行うにあたっては，原則として参与員を関与させなければならないが，相当と認めるときは参与員を関与させないで審判することもできる（家事手続40条1項）。参与員を関与させる場合に，審判手続に立ち会わせるか，意見を聴くかは裁判官の裁量による。立会いの参与員の数は，各事件につき一名以上である（同4項）。

家事手続法上は，参与員の関与が原則とされてはいるが，従前は実際にはさほど活用されているとはいえないと指摘されてきた[29]。社会的常識を必要とする事件においても，参与員を関与させなくても具体的妥当性を失われな

---

[28] 第1章第1節2・1(3)旧家事審判法の制定の趣旨参照。

[29] 須田啓之「遺産分割手続と参与員の関与」判タ688号（1989）188頁，林道晴「参与員の活用について」家月42巻8号（1990）1頁，森野俊彦「家事審判における参与員の役割」野田愛子＝梶村太市総編集『新家族法実務大系第5巻』（2008）290頁。

いこと，参与員を関与させるとかえって迅速な解決ができないことなどがその原因であるとされる。近時においては参与員の活用が見直され，その関与のあり方として①戸籍事務，国際私法，不動産等の専門的な知識・経験に基づく鑑定的な意見の陳述を求める，②家事調停委員として関与した別表第2に掲げる事項の審判事件について参与員として関与し，再度調停に付す場合に調停委員会を構成する，③別表第1に掲げる事項の一定の事件につき裁判から指示されて一定の事項につき関係人等から事情を聴取するなど，裁判官の審問に先立つ予備的な審問に基づいて意見を述べるなどの活用が考えられている[30]。また事件数の増加している成年後見事件のうち，家庭裁判所の後見監督事務につき，後見人の財産管理状態など公認会計士等の資格を有する参与員による予備調査の担当が委ねられている[31]。

このような参与員の専門的知識を活用した予備調査または予備審問などの事務は，参与員制度導入の趣旨と大きく異なっている。この状況を肯定する見解もあるが，家事事件の多様性に鑑みると裁判官，家裁調査官だけで事実調査をすることが困難となってきていることから，民事訴訟における専門委員と同様の仕組みをきちんと構築する必要がある。参与員制度をなし崩し的に予備調査や予備審問に活用していくことは疑問である。

(4) **参与員による説明聴取**

家事手続40条3項は，参与員が意見を述べるために家庭裁判所の許可を得て，申立人から説明を聞くことができることを明文で認めた。的確な意見

---

(30)　林・前掲注(29)家月42巻8号33頁以下，注解家審法66頁〈岩井〉，東京家裁家事第5部編『遺産分割事件処理の実情と課題』判タ1137号（2004）73頁，森野・前掲注(29)新家族法実務大系第5巻293頁。なお，これに関してさいたま地判平成21（2009）・1・30裁判所ウェブサイト（LEX/DB25440381）は，受理相当であった相続放棄申述につき予備審問を担当した参与員が不受理相当の意見を付したことについて，参与員が国家賠償法上の責任を追及された事件である。参与員の行為は参与員が違法または不当な目的をもって意見を述べたなどの特別の事情がなければ注意義務違反にあたらないとするが，参与員が法的判断につき意見を述べていることなど，制度本来の趣旨を逸脱しているのではないかという懸念を抱かせる。本件では参与員の予備審問のほか裁判官の審問は実施されていないようであるから，実質的にみると予備審問といいながら裁判官の審問の代行といえるであろう。

(31)　森野・前掲注(29)新家族法実務大系第5巻296頁。

第1章　家事審判制度　　21

を述べるためには，裁判資料を閲読するだけでなく，申立人から直接に説明
を受けることが必要かつ相当な場合があることがその理由とされている[32]。
ただし別表第2に掲げる事項についての審判事件については，当事者間の利
害対立があることから，この説明聴取はできないとされている（同ただし書
き）。旧乙類審判事件から別表第1に移された相続人廃除事件についても，
参与員による説明聴取は除外されるべきである[33]。

　参与員によるこの説明聴取は，参与員が自己の意見を形成するための情報
収集であるが，申立人からみると裁判所による事実調査との区別が明確でな
くなるという状況を生じさせる。とくに上記(3)の③におけるように，裁判官
から指示された事項についての事情聴取（予備審問と呼ばれている）との区別
は当事者にとっては分かりにくいものであろう。手続の透明性の観点からも
疑問を生じさせるため，慎重な運用が求められる[34]。

5　家庭裁判所調査官

(1)　意　義

　家事審判は裁判官が行うものとされているが，その解決のためには必要に
応じて事件の当事者・関係人の性格，経歴，生活状況，財産状態および家庭
のその他の環境について，医学，心理学，社会学，経済学，精神医学その他
専門的知識を用いた事実調査が求められる（家事手続59条3項参照）。家事
調停においても同様である。家事事件は夫婦・親子・親族間の紛争を対象と
し，紛争を取り巻く環境や人間関係にも十分に配慮した解決が必要とされる

---

(32)　金子・逐条解説125頁。

(33)　基本法コンメ193頁〈山田文〉。

(34)　高田編・家事事件手続法131頁〈山本克己発言〉参照。この点に関してさらに
　　次の点を指摘しておくべきであろう。森野・前掲注⑳新家族法実務大系第5巻293
　　頁は，「甲類事件すべてに，家事審判官が直接審問するのは物理的に不可能である
　　し，また無駄といってよいであろう」とし，また同300頁では，「甲類事件のすべ
　　てについて，法曹が全力を注ぐべきかどうかとなると，疑問が残るであろう」とし，
　　この認識の下で参与員の積極的活用を主張している。そして参与員を，場合によっ
　　て，「いわゆる『司法補助官』的なものと位置づけてもいいのではないかと思って
　　いる」という（同297頁）。立法論としてはともかく，裁判官が事件処理の中心に
　　出なくてもよいという評価の上で，参与員を関与させるのは裁判官の仕事の下請
　　けを正当化させるものであり，参与員の現行法上の枠組みを逸脱させ，なし崩し
　　的に変質させるという印象を与える。十分に警戒すべきである。

からである。しかしながら裁判官はこうした分野の専門家ではないため，人間関係の諸科学の専門的知識をもち，これを活用して事実調査にあたることを主たる職責とする独立の官職として各高等裁判所および家庭裁判所に置かれたのが家庭裁判所調査官である（裁判所 61 条の 2 第 1 項。以下，本書においては「家裁調査官」と略称する）。

最初に家裁調査官の沿革について簡単に指摘しておこう。旧少年法（大正 11（1922）年法律 42 号）の下で，少年審判所に少年審判官を補佐して審判の資料を提供し，観察事務をつかさどる者として少年保護司が置かれていた。これが新少年法（昭和 23（1948）年法律 168 号）に引き継がれ，昭和 25（1950）年に少年法一部改正により，新たに少年調査官制度へと改められた。家事事件については，家庭裁判所発足の当初は少年事件のような調査体制はとられていなかったが，適正迅速な解決を図るために専門的な調査機関を設ける必要性が強く要望され，昭和 26（1951）年裁判所法一部改正によって各家庭裁判所に家事調査官が置かれることになった。その後，少年調査官も家事調査官もともにその職務は共通するものであるから，両者を統合し家裁調査官とされることになった（昭和 29（1954）年裁判所法一部改正）。また昭和 32（1957）年には，家庭裁判所調査官研修所が設置され，その職務の遂行上必要となる専門的な知識と技術の研修が行われている[35]。

(2) **専門性**

上に述べたとおり，家裁調査官は主として大学において心理学，社会学，経済学，社会福祉学等の専門を履修してその専門的知識を有することが必要である。採用試験に合格した後，2 年間にわたって裁判所職員総合研修所で必要な知識・技術を習得するとともに，実務研修を受けて各家庭裁判所に配属される。

(3) **職務権限**

裁判所法 61 条の 2 第 2 項により，家裁調査官は家庭裁判所の権限に属する事件の調停，審判および裁判につき，「必要な調査」およびその他の職を

---

[35] 最高裁判所家庭局「家庭裁判所 20 年のあゆみ」『家庭裁判所の諸問題上巻』（1969）551 頁以下，斎藤正人「回顧・調査官創設期」ケース研究 212 号（1987）126 頁，菊池和典「家庭裁判所調査官の制度の回顧と展望」家月 41 巻 1 号（1989）99 頁。また最近の文献として村上敬「家事係調査官の職務・役割の歴史的変遷及び調査官活動の現状と課題」家族〈社会と法〉16 号（2000）78 頁がある。

行う。家事事件において調査する場合にも，調査官独自の判断でこれを行うのではなく，裁判官が行う事件の処理に関して裁判官を補佐し，また補助する立場にあるから，裁判官の個別の命令による授権のあることが必要である（調査命令。裁判所61条の2第4項）。他方で，家裁調査官は，人間関係の諸科学の専門的知識を有していることから，その職務の遂行に際しては裁判官も家裁調査官の専門性を尊重すべきである。調査結果は裁判官に報告しなければならない（家事手続58条3項）。

　家裁調査官のその他の職務としては，①家事審判等の期日に出席して意見を述べること（同59条1項，2項），②事件の関係人その他の環境を調整するために，社会福祉機関との連絡その他の措置をとること（同3項），③履行確保に関する事務として，審判等で定められた義務の履行状況を調査し，社会福祉機関との連絡その他の措置をとること（同289条4項）などがある。

　審判または調停手続における事実の調査，調整等の具体的内容については後述する。

6　技官たる医師

　技官は裁判所法61条1項により各裁判所に配置され，上司の命を受けて技術をつかさどる（同2項）。家庭裁判所の技官たる医師は，昭和26（1952）年12月に，まず11の家庭裁判所に家庭裁判所医務室が設置されたことに伴って配置され，その後全国の家庭裁判所に拡大された。家庭裁判所では主として精神科医が配置され，またさらに内科医が配置されているところもある。裁判所技官がつかさどる技術の範囲には特に制限がない。旧家審規7条の6第1項は，家庭裁判所は必要があると認めるときは，医師たる裁判所技官に事件関係人の心身の状況について診断させることができると定め，同2項で期日に出席して意見を述べる旨が定められていた。家事手続60条1項，2項がこれを引き継いでいる。それ以上具体的な職務内容が定められているわけではない。

　平成9（1997）・3・28最高裁人事局長通達「高等裁判所及び家庭裁判所の医師及び看護婦の職務等について」[36]によれば，家庭裁判所の医師たる技官の職務は，①家事事件の審判または調停に必要な医学的診断，②少年事件の審判に必要な医学的診断，③家庭裁判所調査官の事実の調査に対する科学技

---

(36)　家月49巻8号257頁に掲載されている。

術的協力，④事件の関係人に対する応急の診療，⑤その他医学的知識を必要とする職務とされている。これを受けて平成9（1997）・4・30家庭局長通知「家庭裁判所の医師及び看護婦の職務について」[37]は，医師たる裁判所技官の職務の概要を次のとおりとしており、家事手続法もこれを引き継いでいる。すなわち，上記①については，家審法7条の6（家事手続60条1項に相当）に基づき，事件の関係人の心身の状況について診断を行う。この診断は，審判または調停を進めるにあたって，関係人に精神的な障害が疑われるような場合等で，事件処理上で必要と認められるときに行われる。医師の診断は，家庭裁判所の命令に基づき審判または調停の期日に出席して，または家裁調査官の調査に同席するなどして，関係人に個別に面接して行われ，診断結果は家庭裁判所に書面または口頭で報告され，この報告には意見を付すことができる。また医師が期日に出席したときは意見を述べることができる（家事手続60条2項）。

　上記②の協力は，家裁調査官の調査に際して当事者等に精神的疾患が疑われる場合に，事実の理解，今後の調査方法等につき，専門的知識に基づいた助言を行うことであり，④は家庭裁判所に出頭した事件の関係人に対して一時的に応急の診療を行うものである。

　医師たる技官の上記の調査は，事件の円滑な進行に資するものに限られ，本案に関する事実の調査や鑑定を担当するものではない。

3　家庭裁判所の権限

1　裁判所法の定め

　それぞれの裁判所が有する裁判権は，裁判所法によって定まる。家庭裁判所はその設置以来，権限に変遷があるが，現在は同法31条の3第1項によれば，①家事事件手続法（平成23（2011）年法律52号）で定める家庭に関する事件の審判および調停，②人事訴訟法（平成15（2003）年法律109号）で定める人事訴訟の第一審の裁判，③少年法（昭和23（1948）年法律168号）で定める少年の保護事件の審判の権限を有し，さらに④同2項で他の法律において特に定める権限を有するとされている[38]。

　上記の①のうち審判は，法律の手続によってなされる事件の強制的解決の

---

(37)　家月49巻8号263頁に掲載されている。

第1章　家事審判制度　　25

方法であり，非訟事件の性質を有し，手続は非公開で職権探知の方式で行われる。審判の対象となるのは，家事手続法別表第1第1項ないし第134項，別表第2第1項ないし第16項に列挙されている。家事調停においてなされる合意に相当する審判（同法277条），調停に代わる審判（同284条），審判で定められた義務履行の勧告または命令の審判（同290条）がある。家庭に関する事件であっても，家事手続法その他の法律に定めのない事項については，家庭裁判所は審判をすることができない（以下2，第3章第1節2参照）。

上記①の事件のうち調停は，当事者間の互譲による紛争の任意的，自主的解決の方法であり，調停委員会または裁判官により非公開で行われる（同244条以下）。家事調停の対象となるのは，人事に関する訴訟事件その他家事手続法別表第1に掲げる事項を除く家庭に関する事件である。家事審判の対象とならない事項であっても家事調停の対象となることがあり，また家庭に関する事件の調停は簡易裁判所における民事調停の対象となることもある（第2編第2章第1節3参照）。

上記②の人事訴訟法で定める人事訴訟の第1審の裁判は，平成15（2003）年の同法の制定によって人事訴訟が地方裁判所から家庭裁判所へ移管されたことにより，家庭裁判所が裁判することが認められるようになった。

③は少年法で定める少年の保護事件の審判である。少年の保護事件とは，罪を犯した少年，14歳に満たないで刑罰法令に触れる行為をした少年，一定の事由があって将来罪を犯しまたは刑罰法令に触れる行為をするおそれのある少年を保護処分に付することに関する手続をいう（同法3条以下）。

裁判所法31条の3第2項は，「他の法律において特に定める権限」を有すると定める。これに該当するのは，任意後見契約法，戸籍法，性同一性障害者の性別の取扱いの特例に関する法律，児童福祉法，生活保護法，心神喪失等の状態で重大な他害行為を行った者の医療及び観察等に関する法律，破産法，中小企業における経営の承継の円滑化に関する法律，厚生年金保険法等による審判事件があり（家事手続別表第1第111項ないし134項，別表第2第15，16項），さらに国際的な子の奪取の民事上の側面に関する条約の実施に関する法律第32条1項による子の返還申立事件も家庭裁判所が扱う。

⑶⑻　家庭裁判所の組織・権限については，兼子一＝竹下守夫『裁判法（第4版補訂）』（2002）203頁参照。

2 家庭裁判所の権限の限界

上に述べた裁判所法31条の3による家庭裁判所の権限は，一見したところ明確であるようにみえるが，その限界について学説上の争いのある点が残されている。詳細については個々の審判事件ごとに検討するので，ここでは若干の例を示しておくにとどめる。

家事審判事項とするべきか，通常訴訟事件となると解すべきかが問われる事項として，老親の介護・面倒見をめぐる問題がある。近時の通説的な見解によれば，老親の介護・面倒見は親族扶養の概念に含まれない。この問題は契約によって解決すべきであるとされる。それゆえ，この契約不履行については，通常の民事訴訟によって解決されるべきであると主張される[39]。介護・面倒見に要する費用については，老親が要扶養状態にあるときは，扶養の程度または方法の問題として家事審判事項になるが，これと密接に関連する介護・面倒見については民事訴訟として審判事項から除外される。これがはたして適切であるかは検討の必要があろう。

扶養に関連してもう一点指摘しておこう。扶養義務者の一人が他の扶養義務者に対して過去の扶養料の求償を求める場合に，先行して協議または審判によって扶養義務が定められていたときは，家事審判事項ではなく民事訴訟事項であるとするのが通説である。この場合には不当利得または事務管理が問題になるからであるという。しかしその審理に際しては，扶養義務者の要扶養状態や扶養義務者の扶養能力など，事情変更による扶養の程度または方法の審判と同様の審理が必要になる。過去の扶養料の求償についても家事審判事項とすることは十分になり立ち得ると考えられる。

次に遺産分割との関係では，相続開始後の賃料等の扱いが問題になる。通説・判例によれば，相続開始後の賃料請求権は遺産分割の対象ではない[40]。これをめぐる争いは民事訴訟事項である。しかし実務においては相続人全員の合意があるときは，賃料請求権をも遺産分割の対象とすることができるとしている[41]。ここではなぜ当事者の合意があれば審判事項となるのか，この合意はいかなる性質を有するかが検討されることになるが，上記の老親介

---

(39) 上野雅和「老親介護をめぐる諸問題」『谷口知平先生追悼論文集1家族法』(1992) 322頁，同「介護と家族法」山中永之佑＝竹安栄子ほか『家族と介護』(2001) 99頁など。

(40) 最判平成17 (2005)・9・8民集59巻7号1931頁。

護・面倒見をめぐる争いの処理との整合性が保たれているか否かが検証され
なければならない。家事審判の対象となるか否かは，別表第1，第2の各審
判事項の解釈によってもその範囲が変動する。その詳細は各審判に即して検
討する。

3　家庭に関する事件と家庭裁判所と地方裁判所の権限分配・交錯関係

家庭裁判所は，平成15（2003）年の人事訴訟法の制定までは家事事件およ
び少年事件を専門的に扱い，訴訟事件は家庭裁判所によって作り出された債
務名義についての執行文の付与や請求異議の訴えを例外的に扱うことができ
たにすぎなかった。従来，家庭裁判所が訴訟事件を扱わない理由は，もっぱ
ら非訟事件のみを扱う審判所として構想されたことにあり，発足後の運用の
中で生み出された和やかな雰囲気を損なわないためとされてきた。訴訟事件
を扱わない「裁判所」という，いわば従来の原則を放棄した例外的な制度と
して存続してきた。このことが逆説的であるが，国民の利用のしやすさを招
き，「成功した」原因であると指摘されてきた[42]。

しかし後にも触れるように，個々の事件処理の手続についていえば，家庭
裁判所と人事訴訟を管轄する地方裁判所の間の連携は，利用者からみて機能
的であるとはいえない点があった。何よりも家庭裁判所の名を冠した裁判所
が人事訴訟を扱わないという構造的な問題が存在していた。平成13（2001）
年の「司法制度改革審議会意見書」においても，この点が指摘された。平成
15（2003）年法律109号による人事訴訟法の制定によって人事訴訟の家庭裁
判所への移管がようやく実現した。

家庭に関する事件のうち婚姻，離婚，認知，嫡出否認等の親子関係，養子
縁組・離縁に関する訴訟事件（人訴2条に掲げるもの）が家庭裁判所に移管
され，かつ調停前置主義が採用されている（家事手続257条）ので，これら
の事件は一貫して家庭裁判所で扱われ，また訴訟によらないで合意に相当す
る審判または調停に代わる審判によって解決される可能性がある（同277条，
284条）。

しかし家庭に関する訴訟事件は人事訴訟だけではない。相続や遺言をめぐ

---

(41)　東京高決昭和63（1988）・1・14家月40巻5号142頁，東京高決昭和63（1988）・
　　　5・11判タ681号187頁。

(42)　三ケ月・前掲注(2)民事訴訟法研究第8巻285頁。

る事件では，家庭裁判所と地方裁判所の連携の調整は見送られている。人訴法の制定に際して相続法の事件までを含めて家庭裁判所に移管すべきであるとの意見があった[43]。これらの事件は家庭裁判所での調停手続が行われるが，不調となったときは地方裁判所で訴訟事件として処理される。家庭に関する紛争は，できる限り関連して解決することが望ましい。このことが人事訴訟法の制定によって一部は実現し，一部は依然として未解決のままになっている。これらの状況は利用者の立場からみると極めて分かりにくいといわざるを得ない。人事訴訟事件の家庭裁判所への移管は，その解決への一歩であるがこれで問題がすべて解決したものではないことを認識しておく必要がある。

4 家事手続案内

(1) 概 説

　家庭裁判所が家事事件について行う活動は主として審判，調停および人事訴訟である。審判とは，家事手続法別表に掲げる事項について審判（裁判）を行う手続であり，調停とは別表第2および人事訴訟ならびに一般に家庭に関する事件について，当事者を斡旋して合意の成立を図る手続をいう。さらに明文規定によって定められてはいないが，調停または審判の手続に入る前の家事相談が行われ，実際にも大きな役割を果たしてきた。この家事相談は平成20（2008）年1月より「家事手続案内」と変更された。家庭裁判所の行う家事手続案内は，家庭裁判所を国民（とりわけ社会的弱者とされていた女性や高齢者）にとって身近で親しみ易い裁判所とするための取組みとして，任意にはじめられたものである[44]。初期には批判的な見解も見られたが，今日ではこの有用性を疑う見解は見られない。裁判所であるために，相談に対して内容上の回答を与えることはできず，手続の教示・案内にとどまるものの家庭裁判所の本来の職務に匹敵する件数を扱っている[45]。

(2) 家事手続案内の法律上の根拠

　家事手続案内の性格や実施主体およびなしうる範囲等に関しては，議論も

---

[43]　たとえば大阪弁護士会「家事事件審理改善に関する意見書」判タ1045号（2001）4頁。

[44]　その導入の経過について，林宰次「家事相談」家月5巻9号（1953）62頁，野村健「家庭裁判所における法律相談の実情」最高裁判所書記官研修所編『書記官研修所創立10周年記念論文集』（1960）258頁，同「家事相談の現状と展望」最高裁判所家庭局編『家庭裁判所の諸問題上巻』（1969）515頁など。

あるので一応の整理をしておこう。まず家事手続案内の性質については，受付事務の一環またはその延長線上にあるとする受付事務説と，それ自体調停手続または審判手続に属しない独立の業務であるとする独立業務説が対立している[46]。いずれの見解もなり立ち得ると考えられるが，現行法を前提とする限りは受付事務説が無難である。家事手続49条1項を一応の根拠とみなしうるからであり[47]，現在の実務の枠内でも受付けに関する相談を行うことが可能であると解されるからである。独立事務説は理論的にはその通りだとしても，独自の業務についての法律上の根拠を欠くという問題がある[48]。

(3) 家事手続案内の限界

家事手続案内は，その機能に照らしてみると，受付事務に密接に関連してなされる処理手続や申立てについての説明が中心となる導入的機能と，相談

---

(45) 司法統計年報平成24（2012）年度・家事事件編第7表によれば，同年度の家事手続案内の件数は585,094件であり，10年前に比べても1.4倍に増加している。家事手続案内の内容は申立手続の説明が454,350件，再考57,145件，他の機関の紹介40,434件などとなっている。相談者は圧倒的に女性が多い（350,027件で59.8%）。婚姻中の夫婦関係の問題，相続および戸籍に関する相談が大半を占める。家庭裁判所において調停，各種審判の申立書の定型化と備え置き，申立てに際しての必要書類の教示なども行われている。弁護士会やその他の民間で行われる法律相談でも，家庭裁判所の家事手続案内に触れることが多いこともこの利用数の増加の原因となっているとみられる。なお，平成25（2013）年度からは家事手続案内の内訳が示されなくなった。案内件数は減少傾向にある（平成25（2013）年度458,661件，平成26（2014）年度444,291件，平成27（2015）年度445,529件である）。今日の家事手続全体の概観については，中村京子＝川後誠『家事手続案内の研究』（2008）がある。

(46) 市川・家事審判法45頁，山木戸・家事審判法20頁，仁平正夫「家事相談」岡垣学＝野田愛子編『講座実務家事審判法第1巻』（1989）278頁。

(47) 旧家審規3条2項を根拠にしていたものとして，実務講義案7頁，中村＝川後・前掲注(45)家事手続案内の研究11頁。

(48) 受付事務説に立つと，家事手続案内の担当者は裁判所書記官によるのが適切であるといえる。実際にも家事審判や調停の手続，民法や戸籍法等の法律問題については書記官による相談が一般的であるとされている。しかし家庭内暴力その他人間関係の調整を内容とする相談も多く，これらは家裁調査官による対応が適しているといえる。この点では受付事務説の枠を超えているともいえる。いずれにせよ，これだけの実績を有する業務につき法律上の根拠を与えることが必要である。家事手続法の制定に際しても触れられなかった。

30　　　第1編　家事審判

依頼人の直面する問題が家事審判や調停の対象となるか，他の解決手続との
関係などについての説明，助言を与える分類的機能を中心にしたものに分か
れる。家事手続案内は，家庭裁判所として行うものであり，また受付事務ま
たはその延長線上でなされることから，裁判所の中立性，公平性に疑念を抱
かせることは避けなければならないし，相談依頼者の主張の当否や権利の存
否等について結果予測や予断を与えることがあってはならない[49]。

第3節　家事事件手続規則および非訟事件手続法との関係

1　家事事件手続規則

1　旧家事審判規則・旧特別家事審判規則

　旧家審法8条は，憲法77条1項による最高裁判所の規則制定権を受けて，
「この法律に定めるものの外，審判又は調停に関し必要な事項は，最高裁判
所がこれを定める」と定め，家事審判規則（家審規）および特別家事審判規
則（特別家審規）を定めていた。家審規は，家審法の細則を定めるため家事
審判・家事調停の全体に関する一般的な規則という性格をもち，特別家審規
は民法以外の法律によって家庭裁判所の権限に属するとされた事項の審判に
ついて，家審規の規定を更に補充するものとして制定されたものであった[50]。
　旧家審規は，各事件の土地管轄，家庭裁判所の調査嘱託，当事者の死亡に
よる手続の受継さらに事件の申立権者など，立法担当者も法律事項であると
の疑問をもっていた[51]事項までが規則に盛り込まれていた。

2　家事事件手続規則

(1)　規則の制定

　家事手続3条は，この法律に定めるもののほか，家事事件の手続に関し必
要な事項は最高裁判所規則で定める旨を規定している。当事者の権利義務に
重大な影響を及ぼす事項や，家事事件の手続の大綱となる事項を法律で定め，
手続の詳細については最高裁規則に委ねることにしている[52]。家事事件手続

---

　[49]　仁平・前掲注[46]講座実務家事審判法第1巻276頁，実務講義案10頁，中村＝川
　　　後・前掲注[45]家事手続案内の研究21頁。
　[50]　注解家審規483頁〈斉藤秀夫〉。
　[51]　堀内・家事審判制度の研究433頁，豊水道祐「家事審判法の解説」法律時報19
　　　巻11号（1947）18頁。なおこの事情について詳細は本書旧版・21頁参照。

第1章　家事審判制度

規則は平成24（2012）年2月13日に最高裁判所家庭規則制定諮問委員会が開かれ，その審議を経て同年7月7日，最高裁規則8号として制定・公布され，平成25（2013）年1月1日から，非訟事件手続規則（規則7号），非訟事件手続法等の施行に伴う関連規則の整備等に関する規則（規則9号）とともに施行されている。

(2)　法律事項と規則事項との振り分け

上記1に述べたとおり，旧家審規には本来は法律事項である事項までが定められていた。家事手続規則はこれを上記(1)のように見直し，整理した。その結果，裁判所の管轄・移送，利害関係人の参加，手続の非公開，当事者等の必要的陳述の聴取，事実の調査，証拠調べ，審判の告知の対象者，即時抗告権者および即時抗告の対象，保全処分等の事項が法律事項として家事手続法で規律されることになった[53]。なお旧法時には民法以外の法律に規定する事件の審判手続については特別家審規が定めていたが，家事手続法ではすべて同法で定めるため，規則についても家事事件手続規則に一本化された。

(3)　その他の規則

家事手続3条は，最高裁規則に包括的な委任をしているが，そのほか個別の規定で特定の事項につき明示的に最高裁規則に委任しているものがある（家事手続7条，12条5項3号，40条6項，7項，54条1項，116条，249条，250条6項，251条5項などがある）。

2　非訟事件手続法との関係

家事審判手続は非訟事件の一つの領域を形づくっている。そして旧家審法は，旧非訟法の特別法という位置づけになるため，旧家審法7条は特別の定めのある場合を除いて，その性質に反しない限りは旧非訟法の規定を準用していた。しかし旧家審法も旧非訟法も手続の大枠を定めたものにすぎなかったうえ，旧家審規が特別の定めをして非訟法の規定の適用を除外していることもあった。その関係が分かりにくいうえに，何よりも規則で法律の適用を除外してよいのかという基本的な問題も提起されていた[54]。

---

[52]　金子・逐条解説6頁，基本法コンメ130頁〈三木浩一〉

[53]　金子・一問一答11頁，金子・逐条解説7頁。

[54]　この点について本書旧版・23頁以下参照。

現行家事手続法は，新しい非訟事件手続法と同時に立法された。従来の法律制定の考え方からすれば，家事手続法は新しい非訟法の規定を準用することになるが，家事手続法は「利用者が新法のみをみて手続の内容が分かるようにするため，新非訟法の規定を準用せず，自己完結的な構成をとることとした」[55]。同一の法領域で，同一内容を定めた法律が併存することは，立法技術的にはともかく，他の法律の規定を参照し，準用される内容を解釈しなければならない困難が解消したため，利用者の便宜に資することは疑いがない。

しかし非訟事件手続法と家事事件手続法は同じ非訟事件でありながら，即時抗告など規律の違いがみられるなど，合理的な説明がつくか疑問が残される点もある。学説によって理論的に整理されるべきであろう。

第4節　家庭裁判所の現状と展望

1　家庭裁判所の利用実態

1　全体的な傾向

家事事件（家事審判および家事調停）はどのように利用されているかをみておこう。司法統計年報・家事事件編によって家事事件新受件数一覧表を作成すると，次のような特徴が浮かび上がってくる。簡単に触れることにしよう。

家事審判事件の総申立件数は，家庭裁判所発足の昭和24（1949）年度には28万件を超えていた。その後昭和40年代まで申立件数は漸減し，昭和50（1975）年には約21万件にまで落ち込むが，その後増加に転じ，昭和60（1985）年には30万件を超え，その後も増加を続けて平成26（2014）年度には73万件を超えている。家事審判についてみると，別表第1（旧甲類）に掲げる審判事件が圧倒的であり，紛争性があるとされる別表第2（旧乙類）審判事件の申立ては平成26（2014）年においても約2万件にとどまる。家事調停の申立件数は，昭和24（1949）年には4万件に満たなかったが，一貫して増加を続けて，平成27（2015）年には14万件を超えている。このうち別表第2に掲げる事項の調停が約7万6千件，その他の家事調停が約6万1千件である。

---

[55]　金子・一問一答10頁。

第1章　家事審判制度　　33

2　各事件の推移

　どのような事件が多いのか。まず目を引くのは未成年養子縁組許可事件の
一貫した減少傾向であろう。昭和24（1949）年には4万5千件ほどの申立て
があったが，昭和60（1985）年には約3千件程度となり，平成26（2014）年
には1千件になっている。これに対して，成年後見関係事件の申立件数（成
年後見開始のみならず後見監督事務，後見人に対する報酬付与など）が制度改正
以降一貫して増加していることが分かる。また相続放棄の申述受理申立ては
時代を反映している。昭和時代には一貫して減少し，制度発足時から約10
万件程度減少し，その後また増加に転じ，近時においては18万件程度と
なっている。心神喪失等医療観察法に関する事件（その旧制度である精神保健
福祉法に関する事件）は，毎年一定の比率を占めていたが制度改正により，
今後は急激に減少すると想定される。

　別表第2に掲げる事件は夫婦同居・協力扶助を除くと増加しているが，な
かでも婚姻費用分担や子の監護者の指定・変更その他の処分に関する事件の
増加が顕著だといえよう。このことは審判申立数でははっきりしないが，調
停申立てとあわせてみると明瞭である。婚姻費用分担請求の調停は昭和24
（1949）年には114件にすぎないが，平成26（2014）年には1万8千件を超え，
子の監護者の指定その他の処分に関する調停申立ても最近では3万件を超え
ている。遺産分割の調停申立ても一貫して増加している。

　またこの表には示していないが，渉外事件の増加にも触れておく必要があ
る。平成27（2015）年度において，審判および調停の総申立件数は8,341件
であり，別表第1に関する審判事件が3,987件，別表第2に関する審判事件
が543件，調停申立件数は総計3,811件（別表第2に関するもの1,584件，その
た2,227件）となっている（第10表）。また紛争が国境を越えて深刻化してい
ることは，平成25（2013）年法律48号として，「国際的な子の奪取の民事上
の側面に関する条約の実施に関する法律」が制定されていることからも知ら
れる。

　家庭裁判所が扱う多くの事件は，その効果を発生させるためには，必ず家
庭裁判所の関与・審判が必要である。事件数が増加しても，これは当事者の
自発的な意思による利用であるとはいえない。その意味では，この手続を定
める別表第1に掲げる事件が多数であったとしても，家庭裁判所は利用され
てはいるが，国民に親しまれているとはいえない。民法等の法律制度を国民

がどのように利用しているか，その態度を示すとはいえる。むしろ当事者間の自主的解決が可能であるが，それにもまして家庭裁判所の調停や審判の制度が利用され，その数が増加しているという場合には，家庭裁判所が国民に親しまれ，かつ信頼されているという評価が可能である。この観点からみると別表第2をはじめ家庭に関する調停事件の申立件数が一貫して増加していることに対しては，おおむね肯定的な評価を下してよいと思われる。

2 家庭裁判所に期待されるもの

家庭裁判所に期待される具体的な内容は，個々の制度の解釈または運用として受け止めるから，ここでは概括的に問題を指摘しておこう。

発足以来70年を経過して，家庭裁判所に対してはなお多くの期待と注文が寄せられる。その内容は大きく変化している。制度発足時には改正された民法を国民に定着させることが期待された。また司法的な機能に加えて人間諸科学の知見を反映させた解決への期待も大きかった。通常裁判所にない独自性を追求していくことにも家庭裁判所裁判官の自信が見られた。しかし他方で，日本社会の構造的変化の中での家族法の解釈，家庭裁判所の関与のあり方にも大きな変化が見られた。たとえば昭和30年代には，一部の家事審判事件を家庭裁判所の管轄から除外して，司法的機能を強化しようとする見解が現れた[56]かと思えば，人事訴訟の家庭裁判所への移管に対しては，「家庭裁判所らしさ」が失われることを理由とした反対論が主張される[57]など，家庭裁判所の果たすべき役割について一致した見解は形成されなかったともいえる。21世紀を目前にした成年後見制度の改革による予想を上回る事件数の増大や平成15年の人事訴訟の家庭裁判所への移管の実現によっても，家庭裁判所の役割についての議論がどれほど進展し，共通の理解を生み出しているかについては疑問がある。家族・家庭をめぐる価値観が大きく動いている今日，家庭裁判所のあり方をめぐってはなおさまざまに議論が尽くされる必要がある。

---

[56] この点について佐上「相続放棄申述受理の審判について」谷口安平先生古稀祝賀『現代民事司法の諸相』(2005) 367頁。

[57] 佐上・前掲注(9)民事訴訟雑誌48号1頁以下参照。

表 1　審判事件新受件数の推移

	昭和24	昭和30	昭和40	昭和50	昭和60	平成15	平成20	平成21	平成22	平成23	平成24	平成25	平成26	平成27
審判事件総数	285,786	307,488	235,588	210,552	304,377	527,525	596,945	621,316	633,337	636,757	672,690	734,228	730,610	784,112
別表第1審判事件総数	281,958	304,396	232,354	205,798	297,148	515,426	581,593	603,999	614,823	617,022	650,536	714,197	710,569	764,389
後見開始・取消し	148	294	508	611	937	14,377	22,702	23,148	25,016	26,022	28,600	28,208	27,686	27,708
後見人に対する報酬付与	1	5	8	11	17	986	16,205	20,777	26,099	34,098	45,091	58,918	76,420	101,088
後見監督処分	3	8	602	482	423	18,250	56,993	56,720	46,218	40,475	43,448	81,995	93,658	109,252
子の氏の変更	40,887	44,501	40,779	69,907	137,132	206,507	179,506	182,799	186,206	173,196	175,604	173,624	165,895	169,365
養子をするについての許可	44,699	28,530	16,167	6,772	3,244	1,500	1,439	1,314	1,239	1,134	1,132	1,061	1,080	1,051
特別養子縁組成立・離縁						433	395	418	426	425	508	596	625	621
親権喪失・停止・管理権喪失	258	395	136	102	71	103	139	110	147	119	239	315	276	267
相続限定承認の申述受理	181	587	353	237	451	995	897	978	880	889	833	830	770	759
相続放棄の申述受理	148,192	142,289	110,242	48,981	46,227	140,236	148,526	156,419	160,293	166,463	169,300	172,936	182,089	189,381
特別縁故者への財産分与			189	358	369	771	912	952	935	1,010	1,128	1,097	1,136	1,043
遺言の確認	147	141	133	95	110	99	115	104	176	91	119	136	146	144
遺言の検認	367	640	971	1,870	3,301	11,364	13,632	13,963	14,996	15,113	16,014	16,708	16,843	16,888
任意後見契約に関する法律関係							1,200	1,470	1,498	1,745	2,085	3,547	2,865	3,428
戸籍法による氏の変更許可	1,797	1,035	1,057	924	3,889	13,498	15,221	15,295	15,215	14,579	15,212	14,868	14,219	14,002
戸籍法による名の変更許可	9,276	10,492	12,143	10,410	9,362	8,232	7,714	7,332	7,289	6,997	7,465	7,055	6,720	7,062
戸籍の訂正についての許可	4,454	6,224	4,550	2,959	2,081	1,253	1,164	1,097	1,008	1,061	992	908	936	887
児童福祉法28条の事件	6		9	22	12	152	199	202	237	235	300	276	279	254
心神喪失等医療観察法の事件		297	5,429	32,897	54,012	39,489	46,816	48,052	50,112	52,042	54,012	55,086	10,872	107
別表第2審判事件総数	1,838	3,092	3,234	4,754	7,229	12,096	15,352	17,317	18,514	19,735	22,154	20,031	20,041	19,723
夫婦同居・協力扶助	44	104	107	88	31	44	37	32	41	44	79	64	54	43
婚姻費用分担	6	6	172	285	435	1,247	2,130	2,391	2,642	2,826	3,310	3,421	3,476	3,515
子の監護者の指定その他の処分	44	16	34	267	874	3,600	5,090	5,957	6,733	7,502	8,823	8,675	9,034	9,216
財産分与に関する処分	79	57	58	122	182	328	307	374	395	410	413	387	400	397
祭祀承継者の指定	11	12	12	32	52	88	91	110	108	94	123	110	122	90
親権者の指定変更	731	1,828	1,698	2,124	2,991	2,675	2,343	2,381	2,343	2,459	2,460	2,169	2,042	1,972
扶養に関する処分	476	358	364	892	1,339	1,145	1,276	1,327	1,395	1,372	1,479	228	168	156
寄与分を定める処分					168	805	647	674	600	685	736	668	670	528
遺産の分割	251	1,828	1,698	2,124	2,991	1,974	2,019	2,073	2,125	2,305	2,586	2,317	2,160	2,008
請求すべき按分割合に関する処分							1,244	1,837	1,944	1,877	1,945	1,984	1,910	1,797
推定相続人の廃除・取消し	200	228	104	109	120	189	166	155	185	158	193	227	239	199

表 2　家事調停事件新受件数の推移

	昭和24	昭和30	昭和40	昭和50	昭和60	平成15	平成20	平成21	平成22	平成23	平成24	平成25	平成26	平成27
調停事件総数	39,229	43,109	52,528	74,083	85,035	136,125	131,093	138,240	140,557	137,390	141,802	139,593	137,214	140,830
別表第2関係調停	8,160	8,450	11,160	17,097	26,434	53,207	58,645	64,448	67,034	68,166	73,204	74,870	75,973	78,914
夫婦同居・協力扶助	2,166	1,990	1,252	536	207	205	181	179	183	195	193	166	110	102
婚姻費用分担	114	23	836	1,339	1,739	7,340	11,564	12,872	14,222	15,022	16,544	17,832	18,567	20,315
子の監護者の指定その他の処分	510	53	242	2,016	7,855	22,629	23,596	27,241	28,180	28,955	31,421	32,208	32,569	34,225
財産の分与	1,946	482	270	504	804	1,382	1,311	1,393	1,500	1,493	1,558	1,605	1,632	1,701
親権者の指定・変更	314	1,188	2,698	5,196	8,457	10,186	8,767	8,476	8,501	7,864	7,669	7,306	7,194	6,782
扶養に関する処分	1,970	2,026	2,290	2,982	1,905	936	621	676	688	572	582	612	549	559
遺産の分割	853	2,186	3,439	4,395	5,141	9,582	10,860	11,432	11,472	11,724	12,697	12,878	13,101	12,971
寄与分を定める処分					154	699	717	785	767	818	847	750	745	691
請求すべき按分割合に関する処分							770	1,126	1,238	1,275	1,412	1,311	1,313	1,373
推定相続人廃除	152	177	102	86	97	104	103	106	100	82	84	8	1	
それ以外の調停事件	31,069	34,659	41,368	56,986	58,601	82,918	72,446	73,792	73,523	69,224	68,598	64,723	61,241	61,916
婚姻中の夫婦間の事件	11,818	13,961	22,735	39,578	43,853	65,526	55,935	57,389	57,362	53,625	53,427	50,581	47,691	48,773
婚姻外の男女関係	4,902	5,379	3,719	2,614	1,438	1,195	581	554	507	483	455	398	318	312
離婚その他の男女関係解消			1,991	2,092	1,587	3,425	1,339	1,100	1,095	1,013	879	784	706	650
親族間の紛争			4,042	3,446	2,577	3,758	3,049	2,874	3,002	2,858	2,828	2,527	2,384	2,429
合意に相当する審判事件	2,515	3,966	4,811	5,311	4,373	5,090	4,335	4,417	4,353	4,259	4,270	4,146	4,029	3,829
離婚	1,348	1,303	1,075	1,230	1,381	1,280	1,285	1,226	1,378	1,248	1,284	1,208	1,245	1,170
その他	10,486	10,050	2,995	2,715	3,392	5,617	5,922	6,232	5,826	5,738	5,455	5,079	4,868	4,753

第2章　非訟事件手続と家事審判手続

第1節　家事審判手続の意義

1　総　説
1　概　説
　家事審判制度は，審判および家事調停の制度から成り立っている。そのため以下において広義の家事審判というときは，審判および家事調停の両者を含めて扱い，たんに審判というときは家事手続法の定める審判のみをさす（狭義の審判）。

　本書では最初に狭義の審判について概説し，その後に家事調停を扱う。

　家事審判は，民法その他の法律で定める家庭に関する事項を対象とし，家庭裁判所が処理する一種の民事裁判であるが，その対象は後述のように種々のものを含んでいる（家事手続法別表第1，第2参照）。とくに別表第1には歴史的経過から雑多な性格の事件が掲げられており，一つの観点からは捉えきれない。一方では裁判とはいえず，むしろ公証的作用とされるものがある（相続放棄申述の受理，遺言の確認，遺言書の検認など）が，他方では旧家審法制定以前には訴訟事件とされていたものも含まれている（成年後見開始決定＝旧禁治産宣告事件，失踪宣告事件，推定相続人廃除事件など）。また別表第2には，旧家審法制定によって家事審判事件とされたもので申立人のほか相手方が存在し当事者間で紛争性の強い事件が多い。その事件の概観は以下2において行う。

　こうした多様な事件に対して，旧家審法では手続につきごくわずかな総則的規定を置くにとどまり，旧非訟法の規定を準用していた（旧家審法7条）。しかし旧非訟法も手続については原則的な事項を定めるにとどまっていた。平成23（2011）年に成立した家事事件手続法は，利用者の便宜を図る観点から，非訟法の準用をやめて自己完結的な法律にするとともに，旧家審規に定められていた管轄，当事者等の陳述の聴取，不服申立て等に関する事項を法

律で規定することにした[1]。家事手続法は，総則で家事審判全体に適用される定めのほか，別表第2の事件についてのみ適用される特別の定めを置き（同66条ないし72条），第2編第2章においては各審判事件についての特別の定めを置いている。これによって各事件の審理手続が分かりやすくなり，当事者に対する手続保障に配慮した法律が制定された。

2 家事審判の特徴

家事審判事項は別表第1と第2に掲げるものとでは著しく性格を異にする。本書は主として家事事件手続の総則を扱い，個々の審判事件に立ち入って説明することができないので，ここでは家事審判はどのような特徴を有するか概観しておこう。

(1) 別表第1に掲げる事項の特徴

一般に民事の法律関係は，財産関係の分野で典型的に現れるように，その主体の自由な意思によってこれを処分することができ，権利の行使もその自由に委ねられる。このような効果を生じさせる法律行為についても原則として国家（裁判所）は関与しない。身分行為についても同様に当事者の自由な意思に委ねられる。婚姻は当事者の合意によって成立し，離婚も協議によって効力を生じさせる。しかし身分行為に裁判所の許可が必要とされる場合がある。たとえば未成年者の養子縁組である（民798条本文）。未成年者の養子縁組がかつて「家のための養子」あるいは「親のための養子」として，子を食いものにするために利用されたことを考慮して，家庭裁判所が子の福祉の観点から「子のための養子」になっているかを審査することにしている[2]。氏や名の変更についても同様の事情がある。氏と名はともに特定の個人の同一性を表象する機能を果たすもので，これを自由に変更できるとすると戸籍制度および呼称秩序の混乱を生じさせる。他方でその氏や名が特定個人の社会生活上で重大な支障を生じさせている場合にはその変更を認める必要がある（戸籍107条）。家庭裁判所はこうした事情を総合的に判断して「やむを得ない事由」のある場合に限って，その変更を許可することにしている。このように制度が公益に関係し，当事者による利用が制度逸脱のおそれを生じさせるような場合には，法律関係の形成に家庭裁判所の関与が必要となる[3]。

---

(1) 金子・一問一答7頁。
(2) その詳細については，本書II・192頁。

第2章 非訟事件手続と家事審判手続　39

別表第1に掲げる事項の審判事件には，多かれ少なかれこうした要素が認められる[4]。

(2) 財産保護・権利行使条件の整備

権利主体が何らかの理由で自ら財産を管理することができない場合には，法定代理人または任意代理人が管理する。しかしこの代理人が存在しないときは，当該の権利者の財産が侵害されるおそれがあるとともに，当該の権利主体に対して権利を行使しようとする者もそれができなくなる。この場合に，利害関係人の申立てによって家庭裁判所が財産管理人を選任して，財産目録の作成をはじめ財産の状況，管理の計算を裁判所に提出させ，必要に応じて財産管理人を改任することにより管理の適正を図る制度が必要になる。不在者の財産管理人に典型的にみられる財産管理制度（別表第1第55項）はこうした趣旨のものであり，この制度を置くことに公益上の必要が認められる[5]。この種の家事審判事項は多い。民法は不在者の財産管理人に関する規定を他の財産管理人に準用している（民830条4項，869条，895条2項，918条3項，943条2項，950条2項，953条）。財産管理人選任後は，その職務活動を裁判所が監督する。このような財産管理の事件は非訟事件の典型例の一つとされてきた（旧家審法制定以前の旧非訟法38条参照）[6]。

(3) 裁判所の公証行為・証拠の保全

相続が開始すると相続人は無条件で相続するか，限定承認をするかあるい

---

(3) 制度に対する公益性の捉え方は，時代によって変化する。それによって裁判所の関与の必要性や審理の内容も変化する。たとえば名の変更については，呼称秩序の維持安定という利益と個人の意思尊重の比較衡量によるが，命名権を子自身の固有の権利であるとする近時の有力説（二宮周平『家族法（第4版）』(2013) 262頁）に従えば，裁判所の審理の範囲は通説に比べて狭められたものとなる。この点について本書II・430頁以下。

(4) ドイツにおいて非訟事件手続法制定当初にここに指定されていた，いわゆる古典的非訟事件とされる事件（わが国の明治31年非訟事件手続法に定められていた事件もほぼ同一である）にこのようなものが多い。この点について，佐上「古典的非訟事件研究の序説(1)(2)」民商法雑誌67巻4号 (1973) 537頁，5号 (1973) 737頁。なお本書II・4頁以下も参照のこと。

(5) 米倉明『民法講義・総則(1)』(1984) 16頁，大村敦志『民法解読総則編』(2009) 60頁，本書II・147頁。

(6) 本書II・156頁に各種財産管理人の一覧表を掲げている。

は相続を放棄するかの選択をすることができる。この判断は他の相続人，受遺者，相続債権者および相続人の債権者等の多くの者に影響を及ぼす。相続の承認または放棄の有無がこれらの者の間で区々に争われると法律関係を混乱させる。そこで一定の期間内に相続を承認するかまたは放棄する旨を家庭裁判所に申述し，裁判所がこれを受理することによって相続人の意思を公証する。このような公証行為は公証人によっても可能であろうが，受理の後に相続財産管理人の選任等が必要であるため裁判所の管轄とされてきた。これも非訟事件の重要な領域の一つである[7]。

また遺言の確認，遺言書の検認も裁判所による公証ないし証拠保全の機能が重要な役割を果たしている。遺言は多くの関係者に重大な影響を及ぼすから，その内容の改変を防止するため遺言の内容が遺言者の真意に出たものであることを確認し，あるいは遺言書の形式的態様といった遺言の方式に関する事実を調査して，遺言書自体の状態を確認し，その現状を明確にするのである[8]。

別表第1に掲げられる審判事件のうちある種の事項については，これまでも家庭裁判所の管轄から行政に移管してはどうかという意見が出されてきた[9]。しかし，裁判所で扱われることによる信頼，審判に関連するその後の手続等を考慮すると，家庭裁判所の充実を図るのが先決であり，または司法内部での代替的制度の検討が重要であって軽々に行政への移管を論じるのは

---

[7] 相続の承認・放棄の申述を受理したことは，その実体法上の効果を相続債権者等との間で不可争とする効果を生じさせるものではない。その効果について争いがあるときは，民事訴訟によって決着がつけられる。この審判手続における審理の対象と審判の効果については，本書II・317頁，324頁参照。

[8] 遺言の確認，遺言書の検認に関する審判についての詳細は，本書II・363頁，369頁以下参照。

[9] 昭和20年代初頭には，相続放棄申述受理の審判事件を，実質審理もしないのであるから簡易裁判所に移管させてはどうかという意見があった（これについて，佐上「相続放棄申述受理の審判について」谷口安平先生古稀祝賀『現代民事司法の諸相』（2005）379頁）。近時においても，子の氏の変更許可，相続放棄の申述受理，成年後見事件の開始や後見人等の選任，特別代理人の選任などは，性質上は実質的に行政処分であり，司法機関としての家庭裁判所の管轄としなければならない必然性はなく，行政機関への移管を検討すべきだとの見解が表明されている（梶村太市「家事事件手続法の課題と展望」同『家族法学と家庭裁判所』（2008）404頁）。なお第1章第2節2・4(4)注(34)も参照のこと。

第 2 章　非訟事件手続と家事審判手続　　41

適切ではない[10]。

(4)　別表第 2 に掲げる事件の特徴

①　当事者の合意による解決

別表第 2 に掲げる事項は，旧家審法制定時に新たに審判事項とされたものである。これらの事件の特徴は次の点にみられる。

民法の親族・相続編においては，具体的な法律関係の形成をまず当事者の協議に委ねている場合が多い。協議離婚（民 763 条），協議離縁（同 811 条 1 項）自体がそうであるし，協議離婚の際の子の監護者の定め（同 766 条 1 項），財産分与（同 768 条），祭祀財産の承継者の定め（同 769 条），親権者の決定（同 819 条），扶養の順位および扶養の程度・方法（同 878 条），寄与分の定め（同 904 条の 2 第 2 項），遺産分割（同 907 条）などである。夫婦・親子・親族間の問題は，可能なかぎり当事者間の自主的な決定が望ましい。この協議が整わない場合に，家庭裁判所はなお家事調停を準備し，また調停前置主義が適用されないとしても，当事者間での合意の成立に協力する。当事者の合意が成立しないときは，家庭裁判所は審判という形で法律関係を形成する。民事訴訟のように二者択一的な判断ではなく，さまざまな事情を考慮した合目的的な判断であることが求められる[11]。

②　いわゆる真正訴訟事件について

旧家審法の制定時に，乙類審判事件が新設された。この事件はそれ以前の非訟事件や甲類家事審判事件と異なり，常に相手方の存在を予定し，申立人が一定の要求を立てる点に特徴がある。伝統的な非訟事件よりは民事訴訟との類似性が指摘される。実際に以前には人事訴訟等で扱われていた。そのた

---

(10)　他方で，第 3 章第 1 節 3 で扱うように，他の手続法における規律からみてなお家事審判事項とするべきか疑問のある事件が存在することも確かである。

(11)　家庭裁判所は，当事者が合理的な判断をしたならば成立したはずの「協議」の結果に照応するような内容の審判をすべき旨が「協議に代わる処分」によって示されているとされる。鈴木禄弥「親族・相続法における『協議』について」東海法学 3 号（1989）1 頁以下。またこれに賛同するものとして，梶村太市『新家事調停の技法』（2012）14 頁，梶村太市「家事手続法別表第 2（旧乙類）審判における実体法的側面と手続法的側面の密接不可分性」常葉大学法学部紀要 2 巻 1 号（2015）1 頁，18 頁。さらに稲田龍樹「民法 907 条の協議の意義と系譜（上）」学習院法務研究 9 号（2015）47 頁は，家事審判手続の当事者主義的運用の基礎となる民法 907 条の意味の解明をしようとしている。

め家事審判に移管されても，なお訴訟事件の性質を有しているのではないかという疑問がもたれた。これらの事件が講学上「真正訴訟事件」（または「真正争訟事件」）と呼ばれてきた。のちに見るように，乙類審判事件の非訟的処理が憲法で保障する裁判を受ける権利を侵害するのではないかという形で議論されてきた。

真正訴訟事件をどのように定義するかについて，学説上は必ずしも見解は一致していない。最も厳格にその要件を抽出すると，①二当事者の対立があり，②その間の私法上の権利または法律関係の存否を裁判によって確定することが終極の目的であり，③手続は原則として当事者の申立てにより開始し，また手続の終了についても当事者の支配権が認められることが必要であるといえる[12]。たとえば面会交流（面接交渉）権を実体法上の権利と把握するか否か，あるいは子の監護のために適正な措置を求める手続上の権利と解するかについての争い[13]も，これに関連することが分かる。

この点から乙類審判事件を見ると，後述するように推定相続人の廃除事件を除いては，いずれも真正訴訟事件には当たらないといえる。これらの審判事件では私法上の権利または法律関係の存否の確定を目的としていないからである（詳細は後述2・2(4)参照）。

(5) 訴訟の代替的手続

家事審判の特徴として，本来訴訟（人事訴訟・行政訴訟）による解決が予定されているが，その手続に替えてより簡易な手続で解決する手続を提供することを挙げることができる。いわば訴訟の代替的手続を設けることである。その一つは人事訴訟について調停前置主義を採用して，まず調停を試み当事者間に争いがないものの当事者の合意では解決できない事件の場合に，合意に相当する審判（家事手続277条）を準備している。当事者間に実質的に争いのない場合に人事訴訟に代わる簡略な手続を用意するものである。他の一つは，戸籍事務についての市町村長の処分に対する不服（戸籍121条，別表第1第125項）を挙げることができる。本来は行政不服審査および取消訴訟の対象となる行政処分に対して，この手続に代えて家庭裁判所が審判手続で

---

[12]　鈴木忠一「非訟事件の裁判の既判力」同『非訟事件の裁判の既判力』(1969) 50頁。

[13]　この点について梶村太市「『子のための面接交渉』再論」「同再々論」「同再々々論」同『家族法学と家庭裁判所』(2008) 215頁以下，233頁以下，251頁以下参照。

第2章 非訟事件手続と家事審判手続 43

処理するものである。家庭裁判所が戸籍法に関する豊富な知識と経験を有し，より実質的に救済を図ることができることが，その理由とされている[14]。

2 非訟事件と訴訟事件
1 非訟事件とは何か
家事事件手続法は，自己完結的な法律として制定されたため，旧家審法のように非訟事件手続法を準用することはなくなった。しかし家事審判事件は，法律上の性格は非訟事件に包摂される。そのため非訟事件の特徴・性格等を家事審判事項に即して確認しておくことが，以下で扱う家事審判手続の合憲性，訴訟事件との区別あるいは非訟化の限界といった議論を理解するためにも必要となる。

(1) 非訟事件の特徴
1) 非訟事件の対象
① 明治 31 年非訟事件手続法の規律
非訟事件の本質論を別として，実定法上は明治 31（1989）年制定の非訟事件手続法（法律 14 号。以下，「旧非訟法」という）に定められていた事件を総称する。同法は 1898 年制定のドイツ非訟事件手続法（FGG）をモデルにしたものであるが，両国における民法の規律の違い（特に親族・相続法）を反映して規律対象に差異がみられる。また旧非訟法に定められていた事件は，裁判所が私人の法律関係に訴訟手続によらないで介入し，簡易に処理するものである。概念上非訟事件に属するとされていても，すでに民事訴訟に定められていた事項や[15]，別の法律の定めを統合しようとしたものではなかった[16]。この間の事情はドイツでも同様であり，FGG は民商法の統一的な運用を図るために最も必要と考えらえた事項のみを規制の対象としたにすぎない。禁治産宣告，失踪宣告，公示催告などの手続は民事訴訟に置かれてい

---

(14) 行政不服審査法の適用を除外すると定める戸籍 123 条の定めからは，直接に行政訴訟が排除されることはできず，家事手続を準備するだけでは裁判を受ける権利の保障にとって十分でないとの見解も有力である。その詳細については，本書 II・466 頁以下参照。

(15) 中島弘道『非訟事件手続法論』（1922）6 頁は，境界確定訴訟のみならず，形成の訴え（創設の訴え）を表見訴訟として非訟事件であるとする。

(16) 中島・前掲注(15)非訟事件手続法論 74 頁。

た[17]。それゆえ非訟事件の対象を同法の制定当初に掲げられていた事件と解するとしても，これには上述のような留保が必要なのである[18]。

ともあれ明治31年非訟法に規定されていた民事非訟事件[19]は，①法人に関する事件，②財産の管理に関する事件，③裁判上の代位に関する事件，④保存，供託，保管および鑑定に関する事件，⑤隠居，廃家，子の懲戒，家督相続および親族会に関する事件，⑥相続の承認および放棄に関する事件，⑦遺言の確認および執行，⑧法人および夫婦財産契約の登記の事件であった[20]。

② 旧家審法の規律

旧非訟法から，①財産管理に関する事件，②鑑定に関する事件，③相続の承認および放棄に関する事件，④遺言の確認および執行の事件が旧家審法9条1項甲類に引き継がれた。

また旧人訴法に定められていた，(a)禁治産・準禁治産の宣告とその取消し，(b)失踪宣告とその取消し，(c)親権喪失事件が甲類審判事件に移管され，さらに民法改正によって(d)未成年後見人選任とその監督，(e)未成年養子縁組の許

---

[17] 佐上・前掲注(4)民商法雑誌67巻5号754頁。

[18] 本文で説明したように，非訟事件を一般的に定義する際に基本となるのは，19世紀末にドイツで制定されたFGGに取り込まれた事件である（日本でも同様である）。これが古典的非訟事件と呼ばれる。しかしこのときも訴訟事件と非訟事件との区別は明確だったとはいいがたいのである（佐上・前掲注(4)民商法雑誌67巻5号739頁以下）。この際にも各ラント法において同一事項が訴訟事件とされ，また非訟事件と扱われていたものがあり，その一部は非訟事件に取り込まれ，あるいは訴訟事件と非訟事件の混合手続によるとされたものもあった。たとえば禁治産宣告の手続は，人の行為能力を剥奪するという法律効果の重大性のゆえに，訴訟手続とするか非訟事件手続でよいかが立法者の間でもさんざんに争われた結果，申立てから宣告までは非訟手続とするが，それに対する不服申立ての手続からは訴訟手続によるとされ，しかも民事訴訟法（日本では人事訴訟手続法）に規定されていた（この点について詳細は，佐上「禁治産事件における事件本人の審問について」同『成年後見事件の審理』(2000) 23頁以下，同「成年後見事件における即時抗告」鈴木正裕先生古希祝賀『民事訴訟法の史的展開』(2002) 835頁以下）。このように，非訟法成立の当初から訴訟事件との境界は複雑であり，曖昧だったのである。

[19] これに加えて商事非訟事件があるが，ここでは説明を省略する。

[20] ドイツで非訟事件の典型例とされる後見事件は，日本法上親族会が扱うこととされたため，非訟法の規律対象とはされていなかった。以下②で述べる旧家審法で初めて後見事件が非訟事件に含まれることになった。

可事件が甲類審判事件とされた。

次に旧乙類審判事件についてみてみよう。旧非訟法には乙類審判事件に匹敵する事件は存在していなかった。すべては旧家審法制定に伴って創設されたものである。旧人訴法に定めのあったものから移管されたものとして，①夫婦の同居・協力扶助事件（旧人訴1条。夫婦同居の訴え），②推定相続人の廃除およびその取消し（旧人訴33条，34条）があり，通常民事訴訟から移管されたものとして③扶養請求事件，④家督相続以外の遺産分割（民256条），⑤夫婦財産契約による管理者の変更事件（民796条2項）がある。そして民法改正により，個人の尊厳と両性の平等などの見地から新たに乙類審判事件とされたものとして，⑥婚姻費用分担請求事件，⑦離婚等による財産分与請求事件，⑧子の監護に関する処分，⑨親権者の指定・変更に関する事件および⑩遺産分割がある。

民法以外の法律により家事審判事項とされ，特別家事審判規則（昭和22(1947)最高裁規則16号）に定めが置かれたもので重要なものとしては，①戸籍に関する事件，②児童福祉法に規定する事件，③精神病者監護法に規定する事件がある[21]。

③　その後の変更

旧家審法制定後に，甲類または乙類審判事件として追加されたもののうち重要なものを見ておこう。甲類審判事件では，昭和37(1962)年民法一部改正による特別縁故者への財産分与事件の創設，昭和62(1987)年の民法一部改正による特別養子制度の創設とその審判手続があり，さらに平成11(1999)年の民法一部改正による成年後見制度創設と任意後見契約に関する法律に規定する審判事件および中小企業経営承継円滑化法に関する審判事件（平成20(2008)年）などがある。乙類審判事件については，昭和55(1980)年民法一部改正による寄与分の制度の創設があり，平成16(2004)年厚生年金保険法一部改正による請求すべき按分割合に関する処分が追加されたことが重要である[22]。

---

[21]　精神病者監護法は，その後精神衛生法，さらに精神保健福祉法と名称を変え，これらの法律の保護義務者（保護者）選任および順位変更の事件が家事審判事項とされていた。その申立件数も多かったが，平成25(2013)年の法改正で保護者の制度が全面的に廃止され，心神喪失等医療観察法の保護者選任事件に引き継がれることになった。この詳細については，本書II・503頁以下参照。

2) 非訟事件（家事審判事件）の本質

非訟事件の本質は何か，民事訴訟との区別は何に求められるかという問題については，従来から議論が絶えない。両者の目的による差異，手段の差異または手続対象の差異に着目してその本質や民事訴訟との区別が論じられてきたが，いずれの見解も十分説得的に説明できていない[23]。そのため近時においては，立法者によって明示的に非訟法（家事手続法）に指定されている事件が非訟事件（家事審判事件）であるとする法規説（実定法説）によるしかないとの見解が有力になっている。現時点では通説が存在しないともいえる。古典的領域に属するとされる事件が多種多様で，それに対する裁判所の関与の仕方に差異があって統一的な説明が困難であり，非訟事件とは「国家が端的に私人間の法律関係に介入するために命令処分するのであって，……民事行政である」[24]といった理解で満足されていた。

しかしこの説明では，旧家審法9条1項乙類に掲げられた事項を説明することは困難であろう。これに加えて旧家審法には，従来非訟事件には知られていなかった，相手方当事者を予定し，この間に紛争のある事件について審判するという，いわゆる真正訴訟事件と呼ばれる事件が指定されているのであるから，全体を矛盾なく説明することがますます困難になったといえる。このことは家事審判以外の非訟事件の領域でも同様である[25]。

こうした状況を反映して，非訟事件（家事審判事件）の本質を概念的に論じることについては疑問も提出されている[26]。ここでは非訟事件（家事審判事件）の本質や民事訴訟との概念的な区別という一般的な議論を留保して，

---

[22] 家事審判法以外の非訟事件の対象の規律については，ここで触れることはできない。その概要については，鈴木忠一「戦後の非訟事件制度」同『非訟・家事事件の研究』（1971）141頁以下がある。

[23] 上にみたように，別表第1の事件相互にも性格の違いがあり，さらに別表第2に掲げる事件とあわせてその性質，本質を一義的に説明しようとすることは至難であり，果たしてそのような試みが意味をもつものであるかが問われる。この状況については，石川明「非訟事件理論の限界」法学研究30巻12号（1957）1003頁以下参照。

[24] 兼子一『新修民事訴訟法体系（増補版）』（1965）40頁。

[25] そのような例として，新非訟事件手続法が準用されない株式買取請求手続（会社868条以下）や借地条件変更の非訟手続（借地借家41条以下）を挙げることができる。

第2章　非訟事件手続と家事審判手続　　　　47

個々の事項に即して考えることにしたい。

(2) 非訟事件 (家事審判事件) の手続の概略

　非訟事件 (家事審判事件) の手続の詳細は以下に説明するが，ここでは民事訴訟の諸原則と対比したとき，どのように示すことができるかを簡単に見て，やや図式的になるが理解を容易にしておこう。

　まず民事訴訟では原告の訴えの提起がなければ手続は開始されないが，家事審判では職権によって開始されることがあり，また形式的には当事者の申立てを前提としているように見えるが，法律上家庭裁判所の職権の発動を促すに過ぎないとされる事件がある (職権事件という。第5章第2節1・4参照)。民事訴訟では原告と被告が対立的に手続に関与する。家事審判では別表第1に掲げる事件では相手方の存在を予定しないが，第2に掲げる事件では申立人と相手方が存在し，さらに全体を通じて，審判の効力や重大な影響を受ける者 (これをと「本人」または「事件本人」という) が存在するため，伝統的に当事者に対して「関係人」という概念が用いられてきた。この点で形式的当事者概念を採用する民事訴訟とは大きな差があった。家事事件手続法は形式的当事者概念を採用した[27]が，これだけでは問題の一部を解決したにとどまる。

　民事訴訟においては，原告は申立てを特定しなければならないし，裁判所は申立てを超える裁判をすることはできない (民訴246条)。これに対して家事審判においては，一般に申立人はその申立てを特定する必要はなく，またそれを示しても裁判所はこれに拘束されない。申立てに示された要求がその最大限であるという考え方自体が，家事審判では成り立たないのであり，裁判所は常に何が最適の解決であるかを探求しなければならない (第5章第2節2参照)。

　家事審判では審理に際して口頭弁論を行うことが前提とされていないので，公開主義，口頭主義，対席での弁論の要請が後退し，あるいは保障されない (家事手続33条参照)。呼出しや調書の作成も簡略化される (同46条)。もっとも相手方の存在する別表第2に掲げる事件では，申立書の写しの送付，期

---

(26)　石川・前掲注(23)法学研究30巻12号1003頁以下，鈴木正裕「非訟事件と形成の裁判」鈴木忠一＝三ケ月章監修『新実務民事訴訟講座8巻』(1981) 5頁以下，新堂幸司『新民事訴訟法 (第5版)』(2011) 30頁など。

(27)　金子・一問一答28頁。後述第4章第1節1・1参照。

	民事訴訟手続	非訟・家事審判手続
当事者関与の形態	二当事者対立構造 形式的当事者概念	相手方なし 相手方あり 形式的当事者概念？
手続の開始	訴え	申立て／職権による
申立ての意義	訴訟物の特定が必要	申立ての特定不要
事実の収集	弁論主義	職権探知主義
証明責任	あり	なし
審理方式	必要的口頭弁論 公開主義・口頭主義・直接主義・双方 審尋主義	審問 書面審理・非公開
判断様式	二者択一的	合目的的裁量による
判断方式	判決	決定（審判）
裁判の効力	既判力・執行力・形成力	形成力・執行力 既判力なし
不服申立て	控訴・上告	即時抗告

日における陳述聴取と相手方の立会等についての特則が定められている（同66条以下）。裁判に必要な事実や証拠は裁判所の職権による事実調査が原則となる（同56条1項）。また費用のかかる証拠調べよりは事実調査が重視される。それゆえ自由な証明の果たす役割が大きい。民事訴訟では権利の存否の判断が重要であるから，そのためには法律要件が明確であり，そこから主要事実と間接事実の区別がなされ，主張責任が観念される。しかし家事審判では，職権探知主義が採用されるから，当事者の主張責任は観念されない。また要件事実が明らかではなく，主要事実が明らかでないことが一般的である。家事審判では，個々の事実について証明責任という考え方は採用されない（第6章第5節5・3参照）。

　手続の進行についても，裁判の内容についても裁判所の裁量の果たす役割が大きい。裁判は決定（家庭裁判所では審判といわれる）によってなされ，いったん告知され確定した後でもこれを取消しまたは変更することができる（同78条）。家事審判には既判力が認められない。不服申立ては即時抗告に限られる（同85条）。抗告審では不利益変更禁止の原則も働かない。

　これを図式的に示すと上のようになる。

第2章　非訟事件手続と家事審判手続　　49

2　家事審判手続の合憲性

(1)　問題の所在

　家事審判手続は性質上非訟事件に属する。しかしその中には，紛争性の高いものも含まれている。別表第1に掲げる後見人の解任や親権の喪失事件など，手続上相手方を予定していない事件でも，申立人と審判の効力を受ける者（「事件本人」と呼ばれる）との間に厳しい対立があるのが通例である。別表第2に掲げる相手方の存在する事件では，民事訴訟に勝るとも劣らない当事者間の対立がみられる。子の監護に関する処分や寄与分，遺産分割に関する審判事件，別表第1に掲げられているが別表第2に掲げる事件と同様の審理手続となる推定相続人廃除の事件などである。このような事件について，家事事件手続法で終局的な裁判をすることは，憲法32条，82条との関係で許されるかが問題となる。非訟事件手続による紛争解決の合憲性をめぐって一連の最高裁大法廷決定がある。

　争訟性のある事件につき非訟事件手続による処理の合憲性が問われたのは，戦前から戦後直後にかけてなされた調停に代わる裁判（いわゆる「強制調停」）についてであった。金銭債務臨時調停法7条1項，戦時民事特別法19条2項は，当事者間で合意が成立しない場合に，調停に代わる決定をすることを定めていた。この決定に対しては即時抗告を許していたが，裁判が確定すると裁判上の和解と同一の効力を有するとされていた（金銭債務臨時調停法10条，戦時民事特別法18条）。この処理が裁判を受ける権利を侵害しないかが問われたのである。これに次いで戦後に制定された家事審判法9条1項乙類の家事審判事件の処理が憲法32条，82条に違反しないかが問われた。以下にこれらの決定を紹介しつつ，問題点を指摘することにする。

(2)　いわゆる純然たる訴訟事件と非訟的処理

　ここでは3つの最高裁大法廷決定が取り上げられる。

①　昭和31（1956）年大法廷決定（最大決昭和31（1956）・10・31民集10巻10号1355頁）

　家屋明渡請求訴訟が提起された第一審に係属中に，職権によって借地借家調停に付され，調停に代わる裁判（いわゆる「強制調停」）がなされたという事案である。本件調停に代わる裁判およびこれに対する抗告の決定が非公開の手続でなされたのは憲法32条，82条に違反するという抗告理由に対して，最高裁は次のようにいう。

「原決定は本件調停に代わる……裁判は裁判所でない他の機関によって
なされたものではなく，……戦時民事特別法 19 条 2 項，金銭債務臨時調
停法 7 条 1 項によってなしたるもので……これも一の裁判たるを失わない
ばかりでなく，この裁判には抗告，特別抗告の途も開かれており抗告人の
裁判を受ける権利の行使を妨げたことにはならないから，憲法に違反する
ものではない旨判断している。そして，原決定の右判断は正当である
……」。

　この判旨は，保障されるべき裁判の内容について全く触れるところがなく，
突き詰めて言えば裁判所の裁判であれば足りるとするもので学説の多くの批
判を浴びた[28]。この決定には 7 名の裁判官が反対意見を表明しているが，そ
のうち藤田八郎，入江俊郎裁判官が「性質上非訟事件に属せず，純然たる訴
訟事件に属するものについて，事実の確定を為し，当事者の主張する権利の
存否を確定する裁判をするごときことは同法（金銭債務臨時調停法を指す。引
用者）7 条の『調停に代わる裁判』の範囲内に属しないものというべきであ
る」と指摘していたことは，以下に扱う昭和 35（1960）年最高裁大法廷決定
との関係で重要な意味をもつ。

　②　昭和 33（1958）年大法廷決定（最大決昭和 33（1958）・3・5 民集 12 巻 3
　　号 381 頁）

　本件は，罹災都市借地借家臨時処理法（以下，「処理法」という）による借
地権の設定の裁判が憲法 32 条，82 条に違反しないかが問われたものである。
その裁判の性質と非訟手続について，次のように判示する。

　「非訟事件手続法は私権の発生，変更，消滅に裁判所が関与する場合に，
これによるのを原則とする。そして処理法 15 条，18 条の裁判は既存の法律
関係の争いを裁判するのではなく，……土地について権利を有していなかっ
た罹災建物の借主らに，新たに敷地の借地権の設定を求めたり，既存の借地
権の譲渡を求める申出権を認め，土地所有権者又は既存の借地権者がこれを
拒絶した場合に，その拒絶が正当な事由によるものであるか否かを判断する
のであって，この裁判は，実質的には，借地権の設定又は移転の新たな法律
関係の形成に裁判所が関与するに等しいものであること，および罹災地にお
ける借地の法律関係については実情に即した迅速な処理が要請せられていた

---

　[28]　本件判例評釈として，中田淳一・民商法雑誌 35 巻 4 号（1957）133 頁がある。

当時の実情に鑑み，これを非訟事件として，同法16条，17条の借地借家関係の形成の裁判と共に，非訟事件手続法によらしめたものと認められる。……」。そして非訟事件手続法は，裁判の公正を保障する規定をはじめ，申立て，陳述，期日，証拠調べ等についても民事訴訟法の準用のほか法律の適用によってなされ，さらにその裁判に対しても抗告等が認められているのであって，「非訟事件手続法によるかかる裁判は固より法律の定める適正な手続による裁判ということができ……それ故その裁判が憲法32条，82条に違反するとの非難は当たらない」という。

　この決定は，処理法15条の裁判は，「実質的には借地権の設定又は移転の新たな法律関係の形成に裁判所が関与するに等しいもの」であり，「既存の法律関係の争い」について裁判するものではないから，性質上非訟事件の裁判であり，また非訟事件手続法は適法な手続であるから憲法32条，82条に違反するものではないとする。訴訟事件を非訟事件手続で処理したという事例ではない。その意味では本題からやや外れるが，次に掲げる昭和35（1960）年大法廷決定との関係で重要な位置にある[29]。

　③　昭和35（1960）年大法廷決定（最大決昭和35（1960）・7・6民集14巻9号1657頁）

　いわゆる強制調停を憲法違反としたものである。事案は①とほぼ同様である。建物の所有者がその賃借人に対して家屋明渡を求める訴えを提起し，これに対して賃借人が占有回収の訴えを提起したため，裁判所が職権により借地借家調停に付したが不成立となったため，両事件を併合したうえ，戦時民事特別法19条2項および金銭債務臨時調停法7条1項により調停に代わる裁判をした。その内容は，賃借人は8ヶ月間の猶予期間の後に本件家屋を明け渡すというものであった。これに対して賃借人より即時抗告および特別抗告をした。

　最高裁の決定理由は，次の4点に要約できる。すなわち，①憲法は基本的人権として裁判請求権を認め，司法権による権利・利益の救済を求めることができるとしつつ，純然たる訴訟事件の裁判については公開の原則の下における対審および判決による旨を定めている。②性質上純然たる訴訟事件につき，当事者の意思いかんにかかわらず終局的に，事実を確定して当事者の主

---

[29]　山木戸克己・本件判批・同『民事訴訟法判例研究』（1996）391頁。

張する権利義務の存否を確定するような裁判が，憲法所定の例外を除き，公開の法廷における対審および判決によってなされないとするならば，それは憲法 82 条に違反するとともに，同 32 条が定める基本的人権として裁判請求権を認めた趣旨を没却する。③金銭債務臨時調停法 7 条 1 項の調停に代わる決定に対しては即時抗告が認められているが，その裁判が確定すると確定判決と同一の効力をもち，当事者の意思いかんにかかわらず終局的になされる裁判といえるのであるが，その裁判は公開の法廷における対審および判決によってなされたものではない。④憲法 82 条，32 条から金銭債務臨時調停法 7 条 1 項の趣旨を考えると，この調停に代わる裁判は，「単に既存の債権債務について，利息，期限等を形成的に変更することに関するもの，即ち性質上非訟事件に関するものに限られ，純然たる訴訟事件につき，事実を確定し当事者の主張する権利義務の存否を確定する裁判のごときはこれに包含されてないものと解するを相当とする」。そして本件では，家屋明渡および占有回収に関する純然たる訴訟事件について調停に代わる裁判がなされているので，憲法 82 条，32 条に違反する。このように判示する[30]。

この大法廷決定は，②昭和 33（1958）年大法廷決定を引き継いで，債務につき利息，期限等を形成的に変更するものは非訟事件であるが，権利義務の存否を確定するような純然たる訴訟事件については公開法廷における対審・判決という訴訟手続による解決が保障されなければならないとする。この点で①昭和 31（1956）年大法廷決定を覆すものである。③昭和 35（1960）年大法廷決定は，その裁判の当時すでに廃止されていた法律についての事件に関するものであり，その実務上の意義は乏しいが，訴訟事件と非訟事件の区別およびその裁判手続のあり方について判示しているため，理論的な意義は極めて大きい。その一般的な定式は，判例上今日においてもなお維持されている。

本件大法廷決定は，紛争の類型を「純然たる訴訟事件」と「性質上非訟事件」に関するものに二分する。そして純然たる訴訟事件を公開法廷における対審・判決によらないで裁判することは，憲法 82 条，32 条に違反するとい

---

[30] 本決定には，①に掲げた決定の多数意見を支持する反対意見（斉藤悠輔，田中耕太郎，高橋潔），調停に代わる決定には既判力がなく当事者はなお別途公開対審判決を受けることができるから憲法 82 条，32 条に違反しないとする反対意見（島保，石坂修一）のほか，多くの補足意見が付されている。

う。しかし性質上非訟事件に属する事件については憲法上の保障は及ばないとする。では両者はどのように区別されるのか。本件大法廷決定は、これを明確に定義しているわけではないが、学説上、既存の権利義務の存否を確定する確認的裁判と、法律関係の変動がそれによって起こされる形成的裁判を区別し、前者を純然たる訴訟事件としていると評価されている[31]。しかしこの基準によっては訴訟事件と非訟事件の境界はなお明らかではない。さらに性質上非訟事件とされる事件についてどのような裁判手続を準備することが必要であるかについても、本件大法廷決定は何ら具体的な内容を示していない。

(3)　家事審判事件の合憲性

上記(2)に掲げた大法廷決定に続いて、旧家審法に定める家事審判事件の処理の合憲性が相次いで問われることになった。いずれも乙類審判事項に関するものである。まず、①最決昭和37（1962）・10・31家月15巻2号87頁は、婚姻費用分担の家事審判事件は非訟事件であってその裁判は公開の法廷における対審および判決によってなされる必要はなく、従ってその即時抗告審で口頭弁論を経ないで審理・裁判したことは違憲ではないことは判例に照らして明らかであると判示していた[32]。

その後、②最大決昭和40（1965）・6・30民集19巻4号1089頁、③最大決昭和40（1965）・6・30民集19巻4号1114頁が注目されることになった。最高裁の判断の理由およびその問題点について整理することにしよう。②は夫婦同居協力扶助の審判に関し、③は婚姻費用の分担に関するものであるが、同日に言い渡されており、決定理由は同一であるから、ここでは②に即して検討する。

1)　最高裁の考え方

夫婦不仲となり実家に帰っていた妻（申立人）から夫（相手方）に対して同居の審判が申し立てられたところ、福岡家裁は「相手方はその住居で申立人

---

[31]　新堂幸司「強制調停を違憲とする決定について」同『民事訴訟法学の基礎』（1998）150頁、小室直人・昭和33（1958）年大法廷判決評釈『憲法判例百選』（1963）143頁、佐々木吉男・昭和35（1960）年大法廷決定解説『憲法の判例（第3版）』（1977）152頁。

[32]　この事件では抗告理由で家事審判が憲法82条、32条に違反する旨が指摘されていなかった。

と同居しなければならない」旨の審判をし，福岡高裁も夫の即時抗告を却下した。夫は，家庭裁判所の審判によって「民事上，刑罰法上義務を負担することになる」のは憲法 32 条，82 条に違反するとして特別抗告を申し立てた。

最高裁の意見は分かれた。反対意見が 7 名の裁判官によって表明されている。

多数意見は，まず法律上の実体的権利義務自体について争いがあり，これを確定するためには公開法廷における対審・判決によるべきであるとする。「けだし，法律上の実体的な権利義務自体を確定することが固有の司法権の主たる作用であり，かかる事件を非訟事件手続法または審判手続により決定の方式でもって裁判することは……憲法の規定を回避することになり，立法を以てしても許されざるところ」だからである。

ところで，夫婦同居の審判は，「夫婦の同居義務等の実体的な権利義務自体を確定する趣旨のものではなく，これら実体的権利義務の存することを前提として，例えば夫婦の同居についていえば，その同居の時期，場所，態様等について具体的内容を定める処分であり，また必要に応じてこれに基づき給付を命ずる処分であると解するのが相当である。けだし，民法は同居の時期，場所，態様等について一定の基準を規定していないのであるから，家庭裁判所が後見的立場から，合目的の見地に立って，裁量権を行使してその具体的内容を形成することが必要であり，かかる裁判こそは，本質的に非訟事件の裁判であって，公開の法廷における対審および判決によって為すことを要しないものであるからである」。しかし，「同居義務は多分に倫理的，道義的な要素を含むとはいえ，法律上の実体的権利義務であることは否定できないところであるから，かかる権利義務自体を終局的に確定する[33]には公開の法廷における対審および判決によって為すべきものであり，同居審判の「前提たる同居義務自体については，公開法廷における対審及び判決を求める途が閉ざされているわけではない」。「従って同居の審判に関する規定は憲法 82 条，32 条に抵触するものとはいい難く，またこれに従って為した原決定にも違憲の廉はない」。このようにいう。

---

(33) 補足意見によると，たとえば「夫婦でないから同居義務がない」場合と，「夫婦であるが同居請求が権利濫用であるからこれに応じる義務がない」場合が問題になるという。

第2章　非訟事件手続と家事審判手続　　　55

少数意見は三つに分かれる。まず第一に，山田裁判官は，対審・公開の訴訟手続の要請は歴史的な所産であって絶対的なものではなく，夫婦同居のような「家族団体員相互間の権利義務」や「家団における団体的権利義務」などは公開・対審に親しまないとする。第二に，松田裁判官は，夫婦の同居に関する審判については公開法廷における対審・判決を求める途は閉ざされているとし，その理由として，旧人訴法上の「夫婦の同居を目的とする訴え」は実質的に無意味なものであり，これを削除したのは当然であり，また多数意見がいうように別訴を認めると，通常民事訴訟と解さざるを得ないが，人訴法と比較して種々の不都合が生じると指摘する。

第三に，田中裁判官は，夫婦の同居に関する審判については，公開の法廷における対審・判決を求める途は閉ざされているとする。夫婦の同居については，法律は家庭裁判所の特別の手続により「後見的立場から，合目的な見地に立ち，その裁量権を行使して具体的な事案に即した妥当な解決を図ることにしており，同居義務に関する審判は当然に同居義務の存否についても終局的な解決をすることになる」という。補足意見がいう「夫婦であるが同居請求が権利濫用であるからこれに応ずる義務がない」というのは同居義務の具体的態様の一つに過ぎない。「権利義務自体の存否と義務の具体的内容とを区別することは，不可能なことであり，強いて区別することは，審判があっても当事者は常に別訴で争うことになって家事審判制度を設けた趣旨を半ば没却することになるおそれがある」[34]という。

2)　遺産分割審判手続における前提問題の審理

③最大決昭和41(1966)・3・2民集20巻3号360頁が，これを扱っている。

申立人と相手方間の遺産分割審判手続において，相手方は申立人の相続欠格事由などを主張していたが，家庭裁判所は申立人の提案をほぼ受け入れるような審判をした。これに対して相手方が遺産分割の審判を非公開の審判手続で行ったことは，憲法82条，32条に違反するなどと主張して特別抗告した事件である。

決定理由は二点ある。第一点は，家審法9条1項乙類10号に規定する遺産分割の審判はその性質上非訟事件であるから，公開法廷における対審および判決による必要はなく，憲法32条，82条に違反しないとするものである。

---

(34)　このカッコ書きの部分は婚姻費用分担に関する事件での意見である。

第二点は，同審判の中で前提となる訴訟事項となる問題を審理・判断できる
し，この判断をしても憲法32条，82条に違反しないとするものである。多
数意見はこの点について次のようにいう。

「遺産分割の請求，したがって，これに関する審判は，相続権，相続財産
等の存在を前提としてなされるものであり，それらはいずれも実体法上の権
利関係であるから，その存否を終局的に確定するには訴訟事項として対審公
開の判決手続によらなければならない。しかし，それであるからといって，
家庭裁判所は，かかる前提たる法律関係につき当事者間に争いがあるときは，
常に民事訴訟による判決の確定をまってはじめて遺産分割の審判をなすべき
ものであるというのではなく，審判手続において右前提事項の存否を審理判
断したうえで分割の処分を行うことは少しも差支えないというべきである。
けだし，審判手続においてした右前提事項に関する判断には既判力が生じな
いから，これを争う当事者は，別に民事訴訟を提起して右前提事項たる権利
関係の確定を求めることを何ら妨げられるものではなく，そして，その結果，
判決によって右前提たる権利の存在が否定されれば，分割の審判もその限度
において効力を失うに至るものと解されるからである」。

3）検　討

最高裁判所が取り扱った夫婦同居，婚姻費用分担および遺産分割の審判は，
ともにその性質は非訟事件であるとすることについては，学説上もほぼ一致
している。問題とされるのは，その処理手続を憲法82条，32条に違反しな
いとする最高裁の多数意見の理由づけにある。第一点として，多数意見によ
れば，これらの審判はいずれも裁判所が後見的立場から合目的的の見地に立っ
て裁量権を行使してその具体的内容を形成するものであり，性質上非訟事件
であるとする。それゆえこの審理を公開，対審・判決によらなくても憲法
82条，32条に違反しない。

しかし多数意見によると，①②の審判については，裁判所によって具体的
に形成される同居請求権や婚姻費用分担請求権とは別に，その前提ともいう
べき（抽象的）同居請求権ないし婚姻費用分担請求権を想定して，これが争
いになるときはその存否について審判とは別に民事訴訟による確定を求める
ことができるから，裁判を受ける権利を侵害することにはならないという。
とくに同居審判に関する補足意見において，「夫婦でないから同居義務がな
い場合」と「夫婦であるが同居請求が権利濫用であるからこれに応ずる義務

がない場合」には，公開の法廷における対審および判決が保障される必要が
あるとする。しかし，この考え方は田中二郎裁判官の少数意見によって批判
されていたところであり，学説・実務からも批判される。すなわち「夫婦は
同居すべきものであり，婚姻費用を分担すべきものであるが，その内容は対
審・公開の訴訟手続では妥当に決定することができない。家庭裁判所の特殊
な手続によって決定すべしというのが，現行法の建前である。場合によって
は同居する必要がない特殊な事情が認定されることもあろうし，分担義務が
零と認定されることもあろう。しかしその判断も家庭裁判所の審判手続に
よってはじめて妥当になされるのである」[35]。実務家からも，実際に「同居
義務の存否を訴訟で扱った事例はみあたらない」[36]とされ，また審判におい
ては同居の具体的内容だけが問題になることはほとんどなく，むしろ処分の
前提である同居が認められるか否かそれ自体の解決が求められる争いが多い
と指摘される[37]。要するに，前提とされる権利とその具体的形成が一体のも
のとして把握され，審理され判断されているというのである。田中裁判官の
少数意見とこれに賛成する学説を基本的に支持すべきであろう。同居審判や
婚姻費用分担の審判では，訴訟手続の併存は考えられない。また多数意見の
ように基本となる実体的権利義務について民事訴訟を許すことになると，松
田裁判官が指摘するような具体的な問題が生じることも考慮しなければなら
ない。夫婦同居や婚姻費用分担，さらには扶養等の審判事件においては，訴
訟による紛争の解決の余地を認めることは「非訟事件手続において権利義務
をめぐって懸命に攻防し，また審理し，鋭意努力してきた当事者，裁判所の
せっかくの努力を水泡に帰せしめるもの」であり，「したがって，非訟事件
において権利義務の存否が審理される場合には，むしろ権利義務の存否をめ
ぐる審判は一回限りとし，原則として非訟事件手続かぎりとすべきであ」[38]る。
　第二点として③最大決昭和41(1966)・3・2の大法廷決定についてみてみよう。
まず遺産分割の審判が民法改正前には訴訟事件として扱われていたが，性

---

(35)　我妻栄・本件判批・法学協会雑誌 83 巻 2 号（1966）318 頁，同旨，小山昇・本
　　件判批・同『小山昇著作集第 8 巻（家事事件の研究）』(1992) 214 頁。

(36)　注解家審法 339 頁〈吉永盛雄〉，山名学「同居をめぐる紛争の処理」判タ 747 号
　　（1991）41 頁。

(37)　野田愛子「同居審判の対象と実体的同居請求権の存否」同『家族法実務研究』
　　（1988）5 頁以下。

質上非訟事件に属することについては今日では学説上異論がない。問題となるのは，その審理手続において訴訟事項（例えばある財産の遺産帰属性，相続人であるかどうか，あるいは遺言の効力等）が争われたとき，家庭裁判所がこれについて審理判断することができるかという点である。これを肯定すると非訟事件の手続で訴訟事項を審理することになり，従前の判例に照らして，純然たる訴訟事件を非訟事件手続で扱うことになり憲法82条，32条に違反するのではないかが問われることになる。本件大法廷決定以前において，学説・実務の見解は分かれていた。多数意見は，上記①②決定と同様に家庭裁判所が審理判断できるとする。そして審判の後に当事者は訴訟事項である前提問題を訴訟手続によって争うことができるとする点でも同様である。本件大法廷決定は，学説からも支持を受けている[39]。

　ところで最高裁は，前提問題について家庭裁判所が審理・判断することができる理由を述べていない。どのように考えるべきか。訴訟事項については，家庭裁判所は非訟手続によって事実を収集し，証拠に基づいてその点に関する限りでは民事訴訟の方式に従って判断することは可能であり，また非訟事件の手続であっても裁判の公平さおよび客観的判断をなしうる条件を整えて

---

(38)　鈴木（正）・前掲注(26)新実務民事訴訟法講座8巻35頁。なお，石川明「乙類審判事件の非訟性から生じる憲法並びに手続法上の諸問題」家月30巻11号（1978）18頁は，夫婦同居義務を①夫婦であれば民法上当然に存在する抽象的請求権，②具体的現実的事情によって内容上定まる具体的現実的請求権，および③家庭裁判所の裁量の範囲内における抽象的請求権に分類し，③について同居請求権が権利の濫用であるのにこれを命じると裁量権の濫用であり違法になるとし，審判の違法性の主張は訴訟事項であるとする。しかしなされた審判が裁量権濫用・違法であるとの主張を制約する論理が十分に与えられていないため，結局のところ審判と訴訟の重複を避けることができないという問題点を内包している点で，最高裁の多数意見に対するのと同様の批判にさらされることになろう。また戸根住夫「夫婦間の同居請求に関する裁判手続」同『民事裁判における適正手続』（2014）51頁以下は，同居請求権の有否に関する民事訴訟は可能であり，その有否を含めて審判手続で判断することは憲法32条，82条違反になるとする。

(39)　我妻栄・本件判批・法学協会雑誌84巻2号（1967）301頁，谷口知平・本件判批・民商法雑誌55巻4号（1966）630頁，橘勝治・本件判批『家族法判例百選（第4版）』（1988）187頁，山木戸克己・本件判批・同『民事訴訟判例研究』（1996）373頁，小山昇「遺産分割の前提問題」同『小山昇著作集第8巻家事事件の研究』（1992）253頁。

第2章　非訟事件手続と家事審判手続　　59

いること，また法律上審理手続において訴訟事項である前提問題を扱うこと
を禁じる定めはないことがその理由と考えられよう⁽⁴⁰⁾。

(4)　その後の展開

　家事審判に関する上記三つの最高裁大法廷決定以後に，乙類審判事件（現
行別表第2に掲げる審判事件）の合憲性が問題となったものを取り上げて検討
を加えておこう。いずれも学説上で家事審判（非訟事件）説と訴訟事件説の
対立があったものである。

1)　親権者の変更

　④最決昭和 46（1971）・7・8 家月 24 巻 2 号 105 頁は，旧家審法 9 条 1 項
乙類 7 号（現行別表第 2 第 8 項）に規定する親権者変更の審判につき，「（こ
の）審判は，民法 819 条 6 項を受けて，家庭裁判所が，子の利益のために必
要があると認める場合に，子の親族の請求により，親権者を父母のうち他の
一方に変更する旨の裁判をなすものであり，家庭裁判所は，当事者の意思に
拘束されることなく，子の福祉のため，後見的立場から，裁量権を行使する
のであって，その審判の性質は本質的に非訟事件の裁判である」という。実
際に親権者の変更をめぐっては当事者（親族を含む）間の紛争性は高いが，
他方で権利義務の存否の争いという性格は後退し，子の福祉が重要であって
家庭裁判所の後見的役割が重要なものとなる⁽⁴¹⁾から，判旨に反対の見解は見
られない。

2)　推定相続人の廃除

　これについては，⑤最決昭和 55（1980）・7・10 家月 33 巻 1 号 66 頁と，
⑥最決昭和 59（1984）・3・22 家月 36 巻 10 号 79 頁がある。まず⑤について
みてみよう。最高裁によれば，「（民 892 条は）推定相続人の廃除につき，一
定の要件のもとに被相続人に対し実体法上の廃除権ないし廃除請求権を付与
し，その行使によって廃除の効果を生ぜしめるという方法によらず，被相続
人の請求に基づき，家庭裁判所をして，親族共同体内における相続関係上の
適正な秩序の維持を図るという後見的立場から，具体的に右廃除を相当とす
べき事由が存するかどうかを審査，判断せしめ，これによって廃除の実現を

⑷　福岡高決昭和 33（1958）・9・27 高民集 11 巻 8 号 523 頁，小山・前掲注⑶著作
　　集第 8 巻 253 頁も同旨。

⑷　清水節『判例先例親族法Ⅲ』（2000）144 頁。

可能とする方法によることとしたものと解される。それ故，右相続人廃除の手続は，訴訟事件ではなく非訟事件たる性質を有する」とされる。したがってこの手続を家事審判事件として取り扱うとしても，立法の当否の問題にとどまり，違憲の問題を生じないという。

　これに対して学説上は批判が強い。推定相続人の廃除は，法定の廃除事由が存在するときは，被相続人に形成権たる廃除権が成立し，その行使としてなされるもので，単独行為としてそれだけで法的効果が発生するが，廃除の効果の重大性にかんがみて，廃除権行使の原因につき家庭裁判所の認定を要することにして，廃除の意思表示の効果は家庭裁判所の審判の確定を停止条件として発生すると考える。形成原因にもとづいて形成権が成立しているととらえる点で，廃除の審判の実質は訴訟事件であるとみるのである。この事件を家事審判として処理することは違憲の疑いを生じさせる[42]。学説上はこの立場が優勢である。この立場を支持すべきであろう。推定相続人廃除につき民892条の定める要件は，最高裁のいうように裁判所の後見的立場からの自由裁量による法律関係の形成を認めたものであるかは疑問である。旧規定に比べて「その他著しい非行」があったときという要件が加えられているとはいえ，民770条の離婚事件において「その他婚姻を継続しがたい重大な事由」があるときという要件が加えられてもなお訴訟事件とされているのと対比して，非訟事件でなければならない理由はない[43]。

　相続人廃除の効力は推定相続人の遺留分権を否定する点に尽きるといえる。この点からすると親権喪失のほうが効果としては重大である。この対比から相続人廃除を家事審判事件としたことにも，それなりの合理性が認められるといえるかもしれない[44]。しかし親権喪失では子の福祉の観点から家庭裁判所の後見的関与が強く求められるのに対して，推定相続人廃除の場合には判

---

[42]　船橋諄一「相続人の廃除」中川善之助教授還暦記念『家族法大系Ⅵ』（1961）86頁，兼子一「人事訴訟」中川善之助ほか編『家族問題と家族法Ⅶ家事裁判』（1968）187頁，西原諄「家事審判例の研究(2)」琉大法学16号（1975）76頁，鈴木（正）・前掲注㉖新実務民事訴訟講座8巻25頁。また近時の研究として，戸根住夫「推定相続人廃除の裁判手続」同『民事裁判における適正手続』（2015）113頁以下がある。学説の状況については本書Ⅱ・287頁。

[43]　鈴木（正）・前掲注㉖新実務民事訴訟講座8巻24頁，谷口安平・本件判批・『家族法判例百選（第5版）』（1995）139頁。

断は二者択一的で後見的介入の余地は少ない[45]。両者の比較は適切ではない。

3) 特別受益と具体的相続分

ここで取り上げるのは，⑦最判平成12（2000）・2・24民集54巻2号523頁である。本件は遺産分割の前提問題として確定されるべき，いわゆる具体的相続分が確認の対象となるか否か，すなわちその確定は訴訟事項となるか否かが問われたものである。その法的性質および確認の訴えの対象・利益について学説上・下級審判例に対立があった。

ところでこれに先立って⑧最判平成7（1995）・3・7民集49巻3号893頁は，「ある財産が特別受益に当たるかどうかは，遺産分割申立事件，遺留分減殺請求に関する訴訟など具体的な相続分又は遺留分の確定を必要とする審判又は訴訟事件における前提問題として審理判断されるのであり，右のような事件を離れて，その点を別個独立に判決によって確認する必要もない」と判示していた。しかし特別受益をめぐる争いが訴訟事件であるか否かについては明言していなかった。

前掲⑦判決において，最高裁は，「具体的相続分は，このように遺産分割手続における分配の前提となるべき計算上の価額又はその価額の総額に対する割合を意味するものであって，それ自体を実体法上の権利関係であるということはできず，遺産分割審判事件における遺産の分割や遺留分減殺請求に関する訴訟事件における遺留分の確定のための前提問題として審理判断される事項であり，右のような事件を離れて，これのみを別個独立に判決によって確定することが紛争の直接かつ抜本的な解決のために適切かつ必要であるということはできない」と判示した。共同相続人間で具体的相続分について，その価額や割合の確認を求める利益はなく，遺産分割の審判手続で前提問題として処理することで足りるとするのである。この判断から当然のこととして具体的相続分について家事審判手続により審理判断しても憲法82条，32条に違反することにはならない。

---

(44) 旧家審法の立法者がこのように解していたことについては，堀内・家事審判制度の研究434頁・

(45) 立法論としてではあるが，訴訟と非訟の境界線上にある推定相続人の廃除については，家庭裁判所の審判による過干渉を避けるほうがよいとする見解が注目される。この点につき，島津一郎「わが国の相続人廃除制度について」判例時報1595号（1997）9頁。

学説上，具体的相続分についてその権利性を認め，確認の訴えの対象適格を肯定する見解も根強いが，その対象をどのように考えるべきかが不明確であり，また確認の訴えを想定してもその判決の紛争解決機能には多くを期待できないと考えられるから，具体的相続分は遺産分割の手続において審理すべきであると考えられる。判例の立場を支持してよい[46]。

第2節　訴訟事件の非訟化とその限界

1　非訟化の流れ

　もともと非訟事件手続で扱われる事項は，ドイツにおいて非訟法（FGG）制定時にそこで定められていた事項のみであった。これを一般に古典的非訟事件と呼んでいる。しかしながら時代の流れの中で，一方では当初非訟事件とされていた事項を裁判所から行政に移管する（戸籍・登記・供託事件等）とともに，もともと訴訟手続で扱われていた事項が非訟手続で処理されるような指定替えがなされること，あるいは特別の立法がなければ訴訟事件として扱われる事項について非訟事件手続で処理する旨の立法がなされるという現象が顕著になる。この後者を訴訟事件の非訟化という。さまざまな紛争が訴訟という重装備の手続で処理されることを避け[47]て，簡易・迅速な非訟事件で処理され，あるいは訴訟による二者択一的な判断では妥当な解決が得られ

---

[46]　佐上・本件判批・ジュリスト1202号（2001）111頁。なお田中恒郎「遺産分割の前提問題と民事訴訟」同『遺産分割の理論と実務』（1993）43頁，山名学「遺産分割の前提問題―具体的相続分ないし特別受益の確定は審判事項か訴訟事項か」ケース研究211号（1987）157頁，梶村太市「特別受益の持戻しと確認訴訟の適否」家月44巻7号（1992）71頁，松原正明「遺産分割―特別受益をめぐる争いの確定」判タ996号（1999）132頁，同「特別受益の確定―訴訟事項か審判事項か」判タ1100号（2002）370頁もこのような考え方に立っている。これに対して，川嶋四郎「『みなし相続財産（民法903条1項）の確定と確認訴訟の適否について』判例評論402号（1992）148頁は，権利性が問題となる微妙な場合には，その解決は対審構造が保障されている民事訴訟によるべきであると主張し，山本弘「遺産分割の前提問題と訴訟手続の保障」徳田和幸先生古希祝賀論文集『民事手続法の現代的課題と理論的解明』（2017）619頁以下は，具体的相続分の権利性，確認対象適格性を主張している。

[47]　三ケ月章「訴訟事件の非訟化とその限界」同『民事訴訟法研究第5巻』（1972）49頁。

第2章　非訟事件手続と家事審判手続　　63

ないことから，裁判官の裁量の余地の大きい非訟事件手続での処理が期待されるわけである。

　民事訴訟であれば当事者の主張を聴取するには口頭弁論を行う必要があり（民訴87条1項参照），公開主義，口頭主義，直接主義および双方審尋主義の要請が満たされなければならないが，非訟事件手続であれば口頭もしくは書面による審尋で足り，また厳格な法律の定めによる証拠調べに代えていわゆる自由な証明が幅広く認められるなど，審理手続を大幅に簡略化することが可能になる。実体法上の法律要件が包括的に定められているために，解決するのに裁判官の裁量が求められる。さらに非訟事件手続では裁判に対する不服として（即時）抗告が認められているに過ぎないことを考えると，訴訟事件の非訟化は当事者の裁判を受ける権利を後退させて，裁判所の事件処理の効率化に資することは明らかであろう。

　さらに実体法の側からも，権利義務の二者択一的な判断では，適切妥当な紛争解決を期待できないと指摘される。たとえば親権者の指定・変更，扶養の程度・方法の定めなど法律自体が紛争当事者および利害関係人の多様な諸事情を総合的に考慮したうえで具体的条件に適合した解決ができるように，いわゆる一般条項による規律をしなければならなくなる。裁判官の裁量による個別的な法律関係の形成に期待が寄せられる。当事者の権利主張の意味合いは希薄化し，公益的・政策的要素を導入しやすくなる。そのためにも訴訟の方式による解決よりは，非訟事件手続による処理が求められるようになる。そのようにしてナチスの時代には，すべての民事訴訟を廃止して非訟事件手続による処理に委ねるという極論が主張され[48]，わが国では醇風美俗の精神を維持するために権利の主張を前提とする当事者対立構造をとる民事訴訟の紛争処理が嫌われて，非訟的な解決を旨とする調停手続の拡充が図られてきた[49]。訴訟事件の非訟化という場合には，裁判を受ける権利の制限ないし否定といった暗い過去があることを十分に認識しておく必要がある。さらに第二次大戦後においても，訴訟事件の非訟化に対して学説は敏感であり，人事訴訟を家庭裁判所に移管してはどうかという提案が，それは人事訴訟の非訟

---

(48)　この紹介として，吉川大二郎「独逸における民事訴訟廃止をめぐる論争」法律時報12巻1号（1940）39頁。

(49)　この点については，佐上「我国における真正訴訟事件の展開（1・2完）」龍谷法学6巻2号（1974）173頁，3＝4号（1974）321頁参照。

化を目論むものであるという批判にあい、その実現が遅れてきた理由の一つ
でもあった[50]。

わが国では、とくに第二次世界大戦後における家事審判制度の創設に伴っ
て、乙類審判事件の創設や昭和41（1966）年の借地非訟事件の新設などに訴
訟事件の非訟化の顕著な現象を見ることができる[51]。また家事審判手続と人
事訴訟（ないし民事訴訟）の手続が競合する場合に、家事審判手続の運用を
優先するという実務はこれまでも見られたところであり、今後も続くと思わ
れる[52]。

2 非訟化の限界
1 考慮すべき要因

上に述べたような訴訟事件の非訟化は果たして可能か、また可能であると
してその限界はどのように設定されるかという問題は、古くから論じられて
きた。非訟化のためには、裁判所の負担の軽減、事件内容に応じた紛争解決
コストの軽減、迅速な解決の必要性あるいは訴訟による画一的解決の限界な
ど、さまざまな理由が持ち出される。また家庭に関する事件については、権
利義務の関係として捉えるのではなく、国家の後見的関与を必要とする具体
的な人間関係の個性に応じて個別的な処理を必要とするから、訴訟ではなく
非訟手続によるべきだとして人事訴訟制度の廃止が主張されたこともある[53]。

他方において家事審判制度の合憲性の項でみたように、公開法廷において

---

[50] この点について三ケ月章「家庭裁判所の今後の課題」同『民事訴訟法研究第8
巻』（1981）290頁以下、佐上「人事訴訟事件等の家庭裁判所への移管と手続構想」
民事訴訟雑誌48号（2001）4頁以下。

[51] 昭和42（1967）年の時点で、第二次世界大戦後の非訟事件制度の状況を概観し
た文献として、鈴木忠一「戦後の非訟事件制度」同『非訟・家事事件の研究』
（1971）141頁以下がある。この中で「現在の非訟事件（広義）は所謂古典的非訟
事件の領域を遥かに超えているのであって……古典的非訟事件に比すれば遥かに
民訴的になっている第三手続とも謂ふべき手続が、戦後特に多く出現したと言ひ
得るしまた問題の中心を為しつつある」とし、「非訟事件の中心が量的には家事審
判に移ったことが明らか」であると指摘している（140頁、152頁）。

[52] たとえば合意に相当する審判（家事手続277条）や家事審判手続による戸籍訂
正（戸籍113条、114条）と訴訟による戸籍訂正（同116条）につき、前者の適
用範囲を拡張することなどがあげられる（この点について、本書Ⅱ・454頁参照）。

第2章　非訟事件手続と家事審判手続　　　65

当事者が対立関与し，口頭弁論をするという訴訟における解決方式には，当
事者の自己決定，弁論権をはじめとする諸権能が結合して憲法に定める裁判
を受ける権利を保障している（憲法32条，82条）。この権利は国民が裁判所
において自己の権利を主張し，また防御するために保障されなければならな
いものであって，容易に奪われることがあってはならない。

　訴訟事件の非訟化の傾向は上に見たように，訴訟の処理方式に内在する形
式主義を脱して，迅速性・弾力性・廉価性を追い求める方向であり[54]，不可
避の傾向であるともいえる。しかしその限界を明らかにすることが，裁判を
受ける権利の保障との関係できわめて重要となる。その限界を考えるにあ
たっては，その対象となる権利の実体的な性格がいかなるものであるかとい
う点と，手続法の観点から対審構造をとらないこと，手続における当事者の
自己決定権の尊重の必要性，手続を公開しないことさらには判決の形式をと
らないこと等の理由をそれぞれ検討すべきである[55]。非訟事件・家事審判に
対する憲法上の保障として82条の公開原則だけでなく，32条の保障として
審尋請求権を重視すべきであるとの見解が主張されていることもこの観点か
ら重要である[56]。

　これを家事事件についていえば，当事者の重大な身分上の法律関係，法的
地位に関する事項については，実体法上および手続法上の双方において自己
決定が尊重されるべきである。たとえば離婚について，最大判昭和62
(1987)・9・2民集41巻6号1423頁は，有責配偶者からの離婚請求を容認す
るには有責配偶者の責任の態様・程度のほか，「相手方配偶者の婚姻継続の
意思および請求者に対する感情，離婚を認めた場合における相手方配偶者の
精神的・社会的・経済的状態および夫婦間の子，殊に未成熟子の監護・教育，
福祉の状況，別居後に形成された生活関係，……さらには，……時の経過が

---

(53)　平賀健太「人事訴訟」民事訴訟法学会編『民事訴訟法講座第5巻』(1956) 1311
　　頁以下，同「家庭裁判所」中川善之助ほか編『家族問題と家族法Ⅶ家事裁判』
　　(1968) 144頁以下。

(54)　三ケ月・前掲注(47)民事訴訟法研究第5巻92頁。

(55)　山木戸克己「審判」同『民事訴訟理論の基礎的研究』(1967) 192頁，小島武司
　　「非訟化の限界について」『中央大学80周年記念論文集・法学部』(1965) 339頁。

(56)　最近の文献として，片山智彦『裁判を受ける権利と司法制度』(2007) 45頁以下，
　　笹田栄司『司法の変容と憲法』(2008) 248頁以下，三木浩一「非訟事件手続法・
　　家事審判法改正の課題」ジュリスト1407号 (2010) 10頁。

これらの諸事情に与える影響も考慮されなければならない」という。このような要件の設定と判断は，家事審判において裁判所が後見的な立場から具体的な法律関係の形成をする場合と比べても実質的な差が見られないといえる。しかしそうであるからといって，これだけの理由で離婚事件を訴訟手続から家事審判へと切り替えてよいかと問われれば，回答は否である。離婚という重大な法的効果を生じさせるための手続にも検討が必要である。

　家庭に関する事件については訴訟手続によるにせよ，一般公開の要請はさほど強くない。二当事者対立構造の訴訟手続とこれと結びついた処分権主義，弁論主義（職権探知主義であっても調査された事実が当事者に開示され，当事者が意見を述べる機会が保障されているならば，同視してよい）によって，訴訟物や判断資料に対する自己決定が保障され，当事者が提出しあるいは意見を述べることができた事実や証拠によってのみ判断される仕組みが確保されていることが重要である。原告と被告の間には主張責任や証明責任が公平に分配され，当事者の責任が明確にされていることも重要である。これによって当事者双方が裁判所で公明正大に対等に争う機会が保障され，裁判の結果について当事者の自己決定を問うことが可能になる。訴訟手続によるこれらの機能が重大な法的効果を生じる裁判であれば必ず備わっていなければならない[57]。

　もっとも非訟化の理由いかんによっては，事件の類型的性質に対応して，判決の形式はとらないが手続を公開したり，また当事者双方に対する審問を必要的として相手方に立ち会う権利を認める等の手続保障を付加することによって，単純に非訟化する（別表第1に掲げる審判事件に適用される手続による処理とする）というだけでなく，手続態様面で民事訴訟と非訟事件との中間的な位置づけとする工夫をするなどの途を開いておくべきであるとも主張されてきた[58]。この点でも具体的検討が必要である。そのような例として昭和41（1966）年の借地条件の変更に関する裁判手続の創設や平成16（2004）

---

[57]　詳しくは，佐上「利益調整紛争における手続権保障とその限界」法律時報52巻7号（1980）27頁以下。

[58]　我妻栄「離婚と裁判手続」同『民法研究Ⅶ-2』（1969）153頁以下，とくに170頁以下，山木戸克己「裁判手続の多様性」同『民事訴訟法論集』（1990）200頁，同「借地非訟事件の構想」同書227頁，林屋礼二「訴訟事件の非訟化と裁判を受ける権利」吉川大二郎博士追悼記念『手続法の理論と実践（上）』（1980）83頁。

第2章　非訟事件手続と家事審判手続　　　67

年の労働審判制度の創設を挙げることができる[59]。

2　訴訟事件の非訟化が考えられる事例

　現行の家事審判事件だけを見ていくとわかりにくいが，家事審判事件であると規定している法律上の処分をも視野に入れていくと，現在は訴訟事件とされているが，むしろ家事審判として扱うほうが望ましいと考えられるものがある。ここではその一例を取り上げよう。

　児童福祉法33条により児童相談所長が，虐待を受けている児童に対して児童福祉施設への収容といった一時保護の処分を行うと，保護者は行政不服審査の申立てを行い，さらには行政処分取消訴訟を提起することができる。しかし児童相談所長が一時保護に続いて同法28条の措置承認の審判を申し立て，この審判が確定すると取消訴訟の訴えの利益は消滅する[60]。また一時保護の執行停止が認められるのも難しい[61]。措置承認の申立てがなされると，

---

[59]　ここでは借地非訟の手続を取り上げてみてみよう。これは借地上に存する建物を非堅固な建物に限定する借地条件や増改築を制限する借地条件の変更に関する紛争（旧借地8条ノ2，現行借地借家17条1項）や，借地権の譲渡・転貸の承諾に関する紛争（旧借地9条ノ2，9条ノ3，9条ノ4，現行借地借家19条1項）につき，当事者間の利害調整を図る裁判所の妥当な判断によって解決することとして，その裁判手続として非訟手続によることにしたものである。従前の訴訟手続を非訟事件に切り替えたわけではないが，紛争性の強い事件を新たに非訟手続で扱かうという点に重要な意義がある。

　その裁判手続は一般公開はされないが当事者間に紛争性が強いことを考慮して，審理期日を開いて当事者の陳述を聴くべきこと，当事者は他の当事者の審問に立ち会うことができること（借地借家51条1項，2項），裁判所が事実を探知したときは原則としてその旨を当事者に通知すべきこと（同53条），裁判所が審理を終結するときは審問期日においてその旨を宣言すること（同54条）のほか，当事者・利害関係人の記録の閲覧（同46条）についての定めを置いている。旧家審法に比べて格段に当事者の手続上の地位に配慮し，これを保障している。この点について学説上は，民事訴訟の特別手続とすべきであるとの有力な見解も存在した（広中俊雄「新しい借地裁判手続」法律時報38巻10号（1966）26頁，山木戸克己「借地条件変更等の裁判手続」同『民事訴訟法論文集』（1990）253頁）が，現行の家事事件手続法別表第2に対する審理の特則（同66条以下）の内容がほぼ盛り込まれている点は高く評価すべきであろう。

[60]　大阪地判平成17（2005）・10・14裁判所ウェブサイト（TKC LEX/DB25410464，第一法規法情報総合データベース ID28152366）。

[61]　大阪地判平成23（2011）・12・27判例地方自治367号69頁。

保護者はこれを争うことが必要になるため取消訴訟を提起することが困難となる。措置承認の審判がなされると，行政訴訟は絵に描いた餅である。また仮に取消訴訟が可能であるとしても，児童虐待やネグレクトが問われ児童の福祉の観点から親子分離を内容とする措置が取られているのに，これらを争う手続が公開法廷における二当事者対立構造により，弁論主義の支配する手続が果たして適切であるかという根本的な疑問が生じる。このような事情を考慮すると，一時保護に対する救済として訴訟手続は不適切であるといえる。むしろ家庭裁判所が児童福祉の問題について専門的な知見と経験を有していることを考慮し，戸籍法121条の市町村長の戸籍事件に対する不服申立てにならって，児童福祉法33条の一時保護に対する不服申立てを家事審判事項として，その手続を整備することが必要なのではないかと考える[62]。

---

[62] この点について詳しくは，佐上「児童福祉法における一時保護と司法審査」松本博之教授古稀記念『民事手続法制の展開と手続原則』（2016）35頁。

第3章　家事審判手続総説

第1節　家事審判事項

1　家事審判事項とその意義

　家事審判の対象である事項を家事審判事項という。民法その他の法律の定めるところにより，家事手続法別表第1および第2に掲げられている事項がこれにあたる。旧家審法は同法9条1項に民法で定める家事審判事項を甲類と乙類に分けて列挙し，同2項で他の法律において特に家庭裁判所の権限に属させた事項を家事審判事項として，これについては特別家事審判規則で定めていた。

　これに対して家事手続法は，家事審判事項の指定をすべて法律で定めることとし（同法39条参照），家事審判の根拠が民法であるか，他の法律であるかを問わずにすべて別表に掲げている。根拠となる法律が異なっても家事手続法上取扱いを異にする理由はなく，またすべてを列挙することが利用者にとっても便宜であることを考慮している[1]。

　別表第1と第2の区別の基準，区別の意義等については以下4において説明する。

2　家事審判事項の限定性

1　原　則

家事審判事項は，家庭に関する事項のうちで法律によって，そのように定め

---

[1]　家事事件手続法制定後の状況について触れておこう。平成25（2013）年6月19日，精神保健福祉法の一部改正が行われ，同法旧20条以下に定められていた保護者の制度が全面的に廃止された。これによりその順位の変更および選任に関する家事審判手続（別表第1第130項）も廃止された。これに代わって心神喪失医療観察法上の保護者の順位の変更および選任の審判手続が別表第1第130項とされた。その詳細については，本書Ⅱ・503頁以下参照。

られているものに限られる。家事審判事項は制限列挙的に解釈されるのが原則である。旧法のもとでもそのように解されてきた[2]し，家事手続法のもとでも同様に解される[3]。このことは，裁判所法 31 条の 3 第 1 項 1 号が，家庭裁判所は「家事事件手続法で定める家庭に関する事件の審判及び調停」をなす権限を有すると定め，また家事手続法 39 条が「別表第 1 及び第 2」に掲げる事件について審判をすると定めていることから導かれる。

また家事審判は，家庭裁判所が私人間の法律関係に後見的に，非訟事件の手続で関与する作用であるから，法律上明記されている場合に限定されるのは当然であるといえる。したがって民事訴訟や人事訴訟に属する事項を法律上の性質は非訟事件であるとして審判事項として扱うことは許されないし，法律の規定がないにもかかわらず新たに審判事項を作り出すことも許されない。たとえば，親子間の同居または別居事件などは，これを審判事件と扱うことはできない[4]。もっともこれを対象とした家事調停は可能である（後述第 2 編第 2 章第 1 節 2 参照）。

民法 752 条（夫婦の同居，協力および扶助）には，これを家事審判に委ねる旨が明記されていないが家事手続法に定めがある（同法 150 条 1 号，別表第 2 第 1 項）し，民法 760 条（婚姻費用の分担）についても同様である（同法 150 条 3 号，別表第 2 第 2 項）。しかしこれが家事審判事項であることに，学説判例上異論はない（この点については後述 4・1(1)参照）。

2 準用ないし類推適用の可能性

(1) 考え方

上記 1 に述べたことは，解釈上家事審判手続の準用または類推解釈を全く許さないというわけではない。家庭に関する紛争について，訴訟事項と家事

---

(2) 山木戸・家審法 23 頁，同「訴訟と家事審判」同『民事訴訟理論の基礎的研究』(1961) 203 頁，注解家審法 119 頁〈高島義郎〉，家審法講座 1 巻 10 頁〈綿引末男〉，本書旧版・52 頁。また東京高決平成 21 (2009)・4・21 家月 62 巻 6 号 69 頁は，婚姻費用分担の処分の審判において特別児童扶養手当の受給を受けた父または母に対し，他の配偶者への同手当の返還等を命じることはできないとする。

(3) 金子・逐条解説 132 頁，梶村太市『新版実務講座家事事件法』(2013) 52 頁，職員研修所・概説 12 頁。

(4) 渉外事件につきわが国に国際裁判管轄があり，準拠法が当事者等の本国法になるときは，その趣旨に照らして家事審判事項であるかどうかを検討することになる。こうした問題の 1 つの例として，渉外遺言書の検認につき本書Ⅱ・375 頁参照。

第3章　家事審判手続総説　　71

審判事項の限界が問題となる場合には，家事調停の利用は家裁調査官を擁する家庭裁判所の解決が妥当であると考えられることがあり，またある制度が社会的に広く承認されているにもかかわらず法改正や新規の立法が立ち後れていることがあるからである。この点について学説上異論は存しない。

(2) **具体例**

そのような具体的な例として，内縁関係における同居協力扶助，婚姻費用分担，内縁関係解消の場合における財産分与の請求などは家事審判の対象となる。最判昭和33（1958）・4・11民集12巻5号789頁は，内縁は法律上婚姻に準じる関係であると認め，その別居中に生じた内縁の妻の医療費負担について民法760条の準用を認めている。婚姻関係が破綻した父母が別居状態にある場合に，子と同居していない親と子の面会交流についても民法766条を類推して，家事手続150条4号（別表第2第3項）により，家事審判事件として家庭裁判所が相当な処分をすることができる[5]。また離別による内縁解消に財産分与を類推する適用することも認められている[6]が，内縁の夫婦の一方の死亡による内縁解消の場合には民法768条の規定を類推適用することはできないとされている[7]・[8]。

3　家事審判事項の定め方の適切さについて

家事手続法は，家事審判事項として別表第1に134項目を，別表第2に16項目を掲げている。これらはいずれも民法その他の法律で家事審判事項とされているものである。家事審判事項として適切かどうかは，これらの実体法の定め方によるが，その再検討が必要であると思われるものも存在する。

ここでは2つの事項を取り上げておこう。その一つは，別表第1第93項では，限定承認の際の条件付債権または存続期間の不確定な債権の評価のための鑑定人選任，第98項では相続財産分離の場合の相続財産の評価のための鑑定人選任を家事審判事項としていることである。新非訟法96条も民法582条による不動産の現在価額の評価のための鑑定人選任を非訟事件としている。しかしこの鑑定人の職務内容は，民事執行法58条1項の評価人のそ

---

(5)　最決平成12（2000）・5・1民集54巻5号1607頁。

(6)　広島高決昭和38（1963）・6・19家月15巻10号130頁。

(7)　最決平成12（2000）・3・10民集54巻3号1040頁。

れと同様であり，同法はその選任につき非訟事件とはしていない。ここに掲げた事項だけを家事審判事件として維持する必要性は失われているといえる。このような鑑定人選任は明治31年非訟法以来のものであるが，民事執行法と同様に裁判所の命令として扱うことが可能であり，家事審判事件から除外することが法制度全体の統一性からも望ましいといえる(9)。

第二には，心神喪失医療観察法上の保護者選任に関する審判事件がある（別表第1第130項）。平成25（2013）年精神保健福祉法改正により，同法上の保護者制度が廃止される前においては，同法によって選任された保護者が

---

(8)　もともと非訟事件は訴訟事件に対して制限列挙的に位置づけられる。非訟事件は法律でそのように明記された場合に限って裁判所が私人の法律関係に関与することができる。改正前のドイツ非訟法（FGG）第1条は，「ライヒ法によって裁判所に委ねられた非訟事件については，別段の定めがない場合に限り，以下の総則規定を適用する」と定め，2009年に改正された「家事事件及び非訟事件の手続に関する法律（FamFG）第1条も，「この法律は家事事件及び連邦法が裁判所の管轄とした非訟事件の手続について適用される」として，非訟事件が制限的であることを明らかにしている。この点に関して，鈴木正裕「非訟事件と形成の裁判」鈴木忠一＝三ケ月章監修『新実務民事訴訟講座第8巻』（1981）8頁以下は，非訟事件の「この制限列挙主義も今日ではもはやいささか時代遅れの遺物ではあるまいか」とし，「たとえば家事事件という，いささか限られた範囲内であるが，法律上に明文のない，内縁夫婦間の同居協力・婚姻費用分担，財産分与請求，あるいは親権者間，親権者・非親権者間の子の引渡し請求など，それを審判事項化することが，つとに学説・判例において議論され，これを肯定する見解が有力になっている」と指摘する。たしかに本文において指摘したように，民法の類推解釈を認める事例は増加しているし，渉外事件においては実体法の根拠いかんというよりは現実的・具体的な救済を先に考える必要性も高いといえる。しかし明文規定によって非訟事件・家事審判事項であるとされていない場合には訴訟によって救済を求めることが原則である。この意味では家事審判事項はなお制限列挙主義を基礎とするというべきである。

近時諸外国においては，生活パートナーの関係が法律によって承認されている。わが国でも同様の状況が生じつつある。たとえば，2015（平成27）年3月3日，「渋谷区男女平等及び多様性を尊重する社会を推進する条例」が制定され，同10条は「区長は第4条に規定する理念に基づき，公序良俗に反しない限りにおいて，パートナーシップに関する証明をすることができる」と定めている。このパートナーシップにつき家事調停をすることはともかく，婚姻に準じて審判をすることができるかについては議論が残されるように思われる。

(9)　この点につき詳しくは，本書Ⅱ・320頁，335頁参照。

第3章　家事審判手続総説　　73

心神喪失医療観察法上の保護者になった。精神保健福祉法上の保護者は，民法878条の親族扶養との関係が深いとの理由で家事審判事項とされていた[10]が，心神喪失医療観察法上の保護者にはそのような扶養の要素はなく，制度上からすれば事件本人の最も信頼する人物を選任することに意味がある。また事件本人には弁護士である付添人の制度が必置とされている。ある特定の手続上においてのみ特定の役割を果たす保護者を，当該の手続から離れて家事審判事件として選任することの合理性は疑わしいというべきである[11]。

4　別表第1の家事審判事項と別表第2の審判事項

1　両者の区別

(1)　旧家審法の立法趣旨

旧家審法9条1項は，家事審判事項を甲類と乙類に分けて列挙していた。家事事件手続法も別表第1と第2に分けて列挙している。甲類は別表第1に，乙類は別表第2にほぼ対応する。なぜこのような定め方をするのか。民法その他の法律に定めた事項について審判を行うと規定するだけで足りそうであるが，このように区別したうえで列挙したのは，旧家審法の立法者によれば，甲類と乙類の処理の違いを明らかにしなければならない要請があること，民法で家事審判所（家庭裁判所）が扱うと明記していない事項で家事審判所が扱わなければならない事項を示しておく必要があることを挙げていた[12]・[13]。甲類と乙類との区別はどのような基準によるのか，また区別されることによって手続上どのような差異がもたらされるのか，この区別は家事手続法にどのように引き継がれているのか。以下，この点を明らかにしておこう。

(2)　家事調停の対象となるか否かによる区別

1)　旧家審法のもとでの理解

上に見たように，旧家審法のもとでは，甲類審判事項については家事調停の対象とならないので審判のみがなされ，乙類審判事項は家事調停によっても処理される（旧家審法17条）という差があった。そのため乙類審判事項については，当事者（関係人）が裁判所外において合意により自由にその内容

---

(10)　この点については，佐上「保護者選任審判手続の問題点」同『成年後見事件の審理』（2000）289頁以下参照。

(11)　この点につき詳しくは，本書Ⅱ・504頁以下参照。

(12)　堀内節『家事審判制度の研究』（1970）413頁，1185頁。

を定めることができ，その協議ができない場合に家庭裁判所の利用が求められると解されてきた。これに対して，甲類審判事項は当事者の合意による処分・法律関係の形成を許さない性質のものと解されてきた[14]。

しかし旧乙類審判事項の中には，夫婦財産契約による財産管理者の変更（民758条2項），親権者の変更（民819条6項），推定相続人の廃除およびその取消し（民892条，894条）のように，実体法上当事者の合意による処分を許さない事項も含まれていたので，甲類と乙類の区分は絶対的なものではないと指摘されていた[15]。これらの事件についても家事調停の対象となるのは，調停が当事者の合意によるだけで成立するのではなく，人間関係の調整を経

---

[13] 旧家審法の制定過程において，GHQ との協議過程から次のような事情が明らかになる（旧家審法に関する総合指令部政治部係官との会談録（第2回）昭和22（1947）年7月26日。堀内・前掲注[12]家事審判制度の研究1185頁による）。

「ブレークモア　第8条（法律9条をさす。佐上注）第1項は，民法の規定を細大漏らさず規定しているようであるが，こんなことをする必要はなく，単に『民法の定めた事項について審判を行う』ということにしておけば簡単でよいではないか。

司法省（出席者は豊水道裕民事局事務官と服部高顕終連部事務官，佐上注）一々列挙したのには次のような理由がある。第一に，もちろん民法に規定はあるがさらに再び列挙することによって判り易く明瞭になる。第二に，甲類と乙類とがあって，乙類の〈調停に付し得る事件〉を明らかにしなければならないという事情がある。第三に，民法中には家事審判所が取り扱うことを明らかに書いていない事項では，家事審判所がやらねばならない事項を示しておく必要がある。たとえば乙類第1号にあげた「民法752条の規定による夫婦の同居その他夫婦協力扶助に関する処分」がその例であって，民法752条には，これらのことを家事審判所でやるということは書いていないから，ここにこれを掲げておかないとはっきりしない。

ブレークモア　それでは民法752条に家事審判所が扱うことを書いたらよいではないか。

司法省　民法中に，「夫婦は同居し，互いに協力して扶助しなければならない。もしその点について事がある場合には家事審判所が適当と認める処分をする」というような規定をするわけにはいかない。

ブレークモア　この点は，当方としても，もう少し簡潔にしたらという考えから示唆するだけであって，貴方で一々列挙するのが必要だとか適切だとかいわれるのならば，あえて反対する積りはない……」。

[14] 山木戸・家審法25頁，注解家審法120頁〈高島〉。

[15] 注解家審法120頁〈高島〉。

て裁判所の相当性の判断（旧家審規138条の2参照）による担保があるためであるとされてきた[16]。

2) 家事手続法の立場

家事手続法は家事審判事項を別表第1と第2に区別している。その区別はおおむね旧家審法の規律を引き継いでいる。すなわち別表第1には調停によって解決できない事項が，別表第2には家事調停によっても解決できる事項，すなわち当事者が自らの意思で処分することのできる権利または利益に関する事項が列挙されている[17]。

家事手続法はこの考え方を徹底させて，旧家審法では乙類に掲げられていた三つの審判事項を，別表第1に指定替えしている。すなわち，①夫婦財産契約による財産の管理者の変更等（旧乙類2号から別表第1第58項へ），②扶養義務の設定とその取消し（旧乙類8号から別表第1第84，85項へ），③推定相続人の廃除およびその取消し（旧乙類9号から別表第1第86，87号へ）である。その理由を簡単にみておこう。

夫婦財産契約は婚姻届出後は変更することができない（夫婦財産契約不変更の原則）。夫婦間の合意によって解約することはもちろん，その内容を変更することもできない。その理由は，承継人や第三者の取引の安全を保護すること，婚姻成立後は夫婦の自由意思による契約締結が保障されていないことにある[18]とされる。このことから立法者は，この事項については当事者の協議によって管理者の変更をすることを許容しない趣旨であるとして，別表第1の審判事項へと指定替えをした[19]。

次に民法877条2項によれば，家庭裁判所は特別の事情があるときは，三親等内の親族に扶養義務を負わせることができる。民法の学説の中には，「法律上の扶養当事者を確定することは公法秩序にも連なる事柄であり（生活保護法4条1項，老人福祉法28条など），慎重を要することもあるので，審判によってのみなしうる」との見解も見られる[20]。家事手続法の立法者は，扶養義務の設定は「特別事情その他の要件の充足について家庭裁判所の判断

---

(16) 注解家審法408頁〈沼辺愛一〉，同書447頁〈佐々木平伍郎〉。

(17) 金子・一問一答51頁，金子・逐条解説123頁。

(18) その議論の詳細については，本書II・170頁参照。

(19) 金子・一問一答52頁。

(20) 中川善之助＝米倉明編『新版注釈民法(23)親族(3)』（2004）394頁〈明山和夫〉。

にかからせる趣旨であり，扶養権利者と扶養義務者の間で協議できたとしても，これに基づいて調停を成立させることを許容するものではない」[21]として，別表第1の審判事項に移行させた。また推定相続人の廃除については，廃除の事由が限定されていること，推定相続人の相続権を剥奪するという重大な効果を生じさせるものであることから，廃除されるべき者が廃除を受け入れるとして合意が成立したとしても，法律上の要件がないにもかかわらず調停を成立させるべきではなく，廃除事由については当事者の処分を許さないとして，別表第1に指定替えされた[22]。

たしかに立法担当者の指摘するように，これらの事項においては当事者の合意によるだけでは法律効果を生じさせることができない。対象となる事項について当事者の処分権がないからである。しかしこのことから直ちに家事調停の対象とならないとすることには飛躍がある。家庭に関する紛争は当事者間の協議によって解決することが望ましいこと，相続人廃除の事案でも相続的協同関係・親子関係修復の可能性を追求すべきであるとされていることなど，家事調停において当事者間の調整を行う必要性は高い。家事調停においては，調停委員・裁判官が関与し，争点の整理，人間関係の調整を行う。別表第1に指定替えされた事項についてもこの要請は強い。また当事者間に合意が成立した場合にも，調停委員会が合意の相当性を判断する（家事手続272条1項）のであるから，民法の趣旨を逸脱する合意が成立するおそれは生じない。この要請をすべて家事審判手続に委ねることについても検討が必要であろう。審判手続においても当事者双方が手続に対立関与して陳述機会を付与することが適切である。このように考えると，上記三つの事項を別表第1に移したことには疑問が残される。

(3) 家事審判事件と紛争性——別表第1に掲げる事項と紛争性

1) 基本的な考え方

旧家審法のもとでは，甲類審判事件と乙類審判事件の区別は紛争性の有無に求められるという見解が大勢を占めていた。すなわち，「甲類事項は，国家の後見的作用として，重要な身分行為の許可，認可又は権利義務の付与若

---

(21) 金子・一問一答52頁。この扶養義務の設定の審判は，実際上は精神保健福祉法上の保護者選任の審判の前段階としての意味が大きかった。この点について，佐上・前掲注(10)成年後見事件の審理289頁以下。

(22) 金子・一問一答53頁。

第3章 家事審判手続総説　　77

しくは剥奪に関するもので, 争訟性を有していない事項である」[23]とされ,
また「甲類に属する事件は紛争性がないものであり, その審判手続は紛争解
決手続ではないが, 乙類に属する事件は紛争事件であり, その審判手続は紛
争解決手続である」[24]と解されていた。山木戸はこれをより詳細に展開して,
「甲類審判事件に関する手続においては相対立する当事者は存在せず, した
がって各関係人が自己の主張をもって争うのではなく, 審判も争いについて
決定するものとはみられないのが常である。かくて甲類審判事件においても,
ある程度の争訟性はこれを認めるけれども, その争訟性がきわめて稀薄であ
ることは明らかである」と説明していた[25]。しかしその後, 甲類審判事件の
中にも争訟性の強い事件が存在することが認識されてくる。この点について
は後述 3) 参照。

　2) 旧乙類から別表第 1 への指定替え

　上記(2)で述べたように, ①夫婦財産契約に基づく管理者変更等, ②扶養義
務の設定とその取消し, ③推定相続人の廃除とその取消しの審判事件が, 旧
乙類から別表第 1 に指定替えされた。これらの事件は, 立法担当者の見解に
よれば家事調停の対象にはならないものの, 相手方が存在し, 審判対象につ
いて対立ないし紛争性が認められる。それゆえ紛争性の有無, あるいは相手
方が存在しないといった基準では別表第 1 と第 2 とを区別することはできな
くなった。

　3) 別表第 1 に掲げる事項の紛争性

　別表第 1 に掲げる事項では, 上記三つの事項を除いては申立人に対する相
手方の存在が予定されていない。申立人のほかに手続に関与する者が存在し
ないか, 審判の効力を受けるべき者または審判により直接の影響を受ける者
が手続に参加するとしても, 相手方という地位につくのではない。手続の当
事者間で権利義務に関する主張の対立を争訟というのであれば, 別表第 1 の
審判事件ではこれを欠くのは当然であるといえる。しかし, 親権喪失・停止

---

[23] 実務講義案 15 頁。
[24] 山木戸・家審法 25 頁, また家審法講座 1 巻 11 頁〈綿引〉も同旨。
[25] 山木戸克己「訴訟と家事審判」同『民事訴訟理論の基礎的研究』(1961) 216 頁。
　　この論文が執筆された当時は, 親権喪失や後見人解任あるいは児童福祉法 28 条に
　　よる措置承認審判事件は少数であり, ほとんど注目を集めていなかったことに注
　　意が必要であろう。

の審判，後見人の解任あるいは児童福祉法 28 条の措置承認の審判などにおいては，申立人と審判の効力を受ける者（いわゆる事件本人）との間には，申立ての基礎となる事実の存否，評価をめぐって厳しい対立が生じていること，審判によって事件本人の従前の法的地位が奪われあるいは重大な影響を受けることを認めなければならない[26]。審判の効果が親権の喪失・停止あるいは児童福祉法 27 条 1 項による親子分離というものであるだけに，その効果を生じさせようとする申立人と防御しようとする親権者等の間の対立は民事訴訟における紛争に匹敵する。それゆえこれを十分に見極めたうえで，手続に関与する者の手続保障について検討することが必要となる。

2　別表第 2 に掲げる審判事件と他の手続との関係

ある家庭に関する事件についてみた場合，複数の手続が併存しあるいは専属的に扱われる状況がある。別表第 1 に掲げる審判事件ではあまり問題とはならないが，別表第 2 に掲げる審判事項については，もっぱら家事事件手続のみを念頭に置くというのではなく，他の手続との関係について正確に理解しておくことが重要となる。このことは問題ごとに詳細な説明を必要とするが，ここでは一応の原則を見ておくことにする。

(1)　家事調停との関係

別表第 2 に掲げる審判事件は家事調停の対象となる。両者の関係について家事手続 274 条 1 項は，審判手続が係属している場合は家庭裁判所はいつでも職権で事件を調停に付すことができる（これを「付調停」という）とし，審判手続中の事件について調停の申立てがあり，また事件が職権によって調停に付されたときは，家庭裁判所は調停が終了するまで審判手続を中止することができるとする（同 275 条）。調停が申立てによって開始されたが，調停が成立しなかったときは，調停申立ての時に審判の申立てがあったものとみなされる（同 272 条 4 項）。このように別表第 2 に掲げる審判事項については，調停前置主義は採用されていないが，調停を重視することが法律上も明らかにされ，調停と審判が併用されている。

(2)　民事調停との関係

家事調停と民事調停との関係については，相互に移送することができる旨

---

[26]　児童福祉法 28 条の措置承認事件についていえば，これに先立つ一時保護は行政不服審査および取消訴訟の対象となることを想起すべきであろう。

第3章 家事審判手続総説 79

の定めがある（家事手続246条，民調4条）。両者はともに非訟事件として同質性を有することがこうした処理を可能とさせる根拠とされている。したがって，家庭に関する事件が民事調停を管轄する簡易裁判所に申し立てられた場合には，簡易裁判所はこれを管轄家庭裁判所に移送することができる。これに対して家庭裁判所に通常民事訴訟に属する，たとえば所有権確認や金銭支払いに関する調停が申し立てられた場合に，原則としては移送対象となるがそれが親族間の争いであるときは，「一般に家庭に関する事件」（家事手続244条）として家庭裁判所が管轄権を有し調停を行うことができる。その限界については後述する（第2編第2章第1節3参照）。

(3) **人事訴訟との関係**

平成15（2003）年人事訴訟法制定の前においては，家事審判と人事訴訟との関係については，旧人訴法15条が婚姻取消，離婚訴訟に附帯して子の監護や財産分与に関する申立てをなしうる旨を定めているにとどまっていた（これを「附帯申立て」と呼んだ）。それゆえ通常裁判所に別表第2に掲げる事項に相応する乙類審判事項が申し立てられた場合に，これを管轄家庭裁判所に移送できるか，あるいは旧人訴法15条に基づいて附帯申立てがなされていたが離婚請求について訴訟外で和解が成立して訴えが取り下げられた場合に，残された附帯請求についてなお通常裁判所が審理できるのか，あるいは家庭裁判所に移送できるのかについて問題を生じさせていた（第1編第5章第1節9・1(2)参照）。

人事訴訟法の制定により，人事訴訟事件が家庭裁判所に移管されたこと，離婚訴訟等に伴う附帯請求についての受訴裁判所の取り扱いについても規定が設けられ，立法的な解決が図られた（人訴36条参照）。

(4) **通常訴訟との関係**

① 遺産分割と前提問題

別表第2に掲げる審判事項の審理において前提問題として訴訟事項が問題となる場合の取扱いについては，前述したとおり，家庭裁判所はこれを審理することができる。しかしその判断については既判力を生じないので，これを争う者は別途民事訴訟を提起することができる（通説・判例）。しかし夫婦同居の審判などでは最高裁の論理が貫徹していないことは前述のとおりである（第2章第1節2・2(3)）。実務においては同居義務の存否自体とその具体的形成は一体のものとして審理されているし，またそうすべきである。

遺産分割審判との関係では，遺産確認の訴え（最判昭和 61（1986）・3・13 民集 40 巻 2 号 389 頁）や相続権不存在確認の訴え（最判平成 16（2004）・7・6 民集 58 巻 5 号 1319 頁）は民事訴訟として扱われるが，特定財産が特別受益財産であることの確認の訴え（最判平成 7（1995）・3・7 民集 49 巻 3 号 893 頁），具体的相続分の価額等の確認の訴え（最判平成 12（2000）・2・24 民集 54 巻 2 号 523 頁）は，遺産分割の審判手続で前提問題として扱うべきであるとして不適法であるとされている。遺産分割審判の後に，その前提問題について民事訴訟や人事訴訟において反対の判決がなされ，これが確定した場合の取扱いについて，名古屋高決平成 10（1998）・10・13 家月 51 巻 4 号 187 頁は，「前の遺産分割の審判において，その対象となった物件の一部が，その後の判決によって遺産でないとされたときには，その遺産でないとされた物件が前の審判で遺産の大部分または重要な部分であると扱われていたなどの特段の事情のない限り，遺産でないとされた物件についてのみ前の審判による分割の効力が否定され，その余の物件についての分割の効力は有効であると解するのが相当である」とする[27]。これ以外に，審判手続における認定が後に訴訟において否定された事例は報告されていない。当事者間で争いがある場合には，家庭裁判所の判断が慎重になされていることを実証するといえる。ただ遺産分割の過程で前提問題について訴訟が提起された場合など，審判手続の休止等に関する法律上の規制は整備されていない。

---

[27] 本件で問題となったのは，遺産分割の目的物件の遺産帰属性である。この限りでは名古屋高裁がいうように，遺産でないとされた物件について前の審判による分割の効力が否定され，その余の物件に関する分割は有効と解し，民法 911 条の担保責任の問題として解決することは可能であろう。徳田和幸「審判の効力と関連紛争」法学論叢 148 巻 3 = 4 号（2001）148 頁もこれを支持する。しかし，遺産分割の訴訟事項である前提問題としては，さらに相続人資格，遺言の効力，分割協議の存否，遺留分減殺請求の成否等さまざまな事項がある。それを争う訴訟形態も一様ではなく，既判力の生じ方も異なる。必要的共同訴訟として相続人全員に既判力が生じることもあれば，ある一部の者の間で争われた判決の効力が他の相続人に拡張されることが保障されていないこともある。その各々について家事審判における判断と訴訟における判断が異なった場合に，審判の効力にどのように影響を及ぼすかは一概にはいえない（この問題の詳細については，注解家審法 561 頁〈石田敏明〉参照）。

② 子の引渡請求

子の引渡しをめぐっても訴訟事件か家事審判事項であるか争いがある。おおむね四つの場合に分けて検討される。第一に，別居中の夫婦の間での子の引渡請求は，かつては訴訟事件であるとの見解も存したが，今日では民法752条による夫婦の協力扶助の問題とするか，民法766条の子の監護の問題とするかの相違はあるとはいえ家事審判事項であるとするのが多数説となっている[28]。第二に，離婚後の元夫婦間での子の引渡しをめぐっては，親権者でない者が親権者に対して請求する場合には，親権者変更を理由とすることになるから家事審判事項となる。これに対して，親権者から親権者でない親に対して請求する場合には，親権に基づく妨害排除請求として訴訟事件とするのがかつての通説であった[29]。これに対して，近時においては民法766条の子の監護に関する処分として家庭裁判所の審判事項であるとする見解が多数となっている[30]。第三に，親権者から第三者に対して子の引渡しを請求する場合であるが，第三者が監護権者の指定を受けているときは，監護権者の指定の変更が前提となるので，家事審判事項であるが，それ以外の場合には民事訴訟事件と解するのが通説である[31]。第四に，非嫡出子の母が死亡し，その親族が監護しているが，認知した父が子の引渡しを請求する場合など，親権者でない者が第三者に子の引渡しを請求する場合には，親権者の指定の後に子の引渡しを求めることになるので家事審判事項であると解してよい[32]。

---

[28] 沼辺愛一「子の監護をめぐる諸問題」同『家事事件の実務と理論』(1990) 73頁，同「子の監護・引渡及び面接交渉に関する家裁の審判権」同書124頁，吉田欣子「子の引渡しに関する訴訟と家事審判」岡垣学＝野田愛子編『講座実務家事審判法第2巻』(1988) 169頁以下。

[29] この請求は，人訴法2条に該当しないから通常民事訴訟事件となる。

[30] 田中加藤男「子の引渡しを求める事件と裁判管轄権」東京家庭裁判所身分法研究会編『家事事件の研究(1)』(1970) 96頁，沼辺愛一「子の引渡し」中川善之助先生追悼『現代家族法大系2巻』(1980) 268頁，福岡高決昭和52 (1977)・3・29家月29巻11号87頁など。

[31] 沼辺・前掲注[30]現代家族法大系2巻271頁，同・前掲注[28]家事事件の実務と理論125頁，清水節『判例先例親族法Ⅲ－親権』(2000) 223頁，中山直子「第三者に対する子の引渡し請求」判タ1100号 (2002) 180頁。これに対して，梶村太市「子の引渡しの裁判管轄と執行方法」同『家族法学と家庭裁判所』(2008) 153頁は，この場合も家事審判事項であるとする。

82 第1編 家事審判

このように子の引渡しについては，通常民事訴訟事件になる場合がある。子の福祉の判断のためには，家裁調査官制度を備えた家庭裁判所で一元的に処理することが望ましいといえる。しかし理論上民事訴訟事件であると解される以上は，この事件を家事審判手続で処理することは裁判を受ける権利を侵害することになるため，通説の立場をとらざるを得ないといえる[33]。

(5) 人身保護請求との関係

1) 人身保護法による扱い

別居中の夫婦間で子の監護をめぐる争いの一つとして，子の奪取・連れ去り等が生じることは稀ではない。このような場合に，家事調停・家事審判が申し立てられることに異論はないが，これと並行してあるいはこれに先立って人身保護による救済申立てができるかが問題とされてきた。

最高裁は早くからこれを肯定し，最判昭和24（1949）・1・18民集3巻1号10頁が，「夫婦離婚等の場合において，不法に子を拘束する夫婦の一方に対して，法律上子の監護権を有する他の一方から，人身保護法に基づいて，これが救済を請求し得る」と判示して以来，この立場を維持してきた[34]。とりわけ旧家審法の審判前の保全処分には執行力がなく，また解決の迅速性・実効性の点からも人身保護の手続が優れていると考えられていた。昭和55（1980）年の旧家審法一部改正によって審判前の保全処分に執行力が付与されるようになった後も状況は変化しなかった。最判昭和59（1984）・3・29家月37巻2号141頁は，旧家審規52条の2（家事手続157条1項に相当）に

---

(32) 吉田・前掲注(28)講座実務家事審判法2巻181頁。これに対して沼辺・前掲注(30)現代家族法大系2巻271頁は，訴訟事件であるとする。

(33) 子の引渡請求のうち，家事審判事項とされている場合について子の引渡義務の存否自体を民事訴訟として提起できると解することは適切ではない（沼辺・前掲注(30)現代家族法大系第2巻272頁）。しかし同種の事件が異なる手続で審理される状況が存在するのは好ましいとはいえない。また離婚訴訟とともに子の引渡しが求められる場合には，人訴法上の保全処分が，家事審判として申し立てられる場合には同法の保全処分が，さらに通常民事訴訟事項である場合には民事保全法上の保全処分がそれぞれ適用され，発令要件も異なることになる（この点につき，渡辺雅道「別居夫婦間の子供の引渡し処分に関する2つの疑問」関西家事事件研究会『家事事件の現況と課題』（2006）147頁参照。

(34) 最判昭和43（1968）・7・4民集22巻7号1441頁，最判昭和44（1969）・9・30判時573号62頁など。

第3章　家事審判手続総説　　83

よって子の引渡しの仮処分を申請する方法によることができるとしても，その方法では人身保護法によるほど迅速かつ効果的に救済目的を達成することができないから，人身保護法による請求が妨げられないと判示していた。

2)　家事審判事件としての取扱い

　これに対して最判平成5（1993）・10・19民集47巻8号5099頁は，人身保護請求よりも家庭裁判所の審判手続を優先させる考え方を示した。すなわち，「夫婦がその間の子である幼児に対して共同で親権を行使している場合には，夫婦の一方による監護は，親権に基づくものとして，特段の事情がない限り適法」であるから，人身保護規則4条の要件が満たされたというためには，「幼児が拘束者の監護のもとに置かれるよりも，請求者の監護の下に置かれることが子の幸福に適することが明白であること」が必要であると判示した。そして同判決における可部補足意見は，「監護権を巡る紛争は，本来，家庭裁判所の専属的守備範囲に属し，家事審判の制度，家庭裁判所の人的・物的の機構，設備はこのような問題の調査・審判のためにこそ存在する」と指摘した。本判決に続いて，最判平成6（1994）・4・26民集48巻3号992頁は，人身保護規則4条の要件を満たす場合とは，①拘束者に対し旧家審規52条の2（家事手続157条1項に相当）または旧家審規53条（現行家事手続154条3項に相当）に基づく幼児引渡しを命ずる仮処分または審判が出され，その親権行使が実質上制限されているのに拘束者がこの仮処分等に従わない場合，②幼児にとって請求者の監護のもとでは安定した生活を送ることができるのに，拘束者の監護のもとにおいては著しくその健康が損なわれ，また満足な教育を受けることができないなど，拘束者の幼児に対する処遇が親権行使という観点から見ても容認することができない場合であるとして，このような例外的な事案についてのみ人身保護請求が可能であるとした。

　この①に該当する例として，最判平成6（1994）・7・8判時1507号124頁は，離婚調停の第一回期日において，妻が調停委員の勧めで冬休み中に子を夫のもとに預けたために，夫が約束の日になっても子を戻さず，妻に無断で子の住民票を夫の住所地に移転させてしまったという事案につき，また最判平成11（1999）・4・26家月51巻10号109頁も，離婚等の調停の進行過程での夫婦間の合意に基づく幼児との面会の機会に夫婦の一方が面会の場所から幼児を自宅に連れ去ったという事案につき，この拘束は人身保護法2条1項，人身保護規則4条に規定する顕著な違法性があるとする。

この判例を受けて，学説もおおむね人身保護請求の適用範囲を限定し，家事審判における保全処分によるべきであると主張している。子の引渡しをめぐっては，子の福祉を主に考慮しなければならないために，人身保護請求の審理手続では不十分であること，さらに当事者を取り巻くさまざまな事情の調査，当事者や子の意向聴取など家庭裁判所の審理が優っていることを理由とする[35]。基本的にはこの立場を支持すべきであろう。また家事手続における子の引渡しの保全処分の審理および執行の問題については，のちに扱う（→第5章第3節**3**，第7章第4節**5**）。

5 行政機関の決定と家庭裁判所の審判権

1 意 義

民法以外の法律で定める家事審判事件の中には，その審理に際して前提問題として行政機関の決定の適否が問われることがある。この場合に家庭裁判所は行政機関の決定を取り上げて審理し，行政機関と異なる判断をすることができるだろうか。家庭裁判所が民事訴訟の判決に拘束されることが一般に承認されているが，行政機関の決定はどのように扱われるだろうか。従来あまり触れられていないが，若干の例を挙げて検討しておこう。

2 問題となる場合

家事審判において行政機関の決定が前提とされているのは，①児童福祉法28条による都道府県知事の措置承認および期間更新の審判事件（別表第1第127項，128項），②生活保護法30条による保護施設への入所等の許可の審判事件（同第129項），③心神喪失等医療観察法33条による保護者の順位変更・選任の審判事件（同第130項），④中小企業経営承継円滑化法による遺留分算定にかかる合意の許可の審判事件（同134項）などがある。

---

[35] 梶村・前掲注(31)家族法学と家庭裁判所156頁，棚村政行「人身保護法に基づく幼児引渡請求」森泉章先生古稀祝賀論集『現代判例民法学の理論と展望』（1998）696頁，瀬木比呂志「子の引渡しと人身保護請求」同『民事裁判実務と理論の架橋』（2007）393頁，瀬木比呂志「子の監護紛争と家事保全・人身保護請求」野田愛子＝梶村太市総編集『新家族法実務大系第5巻』（2008）351頁，吉田彩「子の引渡しをめぐる人身保護請求と家裁における保全処分の関係」関西家事事件研究会編『家事事件の現況と課題』（2006）133頁など。

3 審判権の排除とその理由

これらの審判事件において，家庭裁判所は行政機関の決定について審判権を有しないと解される。家事審判手続は非公開の決定手続であるから，行政機関の決定を審理し，異なる判断をすることができないと考えることができるが，この根拠づけは戸籍法 121 条に定める戸籍事務に関する市町村長の処分に対する不服の審判事件（別表第 1 第 125 項）が，行政処分につき行政不服審査および行政訴訟を排除して家庭裁判所の審判事件としていることからも成り立たない。その実質的な理由を検討しなければならない。

まず④の審判事件についてみてみよう。この審判では，(i)申立てが経営承継円滑化法 7 条による経済産業大臣の確認を受けた日から一ヶ月以内になされること（同法 8 条 1 項），(ii)経済産業大臣の確認証明書に添付された合意書が推定相続人全員の真意に基づくものであること（同 2 項）が審理の対象である[36]。当該の事業が円滑化法の適用対象となるか否かは経済産業大臣の確認の中で行われるものであり，家庭裁判所における審理で判断されることは予定されていない[37]。遺留分の事前放棄の許可の審判と同様に，相続人の真意の確認が重要で，それ以外の事項について審理する必要がないためである。

③の審判事件についてはどうか。この審判事件は心神喪失等医療観察法の検察官による措置請求の手続に登場する保護者の順位変更または選任をするものであり，いわば派生的・付随的な意味をもつ。この手続の中で措置請求の適否に関する事項を審理することは，本末転倒ということになり許されない[38]。

では①の審判事件についてはどうか。ここでは児童相談所長によってなされた児童の一時保護の適否が問題となる。一時保護処分が行政不服審査および行政処分取消訴訟の対象になることは異論がない[39]。審判手続の中で家庭裁判所が一時保護処分の適否を審査することはできないと解されている[40]。

---

(36) この審理手続については，本書Ⅱ・520 頁以下参照。

(37) 澤村智子「中小企業における経営の承継の安定化に関する法律（遺留分に関する民法の特例部分）の解説」家月 61 巻 3 号（2009）30 頁，本書Ⅱ・522 頁。

(38) この審理手続については，本書Ⅱ・509 頁参照。

(39) 大阪地判平成 23（2011）・8・25 判例地方自治 362 号 101 頁，横浜地判平成 24（2012）・10・30 判時 2172 号 62 頁。ただし後になされる児童福祉法 28 条による措置承認の審判の確定までに限られる。

その理由は，行政処分の効力を家庭裁判所の審判で争うものとなり，家庭裁判所の審判権の範囲を超えるという点にある。現行法の解釈としてはこれが限界なのであろうが，疑問がある。②については，①と同様に考えられる[41]。

第2節　審判機関

1　家庭裁判所

　家事審判を行うのは，裁判所法上の家庭裁判所である（裁判所31条の3）。家事手続法上，家庭裁判所として事件を処理する機関（審判機関）は，原則として単独で事件を処理する一人の裁判官である。家事審判は，事件をたんに法律的に処理するだけでなく，その解決に社会の良識を反映させ具体的に妥当な解決を図ることを目的としているので，審判は原則として参与員の参与のもとに行うとされている。すなわち裁判官は特別の定めのある場合を除いては，参与員を立ち会わせて，またその意見を聴いて審判をする（家事手続40条1項，2項）。ただし相当と認めるときは裁判官だけで審判をすることができる（同1項ただし書き）。実務においてはこれが原則化しているといわれる。

　また家庭裁判所は，家裁調査官に事実の調査や環境整備のために社会福祉機関との連絡，その他の措置をとらせることができ，必要に応じて審判に立ち会わせ，意見を述べさせることができる（家事手続58条，59条）。

---

[40]　仙台高決平成12（2000）・6・22家月54巻5号125頁，吉田恒雄「児童福祉法28条審判と親権・監護権」野田愛子＝梶村太市総編集『新家族法実務大系第2巻』（2008）457頁。

[41]　この点で指摘しておきたいのは，戸籍法121条に関する市町村長の処分に対する不服の審判事件である（別表第1第125項）。この審判事件は，違法な行政処分に対しては行政不服審査・行政訴訟による救済を排除して，家庭裁判所が戸籍に関して密接な関係を有していることを理由として審判事件としている（本書Ⅱ・467頁）。家庭裁判所は児童福祉法28条による措置承認の審判をするなど，児童福祉について司法的な観点から行政機関と連携し，また監督する立場にあることを考慮すると，家庭裁判所が一時保護の適否について審理することが十分に根拠のあることだと考えられる。この点については，佐上「児童福祉法における一時保護と司法審査」松本博之先生古稀祝賀論文集『民事手続法制の展開と手続原則』（2016）35頁以下。

2　家庭裁判所職員等の除斥・忌避・回避

1　制度の趣旨

　家事審判手続は民事裁判権行使の一態様であるから，適正・公正を担保するために裁判官の任命を厳格に定め，その独立を保障している。しかし具体的な事件において，これを担当する裁判官と事件の当事者や事件本人等との関係から，不公正な審理をするおそれがある場合に，公正な裁判を維持し一般の信頼を確保するために，当該の事件の職務執行から排除する制度を設けておく必要がある。これが除斥・忌避および回避の制度である。

　除斥は，一定の事由があると法律上当然に職務執行ができないことであり，忌避は，除斥事由以外の裁判の公正を妨げる事由があるときに当事者の申立てに基づいて裁判により職務執行ができなくなることである。回避は，裁判官等が忌避事由があることを理由に，所属の長の許可を得て自発的に職務執行から身を引くことをいう。この要請は家事手続に関与する裁判所書記官のほか，参与員，家裁調査官および家事調停委員にもあてはまる。参与員は家事審判手続にのみ，家事調停委員は調停手続にのみ関与するにとどまるが，家事手続法は分かりやすさを考慮して除斥・忌避をまとめて総則規定において いる[42]。

　旧法のもとでは家裁調査官および家事調停委員については除斥・忌避の制度は存在しなかったが，家事手続法は除斥の制度を導入した。

2　裁判官に対する除斥・忌避

(1)　独自の定め

　旧法下では裁判官に対する除斥・忌避については民訴法の規定を準用するとしていた（旧家審法4条）。しかし家事審判では，当事者以外に審判を受ける者となるべき者（いわゆる事件本人）が存在し，これらの者との関係も規律する必要があること，家事審判で重要な役割を果たす審問との関係を考慮する必要がある等の理由から，家事手続法で除斥・忌避について独自に定めを置くことになった[43]。

(2)　裁判官に対する除斥事由

　裁判官に対する除斥事由は原則として他の手続におけると同様であるが，

---

[42]　金子・逐条解説29頁。

[43]　金子・一問一答64頁，金子・逐条解説30頁。

家事審判手続の特殊性が考慮されている（家事手続 10 条）。

除斥事由は，①裁判官またはその配偶者もしくは配偶者であった者が事件の当事者もしくは他の審判を受ける者となるべき者（いわゆる事件本人）であるとき，または事件について共同権利者，共同義務者または償還義務者の関係にあること（同1項1号），②裁判官が当事者または審判を受ける者となるべき者の四親等内の血族または三親等内の姻族もしくは同居の親族であるとき，またはあったとき（同2号）。民事訴訟と異なり，家事手続法では申立人，相手方または利害関係人として手続に関与する者のほか，手続に形式的に関与しないが審判を受ける者となるべき者（事件本人）が存在することを考慮している。旧法のもとでも同様に解されていた[44]。③裁判官が当事者またはその他の審判を受ける者となるべき者の後見人，後見監督人，保佐人，保佐監督人，補助人または補助監督人であるとき（同3号）。明記されていないが任意後見受任者，任意後見人および任意後見監督人についても同様に考えるべきである。④裁判官が事件について証人または鑑定人となったとき，または審問を受けることになったとき（同4号）。「審問を受けることになったとき」を除斥事由に加えているのは，家事事件では審問をすることが多いが，証人となったことを除斥事由としている趣旨を考慮している[45]。⑤裁判官が事件について当事者もしくはその他の審問を受ける者の代理人もしくは補佐人であるとき，またはあったとき（同5号）。③と同趣旨である。

⑥裁判官が事件について仲裁判断に関与し，または不服を申し立てられた前審の裁判に関与したとき（同6号）。いわゆる前審関与の禁止である。家事審判に先立って家事調停が行われることが多いが，この調停主任として関与した裁判官が審判を担当することになるとき，除斥事由としての前審関与に該当するかが問題にされる。最判昭和 30（1955）・3・29 民集 9 巻 3 号 395頁は，家事調停の後に認知訴訟が提起されたケースである。最高裁は，「前審」とは当該事件の直接または間接の下級審を指し，調停を前審の裁判ということはできないから，調停に関与した裁判官はその後の訴訟事件の判決に関することを妨げないという。家事審判についても同様に解してよい[46]。

---

[44]　飯塚重男「非訟事件の当事者」鈴木忠一＝三ケ月章監修『実務民事訴訟講座第7巻』（1969）69 頁，本書旧版・65 頁。

[45]　金子・逐条解説 32 頁。

第3章 家事審判手続総説　　　89

(3) 除斥の申立て・裁判

① 申立人

裁判官の除斥の申立てをすることができるのは，当事者および利害関係人である。審判の効力を受けるいわゆる事件本人は参加しなければこの申立てをすることができない。明文規定はないが，忌避申立ての場合（家事手続11条）と同様に解してよい。

② 申立ての方式

裁判官に対する除斥の申立ては，その原因を明示して当該の裁判官の所属する裁判所に，家事事件手続の期日にする場合を除いて書面でしなければならない（家事手続規則10条1項，2項）。除斥の原因は申立てをした日から3日以内に疎明しなければならない（同3項）。

---

(46)　注解家審法73頁〈岩井俊〉，岩井俊「除斥，忌避及び回避」岡垣学＝野田愛子編『講座実務家事審判法第1巻』(1989) 77頁，金子・逐条解説32頁。市川四郎「家事審判における実務上の問題と判例」家月8巻12号 (1956) 17頁は，「家事調停に関与した家事審判官が自ら調停不成立後の審判手続において事件を担当することはもとより違法でないばかりか，むしろ法律はこれを当然のことと予想しているとさえいえると思う。従って調停に関与したことが除斥の原因になるというようなことはもちろん考えられない」という。通説はこの立場に立って，家事手続法別表第2に掲げられた審判事件については，調停と審判との間に有機的連携を図るべきことが目指されており，むしろ同一裁判官が両手続に関与する方がより妥当な事件の進行を図ることができるとして，実務もそのように運営されているという。調停と審判は同一事件に対する異なる解決アプローチにすぎないことから，原則的にはこの立場を支持すべきであろう。しかし，家事手続法においては旧家審法23条2項と異なり，別表第2に掲げる事項についても調停に代わる審判をすることができるようになった（同284条1項）。この審判に対し異議が申し立てられると，審判は失効し，審判手続に移行する。異議申立てがあっても同一審級で，審理が継続されるだけであるから，「前審」とはいえない。理論上は同一の裁判官が担当することは問題がないといえる。労働審判についてこのことを指摘するものとして，最判平成22 (2010)・5・25判時2085号160頁。しかし裁判官が予断を抱いているのではないかという疑念を払拭するためにも，回避する運用が行われていると指摘されている。可能な限りそのような扱いが望ましいであろう（笠井正俊「労働審判手続と民事訴訟の関係についての一考察」法学論叢162巻1＝6号 (2008) 169頁，岡本英幸・判批・法律時報83巻7号 (2011) 123頁，小林幸一・判批・関東学院法学21巻2号 (2011) 181頁。

③　除斥の裁判および手続の停止

家庭裁判所の一人の裁判官の除斥については，その裁判官の所属する裁判所で合議体によって裁判する（家事手続 12 条 1 項，2 項）。当該の裁判官はその裁判に関与することができない（同 3 項）。除斥の申立てがあったときは，その申立てについての裁判が確定するまで急速を要する行為を除いて家事事件の手続を停止しなければならない（同 4 項）。除斥を理由があるとする裁判に対しては不服を申し立てることができないが，申立てを却下する裁判に対しては即時抗告をすることができる（同 8 項，9 項）。

(4)　裁判官に対する忌避

①　忌避事由

裁判官についての忌避の事由は，除斥事由以外の裁判または調停の公正を妨げる事情があることである（家事手続 11 条 1 項）。その裁判官が当該事件の職務の執行を続けると，不公正な裁判または調停がなされるおそれがあるとの懸念を当事者に抱かせる客観的な事情をいう。この事情が認められるときは，裁判官の現実の行動いかんを問わずに忌避が認められるとするのが民事訴訟における通説である[47]。家事事件手続でも同様に解される。

具体的には裁判官と当事者（審判の効力を受ける者および審判によって影響を受ける者を含む）の一方が婚約中であることや，事件の結果について特別な経済的利害関係があることなどが挙げられる。判例によれば，裁判官が訴訟代理人の女婿であることは忌避の理由にならないとするものがある[48]が，学説はこぞって反対している。個々の手続指揮のあり方に関するものは，それだけでは忌避の理由とはならない。手続上で許されている各種の不服申立てによるべきである。具体的事件と直接に関係しない裁判官としての適格性，行状等に関する一般的事由は，弾劾・分限の事由とはなりうるが忌避の理由とはならない[49]。

②　忌避の申立てと裁判

基本的には除斥の場合と同じである（家事手続 12 条，家事手続規則 10 条。

---

[47]　新堂幸司『新民事訴訟法（第 5 版）』（2011）85 頁，伊藤眞『民事訴訟法（第 4 版）』（2011）103 頁，新堂幸司＝小島武司編『注釈民事訴訟法(1)』（1991）330 頁〈大村雅彦〉。

[48]　最判昭和 30（1955）・1・28 民集 9 巻 1 号 83 頁。

[49]　東京高決昭和 45（1970）・5・8 判時 590 号 18 頁。

上記(3)参照)。当事者は，裁判官の面前において陳述をしたときは，その裁判官を忌避することができなくなる（忌避申立権の喪失，家事手続11条2項）。ただし忌避の原因があることを知らなかったとき，または忌避の原因がその後に生じたときはこの限りではない（同ただし書き）。

　忌避の申立てを，①家事事件の手続を遅延させる目的のみでされたことが明らかである，②家事手続11条2項の規定に違反する，③最高裁規則で定める手続に違反するとの理由で却下する（簡易却下）ときは，忌避申立てを受けた裁判官が自ら申立てを却下することができる（家事手続12条6項）。またこの裁判をしたときは，家事事件の手続は停止しない（同7項）。旧法下では，準用される民事訴訟法に簡易却下の定めがなく，家事審判手続で果たして認められるかについて疑問があった[50]こと，また家事事件手続は民事訴訟に比して迅速な処理の要請が強いことを考慮して，簡易却下の制度が導入された[51]。

(5) 回　避

　回避は，民事訴訟法におけると同様に規則事項であるとされている[52]。裁判官は除斥・忌避事由があるときは監督権を有する裁判所の許可を得て，回避することができる（家事手続規則12条）。

3　裁判所書記官の除斥および忌避

1　除斥・忌避事由

　裁判所書記官（以下，たんに「書記官」という）は，裁判官の命を受けて事件に対する裁判権行使に付随する事務を担当するほか，事件に関する調書・記録の作成，送達などの固有の権限を有し，さらに家事手続においては裁判官の命を受けて事実の調査をする（家事手続258条2項）ことから，除斥・

---

[50]　本書旧版・67頁。

[51]　金子・一問一答66頁。簡易却下の裁判をした場合には家事事件の手続は停止しないので，簡易却下の裁判に対する即時抗告の手続と本案の手続が競合・併存することがありうる。本案につき抗告審の裁判がなされた後に忌避を理由ありとする裁判がなされた場合にどうなるのか。この点について検討を加えたものとして，高田賢治「家事事件・非訟事件における忌避と簡易却下」松本博之先生古稀祝賀論文集『民事手続法制の展開と手続原則』(2016)53頁以下がある。

[52]　金子・逐条解説29頁。

忌避は裁判官に対するそれに準じるのが相当であるとされている。家事手続13条1項はこの旨を明らかにしている。ここでは特に留意すべき事項のみを取り上げておく。

書記官の除斥事由は裁判官の除斥事由と同一である（家事手続13条1項による同10条の準用）。ただ書記官の職務の性質上，前審関与の事由（同10条1項6号）は準用されない。裁判に関与するとは，裁判の評決に関与することを意味し，書記官はいかなる場合でもこれに関与するものではないからである[53]。

書記官の忌避事由も裁判官の忌避事由と同一である（家事手続13条1項による同11条の準用）。もっとも，「裁判の公正を妨げるべき事由」とはいっても直接にこれに該当する場合は考えられない。忌避原因は，書記官としての職務の公正さを妨げるべき事情と解するべきである[54]。

2　除斥・忌避の裁判

① 　申立権者・申立て

裁判官の場合と同様である（家事手続13条1項による同11条1項の準用）。忌避権の喪失についても同様である。

② 　除斥・忌避の裁判機関

書記官の除斥および忌避についての裁判は，書記官の所属する裁判所がする（家事手続13条3項）。裁判官の場合と異なり，合議体で審理する必要はない（同12条は準用されていない）。書記官の除斥または忌避の申立てがあったときは，当該の書記官はその申立てについての裁判が確定するまで，申立てのあった家事事件に関与することができない。また当該除斥または忌避の裁判に関する職務もすることができない（同13条2項）。

書記官に対する忌避申立ての簡易却下の要件は，裁判官の場合と同一である（同13条1項による12条5項の準用）。簡易却下の裁判は，当該の家事事件が係属している裁判所，受命裁判官，受託裁判官，調停員会を組織する裁判官および家事調停官もすることができる（同13条3項）。

---

(53)　最判昭和34（1959）・7・17民集13巻8号1095頁。

(54)　岩井・前掲注(46)講座実務家事審判法第1巻83頁。

第 3 章　家事審判手続総説　　93

4　参与員の除斥および忌避

1　除斥・忌避の事由

参与員（→第1編第1章第2節2・4参照）については，裁判官の除斥・忌避の規定が準用される（家事手続14条1項による同10条，11条の準用）。その理由は，旧家審法の立法過程の資料からみる限り，立法担当者は参与員は（合議という方式ではないが）審判という権力的な行為に関与するがゆえに，除斥や忌避が問題になると考えていたようである[55]。参与員に対する忌避を認めるという結論自体は正当だと思われるが，その理由付けや司法委員，調停委員に対する忌避と比較して不統一感をぬぐえない。同時期に導入され，参与員と同様の職務を担当する司法委員（民訴279条）についても忌避の規定を欠いているので，立法の態度は一貫しているとはいえない。

2　除斥・忌避の裁判

参与員に対する除斥・忌避の裁判は，裁判官に対する除斥・忌避と同様である（家事手続14条1項による同12条2項の準用，14条3項）。除斥・忌避の申立てがあったときは，当該の参与員は，除斥・忌避の裁判が確定するまで当該の家事審判事件に関与することができないが，家事審判事件自体の手続を停止する必要はない（同12条4項は準用されていない）から，当該参与員の関与のないまま手続を進行させることができる。

---

[55]　「家事審判法質疑応答資料」（堀内・家事審判制度の研究 431 頁）では，次のような想定問答がなされている。すなわち，

　「問　参与員には，除斥忌避及び回避の規定を準用するに拘らず，調停委員には，斯かる規定を準用せざる理由如何。

　　答　審判は，事件の強制的解決の方法であるから，審判の公平を期し，その威信を担保する必要があるので，この審判に関与する参与員には除斥忌避及び回避の規定を準用したが，調停は，事件の自主的解決の方法であり，又任意処分不能な事項の調停（第23条）及び強制調停（24条）にあってもその効力は，異議の申立によって失効する弱いものであるから，審判の場合のように，その公平を担保する必要が少なくない（ママ）ので，調停手続の指揮者である家事審判官及び任意処分不能な事件の調停または強制調停の審判をする主体である家事審判官について除斥，忌避及び回避の規定を準用すれば足り，調停委員には斯かる規定を準用する必要がないからである」。

5 家事調停官の除斥・忌避

家事調停官（→第2編第3章第1節5参照）に対する除斥・忌避は家事調停を担当する裁判官に対する除斥・忌避と同一である（家事手続15条1項による同10条，11条の準用）。

除斥・忌避の申立てがあったときは，その家事調停官の所属する家庭裁判所が裁判する（同15条3項）。その申立てについての裁判が確定するまで，家事調停の手続は停止しなければならない（同15条1項による同12条4項の準用）。ただし簡易却下ができるときはこの限りでない（同12条7項）。

6 家庭裁判所調査官の除斥

1 除斥事由

旧法のもとでは，家庭裁判所調査官（以下，「家裁調査官」という）について，家審法は除斥・忌避等の定めを欠いていた。旧法当時の通説は，家裁調査官の職務の重大性および職務活動の広範性から理論上は除斥等の規定を置かなかったことを不当とすることはできないが，他の審判機関と同様の規定を置くことが妥当であるとしていた[56]。参与員に忌避を認めたのが審判という権力的な行為に関与するからというのであれば，家裁調査官も事実調査を行いさらに期日で意見を述べる（家事手続59条2項）のであるから，家裁調査官にこれを認めないのは著しく権衡を失していると批判されていた[57]。

家事手続法16条1項は，家裁調査官の職務が裁判所の判断や調停活動に与える影響の大きさを考慮して，除斥の制度を置くことにした。これに対して忌避については，家裁調査官の職務を行うについては裁判官の命に従う（裁判所61条の2第2項）こととされ，調査官の調査は裁判の資料収集のための事実の調査の一環として行われるにすぎないこと，調査に不公正があるときは記録の閲覧謄写により了知したうえで自らの意見を述べることによって対応すべきこと，さらに当事者と直接に接することから忌避制度を導入した場合には忌避申立てが頻発するおそれがあること等の理由[58]から，その導入はなされなかった。

---

[56] 家審法講座第1巻27頁〈綿引末男〉。

[57] 本書旧版・69頁。

[58] 金子・逐条解説48頁。

しかしながらこの説明は明らかにおかしい。旧法時に指摘されていた問題に加え，民事訴訟における専門委員に対して忌避が認められている（民訴92条の6第1項）ことに照らすと，家裁調査官に対しても当然に忌避が認められるべきである[59]。

2　除斥の裁判

除斥についての裁判は，家裁調査官の属する裁判所がする（家事手続16条3項）。書記官の除斥の場合と異なり，家裁調査官の役割の重要性を考慮して合議体で裁判しなければならない（同16条1項による12条2項の準用）。地方裁判所の専門委員の除斥の裁判が合議体でなされる（民訴92条の9第1項による25条2項の準用）こととの均衡を考慮している[60]。

家裁調査官について除斥の申立てがあっても，当該家事事件の手続は停止しない（家事手続16条1項は12条4項を準用していない）。

7　家事調停委員の除斥

1　除斥事由

旧法下における通説によれば，調停委員については除斥・忌避は認められていなかった。除斥が認められない理由は，調停委員は国の権力的な強制力をもった行為（とくに裁判）に関与することを職責としているのではなく，国の権力行使が公正になされていることに直接の関係をもたないことに求められていた[61]。そして忌避についても同様に，当事者が調停委員を信任しないときは調停において合意しないことができるとして，これを認めていなかった[62]。

家事手続法は，家事調停の手続においても公正さが要求されるうえに，除斥事由がある家事調停委員については当事者の申立ての有無に関係なく，当該家事調停の手続に関与させるべきではない[63]として除斥の制度を認めるこ

---

[59]　高田編・家事事件手続法57頁〈増田勝久発言〉，58頁〈山本克己発言〉参照。

[60]　金子・逐条解説49頁。

[61]　大阪高決昭和58（1983）・1・31家月36巻6号47頁。

[62]　注解民調法125頁〈魚住庸夫〉，同書328頁〈三井哲夫〉，小山・民事調停法143頁。これに対して萩原金美「民事調停における当事者権の保障」別冊判タ4号（1977）39頁は，調停委員に対しても忌避を認めるべきことを主張していた。

ととした。家事調停委員の除斥事由は，裁判官の場合と同一である（家事手続16条1項による10条1項の準用）。

これに対して家事調停委員の忌避については，家事調停の手続は当事者間の協議により合意することを目指す自主的紛争解決方法であり，家事調停委員は基本的に自主的な解決を斡旋するにすぎず判断作用をしないこと，当事者が調停委員を信任しないときは調停において合意しないことができる[64]として，忌避制度は認めていない。通説は当事者が調停の成立を拒否できることを理由に，調停における公正さの確保を維持できるというが，この合意に至る過程自体に不公正が生じる可能性を認めつつこれを排除しようとしない。これには到底賛成できない。あっせんや主張の評価，調停案の作成と提示，調停案の受諾の説得等の過程に忌避原因を抱えた調停委員が関与し手続を進行させること自体が，きわめて不正常・不公正なのであり，あってはならないのである。調停において調停委員が当事者の意見を聴き，事実や証拠を中立的に評価し，相手方に斡旋し，さらには調停案を作成して説得するという一連の過程が，中立的で公正であることが重要なのである[65]。また旧家審法の立法担当者の挙げた，調停委員に対する忌避を認めない理由も，同じように支持できない。調停は当事者間に合意を成立させる手続過程であるから，その中心に位置する調停委員としての公正さに疑念を生じさせる者が関与すること自体が，調停制度の公正さを疑わせるのである[66]。

2 除斥の裁判

家事調停委員について除斥の申立てがあったときは，その家事調停委員はその申立ての裁判が確定するまで申立てのあった家事事件に関与することができない（家事手続16条2項）。この申立てがあった場合でも家事調停事件の手続は停止しない（同16条1項は12条4項を準用していない）。家事調停委

---

[63] 金子・逐条解説59頁。

[64] 金子・一問一答67頁，金子・逐条解説50頁。これは旧法時における通説（市川・家事審判法24頁）であり，また民事調停についても同様に解されていた（小山・民事調停法144頁）。

[65] 片山克行「民事調停委員の除斥・忌避再考」大東ロージャーナル7号（2011）27頁以下。

[66] 調停委員に対する忌避制度を導入しなかったことに疑問を表明するものとして，高田（賢）・前掲注[51]民事手続法制の展開と手続原則58頁。

員の除斥の裁判は，家事調停委員の所属する裁判所がする（同16条3項）。除斥についての裁判は合議体でしなければならない（同16条1項による12条2項の準用）。

第4章 当事者・代理人・手続参加

第1節 当 事 者

1 当事者の概念

1 家事審判における当事者の意義

(1) 概 説

　非訟事件において手続に登場する者をどのように捉えるか，またどのように定義するかという問題は古くから争いがある。たとえばドイツにおける非訟法では，民事訴訟の当事者（Partei）に代えて関係人（Beteiligte）という概念・用語をあててきた。近年新たに制定された家事手続および非訟事件手続法（FamFG）においても，依然として関係人概念が採用されている。形式的に手続に関与する申立人以外に，裁判の名宛人となる者，裁判によって直接の影響を受ける者などが存在し，またこれらの者にも手続上一定の地位が与えられなければならないとの認識が基礎になっている。民事訴訟の形式的当事者概念では対応できないからである。

　わが国では非訟事件およびその一領域をなす家事審判手続に関する研究の蓄積は豊富とはいえず，当事者または関係人の規律のあり方についての研究は手薄であったといえる。そのような状況で，一般的には非訟事件や家事審判でも当事者という用語が用いられてきたが，その厳密な定義について共通の理解があったかについては，疑問がないとはいえない。当事者といえば，民事訴訟における理解から形式的当事者概念が想起されるが，非訟事件や家事審判ではむしろ実質的当事者概念または当事者という概念に代えて関係人という概念を用いなければならないといった理解は乏しかったといえる。本書旧版では，ドイツ法の状況や解釈上現れてくる諸問題を統合して示すには，当事者ではなく関係人概念によるべきだとしていた[1]。

　これに対して，家事手続法の立法担当者は，家事手続法においては形式的当事者概念を導入するという。少なくとも家事審判手続において形式的当事

第4章 当事者・代理人・手続参加　　99

者概念で足りるとする見解は，これまで一般的ではなかった。それだけにこ
れは立法者の一つの決断だといえるであろうが，果たして適切なのかについ
ては検証を必要とする。一個の体系書としては異例かもしれないが，この点
について少し立ち入って検討を加えておくことにしたい。

(2) 当事者（関係人）をめぐる議論状況

　民事訴訟においては，訴えまたは訴えられることによって判決の名宛人と
なる者を当事者とし，その両者を手続に対立関与させる。実体法上の権利
者・義務者または法律関係の主体といった属性を捨象して当事者を定義する
ので，形式的当事者概念という。民事訴訟ではこれを採用することについて
異論はない。

　これに対して旧家審法の下では，家事審判の手続に関与する者を当事者と
称するか，あるいは関係人という概念を用いるかについて学説上の対立が
あった。家事審判事件は性質上非訟事件の一つの領域をなすことから，非訟
事件においては手続に関与させる者の主体的地位が弱く，伝統的に関係人概
念が用いられてきた[2]。さらに家事審判手続においても，申立人，相手方と
いう形式的に手続に関与する者のほか，審判の内容上の名宛人となる者，審
判の直接の効力を受ける者（実質的に手続に関与する者），さらに裁判所に
よって手続に引き入れられた者など多様な人物が存在し，これらの者に対し
て手続保障を充足させる必要があることから，形式的当事者概念では十分で
はなく関係人という概念を用いるべきであるとの見解が主張されていた[3]。

　旧法下において関係人となる者の範囲として議論されていたのは次のよう
なものである。旧家審法の下では，家事審判の手続において手続の主体とし
ての地位を与えられる者を定めるについては，①申立人のみがあって相手方
が存在しない場合（たとえば相続放棄の申述），②相手方は存在しないが申立
てに係る審判の内容上の直接の名宛人とされる者が存在する場合（たとえば
成年後見開始決定における成年被後見人となる者，親権喪失事件における当該の
親権者など），③前記②の場合に審判によって直接に影響を受ける者がある
場合（親権喪失事件における未成年者など），④相手方となる者がある場合を

---

(1)　本書旧版・69頁以下。

(2)　中島弘道『非訟事件手続法論』(1925) 142頁。

(3)　山木戸・家事審判法29頁，本書旧版・69頁。

考慮しなければならないとされ，②③などは該当する者を実質的意味の関係人あるいは事件本人として，形式的に手続に関与する者と区別する必要があると指摘されていた[4]。申立人・相手方以外の実質的意味の関係人は審問の機会や不服申立ての機会を保障するため，手続に引き入れられることによって形式的意味の関係人になる。こうした者に手続主体としてふさわしい地位を与えていくことが必要だとされていた。

これに対して，家事審判手続においても当事者の概念を採用する学説も存在した。この見解は，「非訟事件に於ては民事訴訟の当事者概念をそのまま通用し得ないとしても，少なくとも或る程度乃至範囲に於ては民事訴訟の当事者概念が変容を受けつつ，非訟事件についても之を適用し得る」[5]とする。この見解によっても形式的当事者のほかに，手続に登場しない審判を受ける者や手続費用を負担することになる「実質上の当事者」を観念する必要があることを認めていた[6]。当事者概念を用いても民事訴訟と同様に形式的に規律することができないことが認められていた。用語はともかくとして関係人概念をとるのと差がなかったといえる。

ここでドイツ法の状況を簡単にみておこう。

2009年に施行された「家庭事件および非訟事件手続法（FamFG）」以前の非訟法（FGG）には関係人の定めがなく，法改正に向けた改革案の中でさまざまに提案されてきたが，実現には至らなかった。FamFGはその第7条で初めて関係人の定めを置いた。これを紹介しよう。

第7条（関係人）

(1) 申立てにより開始された手続においては，申立人は関係人となる。

(2) 次の者は，関係人として参加させられなければならない。

　　1　手続によりその者の権利が直接影響を受ける者

　　2　この法律または他の法律に従い，職権で，または申立てにより参加させることが必要な者

(3) 裁判所は，この法律または他の法律に定めがあるときは，職権で，また

---

(4) たとえば山口幸雄「当事者」岡垣学＝野田愛子編『講座実務家事審判法第1巻』（1989）86頁など。

(5) 鈴木忠一「非訟事件における当事者」同『非訟事件の裁判の既判力』（1969）198頁。

(6) 鈴木（忠）・前掲注(5)非訟事件の裁判の既判力208頁，214頁等。

は申立てにより前項に掲げる者を関係人として参加させることができる。

(4) その申立てにより関係人として手続に参加させなければならない者または参加させられることができる者は，その者が裁判所により知られている場合には，手続の開始につて通知を受けなければならない。これらの者は，申立権について教示を受けなければならない。

(以下略)

このようにしてドイツでは現行法上も関係人概念が維持されている[7]。

(3) 形式的当事者概念の採用

旧家審法の全面改正，すなわち家事事件手続法の制定に向けて，当事者の規律を見通して形式的当事者概念を導入すべきであるとの注目すべき提案がなされるに至った。その要点は次のとおりである。すなわち，家事審判法を全面的に見直すにあたっての重要な視点の一つは，手続保障をいかなる手続関与者にどの範囲で付与するかであり，当事者概念を認めることの最も重要な意義は，この視点から「審判手続の主体としての地位を認め，少なくとも甲類事件，乙類事件のそれぞれについて，一定範囲の手続権を一律に保障する者と，個別の場合ごとにそれぞれの手続権を保障する者とを，実定法上区分することにある」[8]とする。そして家事審判の手続を開始させ，審判を求め，手続を追行する者，これと対等の立場に立つ相手方および裁判所の参加命令（旧家審法12条参照），旧家審規14条により当事者参加を許された者だけが当事者になるとする[9]。これ以外の審判の直接の名宛人等は当事者以外の関係人として当事者と区別される[10]。このように，家審法の改正に向けて，形式的に手続に関与する者だけを当事者とする形式的当事者概念を採用するこ

---

(7) ドイツ法の紹介としては，垣内秀介「ドイツにおける新たな家事事件・非訟事件手続法の制定」法の支配155号（2009）35頁，萩原佐織「ドイツ家事非訟事件手続法（FamFG）の研究(1)」摂南法学39号（2009）73頁，本間靖規「非訟事件手続・家事審判手続における当事者・関係人の地位」同『手続保障論集』（2015）575頁以下，また職権探知主義を中心とした検討として，高田昌宏「非訟手続における職権探知の審理構造」法曹時報63巻11号（2011）1頁以下などがある。本文での引用は，法制審議会非訟・家事審判法部会に提出された東京大学非訟事件手続法研究会の仮訳による。

(8) 竹下守夫「家事審判法改正の課題」家月61巻1号（2009）62頁。

(9) 竹下・前掲注(8)家月61巻1号65頁。

(10) 竹下・前掲注(8)家月61巻1号66頁。

とが提案されたのである。家事手続法にはこの考え方が基本的に下敷きにされている。

(4) 家事手続法における当事者の規律

　家事手続法は，旧家審法と同様に当事者につき定義規定を置いているわけではないが，立法担当者によれば次のように把握されるという。すなわち，当事者とは形式的意味の当事者，つまり申立人および相手方をいう[11]。これは形式的当事者概念を採用したものである。そして家事手続法の条文上で当事者と表記されている場合には，同法41条による当事者参加人を含む。さらに条文上で当事者が自ら手続追行をする主体として表現されている場合には，同法42条による利害関係参加人を含む[12]。そこで陳述の聴取，手続費用の負担者，裁判の告知・通知，当事者訊問などは，家事手続42条7項にいう「当事者がすることのできる手続行為」とはいえないので，利害関係参加人は当事者に含まれない[13]。この場合に利害関係参加人をも対象とする場合には，利害関係参加人を当事者と区別して明示しているとされる（たとえば同28条2項1号，55条，63条，74条1項，88条1項など）。利害関係参加人が明示されていないときはこれを含まない（たとえば同64条3項ないし6項，68条，78条3項，89条など）。

　形式的当事者概念を採用したことによって，定義本来の当事者，当事者として参加した者（同41条），当事者と同一の権能を認められる利害関係参加人が区別され，さらに手続には形式的に関与しないが，除斥・忌避の申立てや陳述機会の保障あるいは即時抗告権が認められる者が区別される。家事審判手続では手続に形式的に関与しない者（審判の効力を受ける者や審判によって直接の影響を受ける者）にもこのような手続保障を与えなければならない点に民事訴訟とは決定的に異なる点がある。この意味では形式的当事者概念を採用しても，状況は基本的には旧法時と同様であり，ドイツ法が関係人概念を採用していることから分かるように，家事審判手続に登場する者を包括的に説明しようとすれば実質的当事者概念によるか関係人概念を採用しなければならない。家事手続法の下で形式的当事者概念だけでは手続主体につい

---

(11)　金子・一問一答13頁，28頁。

(12)　金子・一問一答14頁。

(13)　金子・一問一答14頁。

第4章　当事者・代理人・手続参加　　　103

ての規律をすることには無理があると考えられる。その詳細については，以下に述べる。

2　当事者の呼称・表記

旧家審法および旧家審規は，家事審判手続における当事者（関係人）を指すのに，実にさまざまな表記をしていた。この状況は家事手続法にも引き継がれている。当事者という表記（17条1項など）は当然のこととして，事件の関係人（47条4項，51条2項，3項など）のほか，申立人，相手方，審判を受ける者（74条1項）といった手続的観点からの用語も用いられ，さらに権利者・義務者（290条1項，2項），本人（219条，220条，222条），夫，妻，子，相続人等の実体法上の関係を示す用語も用いられる。

抗告審においては，抗告人（申立人），相手方と呼ばれる。これを反映して本書においてもさまざまに表記されることになる。

3　当事者概念と各種の規定

当事者概念によって，民事訴訟においては以下に掲げる事項は形式的当事者概念を基準とすることで規律されるが，家事手続ではそうではないことに注意しなければならない。家事審判手続上の制度との関係で，当事者の意味がどのように解釈されるべきかについて若干の具体例にそって検討しておこう。

(1)　裁判所職員の除斥・忌避との関係

裁判の公正を確保するという除斥・忌避制度の目的からみて，家事手続11条1項にいう「当事者」の概念は広く解釈されるべきである。除斥に関する同10条1項1号では，「当事者又はその他の審判の効力を受ける者となるべき者」とされている。しかし忌避についてはたんに「当事者」とのみ定められているにすぎない。忌避制度の趣旨から，除斥の場合と同様に審判の効力を受ける者となるべき者，すなわち実質的当事者を除外することは妥当ではない。

(2)　陳述機会の保障

形式的当事者概念を採る民事訴訟においては，主張・立証の機会を保障されるのは当事者および参加人に限られる。形成判決のように当事者以外の者に判決の効力が及ぶ場合であっても同様である。これに対して，家事審判の手続においては，形式的当事者である申立人と審判の効力を受ける者が同一でない場合が多いため，陳述機会を保障するためにも審判の効力を受ける者

という範疇を想定しなければならないという特徴がある。これらの者は旧法下では事件本人または本人と呼ばれていた。別表第1に掲げる事項の審判で，成年後見の開始，後見人の解任，親権喪失・停止，遺言執行者解任あるいは児童福祉法28条による措置承認審判等では，この者は相手方にも擬せられる地位にある。またこれらの事件における未成年者は，審判の効力を直接に受ける立場にあり，実質的な当事者，実質的意味の関係人として陳述機会の保障が審判事件ごとに定められている。また審判の効力の重大さのため，陳述聴取が審問期日において口頭でなされるべきことが定められていることもある（家事手続164条3項，169条1項）。

(3) 当事者と証人の区別

家事審判における証拠調べについては民事訴訟法の規定が準用される（家事手続64条1項）。それゆえ証人尋問と当事者尋問も区別され，申立人や相手方等の形式的当事者は証人となることができないのは当然である。立法担当者は，利害関係参加人となる者は証人尋問によるとする。しかしそう単純ではない。これによるとたとえば親権喪失事件における当該の親権者や子は，証人尋問によるが，果たして妥当といえるか疑問がある。旧法下においては，これらの者は審判の効力を受けること，実質的当事者となることを理由に証人能力を否定するのが通説であった[14]。また旧法下において後見人選任の審判手続において，後見人となるべき者の証人能力について，この者は選任によって初めて当事者（関係人）としての地位を取得し，後見人選任の候補者であっても理論的にはそのまま審判の名宛人になるとは限らないことを理由に証人能力を肯定する有力説があった[15]が，通説はこれに反対していた[16]。

(4) 審判の告知

審判は当事者および利害関係参加人並びにこれら以外の審判の効力を受ける者に告知されなければならない（家事手続74条1項）。これは，旧家審法13条が「裁判を受ける者に告知されなければならない」と定めていたのを

---

[14] 鈴木（忠）・前掲注(5)非訟事件の裁判の既判力233頁。これらの者は，陳述機会が保障されているので（家事手続169条1項1号参照），これとは別に証拠調べの対象となることは稀であろう。この点であくまで理論的問題にとどまる。

[15] 鈴木（忠）・前掲注(5)非訟事件の裁判の既判力233頁。

[16] 家審法講座第1巻43頁〈綿引〉，飯塚重男「非訟事件の当事者」鈴木忠一＝三ケ月章監修『実務民事訴訟講座第7巻』(1969) 71頁。

改めている。家事手続74条1項でいう当事者は、申立人、相手方および当事者参加をしたものに限られることは明らかであろう。「審判を受ける者」とは、一般的には「具体的な審判の内容に従い、一定の行為または負担を命じられた者、資格または権能を与えられ、またはそれを奪われる者」と解されている[17]。それゆえ、審判を受ける者は審判の内容から実質的に判断されることになる。審判手続に形式的には関与しないが、実質的な当事者または関係人になる者である。形式的当事者概念が採用されたことによって、74条1項のような区分の定めが必要になったといえる。どのような者がこれに該当するかについては、家事手続法は個別に定めている（第7章第2節2・2に審判の告知を受ける者の一覧表を示している）。

(5) 抗告権能

家事手続85条1項は、「審判に対しては、特別の定めがある場合に限り、即時抗告をすることができる」と定め、各審判につき誰が即時抗告をすることができるかを定めている。これは旧家審法14条を引き継ぐものである。形式的当事者概念によれば、裁判に対して不服申立てをすることができる者は、不服の概念を介在させることによって限定されているといえる。しかし家事審判においては形式的当事者概念による当事者のほか、実質的意味での当事者（関係人）が存在するため、どの範囲の者が即時抗告をすることができるかを明らかにしなければならない。その定め方は、新非訟法66条1項と異なり、法律で個別に定めている。その詳細については、第8章第2節で扱う。

以上にみるように、家事審判手続に形式的当事者概念を導入しても、それで問題は解決したわけではない。依然として実質的当事者概念を前提にしなければならないか、あるいは当事者概念に代えて関係人概念を用いてはじめてよく理解できるところが少なくないのである。

2　家事審判手続における当事者・関係人の地位

1　総　説

民事訴訟においては、二当事者が対立関与し、当事者は手続の主体たる地位を占め当事者に与えられる権能または責任が、理論上も実際上も重要な意

---

(17)　注解家審法556頁〈飯島悟〉、実務講義案123頁。

味をもつ。当事者は処分権主義に基づいて訴訟物を特定させることによって裁判所による救済の範囲・態様を画し，裁判の基礎となる資料の収集においても弁論主義によって争点を自由に設定できる。また裁判所は当事者の申し立てていない事項について裁判をすることができない。

これに対して家事審判手続は，もともと裁判所が後見的な立場から私人間の法律関係に介入することを一つの典型として手続を組み立てているため，職権主義・職権探知主義を基調とする。審理の方式についても口頭弁論を採用せず，かつ非方式であることに特徴がある。すなわち，裁判内容の形成に加えて手続進行についても手続主宰者としての裁判所の職権と裁量に多くが期待されているのである。

このことは当事者からみれば，手続客体と扱われやすいことを意味する。また裁判所が適切な処分（裁判）をするためには，当事者の申立てや主張に拘束されず，制約されないことが必要であるという論理が優先されやすいともいえる。家事審判手続は，民事訴訟のように当事者が手続の主体として組み立てられているのと対極的な原理に基づく手続であるということができる。もっとも家事審判事件に申立人と相手方が関与し，この間で請求がたてられ争われるものが含まれている。この事件においては民事訴訟に類似した状況が生まれる。旧法下においてはこの事件の審理手続について法律上特段の手当てはなされていなかったことから，当事者の手続保障の不十分さ，あるいはまた当事者主義的運用などが提唱されていた。

2　当事者に対する手続保障

わが国において非訟・家事審判手続における手続保障の問題は，「当事者権」の保障として議論されてきた。当事者権とは，「当事者が訴訟の主体たる地位において認められている諸権利」の総称である[18]。これには当事者の有する忌避申立権，移送申立権，期日の呼出しを受ける権利，記録の閲覧権，裁判所における救済の範囲・態様を特定する権能，弁論権，争いのない事実に対する裁判所の審判権を排除する権能，証拠申出権，参加する権利，裁判に対して不服を申し立てる権利などがある。なかでも口頭弁論期日において

---

[18]　山木戸克己「訴訟における当事者権」同『民事訴訟理論の基礎的研究』(1961) 60頁，佐上「当事者権という概念の効用」ジュリスト別冊『民事訴訟法の争点』(1979) 66頁。

第4章　当事者・代理人・手続参加　　　107

事実および法律問題について攻撃防御方法を提出でき，これについて聴聞の機会が当事者双方に平等に保障されていることが重要である（広義の弁論権といえる）。当事者が十分に自己決定をなし自己責任を全うできることが，その裁判を正当なものとして受容する根拠とされるのである[19]。

　この点は学説においてはドイツ基本法 103 条 1 項によって認められている審問請求権の紹介と研究[20]とあわせて一般に当事者の手続保障として，さまざまな検討が加えられてきた。訴訟と非訟の区別あるいは訴訟事件の非訟化との関係では，非訟化によって当事者の手続主体たる地位の弱体化を招き，当事者権の質が低下することが重視された。それゆえ，これを防止し，あるいはその侵害を最低限度のものとし，さらには訴訟手続では可能ではない別の態様の手続保障を検討することに，手続保障を論じる第一の意味がある。

　第二に，家事審判手続で処理されている事件における手続保障が果たして十分なものといえるかを検証することに意味がある。旧家審法では甲類審判事件についても乙類審判事件についても同一の手続規律がなされているにとどまっていたが，当事者が対立する乙類審判手続について，当事者権・手続保障が十分かが問われてきた[21]。とくに最高裁判例は，夫婦同居審判の合憲性を判断した最大決昭和 40（1965）・6・30 民集 19 巻 4 号 1089 頁以来，非訟事件である家事審判における手続保障について最低限度満たされなければならない内容と水準を示してこなかった。また最決平成 20（2008）・5・8 家月 60 巻 8 号 51 頁においても，「本質的に非訟事件である婚姻費用分担に関

---

(19)　新堂幸司『新民事訴訟法（第 5 版）』（2011）132 頁。鈴木忠一「非訟事件に於ける正当な手続の保障」同『非訟・家事事件の研究』（1971）304 頁は，法律上審問を求める権利は，内容的には裁判手続における当事者が当該手続の事実問題，法律問題について裁判所に対して自己の見解を表明し，かつ聴取される機会の与えられることを要求する権利であり，この権利は憲法上明文をもって規定されていないが是認することができるという。

(20)　代表的なものとして，フリッツ・バウア＝鈴木正裕訳「ドイツ法における審尋請求権の発展」神戸法学雑誌 18 巻 3 = 4 号（1969）512 頁，紺谷浩司「審問請求権の保障とその問題点」民事訴訟雑誌 18 号（1972）143 頁，有紀新「非訟手続における審問請求権」民事訴訟雑誌 21 号（1975）162 頁，本間靖規「手続保障侵害の救済について」同『手続保障論集』（2015）331 頁，三浦毅「非訟事件手続における審問請求権法理の実定化に関する研究（1・2・3完）」法政論集 242 号（2011）213 頁，243 号（2012）47 頁，244 号（2012）55 頁など。

する処分の審判に対する抗告審において手続に係る機会を失う不利益は，憲法 32 条所定の『裁判を受ける権利』とは直接関係がない」，としている。こうした状況下で，学説が手続保障の内容を具体化する努力を傾注しなければならなかったのは当然であるといえよう。その具体的な内容については，本書の該当の個所で扱う。

第三に注意すべきは，非訟・家事審判手続において関係人（当事者）の手続主体性を認めようとする一方で，それに対応する手続上の義務を強化しようとする論理が登場することである。その一つは，事案解明義務を承認すべきであるとの主張である[22]。もう一つは実務から提唱されてきたもので，家事審判手続において関係人（当事者）の審問請求権を権利として認めることはできないが，乙類審判事件では運用上これを認めるのが相当であるとしつつ，記録の閲覧等も原則として認めていこうとする姿勢が生み出されていた。乙類審判手続における当事者主義的運用と呼ばれるものである[23]。この当事者主義的運用からは，乙類審判事件のうち財産法的性格の強い遺産分割審判などでは，当事者の主張等について弁論主義的な運用が期待され，実際の審判例にも反映されるようになる。この点については後述する。実質的な手続保障というとき，たとえばある者の手続行為能力を否定することが果たして適切・妥当といえるか，法定代理人と本人との間に実質的な利益相反が生じる可能性がある場合に本人の保護をどのように図るべきかといった点にまで

---

(21) 鈴木（忠）・前掲注(19)非訟・家事事件の研究 259 頁，竹下守夫「調停制度における非訟的処理をめぐる問題」法律のひろば 27 巻 8 号（1974）11 頁など。また高田裕成「家事審判手続における手続保障論の輪郭」松原正明＝道垣内弘人『家事事件の理論と実務第 1 巻』（2016）67 頁（初出・判タ 1237 号（2007）33 頁），本間靖規「家事審判と手続保障」吉村徳重先生古稀記念論文集『弁論と証拠調べの理論と実践』（2002）110 頁（後に同『手続保障論集』（2015）437 頁に収録），同・前掲注(7)手続保障論 575 頁），同「手続保障論の課題」民事訴訟雑誌 57 号（2011）120 頁（後に『手続保障論集』601 頁に収録），佐上「家事審判手続における手続保障」法律時報 81 巻 3 号（2007）34 頁，山田文「非訟事件における審理原則」ジュリスト 1407 号（2010）25 頁，二本松利忠「家事事件手続における手続保障の流れ」田原睦夫先生古稀・最高裁判事退官記念論文集『現代民事法の実務と理論』（2013）1126 頁以下等。

(22) たとえば有起新「非訟事件における手続関係人の手続協力義務」青山法学論集 14 巻 4 号（1973）14 頁。

第4章 当事者・代理人・手続参加 109

目を向けて検討していくことが今後とも求められるといえる[24]。

　家事手続法は，旧法の下での手続保障に関する議論を踏まえて，当事者の手続保障を図るため，とくに①参加の制度の拡充，②記録の閲覧謄写の規律の整備，③不意打防止のための諸規定の整備を中心に当事者の諸権利の明文化を図っている[25]。旧法下での学説の提案等がどこまで実現しているか，その検討は本書の該当の個所で行われることになる。

3　複数の当事者
1　共同の当事者

　家事審判の手続においても，民事訴訟と同様に一つの手続に数人の当事者（事件本人）が関与することがある。別表第1・第2の審判ともに問題となる。次のような場合がある。

　まず成年後見開始決定の申立てのように，数人の者にそれぞれ独自の申立権が認められている場合がある（民法7条）。各人は各別に申立てをすることができるし，数人の者が共同して申し立ててもよい。申立ての取下げも申立人ごとに判断される。親権の喪失・停止・管理権喪失（民法834条，834条の2，835条），後見人の解任（同846条），遺言執行者の解任（同1019条1項）などその例は多い。

　限定承認の申述の申出は，共同相続人のあるときは全員がしなければならない（民923条）。しかし常に共同して申し出る必要はなく，相続人が各別に申し出たときは同一の裁判所で同時に審判されることになる[26]。また同一

---

(23)　その代表的なものとして，井上哲男「乙類審判事件における職権探知と適正手続の具体的運用」岡垣学=野田愛子編『講座実務家事審判法第1巻』(1989) 130頁，小田正二「乙類審判における当事者主義的運用」判タ1100号 (2002) 564頁。また最近の議論の整理として，平田厚「乙類審判事件に関する当事者主義的運用の意義と問題点」判タ1237号 (2007) 5頁（後に，松原正明=道垣内弘人編『家事事件の理論と実務第1巻』(2016) 3頁に収録），若林昌子「手続的透明性の視点から」（判タ1237号15頁，後に『家事事件の理論と実務第1巻』24頁に収録），古谷健二郎「実務の視点からの整理及び実感」（判タ1237号23頁，後に『家事事件の理論と実務第1巻』45頁に収録）などがある。

(24)　この点についてたとえば，佐上「ドイツ旧法下における禁治産・障害者監護事件の審理」同『成年後見事件の審理』(2000) 69頁以下参照。

(25)　金子・一問一答26頁。

の相続財産に対して数人から分与の申立てがあったときは，審判手続および審判は併合しなければならない（家事手続204条2項）。この場合は法律上その審判手続を併合しなければならないものではなく，いわゆる訓示規定だと解されている[27]。戸籍法107条1項による氏の変更の許可を求めようとするとき（別表第1第122項）は，「戸籍の筆頭に記載した者及びその配偶者」の共同申立てが必要である。戸籍が一つの夫婦およびこれと氏を同じくする子を単位として編製される（戸籍6条）ことから，共同申立てが要求される[28]。

以上に述べたのは，いずれも申立人（当事者）が複数である場合であるが，数人の未成年の子について監護に関する処分の審判申立て（民766条，別表第2第3項）や，数人の子について氏の変更許可の審判申立て（民791条1項，3項，別表第1第60項）などでは，形式的当事者はともかく，審判の結果により直接の影響を受ける者または審判を受ける者となるべき者（事件本人）が複数となる場合である。数個の申立てが併合されていると解してよい。

2　共同相続人の遺産分割手続への関与

共同相続人は，全員が申立人となって遺産分割の審判を申し立てることができる。この場合には相手方が不存在ということになるが，非訟事件である家事審判は二当事者対立構造をとらないために，別表第2に掲げる事件であっても申立人に対応する相手方という観念を必要としない[29]。実務においては現実に共同相続人の一方が分割申立てをしてきたときは，その者が申立人，その他の共同相続人が相手方と表示される。共同相続人のうちでたまたま最も早い時期に分割の申立てをした者が申立人となり，相手方はその他の共同相続人というにすぎない。申立人となったか，相手方となったかによって手続上の地位に差異を生じさせることはない。すなわち申立人になったからといって申立理由について主張責任やそれを具体化する責任が加重されることはない（この点の詳細については，後述第6章第4節**4**参照）。

抗告審においても，申立人と相手方が各別に入れ替わることがある。たとえば共同申立人のうちの1人が抗告しないときは相手方になる。民事訴訟の

---

(26)　この詳細については，本書Ⅱ・314頁。

(27)　大阪高決昭和57（1982）・3・10家月35巻7号63頁。

(28)　この詳細については，本書Ⅱ・434頁。

(29)　鈴木（忠）・前掲注(5)非訟事件の裁判の既判力263頁，家審法講座第2巻55頁〈岡垣学〉。

共同訴訟においては，手続の全体を通じて原告・被告のメンバーが入れ替わることがないのに対して，家事審判ではそうした地位の固定化は見られない[30]。

遺産分割の審判は，共同相続人全員を手続に関与させ審判の名宛人とすべきであるから，共同相続人の1人が一部の者のみを相手方として申し立てても全員が当事者になり，また一部の者のみが申立てを取り下げてもその効力を生じない。この点では民事訴訟の必要的共同訴訟の規律と同様である。

4 当事者の確定

1 意 義

裁判手続においては当該の手続において誰が当事者であるかを一定の基準を用いて確定し，その者に対して期日における陳述機会を保障するとともに，当事者でない者を手続から排除することが必要である。このような作業を当事者の確定という。そして確定された当事者から裁判籍，裁判官等の除斥・忌避，手続の中断，判決効の主観的範囲等が定まる。当事者能力や手続行為能力，当事者適格についても，確定された当事者について判断される。形式的当事者概念をとる民事訴訟ではこの作業は不可欠である。当事者の確定にはこうした意義がある。

2 家事審判における当事者の確定

(1) 確定の必要性と基準

一般論としていえば，家事審判においても当事者の確定が問題となる。また審判の効力を受ける者（事件本人）の確定も必要になる。たしかに民事訴訟と同様に，他人の氏名を騙った申立てがあり得るからである。この点について民事訴訟におけるほど議論がなされているわけではないが，確定基準につき実務ではいわゆる表示説によっているとされる[31]。確定の基準が明確で

---

(30) 最判平成11（1999）・11・9民集53巻8号1421頁は，形式的形成訴訟である境界確定訴訟につき，共有者のうち訴え提起に同調しない者がいるときは，その余の共有者は隣接する土地の所有者とともに訴え提起に同調しない者を被告として訴え提起することができるとする。この訴えでは裁判所は当事者の申立てに拘束されないこと，民訴246条の適用がないこと等を理由とする。原告・被告の役割が通常の民事訴訟のように固定化されていないことが指摘されている。この点では，遺産分割審判における当事者の地位との共通性がみられる。

あるという点にその根拠が求められている。家事審判においては，申立ての添付資料として申立人・事件本人等の戸籍謄本（全部事項証明書）や住民票等の提出が求められるから，表示説とはいえ民事訴訟以上に実質的な審査が可能であり，またその必要がある。また家事審判では形式的には手続に関与しないが，陳述聴取の対象となり，また審判の効力を受ける者や審判の結果により直接の影響を受ける実質的当事者（関係人）が誰であるかを探索し，これを確定するといった民事訴訟にはない実質的審査をする必要がある。むしろこうした者の範囲と人物を確定することにこそ重要な意味があるといってよい。

申立てに際して氏名冒用の事実が判明したときは，無権代理に準じて申立てを却下すべきであり，これを看過して審判がなされたとき被冒用者は即時抗告をすることができ，あるいは審判が確定したときは再審を求め，即時抗告のできない審判については家事手続78条1項により審判の取消し・変更の申立てをすることができる[32]。

職権で手続が開始された事件においては，裁判所が当事者として引き入れた者が当事者として確定される。

(2) **確定に伴う効力**

家事審判においては，前述のように形式的当事者概念が採用されたといっても，手続に形式的に関与しないで審判の効力を受ける者等の実質的当事者が存在する。民事訴訟において表示説によれば，氏名冒用訴訟の場合には被冒用者に判決の効力が及ぶとされる。しかし家事審判においては，申立人の氏名冒用があったときでも審判の効力は事件本人に生じる場合が多い（成年後見開始決定など）。また家事審判においては身分関係が問題となっているときは，本人の意思（真意）が尊重されなければならないから，氏名冒用の場合に被冒用者に審判の結果を及ぼすことは妥当ではない。冒用の事実が明らかになれば，その法的効果は生じない（無効）と扱うことが必要である。審判例にもそうした判断をしたものがある[33]。もっとも氏名冒用の事実を看過して審判がなされ，その結果戸籍の届出がなされている場合には，その訂正

---

(31) 実務講義案26頁。

(32) 家審法講座第1巻30頁〈綿引〉，山口・前掲注(4)講座実務家事審判法第1巻88頁。

第4章　当事者・代理人・手続参加　　　113

を求めるには法的安定の要請から再審や取消しの審判が必要になると解される。

5　当事者能力

1　意　義

家事審判の手続において当事者となることのできる一般的能力を，民事訴訟における制度にならって当事者能力という。旧家審法にはこの点について特別の定めがなく，旧非訟法にも定めを欠いていた。学説は，非訟事件・家事審判手続につき関係人能力の存在を前提としつつも，民事訴訟法の規定によることを期待していたと考えてよいと解していた[34]。なぜなら当事者能力に関する民事訴訟法の定めは，民事裁判に関する一般的な規律とみられるので，その準用があると考えてよいとされるのである[35]。家事手続法は，当事者能力についてはその性質上民事訴訟における場合と別異に解する必要はないとして，民訴法 28 条，29 条を準用することを明らかにした[36]。

2　当事者能力を有する者

(1)　原　則

家事事件（家事審判および家事調停）において当事者能力を認められるのは，自然人および法人である（民訴 28 条）。旧法下においては権利能力なき社団または財団の当事者能力について，民事訴訟に限った特別措置であることを理由にこれを否定する見解が有力であった[37]が，通説はこれを肯定していた[38]。家事事件において権利能力なき社団等は，遺贈の相手方としてや特別

---

(33)　浦和家審昭和 38（1963）・3・15 家月 15 巻 7 号 118 頁は，無権限である者の署名捺印を冒用してその者の意思に基づかないでなされた相続放棄申述を無効であるとしている。

(34)　鈴木（忠）・前掲注(5)非訟事件の裁判の既判力 253 頁，家審法講座第 3 巻 71 頁〈沼辺〉。

(35)　本書旧版・84 頁は，非訟・家事審判における当事者能力は，民法における権利能力を基準にすべきだと主張していた。

(36)　金子・一問一答 69 頁。

(37)　鈴木（忠）・前掲注(5)非訟事件の裁判の既判力 253 頁，伊東乾＝三井哲夫編『注解非訟法・借地借家非訟事件手続規則（改訂）』（1995）159 頁〈三井哲夫〉。

(38)　山口・前掲注(4)講座実務家事審判法第 1 巻 91 頁，家審法講座第 3 巻 71 頁〈沼辺〉，実務講義案 27 頁，本書旧版・85 頁。

縁故者として財産分与を申し立てる場合などに登場することがある。当事者
能力を認めてよい。当事者能力の判断資料の提出については，民訴規則14
条が準用される（家事手続規則15条）。

(2) 胎児の当事者能力

胎児の当事者能力に関しては，学説上争いがある。胎児は権利能力を有し
ないが，生きて生まれてきたときは問題となる事件の発生したときに遡って
権利能力を有していたと扱うとする停止条件説（人格遡及説）と，胎児もす
でに生まれたものとみなされる法律関係の範囲内では問題となる事件の発生
したときから制限的な権利能力を有するが，生きて生まれなかったときは
遡って権利能力を失うとする解除条件説（制限人格説）との対立である。後
者は当事者能力を肯定するが，現行法上胎児の財産を管理する法定代理人制
度が存在しないことを理由として，実務においては停止条件説の立場に立ち，
胎児の当事者能力を否定している[39]・[40]。

(3) 外国人の当事者能力

主として自然人が当事者となる家事事件の手続においては，外国人の当事
者能力はほとんど問題にならない。例外的に外国の団体等が登場する場合，
その当事者能力は民訴法28条にいう「その他の法令」の中に法適用通則法
が含まれるから，これによって本国法上当事者能力が認められているときは
家事手続においても同様に解してよい。

---

[39]　大判昭和7（1932）・10・6民録11巻2023頁。山口・前掲注(4)講座実務家事審
判法第1巻91頁，松原正明『全訂判例先例相続法Ⅰ』（2006）83頁，本書旧版・
85頁。

[40]　胎児の当事者能力について，民法においては解除条件説が今日の通説であると
されているが，法定代理人は胎児の権利の保存行為しかできないとする。民事訴
訟の教科書においても解除条件説が通説である。胎児のままで，その母を法定代
理人として当事者になることができるとする（新堂幸司『新民事訴訟法（第5版）』
（2011）145頁，松本博之＝上野泰男『民事訴訟法（第7版）』（2012）229頁，河
野正憲『民事訴訟法』（2009）101頁，小島武司『民事訴訟法』（2013）136頁等）。
しかし実務の考え方を支持し，出生後に当事者となると解すべきであろう（伊藤
眞『民事訴訟法（第4版）』（2011）119頁，それゆえ胎児は遺産分割の当事者に
なることはできないと解すべきである（糟谷忠男「相続人の確定」小山昇＝山畠
正男＝小石寿男＝日野原昌編『遺産分割の研究』（1973）131頁，二宮周平『家族
法（第4版）』（2013）285頁，内田貴『民法Ⅳ親族・相続』（2002）237頁，415頁，
松原・前掲注[39]判例先例相続法Ⅰ83頁）。

3 当事者能力の調査

当事者能力の存在は，家事審判手続においても手続の適法要件の一つとして，裁判所はいつでも職権でこれを調査し，その欠缺を認めるときは申立てを却下しなければならない。当事者能力のない者に対してその欠缺を看過して審判がなされてもその効力を生じない。即時抗告によって取り消すことができるが，確定した場合には再審は許されない。確定しても内容上の効力を生じないので無効と扱われる。

6 手続行為能力

1 概 説

民法の行為能力，民事訴訟における訴訟能力に相応する家事手続上の行為をすることのできる能力を手続行為能力という（家事手続17条1項参照）。家事事件の手続に関与して有効に手続行為を行い，相手方や裁判所の手続行為を有効に受領することのできる能力である。旧家審法および旧非訟法にもこれについて明文規定がなかった。そのため能力の基準を民法に求めるべきか，あるいは民事訴訟に求めるべきかについて学説上の争いがあった。家事手続17条1項は，民訴法28条，31条および33条の規定を準用することを明らかにし，さらに独自の定めをしている。それによると家事手続における手続行為能力は原則として民事訴訟と同様に解されるが，身分行為に関し本人の意思が最大限に尊重される事件においては，未成年者および成年被後見人も意思能力を有する限り手続行為能力が認められる[41]。

以下においては，未成年者，成年被後見人，被保佐人および被補助人の手続行為能力について概観したうえで，この能力を補完する仕組みについて説明する。

---

[41] 平成11（1999）年民法一部改正による成年後見制度創設以前の旧禁治産・準禁治産制度の下においては，身分行為やその訴訟・審判手続につき意思能力を回復した禁治産者によるとされている場合でも，個別的に意思能力を判断する負担と困難さ，意思能力を基準とすることによる手続の不安定性を理由として，その手続行為能力を否定するのが通説であった（加藤令造「家事審判手続上の行為能力と私法行為能力との関係」東京家庭裁判所身分法研究会編『家事事件の研究(2)』（1973）360頁，丹宗朝子「家事調停手続に関する審判例」栗原平八郎＝太田武男編『家事審判例の軌跡(2)』（1995）93頁，山口・前掲注(4)講座実務家事審判法第1巻94頁）。

2　未成年者・成年被後見人の手続行為能力

　家事手続17条1項による民訴法31条の準用により，未成年者および成年被後見人は家事事件手続において手続行為能力を有しない。法定代理人によらなければ手続行為をすることはできない。もっとも，民法上一定の身分行為は身分関係の当事者しかすることができず，法定代理人であっても代理できない場合がある（婚姻・離婚の調停申立てなど）。この場合の法定代理人の手続行為については第2節2・3で扱う。

　これには二つの例外がある。その一つは，民法等の法律が15歳以上の未成年者にも単独で申立権を認めている場合である。氏の変更（民法791条），養子縁組（同797条），特別養子縁組の離縁の調停申立て（民811条2項）がこれにあたる。旧法の下でもこれらの規定を考慮して他の事件についても15歳以上の未成年者には手続行為能力を肯定していた[42]。第二には，未成年者または成年被後見人の意思を尊重するために家事手続法が個別に手続行為能力を認めるものである（家事手続118条とその準用）。旧法の下では解釈上認められていたものを，明文規定を置いて規律の明確化を図ったものである。未成年者または成年被後見人に手続行為能力が認められる家事審判事件は，後記表1で示すとおりである。

3　被保佐人・被補助人

　保佐人の同意を得なければ訴訟行為（手続行為）をすることができない被保佐人（民法13条1項4号）または被補助人（同17条1項）は，家事事件手続においては保佐人または補助人の同意を得なければ手続行為をすることができない（家事手続17条1項による民訴28条の準用）。これに該当する被保佐人または被補助人であっても，一定の身分行為についてその意思を尊重すべきときは，上記2で述べたのと同様に代理には親しまない。また家事手続法は，個別の規定において被保佐人および被補助人の手続行為能力を認めている。後記表1で示すとおりである。

4　他の者が申立てまたは抗告をした家事事件における手続行為能力

　手続行為能力に制限を受けている者以外の者が申立てまたは即時抗告をした事件においては被保佐人，手続行為をすることについて補助人の同意を得ることを要する被補助人，後見人その他の法定代理人は，当該の家事事件ま

---

　[42]　家審法講座第1巻31頁〈綿引〉，注解家審規114頁〈林屋礼二〉。

第4章　当事者・代理人・手続参加　　　　117

表1　手続行為能力が認められている審判事件と該当者

審判事件名	手続行為能力を認められる者
118条　成年後見に関する審判事件	成年被後見人となるべき者・成年被後見人
①後見開始の審判事件	
②後見開始の審判の取消し	
③成年後見人の選任	
④成年後見人の解任	
⑤成年後見監督人の選任	
⑥成年後見監督人の解任	
⑦特別代理人の選任	
⑧成年被後見人に宛てた郵便物等の配達の嘱託等	
⑨成年後見の事務の監督	
⑩第三者が成年被後見人に与えた財産の管理に関する処分	
129条　保佐に関する審判事件	被保佐人となるべき者・被保佐人
①保佐開始の審判事件	
②保佐人の同意を得なければならない行為を定める審判	
③保佐人の同意に代わる許可の審判	
④保佐開始の審判の取消し	
⑤保佐人の同意を得なければならない行為の定めの審判の取消し	
⑥保佐人の選任	
⑦保佐人の解任	
⑧保佐監督人の選任	
⑨保佐監督人の解任	
⑩保佐人に対する代理権付与	
⑪保佐人に対する代理権付与の審判の取消し	
⑫保佐の事務の監督	
137条　補助に関する審判事件	被補助人となるべき者・被保佐人
①補助開始の審判	
②補助人の同意を得なければならない行為を定める審判	
③補助人の同意に代わる審判	
④補助開始の審判の取消し	
⑤補助人の同意を得なければならない行為の定めの審判の取消し	
⑥補助人の選任	
⑦補助人の解任	
⑧補助監督人の選任	
⑨補助監督人の解任	
⑩補助人に対する代理権付与	
⑪補助人に対する代理権付与の審判の取消し	
⑫補助の事務の監督	
148条・149条　失踪の宣告および取消しに関する審判	

①失踪の宣告の審判	不在者
②失踪の宣告の審判の取消し	失踪者
151 条　婚姻等に関する審判事件	
①夫婦間の協力扶助に関する処分	夫および妻
②子の監護に関する処分	子
親子関係事件の審判事件	
① 159 条 2 項　嫡出否認の訴えの特別代理人選任	夫
② 160 条 2 項　子の氏の変更	子（15 歳以上のもの）
③ 161 条 2 項　養子縁組許可の審判	養親となるべき者・養子となるべき者（15 歳以上のもの）
④ 162 条 2 項　死後離縁をするについての許可	養親および養子（15 歳以上のもの）
⑤ 164 条 2 項　特別養子縁組成立	養親となるべき者・養子となるべき者の父母
⑥ 165 条 2 項　特別養子縁組の離縁	養親・養子およびその実父母
168 条　親権に関する審判事件	
①子に関する特別代理人の選任	子
②第三者が子に与えた財産の管理に関する処分	子
③親権喪失・親権停止・管理権喪失	子およびその父母
④親権喪失・親権停止・管理権喪失の審判の取消し	子およびその父母
⑤親権または管理権の辞任または回復許可	子およびその父母
⑥養子の離縁後の親権者となるべき者の指定	養子，その父母および養親
⑦親権者の指定または変更	子およびその父母
177 条　未成年後見に関する審判事件	
①養子の離縁後に未成年後見人となるべき者の選任	未成年被後見人
②未成年後見人の選任	未成年被後見人
③未成年後見人の解任	未成年被後見人
④未成年後見監督人の選任	未成年被後見人
⑤未成年後見監督人の解任	未成年被後見人
⑥未成年被後見人に関する特別代理人の選任	未成年被後見人
⑦未成年後見の事務の監督	未成年被後見人
⑧第三者が未成年被後見人に与えた財産の管理に関する処分	未成年被後見人
188 条 2 項　推定相続人の廃除・取消し	被相続人
相続の承認および放棄	
201 条 4 項　限定承認または相続放棄の取消しの申述の受理	限定承認または相続放棄の取消しをすることができる者
任意後見契約法に規定する審判事件	
218 条　任意後見監督人の選任	本人
戸籍法に規定する審判事件	
227 条　戸籍法に規定する審判事件	申立てをすることができる者
性同一性障害者の性別の取扱いの特則に関する法律に規定する審判事件	

232条　性別の取扱いの変更	申立人
児童福祉法に規定する審判事件	
235条　都道府県の措置の承認および期間更新	児童を現に監護する者・児童に対し親権を行う者・児童の未成年後見人・児童
生活保護法に規定する審判事件	
240条3項　施設への入所等の許可	被保護者・被保護者に対し親権を行う者・被保護者の後見人
252条1項　家事調停	
①夫婦間の協力扶助に関する処分の調停事件	夫および妻
②子の監護に関する処分の調停事件	子
③養子の離縁後に親権者となるべき者の指定の調停事件	養子・その父母・養親
④親権者の指定・変更の調停事件	子およびその父母
⑤人事に関する訴えに関する調停事件	人訴法13条1項が適用されることにより訴訟行為をすることができる者

たは抗告事件および職権で開始された家事事件について手続行為をするには，保佐人または保佐監督人，補助人または補助監督人その他の授権を得ないで手続行為をすることができる（家事手続17条2項）。

5　法定代理人の特別の授権

　手続行為について授権を得た被保佐人，被補助人または後見人その他の法定代理人であっても，手続を終了させる等の重要な行為については，特別の授権がなければこれをすることができない（家事手続17条3項）。特別の授権とは，保佐人，補助人の同意（民13条，17条）のほか，後見監督人がある場合に後見人が手続行為を行うについての同意がある（同864条）。

　具体的には，①家事審判または家事調停の申立ての取下げ（家事手続17条3項1号），②調停を成立させる合意（同268条1項の合意，同17条3項2号），③合意に相当する審判における合意（同277条1項1号の合意，同17条3項2号），④調停条項の書面による受諾（同270条1項，17条3項2号），⑤調停に代わる審判に服する旨の合意（同286条8項，17条3項2号），⑥審判に対する即時抗告，特別抗告または抗告許可の申立ての取下げ（同17条3項3号），⑦合意に相当する審判または調停に代わる審判に対する異議申立ての取下げ（同279条1項または286条1項，17条3項3号）。ただし家事調停の申立てその他調停の手続の追行についての合意その他の授権を得ている場合には，上記③④⑤については特別の授権を必要としない（同17条3項ただし書き）。

6 未成年者・成年被後見人と法定代理人の手続行為の規律

(1) 未成年者・成年被後見人と法定代理人の手続行為の競合

　未成年者または成年被後見人らが自ら手続行為をすることができる場合であっても，現実に手続行為をすることは困難であることから，法定代理人がその手続行為を補完するため[43]，親権者または後見人は未成年者または成年被後見人を代理して手続行為をすることができる（家事手続18条本文）。未成年者・成年被後見人に意思能力がない場合および意思能力を有し，単独で自ら有効に手続行為をすることができる場合のいずれにも適用される。この点につき，最判昭和43（1968）・8・27民集22巻8号1733頁は，14歳9か月の未成年者の母が法定代理人として提起した認知の訴えに関し，「子に意思能力がない場合に限って法定代理人が訴えを提起することができるものと解することは，子の意思能力の有無について紛争を生じ訴訟手続の明確と安定を害するおそれがあって相当でなく，他面，子に意思能力がある場合にも法定代理人が訴訟を追行することを認めたからといって，必ずしも子の利益を害することにはならないと解されるのである。したがって未成年の子の法定代理人は，子が意思能力を有する場合にも，子を代理して認知の訴えを提起することができるものと解するのが相当である」という[44]。

(2) 法定代理権の範囲

　この代理権は家事審判および家事調停の申立てについては，民法その他の

---

[43]　金子・逐条解説58頁。

[44]　人訴法14条にも同趣旨の規定がある。同条は法定代理人が職務上の当事者として手続に関与すると解するのが通説である（松本博之『人事訴訟法（第3版）』（2012）12頁，野田愛子＝安倍嘉人編『改訂人事訴訟法概説』（2007）118頁〈相原圭子〉）。家事手続18条が法定代理人として手続行為をするという規制とは異なっている。この差異につき，金子・逐条解説58頁以下は，親権を行う者等（法定代理人）がすでに未成年者によって開始された事件に関与し，未成年者等の能力を補完するには，職務上の当事者として別の主体として関与するよりも代理とする方が自然であること，これにより当事者と職務上の当事者の併存を避けられること，民事訴訟においても本人と代理人がともに手続行為をする例があること等から，代理人により手続行為をすることが選択されたと説明する。

　しかし，家事手続と人事訴訟で異なる規律となったことがはたして合理的なものであるかは疑問がある。人訴法2条に規定する人事に関する訴えに関する家事調停では，法定代理人であるが，調停不調となって人事訴訟になると職務上の当事者に切り替わるということは合理的に説明がつかないであろう。

法令の規定により親権者または後見人が申立てをすることができる場合に限られる（家事手続18条ただし書き）。そこで子の氏の変更（民791条3項）や人訴法2条に定める人事に関する訴えを提起する事項についての家事調停の申立てはできるが，親権者または後見人が自ら申立てをすることができない場合（離婚，離縁の調停申立て）にまで，未成年者等に代わって申立権を認めることは代理権の補充という趣旨に反する[45]。なお第2節2・3参照。

(3) 未成年者等と法定代理人の手続行為の衝突とその取扱い

家事手続118条の適用または準用によって，未成年者等が単独で手続行為能力を有する場合に，法定代理人が同時に同18条により手続行為を行うと，両者の手続行為が併存することになる。両者の手続行為の内容が衝突する場合にどうするか。明文規定はなく解釈に委ねられている。旧法下でも人訴法14条に関連して検討がなされていた。次のような考え方があり得る。①未成年者等の手続行為能力を承認した趣旨を尊重して，その意思を優先させる。②意思能力を基準にすると期日ごとにその判断をする必要があり，また手続の不安定を生じさせることから，法定代理人の行為を優先させる。③両者がともに手続行為をしたときは，合一的に処理する必要があるから，民訴法40条と同様の処理をするべきである。どのように解すべきか。旧法下では実務上は②の立場が有力であった。未成年者等の自己決定尊重の観点からは，一歩後退のように見えるが訴訟行為の特性に鑑みると十分な合理性があるとする有力な見解もある[46]。③の立場を原則とするべきである。家庭裁判所は家事事件においては，職権探知により未成年者等の意思能力の判断をすべきである。その手続行為能力を認める以上は，手続の安定性を犠牲にしても本人の意思を尊重するのが法律の趣旨である。この観点からは，①を採るべきともいえるが，法定代理人による能力の補充を合わせて定めていることから，両者の手続行為が衝突するときは，いずれかが優先するという判断ではなく，当該手続行為の有利・不利を考慮してその効果を判断するしかないであろう[47]。

7 手続行為能力を欠く場合の措置

手続行為能力は家事手続に関する行為を有効に行い，また有効にこれを受

---

(45) 金子・逐条解説60頁。

(46) 高田裕成「新人事訴訟法における訴訟能力の規律」家月56巻7号（2004）42頁。

領するための能力であるから，裁判所は常に職権でこれを調査しなければならない。手続行為能力を欠く場合の取扱いについては，民事訴訟の場合と同様に解してよい。すなわち手続行為能力を欠くときは当事者に対してその欠缺の補正を命じなければならない。また手続行為をする能力のない者の行為であっても，能力を有するに至った本人または法定代理人が追認することができる。

　他方で精神障害者や老人性痴呆の症状にある者のすべてに成年後見等が開始されているわけではない。意思能力のない者がした手続行為の効力をどのように考えるか。これについて判例は，当該の手続行為の難易や重要性によって判断するという[48]。学説もこれを支持し，なされた行為の性質，効果と行為者の判断能力の程度を考慮して，問題となる行為ごとに意思能力の有無，行為の効果を判断する。ある程度の判断能力を有する者であれば，自己の利益の救済を求めて裁判所に申し立てるなどの行為であれば，その趣旨を理解できるとみてよいが，訴訟上の和解ではその趣旨を理解するのが難しいといえよう[49]。

8　弁論能力

　弁論能力は，民事訴訟において口頭弁論等の期日で主張や陳述をする能力をいう。主として訴訟手続の円滑な進行を図り，司法制度を健全に運営するために要求されるものである。訴訟能力がある者でもこの能力を欠くと，現実に法廷で弁論をすることができない[50]。わが国の民事訴訟は弁護士強制主義を採用していないので，訴訟能力があると原則として弁論能力があるとみ

---

[47]　この点につき，本書旧版・89頁において，「身分行為については意思能力がある限り成年被後見人に訴訟能力（手続行為能力）を認めるという原則を立てながら，それを実質的に保障する仕組みが整備されていない。人訴法は，成年被後見人が当事者となった場合に，申立てまたは職権で弁護士を訴訟代理人に選任することができるとする（人訴13条2項，3項）。意思能力を基準とする以上は，それに即した本人保護のための手続上の手当てが必要になるのに，立法ではそれがなされていないのである。さらに本人と実体法上の法定代理人との間に実質的な利益対立が生じかねない場合への対処が十分でない」と指摘していた。家事手続法の制定に際しても，この改善は図られていない。

[48]　最判昭和29（1954）・6・11民集8巻6号1055頁。

[49]　新堂幸司＝小島武司編『注釈民事訴訟法第1巻』（1991）423頁〈飯倉一郎〉。

[50]　新堂・前掲注(40)新民事訴訟法164頁。

第4章　当事者・代理人・手続参加　　123

なされる[51]。ただ，裁判所は訴訟関係を明瞭にするために必要な陳述をすることができない当事者の陳述を禁止して，新たな期日を定めることができ（民訴155条1項），必要があれば弁護士の付添いを命じることができる（同2項）。

　家事審判においては，本人出頭主義が原則とされ（家事手続51条2項），やむを得ない事由があるときに限り代理人を出頭させることができるとする。さらに家事審判は，法的保護を必要とする未成年者や精神障害のある者さらには加齢により身体能力・判断能力の低下した者を事件本人とした手続も多く，これらの手続関係人を裁判所が直接に口頭で審問することが重要であるという考え方に立脚していると考えられる。それゆえ弁論能力は原則として要求されないと解すべきであろう。むしろ，事件本人等の陳述について支障があるとみられるときは，裁判所の意図を事件本人に伝えまた本人の意思を裁判所に伝えることのできる者を手続補佐人または事件本人が信頼できる付添人として付き添わせることなどの対応が求められよう（さらに第2節4参照）。

第2節　代理と代理人

1　総　説
1　代理の意義
　手続上の代理人は，当事者の名において当事者に法律効果を帰属させるために，当事者に代わって自己の意思に基づいて手続行為を行い，またこれを受ける者である。他人の法律関係につき，自己の名において手続を追行する訴訟担当者（選定当事者）は当事者であって代理人とは区別される。

　家事審判手続においても，手続行為は原則として代理に親しむ。身分行為のように実体法上代理の許されない行為であっても，手続上の代理は許される。わが国では民事訴訟においても弁護士強制主義は採用されていない。家事事件手続においても同様である。このため弁護士以外の手続代理人をどのよう要件のもとに許すかが問題となる。また未成年者や行為能力の制限を受

---

(51)　上田徹一郎『民事訴訟法（第7版）』（2011）104頁は，訴訟関係を明瞭ならしめるための裁判所の釈明の内容を理解して対応できる能力を中心に捉えている。

ける者が当事者として関与する場合で，本人の意思を尊重する必要のあると
きは，意思能力がある限り自ら手続行為をなしうるが，これを欠く場合には
その能力を補う制度が必要である。家事審判においても本人の意思によらな
いで選任される法定代理人と，本人の意思による任意代理人がある。

2　代理権

実体法上の代理権と同様に，代理人のまたはこれに対する手続行為の効果
を本人である当事者に帰属させるためには，代理権の存在が必要である。代
理権の範囲は代理人の種類によって異なる。手続上の代理では，手続の安定
を図るため，代理権の存否，範囲については画一性と明確性が要求されてい
る。代理権は委任状等の書面によって証明されなければならない（家事手続
規則18条1項）。この要請は，将来に向かって代理行為をする場合の証明の
方法を定めたものであって，すでになされた行為についての代理権を証明す
るにはその他の書面等によることもできる[52]。

代理権の存在は，手続行為の有効要件であり，無権代理人の行為は本人に
対しては効力を生じない。本人はもちろんこれを追認することができる。代
理権の存否は職権調査事項であって，裁判所は常にこれを調査して無権代理
人の手続行為を排除しなければならない。代理権の欠缺があるときは補正が
可能であれば補正命令を出し，遅滞のため損害を生ずるおそれがあるとき裁
判所は一時的に手続行為をさせることができる（家事手続26条による民訴34
条1項の準用）。

3　双方代理の禁止

民法108条が法律行為につき自己契約・双方代理を許さないとするのと同
様に，家事審判手続においても，当事者の一方が相手方を代理したり，ある
者が双方の代理人を兼ねることは許されない。法定代理人については，利益
相反行為に該当する場合については法定代理権の制限として民法に定めがあ
る（民826条，860条）。家事事件ではこの場合に特別代理人が選任される
（家事手続19条1項）。家事事件手続では，未成年者や成年被後見人（事件本
人）は法定代理人である親権者や後見人を通じて行為することになるが，法
定代理人同士の争い（たとえば子の監護をめぐる争い）などでは，法定代理人
と本人との間に実質的に利益が衝突する可能性がある。こうした場合の本人

---

[52]　最判昭和48（1973）・2・8家月25巻9号82頁。

第4章　当事者・代理人・手続参加　　　125

の保護のあり方が，家事事件手続法制定前から議論されてきた。象徴的に「子ども代理人」と呼ばれている。この点については以下**3・5**で扱う。

　任意代理人のうち，訴訟委任による訴訟代理人は通常弁護士であるため，双方代理は弁護士法25条1号，2号の問題として処理される。

2　法定代理人

1　意義と種類

　本人の意思に基づかないで代理権が発生する代理人を法定代理人という。家事審判において手続行為能力を有しない者が当事者または利害関係参加人等として手続に関与し，手続行為をするためには法定代理人によることが必要である。これには実体法上の法定代理人と手続法上の法定代理人がある。旧法下ではこの点に関する明文の規定を欠いていたが，家事手続法はこれに関する規定を整備した。

　実体法上の法定代理人は，手続法上も法定代理人となる（家事手続17条による民訴28条の準用）。それゆえ未成年者の法定代理人は親権者または未成年後見人であり（民818条，838条1号），成年被後見人の法定代理人は成年後見人である（同8条，838条2号，859条）。被保佐人や被補助人のための手続行為に関して代理権を付与される保佐人・補助人（民876条の4第1項，876条の9第1項）も法定代理人である。

　家庭裁判所によって選任される不在者の財産管理人（同25条）は不在者の，相続財産管理人（同918条3項，926条2項，936条等）は相続人の法定代理人であると解するのが通説であり，判例である[53]。相続財産管理人には不在者の財産管理人に関する規定が準用されている[54]。もっとも学説上は，相続財産管理人を訴訟担当者（当事者）とみる見解も有力である[55]。これに対して遺言執行者は，職務上の当事者（訴訟担当者）とみることについて，見解

---

[53]　最判昭和47（1972）・7・6民集26巻6号1133頁，最判昭和47（1972）・11・9民集26巻9号1566頁。

[54]　その一覧について本書II・156頁参照。

[55]　それぞれ根拠は異なるが，梅本吉彦「代理と訴訟担当との交錯」新堂幸司ほか編『講座民事訴訟第3巻』（1984）150頁，鈴木重勝「代理と職務上の当事者」小山昇ほか編『演習民事訴訟法』（1987）214頁，山本克己「信任関係としてみた法定訴訟担当」法学論叢154巻4＝6号（2004）267頁。

はほぼ一致している[56]。

2 手続上の特別代理人

(1) 意 義

当事者に法定代理人がいない場合，または法定代理人が代理権を行うことができないときは，特別代理人が選任されなければならない。旧法の下では民訴法 35 条が準用されると解されていたが，家事手続法 19 条 1 項はこれを明記した。

法定代理人がいない場合とは，未成年者について親権者または未成年後見人がいない場合（親権者の死亡後後見人が選任されていない，後見人の死亡後後任の後見人が選任されていない場合など）であり，成年被後見人についても後見人の辞任・解任後になお後見人が選任されていない場合である。法定代理人が代理権を行うことができない場合としては，親権者（後見人）と子（被後見人）との間に利益相反が生じるときであり，民法 826 条，860 条の定めに従い特別代理人が選任されなければならない。身分行為については代理に親しまないので，職務上の当事者として後見人が選任されなければならない[57]。

嫡出否認の訴えを提起する場合に，被告である子の母が親権を行使できな

---

[56] 最判昭和 31 (1956)・9・18 民集 10 巻 9 号 1160 頁，最判昭和 43 (1968)・5・31 民集 22 巻 5 号 1137 頁。

[57] 特別代理人の選任か職務上の当事者の選任か？

　夫婦の一方が成年後見開始決定を受けていないが，事理を弁識する能力を欠く常況にあるとき，この者に対して離婚訴訟を提起しようとするときは，民訴法 35 条の特別代理人の選任によることができず，成年後見開始決定を受けたうえで人訴 14 条 1 項によって後見人または後見監督人を職務上の当事者として訴えなければならないとするのが判例の立場である（最判昭和 33 (1958)・7・25 民集 12 巻 12 号 1823 頁）。他方で，成年後見開始決定を受けていないが心神喪失の常況にある者を相手方として婚姻無効の訴えを提起するときは，成年後見開始決定を得て後見人・後見監督人の選任の手続をとることはもとより可能であるが，民訴 35 条を準用して相手方のために特別代理人の選任を求めることができるとする先例がある（東京高決昭和 62 (1987)・12・8 判時 1267 号 37 頁）。婚姻無効は，離婚のように一身専属的な身分行為を目的としているわけではないこと，およびその訴訟の性質上常設機関である後見人または後見監督人に訴訟を追行させなければ本人保護に欠けることになるとはいえないことが理由とされている。この立場を支持してよい。

いときは，特別代理人が選任される（民775条，別表第1第59項）。子のための法定代理人として後見人がいる場合でも，職務上の当事者としての特別代理人が必要かについては学説上争いがある[58]。後見人がこの役割を果たすことは一般的には想定されていないので，特別代理人選任申立ての審理の中で，後見人がこの役割を果たせるかを判断することになる。

(2) 特別代理人の選任

家庭裁判所は，未成年者または成年被後見人に法定代理人がいない場合または法定代理人が代理権を行うことができない場合において，家事事件の手続が遅滞することにより損害が生じるおそれがあるときは，利害関係人の申立てまたは職権で特別代理人を選任することができる（家事手続19条1項）。

申立てをすることができるのは，未成年者または成年被後見人の共同権利者，またはこの者に対して家事審判または家事調停の申立てをしようとする者である。特別代理人の選任の裁判は疎明に基づいてする（同2項）。特別代理人選任の申立てを却下する裁判に対しては即時抗告をすることができる（同5項）。特別代理人が認められないと，利害関係人は必要な法的手続をとることができなくなり，重大な影響を受けるからである。裁判所はいつでも特別代理人を改任できる（同3項）。未成年者または成年被後見人に意思能力があり，家事手続118条によって自ら有効に手続行為をすることができる場合であっても，法定代理を欠くか法定代理人が代理権を行使できないときもなお特別代理人を選任することができると解してよい[59]。

3 法定代理人の代理権の範囲

法定代理権の範囲は，当該の法定代理人に関する法律の規定によって定まる（民訴28条）。親権者が未成年者を代理するときは，あらゆる手続行為をする権限を有する（民824条参照）。後見人は訴えを提起するについて後見監督人があるときはその同意を必要とする（同864条）。また特別の授権がなければ家事手続17条3項各号に掲げる行為，すなわち①家事審判または家事調停の申立ての取下げ，②調停条項案の受諾または調停に代わる審判に服する旨の共同の申出，および③審判に対する即時抗告等の取下げをすることができない。親権者または後見人は，未成年者または成年被後見人が家事手

---

[58] 詳細については本書Ⅱ・179頁。

[59] 金子・逐条解説65頁。

続118条または同252条1項の定めにより手続行為能力を有する場合でも，これらを代理して手続行為を行うことができる（同18条。未成年者等と法定代理人の手続行為が衝突する場合については，前述第1節**6・1**(3)参照）。ただし家事審判および家事調停の申立ては，民法その他の法令により親権者または後見人が申立てをすることができる場合に限られる（同ただし書き）。

一身専属的な性格の強い身分行為に関する家事事件においては，未成年者および成年被後見人は意思能力を有する限り，自ら有効に手続行為をなしうるが，現実には困難を生じることがある。家事手続18条は，こうした場合に備えたものである。親権者等が家事審判や家事調停の申立てをすることができない場合まで法定代理権を認める必要はないので，ただし書きによる制限を加えている。

特別代理人が手続行為をするためには，後見人と同一の授権がなければならない（家事手続19条4項）。

4 法定代理権の消滅と通知

(1) 消滅原因

法定代理権の消滅原因は民法等の定めるところによる（家事手続17条1項）。そこで，本人・代理人の死亡（民111条1項1号，2号），法定代理人について後見開始または破産手続の開始（同2号），法定代理権発生原因が消滅したこと，すなわち本人の後見開始審判の取消し（同10条），親権の喪失（同834条），親権の停止（同834条の2），財産管理権の喪失（同835条），親権または管理権の辞任（同837条1項），後見人の辞任（同844条），後見人の解任（同846条）である。保佐人，補助人には後見人の規定が準用される（同846条の2第2項，876条の7第2項）。特別代理人についてはその改任も代理権消滅原因となる[60]。

---

[60] 手続上の特別代理人が選任された後，実体法上の法定代理人が選任されても特別代理人の代理権は当然には消滅せず，特別代理人選任を取り消す裁判が必要である。相続財産の特別代理人の代表権について，最判昭和36（1961）・10・31家月14巻3号107頁参照。また相続人不存在の場合において特別縁故者に分与されなかった相続財産は相続財産管理人がこれを国庫に引き継いだ時に国庫に帰属し，相続財産全部の引継ぎが完了するまでは相続財産法人は消滅せず，相続財産管理の代理権も引継未了の相続財産につき存続する（最判昭和50（1975）・10・24民集29巻13号1483頁）。

第4章　当事者・代理人・手続参加　　129

(2)　相手方への通知

　法定代理権の消滅は，別表第2に掲げる事項についての家事審判については，本人または代理人から他方の当事者に通知しなければその効力を生じない（家事手続20条前段），この審判事件は相手方が存在し，争訟性も高いところから民事訴訟と同様の規律としている（民訴36条参照）。法定代理権の消滅は裁判所にとっても重要であるから，この通知をしたものはその旨を裁判所に書面で届け出なければならない（家事手続規則16条1項）。上記の内容は家事調停にも適用される（家事手続20条後段）。

(3)　それ以外の手続の場合

　家事手続別表第2に掲げる事項の家事審判および家事調停以外の手続[61]では，法定代理権はその消滅事由の発生によってただちに消滅する。この場合には本人または代理人はその旨を書面で裁判所に届け出なければならない（家事手続規則16条2項）。

(4)　法人の代表者等への準用

　法人の代表者および法人でない社団または財団で当事者能力を有するものの代表者または管理人については，家事手続法中の法定代理および法定代理人に関する規定が準用される（家事手続21条）。

3　家事事件における任意代理人

1　任意代理人

　家事事件は他の事件と同様に，手続代理に親しむ。当事者の委任による代理人を任意代理人といい，①法令により裁判上の行為をすることができる代理人，②訴訟委任による代理人および③家庭裁判所の許可を得た弁護士以外の代理人がある。

　法令により裁判上の行為をすることができる代理人とは，支配人（会社法11条1項）のように，一定の法律上の地位にあることによって法令により裁判上の行為について代理権を付与された者であり，その代理権の範囲はその法令によって定まる。

　以下においては上記②③について説明する[62]。

---

　[61]　別表第1に掲げる審判事件，履行確保の手続また別表第2に掲げる事項についての審判を本案とする保全処分の手続もこれに含まれる。金子・逐条解説69頁。

130　　　　　　　　　　第1編　家事審判

　家事手続22条1項は，手続代理人の資格について定めを置き，弁護士代理の原則を定めつつ，家庭裁判所の許可により弁護士以外の者を手続代理人とすることができるとしている。そして旧法の下で認められており，また代理人の解釈に混乱を与えていた「出頭代理人」は，手続代理人のほかに特にこれを認める実益に乏しいとしてこれを認めていない[63]。

2　訴訟委任による代理人（手続代理人）

(1)　代理権の範囲

①　原　則

　訴訟代理人（家事事件では「手続代理人」という）は，手続追行のため包括的代理権を有する任意代理人であり，特定の事件の手続追行のために代理権を授与された訴訟委任による代理人をいう。手続代理人は原則として弁護士でなければならない（家事手続22条1項）。家事手続26条は民訴法34条，56条ないし58条を準用している。手続代理人の権限は書面で証明しなければならない（家事手続規則18条1項）。

　手続代理人の代理権の範囲について，旧法の下では明文の定めがなく民訴法55条の準用をめぐって争いがあったが，家事手続24条は独自の定めをしている。手続代理人は，委任を受けた事件について参加，強制執行および保全処分に関する行為をし，かつ，弁済を受領することができる（同1項）。手続代理人の代理権は制限することができない（同3項）。婚姻継続の家事

---

　[62]　旧家審法には代理人に関する定めはなく，同法が準用する旧非訟法6条1項は事件の関係人は訴訟能力者を代理人とすることができると定め，その資格について手続行為能力を要求していたが，他方で旧家審規5条1項は，事件の関係人はやむを得ない事由のあるときは代理人を出頭させることができるとし，同2項で弁護士でない者がこの代理人となるには家庭裁判所の許可を得なければならないと定めていた。この規定の解釈をめぐっては争いがあった。すなわち家事審判における任意代理人は，旧家審規の定めから手続行為能力者であることを要しないとの有力説が主張されていた（鈴木（忠）・前掲注(5)非訟事件の裁判の既判力255頁以下，家審法講座第1巻30頁〈綿引〉）。これに対しては，家事事件の手続にわざわざ手続行為能力のない者を代理人とさせる実践的意味が認められないこと，旧非訟法6条1項の原則どおり弁護士以外の者が裁判所の許可を得て代理人となるには手続行為能力を備えていなければならないとする見解（注解家審規30頁〈向井千杉〉，本書旧版・95頁）が主張されていた。

　[63]　金子・逐条解説187頁。

調停について受任した場合には，夫婦同居扶助協力に関する事項，婚姻費用分担に関する事項についても代理権は及ぶ[64]。別表第2に掲げる事項についての調停事件について委任を受けた場合に，調停不調により家事審判に移行した家事審判事件についても代理権を有するかが問題となる。委任契約の意思の解釈ということになる[65]が，別表第2に掲げた事項については調停不調により当然に審判手続に移行する（家事手続272条4項）こと，審判に移行してもさらに調停に付されることになる（同274条1項）ことを考慮すると，継続して代理権を有すると解するべきである。

② 特別の委任事項

手続代理人が次の行為をするには，特別の委任がなければならない（家事手続24条2項）。本人の利害に重大な影響を及ぼすため，その保護を図ったものである。

(a) 家事審判または家事調停の申立ての取下げ（同1号）

(b) 調停における合意（同268条1項），合意に相当する審判を受けるにあたっての申立ての趣旨どおりの審判を受けることについての合意（同277条1項1号），調停条項の書面による受諾（同270条1項），調停に代わる審判に服する旨の共同の申出（同286条）。ただし手続代理人が家事調停その他家事調停の手続の進行について委任を受けているときは，これについて特別の委任を必要としない（同24条2項柱書き）。

(c) 審判に対する即時抗告，94条1項の抗告，97条2項の申立て，合意に相当する審判に対する異議申立て（同277条1項），調停に代わる審判に対する異議申立て（同286条1項）（以上につき同24条2項3号）。

(d) 前記(c)に掲げた抗告，申立てまたは異議の取下げ（同4号）

(e) 代理人の選任（同5号）

(2) **代理権の消滅**

訴訟委任による手続代理権の消滅は，民法の原則に従うが次の特則がある。すなわち訴訟委任の場合には，委任事務の目的・範囲が明確であるうえに，弁護士が受任者であるから，本人の死亡，手続行為能力・法定代理権の喪失等があっても手続代理権は消滅しない（家事手続26条による民訴法58条の準

---

(64) 高松高決昭和35（1960）・4・15家月13巻1号138頁。

(65) 金子・逐条解説79頁。

用）。手続代理権は，①手続代理人の死亡・成年後見の開始，破産手続の開始（民111条1項1号），②委任事務の終了（同2項），③本人の破産手続の開始（同2項，653条2号），④委任契約の解除（同111条2項）によって消滅する。

手続代理人の代理権の消滅は，別表第2に掲げる家事審判事件および家事調停事件においては，本人または代理人から相手方当事者に対して相当の方法で通知し，その他の家事審判事件では本人または代理人から裁判所に対して書面で通知しなければその効果を生じない（家事手続25条，家事手続規則18条4項）。旧法下にはこの通知について規定がなかったが，手続代理についての規律は手続の基本に関することであるので明文で規定を設けた[66]。

(3) 弁護士法違反の手続行為の効力

弁護士はその職務の遂行にあたって，高度の職業倫理を要求される。弁護士法は，一方において依頼者の利益を擁護し，他方では職務の公正と品位を維持するために，一定の事由のあるときはその職務を行うことを禁止している。弁護士でない者が業として弁護士の職務を行うことも禁止されている（弁護士72条）。

弁護士法25条に違反する行為が双方代理禁止との関係で問題とされる。相手方の協議を受けて賛助し，またはその依頼を承認した事件（同1号），および相手方の協議を受けた事件でその協議の方法・程度が信頼関係に基づくものと認められるもの（同2号）の違反については，その効力について学説が対立している。相手方当事者がこの違反のあることを知り，または知ることができたにもかかわらず異議を述べなかったときはもはやその無効を主張することができないとする異議説が現在の通説・判例となっている[67]。

弁護士の資格を有しない者が手続代理人として手続行為を行った場合について，判例は無権代理人として本人の追認によって有効になると解している[68]。

3 家庭裁判所の許可による代理人

家事事件の中には，紛争性のない事件があり，また相手方の存在する事件

---

[66]　金子・逐条解説82頁。

[67]　最大判昭和38（1963）・10・30民集17巻9号1266頁。

[68]　最判昭和43（1968）・6・21民集22巻6号1297頁。

第4章　当事者・代理人・手続参加　　133

でも手続がさほど複雑ではないことから，弁護士以外の者が手続代理人と
なっても手続進行上の問題を生じさせず，また本人の利益を損なわないよう
な場合には，家庭裁判所の許可によって弁護士以外の者を手続代理人にする
ことができる（家事手続22条ただし書き）。本人が自ら出頭するのが病気等に
より困難で，本人を代理しようとする者が本人の利益を適切に代弁できるよ
うな場合に利用できる。

　申立てがあると家庭裁判所は，事件の性質，代理人になろうとする者と本
人との関係，代理人になろうとする者の手続追行能力等を考慮して許否を判
断する[69]。本人が病弱等である場合に，その配偶者，子，親等が代理人とな
る場合が多いであろう。この裁判に対して不服申立ては許されない。家庭裁
判所は，この許可をいつでも取り消すことができる（家事手続22条2項）。
手続代理人が非弁活動を業とする者であることが判明した場合や，本人の利
益に反するような行動をしている場合，当初の予想に反し事案が複雑になっ
て当該の代理人では手続追行に不安がある場合などである[70]。この裁判に対
しても不服申立てはできない。

　旧法の下では，審判に対する抗告審においても弁護士でない者を裁判所の
許可を得て代理人にすることができるかについては学説上の争いがあった[71]。
肯定説も有力であったが，家事手続法は高等裁判所以上の裁判所ではこの措
置を認めないとしている。上級審においては原審の判断が争われ争訟性があ
る場合が多いことを理由に，代理人は弁護士が相当であるとされた[72]。

4　裁判長による手続代理人の選任

(1)　意　義

　手続行為能力を有しない者は法定代理人によって代理されなければならな
いが，意思能力を有する限り，家事手続118条（およびこの準用が認められる
審判事件）および同252条1項に掲げる家事調停については手続行為能力を
有し，自ら単独で有効に手続行為をすることができる。しかし実際には具体

---

[69]　旧法の出頭代理人についてであるが注解家審規41頁〈向井〉。現行法について
　　基本法コンメ157頁〈増田勝久〉。

[70]　金子・逐条解説73頁。

[71]　この議論を整理したものとして，岩田和壽「家事事件の代理に関するいくつか
　　の問題点について」書研所報36号（1990）429頁。

[72]　金子・逐条解説72頁。

的な手続行為をするについて困難を生じることがある。自ら弁護士を選任することができれば問題はないが，弁護士との接点を持たないことも多いであろう。この場合に裁判長は，必要と認めるときは，手続行為能力を有しない者の保護のために申立てによりまたは職権によって弁護士を手続代理人に選任することができる（家事手続23条1項，2項）。人訴法13条2項，3項と同趣旨を定めたものである。

(2) **適用対象者・適用される手続**

家事手続118条およびその準用される場合の定めにより，この適用が認められるのは，手続行為能力を認められる未成年者，成年被後見人，被保佐人および手続行為をするについてその補助人の同意を必要とする被補助人である。この定めによっても手続行為能力を認められない未成年者や意思能力を恒常的に有しない成年被後見人には適用されない。

適用される手続は家事手続118条およびその準用される事件，同252条に掲げられた家事調停事件である。手続行為能力を制限されるものが当事者，事件本人となりまたは審判によって利益に重大な影響を受ける者である（同23条1項）。具体的には，前述117頁で示した**表1**に示した手続と該当者である。

(3) **裁判長による選任**

手続行為能力に制限を受けている者の手続行為にとって代理人が必要であると認められる場合に，申立てにより裁判長が弁護士を代理人に選任する（家事手続23条1項）。たとえば未成年者が自ら手続参加をしようとする場合，裁判所が職権で手続に参加させる場合や，即時抗告をするような場合が考えられる。すでに未成年者等が実際に相談している弁護士がある場合には，申立てによりその弁護士を選任することが考えられる[73]。申立てがあった場合には，裁判長は選任するか否かの裁量権を持つのではなく，必ず選任しなければならない[74]。しかし申立てがない場合でも，手続行為の仕方や内容に問題があると認めるときは，裁判長は弁護士を手続代理人に選任するよう命じ，または職権で弁護士を手続代理人に選任することができる（同23条2項）。

---

[73] 金子・逐条解説75頁。

[74] 人訴法13条2項はこのように解されていることについて，松本・前掲注(44)人事訴訟法120頁。

第4章　当事者・代理人・手続参加　　　135

裁判長によって選任された代理人の権限は，委任による手続代理人と同様である。

(4)　報　酬

裁判長が手続代理人に選任した弁護士に対する報酬額は，裁判所が相当と認める額とされる（家事手続23条3項，民訴費用2条10号）。この費用は当事者費用である。

5　いわゆる「子ども代理人」について

未成年者はほんらい親権者または未成年後見人によって代理される。これらの法定代理人は，子の利益を適切に主張・擁護することが期待されている。このことは家事事件についても当てはまる。未成年者と親権者等の利益が衝突するときは特別代理人が選任される。しかし子の監護に関する処分，親権喪失・停止，あるいは児童福祉法28条による措置承認の審判事件等においては，親権者等は子の利益を主張しているように見えながら，実質的に利益が相反している状況がみられることがある。このような事件においては，未成年者の法定代理人とは別に，未成年者の利益を客観的に主張・擁護し，審判に反映させる仕組みが必要ではないか。諸外国においては子ども代理人または手続補佐人などの名称ですでに制度化されているところがあり，わが国にも紹介がなされている。家事手続法の制定にあたっても，このような制度の導入が提案された[75]。

たしかに親権者相互間または親権者と監護者との紛争において，審判の結果により直接の影響を受ける子どもの利益が果たして十分に主張されているかについては疑問がある。法定代理人が子の利益を代弁しているように見えても実際には自己の利益の主張であり，子の利益を口実にしながら子を犠牲にしていることは珍しくない。法定代理人とは別の者によって子どもの立場が主張・擁護される仕組みを構築することは必要であり，重要なことだと考えられる。しかし他方でわが国の家事審判手続では，子の監護事件など未成年者の福祉が問題となる場合には，家裁調査官が調査を行い子の利益についても最大限の配慮をしていることから，これに加えてさらに子どもの代理人という制度を設ける必要があるかが問われる。また提案されている子どもの代理人の法的地位，権限のあいまいさも加わって今次の立法ではその導入は見送られることになった。

子どもの代理人の制度を何らかの形で家事事件手続に導入していくことは

必要である。しかしそのためには種々の点について検討しなければならない。その法的地位についても，代理人，補佐人あるいは付添人などが考えられ，法定代理人との関係さらには家裁調査官との関係も明確にしなければならない。その選任方法も問題となる。子どもの代理人が選任されるのはどのような子供か，すなわち手続行為能力を認められる子供だけでなく幼児等の意思能力を有しない子供も対象とするのか。また選任される事件はどこまでか。さらに子どもではないにせよ，成年後見事件においても成年被後見人と後見人との間では，上に見たのと同様の状況が生じる[76]。それにはどのように対応するかも検討する必要がある。家庭裁判所の調査官による子供の福祉・利益の調査との関係も家事事件手続の基本に触れるだけに慎重な検討が求められる。

　現行家事手続法においては，同法118条により手続行為能力を認められた者については，申立てによりまたは職権で手続代理人が選任できることになり，法定代理人とは別に代理人を付して独自に利益を主張し，その他の手続

---

[75]　家事手続法制定に関連して，子ども代理人に触れた文献を掲げておこう。南方暁「子どもの利益の保護」法律時報81巻2号（2009）6頁，若林昌子「親権・監護紛争における子どもの手続上の代理人」同14頁，野田愛子「欧米の子どもの代理人制度」自由と正義61巻4号（2010）41頁，川村百合「『子どもの代理人』制度の実践とあるべき姿」同55頁，金澄道子「子ども代理人制度への疑問」同61頁，若林昌子「家事事件における子ども代理人」日弁連家事法制委員会編『家事事件における子どもの地位』（2010）1頁，増田勝久「家事審判事件における子どもの代理人」ジュリスト1407号（2010）49頁，若林昌子「子の代理人について」家族〈社会と法〉26号（2010）99頁，増田勝久「家事事件手続法における『子どもの代理人』」戸籍時報676号（2011）4頁，山口亮子「監護紛争における子どもの代理人と親の手続保障」中川淳先生傘寿記念論文集『家族法の理論と実務』（2011）429頁，佐々木健「『子ども代理人』の職務に関する一考察」同書457頁，角田光隆「子ども法」信州大学法学論集18号（2012）87頁，増田勝久「子どもの代理人」比較法研究73号（2012）156頁，若林昌子「家事事件手続法における子どもの地位」みんけん657号（2012）10頁，池田清貴「子どもの手続代理人の実務と課題」日弁連研修叢書『現代法実務の諸問題平成24年度版』（2013）367頁，佐々木健「子の利益に即した手続代理人の活動と家事紛争解決」立命館法学369＝370号（2017）1541頁など。

[76]　佐上「ドイツの成年後見事件における事件本人の手続行為能力の承認と手続監護人について」原井龍一郎先生古稀祝賀『改革期の民事手続法』（2000）204頁，同『成年後見事件の審理』（2001）233頁で，この点を指摘していた。

第4章　当事者・代理人・手続参加　　137

行為をすることができるようになった。この場合でも家裁調査官が事実の調
査を行い，子の福祉・利益にかなった処分が可能になるように準備する。そ
れでもなお意思能力を有する未成年者の手続行為能力を認め，手続代理人選
任の可能性を認めたことは，未成年者の独自の意見を法定代理人から独立し
て主張し，手続に反映させるという自己決定権を最大限に尊重する点に重要
な意味が認められる。他方同規定によっても手続行為能力を認められない未
成年者等には，この手当は適用されない。この場合には，「裁判所が後見的
な機能を発揮し，子の心理や行動について専門的な知見を有する家庭裁判所
調査官の調査を通じて子を取り巻く環境や子の心情についての情報を収集し，
これらを裁判所がそのものの福祉に配慮した判断をする上での資料とするこ
とによって対応するのが相当である」[77]とされている。しかし，未成年者全
体に同等の配慮が実現するよう努力する必要がある。

4　補佐人

　現行法によれば補佐人は，当事者，法定代理人または手続代理人とともに
期日に出頭し，これらの者の陳述を補足する者をいう（家事手続27条による
民訴60条の準用）。これによると補佐人は，当事者等の専門的知識の不足を
補い，これを援助するため法律以外の専門家・技術者がなる場合のほか，家
事事件の手続で当事者・事件本人が心身の状況，年齢等の事情から十分に陳
述できず，あるいは手続の進行状況を正確に理解できない場合に，これを補
うために選ばれると解される[78]。補佐人は当事者等とともに出頭しなければ
陳述することができない。期日への出頭については裁判所の許可が必要であ
る（民訴60条1項）。裁判所はこの許可をいつでも取り消すことができる（同
2項）。補佐人の陳述は当事者等が直ちに取り消し，または更正しないときは，
当事者等が自らしたものとみなされる（同3項）。当事者等の更正は事実上
の陳述のみならず，法律上の陳述にも及ぶ[79]。家庭裁判所では上述のように，

---

[77]　金子・一問一答76－77頁。

[78]　家事手続においては，当事者・事件本人をサポートするため補佐人または付添
　　人的な者の関与が認められてよい。未成年者や加齢による判断能力の低下してい
　　る者を対象とする手続では，代理という構成によらなくても，自己の信頼できる
　　親族を付き添わせることは必要なことであろうし，手続の円滑な進行の面からみ
　　ても有益であろう。

弁護士でない任意代理人が広く認められているため，補佐人を必要とすることはそれほど多くないといわれている[80]。

第3節　当事者適格

1　意　義

　民事訴訟において訴訟物である権利関係について，本案判決を求めまたは求められる訴訟手続上の地位を当事者適格といい，これを有する者を正当な当事者と呼ぶ。当事者適格は，当該訴訟による有効適切な解決を図るために必要とされ，訴訟物である権利関係の主体あるいは管理処分権を有する者に認められるのが原則である。

　家事審判においても，相続財産管理人や遺言執行者の手続追行権が問題とされ，当事者かあるいは代理人かが問われることがあり，当事者適格について論じられる。また家事調停では，調停前置主義が採用されているため人事訴訟事件だけでなく通常の民事訴訟事件も調停手続に登場する。この場合にも後見人や後見監督人の地位に関し，職務上の当事者として当事者適格が問題とされている。このようにみると家事審判手続においても，民事訴訟と同様に当事者適格を扱う必要があるように見える。しかし次に説明するように，家事審判手続においては民事訴訟と同様の当事者適格は原則として問題とならない。

2　家事審判と当事者適格の果たす役割
1　これまでの見解

　家事審判においても民事訴訟と同様に，当事者適格を肯定する見解がある。たとえば，「家事審判でも，その事件でだれが当事者として適切な当事者の資格をもつかが判断され，そうした当事者適格をもつものが当事者（正当な当事者）となっていることが必要である」[81]といわれる。そして，当事者適格の問題の表れ方としては，次のように説明される。すなわち，甲類審判事件

---

(79)　伊藤・前掲注(40)民事訴訟法 155 頁，金子・逐条解説 87 頁。

(80)　注解家審規 41 頁〈向井〉，実務講義案 32 頁。

(81)　注解家審規 113 頁〈林屋〉。また山口・前掲注(4)講座実務家事審判法第 1 巻 95 頁，実務講義案 30 頁も同様の指摘をしている。

第4章　当事者・代理人・手続参加　　139

（別表第1に掲げる事項の審判事件）の「禁治産宣告事件（成年後見開始審判）
では，民法7条との関係で，ある者に対して禁治産宣告を請求する者に当事
者適格が認められる。同様に，乙類審判事件（別表第2に掲げる事項の審判事
件）にあっても，だれに当事者適格を認めるかを実体法との関係で検討され
なければならない」[82]とされるのである。また実際に問題とされてきたのは，
扶養義務者相互間での扶養の程度・方法に関する審判手続で当事者になって
いない扶養権利者に対する扶養を命ずる審判をなしうるか，未成熟子に対す
る養育料請求の当事者はだれか，あるいは遺産分割審判の代位申立てはでき
るかといった事項に限られていた[83]。

2　当事者適格概念の不要

　家事事件手続においては，民事訴訟と同様の意味での当事者適格の概念は，
若干の例外を除いては必要でないと解する。その理由は次のとおりである。

(1)　実質的当事者概念（関係人概念）

　家事事件手続法は手続に登場する者について，関係人ではなく，申立人お
よび相手方を当事者と呼ぶことにした。形式的当事者概念を採用したとい
う[84]。しかし子細に検討すると，実質的意味の当事者概念を前提にしなけれ
ばならない事項があり，申立人や相手方となる者自体が実体法によって定
まっており，形式的に当事者となった者に事件の適格があるか否かを紛争解
決の適切性から判断する余地はない。ここでは実質的当事者概念が予定され
ているといってもよい。

(2)　当事者・事件本人の実体的属性

　民事訴訟における給付訴訟の当事者適格の判断基準に比べると，家事審判
においては審判事項の個別的な性格を捨象しては論じることができない。民
事訴訟において給付訴訟の当事者適格は，「訴訟物たる給付請求権を自らも
つと主張する者に原告となる適格があり，原告によってその義務者と主張さ
れる者に被告たる適格がある」[85]。原告が自らの給付請求権をその義務者た
る被告に対して主張する形をとったことで，すでに原告にも被告にも適格が

---

[82]　注解家審規113頁〈林屋〉。

[83]　岡垣学「当事者適格・参加」判タ250号（1970）122頁，注解家審規8頁〈山
　　口幸雄〉。

[84]　金子・一問一答29頁。本書第4章第1節1参照。

[85]　新堂・前掲注(40)新民事訴訟法290頁。

認められる。そのために「適格の有無の判断は，独立して行われず，被告とされたものに対する原告の給付請求権が存在するかどうかの本案の判断に吸収されてしまう」[86]。形式的当事者概念をとり，実体法上の権利の属性と無関係に当事者適格を考えるとこのような説明になる。

これに対して家事審判においては給付を求める場合（たとえば財産分与，婚姻費用分担，監護費用，親族扶養など）であっても，請求権者・義務者の属性を抜きにして申立人や相手方を論じることはできない。まさに個々の実体法上の請求権者，義務者というに尽きるわけである[87]。

(3) 形成の訴えの当事者との比較

民事訴訟の形成訴訟の場合には，原告および被告が法定されている場合が多い。家事審判の場合にも，申立人と相手方との間の法律関係の形成をもたらす場合や，審判の効力を受けるべき者（事件本人）の法的地位に変動を生じさせる事件の申立人は，法律によって法定されている[88]。この場合には，法律の定めに該当する場合には当然に申立権が認められるとともに，それ以外の者の申立権を否定するものであり，一般的な基準により正当な当事者を選び出す必要はない[89]。

(4) 家事審判事件の限定性

当事者適格は，訴えの利益と並んで，一方では国家制度としての訴訟が取り上げるべき紛争を選別する役割を果たすものである。誰と誰のどのような

---

[86] 新堂・前掲注(40)新民事訴訟法 290 頁。

[87] 未成熟子の養育費の支払いを求める法的根拠や請求方式をめぐる見解の対立も，これに関連するものであった。最判平成 1（1989）・12・11 民集 43 巻 12 号 1763 頁が，旧人訴法 15 条（現行人訴 32 条）の附帯処分につき，離婚請求を認容するに際し親権者の指定とは別に子の監護者を指定しない場合でも，申立てにより監護費用の支払いを求めることができるとされるまで，見解が対立していた（この点につき佐上・本件判批・民商法雑誌 103 巻 2 号（1990）237 頁）。また扶養義務者が他の扶養義務者を相手方とする扶養権利者の扶養の程度・方法に関する審判について，扶養義務者に給付を命じるには扶養権利者が当事者として関与していなければならないのかという問題もこれに関連する。学説は扶養権利者の参加を必要とする（中山直子『判例先例親族法—扶養』(2012) 185 頁）が，実務はなお分かれている（参加を必要としないとする静岡家富士支審昭和 56（1981）・2・21 判時 1023 号 111 頁と，参加を必要とする東京高決平成 6（1994）・4・20 家月 47 巻 3 号 76 頁がある）。

[88] 例えば，後見人の解任について民法 846 条，親権の喪失について民法 834 条など。

第 4 章　当事者・代理人・手続参加　　141

紛争を民事訴訟として取り上げるかを主体の面から審査する。これに対して家事審判においては，その限定性が指摘される（第 3 章第 1 節 2 参照）。民法その他の法律により家事審判とされたものだけが対象となる。この定めの中で申立人や相手方が定められる。この枠組みの下では，法律の規定に適合する限り申立人，相手方および事件本人が決定される。これを超えて一般的に当事者適格について論じる必要はない。

3　職務上の当事者・申立代位・任意的訴訟担当

家事審判において上述のように民事訴訟と同様の当事者適格という概念を否定するといっても，現実には法定訴訟担当者（職務上の当事者）とされる遺言執行者（民 1015 条）や成年被後見人のために訴えまたは訴えられる後見人・後見監督人（人訴 14 条 1 項），嫡出否認の訴えの場合の特別代理人（民 775 条）などが家事審判・家事調停の手続にも登場する。また受遺者や特別縁故者として権利能力なき社団または財団等が現れ，これが審判手続に登場する場合に任意的訴訟担当の方式が取られることも考えられる。以上に述べたことはこのことまで否定するのもではない。

家事審判においては身分関係に関する事件を対象とし，当事者の一審専属的な法律関係が問題となるときは代位は許されない。財産上の紛争とされる遺産分割について相続人の債権者は，相続人に代位して遺産分割の申立てをすることができるとするのが多数説であるが，債権者は遺産分割審判自体の当事者になることはできないとされるので，代位現象が一般的に認められるわけではない[90]。また身分関係を対象とする審判事件においては，選定当事者や任意的訴訟担当は許されない[91]が，遺産分割審判等においては手続に登場する人数を限定し，協議の成立を容易にすることができる場合に，選定当事者制度が許されるかが問われるかもしれない。しかし家事審判においては

---

[89]　例えば，成年後見人が成年後見監督人の解任を申し立てることができるか（民 852 条による 946 条の準用）。これを否定するのが通説であるが，家庭裁判所の職権発動を促すという意味で肯定する見解も有力である（於保不二雄＝中川淳編『新版注釈民法(25)親族(5)改訂版』(2004) 370 頁〈二宮周平〉，同書 705 頁〈新井誠＝上山泰〉，詳細については本書 II・79 頁）。

[90]　松原正明『全訂判例先例相続法 II』(2006) 425 頁。

[91]　しかし鈴木（忠）・前掲注(5)非訟事件の裁判の既判力 226 頁は，後見人選任審判につき申立人は被後見人のための訴訟担当と構成できると指摘していた。

本人出頭主義が原則（家事手続51条2項）であり，財産上の争いだとされる
共同相続人間でも分割について利害対立状況が認められること，また民事調
停においても代表当事者の制度は公害調停についてのみ例外的に認められて
いるにすぎない（民調規37条）ことからみて，一般的にこれを許容する趣旨
とは解されない[92]。

第4節　手続参加

1　総　説

　民事訴訟は原告対被告という当事者間の紛争を解決するものであり，判決
も例外的な場合を除いては第三者に及ばない。当事者以外の第三者は，その
判決によって不利益を課せられることはなく，また独自に訴えを提起して別
途自己のために判決を求めることができる。これを判決の相対的解決という。
しかし他人間でなされている訴訟で確定される法律関係に密接な関連をもつ
第三者も存在する。そこで他人間に係属している訴訟の結果に法律上の利害
関係を有する第三者は，その訴訟に介入して，当事者の一方を勝訴させるこ
とを通じて，あるいは自ら訴えを提起して当事者となって訴訟を追行するこ
とによって，自己の利益を擁護する可能性を与えることが，第三者の手続保
障として重要になる。これを訴訟参加といい，補助参加と当事者参加に分か
たれる。

　人事訴訟においては，当事者適格が限定されていること，また判決の効力
が当事者以外の第三者にも及ぶことから，訴訟物となる身分関係に重大な利
害関係を有する者に対して，裁判所は参加させることができる（人訴15条1
項）。

　家事審判は手続に形式的に関与する当事者と，審判の効力を受ける者が別
であることがある。別表第1に掲げる事項の審判事件においては，申立人は
手続を開始し，審判の資料を提出するが，審判の名宛人ではなく，審判は事

---

[92]　金子・一問一答73頁は，「家事事件の手続において定型的共同の利益を有する
　　多数当事者があるとはいえないこと，仮に共同の利益がある多数の者があれば共
　　通の代理人を選任することができる（手続代理人は弁護士に限定されていない）」
　　ことから，選定当事者を選定したのと同様な効果を得られるとして，民訴法30条
　　の準用をしていないと説明している。

件本人と呼ばれる者に向けられていることが多い。成年後見等の開始，失踪宣告，親権の喪失・停止，後見人の解任あるいは児童福祉法 28 条の措置承認の審判などがその例である。この場合には，審判の効力を受けあるいは審判によって自らの法的地位に直接の影響を受ける者に対して，審問・陳述聴取の機会を与えるだけでなく，手続に関与して手続行為をなしうる地位を保障することが必要となる。民事訴訟における参加とは趣きを異にする。別表第 2 に掲げる事項の審判事件においても，当事者間の審判によって直接に影響を受ける第三者が存在し，手続に参加することを認める必要がある。このようにして家事手続法は参加として，当事者参加（41 条）と利害関係参加（42 条）を定めている。

2 家事手続法における参加の規律

以下に家事手続法における参加について説明するが，旧法における規律を大きく変更しているため，最初に旧法下の参加の規律と問題点を簡単に確認しておくことが，新しい制度の理解にも資すると考える。

1 旧法下における規律と学説の状況

旧家審法 12 条は審判の結果について利害関係を有する者を裁判所が参加させることができる旨（強制参加）を，また旧家審規 14 条は審判の結果について利害関係を有する者が自ら参加することができる旨（任意参加）を定めていた。しかしその理解は混乱していた[93]。

まず参加の要件である「審判の結果についての利害関係」の意味が曖昧であった。法律上の利害関係に限るか，あるいは事実上または経済的な利害関係を含むか否かについて争いがあっただけでなく，何よりも家事審判における関係人（当事者）とどのような関係にあるかが明確でなかった。加えて旧家審法の立法担当者が，参加には当事者参加と補助参加の 2 種類があるとしていたことである。とりわけ補助参加については，その必要性，参加人の地位等について議論の対立を生じた。これを肯定する見解であっても，「補助的参加」というあいまいな表現をとらざるとえなかった。たとえば最決平成 14（2002）・7・12 家月 55 巻 2 号 162 頁は，推定相続人廃除の審判手続に他の相続人が参加することを認めたが，審判に対して即時抗告はできないとし

---

[93] 以下の記述については，本書旧版・104 頁以下参照。

ていた。この例でいえば，参加の利益を緩やかに解している。廃除が認めら
れれば被相続人の遺贈の自由度がまし，結果的に廃除されない相続人の相続
分が増加する可能性があるが，これは法的利益というには疑問がある。補助
参加人の手続上の地位も弱い。何よりも審判に対して即時抗告をすることが
できないとされている。そもそも家事審判では補助（的）参加という類型を
認める必要があるかが問われていた。

　次になぜこのような混乱を生じたかを考えてみよう。それは家事審判を含
む非訟事件における関係人（当事者）概念の理解と密接に関係している。伝
統的な理解によれば，非訟事件の関係人の中には「審判の結果により権利に
直接の影響を受ける者」が含まれている。この者が手続に形式的に関与する
ときは，関係人（当事者）として登場するのである。この者による参加と裁
判所による引込みは当然のこととして認められるが，これ以外に補助（的）
参加を認める必要はない。関係人の周辺にさらに補助参加の利益を有する者
を想定する必要はない。旧法下においては，こうした基本的な概念に対する
理解を欠いていたため，参加に関する議論に混乱を生じさせていた。家事手
続法は，このような問題をどのように整理したのであろうか。次にこれを見
ていこう。

2　当事者参加と利害関係参加

　家事手続法は，参加につき当事者となる資格を有する者が当事者として参
加することができる当事者参加（41条）と，審判の結果により直接の影響を
受ける者が参加する利害関係参加（42条）を定めている。当事者参加には，
参加人が自ら申し出る場合と，他の当事者の申立てまたは職権によって参加
を求められる（引込み・強制参加）場合がある。利害関係参加も自ら申し出
る場合と裁判所の職権で参加を求められる場合がある。その他家事手続法は，
旧法には明文規定がなく解釈に委ねられていた参加申出の裁判に対する不服
申立て，参加人の手続上の地位についても規定を置くに至った。他方で旧法
で議論のあった補助参加に相当する制度は認めていない[94]。

---

(94)　金子・逐条解説 121 頁。

3　当事者参加

1　意　義

　家事審判の事件において当事者となる資格を有する者は，当事者として手続に参加することができる（家事手続 41 条 1 項）。自ら参加することを当事者参加といい，既存の当事者の申立てまたは裁判所の職権によって手続に引き込まれることもある。これを引込みまたは強制参加をいう。

2　参加の申出

(1)　申出人

　当事者参加を申し出ることができるのは，係属している家事審判の当事者（申立人・相手方）となる資格を有する者である。申立人または相手方が複数存在する場合であって，その一部の者が当事者となっていないとき，残余の者が手続に参加する場合である。次のような場合がある。

　①　複数の者に申立権が認められているとき，そのうちの一部の者が申立てをしている場合に，他の申立権を有する者が参加する。家事審判事件で複数の者に申立権が認められていることは多い。たとえば成年後見開始申立て（民法 7 条），不在者の財産管理人選任申立て（同 25 条 1 項），親権喪失・停止または管理権喪失申立て（同 834 条，834 条の 2，835 条），後見人解任申立て（同 846 条）などである。

　②　当事者の地位を基礎づける法的地位に移転があり，この移転を受けた者が手続に参加する。たとえば遺産分割審判事件において相続人の 1 人が，相続分を相続人以外の者に譲渡した場合がある。

　③　家事審判の申立てにおいて申立人または相手方とすべき者の一部を欠いたまま申し立てられた場合に，該当の者が参加する。申立人または相手方に当事者となるべき者が複数存在するにもかかわらず，その一部が脱落している場合に，この者が参加を申し出る場合が典型的な例である。遺産分割審判で当事者となるべき一部の相続人が欠けている場合がそうである。また扶養義務者が他の扶養義務者に対して扶養権利者に対する扶養の審判を申し立てたとき，扶養権利者が当事者になっていなければならないとする多数説[95]

---

[95]　加藤令造＝佐久間重吉「扶養審判の構造上の特性」東京家庭裁判所身分法研究会編『家事審判の研究(1)』(1971) 152 頁，鈴木忠一「扶養の審判に関する問題」同『非訟・家事事件の研究』(1971) 179 頁，家審法講座第 1 巻 301 頁〈高島良一〉，中山直子『判例先例親族法—扶養』(2012) 185 頁。

によれば，扶養権利者が当事者参加するのはこれに該当する。

④　すでに手続に関与している当事者だけで適法かつ有効に審判することができるが，当事者と同一の実体法上の地位にある者が参加する。たとえば扶養権利者が義務者の一人を相手方として申し立てた扶養の程度・方法に関する審判手続に他の同一順位の扶養義務者が参加する場合である。参加により既存の当事者間だけでなくより根本的な解決を図ることができるので，当事者参加を認めてよいとされる[96]。

(2)　**申出の手続**

当事者として審判手続に参加しようとする者は，参加の趣旨および参加の理由を記載した書面を裁判所に提出して参加の申出をしなければならない（家事手続41条3項）。審判の申出に準じて参加申出の適法性の審査の必要があり，また手続の明確性を担保するためである[97]。申出に際しては，当事者の資格を有することを明らかにする資料を添付しなければならない（家事手続規則27条1項）。

参加の申出があった場合，申出に理由がないとき（当事者としての資格を有しないとき）は，家庭裁判所は申出を却下する[98]。申出に理由があると認めるとき（申出人が当事者としての資格を有する者であるとき）は，これを認める旨の格別の裁判をすることなく，この者を当事者として事後の手続を進める。この場合に裁判所書記官は，その旨を当事者および利害関係参加人に

---

[96]　金子・逐条解説129頁。もっとも旧法の下では，この例は補助参加の説明として掲げられていた（家審法講座3巻84頁〈沼辺〉）。この点の詳細は本書旧版・110頁参照。

[97]　金子・逐条解説133頁。

[98]　金子・逐条解説134頁，129頁は，当事者参加の理由に，申立てに反対である旨が記載されているときは，家庭裁判所はこれを利害関係参加の申出に変更するよう促し，それに応じなければ当事者参加申出を却下することになるという。しかし，当事者参加をするものは申立権を付与されているのであり，参加しても申立人とは独自に手続行為をすることができる。申立てに反対する主張をしても，裁判所は職権探知の義務を負っているのであるから，主張の矛盾は審理の上で障害にはならない。申立人と参加人の手続行為が常に同一方向であることは当事者参加に要請されているとはいえない。この場合でも当事者参加は許されるべきである。また(1)①の場合には，申立人としての参加しか考えられないが，②③④の場合には，参加人が申立人あるいは相手方のいずれに参加しても問題はないはずである。

第4章　当事者・代理人・手続参加　　　147

通知しなければならない（同2項）。

　参加の申出を却下する裁判に対しては即時抗告をすることができる（家事手続41条4項）。旧法の下では，任意参加の申立てを不許可とする審判に対しては不服申立てをすることができないとするのが通説であったが，手続上の地位を有するか否かに関する判断であり，その地位があると主張するものにその機会が保障されなければならないとして不服申立てができるとする少数説があった[99]。家事手続法もこのような趣旨から，即時抗告をすることができる旨を明記した[100]。

(3)　別個の申立てか参加の申立てか

　上記(1)①に掲げた審判事件においては，申立人以外の申立権を有する者は自ら独自に別の申立てをすることもできる。この場合には，事件は併合されることになるが，法律上はその保障がない。併合されれば，参加したのと同一の効果を生じることになる。参加人はいずれの方法をとるか選択することができるが，他の申立権者が申立てをしていることを知っているときは参加を選択することが適切であろう。他の(1)②③④のケースでは，申立人として参加するか，相手方の地位につくかは参加人の意思に委ねてよい。申立人か相手方になるかによって，手続上の地位に差異がないのが家事審判手続の特徴といえるからである。

3　引込み（強制参加）

(1)　意　義

　家事審判の当事者は，他の当事者となる資格を有する者（審判を受ける者となるべき者に限る）を当該の審判手続に参加させるよう申し立てることができ，また裁判所は職権によってこの者を手続に引き込むことができる（家事手続41条2項）。これを引込みまたは強制参加という。これを認めるのは，当事者となる資格を有する者が当事者となっていないため，紛争解決のため適切な審判をすることができない場合に，その者の意思に反しても手続に参加することを可能とするためである[101]。

---

[99]　本書旧版・113頁。

[100]　金子・逐条解説134頁。

[101]　金子・逐条解説131頁。

(2) 引込まれる者（強制参加を命じられる者）

他の当事者の申立てまたは職権によって当事者として参加を命じられることになるのは，当事者となる資格を有する者のうち審判を受ける者となるべき者に限られる（家事手続41条2項かっこ書き）。当事者となる資格を有するが審判を受ける者でない場合ときは引込み（強制参加）は認められない。上記2(1)の①に掲げた場合には，これらの者は申立人となる資格を有するが，審判を受けるのは事件本人であるから引込み（強制参加）は認められない。その理由としては，この場合には申立ては適法であり他の申立人を追加させなくても手続の追行には問題がなく，引込み申立てを認めると申立てを強制することに等しく相当でないからである[102]。

引込み（強制参加）が認められるのは次のような場合である。

①審判をするためには，当事者の資格を有する者が全員手続に関与していなければならないがその一部を欠いており，そのままでは有効な審判をすることができないので，当事者とされていない者を参加させる場合である。遺産分割審判において相続人の一部が欠けている場合がこれにあたる。申立書の審査においてこのことが明らかであるときは，申立書の補正を命じることになる。

②当事者とされていない当事者となる資格を有する者を欠いていても有効に審判をすることができるが，より根本的な解決のために当該の当事者となる資格を有する者を参加させる場合である（上記2(1)④に該当する場合である）。扶養権利者が扶養義務者の一人を相手に扶養の程度・方法の審判を申し立てているとき，同一順位の他の扶養義務者を参加させる場合である。

(3) 引込み（強制参加）の申立て

家事事件の当事者は，参加の趣旨および参加の理由を記載した書面を家庭裁判所に提出して，参加の申立てをしなければならない（家事手続41条3項）。書面によらなければならない理由については，2(2)で述べたのと同様である。

この申立てがあった場合，相当と認めるときは家庭裁判所は参加を命じる裁判をし，相当でないと認めるときは申立てを却下する。参加を命じる裁判をしたときは，裁判所書記官は，その旨を当事者および利害関係参加人に通知しなければならない（家事手続規則27条3項）。この裁判に対しては即時

---

[102] 金子・逐条解説132頁。

第4章　当事者・代理人・手続参加　　149

抗告をすることができないとされている（家事手続41条4項参照）。しかし
この定めについては疑問がある[103]。

(4) 職権による引込み（強制参加）

家庭裁判所は相当と認めるときは，職権で当事者となる資格を有する者に
参加を命じることができる（家事手続41条2項）。参加を命じるかどうかは
家庭裁判所が相当と認めるという裁量によるから，この裁判に対しては即時
抗告ができないというのが旧法下でも通説であり，家事手続41条4項もそ
のように扱っている。しかし疑問である。上記(2)①の場合はともかく②のよ
うに，裁判所が他の者を当事者に引き入れた方が妥当な判断をすることがで
きると考えても，当事者の意思に大きな比重の置かれる事案では，裁判所が
職権によって引込みしかも給付を命じるような，事件全体を職権主義化する
ような処理は認められない。意に反して参加を命じられた者の不服申立てを
認めるべきである[104]。

4　参加の申出の取下げ

当事者参加の申出の取下げについては明文規定がない。場合を分けて考え
ることになる。2(1)①にあたる場合であって，当初の申立人が申立てを維持
している場合には，参加の申出を取り下げても手続には影響を及ぼさないの
で，取下げを認めてもよい。当事者参加があったことによって当初の申立人

---

[103]　金子・逐条解説134頁は，その理由について参加を求められている者に対する
手続保障の要請は相対的に低く，また当事者となる資格を有するかどうかは実体
法上の問題であって，訴訟によって確定されるべきであることを挙げている。し
かしこの説明は明らかにおかしい。引込み（強制参加）申立てを認めるか否かは，
第一次的には申立人の利益に関するものである。当該の者を引き込んで当事者と
して審判してほしいという申立てであり，上記(2)①であれば本案の申立てを却下
されるか否かに直結する問題である。引き込まれる者の手続保障を持ち出すのは
筋違いであろう。また参加の許否の判断の前提に実体法上の問題があるのは当事
者参加の場合も同様である。参加の判断をするのに，その者の実体法上の地位の
確定まですることを予定していない。(2)②の事案は，合目的的な判断によって処
理し，引込みを認めない裁判に対して即時抗告を認めなくてもよいが，(2)①の場
合については却下の裁判に対して即時抗告を認める必要がある。

[104]　金子・逐条解説134頁は，参加させるべきであると考える裁判所の判断は尊重
されるべきであること，参加の許否については本案の中で主張できること，当事
者となる資格がないと判明すると手続からの排除（43条）の方法があることから，
不服申立てを認める必要がないという。

が申立てを取り下げているときは，参加人が参加の申出を取り下げるには，申立ての取下げと同一の規律に服する。

同②③の場合には，申立人の側に立つにせよ，相手方の側に立つにせよ，当事者となる資格を有する者が全員手続に関与していなければならない場合であるから，取り下げるには申立ての取下げの規律に服すると解する。同④の場合には，参加の申出の取下げは手続の適否に影響しない。また当初の当事者だけでも審判をすることができるから，参加申出の取下げも認められる。

4 利害関係参加

1 意 義

審判の結果について一定の利害関係を有する者が家事審判において，当事者とは別に自らの立場から裁判資料を提出するために参加することを利害関係参加という。家事審判においては，当事者ではなく，また審判を受ける者ではないが審判によって直接に影響を受ける者が存在する。たとえば，親権喪失申立ての審判における未成年の子である。利害関係参加は，これらの者に参加を認めることによって手続保障の充足を図ることを目的とする。家事事件手続法は形式的当事者概念を採用したため，これらの者は当事者とはされないし，関係人ともされないが，本書のように実質的当事者概念またはドイツ法のように関係人概念によれば，実質的当事者または関係人に属するものである。そのため手続への関与は必然的に要請されるといってよい。

旧法の下では当事者としての参加のほかに，補助的参加が認められるかが争われていた。通説はこれを認めていたが，参加人は自らの利益を擁護・主張するというよりは，裁判に必要な資料の提供者的な立場にとどまっていた（前述2・1参照）。家事手続法は新たに利害関係参加の制度を設けて，参加することができる者，参加の手続，参加人がすることのできる手続行為等について定めている。自ら申立てをして参加する場合と，裁判所の職権によって引込まれる場合がある。

2 参加の申立て

(1) 申立人

家事手続42条1項，2項によれば，利害関係参加をすることができるのは，①審判を受ける者となるべき者，②審判を受ける者となるべき者以外の者で審判の結果により直接の影響を受ける者および③当事者となる資格を有する

第4章 当事者・代理人・手続参加　　　151

者が挙げられている。以下，その内容を確認しておこう。

① 審判を受ける者となるべき者

審判を受ける者となるべき者は，家事手続74条1項により審判ごとに定まっている。第7章第2節2・2で示すとおりである。別表第1に掲げる事項の家事審判においては事件本人とも呼ばれてきた。成年後見開始審判における成年被後見人となるべき者，親権喪失・停止の審判における当該の親権者，後見人解任審判における当該の後見人等がこれにあたる。これらの者は審判手続の構造上当事者にはなっていないが，審理の対象は彼らの法的地位，権限等であり審判によってその者の法的地位等が形成されるものである。また別表第2に掲げる事項の家事審判では，当事者が審判を受ける者となる。

② 審判の結果によって直接の影響を受ける者

立法担当者の説明によれば，審判の結果により直接の影響を受ける者とは，「当事者または審判を受ける者に準じ，審判の結果により自己の法的地位や権利関係に直接の影響を受ける者」をいう[105]。たとえば，後見人選任または解任の審判事件における被後見人，子の監護に関する処分事件や親権喪失・停止事件における子，戸籍事件についての市町村長の処分に対する不服申立ての審判事件における当該市町村長[106]，特別養子縁組の離縁事件における養子の実父母，児童福祉法28条による措置承認審判事件における児童を監護する父母および子などがこれにあたる。当該の審判の中で当事者または審判の効力を受ける者（事件本人）との関係が創設，または消滅しあるいは規律の対象となるような者である。

利害関係参加をするためには，審判の結果によって直接の影響を受けることが必要である。影響の仕方はさまざまであり，何を直接のものと解するか

---

[105] 金子・逐条解説128頁。

[106] 金子・逐条解説138頁は，戸籍訂正の許可の審判事件において当該戸籍を管掌する市町村長を審判の結果により直接の影響を受ける者とするが，疑問がある。戸籍法113条による戸籍訂正につき，戸籍管掌者である市町村長は利害関係人にあたらないとするのが先例であり（広島家審昭和41（1966）・6・7家月19巻1号61頁），形式的審査権しか有しない市町村長が戸籍記載の実体的真実との合致等を審理する手続に関与することはふさわしくない。これに対して，市町村長の処分に対する不服の審判事件は行政訴訟の代替的機能を有するものであり，審判の効力を受けるべき者と解されるから，参加は当然であるともいえる（この点について詳しくは本書II・468頁）。

についても議論はあり得る[107]が，上に掲げたような事案に限られよう。旧法の下では先に触れたように推定相続人廃除の審判手続に他の相続人の参加を認めていたが，この影響は直接のものとはいえず，家事手続法の下では参加は否定される[108]。

なお未成年者の利害関係参加については，後にまとめて扱う。

③　当事者となる資格を有する者

この者は家事手続41条により当事者参加をすることもできるが，利害関係参加をすることもできる。上記3・2(1)①に掲げたように，申立権者が複数存在し，申立てがなされている場合に，他の申立権者は当事者参加か利害関係参加か選択することができる。

(2)　参加の申出の手続

参加する者の属性の違いにより，手続に差異がある。

①　審判を受ける者となるべき者の参加

審判を受ける者となるべき者の利害関係参加の手続については，家事手続41条3項の規定が準用される（同42条4項）。この者の参加については裁判所の許可を必要としない。審判を受ける事件本人であり，当然に手続に関与させるべきであって裁判所の裁量に委ねることは適切でないからである。参加の申出を却下する裁判に対しては即時抗告をすることができる（同6項）。

②　審判の結果により直接の影響を受ける者・当事者となる資格を有する
　　者の参加

参加の手続は上記①と同様であるが，参加には裁判所の許可が必要である（同2項）。その理由は，審判の結果により直接の影響を受ける者にあたるか否かの審査が必要であることに加えて，それに該当するとしてもなお利害関係参加を認めるのに相当でない事案があり得ることが想定されているためである[109]。また当事者となる資格を有する者は当事者参加も可能であるから，申出に際していずれであるかを明示しなければならない。利害関係参加する場合には，申立てに反対するために手続行為をすることが想定されるが，そのような手続進行の機会を常に保護する必要はないためであるとされる[110]。

---

(107)　影響の直接性の意味については，高田編・家事事件手続法70頁以下でも議論されている。

(108)　金子・逐条解説138頁。

第4章　当事者・代理人・手続参加　　153

手続の簡略化・単純化のためにはこのような基準が設定されるのかもしれないが，3・2(2)で述べたように家事審判手続における審理のあり方との関係で，基本的な疑問がある。

(3) 裁判・不服申立て

利害関係参加の申出があったときは，申出に理由がないときは申出を却下する。理由があると認めるときは，とくに裁判をすることなく，参加申出人を利害関係参加人として事後の手続を進めることで足りる[111]。参加を認める場合には裁判所書記官はその旨を当事者および利害関係人に通知しなければならない（家事手続規則27条4項）。

審判を受ける者となるべき者による利害関係参加の申出を却下する裁判に対しては即時抗告をすることができる（家事手続42条6項）。これに対して審判の結果により直接の影響を受ける者または当事者となる資格を有する者の利害関係参加の許可の申立てを却下する裁判に対しては即時抗告ができない。審判を受ける者となるべき者に比べて手続保障の要請は低く，裁判所の裁量判断を尊重するのが相当だからだとされる[112]。

3　裁判所の職権による利害関係参加（引込み）

(1) 意　義

家庭裁判所は相当と認めるときは，職権により利害関係参加をすることができる者を家事審判の手続に参加させることができる（家事手続42条3項）。利害関係参加をすることができる者が，そのことについて十分な情報をもたず，または判断することができないで自ら参加しない場合でも，その者の手続保障を充足させるためには，参加を促すとともに，その手続がとられない場合に職権によっても手続に参加させることが適切であることを考慮した制度である[113]。

---

[109]　金子・逐条解説138頁。たとえば親権喪失の審判の取消しの審判における未成年後見人が，親権を喪失した親と接触がなく親権喪失事由が消滅したか否かを審理するのに有益な裁判資料を提出できないような場合が考えられている。審判の結果に強い利害関係があるものの，事情によっては直接反論したり，資料を提出したりするのを認めるのに相当な立場にあるとは限らないため，事案に応じて利害関係参加を認める必要がないと判断される場合があるという。

[110]　金子・逐条解説139頁。

[111]　金子・逐条解説140頁。

[112]　金子・逐条解説143頁。

(2) 引込みの要件・手続

利害関係参加をすることができる者が自ら参加しない場合に，家庭裁判所が相当と認めるとき参加命令がなされる。とりわけ審判を受ける者となるべき者および審判の結果により直接の影響を受ける者については，その手続保障を図るためには，家庭裁判所は陳述の機会を付与するだけでなく，参加することについて手続の教示を行い，その者の自主的な選択を優先させるべきであろう。

既存の当事者から利害関係参加をさせるべきことの申立権は認められていない。当事者参加と異なり，利害関係参加人を欠いても審判が無効とはならないからである。当事者は裁判所の職権発動を促すことができる。

裁判所が職権で利害関係参加をさせる裁判に対しては即時抗告をすることができない。この場合も手続保障の見地から参加させることが相当であるとした裁判所の判断が尊重されるべきだとされる[114]。

4 未成年者の利害関係参加・引込み

家事手続 42 条 5 項は，利害関係参加人となる者が未成年者である場合の特別の定めをしている。すなわち，未成年者の年齢および発達の程度その他一切の事情を考慮して，その者が当該家事審判の手続に参加することがその者の利益を害すると認めるときは，参加の申出，または参加の許可の申立てを却下しなければならないとする。審判を受ける者となるべき者による利害関係参加の申出を却下する裁判に対しては即時抗告をすることができるが，審判により直接の影響を受ける者または当事者となる資格を有する者による申出を却下した裁判に対しては即時抗告ができない。

立法担当者によれば，この規律の理由は次のとおりである。たとえば親権者の指定・変更の審判事件において，子は利害関係参加をすることができる地位にある。子が 15 歳以上であるときは手続行為能力を有し，自ら単独で参加の申出をすることができる。しかし参加することで，子が父母の対立に巻き込まれ，親の一方との関係を修復不可能な程度まで損ないかねないような場合など，未成年者に利害関係参加を認めることがその利益の観点から相当でない場合がある。そこで上記の要件に該当する場合には，家庭裁判所は

---

[113] 金子・逐条解説 140 頁。
[114] 金子・逐条解説 143 頁。

第4章　当事者・代理人・手続参加　　　155

利害関係参加の申出を却下しなければならないものとした[115]。未成年の子が審判によって直接の影響を受ける事案は，このほか子の監護に関する処分，親権喪失・停止の審判あるいは児童福祉法 28 条の措置承認の審判などがある。これらの事件において，家事手続法は未成年者を父母等から保護し，安全に手続に関与できるための仕組みを設けていない[116]ため，家事手続 42 条 5 項の規律はやむを得ないともいえるが，当該審判手続で親子関係の修復に向けた調整が必要となるのであるから可能な限り参加を許可する運用が望まれる。

　子が 15 歳未満で手続行為能力を有していないときは，未成年後見人は子を代理して参加の申出をすることができる。子が手続行為能力を有するが，家事手続 42 条 5 項で参加を認められないとき，未成年後見人は独自の立場で利害関係参加の申出をすることができると解される（家事手続 18 条参照）。

　また家庭裁判所は職権によって未成年者を利害関係参加させることができる（同 42 条 3 項）。

5　利害関係参加人の地位

　利害関係参加人は，家事審判手続の当事者となるわけではないが，当事者がすることができる手続行為をすることができる（家事手続 42 条 7 項）。そこで資料の提出，証拠調べの申出のほか記録の閲覧等をすることができ，別表第 2 に掲げる事項の審判手続では審問期日における立会い等が認められる。当事者の主張と異なる主張をすることもでき，民事訴訟の補助参加人のような制約を受けない。

　利害関係参加人は，当事者がした家事審判の申立ての取下げおよび申立ての変更，裁判に対する不服申立ての取下げおよび裁判所書記官の処分に対する異議の取下げをすることができない（同 42 条 7 項本文かっこ書き）。また裁判所の裁判に対する不服申立ておよび書記官の処分に対する異議の申立ては，

---

(115)　金子・逐条解説 141 頁。

(116)　親権喪失事件において子が申し立てた場合の子の保護について，たとえば細矢郁「児童福祉法 28 条事件及び親権喪失事件の合理的な審理の在り方に関する考察」家月 64 巻 6 号（2012）448 頁など。親権者の指定・変更の審判で 15 歳以上の子の参加が認められないまま変更の審判があったとき，子は即時抗告が認められていないが，親権喪失審判などでは子も即時抗告をすることができる（172 条 1 項 1 号）ことも考慮すべきであろう。なお本書Ⅱ・249 頁参照。

当該の裁判に対し利害関係参加人がすることができることが定められていなければすることができない（同7項ただし書き）。

6 参加の申出の取下げ

利害関係参加人は手続の当事者ではなく，またこの者がなくても審判をするのに支障を生じさせないから，参加の申出を取り下げることができる。

5 手続からの排除

1 意 義

家事審判の手続において当事者とされた者がその資格を有しないことが判明し，あるいはその資格を失ったような場合においてなお当事者の地位にとどまることは，個人の秘密が問題となることが多い家事審判手続にとっては好ましいことではない。当事者となる資格を有しない者，またはその地位を失った者を事後の手続に関与させないようにするため，家事手続43条は手続からの排除の制度を設けた[117]。

手続からの排除は，当事者からその地位を喪失させることを意味する。手続関係を明確なものとする制度のように思われるが，疑問も生じる。当事者として関与していた者が，その資格を失ったことが明らかであれば，本案の審判をすることができる状況にあるのが通常であろう。遺産分割審判のように相続人資格のほかに具体的な分割方法について審判しなければならない場合には，中間的な判断を示したうえで審理を続行することができる。排除の裁判をした事件につき即時抗告がなされ，排除すべきでないとされた場合には排除の裁判の効力も当然に効力を失うのであろうか。他の運用方法によって当事者の資格を失った者に対する手当てが可能であるとすれば，この制度は多用しない方が無難といえるのではなかろうか。

2 排除の手続等

(1) 排除の対象となる者

排除の対象となるのは，当事者となる資格を有しない者および当事者である資格を喪失した者である（家事手続43条1項）。遺産分割審判において相続放棄をした者または相続分を譲渡した者がその例である。利害関係参加人の排除は想定されていない。

---

[117]　金子・一問一答91頁，金子・逐条解説145頁。

第4章　当事者・代理人・手続参加　　157

(2)　排除の手続

当事者を家事審判の手続から排除するには，家庭裁判所がその旨の裁判を
する。当事者にはその申立権は認められていないが，裁判所の職権発動を促
すことができる。排除の審判に対しては即時抗告をすることができる（家事
手続43条2項）。法文上誰が即時抗告をすることができるか明記されていな
い。裁判は当該の者の当事者の地位を奪い，手続に関与する機会を奪うもの
であるから，その裁判を受けた者に限られると解される[118]。

(3)　排除の効力

手続からの排除は，それまで当該審判手続で当事者としての地位を有して
いた者から，その地位を喪失させるものである。当事者として享受していた
手続上の地位を失うことになる。この裁判は排除された者の実体法上の法的
地位を終局的に判断するものではないから，後になお権利を有することを主
張して審判の効力を争うことができる。

第5節　手続の中断と受継

1　家事審判手続と手続の中断

1　中断制度の不存在

家事手続法には，手続の中断に関する定めを欠いている。旧法の下でも同
様であった。しかし手続の受継については家事手続44条が法令により手続
を続行すべき者による受継を，そして同45条が申立人側での受継について
定めを置いている。そこでまず問題となるのは，家事審判手続において民事
訴訟と同様に手続の中断が認められるのか，という点である。

訴訟手続の中断は，訴訟の係属中に当事者の一方の側で訴訟追行者に交代
すべき事由が生じた場合に，新しい当事者の手続関与の機会を実質的に保障
するために，新しい当事者が訴訟手続に関与できるようになるまで手続の進
行を停止することをいう。訴訟の対審構造を維持し，当事者の手続追行権を
保障することを目的とするものである[119]。双方審尋主義に根拠を有するもの
である。家事審判手続においても当事者の死亡等の事由により，手続の中断

---

[118]　金子・逐条解説 148 頁。

[119]　兼子一原著『条解民事訴訟法』（2011）652 頁〈竹下守夫＝上原敏夫〉。

が考えられることがある。しかしながら家事審判手続においては手続の中断は認められないとするのが旧法下における通説であった[120]。判例も同様であった[121]。家事手続法も手続の中断については定めを置かず，これを認めない立場であるとされている[122]。

2 手続の中断を認めない理由

家事審判手続の中断を認めない理由は，学説の説くところは必ずしも一致していない。古くは非訟事件において関係人（当事者）は原則として手続の主体性をもたないことが強調されていた[123]。手続がいったん開始されると，関係人（当事者）の死亡があっても最初に企図された形成の必要性がなくならない限り，職権で手続進行するのに差支えがないとされていた。また非訟事件においては訴訟手続における口頭弁論という観念がなく，その手続をいかに形成するかはもっぱら裁判所の裁量に委ねられることも根拠とされていた[124]。旧家審法の下では，手続の中断の制度を認めないのは，受継が生じないことまたはそれが必要でないことを意味するのではなく，手続の中断と受継が必要であるか否か，また受継者が誰であるかは，裁判所が職権によって調査するという建前を採ることとし，中断という制度を設けて当事者に受継申立ての主導権を与えるという考え方を採用していないからだと解されていた[125]。この考え方は別表第2に掲げられるのと同様に争訟性の強い審判事件でも同様とされる[126]。

3 陳述機会の保障

申立人や相手方が死亡して受継が問題となるケースにおいて中断という制度を認めるならば，この間は急速を要する行為のほかは一切の手続行為をすることができないし，その間になされた手続行為は承継人との間では効力を

---

(120)　鈴木（忠）・前掲注(5)非訟事件の裁判の既判力266頁，鈴木忠一「非訟事件に於ける手続の終了と受継」鈴木忠一＝三ケ月章監修『新実務民事訴訟講座第8巻』(1981) 31頁，家審法講座第1巻65頁〈綿引〉，同第3巻95頁〈沼辺〉，注解家審規144頁〈山口〉。

(121)　大決昭和2 (1927)・9・6民集6巻495頁（本件判批・菊井維大『判例民事法昭和2年度』(1927) 379頁）。

(122)　高田編・家事事件手続法143頁〈金子発言〉。

(123)　中島・前掲注(2)非訟事件手続法論44頁。

(124)　菊井・前掲注(121)判例民事法昭和2年度379頁。

(125)　鈴木（忠）・前掲注(120)新実務民事訴訟講座第8巻59頁。

第4章 当事者・代理人・手続参加　　159

生じないことになる。それゆえ家庭裁判所は職権による事実調査としての家裁調査官による調査もすることできないことになり，実際上不都合を生じさせる。しかしながら，他方で当事者の審問や当事者の申立てによる証拠調べには，相手方当事者の立会いが保障されるべきであり（家事手続69条，64条），中断の状態があるにもかかわらず行うことは，承継人の立会権・陳述機会の保障を無視する結果となり，特に争訟性の強い別表第2に掲げる審判事件ではこうした扱いは許されないと解されよう。実際上はこのような事態は避けられると指摘されている[127]が，当事者の死亡等の中断事由の発生が裁判所に知られることがないまま手続が進行することは十分に考えられる。また承継人の保護が追完などによってすべて回復されるものでもない[128]。民事訴訟とは異なり，家事審判手続においては一律に中断という制度を認めることはできないとしても，別表第2に掲げる審判事件および推定相続人廃除に関する事件では，中断を認めたのと同様の扱いをすることが求められよう。

2　家事審判手続の終了・続行
1　概　説

家事審判手続においては，申立ての資格または審判の対象が当事者または事件本人の一身専属的な権利であることが多い。また審判は多くの場合法律関係の形成を目的とする。手続の開始後に事実関係の変化によって手続の対

---

[126]　昭和41（1966）年借地非訟事件手続の新設に際して，借地非訟事件手続規則（昭和42（1967）年最高裁規則1号）8条は，旧家審規15条と同趣旨の規定を置いた。この規定の解釈について，借地非訟の手続は民事訴訟のように中断することがないとされ，「当事者対立構造をとる借地非訟手続についても，中断については特別の定めは設けられていないから，手続の中断はないものと解せられる。したがって，借地非訟事件には，中断を前提とするような訴訟手続の受継と同じ意味での手続の受継はありえない」とされていた。井口牧郎編『改正借地法にもとづく借地非訟手続の解説』（1967）91頁〈加茂紀久男〉。新しい非訟法の下でも同様に解される。金子修編『逐条解説非訟事件手続法』（2015）142頁。

[127]　高田編・家事事件手続法143頁〈金子発言〉。

[128]　旧法時においても，審判告知後抗告期間内に中断事由が生じた場合には，懈怠行為の追完が認められると提案されていた（鈴木（忠）・前掲注[120]新実務民事訴訟講座第8巻59頁。現行法の下でも同様に解することができる。しかし承継人の保護はこれだけでは十分ではない。

象や目的が消滅することもある。とりわけ申立人・事件本人の死亡等が問題になる。民事訴訟においては形成の訴えにつき，事情の変更によって訴えの目的たる法律関係を変動させることが無意味になるとされ，訴えの利益を失うとされている（形成の利益の途中消滅，本案の終了）。これと同様の事態が家事審判でも生じる。次のような場合であり，手続が終了するか，継続するかが問題となる[129]。

2　手続終了の原則

申立人や事件本人の法的地位の変動を対象とする審判事件では，手続中に死亡したときは手続が終了することが多い。たとえば成年後見開始決定を求める事件における本人の死亡，養子縁組許可申立事件における養子となるべき者の死亡，特別養子縁組成立の審判における養子となるべき者の死亡，親権喪失等の審判事件における当該親権者または子の死亡，未成年後見人の選任審判事件における未成年者の死亡，推定相続人廃除事件における当該の推定相続人の死亡[130]，就籍許可申立事件における申立人の死亡[131]などの事例がこれにあたる。

また職権事件と解される次の審判事件では，申立人が死亡したときは手続の対象が一身専属的で相続の対象とならず，原則として手続は終了する。ただし申立人が複数であり，そのうちの1人が死亡したときは残存申立人が存在するので手続の進行に影響しない。すなわち，①成年後見開始申立て，②不在者の財産管理人選任の申立て，③民819条6項による親権者指定の申立て，④民830条2項，3項による財産管理人選任・改任の申立て，⑤民834条による親権喪失，834条の2による親権停止の申立ておよび835条による管理権喪失の申立て，⑥民895条による推定相続人廃除の審判確定前の遺産管理の申立ての申立人の死亡である。これらの事件においては，申立人の死亡により申立人を欠くことになるが，裁判所が職権で審判をなしうるわけではない。またそのまま手続を終了させてよいとすることもできない。そのた

---

[129]　この点に関する包括的な研究として，鈴木（忠）・前掲注[120]新実務民事訴訟講座第8巻60頁以下がある。

[130]　東京高決平成23（2011）・8・30家月64巻10号48頁は，遺言執行者によって推定相続人廃除の審判手続中に被廃除者が死亡した場合に，この者を相続すべき配偶者が存在するときは手続が承継されるとするが，疑問である。

[131]　大阪高決平成5（1993）・12・28家月47巻1号129頁。

め，以下3において説明する申立人側の受継の制度（家事手続45条）が必要となる。

3 申立人の死亡によって手続が終了しない場合

いわゆる職権事件とされているものの中には，申立人が死亡しても審判の必要性が消滅せず，手続が続行される場合がある。

職権でも手続が開始される財産管理人や後見人等に対する報酬付与（別表第1第13項，31項，50項，民29条2項＝別表第1第55項）の審判手続は，申立人が死亡しても手続は継続される必要がある。また後見人に対する報酬付与の審判中に成年被後見人が死亡したり，遺言執行者に対する報酬付与の審判中に相続人が死亡しても手続は終了せず，その相続人との関係で手続が続行される。

4 手続の終了か続行かについて争いのあるもの

申立人または事件本人の死亡により手続が終了するか，なお手続が続行するか争いのあるものには次のものがある。

① 相続放棄の申述受理の審判の前に申立人が死亡したとき（民938条，別表第1第95項）

学説上，①申立人（申述人）の相続人に手続を受継させたうえで受理または却下の審判をするとの見解[132]，②申立人の申述書提出時から死亡時まで引き続き受理要件を具備していれば受継させることなく受理すべきであるとの見解，③事件は申立人死亡により当然に終了するとの見解[133]がある。事件の簡明な処理のため実務上は①の見解に従っているという[134]。③の立場から，民法916条により新たな相続人が改めて相続の承認または放棄をすべきであろう。

② 夫婦の同居・協力扶助，婚姻費用分担あるいは財産分与の審判につき当事者である夫婦の一方が死亡したとき（民752条，760条，768条2項，別表第2第1項，第2項，第4項）

このうち財産分与請求について問題とされる。財産分与請求権は，離婚に

---

(132) 市川・家事審判法82頁，「昭和45（1970）年11月広島高裁管内家事審判官会同家庭局見解」最高裁判所事務総局編『家事執務資料（上巻の1）』(1982) 370頁。

(133) 家審法講座第2巻146頁〈岡垣学〉，静岡家浜松支審昭和43（1968）・3・13家月20巻9号102頁。

(134) 注解家審規147頁〈山口〉。

よって当然に発生するが，その具体的内容は，当事者間での協議または協議
に代わる審判によって初めて形成される[135]。そしてこの請求権は，清算的要
素，扶養的要素のほか損害賠償的要素を含むものであり[136]，請求権としては
一個のものと解され，行使上の一身専属権であって行使の意思が表示される
と一身専属性を失い，相続の対象となると解されている。この立場からは，
財産分与の調停ないし審判の申立てのあった後は，請求者の死亡によっても
手続は終了しないと解される[137]。相手方が死亡した場合も同様である[138]。

③　扶養請求における当事者の死亡（民878条，別表第2第10項）

扶養請求権の法的性質については学説上争いがある。通説は権利形成説で
あるとされ，これによると扶養請求権は当事者間の協議または協議に代わる
審判によって初めて特定することになる。この立場によれば，審判または調
停の申立てをした後，調停が成立しまたは審判が確定する前に申立人が死亡
したときは，相続の対象とはならないので手続は終了すると解されることに
なろう[139]。すでに協議または審判によって形成されているときは，金銭債権
となっているので相続の対象となる。もっともこの場合の請求の手続は家事
審判ではなく民事訴訟であるとするのが通説である。

④　親権に関する事件，子の監護に関する処分において申立人または相手
　　方が死亡したとき（民819条，別表第2第8項など）

婚姻関係にないか，または婚姻関係終了後においては父母のいずれかの単

---

(135)　最判昭和55（1980）・7・11民集34巻4号628頁。

(136)　最判昭和46（1971）・7・23民集25巻5号805頁。

(137)　注解家審規148頁〈山口〉，東京家審昭和48（1973）・11・24家月26巻6号33
　　頁，吉本俊雄・本件判批・家月36巻3号（1974）206頁，大津千明「財産分与」
　　岡垣学＝野田愛子編『講座実務家事審判法第2巻』（1989）65頁。なお，財産分与
　　の調停または審判の申立てをした後に，請求者である申立人に破産手続が開始
　　されたとき，本文の立場によると財産分与請求権は破産財団に属し，申立人は管
　　理処分権を失い，破産管財人がその手続の当事者になることになる。財産分与請
　　求権の性格から見て果たしてそれでよいか疑問が残る。何らかの調整が必要にな
　　る。この問題については，島岡大雄「非訟事件の当事者につき倒産手続が開始さ
　　れた場合の非訟手続の帰趨」島岡大雄ほか編『倒産と訴訟』（2013）183頁，森宏
　　司「家事調停・家事審判中の当事者の破産」伊藤眞先生古稀祝賀論文集『民事手
　　続の現代的使命』（2015）1176頁，山本克己「家事審判手続と破産手続の開始」
　　ケース研究328号（2017）3頁参照。

(138)　大阪高決平成23（2011）・11・15家月65巻4号40頁。

独親権が認められる（民819条1項, 2項）。その親権者変更を求める審判（別表第2第8項）の手続係属中に単独親権者（相手方）が死亡した場合に, 手続が終了するか続行するかについては学説上争いがある。親権を行う者がないとき（民838条1号）に該当して後見が開始すると解するならば, 手続は終了することになる。他方親権の回復があり得ると解すると, 相手方の死亡にかかわらず手続は続行される[140]。

⑤　推定相続人廃除事件において当該被相続人（申立人）が死亡したとき
　　（民892条, 別表第1第86項）

通説は, 推定相続人の廃除請求後に当該被相続人（申立人）が死亡したときは, 民法895条により遺産の管理に必要な処分として遺産管理人を選任し, この者が受継して手続は続行されると解している[141]。しかしこの見解には重大な疑問があり従うことはできない。民法895条によって選任される相続財産管理人は, 将来確定される相続人の法定代理人であるから, この者が手続を受継して推定相続人を相手に廃除の手続を行うことは利益相反行為になるはずである。また相続財産管理人は被相続人の身分行為を処理する権限は与えられていない。現行法上は手続を受継すべき者を欠くに至るのであって, 手続は当然に終了すると解しなければならない[142]。

⑥　相続財産分与事件において申立人が死亡したとき（民958条の3, 別表

---

(139)　丹宗朝子「家事調停の手続に関する審判例」栗原平八郎＝太田武男編『家事審判例の軌跡(2)』(1995) 100頁, 注解家審規148頁〈山口〉, 中山直子『判例先例親族法―扶養』(2012) 350頁, 浦和家審昭和55 (1980)・9・16家月33巻10号81頁。しかし東京高決昭和52 (1977)・10・25家月30巻5号108頁は, 扶養請求を認容する審判に対する抗告審で申立人（扶養権利者）が死亡した事案につき, 審判申立て時から死亡時までの部分は相続の対象になるとして受継を肯定している。これを支持してよい。

(140)　釧路家審昭和53 (1978)・11・15家月31巻8号68頁, 熊本家八代支審昭和56 (1981)・8・7家月34巻11号51頁等, 実務は後者の見解が有力である。なお学説については, さしあたり山畠正男「単独親権者の死亡と親権者の指定・変更」沼辺愛一＝太田武男＝久貴忠彦編『家事審判事件の研究(1)』(1988) 157頁以下を参照。

(141)　注解家審法257頁〈稲田龍樹〉, 同書449頁〈佐々木平悟郎〉, 注解家審規149頁〈山口〉, 船橋諄一「相続人の廃除」中川善之助先生還暦記念『家族法大系Ⅵ』(1960) 88頁, 叶和夫「推定相続人の廃除」岡垣学＝野田愛子編『講座実務家事審判法第3巻』(1989) 24頁, 大阪高決昭和54 (1979)・3・23家月31巻10号59頁。

第1第101項)

特別縁故者が相続財産の分与を申し立てた後に死亡したときは，その一身専属的な性質から相続を否定し，手続の終了を判示する先例がある[142]。しかし実務は一般に，申立後は申立人にも分与の審判を条件とする期待権が発生しているとして，申立人の相続人に受継を認めている[144]。

3 手続の受継

1 制度の趣旨

上記2(2)で述べたとおり，家事審判においては申立人の死亡により手続が当然に終了する場合がある。しかし申立人が死亡しても手続の対象が相続の対象にならないが，手続を終了させることができない場合がある。たとえば民法7条による成年後見開始申立てを例に考えてみよう。この場合には申立資格を有する者が複数予定されている。それらの者は各人がいずれも独自の申立権をもち，共同して申し立てることもできる。また法律上申立資格に優劣の順位もない。このうちの一人が申立てをした後に死亡したとき，事件本人に成年後見を開始する必要性が認められる限り，手続を終了させることは

---

[142] 本書Ⅱ・296頁以下参照。人事訴訟においても一人しかいない原告たるべき者が訴え提起後に死亡すると，訴訟物である身分的請求権が一身専属的な性格を有することから，その訴訟は当然に終了し，特別の定めがない限り原告のその他の親族等が手続を受継しないことを建前とする。人訴法27条1項はこのことを明記している。家事審判手続においても同様に解釈すべきである。なお，推定相続人廃除請求をした被相続人が事件の係属中に死亡した場合に，同人が遺言で同一事由により同一推定相続人の廃除の意思を表明し，遺言執行者を指定していたときは同遺言執行者が手続を受継することができる（名古屋高金沢支決昭和61（1986）・11・4家月39巻4号27頁）。

[143] 福島家郡山支審昭和43（1968）・2・26家月20巻8号84頁。

[144] 仙台家古川支審昭和47（1972）・3・23家月25巻4号76頁，神戸家審昭和51（1976）・4・24判時822号17頁，岡垣学・本件評釈・判例評論219号（1977）152頁，大阪高決平成4（1992）・6・5家月45巻3号49頁，有地亨・本件判批・私法判例リマークス8号（1994）97頁。なお，東京高決平成16（2004）・3・1家月56巻12号110頁は，相続人捜索期間中に申立人が死亡したときは申立人の相続人は特別縁故者の地位を取得できないとしているが，分与申立ての後申立人が死亡して相続財産法人が成立したときは手続は終了しない（東京高決平成25（2013）・7・3家庭の法と裁判1号117頁）。

できないと解される。しかし手続は申立人が不在のままでは進行させることができない。

このような場合に家事手続法は，①法令により手続を続行する資格のある者に手続を受継させる（同44条），②当該審判の申立てをすることができる者による受継申立てを認める（同45条）という二つの方法を準備している。旧家審規15条にも同趣旨の定めがあった。申立人死亡の場合に手続を終了させることは従前の手続を無駄にするし，別の申立人から改めて申立てをさせることは迅速な処理の要請に適合しないからである[145]。家事手続法は旧家審規の規律を踏襲している。もっとも旧家審規15条は，「申立人」の死亡，資格喪失についてのみ定めていたにすぎないが，家事手続44条は「当事者」について定めることとしてその適用範囲を拡大している[146]。

2　法令により手続を続行する資格がある者が存在する場合

家事手続44条1項は，当事者が死亡，資格喪失その他の事由によって家事審判の手続を続行することができない場合には，法令により手続を続行する資格のある者はその手続を受け継がなければならないと定めている。

家事審判の手続を続行できない原因は，当事者の死亡，当事者能力の喪失（会社の合併による消滅など），当事者としての資格の喪失（遺言執行者の解任など）をいう。法令により手続を続行する資格のある者は，たとえば死亡の場合であれば相続人や相続財産管理人など死亡した者の実体法上の権利または地位を承継した者をいう[147]。手続を続行する資格のある者は受継の申立てをしなければならない（家事手続44条1項)[148]。この申立ては書面により，また手続を続行する資格のある者であることを明らかにする資料を添付しなければならない（家事手続規則29条1項，2項)。この申立てに対して，裁判所か受継を認めるか否かの裁判をする。申立てを却下する裁判に対して受継申立人は即時抗告をすることができる（家事手続44条2項)。また法令により手続を続行する資格を有する者は，前主の死亡等によってその実体法上の地

---

[145]　家審法講座第1巻65頁〈綿引〉，注解家審規145頁〈山口〉，鈴木（忠）・前掲注[120]新実務民事訴訟講座第8巻67頁。

[146]　旧法の下でも，旧家審規15条につき，明文規定がなくても相手方が死亡した場合にも適用されるとの解釈が通説であった。山木戸・家事審判法30頁，家審法講座3巻100頁〈沼辺〉，注解家審規146頁〈山口〉，本書旧版・120頁。

[147]　金子・逐条解説151頁。

位を承継しているのであるから，裁判所は他の当事者の申立てまたは職権で，これらの者に家事審判の手続を受継させることができる（同3項）[148]。この場合，受継の申立てをした場合において，申立てを却下する裁判に対しては即時抗告をすることができない。

3　当該審判の申立てをすることができる者による受継

申立てが申立人の一身専属的な地位に基づくときは，相続等によってその地位は移転しないから，手続は申立人の死亡によって終了せざるを得ない（前述2・2）。この場合，法令により手続を続行する者があるときは家事手続44条によって手続が受継される。この手続を受継する者が存在しない場合であって，死亡した申立人と並んで申立資格を有する者が存在するときは，これらの者が従前の手続の続行を望むならば，従前の手続を無駄にしないために手続を受け継がせることができるとすることが合理的である。旧家審規15条にも同趣旨の定めがあり，家事手続45条1項はこの規律を維持している。

当該の家事審判の申立てをすることができる者とは，民法その他の法律により当該家事審判事件の申立権者とされている者をいう。たとえば成年後見開始（民7条），保佐開始（同11条），補助開始（同15条1項），不在者財産管理人選任（同25条），親権喪失・親権停止・管理権喪失申立て（同834条，834条の2，835条），未成年後見人選任（同840条），後見人解任（同846条）等々がある。家事手続45条1項の規定が適用されるのは，この例からうかがえるように，いわゆる職権事件とされている場合であるが，前記2・4④

---

[148]　旧家審規15条1項の解釈として，法律上他に受継の方法がある場合には適用されないとする見解があった。たとえば遺言執行者が相続人廃除請求の手続中に死亡したときは，民1010条，旧家審法9条1項甲類35項によって新しい遺言執行者を選任してこの者に手続を受継させるべきであるとする見解である（鈴木（忠）・前掲注(120)新実務民事訴訟講座第8巻67頁）。これに対して通説は，これに加えて死亡または資格を喪失した申立人の権利ないし地位を承継した者も含まれると解していた（山木戸・家事審判法30頁，注解家審規145頁〈山口〉，山口・前掲注(4)講座実務家事審判法第1巻107頁，本書旧版・121頁。

[149]　たとえば死亡した当事者に弁護士たる手続代理人がいた場合には，その代理権は消滅しないが，この場合であっても家事審判手続では誰が受継するかを明らかにし，手続の円滑な進行を図るための受継決定をする（金子・逐条解説150頁）。民事訴訟の規律とは異なっている。

で指摘した別表第2第8項に掲げる手続係属中に申立人である親族が死亡したときは、なお他の親族の受継により手続を続行させる場合もある[150]。

　当該の申立人または手続代理人は、申立人の死亡等の事由が生じた旨を書面で裁判所に届け出なければならない（家事手続規則30条）。当該家事審判の申立資格を有する者は、受継の事由が生じた日から1ヶ月以内に申し立てなければならない（家事手続45条3項）。申立ては書面で行い、当該家事審判の申立てをすることができる者であることを明らかにする資料を添付しなければならない（家事手続規則29条2項、4項）。受継の申立てを却下する裁判に対しては即時抗告をすることができない（家事手続99条参照）。その理由として、①その当否は通常訴訟事項になるものであり、家事審判の手続中で争わせることは適切ではないこと[151]、②自ら別の申立てをすることができるから申立人に特段不利益があるとはいえないことが挙げられる[152]。

　他の申立権者から受継申立てがなく、裁判所が必要であると認めるときは、職権で申立資格を有する者に手続を受け継がせることができる（家事手続45条2項）。他の申立資格を有する者が受継申立てをしない場合であっても、成年後見開始や未成年者の監護など事件の公益性を考慮して、後見的立場から当初の申立ての目的を実現させようとするものである[153]。成年後見開始の申立人が死亡した場合が典型的な事案とされるが、この申立てをめぐっては申立権者相互間で意見の対立をみることが稀ではない。裁判所が受継の裁判をする場合にはこうした事情を事前に聴取しておくことが必要である。その意思に反して受継を命じることはできないと解すべきである[154]。職権事件と位置づけられていても、当事者の申立てが義務とはされていないからである。

　受継させることができないときは、裁判所は手続が終了した旨の宣言をすべきである[155]。

---

(150)　金子・逐条解説156頁注(5)参照。

(151)　この理由には納得しがたい。たとえば事件本人の子が成年後見開始の申立てをした後に死亡した場合に、事件本人の内縁の妻が受継申立てをする例を考えると、その申立権は訴訟ではなく、受継申立ての裁判で決着を図るべきである（本書II・29頁参照）。

(152)　金子・逐条解説157頁。

(153)　金子・一問一答98頁、金子・逐条解説157頁。

(154)　本書旧版・122頁参照。

(155)　高田編・家事事件手続法145頁〈山本・高田発言〉。

第5章 家事審判手続

第1節 家事審判事件の管轄

1 家事審判事件に関する管轄の規律

多数の裁判すべき事件は，さまざまな観点から区分され，国法上の裁判所が分担して処理する。多数の裁判所に裁判権の行使が分割されているので，この裁判権の分配の定めを管轄という。この分配の定めによって個々の裁判所に与えられた裁判権が管轄権である。裁判される特定の事件からみると，その事件を担当する裁判所（管轄裁判所）はどれかを定めるものである。

分配を定める基準の違いによって，職分管轄，事物管轄，土地管轄が，管轄権発生の根拠の違いによって法定管轄，指定管轄，合意管轄，応訴管轄が区別され，さらに管轄の定めの遵守度の強弱によって専属管轄と任意管轄が区別される。以下家事事件手続法における管轄の規律について説明する。

2 職分管轄
1 法律の定め

裁判権の種々の作用をどの裁判所の役割として分担させるかの定めを職分管轄という。受訴裁判所と執行裁判所，審級管轄の定めなどがここで扱われる。家庭裁判所は，その設置の経緯から職分管轄は限定的で，比較的明確である。すなわち，家庭裁判所は家事事件手続法で定める家庭に関する審判事件，家事調停，人事訴訟法で定める人事訴訟の第一審の裁判，少年法で定める少年の保護事件の審判およびその他の法律において特に定める事項について職分管轄を有する（裁判所31条の3）。同一審級で家庭裁判所の職分管轄を有する裁判所は他に存在しないので，家庭裁判所については事物管轄は存在しない。

2　職分管轄に違反した場合の効果

(1)　訴訟事件を家庭裁判所が審判手続で処理した場合

　家庭裁判所に訴訟事項が家事審判事件として申し立てられたとき，その処理が問題となる。その申立てを受けた裁判所が，誤ってそのまま裁判（審判）をしたときはどうなるのか。家庭裁判所が訴訟事項を審判手続で裁判した場合には，その裁判は無効である[1]。この場合は，たんに違式の裁判というにとどまらず，権利または法律関係の終局的確定が非訟手続によってなされたのであるから，裁判を受ける権利の侵害となるからである[2]。まさに訴訟と非訟の限界に関する問題領域では，常にこの問題が登場し，たとえば具体的相続分の確認が訴訟事項であるか否かという議論も，この観点からきわめて重要な意味を有するのである（第2章2・2(4)3)参照）。

(2)　家事審判事件を地方（簡易）裁判所が訴訟手続で処理した場合

　家事手続法に定める事件が地方（簡易）裁判所に訴訟事件として申し立てられたときは，地方裁判所（簡易裁判所）はこれを審理することができないから不適法として却下しなければならない[3]。家事審判事件を地方（簡易）裁判所が訴訟手続で処理した場合には，職分管轄を侵害した裁判が違式により丁寧になされたにすぎないことになるから，当然無効ではなく有効と解すべきであるとする有力説がある[4]。さらにこの見解は，この裁判に対しては上訴することができ，上級裁判所は手続違背または管轄違背を理由に取り消すことができるが，移送の裁判はすることができないとする。しかし，訴訟手続と家事審判手続の比較では手続の公開の要否といった差異だけでなく，主張立証責任の存否，弁論主義の適用による裁判の基礎の収集等に質的な差異もあるために，この見解には疑問があるというべきであろう[5]。とくに一

---

(1)　鈴木忠一「非訟事件における裁判の無効と取消・変更」同『非訟事件の裁判の既判力』（1969）74頁。

(2)　これに対して，非訟事件（家事審判事件）を担当する裁判官が，訴訟事件の裁判をしても訴訟手続に従ってする限りその裁判は有効とされる。鈴木（忠）・前掲注(1)非訟事件の裁判の既判力74頁。

(3)　最判昭和42（1967）・2・17民集21巻1号133頁，最判昭和43（1968）・9・20民集22巻9号1938頁。

(4)　鈴木（忠）・前掲注(1)非訟事件の裁判の既判力75頁。

(5)　岩井俊「家事審判の手続に関する審判例」栗原平八郎＝太田武男編『家事審判例の軌跡(2)』（1995）32頁。

般公開の下で審理・判断された場合には，家事手続33条の趣旨から手続は違法で無効と解するべきであろう（なお，第6章第3節1参照）。

3 土地管轄

1 意 義

　土地管轄は，所在地を異にする同種の裁判所の間で，同じ職分の分担に関する定めである。ある事件がどの裁判所の管轄区域と密接な関係を有するかを基準として定められる。家事手続法は管轄に関する一般的な原則を定めることがなく，各審判事件につき個別に定めることにしている。総則においては，その定めによって管轄裁判所が定まらない場合の規律，優先管轄および管轄違いの場合の移送等を扱っているにすぎない[6]。

2 住所地・居所地を基準とする土地管轄

　家事審判事件の管轄裁判所は，相続関係等の事件を除くと，ほとんどは事件本人（審判の効力を受ける者，審判の実質的な名宛人。後見開始決定により成年被後見人となるべき者など），身分関係の当事者，あるいは被相続人等の住所地（あるいは従前の住所地）を基準として定まる。家事事件の管轄が住所により定まる場合に，日本国内に住所がないときまたは住所が知れないときは，その居所地を管轄する家庭裁判所の管轄に属し，日本国内に居所がないときまたは居所が知れないときは，その最後の住所地を管轄する家庭裁判所の管轄に属する（家事手続4条）。

3 管轄権を有する家庭裁判所の特則

　家事手続法の規定によって家事事件の管轄が定まらないときは，その家事事件は，審判または調停を求める事項にかかる財産の所在地または最高裁規則で定める地を管轄する地の家庭裁判所の管轄に属する（家事手続7条）。この定めは，管轄裁判所がどこにも定まらない事態が生じることを防止するために置かれている。旧法の下では，旧家審法7条による旧非訟法2条の準用

---

[6]　旧家審法自体は管轄について旧非訟法を準用しつつ，個別事件の管轄はすべて規則の定めに委ねていた。他の手続法がすべて法律によって管轄の規律をしていたのに比べて際立った差異を示しており，旧家審法の立法者自身が「法律事項の疑いがある」ことを認識していた（「家事審判法質疑応答資料」堀内節『家事審判制度の研究』（1970）433頁参照）。家事手続法によってようやくこの状態が改善された。

第5章　家事審判手続　　171

によって対応していた。旧非訟法2条では住所または居所を基準として管轄
裁判所が定まらない場合の対応を定めていたが，家事事件では相続の開始地
(191条1項参照)を基準とすることもある。そこで家事手続法7条は，より
広く「事件の管轄が定まらないとき」としている。住所地または居所地を基
準として管轄裁判所が定まらない場合については同4条で定めているから，
同7条が問題になる具体的な場合としては，①不在者の財産管理事件におい
て不在者の従前の住所地または居所地が不明であるとき(同145条参照)，②
遺産分割の審判事件において相続開始地が外国であって管轄裁判所がないと
き(同191条1項)などである[7]。

　上記のように管轄裁判所が定まらないときは，「審判または調停を求める
事項に係る財産の所在地または最高裁判所規則で定まる地を管轄する家庭裁
判所」に管轄がある。「審判または調停を求める事項」とは，当該の家事事
件において審理される対象をいう。また財産の所在地の判断については，民
訴法5条4号の「財産の所在地」の解釈による[8]。家事手続規則6条は，法
7条で定める地は東京都千代田区とすると定める。

4　合意管轄

　家事審判事件の管轄は，事件の公益性や裁判所の後見的関与を前提として，
各事件につき事件の性格，事件の解決のために最適と認められる地で審理さ
れるべきであるとの考慮から，個別の事件ごとに定められている。このため
法律による管轄の定めは専属的であると解されている。それゆえ，他の申立
てによって管轄裁判所を創設することになる併合管轄も認められていない[9]。

　もっとも旧法時においても家事調停については，別表第2に掲げる事項に
相当する乙類審判事項の調停について合意管轄が認められていた(旧家審規
129条1項)。家事手続66条1項は，調停をすることができる事項について
の家事審判事件(別表第2に掲げる事項)については，当事者が自らの意思
により自らの権利または利益を処分することができること，別表第1に掲げ
る事項ほどに公益性が強いとはいえないことから，管轄裁判所を合意するこ
とができると定めている[10]。その合意は，「この法律の他の規定により定め

---

(7)　金子・逐条解説14頁。

(8)　金子・逐条解説15頁。

(9)　金子・一問一答62頁。

(10)　金子・一問一答62頁，119頁。

る家庭裁判所のほか，当事者が合意で定める」としていることから明らかなように，いわゆる付加的合意管轄のみが認められており，専属的合意管轄は認められない。

たしかに別表第2に掲げられる事項の審判事件は，当事者間で協議により定めることができるから，管轄裁判所を合意することにしても格別の支障はないとも考えられる。しかし別表第2第3項に定める子の監護に関する処分および第8項に掲げる親権者の指定・変更の審判は，当事者となる親の利益よりも子の福祉・利益が優先し，管轄裁判所も子の住所地を基準として定められていることからすると，この事件についても合意管轄を認めることは疑問である[11]。

管轄の合意には民訴法11条2項，3項が準用される（家事手続66条2項）から，対象となる法律関係を特定し，かつ書面でしなければならない。また管轄の合意がある場合でも，家庭裁判所は手続が遅滞することを避けるため必要があると認めるとき，その他相当と認めるときは，他の家庭裁判所に移送することができる（同9条2項1号）。

5 応訴管轄

家事審判事件においては応訴管轄は認められない。家事審判については本案に関する相手方の応訴の意味が明確でないこと，審問期日を開くかどうか裁判所の判断に委ねられ，相手方のいかなる行為を応訴と評価するのが困難である等の事情があるからである[12]。別表第2に掲げる事項の審判事件については合意管轄を認めているから，これとの均衡上応訴管轄を認めることも理論上はあり得る。しかし家事事件の管轄は公益性等を理由に専属的とされているのであるから，答弁書等の提出等の手続行為を管轄の合意とみて管轄を発生させることはできないと解すべきである[13]。

6 優先管轄

(1) 趣　旨

家事手続5条は，「二以上の家庭裁判所が管轄権を有するときは，家事事件は，先に申立てを受け，または職権で手続を開始した家庭裁判所が管轄す

---

[11]　同旨，高田編・家事事件手続法38頁〈山本克己発言〉。

[12]　旧法時にもそのように解されていた。注解非訟法9頁〈三井哲夫〉。金子・逐条解説227頁。

[13]　本書旧版・127頁。

る」と定める。この考え方を優先管轄という。同一事件について複数の土地管轄のある裁判所が競合する場合に，管轄の競合に関する争いを避け，管轄の競合から生ずる重複した審理および矛盾する判断を避けるためにこの規定が置かれている[14]。

家事手続法は，それぞれの事件ごとに管轄裁判所を定めているため，土地管轄の競合は生じないように見えるが，土地管轄が当事者や事件本人の住所によって定まる場合（たとえば親権に関する167条，扶養に関する182条など）には，このような事態が生じるし，一人についても複数の住所を考えることができる。住所は住民票と常に一致するわけではない。別居している夫婦についても，すでに生活の本拠が別になっていると認められるときは，住所は別になる。

(2) **効 果**

これに該当する場合には，最初に申立てを受け，あるいは職権で手続を開始した家庭裁判所にだけ管轄権が認められ，他の裁判所の管轄権は消滅する。後に別の裁判所に申立てがなされたときは，管轄のない裁判所に申し立てられたことになるから，家事手続9条1項により優先管轄のある裁判所に移送しなければならない。その上で最初に申立てを受けた裁判所が併合審理することになる。

優先管轄の定めと移送の制度は関係がない。それゆえ最初に事件の申立てを受けた裁判所が審理を進めるのに適当でないと認め，家事手続9条2項の要件が満たされていると認めるときは，事件を移送することができる。

7 管轄裁判所の指定

(1) **趣 旨**

管轄裁判所が法律上または事実上裁判権を行うことができないとき（家事手続6条1項），または裁判所の管轄区域が明確でないため管轄裁判所が定まらないとき（同2項）は，直近上級の裁判所が申立てによりまたは職権で管轄裁判所を定める。これを管轄裁判所の指定という。このような状態にあるときは裁判を行うことができないために当事者に不利益を生じさせるから，

---

[14] 旧家審法7条により優先管轄を定めた旧非訟法3条が準用されるかについて，通説はこれを肯定していた（市川・家事審判法22頁，注解家審規25頁〈篠清〉，本書旧版・127頁）が，家審法講座第1巻40頁〈綿引末男〉はこれを否定し，また東京高決昭和29（1954）・5・26東高民時報5巻5号118頁も否定説に立っていた。

第1編　家事審判

上級の裁判所が管轄裁判所を定めることにしている。

⑵　要　件

　管轄裁判所が指定される場合は二つである。第一に家事手続6条1項が定めるのは，裁判官の除斥・忌避等のために法律上裁判を行うことができないか，裁判官が全員病気等で事実上その職務をとれないときである。第二は，裁判所の管轄原因の所在地は明確であるが，管轄区域の境界がはっきりしないため，その地点がどの管轄区域に属するか分からない場合のように管轄裁判所が定まらない場合である。管轄区域の境界は明確であるが，管轄原因の認定が困難でその所在地点が不明確な場合もここに含められる[15]。

　管轄裁判所の指定は，土地管轄についてのみ行われる。当該の事件につき家庭裁判所が職分管轄を有するか否かという問題には適用されない。

⑶　管轄裁判所の指定の手続

　上記⑵に該当するときは，当事者の申立てまたは職権によって，直近上級裁判所（2項の場合は関係のある裁判所に共通する直近上級裁判所）が管轄裁判所を定める裁判をする（家事手続6条1項，2項）。家事事件の中には職権で立件し手続を開始しなければならない事件がある（たとえば民法843条1項による後見人の選任）ため，職権によっても管轄裁判所を指定することができる。

　管轄裁判所を定める裁判に対しては不服を申し立てることができない（家事手続6条3項）。申立てを却下する裁判に対しては即時抗告はできないが，特別抗告，許可抗告は可能である。直近上級裁判所が高等裁判所または最高裁判所になることがあり，高等裁判所の裁判に対しては即時抗告ができないためである（裁判所7条2号参照）。

4　管轄の標準時

　民事訴訟法には，管轄は訴えの提起のときを標準として定まるとの規定がある（民訴15条）。その意味は，このときに管轄の原因が認められれば，そ

　⒂　金子・逐条解説12頁。民訴法10条でも同様に解されている。新堂幸司『新民事訴訟法（第5版）』（2011）117頁。旧家審法7条は旧非訟法4条1項を準用していたが，同規定は数個の裁判所の土地管轄について疑いがあるときの指定管轄のみを定めていた。法律上または事実上裁判権を行使することができない場合については，民訴法の規定を準用すると解されていた。新非訟法7条1項は家事手続と同様に改正されている。

第5章　家事審判手続　　175

の後に管轄を定める事実関係に変動があっても管轄に影響を及ぼさないことである。移送の問題が残るだけである。

　旧家審法にはこの定めを欠いていたが，民訴法の規定が準用されると解されていた[16]。家事手続8条はこの旨を明文で定めることにした。管轄の標準時となるのは，①家事審判または家事調停の申立てがあった時であり，②職権によって開始される事件につては家庭裁判所が家事事件として立件した時である。家事調停が不調になり家事審判に移行する時（家事手続272条4項），訴訟または家事審判から家事調停に付された時（同274条1項）も，それぞれ管轄の標準時である。

5　回　付

　地方裁判所・家庭裁判所の支部，出張所の管轄は，家事手続法のいう管轄ではなく，たんに裁判所内部の事務分配にすぎない。支部等は本庁と独立した管轄権をもつのではなく，本庁は支部等の管轄区域内の事件についても管轄権をもつとともに，支部等もまた本庁の管轄区域内の事件についても管轄権をもつ。このような本庁と支部，支部と支部の間での事件のやり取りは移送ではなく，司法行政処分としての回付と呼ばれる。事実上のものであり，移送ではないとされる[17]。最判昭和41（1966）・3・31判時443号31頁は，「事件を地方裁判所本庁において審理するか或いは支部において審理するかは，地方裁判所内部の事務分配に関する事項であって，訴訟法上の問題ではない」とし，支部で審理すべき事件を本庁で審理しても専属管轄違反にはならないとする。また刑事事件についてであるが，最判昭和44（1969）・3・25刑集23巻3号212頁は，回付に関しては不服申立てができないとする。家庭裁判所に属する家事事件についても同様に解される。

6　家事審判事件の国際裁判管轄

1　意　義

　具体的な例を挙げよう。日本に住所を有する外国人であるA・B夫婦がともに交通事故で死亡し，その未成年の子Cが残された場合に，日本の家庭

---

　[16]　本書旧版・128頁。

　[17]　兼子一＝竹下守夫『裁判法（第4版）』（1999）182頁，注解家審規27頁〈篠〉。

裁判所はCに対して未成年後見人を選任することができるか。また未成年の子Cがいない場合に，日本の家庭裁判所はA・Bの遺産につき管理人を選任することができるか。家事事件における国際裁判管轄はこの例に示されるように，外国と関係する事件においていかなる国において手続が遂行されるかを定める問題である。国際裁判管轄は，原則として当該の事件にいかなる国の法律が適用されるかとは別個の問題である。事件につき日本法あるいは外国法が適用されるかは法適用通則法が定めている。

2　国際裁判管轄の定まり方

(1)　法律の定め

法律上に定めがあればそれによって国際裁判管轄がさだまる。家事手続法にはこれに関する定めを欠いているが，法適用通則法が断片的であるが国際裁判管轄を定めていることがある。同法5条は成年後見開始，同6条は失踪の宣告，同35条は後見人選任等の審判について定めている。

(2)　法律に定めのない場合

法律で国際裁判管轄が定まらない場合には，条理に従い公平の観点から解釈によって決定するしかない。家事手続法はきわめて多様な事件を対象としているうえ，実体法との結びつきが民事訴訟に比べて格段に強い。家事事件の多くは実体法の要求の実践手続であるといった側面が特徴的である。また別表第1に掲げる事項は，相手方の存在を予定せず，審判の効力を受ける者等への裁判所の後見的関与という性格が強い。後見人の選任や財産の管理等の措置の必要に基づく処分などである。これに対して別表第2に掲げる事項の審判手続では，相手方が存在し，当事者の対立的関係が生じており，これを手続に反映させる必要がある。

こうした家事事件の特徴から，以前においては準拠法と国際裁判管轄を一致させるとする考え方が支配的であった（これを「併行理論」または「併行主義」という）が，例外を認めなければならない場合もあり，ドイツ家事事件および非訟事件手続法（FamFG）はこの原則を採用しないことを明らかにしている[18]。家事事件に関する国際裁判管轄を考えるうえで，一般的にいえば，当事者（事件本人）の住所地（常居所地），財産の所在地，裁判所による事実調査の必要性（当事者，事件本人等の環境調査や証拠の所在地），緊急の措置を講じる必要性（本来の管轄裁判所の手続をとることができない事情）等の要素が重要な意味をもつ[19]。そのようにして，当該事件について国内裁判管轄の

第5章　家事審判手続

規律から日本に管轄が認められる場合には，原則として日本の国際裁判管轄が認められ，また当該事件の準拠法が日本法となる場合にも原則として日本の国際裁判管轄が認められるが，事件類型の手続的な要素や緊急の保護の必要性が考慮される。とくに財産管理事件においては財産の所在地，身分関係においては対象となる当事者の住所地・居所地，国内における保全的措置の必要性，本来の管轄地で裁判を求めることができない緊急性などが考慮される[20]。

このようにして，不在者の財産管理事件では財産管理の実効性，財産の臨時的保全措置の必要性から財産所在地の国際裁判管轄が認められる[21]。限定承認・相続放棄の申述，相続人不存在の場合の財産管理人選任，遺言執行者選任事件でも同様である[22]。これに対して養子縁組事件においては，子の福祉を図るための要保護性あるいは養親の適格について実質的に審理できることが重要であることから，養親または子の住所地・常居所地の裁判所に国際裁判管轄が認められるのが原則である[23]。未成年後見についても同様である[24]。詳細については該当の事件ごとに説明する。

---

[18]　併行理論というのは，国際裁判管轄を定めるについて，国内の裁判所は準拠法が国内法である場合にのみ管轄権を有するとする考え方である。ドイツ法において長く支配的であったが，例外を認めなければならない場合が多く，FamFG 第105 条は，「この法律によるその他の手続において，ドイツの裁判所は，ドイツの裁判所が土地管轄を有する場合に管轄を有する」として併行理論を採用せず，一般的に土地管轄に基づいて国際裁判管轄を導くという考え方を明文で定めた。わが国では今日では併行理論をとる者はほとんどいないとされている（溜池良夫『国際私法講義（第 3 版）』(2005) 261 頁以下参照）。わが国でも法制審議会国際裁判管轄法制部会が平成 27 (2015) 年 2 月 27 日に「人事訴訟事件及び家事事件の国際裁判管轄法制に関する中間試案」およびその補足説明を公表している。（法務省 HP，家庭の法と裁判 2 号 (2015) 143 頁)。

[19]　山本和彦「国際非訟事件裁判管轄について」谷口安平先生古稀祝賀『現代民事司法の諸相』(2005) 663 頁以下。

[20]　山本（和）・前掲注[19]現代民事司法の諸相 666 頁。

[21]　本書Ⅱ・137 頁参照。

[22]　本書Ⅱ・328 頁，347 頁，390 頁。

[23]　本書Ⅱ・236 頁。山本（和）・前掲注[19]現代民事司法の諸相 670 頁。

[24]　本書Ⅱ・272 頁。

7 移送および自庁処理

1 総 説

ある裁判所にいったん係属した家事審判事件をその裁判所の裁判によって他の裁判所に係属させることを移送という。手続中に審理を担当する裁判所が変更されることになる。移送には管轄違いに基づくものと遅滞を避けるためのものが区別される（家事手続9条1項, 2項）。家事審判事件は先に述べたように原則として専属管轄とされ, また応訴管轄が生じないから管轄違いによる移送がなされる。また優先管轄が生じた後に移送されることがある（同2項1号）。

ところで旧非訟法および旧家審法自体には, 移送についての一般的な定めを欠いていた。旧家審規4条が管轄違いの移送を定めていたことが特別の定めとされ, 旧家審法7条による旧非訟法3条の準用が否定されていた[25]。このことから解釈上若干の不明確な状況を生じていたが, 家事手続法は移送に関する一般的な定めを置いた。以下, 管轄違いによる移送および遅滞を避けるための移送の順に説明する。

2 管轄違いによる移送

裁判所は家事事件の全部または一部がその管轄に属しないと認めるときは, これを他の裁判所に移送することができる。移送先の裁判所は本来の管轄裁判所または管轄権を有しない裁判所である（家事手続9条1項本文）。管轄違いは土地管轄および職分管轄について生じる。以下に述べるとおり, 移送はこれによっても事件の性質を変更しない場合に限って認められると解される。

(1) 管轄裁判所への移送

家庭裁判所は, 家庭事件の全部または一部がその管轄に属しないと認めるときは, 当事者の申立てまたは職権で, これを管轄裁判所に移送することができる（家事手続9条1項本文）。旧法の下では当事者には移送申立権が認められていなかった[26]。当事者は本来の管轄裁判所で審理を受ける利益を有することから, 家事手続法は当事者の移送申立権を認めることにした[27]。

管轄違いを理由として移送申立てをするには, 期日においてする場合を除

---

[25] 注解家審法79頁〈菊池信男〉, 注解家審規25頁〈篠〉。

[26] 本書旧版・131頁参照。

[27] 金子・一問一答61頁, 金子・逐条解説17頁。

第 5 章　家事審判手続　　179

いて書面でしなければならず，申立ての理由を明らかにしなければならない（家事手続規則 7 条）。民訴規則 7 条と同趣旨の定めであり，申立ての有無，内容を明確にしておくためである[28]。管轄違いを理由として，管轄権のある裁判所への移送を裁判する場合には，当事者の意見を聴取することは必要的とはされていない（家事手続規則 8 条参照）。しかし移送するか自庁処理をするかの選択があり得るから，移送の裁判をする前に自庁処理の裁判をすべき旨の職権発動を促す機会を与えることが適当であろう。

　移送の裁判，移送の申立てを却下する裁判に対しては即時抗告をすることができる（家事手続 9 条 3 項）[29]。また移送の裁判に対する即時抗告は執行停止の効力を有する（同 4 項）。移送の裁判に対して即時抗告を認めるのは，移送の裁判が出頭や資料の収集という当事者の手続行為に重大な影響を与え，また移送申立てを却下する裁判は当事者に対し管轄裁判所での審理を受ける権利を保障するためである[30]。

(2)　管轄権のない裁判所への移送

　家庭裁判所は家事事件の全部または一部がその管轄に属しないと認めるときであっても事件を処理するために特に必要があると認めるときは，職権で本来管轄権を有しない家庭裁判所に移送することができる（家事手続 9 条 1 項ただし書き）。旧家審法 4 条 1 項ただし書きの定めを引き継ぐものである。本来の土地管轄の定めによれば，当事者にとって不便である，当事者の年齢・健康ないし経済力等を比較してその一方に著しい負担を強いることになるなど家事事件の処理の必要性，適切性が法定管轄よりも重視されている[31]。さらに家庭裁判所や家裁調査官による当事者・事件本人等の審問や事実調査，調整活動等の要因も移送の判断にとって重要な意味を有する。

　この移送については当事者の申立権は認められていない。管轄権を有しない家庭裁判所における審理はあくまでも例外的な措置であって申立権を付与

---

(28)　条解家事手続規則 22 頁。

(29)　旧法の下では移送の申立権が認められていなかったため，たとえ当事者から移送の申立てがあっても移送却下の審判は必要でなく，不服申立ても認められないとするのが実務の立場であった（注解家審規 31 頁〈篠〉，実務講義案 41 頁）。この点は法改正によって根本的に改められた。

(30)　金子・逐条解説 23 頁。

(31)　注解家審規 27 頁〈篠〉。

するのは相当でない[32]が，裁判前に当事者および利害関係参加人の意見を聴取することができる（家事手続規則8条2項）。移送の裁判に対しては即時抗告が認められている（家事手続9条3項）。

3 遅滞を避けるための移送

　家庭裁判所は，当該家事事件につき管轄権を有する場合であっても，遅滞を避けるために必要があると認めるとき，または相当と認めるときは，家事手続5条の定めにより管轄権を失った家庭裁判所に事件の全部または一部を移送することができる（同9条2項1号）。管轄裁判所が複数ある場合に，優先管轄を生じた裁判所よりも管轄権を失った裁判所の方が事件の当事者，利害関係人にとって便宜であり，また裁判所の調査や家裁調査官の調整活動にとって便宜であると認められる場合がこの移送に該当する。この移送については当事者の申立権は認められていない。移送の裁判に対しては即時抗告をすることができる（同9条3項）。

　また家庭裁判所は事件を処理するために特に必要があると認めるときは，他の適当と認める裁判所に事件の全部または一部を職権によって移送することができる（同9条2項2号）。この移送についても当事者には申立権が認められていない。家事手続9条2項による移送は，管轄ある裁判所から管轄のない裁判所への移送であって例外的であり，この要件をめぐる争いにより手続が遅滞することを防止するためである[33]。移送の裁判に対して当事者は即時抗告をすることができる（同3項）。

4 移送の裁判

　移送の裁判が確定すると，家事審判は初めから移送を受けた裁判所に申し立てられたものとみなされる（家事手続9条5項による民訴22条3項の準用）。

　移送の裁判は移送を受けた裁判所を拘束し，移送を受けた裁判所はさらに事件を他の裁判所に移送することができない（民訴22条1項，2項の準用）。もっとも移送の裁判の確定後に生じた新しい事由に基づいて再移送をすること，移送された事由とは別の事由に基づいて再移送することは妨げられない[34]。

---

[32]　金子・逐条解説19頁。

[33]　金子・逐条解説22頁。なお旧法下において，旧家審規4条2項の「事件を処理するために適当である」と認める事由の有無を審理判断する必要がある旨を示したものとして，東京高決平成21（2009）・4・24家月61巻12号63頁がある。

8　自庁処理

1　これを認める趣旨

　家庭裁判所は，その管轄に属しない事件について審判または調停の申立てを受けたときは，手続法一般の原則に従い，これを管轄裁判所に移送する。しかし家事事件ではその処理のために特に必要であると認めるときは，管轄権がなくても自らこれを処理することができる（家事手続9条1項ただし書き）。これを自庁処理という[35]。

　一般的には本来の土地管轄の定めによれば，申立人・相手方の双方にとって不便であるとか，当事者の経済力を比較してその一方に著しい負担を強いることになるなど，土地管轄の原則から離れても自ら処理することが事件の適正な処理のために必要であることが，自庁処理を認める理由である[36]。

2　自庁処理の要件

　自庁処理ができるのは，裁判所が「事件を処理するために特に必要があると認める」ときである。管轄裁判所での審理が原則であるが，当該事件の内容，当事者の状況，管轄権のない裁判所に申し立てられた経緯等を総合的に判断することになる。そこで，たとえば申立人の勤務の都合上または身体上の障害により相手方の住所地の裁判所に出頭することが困難である事情，子の監護に関する処分（養育費請求等）で調停では相手方の住所地の家庭裁判所が管轄裁判所であるが，審判に移行すると事件本人である子の住所地の家庭裁判所となるときで調停を行った裁判所がそのまま審判をする場合[37]，合

---

(34)　兼子一原著『条解民事訴訟法（第2版）』（2011）134頁〈新堂幸司＝高橋宏志＝高田裕成〉，金子・逐条解説27頁。旧法の下ではこのことを定めた明文規定を欠いていたうえ，家事事件の性格上管轄の規律が比較的緩やかであり，事件の特性に応じた合目的的処理を広く許していることを根拠として再びもとの裁判所に移送した審判例があり（東京家審昭和46（1971）・4・26家月24巻5号63頁），学説もこれを支持していた（市川・家事審判法26頁，山木戸・家事審判法32頁，家審法講座第1巻40頁〈綿引〉，注解家審規26頁〈篠〉）。拘束力を認める見解は少数であった（鈴木忠一「非訟事件に於ける裁判の無効と取消・変更」同『非訟事件の裁判の既判力』（1969）80頁）。家事手続9条5項はこの点を立法的に解決したといえる。

(35)　民訴法16条2項，人訴法6条にも同趣旨の規定がある。

(36)　注解家審規27頁〈篠〉，金子・逐条解説18頁。

(37)　大阪家審昭和51（1976）・6・4家月29巻6号50頁。

意管轄で調停を行っていたが不調となり審判に移行する場合，あるいは以前に関連する事件を処理して事情が理解されている場合などが考えられる。

3　自庁処理の手続と不服申立て

家庭裁判所が自庁処理をするための定めは，旧法の下では存在しなかった。また実務上は審判をすることなく処理していると指摘されていた[38]。これに対して家事手続法は明文規定を置くに至った。家事手続9条1項ただし書きによれば，自庁処理は裁判所の職権によってなされる。当事者に申立権は認められていない。家事手続規則8条1項によれば，自庁処理をするためには，当事者および利害関係人の意見を聴かなければならない。書面または電話による意見照会で足りるが，この際移送申立てが可能であることを教示することが望ましい[39]。自庁処理をするについては裁判書は作成されないが，法律関係を明らかにするために日付と裁判内容を調書に記載することが望まれる（家事手続規則25条）。自庁処理の裁判に対しては不服申立てができないうえに，自庁処理の裁判がなされるともはや管轄違いの主張ができなくなるからである[40]。

自庁処理の裁判に対しては不服申立てが許されないが，自庁処理に不満のある当事者は移送の申立てをすることになる。自庁処理を相当として申立てを却下する裁判に対しては不服申立てができる（家事手続9条3項）。この中で自庁処理の不当性を争うことになる[41]。

---

(38)　注解家審規28頁〈篠〉。

(39)　条解家事手続規則25頁。

(40)　人訴法6条ただし書きによれば，人事訴訟において自庁処理は申立ないし職権によってなされ，申立てを却下する裁判に対しては申立人が不服申立てできると解されている（野田愛子＝安倍嘉人監修『改訂人事訴訟概説』（2007）82頁〈都築民江〉）が，家事手続法では同趣旨の定めでありながら当事者の申立権を否定している。この差異に合理的な理由があるかは疑問である。

(41)　金子・逐条解説25頁。仙台高決平成26（2014）・11・28家庭の法と裁判5号112頁は，原裁判所が自庁処理をすることなく職権により相手方住所地の管轄裁判所に移送したことが，原裁判所の裁量権の逸脱または濫用として原決定を取り消した例である。

9 家庭裁判所・地方裁判所間の移送

1 訴訟事件と家事審判事件

(1) 問題の所在

　家事審判事項が訴訟事件として地方裁判所（簡易裁判所）に提起された場合，あるいは訴訟事項が審判事件として家庭裁判所に申し立てられた場合など，申立てを受けた裁判所は裁判権を有しない（上記2・2参照）。これらの場合にそれぞれの裁判所は，事件を管轄ある裁判所に対して移送することができるか。民訴法16条1項，家事手続9条1項は，訴訟事件と非訟事件である家事審判事件との関係でも適用されるかが問題となる。

　旧家審法の立法担当者自身はこれについて必ずしも消極的ではなかった。すなわち「家事審判法質疑応答資料」によれば，立法担当者は「家事審判所以外の裁判所は，家事事件の審判又は調停について管轄権を有しないから，民事訴訟法（旧）30条に従い，事件を家事審判所に移送すべきである」と考えていた[42]。家事審判所がその管轄に属しない事件の申立てを受けた場合も同様であるとしている。しかしその後の学説では，消極説が有力となり，最高裁も消極的な立場に立つことを明らかにし，これに対して積極説に立つ学説が主張され，今日に至っている[43]。

(2) 判 例

　最高裁は一貫して移送を否定する。まず①最判昭和38（1963）・11・15民集17巻11号1364頁では，国を被告として準禁治産宣告取消しを求める訴えが地方裁判所に提起された事件につき，「民訴（旧）30条（現行16条）は，……訴訟事件についての移送に関する規定たるにとどまり，原則として，移送された訴訟事件が移送された裁判所において訴訟手続によって処理されることを前提としている」として移送を否定した。②最判昭和44（1969）・2・20民集23巻2号399頁においては，離婚および離婚反訴事件において，この訴えには併合・附帯申立てをすることができない婚姻費用分担および子の養育料の請求が附帯して申し立てられていたところ，地方裁判所がこの附帯請求について裁判権を有しないとすれば，これを家庭裁判所に移送すること

---

[42] 堀内・家事審判制度の研究429頁。

[43] 梶村太市『新版実務講座家事審判法』（2013）70頁は，家事手続法が積極説を採用したものであるというが，その理由は示されていない。

ができるかが問われたが，最高裁は乙類審判事件（別表第2に掲げる審判事件）についても前記①の場合と別異に解すべき理由はないとして，その移送を許さないとした。③最判昭和58（1983）・2・3民集37巻1号45頁では，人訴法旧15条1項（現行32条1項）により離婚の訴えに附帯してなされた財産分与の申立てが，離婚の訴えが当事者の協議離婚の成立によって訴訟係属を失ったときは，もはや当該訴訟手続内で審理することはできず，不適法として却下され家庭裁判所への移送も否定されるとした。

　また④最判平成5（1993）・2・18民集47巻2号632頁は，家庭裁判所が扱う請求異議の訴えの変更と移送に関する問題を扱う。この事件はもとの妻（Y）が家事審判の執行力のある正本に基づいて，もとの夫（X）が第三債務者に対して有する賃料請求権の差押命令を得てすでにその債権の全額を取り立てているにもかかわらず，さらに差押命令を得たので，XがYを相手方として家庭裁判所に請求異議の訴えを提起した（民執35条）。その後Yが取立てを完了してしまったので，XはYの同意を得て訴えを不法行為による損害賠償請求に変更した。本件訴えの変更の許否および家庭裁判所から地方裁判所への移送について，最高裁は，「家庭裁判所における請求異議の訴えの審理は民事訴訟法によってなされるのであるから，右請求異議の訴えの審理中に民訴訟232条（現行143条）により訴えの交換的変更の申立てがなされた場合には，家庭裁判所は受訴裁判所としてその許否を決める権限を有し，訴えの変更の要件に欠けるところがなければ，これを許した上，新訴が家庭裁判所の管轄に属さない訴えであるときは同法30条1項（現行16条1項）により，新訴を管轄裁判所に移送すべきものと解するのが相当である」とした。

　上記③については，人訴法36条によって立法的な解決が図られた。すなわちこの場合において，「すでに附帯処分の申立てがなされているときであって，その附帯処分に係る事項がその婚姻の終了に際し定められていないときは，受訴裁判所は訴訟事件の係属が終了した後においても，家事審判事項の裁判権を失わないとして解決を図ったのである」[44]。

(3)　学説の状況

　上記(2)①②のように，地方裁判所から家庭裁判所への移送について，学説は分かれている。この点に関する議論はほとんど進展が見られない。判例と同様に民訴法16条1項に定める移送は，通常裁判所間における定めである

第5章　家事審判手続

とする。とくに移送を認めた場合に生ずる手続上の困難（相手方の手続上の地位，申立書の様式の差異，手続費用等）が指摘される。実務家に支持者が多い[44]。これに対して学説上はむしろ肯定説が多数である。地方裁判所と家庭裁判所はいずれも民事裁判権を行使し，両者の間の区別は裁判所内の権限の分掌の定めの差異にすぎないこと，移送を同種の手続の裁判所に限定すべき要請もなく，当事者に生じる時効中断，期間遵守の利益を守り，申立てをし直すことによる費用，労力を節約するためにも移送を肯定すべきであると主張する[46]。またいわゆる真正争訟事件（別表第2に掲げる審判事件が考えられている）に限っては，移送を認める見解もある[47]。どのように解すべきか。

　平成8（1996）年民訴法改正，平成23（2011）年家事事件手続法制定に際して変更が加えられず，平成15（2003）年人訴法制定時に，上記(2)③についてのみ改正が施されているにすぎないことに鑑みると，実務は最高裁の判例に従い移送を認めない立場で統一されている[48]。しかし理論的にみて積極説を支持すべきである。この立場から実務の改善を求めていくべきであろう。地方裁判所から家庭裁判所への移送に伴って生じる相手方の地位の問題は，

---

(44)　小野瀬厚＝岡健太郎『一問一答新しい人事訴訟制度』（2004）162頁。なお，新堂幸司『新民事訴訟法（第5版）』（2011）125頁は，「人事訴訟法の制定により家事事件については訴訟事件も家庭裁判所に移管したので，この種の問題はほとんど生じなくなったと考えられる」というが，訴訟と家事事件間の移送の許否の問題が原理的に解決をみたわけではない。訴訟事件として提起された事件（たとえば具体的相続分の確認）を家事事件として移送できるかといった問題はなお残されている。

(45)　奈良次郎『最判解説民事昭和38年度』（1964）316頁，柳川俊一『最判解説民事昭和44年度（上）』（1970）62頁，鈴木（忠）・前掲注(1)非訟事件の裁判の既判力17頁，注解家審規29頁〈篠〉，宮井忠夫・判批・同志社法学15巻6号（1964）78頁。

(46)　中村英郎・判批・判例評論69号（1964）35頁，石川明・判批・判例評論294号（1983）204頁，山木戸克己『民事訴訟法判例研究』（1996）7頁，13頁，鈴木正裕・判批・民商法雑誌62巻1号（1970）74頁，林順碧・判批・法学協会雑誌88巻4号（1971）491頁，紺谷浩司・判批・広島大学政経論叢19巻2号（1969）77頁など。

(47)　岨野悌介「非訟事件の移送」鈴木忠一＝三ケ月章監修『実務民事訴訟講座第7巻』（1969）58頁，梶村太市「家裁・地裁間での事件移送の可否」判タ1100号（2002）571頁。

(48)　金子・逐条解説20頁も移送によって対処することは想定していないという。

別表第 2 に掲げる審判事件では大きな問題とならないし，別表第 1 に掲げる審判事件でも移送の裁判に対する即時抗告の中でその利益を主張する機会を与えられる[49]。手続の種類の差異は，移送後に審理がやり直されることから移送を否定する根拠にはならない。移送を肯定すると事件の性質を変えてしまうことになるが，明文規定はないのに移送という概念で律することはできないとの議論[50]に対しては，その差異は裁判所内部の問題であって移送しないことによる不利益を国民に負わせるべきではないと反論することができる[51]。

2 民事非訟事件と家事審判事件

家事審判事件が地方（簡易）裁判所に非訟事件として申し立てられたとき，あるいは民事非訟事件として家庭裁判所に申し立てられたとき[52]，それぞれ管轄権を有する裁判所に移送することができるかという問題がある。ともに非訟事件とされる民事調停と家事調停については，明文規定によって移送が認められている（民調 4 条 1 項，家事手続 246 条 1 項，2 項）。それ以外の事件については，非訟事件同士なので同質性があるとして移送を肯定する見解が旧法下では有力であった[53]。この見解を支持してよい。家事手続法の下でも同様に解される[54]。

---

[49]　林・前掲注[46]法学協会雑誌 88 巻 4 号 490 頁，鈴木（正）・前掲注[46]民商法雑誌 62 巻 1 号 75 頁。

[50]　奈良・前掲注[45]最判解説民事昭和 38 年 315 頁。

[51]　鈴木（正）・前掲注[46]民商法雑誌 62 巻 1 号 76 頁。梶村・前掲注[47]判タ 1100 号 571 頁は，移送は同じ事件相互であることを前提としているとの考え方を再考すべであると指摘する。

[52]　たとえば財産分与として株式の名義変更を求める申立てを会社非訟事件として申し立て，あるいは逆に同族会社の株式売買価格の決定の申立て（会社 144 条 2 項）を家事審判事件として申し立てる場合などである（金子・逐条解説 21 頁）。

[53]　岨野・前掲注[47]・実務民事訴訟講座第 7 巻 55 頁，家審法講座第 1 巻 41 頁〈綿引〉，鈴木（忠）・前掲注[1]非訟事件の裁判の既判力 80 頁。

[54]　金子・逐条解説 21 頁は，この問題については裁判所の適切な運用に委ねることとし，特段の規定を置いていないという。

第2節　審判手続の開始

1　審判手続の開始

家事審判手続が開始される事由としては，①当事者の申立て，②家事調停手続からの移行，③移送ないし回付および④家庭裁判所の職権による開始がある。③については第1節5および7で説明したので，以下①②④について順に説明する。

1　当事者の申立て

家事審判の手続は，多くは当事者の申立てによって開始される。家事審判手続は，非訟事件として私法上の法律関係に対して裁判所が後見的立場から関与するものであるが，当事者の申立てをまつのが原則である。実際にも家事審判のほとんどは申立てによって開始されている。

以下に説明するように，家事審判の申立てには民事訴訟の訴えに準じるようなものとして，当事者の申立てによって開始され，申立ての変更や取下げ，調停の成立等当事者が実体法上も手続法上も処分権を有する事件（以下，これを「申立事件」という）がある。家事手続別表第2に掲げられている事項の審判事件はこれに該当する。これに対して当事者の申立てという形式はとっているものの，申立内容について当事者の処分権がなく，たんに裁判所の職権発動を促すにすぎないもの，本来は職権によって開始されるべきであるが当事者からの申立てという形式をとっているにすぎないと解されるものがある。さらに申立てが法律上当事者の義務とされているものもある（以下，これを「職権事件」という）。申立事件か職権事件かは外見だけでは区別できない。個々の審判事件の趣旨を踏まえて整理・分類されることになる（以下，4参照）。

⑴　申立人

①　その範囲

民事訴訟においては，訴えを提起することができる者が法律によって定められていることはむしろ例外的である（たとえば民787条による認知の訴え）。訴えを提起した者が訴訟上の請求（訴訟物）との関係で当事者適格を有し，正当な当事者であるかを判断して処理すれば足りるからである。これに対して家事審判においては，申立てをすることができる者は審判事項ごとに民法

等の法律によって定められており，原則としてこれに限られる。家事審判は私法上の法律関係に国家が関与するものであるから，必要以上の関与は避けるべきであり，したがって申立人も法律に定めた者に限るべきだからである[55]。

申立人に関する民法，家事手続法の定め方は，それを列挙する（たとえば民法7条など）とか，例示する（たとえば民840条など）あるいは利害関係人と概括する（たとえば民25条など）とかさまざまである。後者の場合にはその範囲を個別の審判事項ごとに明らかにしなければならない。一般に家事事件において「利害関係人」とは当該の申立てに係る裁判を求めるについて法律上の利害関係を有する者である。ただこの概念も，審問，審判の名宛人・審判の効力を受ける者あるいは審判に対して不服を申し立てることのできる者などを考察する際に，一義的にその範囲を確定することができないのであって，それぞれの局面に照らして具体的に検討しなければならない。各審判事項につき，誰が申立人となるかについては，それぞれの箇所で述べる（本書Ⅱの該当箇所参照）。

② 検察官

(a) 検察官の申立て

一定の場合には検察官も申立人となる。旧人事訴訟手続法，旧家審法以来の制度であり家事手続法の下でも検察官の申立てには変更は加えられていない。検察官の申立ては民法等の実体法に定めがある。

検察官が家事審判事件において申立人となるのは次のとおりである。①成年後見開始決定申立ておよび同取消し申立て（民7条，10条），②保佐・補助の開始申立ておよび同取消し申立て（同11，14，15，18条），③不在者の財産管理（同25条），④特別養子縁組の離縁（同817条の10），⑤第三者が未成年被後見人に与えた財産の管理の請求（同830条2項），⑥親権喪失・親権停止・管理権喪失宣告の請求（同834条，834条の2，835条），⑦後見人・保佐人・後見監督人等の解任請求（同846条，852条），⑧推定相続人の廃除に関する審判確定前の遺産の管理の請求（同895条1項），⑨相続の承認・放棄

---

[55] 鈴木忠一「非訟事件に於ける当事者」同『非訟事件の裁判の既判力』(1969) 203頁，家審法講座第1巻43頁〈綿引末男〉，注解家審規7頁〈山口幸雄〉，梶村＝徳田189頁〈大橋眞弓〉。

の期間伸長の請求（同 915 条 1 項），⑩相続財産管理の請求（同 918 条 2 項），
⑪相続財産管理人の選任請求（同 952 条 1 項），⑫相続財産分離に伴う管理に
関する請求（同 943 条 2 項），⑬親権を行う者につき破産手続が開始された場
合の管理権喪失（破 61 条，民 835 条）である。ここに掲げた審判事項に公益
性が強く，公益の代表者としての検察官の関与が求められるのである。

(b)　公益の担い手について

　検察官の申立ての実績はほとんど見られない。成年後見開始申立てについ
て 3 万件を超える申立全体の中で，検察官の申立てはせいぜい数件にとどま
る[56]。伝統的な理解によれば，事件の公益性の指標としての意味があり，活
動実績がないからといって検察官申立制度を廃止することはできないといわ
れる[57]。しかしこうした建前論は制度の適正な運用の妨げになる。時代の進
展に伴い，ある制度に係る公益の代表者が検察官から他の専門の行政機関に
移行していることを認識すべきであろう[58]。たとえば，成年後見事件につい
ていえば，当該の行政機関の責任者である都道府県知事に申立権を認め（老
人福祉 32 条，知的障害者福祉 28 条，精神保健福祉 51 条の 11 の 2），また児童福
祉の関係では里親委託や児童福祉施設への入所の承認申立てあるいは親権の
喪失・停止，未成年後見人の解任申立権を児童相談所長に認めている（児童
福祉 28 条，33 条の 7，33 条の 8）。専門の行政機関が関与することで公益性は
十分に担保されている。そしてこうした行政機関の手続関与（申立て，事実
調査への協力，審判に必要な各種情報の提供，調査官との協働等）および審判後
の事件本人等へのケアを充実させることこそが，裁判所の後見的機能を発揮
できる基礎となる。検察官はこのような機能を果たすことができない。専門
の行政機関に申立権を認める以上，検察官の申立て，手続関与を認める意義
がどれだけあるかは極めて疑問である[59]。

---

[56]　本書Ⅱ・30 頁参照。

[57]　鈴木忠一「非訟事件に於ける検察官の地位」同『非訟・家事事件の研究』（1971）
127 頁。

[58]　なお池田辰夫「民事訴訟その他の民事関係手続における検察官関与とその役割」
松本博之先生古稀祝賀論文集『民事手続法制の展開と手続原則』（2016）19 頁は，
民事手続における検察官関与のあり方を再考するものであるが，私人の法律関係
に直接関与し，しかも継続的な関係が重要な家事事件，子の利益や福祉が重要に
なる法領域ではその専門的な行政機関が公益代表となることがより重要であると
考える。

(c)　検察官への通知

　家事手続 48 条は，上記の検察官が申立権を有する場合について，裁判所その他の官庁，検察官または地方公務員がこれを知ったときは，管轄権を有する家庭裁判所に対応する検察庁の検察官にその旨を通知しなければならないと定める。旧家審法 7 条によって準用される旧非訟法 16 条を引き継ぐものである。検察官が申立権を有していても管轄裁判所に対応する検察官が知らないことがあるため，検察官への通知を定めることにより，検察官の申立ての実効性を高めること，これによって公益性を確保することに目的がある。しかしこの制度についても上に述べたような検討が必要である。

③　代位申立て

　家事審判では抽象的な権利が審判によって初めて具体化されることがある。こうした側面からいえば，債権者代位権もその権利が具体化した時点で初めて行使できることになる[60]。また家事審判事項は多くは一身専属的な性質を有するので，こうした事件では代位申立ては許されない。しかし遺産分割などの財産関係を対象とする事件においては，代位申立ての可否が問題とされてきた。債権者が債権を保全するための必要性，債務者が自ら権利を行使しないことおよび債権が原則として履行期にあることという民法 423 条所定の要件を満たすときは，相続人の債権者は相続人を代位して遺産分割の審判を申し立てることができるとの見解が通説である[61]。債権者は遺産分割前であっても債務者の相続分に対して強制執行ができることや，代位による申立てを認めてもこれによって遺産分割協議の当事者になれないという問題はあるが，代位申立て自体は許されると解される[62]。

　扶養義務を負わない者が事実上要扶養者（扶養権利者）を扶養してきた場合に，扶養義務者に対して求償請求する手続に関し，通説は不当利得返還請求として民事訴訟によるべきであるとするが，民法 500 条の代位により家事

⑸⑼　この点について詳細は，本書Ⅱ・139 頁。なお基本法コンメ 213 頁〈川嶋四郎〉も同旨を述べる。

⑹⑽　離婚に伴う財産分与についてこのことを明らかにしたものとして，最判昭和 55（1980）・7・11 民集 34 巻 4 号 628 頁。

⑹⑴　家審法講座第 2 巻 55 頁〈岡垣学〉，篠清「関係人および審判手続の受継」小山昇ほか編『遺産分割の研究』（1973）473 頁，井上哲夫「債権者代位による遺産分割申立ての可否」判タ 688 号（1989）123 頁。

第5章　家事審判手続　　191

審判の申立てをすることができるとする有力説がある[63]。

(2) 申立ての時期

　法律が家事審判の申立ての時期を制限している場合がある。財産分与につき民768条2項，限定承認につき同924条，相続放棄につき同915条1項，特別縁故者への財産分与につき同958条の3第2項，死亡危急者の遺言の確認につき同976条4項などがある。これらの場合には，申立期間を徒過した申立ては不適法となる。しかし形式的に申立期間を徒過したというだけで却下することができず，その起算点自体が問題となることがある[64]。

　寄与分を定める審判は，遺産分割の前提問題として扱われ併合して審理されるから，遺産分割審判の申立てと同時にあるいはすでにこれが係属しているときに申し立てなければならないという制約がある（民法904条の2第4項）。そして審理の迅速を図るために，遺産分割審判手続中に寄与分を定める申立てができる期間を定めることができる（家事手続193条1項）。それ以外の場合には必要がある限りいつでも申し立てることができる。

　調停の係属中に同一事件について審判の申立てをすることができるし，調停の申立てと審判の申立てを同時にすることもできる。

(3) 申立権の濫用

　これまでの審判例の中で，申立権の濫用を指摘するものがある。とくに別表第1に掲げる審判事件には公益的性格が強く，また強行法規的性格の強い

---

[62]　債権者による代位申立てがあったときは，他の遺産分割当事者において分割協議をなすべき義務を生じる。これによって遺産分割審判事件の係属を生じるにとどまり，分割協議自体は依然として本来の分割当事者間でなされるのであって，審判の場合にも事件が係属すれば代位はその目的を達すると解するのが妥当であろう（篠・前掲注[61]遺産分割の研究473頁，注解家審法480頁〈野田愛子〉）。また遺産分割手続で相続人の債権者に代位申立てを認めた例として，名古屋高決昭和43（1968）・1・30家月20巻8号47頁，名古屋高決昭和47（1972）・6・29家月25巻5号37頁がある。

[63]　鈴木忠一「扶養の審判に関する問題」同『非訟・家事事件の研究』(1971) 191頁。通説によると，扶養義務者の負担すべき額について保護の実施機関と扶養義務者との協議が調わない場合に保護の実施機関に申立てを認める生活保護法77条2項（別表第2第16項）の事件は，不当利得返還請求として訴訟事件と考えざるをえないことを懸念するのであろう。この問題の検討はここでは留保したい。

[64]　たとえば相続放棄の熟慮期間について最判昭和59（1984）・4・27民集38巻6号698頁など。

事件が多い。そうした制度の趣旨の潜脱，不正な利用と認められるような場合に，申立権の濫用として申立てが却下されている。たとえば，改名の申立てにつき申立てが却下されこれに対して即時抗告しないまま確定させ，その直後に同一の理由に基づいて再度改名の申立てをするのは申立権の濫用であるとされ[65]，性同一性障害者の性別の取扱いの特例に関する法律3条1項3号の要件について，未成年の子が婚姻したことにより成年擬制が及ぶため，子の婚姻が婚姻意思を欠くものであったことを知る立場にありながらこれに同意し，「現に未成年の子がいない」場合に該当するとして申し立てられた性別の取扱いの変更申立てを，法の趣旨に反し申立権の濫用であるとして却下したものがある[66]。他方で，統合失調症の慢性期にあり，種々の社会的逸脱行為を繰り返し，金銭に関する判断能力が低下している本人についての保佐開始申立てにつき，申立ての真意が本人に社会的・心理的制裁を加えることにあるなど本来の保佐制度の目的に適合しないとして申立権の濫用であるとして申立てを却下した審判についての抗告審で，本人につき保佐が開始されていれば本人の保護に資する有効な手立てになるとして，原審申立人が保佐人に本人の行動を監督する役割まで期待しているからといって申立権の濫用とまではいえないとして，原審審判を取り消して保佐を命じた決定例もある[67]。

2　申立ての方法

(1)　書面による申立て

家事審判の申立ては申立書を提出してしなければならない（家事手続49条1項）。書面による申立てのみが認められる。旧法の下では申立ては書面または口頭によってすることができた（旧家審規3条1項）。このような変更を加えた理由は，申立ての段階から申立内容を明確にし，円滑な手続運営を可能とするためである[68]。口頭申立てを許すと事実が未整理のまま主張されたり，必要な主張が漏れたりして，申立後に補正や求釈明が必要になり審理が遅延するおそれがあるからである。

従来から家庭裁判所では，申立人が裁判所書記官の面前で陳述し，書記官

---

[65]　東京家審昭和41（1966）・2・23家月18巻9号93頁。

[66]　東京家審平成21（2009）・3・30家月61巻10号75頁。

[67]　大阪高決平成18（2006）・7・28家月59巻4号111頁。

[68]　金子・一問一答106頁，金子・逐条解説171頁。

が代筆して申立書を作成する方法（「準口頭申立て」と呼ばれていた）がとられてきた。準口頭申立ての件数はさほど多いというわけではない[69]。家事事件の手続では未成年者や成年被後見人であっても意思能力がある限り手続行為能力が認められ，また判断能力の低下した高齢者等の利用をも前提とする必要があり，また弁護士代理が少ないという現状から，他の手続とは異なる配慮が必要となる。この意味で準口頭申立ては現行法の下でも必要であり，立法担当者等によっても存続することが確認されている[70]。

　家庭裁判所の窓口には申立書および記載例が備え置かれており，また裁判所のウェブサイトからもダウンロードすることができる。

⑵　インターネット等を利用した申立て

　旧家審法7条によって準用される旧非訟法33条の2に，インターネット等を利用した申立て（電子情報処理組織による申立て）の定めが置かれていた。民訴法132条の10と同内容である。家事手続38条は，将来最高裁規則によって規定が整備されることを前提として，家事事件の手続における申立てその他の申述について，インターネット等を利用した申立てが可能となるようにしている。

　この規定が適用される「申立て」は，家事審判および家事調停の申立て（家事手続49条1項，255条1項），申立ての変更（同50条），期日外における申立ての取下げ（同82条5項において準用する民訴法261条3項），即時抗告の提起（同87条1項）であり，「その他の申述」とは調停条項を受諾する旨の書面の提出（同270条1項）および調停に代わる審判に服する旨の共同の申出（同286条9項）などである[71]。インターネット等によりなされた申立ては，書面をもってなされたものとみなされ，裁判所の使用に係る電子計算機に備えられたファイルへの記録がされた時に裁判所に到達したものとみな

---

(69)　家月65巻1号（2013）21頁によると，平成23（2011）年度における甲類審判事件の申立総数は613,679件であり，そのうち口頭・準口頭申立ては2,998件（0.5％）であり，乙類審判事件の申立総数は10,313件で口頭・準口頭申立ては18件にとどまる。口頭・準口頭申立ては減少しているとはいえ，甲類（別表第1）の審判事件では一定数が存在していることに注意しておくべきである。

(70)　金子・逐条解説171頁，高田編・家事事件手続法158頁〈古谷恭一郎発言〉，条解家事事件手続規則96頁，基本コンメ211頁〈川嶋〉。

(71)　金子・逐条解説117頁。

される（同38条1項により準用される民訴132条の10第3項）。

インターネット等を利用した申立てを可能とするためには，最高裁判所規則の制定が必要である（同38条1項により準用される民訴132条の10第1項）が，家事事件について現在この規則は制定されていない。

(3) 申立書の記載事項

① 総　説

家事審判の申立書には，①当事者および法定代理人，②申立ての趣旨および理由を記載しなければならない（家事手続49条2項）。「申立ての趣旨」は，申立人が求める審判の内容を，「申立ての理由」は申立ての趣旨とあいまって審判を求める事項を特定するのに必要な事項を指す[72]。申立書の必要的記載事項であり，民事訴訟の訴状の記載事項としての請求の趣旨・請求の原因に対応するものである。この記載事項は，裁判長による申立書審査の対象となるとともに，補正に応じないときは申立書が却下される（同49条4項，5項）。

旧法下では，「申立ての趣旨」および「事件の実情」を記載するとされていた（旧家審規2条）が，上記のように改められた。申立ての段階から申立人が求める審判の内容を明らかにし，不意打的な審判を防止すること，別表第2に掲げる審判事件については，申立てが不適法であるときまたは申立てに理由がないことが明らかでないときを除いて，申立書の写しを相手方に送付することにされたことから，相手方にとっても対応をとれるようにすること等がその理由である[73]。

家事審判の申立書には，これに加えて「事件の実情」を記載しなければならない（家事手続規則37条1項）。この定めは旧家審規2条を引き継ぐものであるが，上記のように「申立ての理由」が申立書の必要的記載事項とされたため，旧法下におけるとはその意味が変化している（以下，④参照）。

② 当事者および法定代理人

当事者とは申立人および相手方をいう（当事者の概念については第4章第1節1・1参照）。旧法の下では，申立人の氏名，住所は記載事項とされていたが，相手方は申立書の記載事項とはされていなかった（旧家審法7条による

---

[72] 金子・逐条解説172頁。

[73] 金子・一問一答106頁，金子・逐条解説171頁。

第5章　家事審判手続　　195

旧非訟法9条の準用）ため，相手方が予定される乙類審判事件では申立てを受理した家庭裁判所が相手方となるべき者を自ら決定しなければならないとの解釈がなされていた[74]。しかし申立人に相手方を特定し記載させることはさほど困難であるとはいえないであろうし，また記載させるのが相当だと思われる[75]。もっとも一般人にとって別表第1に掲げる成年後見開始申立てや後見人解任，親権喪失宣告申立て等の事件において，いわゆる事件本人を相手方とするような誤解は生じやすいと思われるが，後に触れる申立書の審査の段階で容易に訂正をなしうるであろう。審判を受ける者となるべき者（事件本人）については申立書の記載事項とはされていない。

　「法定代理人」は，当事者が未成年者や成年被後見人である場合の親権者，後見人である。未成年者等が手続行為能力を有する場合であっても法定代理人の記載は必要である。

　なお，DV等の行為があって住所を秘して申立てをする必要がある場合には，申立書には住民票上の住所または相手方と同居時の住所を記載したうえで，別途，書類送付先の場所に関して「連絡先等の届出書」を提出するなどの方法によることが認められる[76]。書類送付先は弁護士に委任している場合には，弁護士事務所とし，その他の場合には信頼できる親族等の住所にするのが通例である。

　③　申立ての趣旨および申立ての理由

　申立ての趣旨は申立ての理由とあいまって申立てを特定する。申立ての趣旨は，申立人が求める審判の内容を簡潔に記載するものである。たとえば，①親権者の変更を求める審判の申立てであれば，「当事者間の長男（未成年者）の親権者を申立人に変更するとの審判を求める」となり，②子の監護に関する処分のうち面会交流に関する審判の申立てであれば，「申立人と未成年者が面会交流する時期，方法などにつき審判を求める」となり，③遺産分割の審判申立てであれば，「被相続人の遺産の分割の審判を求める」となる。

　申立ての理由は，民事訴訟の訴状の必要的記載事項の「請求の原因」に対応するものである。家事手続規則37条1項かっこ書きは，申立ての理由を

　　　(74)　家審法講座第1巻46頁〈綿引〉。

　　　(75)　金子・逐条解説172頁。

　　　(76)　小島妙子『離婚実務と家事事件手続法』（2013）58頁，基本法コンメ213頁〈川嶋〉。

「申立てを特定するのに必要な事実」をいうとしている。審判事件によって
は申立ての趣旨だけで審判対象が特定することもあり，また申立ての趣旨と
申立ての理由は截然と区別されていなくてもよい。上に掲げた例では，申立
ての趣旨だけで申立が特定されているといえる。家事審判事項は，別表第1,
第2に掲げられるものに限定される。各審判事項はそれぞれ法的根拠を異に
するから，どの審判事件であるかが示されれば，原則として申立てを特定す
る事実が掲げられていることになる。ただし，民法766条による子の監護に
関する処分については，その中に子の監護者の定め，面会交流および子の監
護費用の分担という三つの事項が含まれている。このすべてが問題になるこ
ともあるが，それぞれごとに申し立てられることもある。申立ての理由にお
いては，そのいずれであるかが示されなければならない[77]。同様のことは，
夫婦間で子の監護費用の請求をするか，婚姻費用の分担を求めるかが問題と
なる場合にも生じるが，家事審判の申立てではその例は少ない。この点につ
いては，以下2で扱う申立ての趣旨の拘束力の項を参照のこと。

④　事件の実情

申立書にはさらに「事件の実情」を記載しなければならない（家事手続規
則37条1項）。事件の実情とは，申立てを基礎づける事実をいい，さらに申
立ての動機や紛争の経過を含む。これは任意的記載事項であり，訓示的な規
定であるが，裁判所が早期に紛争の要点を把握し審理の充実を図るため申立
てに関して記載することが望ましい[78]。申立てを基礎づける事実は，申立て
の根拠となる実体法の要件に該当する事実であり，審理の中心となる事実で
ある。したがってたとえば親権喪失の審判申立てであれば，「父または母に
よる虐待または悪意の遺棄があるときその他父または母による親権の行使が
著しく困難または不適当であることにより子の利益を著しく害する（民834
条）」ことに該当する具体的な事実の記載が求められる。

---

[77]　実務上は申立ての趣旨において「子の監護に関する処分」と抽象的に記載する
のではなく，そのいずれであるかを特定して記載する（たとえば「子の監護に関
する処分（面会交流）」など）から，申立ての理由をまつまでもなく審判の対象は
特定しているといえる（梶村太市＝石田賢一＝石井久美子編『家事事件手続書式
体系Ⅱ』（2014）215頁，梶村太市「家事事件手続法規逐条解説(8)」戸籍903号
（2014）7頁参照）。

[78]　条解家事事件手続規則94頁。

第5章　家事審判手続　　197

旧法の下でも「事件の実情」の記載が求められ，そこでは申立ての原因と
なる事実と申立ての動機や紛争の経過を含めた趣旨だと理解されていた[79]が，
家事手続法は申立てを特定する事実を「申立ての理由」とし，申立てを基礎
づける事実を示すものとして「事件の実情」をあてることにした[80]。

⑤　その他の記載事項

審判事件の特徴から，さらに記載が求められることがある。たとえば相続
の承認・放棄の申述書には，被相続人の氏名・最後の住所，被相続人との続
柄，相続開始があったことを知った日を記載しなければならない（家事手続
規則 105 条 1 項）し，特別養子縁組成立の審判については養子となるべき者
の父母の同意の有無をはじめ養親となるべき者による養子となるべき者の監
護の開始の年月日，開始の経緯および開始後の状況等を記載することが求め
られる（同 93 条 1 項）。遺産分割，寄与分を定める処分（同 102 条 1 項，2 項），
特別縁故者に対する財産分与申立て（同 110 条 1 項）などでもそれぞれ特別
の記載が求められる。旧家審規の下でも同様に扱われていた。事件の実情を
明らかにして審理の迅速・充実を図るためである。

この記載は規則によって求められているものであるから，その記載を欠く
からといって申立てが不適法になるわけではなく，また補正命令の対象にも
ならない。

⑷　申立てに際しての添付書類等

申立ての理由および事件の実情について証拠書類があるときは，その写し
を家事審判の申立書に添付しなければならない（家事手続規則 37 条 2 項）。
家事事件の手続では，証拠調べだけでなく事実の調査が重要な役割を果たす
から，「証拠書類」には書証に限られず，事実の認定に役立つ資料を広く含
む[81]。

最も多くかつ重要なのは，戸籍記載事項証明書（戸籍謄本）や登記事項証
明書（後見登記 10 条）である。これらは身分関係を公証するものであり，ま
た同時に法定代理権（親権者・後見人）を証するものである。とりわけ別表
第 1 に掲げる審判事件においては書面審理に大きな比重が置かれるために，

---

(79)　注解家審規 10 頁〈山口〉。

(80)　金子・逐条解説 172 頁。

(81)　条解家事事件手続規則 95 頁。

添付書類は重要な役割を果たす。家事手続規則 37 条 3 項は，裁判所がこれらの書類の提出を求めることができる旨を定めている。

3 調停手続からの移行

(1) 審判申立てとみなす場合

別表第 2 に掲げる審判事項についての家事調停事件において調停が成立しないときは，調停の申立ての時に審判の申立てがあったものとみなされる（家事手続 272 条 4 項）。これにより事件は調停不成立によって当然に，すなわち裁判所の処分や当事者の申立てを要しないで審判手続に移行する。旧法時の扱いをそのまま引き継ぐものである。このような扱いがなされるのは，家事調停を申し立てた者は，調停が成立しない場合には審判まで求めるのが通常であること，財産分与事件など申立期間のあるものについてはこうした措置をとらなければ不利益を生じさせることが理由とされている[82]。

(2) 調停をしない措置をとった場合

家事手続 271 条は，「調停委員会は，事件が性質上調停を行うのに適当でないと認めるとき，または当事者が不当な目的でみだりに調停の申立てをしたと認めたときは，調停をしないものとして家事調停手続を終了させることができる」と定めている。旧家審規 138 条の定めを引き継ぐものである。

これに該当する場合に，家事調停委員会は「調停をしない」と宣言し，これによって調停手続は終了する。別表第 2 の審判事項についてこの措置がとられたとき，審判手続に移行するかについては旧法時において見解は対立していた。現行法に当てはめると，家事手続 272 条 4 項（旧家審法 26 条 1 項）の適用を全面的に否定する見解[83]，当事者の利益のため適用を肯定する見解[84]があるが，旧家審規 138 条後段（家事手続 271 条後段に相当）に該当する場合にのみ審判に移行するべきであるとする見解があり，実務はほぼこの見解に立っていた[85]。

家事手続法は審判手続への移行を定める 272 条 4 項が，明文をもって調停不成立の場合に限っていること，調停をしないとした事件を審判に移行させても適切な審判は期待できないこと，申立人は別途審判申立てをすることが

---

[82] 注解家審法 834 頁〈石田敏明〉。

[83] 市川・家事審判法 140 頁，注解家審規 434 頁〈上村多平〉。

[84] 山木戸・家事審判法 97 頁。

第5章　家事審判手続　　　199

できることから，否定説に立つとされている[86]。しかし271条後段の場合に
のみ審判への移行を否定すればよく，旧法下の実務を継承してよいであろう。

4　職権による開始

(1)　職権事件の意味

　非訟事件に属する家事事件においては，職権事件と呼ばれる一群の手続が
ある。手続の開始に関連して若干の説明をしておこう。職権事件とは，扱わ
れる事件に対する公益性の強さから，あるいは裁判所の後見的関与の必要性
の強さから，家庭裁判所が当事者の申立てを前提とすることなく，職権に
よって手続を開始する事件をいう（これを「狭義の職権事件」という）。しか
し当事者に申立義務ないし申立権を付与していることが多く，表面上は申立
てによって開始される事件との区別はつきにくくなっている。狭義の職権事
件は，法律上当事者の申立てがあっても，裁判所は応答する義務を負わない。
申立て，申請，願い等々の表現をとっていても，法律上は裁判所に対する職
権発動を促す意味を与えられるにすぎない。しかし家事事件においてはこの
例は少ない。

　公益性または後見的関与の必要性から，家庭裁判所が当事者の申立てをま
つことなく立件し，手続を開始する建前であるとはいえ，家庭裁判所は多く
の場合事件の端緒を見出すための独自の調査機構を備えているわけではない
から，法律は事情をよく知る私人または行政機関に対して，ときには申立義

---

(85)　福岡家小倉支審昭和49（1974）・12・18家月27巻12号68頁は，申立て趣旨不
　　明な調停申立てについてとりあえず扶養調停事件として調査の結果，精神分裂病
　　（統合失調症）による異常体験に基づく申立てであるとして調停しなかった。熊本
　　家八代支審昭和56（1981）・8・7家月34巻11号51頁は，親権者変更申立事件の
　　調停中に相手方親権者が死亡した場合，事件を終了させるのは相当ではないとし
　　て調停不成立とし，家事審判手続に移行させたうえ生存親に親権を変更している。
　　京都家審昭和59（1984）・4・6家月37巻4号62頁は，申立人の「精神の状況に
　　照らし，調停を開始しても進展は不可能と認めたので，終了させたのであるから，
　　実質的には調停不成立と同視することができ，そうだとすると不成立と同様，審
　　判に移行するものとすると解するのが相当である」とし，東京家審平成11（1999）・
　　8・2家月52巻3号50頁も，金銭債権のみが遺産とされている遺産分割調停が不
　　成立となったが，複雑な経過を考慮して審判に移行させ，そのうえで遺産は存し
　　ないとして審判申立てを却下している。

(86)　金子・逐条解説812頁。

務を課し，場合によってはさらに申立権を付与することによって適切に手続を開始できるように配慮している（これを「広義の職権事件」という）。これらの場合には職権事件であっても当事者の申立てが定められている場合には，それがない限り裁判所は手続を開始することができない。この意味で広義の職権事件においては，申立ては手続開始の要件となる。広義の職権事件でも申立権が認められているから，規定の文言上では申立事件と職権事件の区別はつかない。当該手続対象に対する公益性，裁判所の関与の必要性等の分析から決するしかない。

(2) 職権事件の類型

どのような事件が職権事件となるのか。また同じく職権事件といってもそれにはどのような種類があるのであろうか。これらは解釈によって区別するしかない。しかしこれまで職権事件に関する研究が乏しく[87]，さらに検討が必要であるが，ここでは本書旧版の説明[88]をもとに一応次のように整理しておこう。

第1類型。　法律が明示的または黙示的に裁判所が職権によって手続を開始し，裁判をすることができると定めている場合である。家事事件では，裁判所が選任した管理人，後見人等に対する監督や報酬付与，手続の円滑な進行を図るために裁判所に与えられている権限を行使する場合がこれにあたる（民法29条1項，2項，862条，863条1項，2項など）[89]。

第2類型。　本質的に職権事件であるが，法律上その発動を申立人の権限とすることによって職権発動を容易にしているものである。具体的には，成

---

[87]　鈴木忠一「非訟事件に於ける手続の終了と受継」鈴木忠一＝三ケ月章監修『新実務民事訴訟講座第8巻』(1981) 35頁以下があるにとどまる。また家事事件手続法は，実体法の規律には手を加えていない。

[88]　本書旧版・147頁以下。

[89]　後見人等への報酬は，かつては無報酬であるとの見解が有力であった（於保不二雄＝中川淳編『新版注釈民法(25)親族(5)改訂版』(2004) 437頁〈中川淳〉）。しかし成年後見制度発足後，親族に代えて専門家が後見人に選任されるようになり，申立てによって報酬を付与することが実務となり，報酬請求権を認めるのが通説化している（本書II・103頁参照）。このことは，報酬請求事件は，職権事件から申立事件へ転換しているとみてよいのかもしれない。他方で，後見事務等の監督については事件数の増加，後見人の多様化などを考慮して裁判所の積極的な介入が求められているともいえる（本書II・109頁参照）。

年後見人の選任（民法843条2項，3項），未成年後見人の選任（同840条2項），後見監督人の選任（同849条），後見人・後見監督人の解任（同846条，852条）などの各事件があり，一定の者の請求によるほか，裁判所の職権によっても開始される旨が定められている。

第3類型。　申立てのあることが手続開始の前提とされているが，その申立てが実際には法律上の義務として規定されている場合である。手続の対象につき関係人が何ら処分権を有しない場合には，裁判所の職権が特に明示されていなくても，事件の本質は裁判所の後見的保護処分の発動をなすべき職権事件である。具体的には，利益相反する場合の特別代理人の選任の申立て（民法826条），父母による親権喪失等の場合の未成年後見人選任の請求（同841条），辞任した後見人による新たな後見人の選任の請求（同845条），遺言執行者による推定相続人の廃除請求（同893条）などがこれに該当する。またこの類型の中には，申立てによって開始されるが，申立人の権利または法律関係を手続対象としているのではなく，事件の公益性または裁判所の後見的関与の強さのために家庭裁判所が職権によって手続を開始すべき場合に，事件の緊急性を明らかにさせ，また裁判の正確性を期すため当事者の申立てを認めているが，実質的には裁判所の職権発動を促す作用を営むものがある。たとえば，成年後見（保佐・補助を含む）開始決定・取消申立事件（民法7条，10条，15条），不在者の財産管理人選任・改任申立事件（同25条，26条），失踪宣告・取消申立事件（同30条，32条），親権または管理権の喪失・親権停止請求事件（民834条，834条の2，835条）などがある。これらの事件では，公益の代表者としての検察官の申立てのほか，福祉行政機関の申立ても認められている（児童福祉33条の7，33条の8，33条の9など）。

家庭裁判所は上記の第1類型，第2類型などにおいて職権をもって開始すべき事由があると認めるときは，直ちにその手続を開始する義務がある。手続開始の方法については法律・規則上定めがないが，家事審判手続簿に登載することによって立件する[90]。

(3)　申立事件と職権事件の区別の意義

上に述べたとおり，申立事件と職権事件の区別はまず手続の開始について意味を有する。申立てが裁判所の職権発動を促すにすぎないと解される事件

---

[90]　たとえば成年後見人の職権による解任については，本書II・78頁参照。

では，裁判所は応答義務を負わない。また狭義の職権事件では事件の当事者・関係人の意思に反してでも手続が開始される。次に職権事件においては，申立人の手続処分権も制限され，申立てを取り下げることができないのが原則とされる。たしかに申立義務が課せられている場合には，事件本人の利益のため取り下げることはできないと解される。しかしかつては第3類型についても申立ての取下げは許されないと解されていたが，たとえば成年後見開始申立てについても裁判所の許可を得ることによって取下げができるように改められている（この点については，第6章第6節3・2(2)参照）。また申立人や相手方が死亡した場合に事件が終了するか受継されるかについても，職権事件と申立事件の区別が意義を有するが，各事件につき詳細に考察する必要がある（この点については第4章第5節2参照）。

5　申立書の審査および補正命令

家事審判の申立書が家事手続49条2項の規定に違反するときは，裁判長は相当の期間を定めてその期間内に不備を補正すべきことを命じなければならない（補正命令。同4項）。申立書の記載について必要な補正を促すには，裁判所書記官に命じて行わせることができる（家事手続規則38条）。申立人が補正命令に従ってその不備を補正しないときは，裁判長は命令で家事審判の申立書を却下しなければならない（家事手続49条5項）。旧法の下では申立書の審査，補正命令および申立書の却下に関する規定は存在しなかった。家事手続49条2項が申立書の記載事項を定めたため，これに違反した場合の対応としての定めが必要になった[91]。手数料の納付がない場合にも同様である（家事手続49条4項，5項）。

家事審判の申立ては，上に述べたように申立ての趣旨，申立ての理由の記載は，民事訴訟におけるほど厳格ではなく，申立ての当初の段階で特定しているよりも審理を進める過程で具体化することもあると考えられるから，補正命令や申立書却下の運用は慎重であるべきであろう[92]。

---

[91]　金子・一問一答 198 頁。

[92]　別表第2に掲げる事件につき，調停申立てが先行している場合に審判手続に移行したとき，申立ての趣旨が不明確となる事態を生じさせることがあり得る。たとえば夫婦関係調整として調停が申し立てられ不成立となったときは，具体的な審判事項を明確にしなければならなくなる（市川光一「家事乙類家事審判手続の展望」家月9巻10号（1957）6頁，家審法講座第1巻47頁〈綿引〉。

第 5 章　家事審判手続　　　203

申立書を却下する命令に対しては即時抗告をすることができる（同 49 条 6 項）。抗告状には却下された申立書を添付しなければならない（家事手続規則 39 条）。即時抗告の期間は 1 週間である（家事手続 101 条 1 項）。

6　申立ての効果

事件が裁判所に係属することにより，申立人は係属中の事件について重ねて申立てをすることができなくなる。申立人以外の者による同一の申立て（たとえば同一人に対する成年後見開始申立てや遺産分割の申立てなど）は不適法と扱うのではなく，併合すればよい。法律に定められた申立権者は，それぞれ独自の申立権を有し，また家事審判における申立ては同一の事件本人についての処分を求める点では同一の方向に向けられている。たとえば同一人につき成年後見開始と保佐開始申立てが競合する場合に，裁判所としてはいずれかの審判をなしうる。

申立期間の定められている事項については，期間遵守の効果が生じ，その他時効の中断の効果が認められる。

7　いわゆる「審判物」について

民事訴訟における訴訟物（訴訟上の請求）にならって，家事審判において「審判物」の概念を導入すべきであるとの見解がみられる[93]。家事調停に「調停物」を構想するのと軌を一にする議論である（これについては，本書第 2 編第 5 章第 1 節 2・2 参照）。審判物は申立人の相手方に対する一定の法的利益の主張と，その主張を認容して特定の裁判を求める裁判所に対する要求であると考えらえるのであろうが，家事審判では別表第 1 に掲げる事項の審判事件のように相手方が存在しないこと，別表第 2 に掲げる事項の審判事件であっても，申立てに一定の特定性，拘束力を認めることができないこと，さらに既判力のような確定力を認めることができないことといった点を考慮する必要がある。

たしかに婚姻費用分担，財産分与あるいは子の監護に関する処分の申立てにおいては，申立人にその内容を具体的に示させることが必要である。たとえば子の監護に関する処分では，監護者の指定・変更，監護費用の負担・支

[93]　梶村太市『新版実務講座家事事件手続法』（2013）68 頁，梶村・前掲注(77)戸籍 903 号 6 頁，大橋真弓「家事審判手続と『審判物』概念について」青山善充先生古稀祝賀論文集『民事手続法学の新たな地平』（2009）21 頁，梶村＝徳田 241 頁〈大橋〉。

払い，面会交流さらには子の引渡しが求められることがある。このうち何が求められているのか，申立てと異なる裁判をしたことになるのか，といった問題が審判物との関係で議論される。しかしこれは以下にも述べるように，申立ての趣旨あるいは申立ての拘束力の問題として対応するだけで十分であろう[94]。各種の審判ごとに制度の趣旨を踏まえて議論されるべきである。本書においては，審判物という概念をあえて採用する必要はないと考えている。

2 申立ての趣旨の拘束力
1 総 説

　家事審判の申立ての趣旨と申立ての理由は，当該の審判の対象がなんであるかを明らかにするものである。民事訴訟においては訴えの提起時における訴訟物特定の要請や民訴法246条の定めがあることによって，請求の趣旨と請求の原因は訴状の記載上特定していなければならない。また請求の趣旨は，原告の要求の最大限度であり救済の態様を示すものであるから，裁判所は請求の趣旨を上回るか，異なる救済の態様の裁判をしてはならないとされている。処分権主義の妥当する民事訴訟では，請求の趣旨を超える裁判は当事者の意思および処分権に反し，またこれを最大限とみて防御活動を行ってきた被告にとって不意打ちの結果をもたらす。

　これに対して非訟事件である家事審判においては，この定めを欠いている。家事審判の申立ての趣旨の特定や裁判所の拘束の問題は，非訟事件の性質に立ち返って解釈しなければならない。家事審判事件には別表第1に掲げる相手方の存在を予定しないで，かつ，当事者に実体法上の処分権が認められない事件と，別表第2に掲げる相手方が存在し，かつ，審判対象について当事者の協議・調停による解決を許す事件という性質の全く異なるものがある。また他方で裁判所が後見的な立場から幅広い裁量権を行使する必要のある事件が存在すること，また別表第1の審判事件においても当事者や事件本人に重大な法的効果を生じさせるものが存在し，申立事件といっても職権事件としての性質を有するものがあること等，事件の多様性から申立ての特定性，

---

[94]　梶村太市「家事事件手続法の課題と展望」同『家族法学と家庭裁判所』（2008）
　　　408頁は，審判物の個数と範囲の確定は，当事者に対する不意打ちを避けるという見地から検討するべきであって，具体的ケースの実情に応じて広狭使い分けることが妥当な審判運営になるとする。

第 5 章　家事審判手続　　　　　205

裁判所の拘束力について一義的な回答を導くことは容易ではない。一般的には非訟事件において裁判所は当事者の申立てに拘束されないと指摘されてきた[95]。果たしてこれはどこまで妥当するのか。その根拠や限界について検討を加える必要がある。

2　申立ての拘束力

(1)　別表第 1 に掲げる審判事件

別表第 1 に掲げる事項の審判事件は，夫婦財産契約に基づく管理者の変更（第 58 項），扶養義務の設定・取消し（第 84・85 項），および推定相続人廃除・取消し（第 86・87 項）を除くと，相手方の存在を予定しない。審判の性質は，成年後見の開始・取消し，後見人・後見監督人の選任・解任，特別養子縁組成立のように，当事者または事件本人の法律関係・法的地位を形成するもの，未成年養子縁組の許可，遺留分の事前放棄許可，氏・名の変更，戸籍訂正許可，性別の変更等の特定の行為の許可を目的とするもの，限定承認・相続放棄の申述の受理，遺言の確認，遺言書の検認など公証的な作用を目的とするものなど多様である。裁判所の関与が求められる理由もさまざまであるが，関与の範囲は限定的である。特定の事項につき，法律の定めている範囲を超えて介入することは許されない。例えば遺留分事前放棄許可の申立てに対して，申立ての趣旨を相続放棄の申述と解してその受理の審判をすることはできないし，遺言執行者選任の申立てに対して相続財産管理人選任申立てと解してその旨の審判をすることは許されない。

別表第 1 に掲げる審判事件の申立ては，原則として別表第 1 各項ごとに特定したものである。ある申立てが他の審判事件を包含することはない。このことは審判が必要となる実体法上の定めが別個であることから当然ともいえる。一つの社会的事実に対して複数の法規が選択的に適用されることもない。裁判所の関与が公益性や後見的観点からの必要性に基づく場合でも，当事者の申立てを前提とする以上は，申立てを超えて職権で介入し審判することは許されない。このような前提をとったうえで，ある審判申立ての趣旨をどこまで具体的に表示するべきかという問題が生じることがある。たとえば保佐人または補助人の同意を要する行為の指定の審判（第 18, 37 項）では，どこまで具体的に被保佐人が特定類型の法律行為を記載するべきかといった問題

---

[95]　家審法講座第 1 巻 57 頁〈綿引〉。

を生じる[96]。

ある申立てがどこまで具体的に特定されるべきか，また類似の制度がある場合にある申立てが他の申立てを包含すると解されるか等について，学説上で争われているものについては，以下(5)で改めて扱うことにする。

(2) 別表第2に掲げる審判事件

別表第2に掲げる審判事件も原則として各項ごとに審判対象が特定される。しかし別表第2に掲げる事件には，当事者間で多様な法律関係を形成しなければならない事件があるため，当該申立てがどこまでの内容を含んでいるかを明らかにしなければならない場合がある。夫婦の協力扶助，婚姻費用分担請求の場合，財産分与請求の場合，親権者指定または変更，子の監護に関する処分の申立ての場合に問題となる。この点については以下(5)で改めて検討する。

別表第2に掲げる事項の審判事件では，申立ての範囲・対象は申立てによって特定すべきか。この事件では相手方が存在すること，当該の法律関係につき当事者に実体法上の処分権が認められること，申立ては相手方に対す

---

[96] この点で，最も議論されているのは，児童福祉法28条による都道府県の措置についての承認の審判である（別表第1第127項）。この審判申立てにおいては，その趣旨として児童を里親若しくは保護受託者に委託し，または特定の種類の児童福祉施設に入所させるについての承認を求める旨を記載する。その認容の審判において主文で入所施設の種類を指定する（注解家審規607頁〈仁平正夫〉，釜井裕子「児童福祉法28条1項1号の家庭裁判所の承認について」家月50巻4号（1998）38頁，細矢郁「児童福祉法28条事件及び親権喪失等事件の合理的な審理の在り方に関する考察」家月64巻6号（2012）28頁）。家庭裁判所の承認は児童福祉法27条1項3号に定める措置のうち，申し立てられている措置をとることについて承認すべきものであり，同号に定める多様な措置のいずれをとることをも承認するべきものではないから，児童につき「児童福祉法27条1項3号の措置をとる」といった包括的な申立て，および承認であってはならない（横浜家川崎支審平成19（2007）・10・15家月60巻7号84頁，大阪高決平成21（2009）・9・7家月62巻7号61頁）。この実務に対しては反対の見解もあるが多数説は実務を支持している。児童相談所の専門性，当該児童の援助方針，施設入所後の自立支援計画などを申立てに際して提出させ，その妥当性が審理対象に含まれること，審判結果による児童への自由の制限等をも考慮して実務を支持すべきである（詳細については本書Ⅱ・494頁，佐上「児童福祉法における一時保護と司法審査」松本博之先生古稀祝賀論文集『民事手続法制の展開と手続原則』（2016）35頁以下）。

る一定の請求という方式がとられることが通常であること等から審判対象は申立てによってその上限が画されるようにみえる。とりわけ財産上の紛争とみられる婚姻費用分担，財産分与，監護費用分担あるいは扶養の程度・方法の審判において相手方に対する要求を特定して掲げるべきであり，また裁判所はこの申立てに拘束され申立てを上回る裁判をすることができないのではないかが問われてきた。

従来の通説・判例は，これらの審判事件において申立人は要求の具体的内容を掲げる必要はなく，またこれを掲げても裁判所はこれに拘束されないと解している。たとえば財産分与につき，「右申立てをするには，訴訟事件における請求の趣旨のように，分与を求める額および方法を特定して申立てをすることを要するものではなく，たんに抽象的に財産の分与の申立てをすれば足りる」としている[97]。この見解によれば，裁判所は当事者の申立ての趣旨にかかわらず，公平な裁量によって当事者間の法律関係を形成することができ，たとえば財産分与では申立て以上の額を定めても，また申立てと異なる分与の方法を定めても違法ではない。

これに対して，近時財産分与や扶養の程度・方法を定める審判について，審判における申立ては裁判外の協議による一方当事者の要求と同視されうるので，申立てを超える給付を命じることは協議に代わるものとしての財産分与の裁判の役割を逸脱することになるとして，申立てに拘束力を認めようとする見解が主張されている[98]。しかしこの見解には賛成できない。

(3) 申立ての趣旨に拘束されない根拠

通説は，家事審判の申立てを特定する必要がない理由を概ね次のように説明している。まず家事審判事件は非訟事件であって，裁判所が後見的・合目的の見地から裁量権を行使してその具体的内容を形成することが必要である。具体的な権利または法律関係は当事者間の協議または審判によって初めて形

---

[97] 最判昭和41 (1966)・7・15民集20巻6号1197頁，最判平成2 (1990)・7・20民集44巻5号975頁。これを支持する見解として，鈴木忠一「扶養の審判に関する問題」同『非訟・家事事件の研究』(1971) 208頁，岡垣学「婚姻訴訟事件における附帯申立て」同『人事訴訟の研究』(1980) 217頁，高野耕一「財産分与をめぐる諸問題」同『財産分与・家事調停の道』(1989) 155頁，本書旧版・154頁。

[98] 山本克己・判批・民商法雑誌105巻2号 (1991) 216頁，宇野聡「財産分与事件における申立ての拘束力」香川法学12巻4号 (1992) 363頁。

成されるものであるが，裁判所が形成すべき実質的要件は実体法に定められていない。当事者は審判以前には具体的な権利を有していない。当事者は裁判所に対して適正・公平な法律関係を定めるよう求める権利を有しているにすぎない[99]。

この見解は，たとえば扶養の審判に関する学説と重ね合わせることによっていっそうその位置づけが明らかになる。具体的な扶養の権利義務の発生と家事審判との関係をどのようにみるかについては学説が対立している。①要扶養状態と，②扶養可能状態の二つの要件が具備することによってただちに具体的な内容をもつ権利義務が発生するとする具体的請求権説（確認説）は少数説である。通説は，この二つの要件が存在することによって具体的な扶養の権利義務は発生しているが，家庭裁判所の審判によってはじめてその具体的内容が形成されるとする。すなわち抽象的権利から具体的な権利が形成されるとする内容形成説である。さらに上記二つの要件の存在に加えて家庭裁判所の審判によって初めて具体的な権利義務が形成されるのであり，審判以前には内容は空白であるとする権利形成説がある[100]。通説または権利形成説によれば，審判前には内容を欠く抽象的な扶養請求権が存在するのみであり，申立人は相手方に対しても具体的な内容を主張する立場にはない。具体的な内容は審判によってはじめて具体化されるのであるから，審判申立てに際しても具体的な内容を掲げることはできない。申立てがあっても裁判所はこれに拘束されない。扶養請求について述べられていることは，性質を同じくする婚姻費用分担や財産分与請求についても当てはまる。

当事者の申立ての枠内でしか法律関係を形成できないのであれば，裁判所は合目的的な裁量権を行使できないし，公平な裁判も可能ではなくなる。通説のこの説明は，同義反復的なところがあり，結局のところ裁判所の裁量の必要がほとんど唯一の根拠とされている。当事者の申立ての範囲内で合目的的な裁判を可能とすることはできないのか，という疑問に対しては正面から答えているとはいえない。

しかしながら，ここから当事者の申立てに拘束力を認めることができると

---

[99]　鈴木（忠）・前掲注[97]非訟家事事件の研究208頁，岡垣・前掲注[97]人事訴訟の研究216頁，高野・前掲注[97]財産分与・家事調停の道154頁。

[100]　これらの学説の状況については，さしあたり中山直子『判例先例親族法―扶養』（2012）157頁以下参照。

いう結論を導くのは早計である。家事審判においては，民事訴訟のように申立人の要求の定立と，申立ての裁判所に対する拘束力を認めるにはなお慎重でなければならない。財産分与や扶養の申立てについても，遺産分割の申立てほどではないにせよ申立人が申立てを特定する責任を果たすことができない状況にあることを認識しておかなければならない。このような紛争では，ある要求とそれを理由づける事実を特定して主張することは一般的に困難であるが，これに対する相手方の否認は容易であり，攻防過程での平等・公平が維持されなくなる[101]。したがって民事訴訟で普遍的にみられる審判要求の特定責任を家事審判では当事者に要求することが不可能であり，放棄されているとみなければならない。申立人の要求は，裁判所に対して一つの提案をするにすぎない。裁判所の調査の結果，申立人の申立てを超えたところに最適の解決が存在する可能性を否定できず，裁判所がその旨の裁判をしなければならない以上，申立てを要求の最大限とみてはならないのである[102]。

　家事審判の申立てが裁判所外の調停など協議に代わるものとして要求されていることから，申立ては協議における当事者の要求と同視できるとして申立てに特定性と裁判所の拘束力を認めようとする見解は適切とはいえない[103]。協議における要求自体が多義的に解釈されなければならないからである。すなわち協議や調停においても，権利者は最初から一定額の要求を提示するのではなく，相手方の様子を見ながら要求を出していくことが通常であろうし，また相手方の反応をみるためにも要求の最大限度の期待水準，譲歩できない最低限度，あるいはその中間に位置する獲得水準を使い分けている。申立てがあった場合に，それがいかなるものであるかが確認されなければならない。この作業を抜きにして家事審判における要求は民事訴訟と同様に最大限度を示すものであると解釈し，これに裁判所の拘束力を肯定することは適切ではない[104]。

(4)　当事者の責任のあり方

　上に述べたことは，当事者は申立てに対して一切責任を負わないということではない。家事審判においても，当事者間の実質的平等と自由な決定権が，

---

　[101]　この点については，佐上「利益調整紛争における手続権保障とその限界」法律時報52巻7号（1980）29頁，同「家事審判における当事者権」鈴木忠一＝三ケ月章監修『新実務民事訴訟講座第8巻』（1981）86頁以下参照。

第 1 編　家事審判

問題を解決していく上で重要な役割を果たしていることにも注意しなければ

(102)　「家事事件研究会の記録—手続法関係」家月 23 巻 9 号（1971）162 頁以下にお
　　ける婚姻費用分担の請求額をめぐる参加者の次のやり取りは，本文に述べた考え
　　方を根拠づけるものであり，家事審判における申立てを考えるうえできわめて興
　　味深く，かつ重要な指摘をしている。
　　　田中恒郎発言「（福岡家甘木支審昭和 41（1966）・11・8 家月 19 巻 7 号 67 頁の
　　審判を取り上げて—佐上注）……これは婚姻費用分担で，月 1 万円貰いたいとい
　　う申立てですね。裁判所は調べた結果，保護基準によって 18,086 円という数字を
　　はじき出している。しかし申立人は月 1 万円でいいといっているから月 1 万円の
　　支払いを命ずる審判をしていますね。」
　　　鈴木忠一発言「私は乱暴な解釈かもしれませんけど，婚姻費用分担の請求の場
　　合など当事者が主張する金額は，特別の理由がない限り，最低という意味だと思
　　う。少なくともこれだけは希望するというのが通常の場合だと思います。若しそ
　　れを裁判所が民訴の申立てと同じようになってしまうと，それは裁判所の認識が
　　足りないという結果になると思います（以下略）。」
　　　矢部紀子発言「（前略）申立てには相当額というのが普通なんですが，高くちゃ
　　いけないかなと考えて最低に書く人と大目に書く人と色々なんですね。それをま
　　ともに受け取ってその範囲にするということは随分間違いが起こるんじゃないか
　　と思うんです。」……
　　　山木戸克己発言「（前略）職権主義というのは，結局裁判所がまあ責任を負うと
　　いいますか，その審判に対して一切の非難を覚悟しなければならんという意味だ
　　と思うんです。ですから当事者がいくらこのくらいでいいと，1 万円でいいといっ
　　ても……非常識だということになると，（そのまま審判したのでは—佐上注）裁判
　　所は非難されると思うんです。」（以下略）。
(103)　前掲注(98)に掲げた文献参照。
(104)　岡垣・前掲注(97)人事訴訟の研究 218 頁は，当事者が具体的な内容を申し立てた
　　とき，これには法的意義は認められないが，裁判所は申立人の意図を汲んででき
　　るだけそれに近い解決が可能かを検討するのが実務であり，また財産分与など私
　　法的性格を有する事案に限っては，当事者の意思を尊重する観点から実質上当事
　　者の申し立てなかった事項について裁判をなしえないと解することができるとい
　　う。また高野・前掲注(97)財産分与・家事調停の道 156 頁も，財産分与請求につき
　　審理の結果申立人の立てた額が夫婦共同財産への寄与度や慰謝料の程度または要
　　扶養の程度などについて誤解なく評価していると認められるときは，申立ての拘
　　束力の問題としてではなく，民法 768 条 3 項にいわゆる一切の事情の一つとして
　　考慮することができ，申し立てられた額を上回る裁判をすることは相当でないと
　　いう。これは申立てが裁判所からみて，その趣旨・理由が明瞭に理解できる場合
　　の処理であり，通説の原則を変更するものではないと思われる。

第5章　家事審判手続　　　211

ならない。このことは，紛争の解決を求めその過程に参加する当事者が，その解決方法や内容を協議するについて，それぞれの提案や判断に対して一定の自己責任を負うことを意味する。ただその責任が，民事訴訟のように手続開始の段階で一定の事項に対して一定の責任を負うという対応関係で示すことが極めて困難なのである。さまざまな論点・争点との相関関係で，状況依存的な性格が強いといえるのである。手続開始の当初の段階では，申立人の要求が具体的でなくとも，審判過程の中でその大枠が示され，具体的な姿になることが通常であろう。さまざまな可能性の指摘とこれに対する討論を通じて選択肢が狭められ，焦点が絞られていく。当事者の主観的評価が裁判官の中立的な立場からの評価によって撤回されあるいは修正されることによって，当事者の要求が一定の幅の中に収斂されていく。裁判所の事実調査とそれに基づく釈明や，当事者の提示する要求に対して疑問を提示することを通じて，当事者が再考することによって主張が取捨選択され，明確化されて要求が特定してくる。その段階で，要求の最低限度と最大限度，特に強い要望等が裁判所にも相手方にも明らかにされていくことになるし，相手方もこれに対してどのような態度をとるかが明らかにされる。こうした過程を経て，審理の終結時点で当事者の要求提示という責任も具体化するといえる[105]。

(5)　申立ての趣旨の解釈

　上記(1)および(2)で指摘したように，家事審判の申立てが他の申立てを包含するか否かが問題となる場合がある。いくつかの例を挙げて検討する。

①　成年後見開始申立て

　成年後見制度の先行制度である旧禁治産・準禁治産宣告制度の下において，禁治産宣告の申立てに対して準禁治産を宣告できるか，またその逆の場合はどうかということが問題にされていた。当時の民法の通説は，心神喪失と心神耗弱とは要するに精神障害の程度の差であるから，制度の性質からみて，家庭裁判所は申立人の主張に拘束されず，いずれの申立てに対し，いずれの宣告をすることも妨げないと解していた[106]。手続的にみれば，両者は一個の

---

[105]　当事者の要求の具体化という問題は，同時にそれを支える根拠，事情の説明にも関連する問題である。事実や証拠の提出については，職権探知主義が採用されているが，遺産分割事件などでは弁論主義的要素を取り入れた当事者主義的運用が議論されている。この点については，当事者の手続協力義務などもあわせて検討する必要があるので，後述する（第6章第4節4）。

申立てと解してよいとするのである。両者はともに本人の行為能力の制限という点で共通すること，精神障害の程度の差にすぎないこと，申立ては法律上の陳述にとどまることがその根拠とされていた[107]。また実務も同様に解していた[108]。もちろんこれに対しては，禁治産・準禁治産の制度は精神障害の程度の差に過ぎないとはいえず，同種の制度ともいえないこと，申立ての趣旨や申立ての実情の記載から包括的な申立てとはいえないこと等を理由に，申立てを欠くのに職権で申立て以外の種類の宣告をすることは許されないとの見解が対立していた[109]。

　新しい成年後見制度の下ではどのように解されることになったか。旧制度と異なり，保佐の開始とともに保佐人に同意権を付与する審判をするには本人の同意が必要であり（民876条の4第2項），また補助開始決定を本人以外の者が申し立てるには本人の同意が必要とされるから，保佐開始の申立てをしていた場合もそのままでは補助開始の審判をすることができない（同15条2項）。この趣旨からすると，後見開始と保佐開始でも本人に対する効果，残存能力の尊重のあり方，開始決定とともに選任される後見人，保佐人の権限等々で大きな差異があるから，申立ては一個であって裁判所はいずれかを裁判できるとはいえないであろう。裁判所の釈明と申立人による申立ての変更をまつことが必要となる[110]。この限りでは裁判所は申立人の申立てに拘束され，これと異なる裁判をすることができない[111]。

---

[106]　我妻栄『新訂民法総則（民法講義Ⅰ）』（1965）81頁，谷口知平編『注釈民法(1)通則・人』199頁〈鈴木ハツヨ〉。

[107]　市川・家事審判法55頁，山木戸・家事審判法59頁。

[108]　昭和35（1960）年最高裁家2第141号家庭局長回答家月12巻12号155頁，前橋家桐生支審昭和37（1962）・10・16家月15巻1号148頁。

[109]　この点の詳細については，佐上「禁治産・準禁治産宣告申立ての拘束力」同『成年後見事件の審理』（2001）315頁以下，本書Ⅱ・46頁参照。

[110]　小林昭彦＝大鷹一郎＝大門匡『一問一答新しい成年後見制度』（2000）102頁，実務講義案82頁，本書Ⅱ・31頁。

[111]　成年後見制度を三つの類型に分け，そのいずれかを選択して申立てさせるという民法の定め方がこうした問題を生じさせている。三つの類型相互間では，柔軟な対応が可能となっているが，なお固有の要件・効果があるから，その間に垣根が存在する。広義の成年後見開始の申立てをさせた後，審理の結果に基づいて事件本人の状況に応じて必要な制度を選択させる方式を採用すればここに指摘した問題は生じない。

② 夫婦の協力扶助・婚姻費用分担請求の場合

　家事調停において夫婦関係調整事件として係属した事件では，夫婦間の協力扶助に関する内容，過去の婚姻費用の分担あるいは子の監護に関する事項などが渾然として主張され，議論されていることもある。この調停が不調に終わり，審判に移行すると申立ての趣旨を特定しなければならなくなる。別表第2第1項の事件（同居協力扶助）か，同第2項の事件（婚姻費用分担）かあるいは同第3項の事件（子の監護）かを明確にしなければならない。この場合に，別表第2第1項の申立てをしたとき，裁判所はこれに限定して審判をすべきか，あるいは申立てがなくても第3項についても審判できるかが問われる。これには実体法上二つの請求の同質性を認めることができるかというだけでなく，申立ての趣旨の拘束力をどのように考えるかという手続上の問題が含まれることになる。

　実務上は，両請求の同質性を認める立場が優勢である。申立ての趣旨に対する拘束力も緩やかに解されている。東京高決昭和31（1956）・12・1家月9巻1号23頁は，事件の内容が旧家審法9条1項乙類第1号（現行別表第2第1項）か，第3号（現行別表第2第2項）かあるいは第8号（現行別表第2第4項）かが明瞭でないまま審判したのを違法として差し戻している。しかし福岡高決昭和43（1968）・6・14家月21巻5号56頁は，これらの規定はほぼ同一の機能を果たすこと，また合目的性の理念から裁判所が裁量によって具体的に妥当な結果を確保する処分であるから，申立てのないまま審判したことにはならないことを理由に申立ての趣旨に拘束されないとする。いずれか一つの方法によって認められれば，他の規定による申立ては利益を失い，重ねて請求できないし，申立てが却下された場合には別の規定によっても再申立てはできない関係にある。同一の生活事実に対して適用法規が競合する場合である[112]。

---

　(112)　大橋・前掲注(93)民事手続法学の新たな地平37頁は，婚姻費用分担請求の審判確定後に，子から扶養料支払いの審判申立てがあった場合，前審判に子の養育費が含まれているか否かによって，後の扶養料支払い請求の許否に影響するので，釈明権の行使によって明らかにすべきであるという。しかし婚姻費用分担請求であえて未成年者の養育費を除外して，後の請求に委ねることが果たして合理的といえるか，また実際にどれだけあるかは疑問である。

③　財産分与請求の場合

　離婚または婚姻取消しに際しての財産分与の請求には，夫婦財産の清算的要素，離婚後の扶養あるいは補償的要素および離婚慰謝料の３つの要素が含まれているとされている。財産分与請求は，この各要素を包含する一個の統一的な請求権と解するか，あるいは各要素の独立性を認めるかについて学説は対立している。いずれの見解によるかによって，申立てにどこまで含まれるかが異なってくる。現在の通説[113]および判例によれば，財産分与請求権は，清算的要素と扶養的要素から成り立ち，申立人は慰謝料をこれと合わせて，あるいは別に請求することができる。慰謝料の要素を含めるか否かは申立人の意思による。これが明らかでないときは，裁判所は釈明をすべきであり，明確でないままこれを考慮して審判をすることはできないし，離婚訴訟において財産分与と慰謝料の請求が併合されているときは財産分与の額を定めるについて慰謝料の要素を考慮することができない[114]。この立場を支持してよいであろう。

④　親権喪失・親権停止および財産管理権喪失の申立て

　旧法下において親権喪失宣告申立てに対して財産管理権喪失の限度で審判することができるが，逆に管理権喪失宣告の申立てに対して親権喪失の宣告はできないとする見解[115]と，裁判所は子の福祉のため申立てに拘束されずにいずれの申立てに対してもいずれの審判もなしうるとの見解[116]が対立していた。

　これに対して平成 23（2011）年民法一部改正において，親権喪失に加えて親権停止の制度を設け，これとは別に財産管理権喪失の制度を設け，それぞ

---

(113)　財産分与の法的性質，内容については，さしあたり，島津一郎＝阿部徹編『新版注釈民法⑵（親族⑵）離婚』（2008）193 頁以下〈犬伏由子〉，大橋・前掲注(93)民事手続法学の新たな地平 37 頁参照。

(114)　最判昭和 46（1971）・7・23 民集 25 巻 5 号 805 頁，最判昭和 53（1978）・2・21 家月 30 巻 9 号 74 頁。金子・逐条解説 175 頁。

(115)　宮森輝雄「親権・管理権の喪失及び辞任」岡垣学＝野田愛子編『講座実務家事審判法第 2 巻』（1988）137 頁，清水節『判例先例親族法Ⅲ親権』（2000）482 頁，前掲注(89)・新版注釈民法㉕親族⑸205 頁〈辻朗〉，長崎家佐世保支審昭和 59（1984）・3・30 家月 37 巻 1 号 124 頁。

(116)　中川善之助編『註釈親族法（下）』（1960）120 頁〈山木戸克己〉，家審法講座第 1 巻 233 頁〈田中加藤男〉，注解家審規 315 頁〈沼辺〉。

れの要件効果を明確にした（民法 834 条，834 条の 2，835 条）。このことによって親権喪失の申立ては親権停止の申立てを含んでいるが，管理権喪失の申立てを含んでいないこと，親権停止または管理権喪失の審判申立ては親権喪失の申立てを含んでいないことが明らかにされた[117]。親権停止の申立てをした場合に，親権喪失に該当する事実が明らかになったときは，親権喪失の審判をすることが子の福祉にかなうと考えられるが，申立ての変更がない限り裁判所の過剰な介入は許されない。この場合には親権停止の審判をなし，その期間中に変化が見られないときは期間経過後に改めて親権停止または喪失の申立てをすることになる[118]。

⑤ 親権者の指定または変更と監護者の指定

離婚後に親権者でない親から親権者の指定または変更の審判の申立て（民法 819 条 5 項，6 項，別表第 2 第 8 項）があった場合に，申立ての変更がなくても子の監護者の指定（民法 766 条，別表第 2 第 3 項）の審判をなしうるかについて，かつては監護者の指定は常に必要的な処分ではないことを理由に否定説もあった[119]が，最近は肯定説が多数となっており，これを支持すべきである。親権者と監護者の分属が許される現行法の下では，親権者の変更を求める申立ては特に反対の意思が認められない限り，監護者の変更の申立てを内包しているものと解すべきであり，監護養育を含めて争いがあるときはすべての事情を考慮して子の福祉のために最適の措置を講じなければならないからである[120]。またこのような審判をすることは当事者にとっても不意打ちとはいえないであろう。

---

[117]　飛澤知行『一問一答平成 23 年民法改正』（2011）52 頁，53 頁。この点について詳しくは本書Ⅱ・256 頁参照。

[118]　篠原絵理「親権濫用と親権喪失宣告・管理権喪失宣告」野田愛子＝梶村太市総編集『新家族法実務大系第 2 巻』（2008）436 頁。

[119]　家審法講座第 1 巻 161 頁〈綿引〉，谷口茂栄・判批・判タ 134 号（1962）47 頁。

[120]　野田愛子「未成年の子の監護・養子縁組をめぐる紛争の処理と展望」同『家族法実務研究』（1988）287 頁，於保不二雄編『注釈民法(23)親族(4)親権・後見・扶養』（1969）35 頁〈山本正憲〉，注解家審法 412 頁〈沼辺〉，清水・前掲注(115)判例先例親族法Ⅲ 165 頁，清水節「親権と監護権の分離・分属」判タ 1100 号（2002）145 頁，札幌家審昭和 46（1971）・11・8 家月 25 巻 9 号 98 頁，旭川家審昭和 52（1977）・2・17 家月 29 巻 11 号 100 頁，仙台高決平成 15（2003）・2・27 家月 55 巻 10 号 78 頁，横浜家審平成 21（2009）・1・6・家月 62 巻 1 号 105 頁。

⑥ 子の監護に関する処分

民法 766 条 1 項は，子の監護に関する処分として(a)子の監護者の指定，(b)面会交流，(c)子の監護費用の分担を定めるほか，家事手続 154 条 3 項では(d)子の引渡しを命じることができるとしている。それぞれの申立ては内容を異にするために，審理の範囲も異なる。またこれらの事件のうち子の監護費用の分担の審判では子は手続行為能力を有しない（家事手続 151 条柱書きのカッコ書き）し，子の陳述の聴取も必要的とはされていない（同 152 条 2 項）。子の監護に関する処分においては，別表の各項ごとに審判対象が特定されるという原則（前述 2・2(1)(2)参照）の例外として，その内容をなす各事件につき申立てが別個になると解されている(121)。各申立ての内容は異なるから，当事者相互の攻防の保障，裁判所の調査，当事者や子の陳述の内容と不意打ち防止の観点から，このように解すべきだとされるのである。それゆえたとえば子の監護費用の分担を求める申立てに対して，申立て内容と異なる子との面会交流を命じる審判をすることは許されない。

しかしこれは原則であって，常に申立てと異なる審判をすることが許されないとすることはできない。たとえば別居中の夫婦の一方から相手方に対して子の引渡しを求めたところ，夫婦および子のそれぞれの状況を総合的に考慮すると子の福祉にとって面会交流を命じることが相当であるとした審判例がある(122)。審理の過程で子を申立人に引き渡すことが適当とはいえない事情が明らかになっているとき，申立てを却下するだけでは両親と子の関係の改善，子の福祉にとって十分な解決とはいえない。子の引渡しは認められないが親子の関係改善を図るための一つの方法として面会交流を認める余地はあると解すべきであろう(123)。すでに学説上も，「子の奪い合い紛争で，申立人の子の引渡し請求に対し申立人の申立てに理由がなく，相手方の反論や主張立証に理由があると考えるときには，相手方の明示的な申立てがなくても，相手方が監護権を争っていること自体黙示的な申立てとみて，申立人の申立

---

(121) 大橋・前掲注(93)民事手続法学の新たな地平 38 頁，大橋真弓「乙類審判の審理手続をめぐる諸問題」野田愛子＝梶村太市総編集『新家族法実務大系第 5 巻』(2008) 261 頁，梶村・前掲注(93)実務講座家事事件手続法 68 頁，259 頁，金子・逐条解説 174 頁。

(122) 岡山家審平成 2 (1990)・12・3 家月 43 巻 10 号 38 頁。

(123) 大橋・前掲注(93)民事手続法学の新たな地平 39 頁はこの扱いに否定的である。

てを却下すると同時に，相手方を監護者に指定する権限が家庭裁判所にはあると解すべきである」[124]との主張がなされていた。

子の監護に関する処分では，申立ての単位を上記(a)から(d)に切り取って，それが認容されるか否かだけの審理では子の福祉にかなうとはいえないことから，当事者により適切な解決案を提案させていくこと，すなわち申立てを併合あるいは変更させあるいは反対申立てをさせることが重要であるが，審理の状況によっては裁判所が申立てとは異なる処分を命じることも許されると解すべきである。

⑦　後見人解任の申立て

民法846条によれば，成年後見人の解任事由として，(a)不正な行為，(b)著しい不行跡および(c)その他後見の任務に適しない事由が挙げられている。申立ての理由として不正な行為が主張されていたが，審理の結果主張されている不正な行為は認められないが，後見人の判断能力の低下や被後見人との関係が悪化しており客観的に後見人としての任務遂行が規定できない事情が明らかになったとして，申立てを認容する審判をすることができるか。民法846条の掲げる事由ごとに申立てが特定していると考えるならば，申立ての変更がない限りできないことになる。しかし同条の掲げる(a)，(b)の事由は，(c)の例示であるにすぎないと解すると，このような審判は何ら問題がないといえる。通説および実務はこの立場に立っている[125]。保佐人や補助人，後見監督人あるいは遺言執行者の解任についても同様に解してよい[126]。

⑧　推定相続人の廃除

民法892条は推定相続人廃除の事由として，(a)被相続人に対する虐待，(b)重大な侮辱または(c)相続人の著しい非行を挙げている。申立ての理由としての廃除事由ごとに審理対象が特定されるのか，それとも特定の推定相続人の廃除を求めるというだけで足りるのか。推定相続人の廃除の審判は，当事者間の合意を許さないとして旧乙類審判事項から別表第1に移行されたが，学説においては訴訟事件説が有力である[127]ことから知られるように，当事者間

---

[124]　梶村太市・判批・法の支配131号（2003）96頁，梶村・前掲注[93]実務講座家事事件手続法69頁，260頁。

[125]　詳細については，本書II・80頁。また金子・逐条解説175頁も同旨。

[126]　本書II・83頁，386頁。

[127]　詳細については，本書II・286頁参照。

の対立が厳しく，廃除事由の定め方も人事訴訟である離婚原因（民法770条）と差異がない。このようにみると離婚訴訟の訴訟物と同様に，推定相続人の廃除事由ごとに申立てが特定されるとの帰結を導くことができそうである。しかし通説および実務は，廃除事由ごとに申立てが異なるとは考えていない。たとえば遺言による廃除では，遺言書記載の事由だけでなく，遺言するまでに存在したすべての事情のほか，遺言の後に生じた事由をも斟酌することができると解している[128]。このように廃除の申立てだけで申立ては特定している[129]。場合によっては，当初の申立てから多くの事情が追加主張されることもあり，審理の範囲が拡大するからといって相手方の防御上の不利益や不意打ちを生じさせるとはいえないであろう。

⑨　児童福祉法28条の措置承認の申立て

これについては，2(1)で扱った。

⑩　家事審判における給付を命じる申立て

別表第2に掲げる家事審判事件において，具体的な法律関係が形成されることにより，一方の当事者から他方の当事者に対して金銭の支払い，その他物の引渡し，子の引渡し，登記義務の履行その他の給付義務が生じることがある。婚姻費用の分担，子の監護費用の請求や扶養の程度・方法の審判申立てにおいては，申立人は端的に一定金額の支払いを求め，子の監護処分として子の引渡しや面会交流を求める旨を申立ての趣旨に掲げることが通常であろう。しかし申立てに際して具体的な給付内容を示すことができない場合も多い。遺産分割の審判はその典型的な例である。ここでは申立人は申立ての趣旨で審判による形成の結果として生じる相手方の給付義務を示す必要はない。また裁判所は申立てがなくても，遺産分割の審判に際して当事者に対して一定の給付を命じることができる（家事手続196条）。

このように旧法下においても，裁判所は次の審判事件においては当事者の申立てがなくても，給付を命じる審判をすることができるとされていた。家

---

[128]　中川善之助＝泉久雄編『新版注釈民法(26)相続(1)相続総則・相続人』(1992) 348頁〈泉久雄〉，叶和夫「推定相続人の廃除」岡垣学＝野田愛子編『講座実務家事審判法第3巻』(1989) 22頁，西原諄「推定相続人の廃除と廃除の取消し」判タ688号 (1989) 36頁，東京高決平成4 (1992)・12・11判時1448号130頁，本書Ⅱ・291頁。

[129]　家事手続法の下でもこのように解するとされる。金子・逐条解説175頁。

第 5 章　家事審判手続　　　219

給付を命じることのできる審判

	審判名称	根拠条文
1	夫婦の同居・協力扶助	家事手続 154 条 2 項 1 号
2	夫婦財産契約による財産管理者の変更	家事手続 154 条 2 項 2 号
3	婚姻費用分担	家事手続 154 条 2 項 3 号
4	財産分与	家事手続 154 条 2 項 4 号
5	子の監護者の指定・変更その他監護に関する処分	家事手続 154 条 3 項
6	離婚・離縁・相続による祭祀財産所有権承継	家事手続 154 条 4 項，163 条 2 項，190 条 2 項
7	親権者指定・変更	家事手続 171 条
8	扶養の程度・方法	家事手続 185 条
9	遺産の分割	家事手続 196 条

事手続法にも継承されている。一覧表にすれば上のとおりである。

　これらの審判では，婚姻費用分担や子の監護費用の分担，財産分与あるいは扶養請求などのように，端的に給付が求められる場合があり，また子の監護者の指定・変更，祭祀財産所有権の承継あるいは遺産分割のように，給付自体を求めるのではないが，法律関係の形成の結果として当事者の一方に対して給付請求権が発生する場合がある。家事審判が権利関係の形成のみを行うという考え方を前提にすれば，審判の結果生じる給付の実現は民事訴訟等の手続を経なければならないことになる。しかしそれでは家事事件の満足な解決は図れないし，迅速な解決の要請にも合致しない。そのため上記の審判においては，審判によって形成された権利の実現のため，給付を命じるとの特別の定めを置くことにしたのである[130]。給付命令はこのような趣旨から認められたものであって，それぞれの審判申立ての趣旨に給付を求める旨が明示されていなくても，申立てが必要な場合には給付申立てを含んでいると解されるのである。

3　申立ての併合

1　趣　旨

旧法の下では申立ての併合について明文規定がなかった。しかし実務上は，

---

[130]　注解家審規 242 頁〈沼辺〉，沼辺愛一「親権者・監護者の指定・変更と子を事実上監護する第三者に対する子の引渡命令」東京家庭裁判所身分法研究会編『家事事件の研究(2)』(1973) 106 頁，鈴木忠一「非訟事件の裁判と執行の諸問題」同『非訟・家事事件の研究』(1971) 20 頁。

例えば成年後見開始決定と成年後見人の選任，扶養義務の設定と扶養の程度・方法の一内容をなすと考えられる精神保健福祉法（現行では心神喪失医療観察保護法）の保護者の選任，親権者の変更と子の引渡し等々相互に関連する複数の申立ての併合が認められてきた。審判を求める事項が複数存在する場合に，一つの申立てによって審判を求めることは当事者にとっても便宜であり，また審理の重複を避けることもできる。このような趣旨で申立ての併合が明文で認められることになった。

2　申立ての併合の要件

申立ての併合が許されるには，①審判を求める事項についての家事審判の手続が同種であること，②審判事項が同一の事実上および法律上の原因に基づいていることが必要である（家事手続49条3項）。この両者の要件をともに満たさなければならない。

家事審判の手続が同種であるかは，申し立てられている家事審判についての手続が同じであり，同一の手続で審理しても問題がない場合をいい，別表第1に掲げる事項についての審判手続と別表第2に掲げる事項についての審判手続は，後者について事実の調査の通知や立会い等に関する規律が異なる（70条，68条等）ことから，手続は同種とはいえない[131]。このようにして別表第1と第2に掲げる事項を一つの申立てによって求める場合には，この要件を満たさない。たとえば相続開始後の推定相続人廃除の審判（別表第1第66項）とそれを前提とした遺産分割の審判（別表第2第12項）は併合が許されない。また非嫡出子が父から認知されたことにより，扶養料（養育費）の請求をすることと氏の変更を求める事件も併合することができない。

審判を求める事項が同一の事実上および法律上の原因に基づくときとは，民訴法38条前段と同趣旨であって，審判を求める事項を基礎づける原因事実がその主要な部分において同一である場合をいう[132]。たとえば父または母を同じくする数人の子の氏の変更の申立て，子の親権者変更と子の引渡しなどはこの要件を満たす。しかし離婚後の元夫婦間の子の監護に要する費用分担の申立て（別表第2第3項）と財産分与に関する審判申立て（別表第2第4項），婚姻費用分担と夫婦間の子の面会交流の審判事件などでは，審判を求

---

[131]　金子・一問一答107頁，金子・逐条解説178頁。

[132]　金子・逐条解説177頁。

める事項を基礎づける原因事実の一部は共通するものの，審判事項の要件を
なす事実関係はその主要部分で共通とはいえない[133]。審理の便宜の観点から，
審判の範囲が著しく拡大することを避けるためである。ここに掲げられた併
合が許されない例は，離婚訴訟においては附帯処分として併合することが認
められている（人訴32条1項）[134]うえに，相手方から見てもいずれ調停や審
判で決着を求められるのであるから，併合に反対する積極的な理由はないは
ずである。それゆえこの要件を厳格に解する必要はないと思われる。

　上記の定めにかかわらず，扶養義務の設定の審判（別表第1第84項）と心
神喪失医療観察法上の保護者選任の審判（別表第1第130項）は，必ずしも
その併合要件を満たしてはいないが，類型的に両者が同時に申し立てられる
ことが多いという実際上の必要性から，特別に併合が許されている（家事手
続183条）[135]。

3　併合要件を欠く申立て

　併合要件を欠く申立ては，全体を却下するのではなく，当該申立てにかか
る手続を分離して（家事手続35条1項），別々に申立てがなされたとみなし
て別々の手続として処理すべきである。

---

[133]　金子・逐条解説177頁。

[134]　附帯処分として監護費用の分担を求めることができることについては，最判平
成1（1989）・12・11民集43巻12号1763頁。

[135]　家事事件手続法制定時には，精神保健福祉法上の保護者の選任が別表第1第
130項に掲げられており，扶養義務の設定と保護者選任が合わせて申し立てられ
ることが多かった（本書Ⅱ・504頁以下参照）。精神保健福祉法上の保護者になる
ことが扶養の方法の一つと解されてきたことが大きな理由となっている。家事手
続法制定にあたり扶養義務の設定の審判が，旧乙類8号から別表第1に移され，
併合要件を満たすことになった。しかし民法877条2項による特別の事情の有無
と，だれが保護者として適任であるかは相互に独立した要件であるため，同一の
事実上および法律上の原因に基づくとはいえないため，特別の定めが必要とされ
た。その後，精神保健福祉法の保護者制度は廃止されたが，同法上の保護者を心
神喪失医療観察法上の保護者に充てていたため，改めて心神喪失医療観察法上の
保護者選任の手続が必要となり旧規定がそっくり充てられることになった。同法
の保護者選任を家事手続法で行う必要があるかについては，保護者から扶養的要
素がなくなったことから疑問がある。この点について詳細は，本書Ⅱ・505頁以
下参照。

4 再度の申立ての許否

民事訴訟において、手続終了後に同一当事者間において同一訴訟物に関する再訴が許されるかについては、主要には終局判決後の訴えの取下げの効力あるいは確定判決の既判力の問題として処理される。これに対して家事審判においては、後述するように審判には既判力を生じないから、同一の当事者間で同一の審判対象について再度の申立てがあったときであっても、これを不適法として却下することはできない。また審判がなされた後に、相手方の同意を得て申立ての取下げがなされた場合（家事手続82条2項）でも、民事訴訟の再訴禁止効は働かない。またこの問題は、家事審判の既判力や事情変更による審判の変更、あるいは信義則による取扱いとも密接に関連するので、後述する（第7章第3節、第4節3）。

5 申立ての変更・反対申立て

1 申立ての変更

(1) 趣 旨

家事審判手続では、上記2で説明したように、申立てに対する裁判所の拘束は民事訴訟に比べると緩やかである。また公益的な性格が強く、裁判所の後見的関与が求められる事件では、当事者の申立ての変更をまたずに申立ての趣旨を超えた処分が必要とされる場合がある。もちろん当事者から申立ての変更がなされた場合に、裁判所がどのように対応するかその規律も必要である。

申立人が申立書に記載した申立ての趣旨または申立ての理由、あるいは双方を変更することによって、申立てにより審判を求める事項を変更することを申立ての変更という（家事手続50条1項）。旧法の下では明文規定はなかったが、申立ての変更が許されることについてはほとんど問題にされてこなかった[136]。家事手続法は、審理の対象がなんであるかを明らかにすることにより、当事者の手続保障の観点、とりわけ不意打ち防止を避けるために、申立ての変更についての定めを置くことになった[137]。

(2) 申立ての趣旨または申立ての理由の変更

申立ての趣旨の変更は、成年後見開始申立てを保佐開始申立てに（あるい

---

[136] 本書旧版・158頁参照。

はその逆），特別養子縁組成立を未成年養子縁組許可に，あるいは限定承認申述から相続放棄申述に変更するようなことをいう。児童福祉法 28 条 1 項による措置承認の審判において，申し立てられている施設の種類を変更することも申立ての趣旨でなされているから，申立ての趣旨の変更になる。

　上記 2 の申立ての拘束の箇所で説明したとおり，一つの申立ての中に別の処分も包含されていると解されるときは，申立ての変更を必要としないでその旨の審判をすることができる。家事審判ではこれに該当する場合が比較的多い。親権喪失申立てに対して親権停止の申立てに変更することは前者の申立てに後者の申立てが包含されており，監護費用や扶養請求において金額を変更することは，申立ての趣旨が監護費用の支払いであることが明らかであり，裁判所はこの申立てに拘束されないから申立ての変更ではない[138]。

　家事審判においては審判事項が民法等の法律規定ごとに定められていることから，申立ての理由を変更することは，申立ての趣旨の変更を伴うことが通例である。財産管理の失当を理由として財産管理権の喪失を求めていたのに対し，親権者が子の医療行為に同意しない等の事実を追加してくると，少なくとも親権停止の審判を求めるように申立ての趣旨が変更されることになる。しかし求める審判の内容が同一であるときは，その理由を変更しても申立ての変更にはならない。たとえば後見人の解任事由を不正な行為から著しい不行跡に変えることは，いずれも後見の任務に適しない事由（民法 846 条）の例示と解されるので，申立ての理由の変更には当たらない。また推定相続人廃除の個々の事由（民法 892 条）を変更・追加することも理由の変更にはならない。

　審判要求の名称や根拠条文を変更することは必ずしも申立ての変更とはいえないことにも注意が必要である。たとえば未成年者の養育料の請求は，婚姻費用の分担（民法 760 条，別表第 2 第 2 項），子の監護に関する処分（民法 766 条，別表第 2 第 3 項）あるいは扶養請求（民法 877 条，別表第 2 第 10 項）のいずれの方法によっても可能であるから，請求方法の変更は申立ての変更として扱う必要はないであろう。事実関係に変更はなく，また費用の算定方式にも変更はなく，単に法的評価が異なるにすぎないからである。

---

(137)　金子・一問一答 108 頁，金子・逐条解説 181 頁。

(138)　東京高決昭和 46（1971）・3・15 家月 23 巻 10 号 44 頁，金子・一問一答 108 頁。

申立ての変更の態様としては、民事訴訟の場合と同様に交換的変更と追加的変更がある。保佐開始申立てを後見開始申立てに変更する交換的変更の場合には、申立ての取下げを含むので、裁判所の許可（家事手続121条1号など）や別表第2に掲げる事項の審判事件では相手方の同意が必要（同82条2項）になることがある（たとえば養育費支払い請求から子の引渡しに変更する場合など）。

(3) 申立て変更の要件

家事手続50条1項によれば、申立ての変更が許されるためには、①申立ての基礎に変更がないこと、②別表第2に掲げる事項の審判事件および推定相続人廃除事件では審理の終結前になされることが必要である。

① 申立ての基礎の同一性

申立ての基礎とは、審判を求める事項にかかる権利関係の基礎となる事実を指す[139]。審判の単位を別表第1、第2の各項の事項を基準にすることを前提とすれば[140]、各審判事項の実体法上の要件をなす事実関係ということになる。たとえば親権者指定または変更であれば、民法819条1項、3項に該当する事実関係であり、子の氏の変更についての許可であれば民法791条1項、2項により父母の一方が婚姻前の氏に復したとか、子の出生前に父母が離婚し母が復氏した後に子が出生したとか、非嫡出子として母の氏を称している子が父から認知されたなどの事実関係である。

申立ての変更の要件として、申立ての基礎に変更がないことを要求するのは、事件本人や相手方がある事件ではその手続保障の必要があるからである。それゆえ別表第2に掲げる事件については、この要件を満たさなくても相手方の同意があれば申立ての変更を認めてもよいであろう[141]。

② 変更の時期

申立ての変更は家事手続71条により、別表第2に掲げられた審判事件および推定相続人廃除の審判事件では審理の終結までにしなければならない（同50条1項ただし書き）。また別表第1に掲げる審判事件については明文の規定はない。それゆえ審判がなされるまで可能である[142]。

---

[139]　金子・一問一答108頁。

[140]　金子・逐条解説173頁。

[141]　基本法コンメ220頁〈川嶋四郎〉。

第5章　家事審判手続　　225

旧法下では抗告審においても申立ての変更が許されるかが議論されていた[142]。家事手続93条1項は抗告審の手続について特別の定めを置くことなく，50条を準用しているので申立ての変更が可能である。

(4)　申立て変更の手続

申立ての変更は原則として書面でしなければならないが，手続の期日においてする場合には口頭でもすることができる（家事手続50条2項）。申立ての変更によって審判を求める事項を明瞭にしておくためであり，申立ての変更が申立てに準じるものであって家事審判の申立てが書面による（同49条）ことと同趣旨である[144]。

期日に申立ての変更がなされたときは期日調書にその旨を記載しなければならない（家事手続規則32条1項1号）。

家庭裁判所は，申立ての趣旨または申立ての理由の変更が不適法であるときは，その変更を許さない旨の裁判をしなければならない（家事手続50条3項）。この裁判に対しては即時抗告をすることができない。その当否は審判に対する即時抗告により抗告審で判断される。申立ての変更を適法と認めるときは，そのまま審理を続行するが，裁判所書記官は申立ての変更のあった旨を当事者および利害関係参加人に通知しなければならない（家事手続規則41条）。

---

[142]　金子・逐条解説182頁。

[143]　旧法下では，家事審判の抗告審において抗告を理由ありとするときは原則として原審判を取り消して家庭裁判所に差し戻すという家庭裁判所中心主義を採用していたので，申立ての変更をしても原審の資料によって新しい申立ての審理が可能である場合に限って許されると解されていた。審級の利益を失わせるような結果になるとき変更は許されない。金田宇佐夫「抗告審における手続」判タ250号（1970）137頁，吉岡進「家事審判の抗告審における諸問題」鈴木忠一＝三ケ月章監修『新実務民事訴訟講座第8巻』（1981）290頁，菊池博「抗告審における審理」別冊判タ8号（1980）410頁。東京高決昭和33（1958）・5・15家月10巻11号44頁は，財産分与と慰謝料（養育費）を請求していたが抗告審で子の引渡しに変更したのを原審において審判を求めていないので許されないとし，大阪高決昭和48（1973）・2・6家月25巻9号84頁も，子の監護にかんする審判申立てに対し抗告審で扶養処分の申立てに変更した事案につき，別個新たな申立てはまず家庭裁判所になすべきだとして許さなかった。

[144]　金子・逐条解説183頁。

(5) **手続が著しく遅滞する場合**

申立ての変更により家事審判の手続が著しく遅滞することになるときは，家庭裁判所はその変更を許さない旨の裁判をすることができる（家事手続50条4項）。家事審判の審理には，一方で迅速性が要請されるものの，他方では後見的な立場から職権による調査と実情に即した適切な裁判をすることが求められている。そのため民事訴訟法143条1項ただし書きとは異なり，家庭裁判所の判断の余地を認めたものになっている[145]。

2 反対申立て

家事審判手続においては，家庭裁判所は申立てを契機として当該の法律関係につき最適と思われる処分をしなければならない。裁判所が示す解決には，相手方による反対申立てにかかる内容を含むことがある。たとえば監護権者の指定を求める申立てに対して，これを却下しないでかえって相手方を指定する審判をする場合がこれにあたる[146]。申立人の申立ては，解決のための一つの提案にすぎないとも考えられる。もっとも養育費の請求があった場合に，相手方は親権者を変更し，面会交流を求めあるいは子の引渡しを求めるなど反対申立てをすることができるが，この反対申立てがない限りはこれを認めることはできないと解される。申立人が申立てを取り下げた後は，反対申立てについての審理が続行される。

---

[145] 金子・逐条解説184頁。

[146] 広島高決平成19（2007）・1・22家月59巻8号39頁。

第5章　家事審判手続　　　227

第3節　審判前の保全処分

1　保全処分制度の必要性
1　保全処分の意義
⑴　意　義

　家事審判が申し立てられてから終局審判が効力を生じるまでには若干の日時を必要とする。この間に当事者の生活が困窮し，審判手続を維持できなくなったり，財産状態に変動が生じて後日の執行が困難となる可能性がある。審判前の保全処分（以下，たんに「保全処分」という）は，暫定的に当事者間の法律関係を形成して，権利者の保護を図ることを目的とする。通常の民事訴訟に関する事件において民事保全の制度が認められているのと趣旨を同じくする。

　ところで家事審判については，昭和55（1980）年法律51号によって，旧家審法15条の3が追加されるまでは，同法上，審判前の保全処分を認める規定がなく，旧家審規に個別的に定められている保全処分が執行力を有するかどうかが大いに争われていた。大方の見解によれば，これには執行力がなく調停前の措置（民調12条，35条，旧家審法28条3項，旧家審規133条）と比べてもその実効性に乏しく，たんに勧告的なものにすぎないとされていた。他方で家事審判事件は非訟事件であるから民事訴訟法による保全処分を利用することができず，当事者は保全処分による救済を受ける途を閉ざされていた。学説および実務から強くその改正が求められていた。昭和55（1980）年の法改正は，この要請に応え，審判前の保全処分について民事保全法における と同一の執行力を有することを認めた[147]。

　家事手続法の制定にあたっては，ほぼ旧法の規律を引き継ぐとともに，若干の改善を図っている。また旧家審規に置かれていた定めを法律で定めるという改善も図っている。

⑵　保全処分の利用実態

　司法統計年報家事事件編第9表によれば，平成27（2015）年度において保

---

[147]　橘勝治＝宇佐美隆男「民法及び家事審判法の一部を改正する法律の解説」家月32巻8号（1980）159頁，174頁。

全処分およびその取消申立総数は，2,822 件である。この 10 年間で 1,000 件以上増加しているが，絶対数はさほど多いとはいえない。その中では，仮差押え・仮処分の申立数および子の監護に関する処分のうち子の引渡しを求める仮処分の増加が顕著である。財産の管理者の後見等を受けるべきことを命じる処分の申立て（後見命令の申立て）は，成年後見事件の申立件数が増加しているにもかかわらずほとんど増加していない。平成 27（2015）年度の既済事件 2,755 件のうち認容 959 件，却下 333 件，取下げ 1,312 件である。認容率が低く取下げが多いのが審判前の保全処分の特徴といえる。とりわけ別表 2 第 3 項の子の監護に関する保全処分では，認容がほぼ 15％であるのに対し，取下げが 60％を超えていることが注目される。

審判前の保全処分・申立件数推移

	平成 15	平成 21	平成 22	平成 23	平成 24	平成 25	平成 26	平成 27
総数	1,419	1,618	1,825	1,949	2,418	2,480	2,600	2,822
財産管理者選任等	420	280	301	346	373	358	386	418
後見命令	80	102	86	85	90	117	126	104
仮差押え・仮処分	819	1,076	1,311	1,359	1,700	1,731	1,842	1,986
うち婚姻費用	167	191	212	231	223	277	271	244
子の引渡し	353	580	758	815	1,045	973	1,078	1,219
親権喪失等代行者選任	75	123	99	131	225	259	213	266

司法統計年報・各年度家事事件編表 6 表

2 特殊保全処分としての位置づけ

家事手続法に定められた保全処分は，本案である家事審判が性質上非訟事件であることから民事保全法の適用を受けない（民保 1 条参照）。同法の保全処分は民事訴訟の本案の権利の実現を保全するためとされており，家事事件手続法上の権利の保全は対象としていない[148]。家事手続法の保全処分は，破産法上の保全処分などと並んで講学上いわゆる特殊保全処分と呼ばれるものの一つである[149]。民事保全法は，審判前の保全処分の執行力について準用されるにすぎない（家事手続 115 条）。保全処分の申立て，要件およびその審理に関しては独自の定めが置かれている（同 105 条以下）。

2 保全処分の態様

1 概 説

保全処分の態様として，家事手続 105 条 1 項は，仮差押え・仮処分，財産管理人の選任その他必要な保全処分を命じることができるとしている。どの

ような審判事件に，どのような保全処分をなしうるかは，民事保全の場合と異なって家事手続法が個別的に定めている。以下，一般に分類されている四類型[150]に従って説明する。

2 財産管理人選任の類型

この保全処分は，成年被後見人（事件本人）等の生活・療養看護または財産管理のために必要がある場合に，財産の管理者を選任し，また事件の関係人に対して事件本人の財産の管理もしくは事件本人の監護に関する事項を指示することを内容とする。事件本人の入院費，施設利用料等の支払いのため預貯金の払戻し，定期預金の解約が必要であるとか，事件本人の症状から入院治療が必要であるといった場合がこれにあたる。成年後見の開始決定（家事手続 126 条 1 項），保佐開始決定（同 134 条 1 項による 126 条 1 項の準用），補助開始決定（同 143 条 1 項による 126 条 1 項の準用），夫婦財産契約による管理者の変更および共有財産分割（同 158 条 1 項），遺産の分割（同 200 条 1 項），

---

(148) 人事訴訟における家事審判事項を対象とした保全処分について

人訴法 30 条は，人事訴訟を本案とする保全処分の管轄について定めている。人事訴訟を本案とする保全処分は，民事保全法による保全処分だと解されてきた。それゆえ，離婚訴訟等に附帯して申し立てられる家事審判事項である財産分与請求等について保全処分をするときは，民事保全法によることができるかが争われ，さらにこの訴訟に附帯して申し立てることができない婚姻費用分担請求等についても保全処分をなしうるかが問われてきた。かつては否定説も有力であったが，実務においては財産分与請求が離婚訴訟に附帯して申し立てられているときは，これを被保全権利として民事保全法による処分が許されると解し（東京高決昭和 56（1981）・6・29 家月 34 巻 7 号 58 頁），学説もこれを支持してきた。中村也寸志「離婚に伴う財産分与請求権を被保全権利とする民事保全」東京地裁保全研究会＝大阪地裁保全研究会編『民事保全実務ノート』（1995）192 頁，瀬木比呂志「保全処分」野田愛子＝安倍嘉人『改訂人事訴訟法概説』（2007）289 頁，松本博之『人事訴訟法（第 3 版）』（2012）285 頁）。これに対して人事訴訟に併合されない婚姻費用分担，扶養料請求等については，かつては民事保全法による保全の対象となりうるとの見解も見られたが，今日では否定説が通説になっている。

(149) 橘＝宇佐美・前掲注(147)家月 32 巻 8 号 180 頁。

(150) 太田豊「家事事件における保全処分」鈴木忠一＝三ケ月章監修『新実務民事訴訟講座第 8 巻』（1981）47 頁，注解家審法 643 頁〈安倍嘉人〉，岡部喜代子「審判前の保全処分を巡る諸問題」判タ 1100 号（2002）572 頁，慶田康男「審判前の保全処分をめぐる諸問題」野田愛子＝梶村太市総編集『新家族法実務大系第 5 巻』（2008）321 頁以下など。

破産法 61 条 1 項による財産管理者の変更等（同 242 条 3 項）のほか，特別養子縁組成立の審判における監護者選任の保全処分（同 166 条 1 項）もこれに含められる。

この財産管理者の権限については，家事手続 126 条 8 項が民法 28 条を準用しているので，原則として民法 103 条に掲げる管理行為の範囲内で代理権を有する。財産の管理者が選任された場合でも，その権限が原則として管理行為の範囲に限定されていること，成年被後見人となるべき者（事件本人）または遺産分割事件の相続人が財産について管理処分権を失う旨の実体法上の規定が存しないことから，事件本人，相続人等は当該財産について管理処分権を失わない[151]。

家事手続 126 条 1 項は，事件の関係人に対して，「成年被後見人となるべき者の生活，療養看護若しくは財産の管理に関する事項を指示することができる」と定める。たとえば事件本人に対して「治療のため○○病院○○科へ入院させること」といった指示がこれにあたる。この指示はその性格上，勧告的な意味を有するにとどまる。

家庭裁判所は，いつでもその選任した財産管理者を改任することができる（家事手続 126 条 8 項による 125 条 1 項の準用）。

3　後見命令の類型

この保全命令は，家事手続 126 条 2 項にみられるものである。後見開始の申立てがなされた場合に命じられ，後見開始決定の効力を先取りする意味がある。この保全処分は，成年被後見人となるべき者（事件本人）の財産の保全のため特に必要がある場合に発令される。痴呆性の老人が次々と高額商品を購入させられたり，唯一の不動産を不当に低額で売却させられたりしている場合に，この契約を取り消す必要があるとして，成年後見開始の申立てとともにこの保全処分が申し立てられる。上記 2 で述べた財産管理がなされていても，事件本人による財産処分の危険性が高い場合に，財産上の行為について財産管理者の後見を受けるべきことを内容とする[152]。保佐開始および補

---

[151]　永吉盛雄「審判前の保全処分」岡垣学＝野田愛子編『講座実務家事審判法第 1巻』（1989）47 頁。東京高判平成 5（1993）・10・28 判時 1478 号 139 頁は，遺産分割前の保全処分により遺産管理者が選任された場合においても，不実登記の更正手続を求めることは保存行為であって，遺産管理者の管理権と抵触しないから相続人はこの訴えの当事者適格を有するとする。

第 5 章　家事審判手続　　231

助開始の審判についても認められている（家事手続 134 条 2 項，143 条 2 項）。

　後見命令の対象となる財産上の行為は，民法 9 条ただし書きに規定する行為を含まない（家事手続 126 条 2 項）。保佐命令の対象となる財産上の行為については，民法 13 条 1 項に掲げるものに限られ，補助命令の対象となる財産上の行為は民法 13 条 1 項に掲げるもののうち補助人の同意を得なければならない行為の申立てがあるものに限られる（同 143 条 2 項）。この後見命令がなされたときは，財産管理者に対して告知するとともに，事件本人に対しても通知しなければならない（同 126 条 4 項，5 項）。保佐命令，補助命令は財産管理者および事件本人に告知される（同 134 条 3 項，143 条 3 項）。この保全命令が確定したときは，家事手続 116 条 2 号により戸籍記載の嘱託がなされる。

　後見命令の審判があると，事件本人および財産管理者は，事件本人のした財産上の行為を取り消すことができ，この場合には制限行為能力者の行為の取消しに関する民法の規定が準用される（同 126 条 7 項，134 条 5 項，143 条 5 項）。この保全処分は以下 5 (2)で述べる仮の地位を定める保全処分としての性質を有する。

4　職務執行停止または職務代行者選任の類型

　この保全処分は，家事手続 174 条 1 項，同 175 条 1 項が定めるように親権喪失の審判事件において，当該の親権者の職務執行を停止し，またはその職務代行者を選任するものである。親権者がその権限を濫用し，子の福祉を害するおそれがあるとき，これを防止することにその目的がある。生命の危険のある未成年者に必要な治療行為を行うことに同意しない親権者の職務を停止し，職務代行者を選任する[153]とか，早急に未成年の子の転入学手続をとる必要があるのに親権者である父が同意しないためその職務を停止して母を職務代行者に選任する[154]等の場合である[155]。

---

[152]　大阪高決昭和 60（1985）・5・20 家月 37 巻 10 号 97 頁は，成年後見開始申立て（禁治産宣告申立て）を本案とする後見を受けるべき旨の命令の保全処分は，その後別件において事件本人の所有財産につき民事保全法上の処分禁止の保全処分があったとしても，両者は制度趣旨を異にするから後見命令の必要性が消滅するとはいえないとする。

[153]　名古屋家審平成 18（2006）・7・25 家月 59 巻 4 号 127 頁，津家審平成 20（2008）・1・25 家月 62 巻 8 号 83 頁。

この保全処分がなされると，親権者は第三者との関係においてもその権限が停止され，処分に反してなされた行為は無権代理行為と扱われ無効とされる。この保全処分が認められるのは，このほかに後見人，後見監督人，保佐人等の解任（家事手続127条1項，135条，144条），親権者の指定・変更（同175条3項），特別養子縁組成立・離縁（同166条1項，5項），遺言執行者の解任（同215条1項）および破産法61条1項による管理権の喪失等の場合（同242条3項）である。この保全処分は，以下5(2)で述べる仮の地位を定める仮処分の性質を有する。

この保全処分がなされたときは，家事手続116条2号により，戸籍の記載が嘱託される。また家庭裁判所はいつでもその選任した職務代行者を改任することができる（同127条3項）。

5　仮差押え・仮処分その他必要な処分の類型

(1)　仮差押え・係争物に関する仮処分

仮差押えは，本案の審判における金銭給付命令の強制執行を保全するためになされる。婚姻費用の分担，子の監護に関する処分としての養育料の支払い，財産分与（家事手続157条1項2号ないし4号），扶養料の支払い（同187条），遺産分割（同200条2項）などで利用される。

仮処分には，係争物に関する仮処分と仮の地位を定める仮処分がある。民事保全法の定めと異ならない。係争物に関する仮処分は，引渡請求権の執行を保全するため，現状の変更を禁止することを目的とする。たとえば財産分与を請求する場合に，相手方の名義になっている不動産の処分を禁止しておく必要がある場合などである。家事審判においては，そのほか夫婦財差契約による管理者の変更等の審判（158条2項）などでも利用される。

---

(154)　札幌家審平成4（1992）・4・28家月45巻1号132頁。

(155)　本文の例から明らかなように，職務執行停止・代行者選任の保全処分は，親権喪失・停止の審判（民法834条，834条の2）において重要な意味をもっている。子に対する虐待やネグレクトなどの場合に，児童相談所長がこの申立てをするとともに保全処分を申し立てて未成年者の保護を図るのである（東京家審平成27（2015）・4・14家庭の法と裁判5号103頁）。この申立件数も増加している。詳細については吉田彩「医療ネグレクト事案における親権者の職務執行停止・職務代行者選任の保全処分に関する裁判例の分析」家月60巻7号（2008）1頁，我妻学「医療ネグレクトと審判前の保全処分」徳田和幸先生古稀祝賀論文集『民事手続法の現代的課題と理論的解明』（2017）579頁，本書Ⅱ・489頁以下参照。

第5章　家事審判手続　　　233

(2)　仮の地位を定める仮処分

　この仮処分は，事件の当事者等の急迫の危険を防止する（家事手続157条
1項）ためになされる保全処分であり，本案の審判による給付内容を先取り
する。断行仮処分ともいわれ，満足的仮処分ともいわれる。請求権の保全と
いうよりは，当事者間に紛争のあることから生じる現在の危険・不安を除去
するためにその解決に至るまで権利関係に暫定的に規制を加えるために発令
される。家事審判において金銭支払いの仮処分が問題となるのは，夫婦間の
協力扶助，婚姻費用分担，子の監護に関する処分，財産分与（同157条1項
1号ないし4号），扶養（同187条），遺産分割などである。子の監護や親権者
の指定・変更の審判前の保全処分では子の引渡しが問題となる[156]。

　遺産分割の審判前の保全処分では，遺産の一部を分割する仮処分もあり得
る[157]。

　家事審判においては裁判所は当事者の申立てに拘束されないことから，保
全処分において前提とされた権利関係と，本案の審判によって形成された権
利関係が異なることがあり得る。たとえば財産分与請求の審判において，相
手方の不動産の処分禁止が命じられたが，本案の審判においては金銭の支払
いが命じられるという場合があり得る。この場合に，仮処分によって保全さ
れている地位を金銭債権に基づく執行のために援用することはできない[158]。

(3)　その他の処分

　その他必要な保全処分としては，別居中または離婚後の親権・監護権に関
する争い（親権者の指定・変更，家事手続175条1項）においては，子の生活
の妨害禁止，子の連れ去りの禁止，子の就学手続をとるべきことの命令ある
いは面会交流に関する処分などが問題になる。また児童福祉法33条の2の
規定による一時保護が加えられている児童について，同法28条1項に掲げ

---

[156]　子の引渡しの保全処分の申立てが増加している。いくつかの例を挙げると，東
　京高決平成24（2012）・10・5判タ1383号327頁，東京高決平成20（2008）・12・
　18家月61巻7号59頁，さいたま家審平成20（2008）・4・3家月60巻11号89
　頁等。この保全処分については執行方法についても問題となるが，この点につい
　ては後述7および第7章第4節5・2(4)参照。

[157]　たとえば大阪高決昭和59（1984）・9・5家月37巻7号50頁は，相続税を支払
　う必要性を理由にこれを認めている。

[158]　永吉・前掲注[151]実務家事審判法講座第1巻49頁，岡部・前掲注[150]判タ1100号
　574頁。

る措置についての承認の申立てがあり，かつ，児童虐待防止法12条1項により当該児童の保護者について同項各号に掲げる事項の全部（面会および通信の制限をいう）が制限されている場合において，当該の児童の保護のために必要があるときは，当該の保護者に対して児童の住所もしくは居所，就学する学校その他の場所における当該児童の身辺につきまとい，または付近をはいかいしてはならない旨を命じることができる（家事手続239条）[159]。実際にはほとんど利用されていない[160]。その活用が期待される。

3　保全処分の審理手続

1　特　徴

家事審判手続における保全処分には，特殊仮処分として，①それぞれの審判事項に関して保全処分が類型化されていること，②保全処分が本案の申立てを必要とし，本案である家事審判手続内で発令される（附従性）こと，③本案の審理については職権探知主義が採用されているが，保全処分については被保全権利および保全の必要性の疎明に関してはむしろ当事者責任が原則とされているという特徴がある。①については説明したので，以下にそれ以外の点について説明する。

2　本案審判係属の必要性

保全処分の申立てには本案の審判事件が係属していなければならない（家事手続105条1項）。これは民事保全法の考え方とは異なっている。家事審判においては，保全されるべき具体的な権利は本案の審判の確定によって初めて形成されるから，それが係属していなければ保全されるべき権利が形成される蓋然性を判断することができないこと[161]，また保全処分の内容と審判の結果が異なることは望ましくないことが根拠とされている。むしろ本案の審理の中でそれと一体的に処理することが望ましいとされているのである。

したがって旧法下では，乙類審判事件について家事調停の申立てがあった

---

[159]　旧法下のものであるが，児童福祉法28条の措置承認申立て事件を本案として，親権者らに事件本人である未成年者との面会・通信の制限を命じたものとして，福岡家小倉支審平成18（2006）・4・27家月59巻5号93頁がある。

[160]　最高裁家庭局「児童福祉法28条審判事件の動向と事件処理の実情」家月64巻8号（2012）149頁。また詳細については本書Ⅱ・489頁。

[161]　橘＝宇佐美・前掲注[147]家月32巻8号177頁，注解家審法645頁〈安倍〉。

第5章　家事審判手続　　235

だけでは審判前の保全処分をなしえない[162]が，乙類審判事件が調停に付されているときは保全処分をなしうると解されていた。家事手続法の制定にあたっては，別表第2に掲げる事項の審判事件については，調停手続が先行する運用がなされ，また審判手続で調停に付されるなど両手続に緊密な関連性と連続性があることを考慮して[163]，家事調停の申立てがあれば審判前の保全処分の申立てをすることができるものとした[164]。

審判前の保全処分につき，本案係属の要件は若干緩和されたが，本案の係属のない場合は旧法下におけると同様に保全処分の申立てをすることができない。しかしこれで問題が解決されたわけではない。とりわけ児童虐待やネグレクトが問題となるようなケースでは，子の身体生命の危険が緊急な措置を必要とさせることがある。このような場合には，行政に委ねるだけでなく保全処分によって本案に対する附従性を問うことなく，緊急な解決が図られるべきである。本書旧版での主張をあえてここでも維持しておきたい[165]。

3　申立て

(1)　申立人

審判前の保全処分の申立人となるのは，本案の申立ての申立人であり，遺産分割審判の場合には相手方も申立人になり得る（家事手続200条2項）。また財産管理者の選任の保全処分は職権によってもすることができる（同126条1項など）。この保全処分は事件本人の権利を強く侵害するものではなく，また公益上の要請があり，家庭裁判所の後見的役割を発揮させる必要があることがその根拠とされている[166]。

(2)　申立書

審判前の保全処分の申立ては書面でしなければならない（家事手続49条1項）。旧法の下では口頭申立てが認められていたが，改められている。申立書は，申立ての趣旨および保全処分を求める事由を明らかにして記載しなければならない（同106条1項）。申立ての趣旨では，どのような種類のどのよ

---

[162]　橘＝宇佐美・前掲注[147]家月32巻8号183頁。

[163]　金子・一問一答170頁，金子・逐条解説342頁。

[164]　立法過程での議論経過については，長谷部由起子「非訟事件手続・家事事件手続における実効性確保」法律時報83巻11号（2011）24頁参照。

[165]　本書旧版・167頁。

[166]　注解家審規211頁〈安井光雄〉。

うな内容の保全処分であるかを示さなければならない。旧家審規15条の6が民事保全規則の準用を定めていたのを継承している。そこで仮差押えの申立てでは，保全されるべき金銭債権の性質（たとえば婚姻費用の分担か財産分与か）とその額および差し押さえるべき財産を特定し，係争物に関する仮処分ではその対象財産と求める仮処分の態様（たとえば処分禁止か占有移転の禁止か）を明らかにし，仮の地位を定める仮処分として金銭の仮払いを求める申立てではその金額を具体的に示さなければならない[167]。

　保全処分を求める事由としては，本案審判の認容の蓋然性と保全の必要性を明らかにしなければならないと解されている[168]。本案認容の蓋然性については，申立ての趣旨を理由づけるに足りる具体的な事実関係を明らかにし，保全の必要性として本案の審理の確定を待つことができない緊急を要する事由を具体的に示す必要がある。

(3) 申立ての取下げ

　審判前の保全処分は，本案の審判がなされるまでの暫定的な処分であるが，本案の申立てとは別になされる。審判前の保全処分の申立ては，審判がなされた後であっても，これを取り下げることができる（家事手続106条4項）。取下げの時期に関し同82条1項の特則という意味がある。審判前の保全処分の申立ての取下げは相手方の同意を必要としない。審判前の保全処分の申立ての取下げには，家事手続規則52条1項の規定は適用されない（家事手続則75条1項）ので，申立ての取下げのあった旨を当事者および利害関係参加人の通知する必要はない。しかしその取下げは家庭裁判所が審判前の保全処分の事件における審判を受けるべき者に対し，当該事件が係属したことを通知し，または審判前の保全処分を告知した後になされた場合には，通知を必要とする。

(4) 管轄裁判所

　審判前の保全処分をすることができるのは，本案の家事審判事件が係属している裁判所である。家事審判事件にかかる事項について家事調停の申立てがあったときはその家庭裁判所である（家事手続105条1項）。審判前の保全処分の本案への強い附従性からこの管轄は専属管轄である。本案の事件が高

---

[167]　注解家審規151頁〈安倍〉，金子・逐条解説347頁。

[168]　注解家審規152頁〈安倍〉，金子・逐条解説347頁。

第5章　家事審判手続　　　237

等裁判所に係属するときは，その高等裁判所が保全処分の裁判をする（同2項）。

4　申立ての審理

(1)　申立人の疎明義務

審判前の保全処分は疎明に基づいてする（家事手続109条1項）。

家事手続106条2項は，保全処分を求める事由すなわち被保全権利および保全の必要性の疎明について，いわゆる当事者主義を原則とし，職権による調査を補充的なものとしている。本案の審理原則と逆転していることに注意が必要である。その理由は，審判前の保全処分は緊急性が高く迅速な処理が求められるが，申立人自身に保全処分を求める事由の疎明の義務を負わせないと迅速に裁判資料の収集が困難であり，迅速かつ的確な審理を図るためであるとされる[169]。職権探知主義による本案の審理とは別に，保全の必要性は申立人自身が自ら積極的に疎明しなければならない。申立人が提出した資料だけで申立てを却下すると，申立人の地位の保護に著しく欠け，また未成年の子である事件本人の保護に欠けるような場合があり得る。このような場合に家庭裁判所は，後見的な立場から必要があると認めるときは職権によって事実の調査および証拠を取り調べることができる（家事手続106条3項）。

保全の申立てが認容されるためには，本案が認容される蓋然性がなければならない。したがって保全の申立てをした当事者は，たとえば財産分与請求を例にとって考えると，申立人が一定の財産分与請求権を有するとの具体的事情を示し，さらに特定の不動産の処分禁止を求める場合には，財産分与が金銭支払いではなく主張されている当該不動産の分与を命じる審判が認容される蓋然性を疎明しなければならない[170]。このことは財産分与請求権の具体的内容は裁判所の裁量によって形成されること，裁判所は当事者の申立てに拘束されないことから若干の問題を含むといえる。またこの見解がいうように，保全処分の発令が本案認容の蓋然性に強く依存することになれば，保全処分の発令は必然的に本案の審理がかなり進行してからになるが，保全制度の目的や具体的案件における保全の必要性との関係でも問題が残るといえ

---

[169]　山田博「家事審判規則等の一部改正について」別冊判タ8号（1980）431頁，注解家審規150頁〈安倍〉。

[170]　注解家審法606頁〈安倍〉，永吉・前掲注(5)講座実務家事審判法第1巻52頁。

る[171]。

(2) 仮の地位を定める仮処分における陳述の聴取

家事手続107条は，審判前の保全処分のうち仮の地位を定める仮処分を命じるものは，審判を受ける者となるべき者の陳述を聴かなければならないと定める。

陳述を聴かなければならない対象となる保全処分は，「仮の地位を定める仮処分」である。上記2・5(2)で述べたように，職務執行停止・代行者選任や後見命令の仮処分および金銭支払いや子の引渡しを命じる仮処分がこれに該当する。別表第1，第2に掲げる事項のいずれでも問題となる。陳述を聴かなければならない理由は，①仮の地位を定める仮処分が将来の本案の執行を保全することを目的とするものではないこと，②本案よりも簡易迅速な手続によって法律関係が形成される者の手続保障を図る必要があることにある[172]。陳述を聴く方法については，旧家審法15条の3第7項は民事保全法23条4項を準用していたため，相手方のある事件については相手方の立ち会うことのできる審尋の期日を経なければならないと定めていたが，家事手続法ではこの点について定めがないから，保全処分の緊急性を考慮した，審問期日において聴取するか書面の提出で済ませるかは，具体的な事案に応じて裁判所の裁量に委ねられることに改められた[173]。

仮の地位を定める仮処分の発令前に，これを受ける者の手続保障を図る必要がある一方で，この陳述機会を与えることによって保全の目的を達することができなくなることがある。職務執行停止・代行者選任の保全処分において当該の親権者や後見人等が，仮処分によって禁止しようとしている処分を強行してしまう場合などである。そのため家事手続107条ただし書きは，陳述機会を与えることにより保全の目的を達することができない事情があるときは，陳述を聴く必要はないとしている。

裁判所書記官は，審判前の保全処分の期日について調書を作成しなければならない。ただし裁判長がその必要がないと認めるときはこの限りではない（家事手続114条1項）。またこのただし書きにあたる場合でも，迅速性・緊

---

[171]　佐上「家事審判における保全処分」木川統一郎博士古稀記念『民事裁判の充実と促進（中）』（1994）568頁。

[172]　金子・逐条解説349頁。

[173]　金子・一問一答174頁，基本法コンメ318頁〈遠藤賢治〉。

第5章　家事審判手続　239

急性の要請から経過の要領の作成も必要がないことがある（同2項による46条の適用除外）。

(3) 記録の閲覧

審判前の保全処分の審理は，民事保全法によるのと同様に密行性が要請されるものがある。それゆえ記録の閲覧について家事手続47条の定めに対して配慮が必要である。家事手続108条は，審判前の保全手続について当該事件が係属したことを通知する（呼出状を送付するか書面照会書を送付するなど）かまたは審判前の保全処分を告知するなどその密行性を確保する必要がなくなるまでは，家庭裁判所が相当と認めるときに限り保全処分の記録の閲覧を許可することができると定めている。民事保全法5条と同趣旨の定めである[174]。

4　審判前の保全処分の裁判と効力

1　概　説

審判前の保全処分は審判の形式でなされ，抗告審である高等裁判所では審判に代わる裁判をする（家事手続105条）。申立てが手続的要件を満たし，かつ被保全権利や保全の必要性が疎明されたときは保全処分が発令される。審判前の保全処分は即時抗告の対象となるが，緊急性の要請からその例外としてこれを受ける者に告知されることによって効力を生じる（同109条2項による74条2項ただし書きの適用除外）。

審判前の保全処分の裁判については次の点を考慮しなければならない。

まず第一に，保全処分は本案の審判で命じられるべき処分の範囲内であること，第二に保全の目的を達成する限度でなされること，第三に本案申立ての目的を達するのに必要な限度にとどまることである。いずれも本案に附随する保全処分という性格から導かれるものである。

保全処分は形成力を有し，これによる当事者等の地位の創設や停止・能力の制限等は対世的効力を有し，また給付を命じるときは執行力を有する。

2　保全処分を受ける者

審判前の保全処分の審判を受ける者は，財産の管理者の選任の場合には選任される財産の管理者，後見命令の場合には選任される財産管理者および成

---

[174]　金子・一問一答175頁。

年被後見人となるべき者（事件本人），職務執行の停止および代行者選任の場合には選任される職務代行者であり，仮差押え・仮処分の場合には申立ての認容された申立人である。

3 保全処分の効力の終期

　審判前の保全処分は前述のように，本案の審判が効力を生じるまでの暫定的な規律をすることを目的としているから，その効力は原則として本案の審判が確定すると失効する。条文上もその旨が明示されている（家事手続126条1項，2項，158条1項，166条1項，175条3項，200条1項，215条1項など）。これに対して仮差押え・係争物に関する仮処分は，将来の強制執行の困難に対応するものであるから，本案の審判による強制執行の着手までその効力を有する。

5　不服申立て

1　不服申立て方法・不服申立てのできる審判

　審判前の保全処分も審判であるから，不服申立ての対象となるのが原則である。家事手続110条がこれについて定めている。これによると，①申立てを却下する審判に対しては申立人が，②申立てを認容する審判に対しては本案の審判に対して即時抗告をすることができる者がそれぞれ即時抗告をすることができる（同1項柱書き，2項）。

　これに対して保全処分が認容された場合も，却下された場合も即時抗告ができないのは，①保全処分が高等裁判所で審判に代わる裁判としてなされた場合（同1項柱書きのカッコ書き），②財産の管理者の選任または財産管理等に関する指示を命ずる処分（同1項1号），③職務執行の代行者を選任する保全処分（同1項2号）である。財産管理者の選任は，事件本人の財産管理権を強く制限するものではないこと，職務執行者選任の保全処分については本案の審判についても不服申立てが認められていないからである[175]。

2　執行停止

　審判前の保全処分はその告知によって効力を生じ，これに対して即時抗告

---

[175]　旧法下でも同様であった。注解家審規154頁〈安倍〉，大阪高決平成6（1994）・3・28家月47巻2号174頁は，親権喪失申立て事件における親権者の職務執行停止および職務代行者選任の保全処分につき，職務代行者を選任する保全処分については即時抗告ができないとしている。金子・逐条解説357頁。

第5章　家事審判手続　　241

がなされても当然には執行停止の効力がない。そこで原審判の取消しの原因となることが明らかな事情および保全処分の執行によって償うことのできない損害を生ずることについて疎明があったときは，申立てにより即時抗告についての裁判が確定するまでの間，原裁判の保全処分の執行の停止を命じ，または既にした執行処分の取消しを命じることができる（家事手続111条1項）。この場合，担保を立てさせるか，担保を立てることを条件とするかは裁判所の裁量に委ねられる。実質的な要件として，原審判の取消しの原因となることが明らかな事情および執行により償うことのできない損害の発生のおそれの疎明が求められているが，要件としては相当に厳しいとされている[176]。

　執行停止の処分は，抗告裁判所が行うが，審判前の保全処分の記録が家庭裁判所にある間は，家庭裁判所もこの処分をすることができる（家事手続111条1項）。

6　審判前の保全処分の取消し

1　取消し

　審判前の保全処分が確定した後に，保全処分を求める事由の消滅その他の事情の変更があるときは，本案の家事審判に対して即時抗告をすることのできる者の申立てまたは職権により，保全処分を取り消すことができる（家事手続112条1項）。取り消すことができるのは，本案の家事審判事件（家事調停の申立てがあったときはその家事調停事件）が係属する家庭裁判所または審判前の保全処分をした家庭裁判所であり，本案の事件が高等裁判所に係属するときはその高等裁判所である（同1項，2項）。職権によっても取り消すことができるのは，本案の審理において本案を認容することができないとの心証を得た場合に，これを迅速に審判前の保全処分に反映させる必要があるからである[177]。

　申立手続，審理は審判前の保全処分の場合と同様である（同3項による106条1項，2項，3項の準用）。

　審判前の保全処分を取り消す審判は，これを受ける者に告知することに

---

[176]　注解家審規155頁〔安倍〕，金子・逐条解説359頁。

[177]　金子・逐条解説362頁。

よって効力を生じる（同3項による109条2項の準用）。

2 不服申立て

審判前の保全処分の取消しを求める申立てを却下する審判に対しては，その申立人が即時抗告をすることができ（家事手続113条1項），また同115条において準用される原状回復の審判に対して即時抗告をすることができる（同113条2項）。審判前の保全処分の取消しの審判は，告知によって効力を生じる。この取消しの審判に対して即時抗告がなされたときは，申立てにより取消しの審判の執行の停止を命じることができる（同3項による111条の準用）。

7　審判前の保全処分の執行

家事審判の執行力，執行方法等の詳細については，第7章第4節5・2で詳しく説明するので，ここでは簡単に述べるにとどめる。

1　保全処分の執行開始の要件

審判前の保全処分の執行は，民事保全法その他仮差押えおよび仮処分の執行および効力に関する法令の規定による（家事手続109条3項）。保全命令は告知によって効力を生じ，かつ直ちに執行される必要があり，また換価・配当まで進まないから，保全執行の執行については原則として執行文の付与を必要としない（民保43条1項）。保全命令は，債務者への送達の前であっても執行できる（同3項）が，債務者に送達されてから2週間を経過すると執行できない（同2項）[178]。この期間は伸縮できない。この期間内に執行が完了する必要はない[179]。

2　仮差押えの執行と効力

不動産に対する仮差押えは，仮差押えの登記をするか強制管理によって行う（民保47条1項）。この登記は，保全処分を発した家庭裁判所の裁判所書記官の嘱託によって行われる（民保47条2項，3項，53条3項）。債権に対す

---

[178] 子の引渡しを命じる保全処分がこの期間内に執行できなかった例として，東京高決平成15（2003）・12・25家月56巻8号60頁。また東京高決平成24（2012）・10・18判時2164号55頁は，夫婦間の子の引渡しをめぐる争いに関し，審判前の保全処分として子の引渡しを命じた審判が引渡しの強制執行がされてもやむを得ないと考えられるような必要性が認められないとして，執行前に取り消した。

[179] 東京高決平成4（1992）・6・10判時1425号69頁。

る仮差押えは，仮差押命令を発した家庭裁判所が執行裁判所として，第三債務者に対し債務者への弁済を禁止する命令を発する方法によって行われる（同50条1項，2項）。仮差押えの効力は，第三債務者に送達されたときに生じる（同5項）。

仮差押えは，その目的物について債務者による譲渡，担保権・用益権の設定などの処分行為を禁止する効力を生じる。これに違反する債務者の処分行為は，仮差押債権者に対抗できない。しかしこれに違反した行為は絶対的に無効ではなく，本執行との関係で相対的にその効力が否定されるにすぎない。

3 金銭の仮払い・物の引渡しを命じる仮処分の執行

民事保全法53条以下は，実務上利用の多い仮処分の執行方法を定めている。これ以外の仮処分は仮差押えまたは強制執行の例に従って行われる（民保52条1項）。金銭の給付を命じる仮処分は，金銭債権の強制執行の方法（民執43条以下）による。物の引渡しを命じる仮処分は，民執168条以下の規定によって執行される。

4 履行確保

審判前の保全処分についても家事手続289条以下に定める履行確保の手続の適用がある。とくに子の引渡しを命じる仮処分においては，義務者の状況を把握し，執行を円滑に行うためにも履行状況の調査は重要な意味をもつ。保全命令の執行期間を徒過した命令は家事手続112条の取消事由にはなるが，履行勧告の対象にはなりうると解されている[180]。

5 保全執行と本案の裁判

仮の地位を定める仮処分で金銭の仮払いが命じられ，これに基づいて履行がなされた場合に，この履行状態を後の本案の審判においてどのように扱うかが問題となる。これにつき，最判昭和54（1979）・4・17民集33巻3号366頁は，「仮処分における被保全権利は，債務者において訴訟に関係なく任意にその義務を履行し，又はその存在が本案訴法において終局的に確定され，これに基づく履行が完了してはじめて法律上実現されたものというべきであり，いわゆる満足的仮処分の執行自体によって被保全権利が実現されたと同様の状態が事実上達成されているとしても，それはあくまでも仮のものにすぎないのであるから，この仮の履行状態の実現は，本来，本案訴訟にお

---

[180] 実務講義案80頁，406頁。

いて斟酌されるべき筋合いのものではない」という。

　家事審判の審判前の保全処分による履行状態と本案の審判についても同様の問題が生じる。ただ理論的にみて家事審判においては，保全の対象となるのは本案の審判によってはじめて具体的に形成されるという違いはあるものの，保全と本案の両者の関係については民事訴訟における考え方と共通するといえよう。この意味で本案の審判においては保全処分またはこれに基づく履行状態を考慮しないことになる[181]。実務においても同様に解されている[182]。

---

[181]　永吉・前掲注[151]講座実務家事審判法第 1 巻 60 頁，岡部・前掲注[150]判タ 1100 号 575 頁。

[182]　福岡高決昭和 59（1984）・1・6 家月 36 巻 12 号 67 頁は，「本案審判前の仮処分の執行による抗告人の満足は，仮定的，暫定的なものにすぎず，本案の審判においては，これを斟酌することなく，申立てについての当否の判断をすべきものであって，仮処分によって満足を受けた金額と本案の審判によって支払いを命じられた金額との重複は，執行の段階で調整せられるべきものである」という。

第5章　家事審判手続　　245

第4節　審判手続の費用

1　概　説

　家事事件手続法において手続費用とは，家事審判に関する手続の費用をいい，家事調停に関する手続の費用を調停費用という（家事手続28条1項）が，本書においてはこの両者を包括して手続費用ということもある。家事審判においては相手方を予定しない事件，申立人とは別に審判の効力を受ける者（事件本人）の存在する事件，職権によって開始される事件があり，また相手方が予定される事件であっても審判の結果が勝敗という概念に親しまないこと，審理においては職権探知主義が採用されていること等から，民事訴訟とは異なる手続費用の負担に関する規律が必要となる。家事手続28条以下の手続費用に関する定めはこのことを示すとともに，旧法時における申立人負担原則を各自負担原則に改めている。以下において家事手続における手続費用の負担の考え方，手続費用の予納と国庫の建替え，費用の償還等について説明する。

2　裁判費用と当事者費用

　家事審判に関する手続費用のうち，当事者が負担すべき費用の範囲・額および裁判所に納付すべき費用については，原則として民事訴訟費用等に関する法律（昭和46年法律40号，以下「費用法」という）の定めるところによる。家事手続においても審判手続に関する費用は，裁判費用と当事者費用に分けられ，前者について当該事件の処理のために直接必要なものとして当事者および裁判所が支出した費用（費用法2条各号に定めるもの）は，当事者が負担しなければならない。裁判費用はこのように当事者から裁判所に納入される費用であって手数料とそれ以外の費用に分けられる。手数料は，費用法3条1項別表第一に掲げられた申立て等のために納入されるものである。手数料以外の費用は，証拠調べ，送達等の手続上の行為をするために必要なもの（証人等に支給する旅費，日当等）であって，費用法11条各号に定めるものである。

　これに対して当事者が手続を遂行するために直接に支出した費用で，費用法2条4号ないし12号に掲げられた費用を当事者費用という。申立書の作

成に要した費用，書類を裁判所に提出するための費用，当事者・代理人が裁判所に出頭するための旅費，宿泊費などがこれにあたる。

3 費用負担の原則

1 旧法下の定めと問題点

旧法下では，手続費用の負担については旧家審法7条による旧非訟法26条以下の準用によって，「裁判前ノ手続及ヒ裁判ノ告知ノ費用」は特にその負担者を定めた場合のほかは，「事件ノ申立人ノ負担」とされ，家審規138条の3が調停の成立した場合において調停条項中に手続費用に関する定めをしないときは，各当事者の負担とすると定め，また旧非訟法28条が特別の事情のあるときは同法によって費用を負担すべき者でない関係人に費用の全部または一部を負担させることができると定めているにすぎなかった。そのため職権で手続が開始された場合，相続放棄の申述，限定承認の申述の受理など審判がなされない場合[183]や，申立ての取下げ，調停の不成立の場合などについては費用負担の定めを欠いていた[184]。

手続費用の申立人負担の原則が採用されていたのは，多くの家事審判事件（非訟事件）においては相手方を予定せず，裁判の結果も勝敗ということではなく裁判所の後見的関与であるから，申立ての却下の場合は当然，申立認容の場合でも申立人に費用を負担させるのが適当であると考えられていた[185]からであり，旧家審法制定時においてもこの考え方が踏襲された[186]。しかしこの原則に従って，申立人に費用を負担させるとかえって公平を欠くようなことがあるので，旧非訟法28条は，裁判所はその裁量により特別の事情があると認めるときは，費用の負担者でない他の関係人に費用の全部または一部を負担させることができると認めていた[187]。

---

[183] これについては本書II・319頁，324頁参照。

[184] 沼辺愛一「非訟事件・家事審判における手続費用とその裁判」鈴木忠一＝三ケ月章監修『実務民事訴訟講座第7巻』（1969）128頁，注解家審法97頁〈菊池信男〉。

[185] 根本松男『非訟事件手続法釈義』（1948）129頁。

[186] 沼辺・前掲注[184]実務民事訴訟講座第7巻129頁。

[187] 水戸家審平成17（2005）・2・8家月57巻9号44頁は，取下げにより終了した遺産分割調停についての調停費用の負担審判事件において調停手続費用を各自負担とした例である。

2　家事手続法の規律

　家事手続法は，家事手続における手続費用の簡易迅速な処理の要請から，費用償還の問題を生じないようにするため，また申立ては必ずしも申立人自身の利益のためにするものではないことを考慮し，公平の観点から，各自負担の原則を採用し（28条1項），旧法下における申立人負担の原則を変更している[188]。そして家事手続28条2項は，同1項の原則どおりの費用を負担させるとかえって不公平になる場合には，他の者に費用の全部または一部を負担させることができるとして，旧法と同様の考慮をしている。この際旧非訟法28条は，「特別ノ事情」がある場合に費用負担の変更の裁判をすることができるとしていたが，家事手続28条2項は事案に応じて柔軟に対応することができるようにするため，たんに「事情により」として要件を緩和している[189]。

3　各自負担の原則の例外

　家事手続28条2項は，事情により各自負担とされる当事者および利害関係人が負担すべき手続費用の全部または一部を，それ以外の者に負担させることができると定める。まずどのような「事情」があれば，この費用負担の原則を変更することができるか，また費用を負担させられるのはどのような者かを明らかにする必要がある。

(1)　各自負担の原則を変更する事情

　家事審判事件の中には，後見的，公益的観点から申立権者が広く認められている場合がある。たとえば後見人の職務懈怠を理由とする後見人解任事件においては，後見監督人，成年被後見人もしくはその親族および検察官である（民法846条）。また家庭裁判所は職権によっても立件することができる。家事手続28条1項の原則によると，手続費用は申立人の負担となる。しかし後見人の職務執行懈怠によって手続の費用が生じたのであるから，申立人にこれを負担させることは衡平ではなく，解任されるべき後見人に負担させることがむしろ公平といえる[190]。職権によって手続を開始する場合も，公益のみならず私人の利益のためにも行われることを考慮し，私益の程度に応じ

---

[188]　金子・一問一答78頁，金子・逐条解説89頁。

[189]　金子・一問一答78頁，金子・逐条解説89頁。

[190]　沼辺・前掲注[184]実務民事訴訟講座第7巻130頁，金子・逐条解説90頁。

て利益を享受する者に費用を負担させることが相当といえる[191]。不在者の財産管理人を選任する場合に，不在者（の財産に）手続費用を負担させることも相当といえるであろう[192]。

(2) 費用負担を命じられる者

旧非訟法28条は，「費用ヲ負担スヘキ者ニ非サル関係人」と定めていたため，解釈によってこれを明らかにする必要があった。家事手続28条2項は，家事事件の手続に関与しておらず，その裁判に直接関係のない第三者に手続費用を負担させるのは相当でない[193]ことから，費用負担を命じられる者の範囲を限定している。すなわち，

①当事者または利害関係参加人（2項1号）。別表第2に掲げる相手方のある審判事件や親権喪失の審判事件において審判を受ける者となるべき者として利害関係参加した親権者などがこれに該当する。②当事者，利害関係参加人以外の審判を受ける者となるべき者（2項2号）。たとえば成年後見開始の審判事件における成年被後見人となるべき者，親権喪失の審判事件における（手続参加していない）親権者などがこれに該当する。いわゆる当該手続において事件本人にあたる者である。当該手続において事件本人の利益が保護され，あるいは手続開始に直接の原因を与えていること等が費用負担の理由となる。③審判の効力を受ける者となるべき者に準じる者であって，その裁判により直接に利益を受ける者（2項3号）。これに該当する者の例としては，後見人（未成年後見人または成年後見人）選任の審判における未成年者または成年被後見人のように，審判を受ける者ではないが法律上その審判の効力を直接に受ける者であって，当該審判がその者のために行われたと評価できる場合である[194]。

(3) 代理人等の費用の償還

家事手続31条1項前段は，民訴法69条，70条の規定を準用している。

---

[191] 家審法講座第1巻37頁〈綿引末男〉，注解家審法98頁〈菊池〉。

[192] 秋武編・概説79頁〈高橋信幸〉，基本法コンメ167頁〈磯尾俊明〉。後見人解任について後見監督人等の申立人には，後見人の職務遂行を監督する庶務があり，また不在者の財産管理人の選任を申し立てる利害関係人は，自らの利益追求のためのこともあるから，これらの場合常に費用負担の原則を変更する事情があるとはいえないことに注意しておくべきである。

[193] 金子・一問一答78頁。

第5章　家事審判手続　　　249

法定代理人，訴訟代理人等が故意または重大な過失によって無益な手続費用を生じさせた場合，あるいは無権代理人が行った手続行為の費用について，これらの者に負担させることができることを定めるものである。旧法の下では旧非訟法28条により「関係人」の中にこれらの者を含めることが可能であったが，家事手続28条2項が手続費用の負担者の範囲を限定したために，別個の定めが必要となった[195]。

(4) 検察官が費用を負担する場合

検察官が公益の代表者として家事審判事件の申立権を認められている場合に，家事手続28条1項，2項の定めによって手続費用を負担することになったときは，国庫の負担となる（同3項）。

(5) 調停成立の場合の費用負担

家事調停の申立てがあり，あるいは別表第2に掲げる家事審判の申立てがあって調停に付され，そこで調停が成立したときは，当事者は調停費用についても①各自負担とするか，②負担の割合について合意するか，③費用の負担について定めないかの方法がとられることになる。②の場合については，家事手続31条1項が民訴法72条を準用しているので，当事者の申立てにより裁判所書記官がその額を定める。③の場合には家事手続29条3項が，調停に先立って審判手続がなされた場合の費用を含めて各自負担とすることを定めている。

家事調停の対象となる事件についての訴訟が係属する裁判所が家事手続257条2項または274条1項により事件を調停に付した場合において，調停が成立したときも当事者は費用の負担について合意することができる。上の説明と同じ扱いとなるが，訴訟についての費用の負担について特別の定めをしなかったときは，その費用は各自の負担となる（家事手続29条4項）。訴訟手続の費用の負担について改めて手続をとることを避けるためである[196]。

---

　(194)　金子・逐条解説90頁。たとえば未成年後見人の選任は民法840条の場合には未成年者の保護，取引の相手方の保護からかなり広範囲の者に申立権が認められているが，他方で父母が親権を辞任し，あるいは親権喪失等の審判があったときは申立義務が課せられている（同841条）。児童相談所長（児童福祉33条の7）にも未成年後見人選任の義務が課せられている。このような事情を検討したうえで，費用負担原則を変更するかを判断する必要がある。

　(195)　金子・逐条解説98頁。

4 費用負担の裁判・不服申立て

1 費用負担の裁判

(1) 審級を終結する場合

　事件を完結する裁判をする場合には，職権でその審級における審判費用の全部についてその負担の裁判をしなければならない（家事手続 29 条 1 項）。旧家審法 7 条が準用する旧非訟法 27 条は，費用について裁判する必要があると認めるときに限ってするとし，実務上も法律上当然に費用の負担者が決まる場合には手続費用の裁判をしていなかった[196]。しかし常に手続費用について裁判することが当事者にとって明確であることから，これを変更した[198]。さらに旧法下では裁判所が費用額の確定までしなければならないとされていたが，非訟事件に特有の定めであり，別表第 2 に掲げる審判事件のように紛争性の高い事件などは費用に関する簡易迅速な処理の要請にもそぐわないことから，費用負担と費用額の確定を他の手続法のように分離した[199]。

　費用の負担は審級ごとに事件を完結させる裁判において職権でする。ただし事情により事件の一部または中間の争いに関する裁判においてその負担の裁判をすることができる（家事手続 29 条 1 項ただし書き）。調停手続を経ているときは，調停費用を含めて裁判する（同 1 項カッコ書き）。これに該当するのは，①家事調停が家事審判手続に移行し審判がなされた場合（同 272 条），②家事審判事件が調停に付されたが不調となって審判がなされた場合（同 274 条），③家事調停事件につき合意に相当する審判または調停に代わる審判がなされた場合（同 277 条 1 項，284 条 1 項）である。

(2) 上級審が本案の裁判を変更する場合の費用負担

　上級の裁判所が本案の裁判を変更する場合には，手続の総費用（調停手続を経ている場合には調停費用を含む）について，その負担の裁判をする。事件の差戻しまたは移送を受けた裁判所がその事件を完結する裁判をする場合も同様である（家事手続 29 条 2 項）。民訴法 67 条 2 項と同趣旨である。

2 費用負担の裁判に対する不服申立て

費用負担の裁判に対しては独立して不服を申し立てることができない（家

---

[196]　金子・逐条解説 95 頁。

[197]　基本法コンメ 168 頁〈磯尾〉。

[198]　金子・一問一答 79 頁，金子・逐条解説 92 頁。

[199]　金子・一問一答 79 頁，金子・逐条解説 93 頁。

第5章　家事審判手続　　251

事手続85条2項)。民訴法282条と同趣旨の定めである。手続費用の負担の裁判は本案の裁判に対して付随的な性格を有するものであり，その当否を判断するには本案に対する即時抗告とともにしなければならない。ただし上記3・3(3)に掲げた訴訟代理人等に対する費用償還の裁判に対しては，負担を命じられた者が即時抗告をすることができる（家事手続31条による民訴69条3項の準用)。

3　費用額の確定に対する異議申立て

　先に述べたように家事手続法は費用負担の裁判と費用額確定の手続を区別し，費用額の確定は他の手続と同様に裁判所書記官の権限とした。費用額確定の申立ての方式，相手方への催告，費用額の確定処分の方式等につき家事手続規則20条は，民訴規則24条ないし28条を準用している。裁判所書記官の手続費用額決定に対しては，その告知を受けた日から一週間以内に異議申立てをすることができる（家事手続31条1項による民訴71条4項の準用)。異議の申立てについての決定および法定代理人等に対する費用償還を命ずる決定に対しては，即時抗告が認められ，いずれも執行停止の効力を認められる（家事手続31条2項)。

5　手続費用の予納・国庫の立替え
1　意　義

　費用法11条1項の費用を要する行為については，他の法律や最高裁規則に別段の規定がある場合を除いて，当事者がその概算額を予納しなければならない（同法12条1項)。旧家審規11条1項は他の手続法と異なり国庫立替えを原則とする定めを置いていた。その理由は，当事者からの予納を待つと手続の遅延を招き，職権探知主義をとる家事手続における迅速処理の要請にそわない結果を招くおそれがあることに求められていた[200]。しかし実務上は家事事件の手続が申立人等の私的利益の擁護のためにも利用されているとして，ほとんどの場合に当事者に手続費用を負担させ，予納が原則化していた[201]。国庫立替えに要する費用の予算上の問題に加えて，立替え後の回収が

---

[200]　山木戸・家事審判法45頁，家審法講座第3巻270頁〈沼辺〉，注解家審規117頁〈中島常好〉。

[201]　注解家審規121頁〈中島〉。

困難なこと，手続に要する費用が鑑定を必要とする事件を除いては比較的少額であって，当事者から任意の予納を求めやすいことが理由とされていた。

家事手続法は旧法下における実務を肯認する形で，手続費用の国庫立替えの原則を一部変更した。当事者による予納を原則とし，国庫立替えを補足的・例外的なものとした[202]。費用法12条2項は，予納命令にもかかわらず予納がないときは当該費用を要する行為を行わないことができると定める。旧法下では予納命令に対する制裁が定められていなかったため問題があった。

2　立て替えることができる費用

国庫による立替えができる費用は，家事手続30条によれば，事実の調査，証拠調べ，呼出し，告知その他の家事事件の手続に必要な行為に要する費用である。「家事事件の手続に必要な行為に要する費用」とは，費用法11条1項各号に掲げる手数料以外の裁判費用を指す。実際上問題となるのは証拠調べのうち鑑定費用である。遺産分割において遺産のうち不動産や未公開株式の価額の評価，親子関係存否に関する調停事件における DNA 鑑定などの費用である[203]。

3　立替え後の手続

手続費用を国庫が立て替えた場合には，その後当該費用を負担すべき者から徴収することになるが，費用負担の裁判をするときは国庫の立て替えた費用の負担者から直接に徴収することができる（費用法14条，15条1項）。

6　手続上の救助

家事手続法32条は新しく手続上の救助についての定めを置いた。家事事件手続は別表第1，第2に掲げる事件ともに申立てを原則としている。他の手続と同様に手続上の救助について定めることは，旧法の下でもその必要性が指摘されていた[204]。

---

[202]　金子・一問一答 79 頁，金子・逐条解説 96 頁。

[203]　基本法コンメ 171 頁〈磯尾〉。成年後見開始申立事件において，市町村長に申立権が認められたものの，鑑定費用の負担をめぐって問題があり，申立件数が伸びないという状況にあったが，成年後見制度利用支援事業等の整備によって改善が図られている（本書Ⅱ・29 頁以下参照）。また平成 28（2016）年 4 月 8 日に，「成年後見制度の利用の促進に関する法律」が成立し，地域住民の需要に応じた利用の促進（11 条）等が定められている。

第5章　家事審判手続

　手続上の救助の要件は，①家事事件の手続の準備および追行に必要な費用
を支払う資力がないこと，またはその支払いにより生活に著しい支障を生じ
ること，②不当な目的で家事審判または家事調停の申立て，その他の手続を
していることが明らかとはいえないことである（家事手続32条1項）。この
事由は疎明されなければならない（家事手続規則21条2項）。上記①の疎明
資料としては，生活保護受給証明書や法テラスの援助開始決定書の写しなど
が想定されている[205]。

　手続上の救助に関する具体的な手続については，家事手続32条2項が民
訴82条2項，83条から86条までを準用している。ここでは説明を省略する。

---

[204]　本書旧版・240頁。

[205]　条解家事手続規則52頁。

第6章　家事審判事件の審理

第1節　概　　説

　家事審判事件は，性質上非訟事件に属するため，その審理の諸原則は民事訴訟のそれとは大きく異なっている。審判（決定）で裁判されるため，必要的口頭弁論は採用されない（民訴87条1項ただし書き）。申立て等に対する当事者等の陳述の聴取は審問（家事手続69条など）による。これはどのように実施されるか。これを考えるために，以下においては民事訴訟の審理諸原則と対比しながら，家事審判の審理を支える考え方を見ていくことにする。

　家事審判の対象となる事件はきわめて多様である。すでに説明したように別表第1に掲げる事項の審判は相手方を予定しないが，親権喪失・停止や児童福祉法28条による措置承認の審判のように申立人と関係人間できびしく利害の対立する事件があり，別表第違2に掲げる事項（および別表第1に掲げられる推定相続人廃除事件）では常に相手方が存在し，訴訟に匹敵するような紛争の様相を見せるものが多い。また財産をめぐる事件とされるものと，一身専属的な身分関係に位置づけられる事件もある。

　旧家審法が審判の審理手続について定めているところはきわめて少なかった。すなわち旧家審法7条は特別の定めのない限り旧非訟法の規定を準用していたが，旧非訟法10条が期間，期日，疎明，人証および鑑定についての民訴法の規定を準用すること，11条が職権探知主義を採用すること，12条が事実の探知，呼出しおよび裁判の執行に関する行為は嘱託しうること，13条が審問は公開しないことを，そして14条が証人または鑑定人の訊問については調書を作成するがその他の尋問では調書作成が任意的であることを定めるにとどまっていた。

　これらは非訟事件手続法が従来より「枠組み法」にとどまると称され，また審理の方法について一定の方式がなく柔軟性を発揮できるとされてきたことの根拠でもある[1]。旧家審法が準用する旧非訟法は争訟性の乏しいいわゆ

第6章　家事審判事件の審理　　255

る古典的非訟事件を念頭において定められたものであり，国家の後見的色彩
の強いものであった。しかし旧家審法9条1項乙類に含まれる事件は，当事
者間に争訟性が強く，当事者の実体法の処分権だけではなく手続上の主体性
を認めるべき必要性があり，職権主義や職権探知あるいは裁判所の裁量をい
うだけでなく，当事者および事件本人の裁判を受ける権利を充足させ，さら
に当事者にとって透明性が高く，公平で信頼するに足りる審理を実現するた
めに，新たな要請を組み込み，従来の考え方を修正することが求められてき
た（第1章第1節2・4参照）。
　平成23（2011）年に成立した家事事件手続法は，当事者の手続保障の充実
を図るとともに，別表第2に掲げる事項についての審判手続について相手方
の審問期日への立会い，裁判所の職権調査の通知および審理終結の日の決定
など対立当事者間の紛争の審理に要請される重要な改正を実現している。以
下家事審判手続について説明する。

第2節　家事審判事件の審理

1　審理諸原則を規定するもの

　改めていうまでもなく，民事の裁判手続において審理のあり方を定めるの
は，裁判の方式である。すなわち判決が言い渡されるべきときは口頭弁論が
なされなければならない。そして口頭弁論を支える審理の諸原則が導き出さ
れる。これに対して「決定で完結すべき事件については，裁判所が，口頭弁
論をすべきか否かを定める（民訴87条1項ただし書き）」。家事審判は審判（決
定）によって裁判される（家事手続73条1項）から，口頭弁論は必要的では
なく，口頭弁論を支える諸原則は必然的に修正を受け，あるいは適用されな
い。その具体的な内容については，事件の性格を考慮して決定されることに
なる。以下においては基本的な考え方について検討する(2)。

---

(1)　この点について，佐上「審理の非方式」判タ1100号（2002）562頁。

(2)　家事手続法は，第1編第2章のいわば各論において個々の事件について審理に
　　関する定めを置いている。第1章の総則に定める規定と，個々の事件の審理のあ
　　り方が果たして整合的であり，適切であるかの検討も必要になるが，この点につ
　　いては，本書Ⅱの各家事審判事件の説明に譲る。

2 職権による手続形成

1 裁判所の裁量と当事者の権利

　民事訴訟においても，手続の進行については裁判所の主導権を認める職権進行主義が採用されている。このことは家事審判についても同様である。家事審判の審理手続については画一的に進行されることを確保するような規定はない。当事者間の紛争性が強い別表第2に掲げる審判事件においては，申立人と相手方の主張を聴いたうえで，争点の整理と関連する事実の調査を行い，当事者の証拠申請など民事訴訟に準じた審理の枠組みを想定することができるかもしれない。しかしこの場合でも，当事者間の人間関係の調整が不可欠であり，随時調停に付すことが考慮され，法的判断だけに向けて手続が進められるわけではない。また別表第1に掲げられた事項の審判事件はきわめて多様であり，その中には裁判所が公証的機能を果たすにとどまるものから，特別養子縁組成立審判のように重大な身分上の効果を生じさせるものまで含まれている。そして同一の審判事件についてさえ，「甲類（別表第1に掲げる審判事件—引用者注）については，家事事件の自由裁量性と手続の性質上，審判は手続運用や認定基準につきばらつきが生じ，恣意的になる虞れを構造的に内包している」との危惧が表明されていた[3]。

　他方において，家事審判手続に関与する当事者（申立人および相手方）のほか，審判の効力を受ける者，審判によってその法的地位に重大な影響を受ける者は，当該の審判内容につき意見を述べ，相手方の主張に反論し，証拠の提出を求めさらに裁判所の行う事実調査に対して意見を述べるなどの機会が保障されるべきである。もっとも家事審判は決定手続であるから，審問には一定の方式がなく，意見の陳述も当事者や関係人全員が同一の機会に同時に行われるとは限らない。また書面によって陳述を聴取することも可能とされているなど，審理の方式についても統一的ではない。

　この点につき紛争性の高い別表第2に掲げる審判事件については，家事手続68条以下に審理に関する特別の規定を置いたことは，当事者に対する手続保障の必要性を反映させたものとして評価することができる。同様に，家事事件に対する処理マニュアル等の作成が試みられているのは，家庭裁判所

---

　(3)　野田愛子「家事審判制度の総則的課題」岡垣学＝野田愛子編『講座実務家事審判法第1巻』(1989) 11頁。

第6章　家事審判事件の審理　　　257

全体としての審理の統一を図るということに加えて，事件の柔軟性・迅速性
の要請を満たしつつ審理方法を一般に示すことによって手続の透明性を高め
ようとする努力の表れだとみることができる。

2　期日および期日の呼出し

(1)　期　日

　期日とは，裁判所，当事者およびその他の関係者が，あらかじめ定められ
た日時・場所に会合して，審理に関する行為を行うために定められた時間で
ある。その意味は民事訴訟におけると同様である。家事審判は決定手続であ
るから，期日を開くか否かは裁判所の裁量に委ねられる。期日においては当
事者の審問，事実調査，証拠調べその他の行為がなされる。期日については
民事訴訟法の規定が準用される（家事手続34条4項による民訴法94条の準用）。
期日の指定，変更，続行等はすべて職権でなされ（民訴34条1項），当事者
に申立権はないが，裁判所の職権発動を促すことができる。

(2)　音声の送受信による通話の方法による手続

①　意　義

　この方法はいわゆる電話会議またはテレビ会議システムとしてすでに民事
訴訟法で制度化されている（民訴法170条3項など）。家事手続の簡易迅速な
処理の要請に適合するように定められている。家庭裁判所は，当事者が遠隔
の地に居住しているとき，その他相当と認めるときは，当事者の意見を聴い
て，いわゆる電話会議またはテレビ会議システムを用いて家事審判の手続
（証拠調べを除く）をすることができる（家事手続54条1項）。家事調停の手
続にも準用されている（同258条1項）。

②　要　件

　電話会議またはテレビ会議システムを用いるためには，①当事者が遠隔の
地に居住していることその他相当と認めること，②当事者の意見を聴くこと
が必要である。①については，呼出しを受けた当事者等の利害関係人やその
手続代理人が遠隔の地に居住している，当事者等が身体上の理由で裁判所ま
で出頭することが困難なこと等の理由が考えられる[4]。②については，審理
のあり方に影響を及ぼすため当事者の意見を聴くこととされている。同意ま
では必要がない。この当事者には利害関係参加人は含まれていないが，事案

---

(4)　金子・逐条解説192頁。

の内容に応じてこの者から意見を聴取することもあり，このシステム利用についても意見を聴くことが相当といえるであろう(5)。

電話会議またはテレビ会議システムは，離婚・離縁の調停手続では，この方法で調停を成立させることができないから，利用することができない（家事手続268条3項）。合意に相当する審判についても同様である（同277条2項）。

③　手続の実施

家庭裁判所および当事者が電話またはテレビ会議システムを用いて期日を実施すると，両当事者がともに裁判所に出頭していなくても期日を実施できる。相手方のいない別表第1に掲げる家事審判事件でも利用できる(6)。

この期日においては原則として一般の家事審判の手続の期日で行うことができる手続行為をすることができる。家事手続54条1項カッコ書きでは証拠調べが除外されているが，同法64条1項が民事訴訟法の証拠調べに関する規定を準用しているので，それによる（民訴204条，210条，215条の3が準用される）。家事審判の手続に出頭しないで，電話会議またはテレビ会議システムの方法による手続に関与した者は，その期日に出頭したものとみなされる（家事手続54条2項）。

家庭裁判所または受命裁判官は，電話会議またはテレビ会議の方法で家事審判の期日における手続を行うときは，通話者および通話先の場所の確認をし（家事手続規則42条1項），これを記録上で明らかにしなければならない（同2項）。

(3)　期日の呼出し

期日の呼出しは，呼出状の送達，当該事件につき出頭した者に対する期日の告知その他相当と認める方法でする（家事手続34条4項による民訴94条1項の準用）。実務では費用や手数を省くために書記官が期日の通知書を郵送して送達に代えている(7)。

正式の呼出状には出頭しない場合の制裁を記載しなければならない。呼出状を送達してする正式の呼出しがない以上，郵便はがきによる便宜的な呼出

---

(5)　金子・逐条解説192頁。
(6)　金子・逐条解説193頁。
(7)　実務講義案85頁。

第6章　家事審判事件の審理　　259

しがあっても過料（家事手続 34 条 4 項による民訴 94 条 2 項の準用）に処することはできない[8]。旧法下における学説には，正式の呼出状に制裁の記載を欠いていても，これは訓示規定であるから過料に処す妨げにはならないとするものがあった[9]。しかし賛成できない[10]。

3　本人出頭主義（自身出頭主義）

(1)　意　義

民事訴訟の審理においては，訴訟代理人に包括的な代理権が認められ，当事者本人は常に口頭弁論期日に出頭する必要がない。裁判所の釈明処分として当事者本人の出頭が命じられるにとどまる（民訴 151 条 1 項 1 号）。これに対して家事手続 51 条 2 項は，「呼出しを受けた事件の関係人は，家事審判の期日に出頭しなければならない。ただしやむを得ない事由があるときは，代理人を出頭させることができる」と定めている。これは旧家審規 5 条 1 項が「事件の関係人は自身出頭しなければならない」としていたのを引き継ぐものであり，本人出頭主義または自身出頭主義と呼ばれている。

この原則が採用されているのは，①家事事件においては親族間の紛争で複雑な背景をもつ非合理な人間関係が絡んでいることが多いため，事件の主体から直接に事情を聴くことで事件の真相を的確に把握できること，②とりわけ調停については真相把握に加えて，身分関係を対象とするときはその性質上本人の意思決定による必要があること，したがって裁判所が直接にそれを確認する必要があることが挙げられる[11]。家事手続法もこの考え方を継承している[12]。

家事審判手続では，当事者の審問は一面では裁判所による事実調査であり，他面では事実調査としての審問が当事者に対する直接の審問機会の保障とい

---

(8)　大阪高決昭和 33（1958）・3・11 家月 11 巻 6 号 116 頁，金子・逐条解説 187 頁。

(9)　家審法講座第 3 巻 173 頁〈沼辺愛一〉，同 4 巻 214 頁〈岡垣学〉，注解家審法 844 頁〈生熊長幸〉。

(10)　本書旧版・177 頁。また広島高松江支決昭和 56（1981）・3・13 家月 35 巻 1 号 97 頁は，呼出状に誤記があっても抗告人は出頭すべき日時を期日前に知っていたときは，誤記は過料の審判に対して影響を及ぼさないというが，裁判所の過ちを棚に上げたまま当事者を過料に処すことは裁判所に対する信頼を失わせるものであろう。

(11)　注解家審規 35 頁〈向井千杉〉，本書旧版・178 頁。

(12)　金子・逐条解説 185 頁。

う機能を果たすという関係がみられる。本人からの事情の聴取が事情の把握に適する場合には，当事者を期日に呼び出して審問することが適切であろう。直接主義と連動させ，本人出頭主義に積極的な意味を与えることができる[13]。

(2) 事件の関係人の範囲

家事手続 51 条 1 項にいう「事件の関係人」とは，当事者（法定代理人を含む），利害関係参加人および審判の結果について法律上または事実上の利害関係を有するものを含む[14]。審判の対象である事項について，それに直接の利害関係をもち，審判によって直接に影響を受ける者から直接に聴取することに本人出頭主義の意義があるのであるから，形式的に関与する当事者以外の実質的意味の当事者（関係人）も含まれるとするのが旧家審規 5 条 1 項の解釈として通説であった[15]。この趣旨は家事手続の下でも妥当する。

(3) 代理人の出頭

やむを得ない事由があるときは，事件の関係人は代理人を出頭させることができる（家事手続 51 条 2 項ただし書き）。これにあたるのは，本人の病気，長期間の海外出張，配偶者や子または親族の急病，近親者らの吉凶事などが考えられる。家事審判および家事調停の対象となる事件の性格から，本人自身から事情を聴くのが一番良いのであるから，手続をさほど遅延させるのでない限り，期日変更で対処できないかも検討するべきである[16]。

旧法の下では，旧家審規 5 条 1 項の「代理人」は出頭代理人を指すと解さ

---

[13] 家事審判においては手続行為能力を認められた未成年者や成年被後見人のほか，痴呆の症状を呈する高齢者や精神障害者等が事件本人として審問を受け，また陳述を聴く必要のある事件が少なくない（後述 3・2 参照）。これらの手続においては家庭裁判所に出頭することが困難なことがある。電話またはテレビ会議システムの利用は出頭の負担を軽減する 1 つの選択肢であろうが，事件本人等が最も陳述のしやすい環境でこれを実施することを考えるならば，裁判所への出頭ではなく，むしろ裁判所がこれらの者の自宅や入所施設等へ出向くことも検討されるべきであろう。ドイツの成年後見事件では制度の発足の当初から本人の居所での審問が行われていた（佐上「禁治産事件における事件本人の審問について」同『成年後見事件の審理』(2001) 23 頁以下）。またドイツ世話法の審理の実態については，阿部潤「オーストリアおよびドイツの成年後見制度」家月 49 巻 11 号 (1997) 1 頁参照。

[14] 金子・逐条解説 186 頁。

[15] 注解家審規 37 頁〈向井〉，本書旧版・179 頁。

[16] 注解家審規 39 頁〈向井〉。

れていたが，手続上の代理人のほかに特に出頭代理人を設ける実益に乏しい
ことから，家事手続法は出頭代理人の制度を設けていない[17]。

なお民事調停規則8条は，家事手続51条と同趣旨の定めを置いている。
これに関して，当事者が出頭できるのに代理人を出頭させても違法とはいえ
ないし，代理人が関与して成立した調停に影響しないとする判例がある[18]。
家事審判・家事調停の手続でも同様に解されることになろう。

(4) 不出頭に対する制裁

家事手続51条1項の本人出頭主義の導入は，形式的当事者だけでなく，
事件本人や審判によって重大な影響を受ける者に対する直接の審問機会の保
障という意味と，裁判所の側からみた審理の効率性を高める手段としての意
味を併せもつ。従来，本人出頭主義は後者の立場から「多分に家庭裁判所ま
たは調停機関の円滑かつ適切な事件処理上の便宜から事件の関係人に課せら
れている義務」であると解されてきた[19]。事件の関係人が正当な理由なくし
て出頭しないときは，家庭裁判所は5万円以下の過料に処すことができる
（家事手続51条3項）。

家事審判においては職権探知主義がとられている（家事手続56条1項）た
め，本人の不出頭の場合に自白は成立せず，また相手方主張を真実であると
擬制することができない。そこで端的に不出頭に対して過料の制裁を課して，
出頭を確保しようとしている[20]。家事調停については，過料の制裁は円満な
話し合いのため出頭させる手段としては適当ではない。それゆえ実務上では
過料の制裁はほとんど利用されていない。むしろ家裁調査官による調整活動
の中で出頭勧告がなされる（家事手続258条1項による59条3項の準用）。

---

(17) 金子・逐条解説187頁，本書第4章第3節3・3参照。

(18) 最判昭和36（1961）・1・26民集15巻1号175頁。

(19) 注解家審規40頁〈向井〉。

(20) もっとも当事者の誠実な手続追行の責務（家事手続2条）やいわゆる当事者主
義的運用の一環として，不出頭当事者に対して一定の不利益を課すことが行われ
ていることに注意すべきである。たとえば横浜家審平成8（1996）・9・11家月49
巻4号64頁は，家裁調査官の照会に1回出頭しただけで，それ以外は無視し，審
判期日にも無断で出頭しない申立人の養育費請求の申立てを不適法として却下し
ている。

3 当事者等の陳述の聴取

1 総説

まず「審問」と「陳述の聴取」という類似する用語の意味を明らかにしておこう。家事手続法は，「審問」を家事事件の手続において審問を受ける者が口頭で認識等を述べるのを裁判官が直接に聴く手続とし，「陳述の聴取」は裁判官の審問のほか家裁調査官による調査や書面照会等により当事者等の認識・意見等の表明を受けることとして用いている[21]。家事審判手続は決定（審判）で裁判されるため，口頭弁論という審理方式は採用していないから，家庭裁判所による陳述の聴取について口頭主義がとられているわけではない。手続の簡易・迅速の観点から陳述書面の提出によることが多い。期日において口頭で聴取される場合に，特に審問と呼ばれるのである。言い換えると次のようになる。すなわち家庭裁判所の事実の調査につき，裁判所が直接に当事者等を審問する方法と，裁判官が直接に事情を聴取せず，家裁調査官や裁判所書記官等を活用して事情を聴取させ裁判官はその報告を得るという方法に分け，前者を審問と呼び，後者を狭義の事実の調査とよぶことになる[22]。そのいずれを基本にすべきか。民事訴訟では直接主義の適用から，解答が得られるが家事審判では一義的に解答することはできない。直接主義に関連して後に検討する。

陳述の聴取は，裁判所からみると審判事件に関する当事者等の認識を収集するという事実調査の一種であり，またこれらの者の陳述機会を保障するという側面を併せもっている。旧家審法には当事者等の陳述聴取・審問に関する一般的な規定は存在しなかった。各事件について，個別に陳述聴取を定めていたにとどまる。これに対して家事手続法は，68条で別表第2に掲げる事件の審理手続については当事者の陳述聴取を必要とする旨を明記し，手続保障の観点から旧法の実務を一歩進めた内容とした[23]。別表第1に掲げる事

---

[21]　金子・一問一答19頁。

[22]　高梨喬「審問中心主義と調査中心主義」野田愛子＝梶村太市総編集『新家族法実務大系第5巻』(2008) 273頁以下。

[23]　基本法コンメ257頁〈稲田龍樹〉。なお林道晴「決定手続における対審審理による手続保障」新堂幸司監修『実務民事訴訟講座［第3期］第3巻』(2013) 199頁以下は，民事保全手続等の決定手続との比較の中で，家事手続法の陳述聴取・審問の位置づけを試みている。

項の手続については旧家審規と同様に各事件につき陳述聴取の定めをしている。別表第1に掲げる事項には多様なものがあり，一律の定めは困難だからである。

2 陳述の聴取が必要な場合

(1) 別表第2に掲げる事項の審判手続

① 審問期日における審問

別表第2に掲げる事項の家事審判の手続においては，家庭裁判所は申立てが不適法であるときまたは申立てに理由がないことが明らかなときを除いて，当事者（利害関係参加人を含まない）の陳述を聴かなければならない（家事手続68条1項）。別表第2に掲げる事項の審判事件では，当事者間に利害対立があるのが通例であり，したがって手続にも対立的に関与することになる。これらの当事者に対して主張・立証および反論等の提出の機会を与えることが必要である。この陳述の聴取につき当事者の申出があるときは，審問の期日においてしなければならない（同2項）。別表第2に掲げる事項の家事審判事件のすべての場合に審問期日における陳述の聴取とせずに，当事者の申立てによらせたのは手続の迅速処理の要請を考慮したからである[24]。家庭裁判所は当事者から申出がなくても，個別の事件の状況，他の事実調査の結果等を考慮して当事者を期日に呼び出して審問をすることは当然に認められる。裁判官が直接に当事者を審問することは，事件の真相を見極め心証を形成するうえでも有効である。

また審判の効力を受ける当事者が自らの認識を裁判官の面前において直接に口頭で陳述したいと思えば，裁判所はこれに応じなければならない。これを拒絶する条件は定められていない。裁判官による直接の審問のもつ心証形成上の影響の大きさに鑑みると，この定めは当事者の手続保障の充実という意味できわめて重要である。当事者の一方が口頭で裁判官の審問を受ける場合に，相手方としても説明等の発言の態様，様子を直接に見分し，これに対して自己の主張を補足し，反論や資料提出の準備をすることも重要である。このため家庭裁判所が審問の期日を開いて当事者の陳述を聴くときは，他方の当事者および利害関係参加人は当該期日に立ち会うことができる（家事手続69条本文）。人訴法33条4項にも同趣旨の定めがある。ただし他の当事

---

[24] 金子・逐条解説232頁，高田編・家事事件手続法223頁〈金子修発言〉。

者が当該期日に立ち会うことにより事実の調査に支障を生じるおそれがある
と認められるときはこの限りではない（同ただし書き）。たとえば子の監護に
関する処分の審判期日において，夫婦の一方に保護命令が発せられているよ
うな場合がこれにあたる[25]。

この期日では他の当事者が立ち会ったうえで，さらに当事者間で主張のや
り取りをすることができるかについては，これを保障する旨の明文規定は置
かれていない。裁判所の裁量に委ねられる[26]。

② 当事者の審問を必要としない場合

申立てが不適法であり，または申立てに理由がないことが明らかなときは，
期日における当事者の審問を必要としない（家事手続68条1項）。当事者の
陳述を聴取するまでもなく申立てを却下できるからである。また請求すべき
按分割合に関する処分（別表第2第15項）の審判の手続には，家事手続68
条2項は適用されない（同233条2項）。按分割合が0.5とされているので，
当事者が原則として協議しなければならない事項がなく，他の別表第2に掲
げる事項の審判事件とは差異があるからである。

③ 別表第2に掲げる事項の審判事件における当事者以外の者の陳述の聴
取

別表第違2に掲げる事項の審判事件において，申立人と相手方の当事者以
外の者の陳述の聴取についてみてみよう。266頁以下に掲げる**【家事審判事件
における当事者以外の者の陳述の聴取・意見の聴取】**をみると，これに該当するの
は，①家事手続152条2項に掲げる子の監護に関する処分（子の監護に関す
る費用分担を除く）における15歳以上の子，②①事件の審判前の保全処分に
おける15歳以上の子，③家事手続169条2項に掲げる親権者の指定・変更
審判における15歳以上の子，④③の審判前の保全処分における15歳以上の
子である。これ以外の事件において子は審判の結果により直接の影響を受け
る立場にある。当事者である両親が合意によって解決できない場合に，家庭
裁判所が強行的に審判するときは，両親の紛争に巻き込まれ審判によって直
接に重大な影響を受けることになる子の意見を聴取しなければならないのは

---

[25] 金子・逐条解説233頁。この場合でも代理人弁護士の立会いは認められると解
される（高田編・家事事件手続法226頁〈古谷恭一郎発言〉，基本法コンメ260頁
〈稲田〉）。

[26] 金子・逐条解説233頁，基本法コンメ260頁〈稲田〉。

第6章　家事審判事件の審理　　265

当然といえる。この陳述の聴取は，期日において裁判官による審問によって
なされることは保障されていない。その他の方法（書面の提出または家裁調査
官の調査）によることも可能である。審判の効力の重大性からみれば，審問
期日への親の立会いの禁止や子の信頼する者の付添い等子の陳述機会を実質
的に保障する仕組みが法律上定められていないことは大きな問題であるとい
える（この点については，後述(3)参照）。

　ここに述べられた事項以外の別表第2に掲げられた事項の審判手続におい
て，当事者以外の者の陳述の聴取は裁判所の裁量に委ねられている。

(2)　別表第1に掲げる事項の審判事件における陳述の聴取

①　規律の仕方

　別表第1に掲げられている事項の審判事件においては，すべての事件にお
いて申立人以外の者の陳述の聴取が必要的とされているわけではない。裁判
所は，申立書によって申立人の申立ての趣旨，理由および申立ての動機等に
ついて知ることができ，さらに申立人からの事情の聴取をどのような方法で
どの程度行うかをその裁量によって定めることができる。別表第1に掲げる
事項の審判事件でも，審判の効力を受ける者，審判の結果により直接の影響
を受ける者が存在する。審判に際してこれらの者から事情を聴取し，また手
続保障を付与することが重要となる。事件の多様性から，陳述の聴取の必要
性については個別に定めている。その一覧を次頁以下に表にして掲げておこ
う。

②　旧乙類審判事件から別表第1に移された事件

　家事調停の対象にならないとして，旧乙類審判事件から別表第1に掲げる
審判事件に移管されたものとして，①夫婦財産契約に基づく財産管理者の変
更，②扶養義務の設定とその取消し，③推定相続人の廃除とその取消しがあ
る。別表第1に移されたことにより，これらの事件においては申立人が当事
者として関与するが，管理権喪失を求められた者，扶養義務の設定を求めら
れた者，あるいは廃除を求められた推定相続人は相手方当事者として手続に
関与するのではない(27)。しかしこれらの事件で当事者とならない者の陳述を
聴かないで審判することは，その効果の重大性からも許されない。そこで家

---

(27)　金子・逐条解説602頁。これに対して私見は，審理の実施に照らして相手方と
　すべきであるとの見解である（本書Ⅱ・171頁，289頁）。

家事審判事件における当事者以外の者の陳述の聴取・意見の聴取

該当条文	審判名	陳述聴取を受ける者・意見の聴取を受ける者	
120条1項1号	成年後見開始	成年被後見人となるべき者	
2号	後見開始審判の取消し	成年被後見人および成年後見人	
3号	成年後見人・成年後見監督人の選任	成年被後見人となるべき者・成年被後見人	
4号	成年後見人の解任	成年後見人	
5号	成年後見監督人の解任	成年後見監督人	
6号	成年被後見人に宛てた郵便物等の配達の嘱託	成年被後見人	
2項1号	成年後見人の選任	成年後見人となるべき者（意見を聴く）	
2項2号	成年後見監督人の選任	成年後見監督人となるべき者（意見を聴く）	
130条1項1号	保佐開始	被保佐人となるべき者	
2号	保佐人の同意を得なければならない行為の定め	被保佐人となるべき者・被保佐人	
3号	保佐人の同意に代わる許可	保佐人	
4号	保佐開始審判の取消し	被保佐人・保佐人	
5号	保佐人または保佐監督人の選任	被保佐人となるべき者・被保佐人	
6号	保佐人の解任	保佐人	
7号	保佐監督人の解任	保佐監督人	
2項1号	保佐人の選任	保佐人となるべき者（意見を聴く）	
2項2号	保佐監督人の選任	保佐監督人となるべき者（意見を聴く）	
139条1項1号	補助開始	被補助人となるべき者	
2号	補助人の同意に代わる許可	補助人	
3号	補助開始の審判の取消し	被補助人・補助人	
4号	補助人・補助監督人の選任	被補助人となるべき者・被補助人	
5号	補助人の解任	補助人	
6号	補助監督人の解任	補助監督人	
2項1号	補助人の選任	補助人となるべき者（意見を聴く）	
2項2号	補助監督人の選任	補助監督人となるべき者（意見を聴く）	
152条1項	夫婦財産契約による財産管理者の変更等	夫および妻	
2項	子の監護に関する処分（監護に要する費用の分担事件を除く）	当事者・子（15歳以上）	
161条3項	養子縁組の許可	養子となるべき者（15歳以上）・養子となるべき者に対し親権を行う者・養子となるべき者の未成年後見人	

第6章　家事審判事件の審理　　267

164条3項	特別養子縁組成立	養子となるべき者の父母・養子となるべき者に対し親権を行う者・養子となるべき者の未成年後見人・養子となるべき者の父母に対し親権を行う者・養子となるべき者の父母の後見人	＊1
4項	特別養子成立申立て却下	養子となるべき者に対し親権を行う者・養子となるべき者の未成年後見人	
165条3項	特別養子縁組の離縁	養子（15歳以上）・養親・養子の実父母・養子に対し親権を行う者・養子の後見人・養親の後見人・養子の実父母に対し親権を行う者・養子の実父母の後見人	＊2
4項	特別養子離縁申立却下	養子の実父母・養子に対し親権を行う者・養子の後見人・養子の実父母に対し親権を行う者・養子の実父母の後見人	
169条1項1号	親権喪失・停止・管理権喪失	子（15歳以上）・子の親権者	＊3
2号	親権喪失・停止・管理権喪失の審判の取消し	子（15歳以上）・子に対し親権を行う者・子の未成年後見人・親権を喪失しまたは停止され，または管理権を喪失した者	
3号	親権または管理権辞任許可	子（15歳以上）	
4号	親権または管理権回復許可	子（15歳以上）・子に対し親権を行う者・子の未成年後見人	
2項	親権者の指定または変更	当事者・子（15歳以上）	
178条1項1号	未成年後見人・未成年後見監督人の選任	未成年被後見人（15歳以上）	
2号	未成年後見人の解任	未成年後見人	
3号	未成年後見監督人の解任	未成年後見監督人	
2項1号	養子の離縁後に未成年後見人となるべき者・未成年後見人の選任	未成年後見人になるべき者（意見を聴く）	
2号	未成年後見監督人の選任	未成年後見監督人となるべき者（意見を聴く）	
184条1項	扶養義務の設定	扶養義務者となるべき者	
2号	扶養義務の設定の取消し	扶養権利者	
188条3項	推定相続人の廃除	廃除を求められた推定相続人	＊4
205条	特別縁故者に対する相続財産の分与	相続財産管理人（意見を聴く）	
210条1項1号	遺言執行者の解任	遺言執行者	
2号	負担付遺贈に係る遺言の取消し	受遺者・負担の利益を受けるべき者	
2項	遺言執行者の選任	遺言執行者となるべき者（意見を聴く）	
220条1項1号	任意後見監督人の選任	本人	
2号	任意後見監督人の解任	任意後見監督人	

3号	任意後見人の解任	任意後見人	
4号	任意後見契約の解除の許可	本人・任意後見人	
2項・3項	任意後見監督人の選任	任意後見監督人となるべき者・任意後見受任者（意見を聴く）	
229条1項	氏の変更許可	申立人と同一戸籍内にある者（15歳以上）	
2項	市町村長の処分に対する不服	当該市町村長（意見を聴く）	
236条1項	都道府県の措置承認および期間更新	児童を現に監護する者・児童に対し親権を行う者・児童の未成年後見人・児童（15歳以上）	
2項	都道府県の措置承認および期間更新	申立人（意見を聴く）	
240条4項	生活保護法による施設入所の許可	被保護者（15歳以上）・被保護者に対して親権を行う者・被保護者の後見人	
241条2項1号	心神喪失医療観察法による保護者の順位変更	先順位に変更される者（意見を聴く）	
2号	保護者の選任	保護者となるべき者（意見を聴く）	
242条3項	破産法による財産管理者の変更	152条1項（夫および妻），169条1項（管理権を喪失する者）の準用	

＊1　養子となるべき者の実父母の同意がなく成立の審判をするときは，審問の期日において聴取する。

＊2・＊3・＊4　審問期日において聴取する。

事手続法はこれらの者の陳述聴取を必要的としている（152条1項，184条，188条3項前段）。さらに推定相続人の廃除の事件においては，その審理に別表第2の審理の特則が準用されることから，廃除を求められている推定相続人の陳述の聴取は審問の期日においてしなければならないとしている（同188条3項後段）。

③　審判の効力を受ける者・審判の結果により直接の影響を受ける者の陳述の聴取

別表第1に掲げる事項の審判事件において陳述聴取の必要が生じるのは，申立人のほかに審判の効力を受ける者，審判の結果により直接の影響を受ける者が存在する場合である。たとえば成年後見開始決定を受ける者，親権喪失・停止または財産管理権喪失の審判を受ける親権者や未成年の子，児童福祉法28条の措置承認の審判事件における児童を現に監護する者や児童などが典型例として挙げられる。これらの者は手続に当事者として登場するのではない。多くの場合に審判はこれらの者の意に反して申し立てられ，審理の

結果その法的地位，権能等が喪失，制限されるといった状態を招来する。それゆえ審判に先立って陳述の機会が保障されるべきことは当然である。

他の申立人となりうる者や審判の結果により事実上の影響を受ける者の陳述の聴取は，裁判所の合目的的な裁量に委ねられる。

陳述聴取の方法として，家事手続164条3項が特別養子縁組成立の審判手続において，養子となるべき者の実父母の同意がなくても成立の審判をする場合には，この者の陳述聴取は審問の期日においてしなければならないとし，同165条3項が特別養子縁組の離縁の審判手続においては養親，養子およびその実父母の審問期日における陳述聴取を定めまた親権喪失・停止または管理権喪失の審判においては親権者の陳述聴取を審問期日においてしなければならない（同169条1項）としているほかは，格別の定めはない。特別養子縁組事件や親権喪失等の事件では審判の効果の重大性が考慮されている[28]。この場合には書面による陳述聴取や家裁調査官による聴取で済ませることは許されない。これらの者が裁判所の呼出しに応じない場合には，自ら審問機会を放棄したと扱うことが可能であるが，不出頭の事情を慎重に調査した上で出頭を確保する手段を講じるべきであろう。

これ以外に陳述聴取について明文規定はない。書面による方法，家裁調査官による調査あるいは審問期日による聴取など，裁判所の合目的的な裁量に委ねられる。当事者や陳述聴取を受ける者は，口頭による審問を請求する権利を有するとはいえない。審問期日における陳述の聴取であっても他の関係人の立会いは，別表第2の場合と異なり保障されない。ただ申立人と審判を受ける者との間に実質的な対立がみられ，また審判を受ける者への法的効果の重大な事件では，記録の閲覧という手続を経由することなく，審問期日における陳述聴取と立会いを認める工夫をすることも必要であろう。

また未成年者や知的障害のある者等の陳述聴取については，裁判官が人物，状況について直接の印象を獲得しようとする場合には口頭での審問が優先するといえる[29]。

---

[28] 金子・逐条解説530頁，本書Ⅱ・224頁，232頁。また別表第1に移された推定相続人廃除事件でも同様である（前述(2)②参照）。

[29] 本書旧版・180頁。

(3) **陳述聴取・審問の実質的保障**

　審問について特に注意すべき点を補足しておこう。家事審判の手続では未成年者や成年被後見人となるべき者が，審判によって直接の影響を受ける者として手続に登場し，陳述を聴取されることが多い。このような場合に，その意思を十全に聴取するためには，親権者やその他の親族等からの圧力等を避けて自らの考えを自由に陳述できる環境を整えておく必要がある。審問に先立って事件の説明，未成年者等に審問する趣旨の説明や手続の教示をすることが必要である。陳述を聴く場所について配慮することはもちろん，未成年者等が信頼できる人物の同席を許し，親権者等を退席させ，児童心理に通じた家裁調査官の立会いなどを整備することが必要である。また今次の立法では実現しなかったが，手続法上の未成年者等の法定代理人としての手続補佐人（子ども代理人）の制度化もなお検討する必要がある。さらに未成年者等の陳述結果が無条件で親権者等に閲覧されるようでは，未成年者等は本心を明かすことは困難であり，不利益を加えられるおそれがある。この点で家事手続 47 条 4 項において未成年者の利益を害するおそれがある場合の記録の閲覧の制限が定められていることに注意すべきである。未成年者等の自己決定権の尊重や福祉のために，当事者である親権者やその他の関係者の立会権や記録閲覧権がある程度制限されるのはやむを得ない。

(4) **陳述聴取違反の効果**

　家事手続法が陳述を聴かなければならないと定めているにもかかわらず，陳述を聴くことを要しないとされている例外（たとえば 120 条 1 項）を除いて，それがなされないまま審判がなされたときは，重大な手続違反があったとして即時抗告することができる。それ以外の審判においては審問がなされず，陳述機会が付与されなかったことは，この付与が裁判所の裁量に委ねられていることから，それだけを理由に即時抗告をすることはできない（この点については，第 8 章第 2 節 3 参照）。

　裁判所が当事者の期日における審問を相手方に通知しなかったことにより，立ち会うことができなかった審問期日に収集された資料だけに基づいて裁判所が心証を形成することは許されない[30]。もっともこの立会いは相手方当事者の対席を保障するものではないという点を考慮すると，相手方の立会いな

---

(30)　条解家事事件手続規則 119 頁。

しに聴取された陳述を心証形成に用いることは許されるといえる[31]。

4 調整のための措置

1 総 説

家事審判においては当事者その他の関係人が心理的葛藤や環境との不調和等に陥っていることが少なくなく，これらの不適応の原因を除去し，あるいは緩和して社会的適応性を回復しなければ手続の円滑な進行や紛争の再発防止を期しがたいといえる。そこで家庭裁判所が，家事審判や家事調停の手続中に，事件の当事者等とその環境との相互関係を再構築できるように助力することを人間関係の調整と呼んでいる。この仕組みは家庭裁判所の発足当初には存在しなかったが，昭和31（1956）年の旧家審規の一部改正によって導入され，家事手続法にも継承されている（家事手続59条3項）。家庭裁判所が福祉的機能をもつとされるゆえんである。調整のための具体的措置は家裁調査官が行うとされている[32]。家事調停についても同一の内容の規定が置かれている（同261条5項）。

家庭裁判所が行う調整のための措置は，その具体的内容によって①社会福祉機関に対する連絡ないし協力依頼，②当事者やその家族に対する助言援助，③心理的調整の3つに分類される。このことは家事審判に先立つ家事調停においても問題となるが，ここでまとめて扱う。

2 社会福祉機関との連絡その他の措置

家事手続59条3項は，家裁調査官が行う調整措置について，社会福祉機関との連絡その他の措置をとることを認めている。ここで社会福祉機関とは公私の別を問わない。これは事件の処理の上で当事者に対して，社会福祉事務所，婦人相談所，児童相談所，保健所，養護施設，老人ホーム，病院等の援助が必要な場合に当該機関から現実に適切な保護・援助が受けられるように連絡・斡旋することをいう[33]。たとえば保護者が児童を虐待しまたは著し

---

[31] 基本法コンメ261頁〈稲田〉。

[32] ここでの調整活動と調整の意義については，鮫島竜男「家庭事件における調査官の事実調査と調整活動の関係」最高裁家庭局編『家庭裁判所の諸問題（上巻）』（1969）415頁以下，家庭裁判所調査官研修所編『家事事件の調査方法について（下巻）』（1992）542頁以下，藤川浩＝村瀬嘉代子「家族問題の理解と隣接諸科学」野田愛子＝梶村太市総編集『新家族法実務大系第1巻』（2008）82頁参照。

く監護を怠る場合に，児童を里親に委託しまたは児童養護施設に入所させる場合や，生活保護法の適用など，解決までの間の暫定的な保護・援助などの措置を取ろうとする場合など，それぞれ必要性が高い。行政機関との有機的で密接な連絡が確保されることによってはじめて審判の実効性が期待できる[34]。また家庭裁判所が行政機関に対して関係者に対する指導等を勧告する制度（児童福祉 28 条 5 項）についても，手続法等の側からの検討が求められている[35]。

　また家庭裁判所の機能として，必要な場合には社会福祉機関の援助を受けられる体制を整えておくことが求められているため，首席調査官が関係機関との調整の実務をとることとされている（裁判所 61 条の 2 第 3 項）。

3　当事者・その家族に対する助言援助

当事者の置かれている人間関係や環境に適応した生活を送ることができる

---

[33]　馬杉葉子「家庭裁判所と福祉機関との連絡調整」岡垣学＝野田愛子編『講座実務家事審判法第 1 巻』（1989）283 頁以下は，①生活保護関係，②母子福祉関係，③児童福祉関係，④老人福祉関係，⑤精神障碍者関係に整理したうえで内容を紹介している。また棚村政行編著『面会交流と養育費の実務と展望』（2013）162 頁以下ではこの領域での公私の支援の状況を紹介している。

[34]　このことを児童福祉法 28 条 1 項による措置承認審判に即していえば，次のようになる。家庭裁判所は申立人である児童相談所長および児童の保護者からの事情の聴取を行った後，家裁調査官に保護者に児童を監護させることが児童の福祉に反すること，施設等への入所の措置があることのほか，保護者の意向，児童の現状の調査を行う。家裁調査官はこれらの事実調査を通じて，保護者に対して子の現状を認識させ，また監護状況の問題点を指摘して親子関係改善のための助言を行い，援助機関の紹介を行う（惣脇美奈子「児童虐待と児童福祉機関」判タ 1100 号（2002）163 頁，細矢郁「児童福祉法 28 条事件および親権喪失等事件の合理的な審理の在り方に関する考察」家月 64 巻 6 号（2012）27 頁）。なおこの点で注意しなければならないのは，児童相談所長は申立人であるとともに，児童の保護を担当する機関でもあるといういわば二重の性格を有していることである。家庭裁判所は児童相談所もともに児童の最善の利益を図る点で共通の目的，役割を分担するが，手続上で中立公正の要請を満たさなければならない。この点を配慮して事情聴取および連絡調整をしないと，特に保護者から「結局，家庭裁判所も児童相談所と同じではないか」という不信をもたれる可能性がある。なお，本書Ⅱ・493 頁参照。

[35]　この点について野崎薫子「家庭裁判所の指導勧告と保護者の援助プログラム受講」町野朔＝岩瀬徹編『児童虐待の防止』（2012）223 頁，本書Ⅱ・495 頁。

ように，当事者やその家族等に対して助言・援助を行うことをいう。ケースワーク的活動といってもよい。たとえば，当事者あるいはその家族の一員が，医療措置が必要とされるようなアルコール依存症で，それが当該紛争の原因ともなっていて解決を困難にしているような場合に，必要な情報を提供するなどにより自発的に当該の機関を利用する気持ちを強める働きかけや，生活指導的な助言行うことをいう[36]。この際当事者の主体性を確保し，関係機関の自立性を尊重することが重要である[37]。

　伝統的な民事訴訟（司法）の観念からは，上に述べたような役割を裁判所が果たすことは考えられていないであろう。家庭に関する事件を対象とし，司法的機能と並んで人間関係の調整の機能をも果たすという家事事件の手続であるからこそ，こうした措置をとることが是認されるのであり，次に述べる心理的調整を含めて，今後とも一層充実させることが期待されるのである。ただし，これはあくまでも事件処理の関係において限定的になされるものであって，行政機関が本来的になすべきそれとは異なるものである。

4　心理的調整

　当事者の心理に情緒的な混乱や著しい葛藤などがあると，家事調停などの円滑な進行が期待できないため，そのような当事者に対して理性的な状態で審判手続・調停手続に関与できるように働きかける活動をいう。通常，カウンセリングと称されている。この調整活動は，昭和 49（1974）・9・30 最高裁民 2 第 864 号事務総長通達[38]によって，家裁調査官が当事者に対するカウンセリングとしての調整，心理的調整をなしうる根拠として与えられた[39]。このカウンセリングという用語も多義的であるが，精神的混乱ないし情緒不安定により社会的不適応状態にある者に対して，家裁調査官が面接を通じて行う治療的措置ないしこれを意図した目的的対応の過程と解され，上記 3 で述べたケースワークと重複する面がある。他方で，対象者の心理の内面にまで立ち入って行われる治療的効果を意図した助言指導という性質をも有する。このカウンセリングは，当事者を家事審判や家事調停の手続に導入するための限度で行われる。それゆえ厳密にいえば，カウンセリングの技法が活用さ

---

(36)　春日完和「家庭裁判所調査官の役割」判タ 996 号（1999）201 頁。

(37)　家庭裁判所調査官研修所編・前掲注(32)家事事件の調査方法について（下）543 頁。

(38)　家月 26 巻 12 号 117 頁に掲載されている。

(39)　注解家審規 83 頁〈山田博〉。

れているにすぎないともいえる[40]。すなわち精神的な混乱等によって家事審判・家事調停の手続に乗りがたい当事者をその手続に関与できるよう当事者が自ら混乱した感情を整理し，自己の置かれている事態や状況を冷静にまた客観的に認識して，自律的に対応できるよう助言し，指導する措置をいうのである。手続過程の導入部だけでなく，終局的段階に至る過程全体を通じてなされる[41]。

第3節　家事審判事件の審理の諸原則

　家事審判の審理の方式，原則に関する事項は，すでに断片的に扱っているが，ここで整理したうえ，さらに関連する事項についてもあわせて説明することにする。民事訴訟の審理原則と対比しながら説明することが理解を容易にするであろう。民事訴訟における審理原則は，口頭弁論を支える公開主義，口頭主義，直接主義および双方審尋主義である。人事訴訟では，当事者尋問について公開主義が一部制限されている（人訴22条）が，他の原則は維持されている。家事審判ではこれらの原則がどのように適用されるかを見ていこう。

1　手続の非公開
1　手続の一般公開の禁止
　家事手続33条は，「家事事件の手続は，これを公開しない。ただし裁判所は，相当と認める者の傍聴を許すことができる」と定める。旧家審規6条も同趣旨を定めていた。同条は家事審判手続および家事調停手続は一般公開しないことを定めている。

---

(40)　カウンセリングの具体的内容については，金子のぶ「家事調停とカウンセリング」沼辺愛一ほか編『現代家事調停マニュアル』（2000）78頁，梶村太市『離婚調停ガイドブック（第4版）』（2013）433頁以下参照。

(41)　注解家審規77頁〈山田〉，春日・前掲注(36)判タ996号202頁。なお家事事件のうち，とりわけ夫婦親子関係の裁判手続において，メディエーションやカウンセリングをはじめ当事者，子ども等への公私のサポートの措置を組み込み，当事者による自主的な解決に役立てること，当事者の自立を図ることは世界的な傾向といえる。この点についてさしあたり，二宮周平＝渡辺惺之編『離婚紛争の合意による解決と子の意思の尊重』（2014）参照。

第6章　家事審判事件の審理　　275

　家事審判手続が一般非公開とされているのは次の理由による。まず第一に，家事審判事件はその性質上家庭内の秘密を保持する必要があること，家事事件においては個人のプライバシーに深く関係する事件が対象になりこれに関係する者の保護のために秘密が保持される必要があることである。第二に手続が公開されると，当事者その他の関係人が事件の真相にかかわる発言を控えるため，事件の真相を把握するのに困難を生じ，その結果適正な解決を図ることが困難になることである[42]。第三に，家事審判のうち別表第1に掲げる多くの事件は，相手方の存在を予定せず争訟性がないことなど，手続を一般に公開する必要性に乏しいことがある。家事調停は当事者間の合意による紛争解決を目指すものであるから，これも一般公開の必要性に乏しい。家事審判の手続で扱われるのは，非訟事件に属する事項のみであり，実体的な権利義務の終局的な確定を目的としていない。このような手続は一般公開をしなくても憲法に違反しない（この点については，第2章第1節2・2参照）。

　なお家事手続33条は，裁判所が手続を一般公開することを禁止するものであり，家事審判事項を一般公開の下で審理・審判したときは，当該審判は違法である[43]。

　家事審判事件に対して即時抗告がなされた場合の抗告審についても，その性質に反しない限り審判に関する規定が準用される（家事手続93条1項）から，当然に非公開となる。それゆえ婚姻費用分担に関する即時抗告事件において口頭弁論を経ないで裁判しても憲法82条に違反しない[44]。

2　傍聴の許可

　家庭裁判所は相当と認める者の傍聴を許すことができる（家事手続33条ただし書き）。実務上たとえば離婚調停事件において当事者の親が付き添い，遺産分割審判事件において当事者の配偶者等が付き添ってくることも多いと

---

[42]　以上の理由は，市川四郎「家事審判の本質」岩松三郎裁判官還暦記念『訴訟と裁判』（1956）707頁をはじめ，家事審判の基本的要請だとされている。遺産分割は財産上の争いであるといわれるが，その前提として相続人相互間や被相続人との人間関係が深刻な問題となり，人間関係調整や秘密の保持が必要なことは，他の審判事件と異ならない。

[43]　金子・逐条解説106頁。その結果審判の効力を生じるかについては，第7章第2節3・1参照。

[44]　最決昭和37（1962）・10・31家月15巻2号87頁。

いわれる[45]。これらの者は代理人や補佐人として許可を受けているわけではないが，傍聴させてもプライバシーが害されるわけではないので，手続進行が妨げられない限り傍聴を許してよい。

司法修習生，新たに選任された参与員，調停委員も傍聴が許される。民法や民事手続法を研究する大学の教員や外国の研究者にも傍聴が許されるべきであろう。

傍聴を許すか否かの判断にあたっては，期日においてなされる手続行為の内容，傍聴の目的・必要性，傍聴希望者と当該手続との利害関係，傍聴を許すことが手続に与える影響を総合的に考慮する[46]。傍聴を許さなかったことに対しては不服申立てができないし，いったん傍聴を許可した場合であっても，裁判所はいつでもこの許可を取り消すことができる。

3　当事者公開

当事者公開という考え方は，手続の一般公開されない手続においても事件の当事者に審理に立ち会い，記録の閲覧・謄写を許すことをいう[47]。家事審判手続は一般非公開で審理されるが，当事者公開はこれとは別に当事者の手続保障の観点から独自に検討する必要がある。旧法の下ではこれに関する明確な規定を欠いていたが，非訟手続でも争訟性の高い手続ではこれを認めていた[48]。とくに平成16（2004）年制定の人訴法32条4項は，人事訴訟の附帯処分の審理につき裁判所が審問期日を開いて当事者の意見を聴取することにより事実調査をする場合には，原則として他の当事者の立会いを認め，また記録の閲覧についても詳細な定めを置いた（同35条）ことから，旧家審法による審理のとの間に格差を生じさせ，旧家審法の改正が求められていた。

家事手続法は，相手方が存在し争訟性の強い別表第2に掲げる審判事件については，申立書の写しの送付，相手方に対する審問期日への立会いを認め，証拠調べについても民事訴訟法の準用をすることから当事者の立会いが保障され，さらに記録の閲覧権が整備されることによって当事者公開の要請が満たされることになった。これにより家事審判手続の公正さを当事者が監視する効果を期待することができる。

---

[45]　注解家審規46頁〈向井〉。

[46]　金子・逐条解説106頁。

[47]　新堂幸司『新民事訴訟法（第5版）』（2011）509頁。

[48]　借地借家45条2項（現行51条2項），借地非訟規則15条，人訴33条4項など。

ここに掲げた事項の具体的な内容については，それぞれ該当の箇所で説明する。

4　記録の閲覧

(1)　総　説

家事審判手続における当事者の手続保障のうち，記録の閲覧については旧家審法の下では問題が多かった。まず旧家審法自体にはこの定めがなく，旧非訟法もその定めを欠いていた。旧家審規 12 条 1 項が，「家庭裁判所は，事件の関係人の申立てにより，これを相当であると認めるときは，記録の閲覧若しくは謄写を許可し，又は裁判所書記官をして記録の正本，謄本，抄本若しくは事件に関する証明書を交付させることができる」と定めるにとどまっていた。訴訟と異なり，事件の当事者であっても当然には記録の閲覧権を有しないとされ，記録閲覧申立てが拒絶された際の救済も認められていなかった。この状況は平成 16（2004）年に成立した人事訴訟法中で，附帯処分に関する記録閲覧を定めた同法 35 条との間にも大きな格差を生じさせていた。

旧法下では記録の閲覧について旧家審規 12 条の「相当であると認めるとき」の解釈として，一方では家事審判事件を非公開とし，また記録の閲覧を無条件で認めていない趣旨と，他方では当事者等に対する手続保障の要請を調和させるために，閲覧を求める者（当事者か参加人か），事件の性格（甲類審判事件か乙類審判事件かあるいは調停事件か，さらに財産関係事件かプライバシー保護の要請が強い事件かなど），記録の内容（客観的事項を記載したものか，家裁調査官の所見が記載されているかなど），さらには手続の段階といった要因が総合的に考慮されていた。

旧法下においては当事者の対立があり紛争性が高く，また審判の対象が財産法的な性格が強い場合には，家裁調査官の調査報告を含めて閲覧を認めてよいとする方向が見られた。とくに議論が集中していたのは，親権者の指定や特別養子縁組許可，児童福祉法 28 条の措置承認に関する事件など，夫婦・親子等の感情や心理的状況等に関する家裁調査官の報告書，あるいは未成年の子の審問調書の閲覧であった。事件本人，事件の関係人のプライバシーに深くかかわる資料が含まれていることから，開示には慎重であるべきだとする見解[49]と，「原則は開示であって，例外的に不開示が認められるのは，開示によって当事者や事件本人の能力上の問題がある場合や子供の福祉，精神，健康への影響が懸念される場合である……どうしても当事者や第三者との関

係で開示できなければ，それは審判の判断材料から排除する取り扱いをすべきである」[50]，との考え方も登場していた。

家事手続法は，家事審判事件，審判前の保全処分，家事調停事件や履行確保事件における規律を区別したうえで，人訴法35条の定めを参考として記録閲覧に関する規定を置いている（同47条，108条，254条，289条，290条4項）。ここでは記録閲覧に関する基本事項および家事審判手続におけるその規律について説明する。

(2) 家事手続法の規律

① 記録の閲覧等に関する基本的な態度

家事手続47条1項で定める家事事件の記録の閲覧，謄写，その正本または謄本・抄本の交付，または家事審判事件に関する事項の証明書の交付を，以下「記録の閲覧等」という。

上記(1)で指摘したように，家事審判の手続では職権探知主義の下で家庭裁判所が公益的見地から後見的に実体的真実に合致した判断をするために，家庭または家族に関する情報が収集され，これらの中には一般的に秘密とすべき事項が含まれるのが通常である。家事審判の手続を非公開にしている趣旨から，記録閲覧を無条件で認めることは弊害を生じさせることがある。他方で裁判の基礎となる事実を当事者が知ることは，手続保障の重要な要素である。家事手続法は記録の閲覧等を家庭裁判所の許可にかからせることとしつつ，当事者に対しては主体的な手続追行の機会を保障するために，原則として記録の閲覧を許すこととしている[51]。そして閲覧を許可しない要件を明記するほか，閲覧等に関する事項を定めている。

② 閲覧等を請求できる者

記録の閲覧等を請求できるのは，当事者または利害関係を疎明した第三者

---

(49) 山名学「記録の開示」岡垣学＝野田愛子編『講座実務家事審判法第1巻』(1989) 168頁，金子修「調査報告書の開示（閲覧謄写）」判タ1100号（2002）577頁。高松高決昭和50（1975）・6・6家月29巻8号48頁は，当事者は家庭裁判所で調べた資料全部についてその開示を要求する権利はないとし，広島高松江支決昭和53（1978）・4・24家月30巻9号78頁は，調査官報告書の調査官所見欄の閲覧を許さなくても不当ではないとしていた。

(50) 本間靖規「家事審判と手続保障」同『手続保障論』(2015) 452頁。

(51) 金子・逐条解説163頁。

である（家事手続 47 条 1 項）。利害関係参加人（同 42 条 1 項ないし 3 項）は，当事者がすることのできる手続行為をすることができる（同 7 項）ので，記録の閲覧等を求めることができる。

利害関係を疎明した第三者については，旧家審規 12 条が「事件の関係人」と定めていたのと同様に解することができるであろう。旧家審規の下では，当事者，参加人以外に，審判または調停の結果について法律上または事実上の利害関係を有し，手続に関与していないが記録の閲覧等につき正当な利益を有する者をいうと解されていた[52]。具体的には，たとえば相続人を被告として訴えを提起するため，相続放棄の申述受理証明を求めた被相続人の債権者，特定の相続放棄申述事件についての相続債権者および徴税官署，特別養子縁組の斡旋または調査嘱託に関与した児童相談所などは，利害関係を疎明した第三者に該当する。しかし徴税のため必要があるとして相続人の住所，氏名を調査するため相続事件の一般の記録の閲覧を求めた徴税官署はこれにあたらない[53]。

③　閲覧の対象となる記録

閲覧の対象となるのは，当事者，参加人の提出した書面である申立書，申立てに際しての添付書類である戸籍の全部事項証明書や登記簿などのほかいわゆる上申書を含み，裁判所書記官が作成した調書，裁判所が職権で収集した資料（調査嘱託等によって得られた資料，証拠調べの結果，家裁調査官の作成した調査記録など）がこれにあたる。しかし裁判官や調停委員が作成したメモなどはこの対象に含まれない[54]。

家事審判の記録中，録音テープまたはビデオテープに関しては閲覧ではなく，これらの物の複製を請求することになる（家事手続 47 条 2 項）。

④　当事者の閲覧等の規律

家事審判事件の当事者から記録の閲覧等の申立てがあったときは，次に述べる場合を除いてこれを許可しなければならない（家事手続 47 条 3 項）。当事者にとって記録の閲覧等は手続保障の重要な内容となるからである。許可

---

[52]　家審法講座第 3 巻 237 頁〈沼辺〉，注解家審規 127 頁〈中島常好〉，実務講義案 101 頁。

[53]　注解家審規 127 頁〈中島〉。

[54]　注解家審規 127 頁〈中島〉，山名・前掲注[49]講座実務家事審判法第 1 巻 169 頁，基本法コンメ 208 頁〈上野泰男〉。

する裁判においては，当該事件記録の閲覧等を許可する部分を特定しなければならない（家事手続規則35条）。

次に掲げる要件に該当するときは，閲覧等の申立てを許可しないことができる（家事手続47条4項）。

(a) 事件の関係人である未成年者の利益を害するおそれがあるとき

人訴法35条2項1号にも同趣旨の定めがある。たとえば親権者指定の審判事件において，家裁調査官の報告書に子による親の選好等が記載されている部分が当事者である父母が閲覧することで，父子または母子関係に影響を与え，ひいては子の利益を害する場合が考えられる[55]。

(b) 当事者もしくは第三者の私生活もしくは業務の平穏を害するおそれがあるとき

人訴法35条2項2号と同一である。たとえば夫の暴力から逃れるため子を連れて身を隠している妻の勤務先や子の通学先が調査報告書の閲覧によって知られると，夫が妻子のもとに押しかけて暴力をふるうおそれが高いような場合，子の生活状況について情報を提供した幼稚園等に，自己に不利益な情報を提供したと思い込んで押しかけ，その業務を妨害するおそれが高いような場合がある[56]。

(c) 当事者もしくは第三者の私生活についての重大な秘密が明らかにされることにより，その者が社会生活を営むのに著しい支障を生じ，もしくはその者の名誉を著しく害するおそれがあること

人訴法35条2項3号と同一である。家裁調査官の事実調査において，当事者が自己の出生の秘密，婚姻前の病歴，犯罪被害体験，原家族の問題など，個人の高度な秘密にかかわる極めて重い事実を陳述することがある[57]。これらの事実が記録の閲覧を通じて社会的に露呈されると，その者の社会生活に著しい支障が生じ，またその者の名誉を著しく害することが考えられる。

(d) 事件の性質，審理の状況，記録の内容等に照らして当該当事者に記録の閲覧等または記録の複製を許可することを不適当とする特別の事情が

---

[55] 金子・逐条解説165頁，野田愛子＝安倍嘉人監修『改訂人事訴訟法概説』(2007) 280頁〈石井葉子〉。

[56] 小野瀬厚＝岡健太郎『一問一答新しい人事訴訟制度』(2004) 152頁，野田＝安倍編・前掲注[55]改訂人事訴訟法概説281頁〈石井〉，金子・逐条解説165頁。

[57] 野田＝安倍編・前掲注[55]改訂人事訴訟法概説281頁〈石井〉。

あると認められるとき

この要件は人訴法 35 条にはなく，家事審判の性格を考慮したものである。上記(a)~(c)に該当しない場合があることを考慮した包括的な定めである[58]。犯罪歴や病歴等プライバシー保護の要請が高い事項に関する個人情報や，後見開始の審判事件における被後見人となるべき者の詳細な財産状況，特別養子縁組の審判事件における実父母や養親の個人情報などは，上記(a)~(c)に該当しなくても，審理の状況からみて，この(d)の要件に該当することがある[59]。

上記に掲げたような場合には，当事者の手続保障の要請を考慮しても，なお未成年者，事件本人等の利益，福祉の観点を優先させるべきであると考えられている。慎重な解釈が必要である。

⑤　利害関係人の閲覧等の規律

利害関係を疎明した第三者から記録の閲覧等の許可の申立てがあったときは，裁判所は相当と認めるときはこれを許可することができる（家事手続 47 条 5 項）。これらの第三者については手続保障の要請はないので，許否の判断は裁判所の裁量に委ねられている[60]。

⑥　裁判書の正本等の交付

裁判書その他の裁判書の正本，謄本，抄本または家事審判事件に関する事項の証明書については，当事者は家庭裁判所の許可を得ないで，書記官に対しその交付を請求することができ，審判を受ける者が当該審判のあった後に請求する場合も同様である（同 6 項）。

⑦　裁判所の執務に支障があるとき等の例外

記録の閲覧等の請求は，記録の保存または裁判所の執務に支障があるときはすることができない。民訴法 91 条 5 項にも同趣旨の定めがある。

⑧　不服申立て

当事者による記録の閲覧等の許可の申立てを却下する裁判に対しては，即時抗告をすることができる（同 8 項）。旧家審法の下では申立てを却下する審判に対して不服申立ては認められていなかった。この即時抗告が家事審判の手続を不当に遅延させることを目的としてなされたものであると認められ

---

(58)　金子・逐条解説 165 頁。

(59)　金子・一問一答 103 頁，金子・逐条解説 166 頁，宇田川公輔「成年後見に関する審判事件における記録の閲覧謄写」ケース研究 314 号（2013）39 頁。

(60)　金子・逐条解説 166 頁。

るときは，原裁判所はその即時抗告を却下しなければならない（同9項）。この裁判に対しては即時抗告をすることができる（同10項）。

第三者による閲覧等の許可申立てを却下する裁判に対しては即時抗告をすることができない。

2　口頭主義
1　原則的な定め
家事審判手続においては，決定である審判をもって裁判されるため口頭弁論は必要的とはされていない（家事手続73条1項，民訴87条1項ただし書き）。口頭弁論が開かれない場合には，裁判所は当事者を審問することができる（民訴87条2項）。審問はこのように決定手続の審理の方式の一つであり，申立人・相手方の言い分を聞く「口頭弁論に代わる審問」と，当事者や利害関係人，証人に供述させる「証拠調べとしての審問」が区別される。審問の方法には一定の方式はなく，口頭によっても書面によってもよいが，家事手続では先に述べたように，裁判官による期日における口頭での聴取だけを審問と呼んでいる。

家事審判では口頭主義は原則だとはいえない。他方で家事手続51条2項は，当事者の自身出頭主義を採用しているから，原則として裁判官が当事者から口頭で陳述を聴取する審問を原則にしているようにも読める。しかし，通説によればこれは当事者や事件本人から事件の実情を聞くための便宜から，あるいは当事者の意思を明確にする必要性から定められたのであって，口頭主義を採用したものではないとする[61]。

口頭主義は，口頭弁論期日において当事者から口頭で陳述されたもののみが裁判の基礎となるということを要請する。家事審判においては，口頭弁論が開かれないうえ，事実の調査は家裁調査官による調査や当事者の提出した

---

[61]　鈴木忠一「非訟事件に於ける正当な手続の保障」同『非訟・家事事件の研究』（1971）269頁は，「非訟事件の中にはその性質・規模からみて，厳格な口頭主義になじまず，従って口頭主義を当然の前提とする一般公開にもなじまず，これを採用することは却って当事者に不必要な労力と費用を強いる結果となり，また裁判所側から見ても煩瑣に陥るやうな事件が少なくない。蓋し公開主義・口頭主義は必然的に期日の指定・呼び出し（送達）・出頭・開廷・弁論等の経過を踏まざるを得ず，而も此の結果は費用及び労力の増大等を招かざるを得ない」という。

第6章　家事審判事件の審理　　283

書面によってもなされることから，口頭主義を前提にしていないといえる[62]。

2　口頭による審理・口頭による審問

　上に述べたとおり，家事審判においては口頭主義を原則とすることはない。ただし家事調停では，口頭主義が大前提となっている。このことは審理に際して裁判所が当事者や利害関係人を口頭で審問し，事実を探知し，また証拠調べを実施する必要性を否定するものではない。口頭での審問は，家事事件のように微妙な人間関係についての理解や，当事者・事件本人の意思確認の上からも，さらには当事者に対する手続保障の面からも書面主義に優るといえる。そのため家事手続法は，相手方が存在し争訟性の強い別表第2に掲げる事件の審理においては，当事者の申出があるときは当事者の陳述の聴取は審問の期日においてしなければならないと定める（68条2項）。また別表第1に掲げる審判事件であっても，事件が当事者または事件本人等の法的地位に重大な効果を生じさせる場合には，陳述の聴取は審問の期日においてしなければならないとしている（たとえば164条3項，169条1項など）。

3　直接主義

1　原　則

　裁判を言い渡す裁判官が自ら当事者，事件本人等を審問し，証拠を取り調べることを直接主義という。この原則は，家事審判手続においても維持されるか。またこの原則を採用した場合，裁判官の更迭があるときは弁論の更新や証拠調べの再試などが認められるのか（民訴249条参照）。さらに裁判官による審問と家裁調査官による事実調査との関係をどのように理解するか等が問題となる。家事審判における直接主義に関連する事項を整理しておこう。

　まず民事訴訟と同様に，当事者や事件本人の陳述の聴取，証拠調べは，裁判をする裁判官が自ら行い受命裁判官や受託裁判官を利用するのは例外的である（家事手続53条1項）。すなわち相当と認める場合に受命裁判官に事実の調査をさせ（同61条3項），あるいは証拠調べにつき民訴法の規定による受命裁判官による証拠調べをなしうるにとどまる。

　次に裁判官の更迭と証拠調べの再試についてみてみよう。家事審判事件に

---

　[62]　鈴木（忠）・前掲注[61]非訟・家事事件の研究297頁。また家審法講座第1巻68頁〈綿引〉は，「口頭主義は重視されていない」という。

おいては口頭による審理をするか否かは裁判官の裁量に委ねられている。ま
た口頭弁論は開かれないから，当事者等から口頭によって提出され，または
取り調べられた資料だけが裁判の基礎になるわけでもない。職権探知主義の
原則から，裁判所がいかなる方式によって裁判の基礎を収集するかも，原則
として裁判所の裁量に委ねられている。その結果，「口頭での審問を実施し
た裁判官に更迭があっても，所謂弁論の更新の必要はない。従って当事者ま
たは関係人の供述について審問調書が作成されても，また民訴法の形式に
よった証人・鑑定人の尋問調書が作成されている場合でも，更迭後の裁判官
にとっては，それは単に記録，書証としての性格を有するのであって，民訴
の場合，裁判官の更迭があっても，また上訴審に移審しても証人の供述は常
に証言たる性質を失わないで，書証となることはないのとは異なる」[63]とい
う帰結が導かれる。また非訟事件手続および家事審判手続についてはその性
質上，民訴 249 条が準用されないとする先例もある[64]。

　しかし家事審判手続における直接主義が全く適用されないと解することに
は賛成できない。たしかに家事審判手続においては口頭主義も原則ではなく，
また職権探知主義から事実調査の方法が裁判所の裁量にゆだねられている。
それにもかかわらず裁判官が当事者，事件本人を直接に審問して直接の印象
を獲得することは，微妙な人間関係や真意等を理解し判断するためにはきわ
めて重要である。家事手続法でもこれを考慮して裁判官が当事者や事件本人
に対して審問期日に口頭で審問することも認めているのである（164 条 3 項，
4 項，165 条 3 項，169 条 1 項，188 条 3 項）。これらの場合に裁判官の更迭があ
るときは，手続の迅速性を考慮しても直接の印象を獲得するため審問の再試
が必要になると解される。

2　参与員による予備調査

　近時における参与員の審理への関与のあり方の一つとして，別表第 1 に掲
げる一定の事件につき，裁判官から指定された一定の事項について関係人か
ら事情を聴取すること[65]，あるいは成年後見事件のうち裁判所の後見監督事

---

(63)　鈴木（忠）・前掲(61)非訟家事事件の研究 298 頁。

(64)　東京高決昭和 52（1977）・6・27 判時 864 号 92 頁。

(65)　林道晴「参与員の活用について」家月 42 巻 8 号（1990）33 頁，注解家審法 66
　頁〈岩井俊〉，森野俊彦「家事審判における参与員の役割」野田愛子＝梶村太市総
　編集『新家族法実務大系第 5 巻』（2008）296 頁。

第6章　家事審判事件の審理　　　285

務につき後見人の財産管理状況を公認会計士の資格を有する参与員に予備調
査を委ねること[66]がなされている。さらに家事手続40条3項は，参与員が
意見を述べるために家庭裁判所の許可を得て申立人から説明を聞くことがで
きるとしている。裁判官の負担の軽減等の理由から参与員による予備審問を
肯定する見解もあるが，裁判官の職責や直接主義との関係でも疑問が残され
る（第1章第2節2・4(4)で指摘した）。

3　直接の調査と証拠調べの必要性

　裁判官による直接の審問の意義についてはすでに述べた。ここでは裁判官
による事実調査と家裁調査官による事実調査の関係について補足しておこう。
　家事審判においては当事者，事件本人等の陳述を聴くについては裁判官が
行う方法と，家裁調査官に聴取させる方法がある（家事手続58条1項）。ど
のような場合に裁判官が聴取し，あるいは家裁調査官による調査で足りると
するのか，その基準については明らかではない。裁判官の事実調査を家裁調
査官が代行するという理解は正しくない。家裁調査官による事実調査は，そ
の専門的知識を利用してなされるのであり，裁判官による事実調査とは異な
る意義を持つ。またこれが命じられ事実が収集されたとしても，裁判官はこ
れによって事件や当事者につき直接の印象・心証を得たとはいえない。家事
事件においては裁判官と家裁調査官によるチームワークとしての事実調査が
必要であり，裁判官自身による事実調査の必要はなくならない。家裁調査官
に調査を命じたからといって，裁判官による事実調査を省略できる，あるい
はそれによって裁判官の陳述聴取の機会が付与されたと理解してはならな
い[67]・[68]。

4　双方審尋主義

　当事者双方にその主張を述べる機会を平等に与える建前を双方審尋主義と
いう。二当事者対立構造をとる民事訴訟では極めて重要な意味をもつ。これ
に対して家事審判においては，相手方が予定されない事件がある。このうち
申立人の真意を確認するだけで足りる，たとえば相続放棄申述の受理などの
事件では当然のこととして双方審尋主義は問題とはならない。しかし推定相
続人廃除およびその取消し事件は，当事者間の利害対立の深刻さのゆえに審

---

[66]　森野・前掲注[65]新家族法実務大系第5巻296頁。

理においては別表第2に掲げる事件と同様に扱われる（家事手続188条4項）。親権の喪失・停止の審判事件，後見人等の解任事件では申立人と事件本人との間に厳しい対立がみられ，また児童福祉法28条1項による措置承認審判における申立人である児童相談所長と児童と切り離される保護者（親権者）との間には厳しい対立がみられる。とりわけ児童福祉法28条1項による措置承認審判については，審判確定後に取消訴訟によって二当事者対立構造によって争う機会を保障すべきであるとの主張も見られる。この見解に賛成することはできない[69]が，家事審判の手続において申立人と相手方あるいは事件本人との間に利害対立に相応した手続保障が付与されていることが重要である。

　上に掲げた審判事件においては，当事者ではない審判の効力を受けあるいは審判の結果により直接の影響を受ける者については，参加（家事手続42条）や意見陳述の機会が与えられている（同120条1項4号，169条1項2号，236条1項など）。はたしてこれでよいのか検討が必要であろう。

　別表第2に掲げる相手方のある審判事件については，申立てに対して相手方がその認否や理由に反論を述べる機会が保障されなければならない。この

---

[67]　この点について，かつて岡垣は次のように述べていた。やや長くなるが引用しよう。この立場を基本的に支持すべきであろう。

「家庭裁判所が，直接当事者から陳述ないし意見を聞かず，家裁調査官がこれを代行することの適否に関しては，つとに最高裁判所事務当局の行政先例がこれを是認している（昭和28（1953）・8・8最高裁家庭甲145号家庭局長回答家月5巻7号148頁）。裁判例も例外なくこの立場を支持しており（例えば大阪高決昭和49（1974）・9・5家月27巻8号70頁，東京高決昭和53（1978）・7・27家月31巻8号50頁），私の知る限り，家裁調査官が代行した事案について，家庭裁判所が改めて当事者からの陳述ないし意見を聞いたものは極めて少数であった。人間関係調整の専門家たる家裁調査官による陳述ないし意見の聴取はそれなりの意義があることは否定できないところである。しかし法律専門家として事件の最終判断権を有する家事審判官のするそれとは質的に相違し，審判資料収集における直接主義に反する疑いもあるので，乙類審判事件など特に当事者間に厳しい利害対立のある事案については，家庭裁判所は家裁調査官の調査結果を資料として直接当事者から陳述ないし意見の聴取をすべきである」（岡垣学「家事審判に対する抗告について」家月38巻4号（1986）18－19頁。さらに同旨の見解として，井上哲夫「乙類審判事件における職権探知と適正手続の具体的運用」岡垣学＝野田愛子編『講座実務家事審判法第1巻』（1989）130頁）。

意味では双方審尋主義が認められるべきである。家事手続 67 条以下の審理の特則はその表れであるといえる[70]。

　なお，手続の中断は双方審尋主義を体現する制度の一つであるが，家事審判の手続ではこの制度がなく，受継の手続が定められているにとどまる（家事手続 44 条，45 条。この点については第 4 章第 5 節 3 参照）。

5　期　間

1　期間の意義

　期間は当事者が行為するために定められる一定の時間であり，期間については民事訴訟法の規定が準用される（家事手続 34 条 4 項）。民事訴訟においては期間には次の種類がある。以下その内容について説明する。

(1)　行為期間と猶予期間

　行為期間とは一定の行為を一定の期間内にさせる趣旨で定められたものであって，とくに当事者の手続行為について定められているものを固有期間という。補正期間（民訴 34 条 1 項，137 条 1 項，家事手続 49 条 4 項など），準備書面提出期間（同 162 条），上訴・異議申立期間（家事手続 86 条 2 項，101 条 1 項，279 条 2 項，286 条 2 項）などがこれにあたる。当事者がこの期間中にその行為をしないで経過すると，その行為をする機会を失うなどの不利益を受ける。猶予期間とは，当事者の利益のため一定の行為をするには一定の期間を置かなければならないとの趣旨で認められているものである（たとえば家

---

(68)　前掲注(67)で引用されている東京高決昭和 53（1978）・7・27 は，婚姻費用分担の審判事件につき，「家事審判手続においては……当事者には事実の調査ないし証拠調べに関する申立権は認められていない以上，原審において家裁調査官による事実の調査がなされその際抗告人の意見も徴されている以上，家事審判官が審問期日を開き直接抗告人らの陳述を徴しなかったとしても違法，不法ではない」とする。しかしこの決定に対しては，「家裁調査官による事実の調査は，家事審判官による意見聴取とは質的に異なるのであって，家裁調査官に意見を述べたことをもって代替を認めることは許されない」と批判されていた（吉岡進「家事審判の抗告審における諸問題」鈴木忠一＝三ケ月章監修『新実務民事訴訟講座第 8 巻』（1981）288 頁）。また事件数の増大している成年後見開始の審判事件でも，裁判官による事件本人の審問は行われていない。この点については，本書 II・40 頁参照。

(69)　この議論の詳細については，佐上「児童福祉法における一時保護と司法審査」松本博之先生古稀祝賀論文集『民事手続法の展開と手続原則』（2016）35 頁以下。

事手続 148 条 3 項に掲げる公告期間）。

(2)　法定期間と裁定期間

期間の長さが法律で定められているものが法定期間であり，裁判所がその長さを決めることができるものが裁定期間である（家事手続 49 条 4 項など）。法定期間のうちで法律に特に不変期間と明示しているものがあり，裁判に対する上訴期間にその例が多い（家事手続 86 条 1 項，101 条 1 項など）。それ以外のものを通常期間という。この区別は次に述べるように期間の伸縮を許すか否か，あるいは追完を許すか否かに意味がある。

2　期間の伸縮

不変期間を除く法定期間および裁定期間は，手続指揮の観点から裁判所がこれを伸縮することができる（民訴 96 条 1 項，家事手続規則 24 条によって準用される民訴規則 38 条）。不変期間についてはその伸縮が許されないので，遠隔の地に居住する当事者等のため付加期間を定めることができる（家事手続 34 条 4 項による民訴 96 条 2 項の準用）。

⒄　旧法下において名古屋高決昭和 48（1973）・5・4 家月 25 巻 11 号 92 頁は，親権者変更の審判につき「家事審判手続においてはその性質上申立てのあったことを特に相手方に告知する必要がなく，また審理をなすにあたっては，適当と認める方法で審理すれば足り，提出された書類，関係人審問から申立ての事実を十分に認定し得ると判断したときは，相手方の審問手続を経ることなく，直ちに審判しても違法でない」としていた。相手方のある事件でも片面的な審問によるだけでも審判は違法でないとするのである。また最決平成 20（2008）・5・8 家月 60 巻 8 号 51 頁は，婚姻費用分担に関する処分の審判に対する抗告審が，抗告の相手方に対し抗告状および抗告理由書の副本を送達せず，反論の機会を与えることなく不利益な裁判をしたことは，憲法 32 条の裁判を受ける権利を侵害したことにはならないとしつつ，「本件において原々審の審理を即時抗告の相手方に不利益なものに変更するのであれば，家事審判手続の特質を損なわない範囲でできる限り抗告人にも攻撃防御の機会を与えるべきであり，少なくとも実務上一般に行われているように即時抗告の抗告状および抗告理由書の写しを抗告人に送付するという配慮が必要であった」として原審の手続には問題があるとした。家事手続 67 条 1 項は申立書の，同 88 条 1 項は抗告状の写しの相手方への送付を明記することによって改善を図ったものである。旧法時の状況は，家事審判の手続は行政手続にも及ばないと批判されたことを忘れてはならない。

第 6 章　家事審判事件の審理　　　289

3　懈怠と追完

(1)　原　則

　当事者が行為期間中に定められた行為をしないことを懈怠という。これに
よって当事者はその行為をする機会を失う。しかし当事者が自らの責めに帰
すことができない事由によって期間内にその行為をすることができなかった
ときには，これを救済する必要がある。特に不変期間は，通常一ないし二週
間という短期間であるうえに，懈怠するとたとえば上訴期間の徒過による裁
判の確定といった重大な効果を生じさせる。そのため追完という制度が認め
られている（家事手続 34 条による民訴 97 条 1 項の準用）。

　追完が認められる要件は，当事者の責めに帰すことができない事由により
不変期間を遵守できなかったことである。大洪水，震災，予期しない郵便の
遅配などがその例である[71]。追完が許されるのは，その事由が消滅した後 1
週間以内であり，この期間は伸縮できない。本人の過失がなくても代理人に
過失があるときは追完は許されない[72]。原告（被告の以前の夫）が，被告が
住民登録のある地に居住していないことを知りながら訴えを提起して，公示
送達により被告欠席のまま原告勝訴の判決が下されたようなときは，公示送
達の濫用が認められ，被告が控訴期間を遵守できなかったときは追完が認め
られる[73]。この考え方は家事審判にも妥当する。追完は，そのための特別の
申立ては必要ではなく，懈怠した行為をその方式に従って行うことで足りる。
またその要件を満たすときは，職権によっても認められると解される。追完
の事由はその行為の適法要件である。

(2)　家事審判の告知と即時抗告期間

　家事審判においては，審判に対して利害関係人が即時抗告をなしうるとさ
れている一方で，審判がこれらの者に告知されないことがある。その結果，
申立人または審判を受ける者に対して審判が告知された時から利害関係人の
即時抗告期間が進行する（家事手続 86 条 2 項）。この期間内に利害関係人が
当該審判のあったことを知ることができなかったときでも，追完は認められ
ないとするのがこれまでの判例の立場である[74]。審判の迅速な確定の要請の

---

[71]　最判昭和 55（1980）・10・28 判時 984 号 68 頁。

[72]　最判昭和 24（1949）・4・12 民集 3 巻 4 号 97 頁

[73]　最判平成 4（1992）・4・28 判時 1455 号 92 頁。

ためである。これに対して，最決平成 15（2003）・11・13 民集 57 巻 10 号
1531 頁は，遺産分割審判につき各相続人ごとに告知の日が異なる場合にお
いて，各自が告知を受けた日から抗告期間が進行すると解するから抗告人の
抗告はその期間を徒過しているとしつつも，従前の実務が告知を受けた日の
うち最も遅い日から全員につき一律に施行するとの見解・取扱いが広く行わ
れていたことを考慮して追完を認めた。家事手続 86 条 2 項は，特別の定め
がない限り，各自審判の告知を受けた日から即時抗告期間が進行する旨を明
記した。

6 期日調書
1 調書の作成

　家事審判の手続の期日について作成される調書（以下，「期日調書」という）
は，期日が法律に従った方式で行われ，その期日における手続が公正に行わ
れたことを公証するものであって，記録の閲覧の基礎となるなど当事者の手
続保障にとって重要な意味をもつ。旧法の下では，家事審判の手続について
は調書を作らなければならないが，裁判官においてその必要がないと認める
ときは，その作成を省略することができるとされていた（旧家審規 10 条）。
家事審判手続の簡易性，非方式性ないし合目的性格から，調書作成は裁判官
の裁量に委ねられていたが，この裁量の限界に関連して証拠調べまたは即時
抗告がなされた場合にも調書の作成を省略できるかが議論されていた。そし
て調書が作成されないときは，これに代えて審判期日等における手続の経
過・内容を明らかにするために事件経過表が作成されていた[75]。

　家事手続法は，家事審判と家事調停で期日調書の作成の考え方を区別して
いる（家事手続 46 条，253 条）。家事調停は合意成立に向けた手続であり，裁
判長の裁量で調書の作成を省略でき，事件経過表の作成も必要ではないとさ
れる[76]。以下では家事審判の期日調書について説明する。

　家事審判については，手続が期日において行われた場合には，調書の作成

---

[74]　遺言確認審判につき東京高決昭和 55（1980）・12・25 判タ 437 号 153 頁，東京
　　高決平成 1（1989）・4・25 東高民時報 40 巻 1 = 4 号 39 頁，氏変更許可審判につ
　　き東京高決昭和 57（1982）・2・15 家月 35 巻 6 号 94 頁など。

[75]　注解家審規 114 頁〈中島〉，実務講義案 94 頁。

[76]　金子・一問一答 99 頁。

が原則である（家事手続 46 条本文）。期日において証拠調べがなされた場合
には調書の作成は必要的である。それ以外の期日（たとえば事実調査や事件本
人の陳述の聴取）の場合に，裁判長がその必要がないと認めるときは，期日
の経過の要領を記録上で明らかにすることで足りる（同ただし書き）。期日の
記録が残されないとすると，期日を開いたか否か，出頭当事者，事実調査の
内容が明らかにならないことになり，抗告審において手続が適正に行われた
かどうかの検証ができないし，常に期日調書の作成を必要的とすることも家
事手続にそぐわないため，裁判長の裁量により経過の要領の記録の作成によ
ることにしている[77]。手続の要領としては，期日を行った日時，出頭した当
事者，指定した次回期日等の期日の外形的経過が簡易な形式で記載される[78]。
旧法下における事件経過表と同趣旨のものである。

　期日外でなされた手続についての調書，経過の要領については明文規定を
欠いている。事実調査については家事手続規則 44 条 2 項によりその要旨が
記録上明らかにされることになる。その他の事項は内容に応じて運用上柔軟
に対応するとされる[79]。

2　期日調書の記載事項

(1)　形式的記載事項

　期日調書の記載事項は，家事手続規則 31 条に形式的記載事項，同 32 条に
実質的記載事項として定められている。

　家事手続 46 条の期日調書には，形式的記載事項として，①事件の表示，
②裁判官および裁判所書記官の氏名，③出頭した当事者，利害関係参加人，
代理人，補佐人，通訳人その他の関係人の氏名，④期日の日時および場所を
記載し（家事手続規則 31 条 1 項各号），裁判所書記官が記名押印しなければな

---

[77]　金子・逐条解説 160 頁。審問の期日に当事者や事件本人の陳述の聴取が行われ
るのは，審判の効力の重大性の反映であり，当事者，事件本人等の意向，真意等
を裁判官が直接に聴取することが必要であるとされている。証拠調べに匹敵，ま
たはそれ以上に重要な位置づけをもっているといってよい。家事手続 46 条を形式
的に適用すれば，この場合には期日調書が作成されないで，家事手続規則 44 条 2
項によりその要旨を記録上明らかにすることになるが，その重要性に鑑み，期日
調書の作成を基本とする運用が必要とされる（高田編・家事事件手続法 147 頁〈古
谷恭一郎発言〉。

[78]　条解家事手続規則 79 頁。

[79]　金子・一問一答 161 頁。

らない（同2項）。

(2) 実質的記載事項

具体的な記載事項は，手続の要領のほか，下記のとおり民事訴訟の口頭弁論調書の実質的記載事項に準じている（家事手続規則32条1項）。これには必要的記載事項と任意的記載事項が区別される。

① 必要的記載事項

手続の要領として手続の外部的経過には，移送[80]申立て，裁判官・書記官等の除斥・忌避申立て，申立ての趣旨または理由の変更が不適法であるとの主張や職権発動の促しなど手続の進行上何らかの意味で調書上で明確にする必要のある事項が含まれる。

さらに期日調書には，①申立ての趣旨または理由の変更，申立ての取下げ，②証人，当事者本人および鑑定人の陳述，③証人，当事者本人および鑑定人の宣誓の有無ならびに証人および鑑定人に宣誓させなかった理由，④検証の結果，⑤裁判長が記載を命じた事項および当事者の請求により記載を許した事項，⑥書面を作成しないでした裁判を記載しなければならない（家事手続規則32条1項各号）。

家事審判の手続が裁判によらないで完結した場合（付調停による調停の成立，申立ての取下げまたは即時抗告の取下げなど）には，裁判長の許可を得て上記②④の記載を省略することができるが，当事者が家事審判の手続の完結を知った日から一週間以内にその記載すべき旨の申出をしたときは記載を省略できない（同2項）。

② 任意的記載事項

期日調書には，手続の要領のほか，当事者および利害関係参加人による書面の提出の予定その他手続の進行に関する事項を記載することができる（同3項）。

(3) 期日調書に関する民訴規則の準用

民訴規則68条から77条までの規定が，家事審判の手続の期日調書に必要な読み替えをした上で準用される（家事手続規則33条）。具体的には，調書の記載に代わる録音テープ等への記録（民訴規68条），書面等の引用添付（同69条），陳述の速記（同70条），速記録の作成（同71条），速記録の引用添付

---

[80] 条解家事手続規則79頁。

第6章　家事審判事件の審理　　293

（同72条），速記原本の引用添付（同73条），速記原本の反訳等（同74条），
速記原本の訳読（同75条），口頭弁論における陳述の録音（同76条）および
法廷における写真の撮影等の制限（同77条）の規定である。

第4節　家事事件における当事者の主張の制御

1　民事訴訟との対比

1　民事訴訟の場合

　民事訴訟においては，原告の申し立てた権利または法律関係の存否を確定
するという判断形式をとり，当事者の事実主張は訴訟物たる権利の請求原因
事実，抗弁事実，再抗弁事実等々に割り振られる（構成要件該当事実であり，
要件事実と略称する）。相手方が証明責任を負う事実を争うのが否認であり，
自ら証明責任を負う事実をもって相手方主張を争うのが抗弁である。訴訟に
おける事実は，証明責任分配を前提として，抗弁と否認が区別され訴訟上の
位置づけが異なってくる。主要事実と間接事実の区別も要件事実を基礎とし
てなされる。当事者の主張が尽くされたかどうかの判定もこれによってなさ
れる。このように民事訴訟においては，審理過程における事実の位置づけが
明確になされていることが特徴的であり，裁判官による当事者の主張整理に
大きな役割を果たす。証明責任が訴訟審理のバックボーンといわれるのもこ
うした趣旨からである。

2　家事審判の場合

(1)　包括的な事実主張

　家事審判は別表第1，第2に掲げる事件を含めて，具体的な法律関係形成
のための要件が明確ではなく，事実について請求原因事実や抗弁事実といっ
た区別をすることができない。また主要事実と間接事実の区別も存在しない。
申立事件であっても，裁判所は原則として申立人の申立てに拘束されること
がない。

　もちろん申立人が求める処分につき必ず主張されなければならない事実，
最低限度主張されなければならない事実は当然のことながら考えられる。し
かしそのうちどこまでを申立人が主張しなければならないかの基準は明確で
はないのである。たとえば婚姻費用分担事件を例にとって考えてみよう。婚
姻費用の分担を命じることができるかどうかの判断については，申立ての

あった夫婦につき，婚姻が実質的に破綻しているか否かの判断が重要であり，そのためには別居に至った事情，ことにそれが一方の配偶者の意思に反しているような場合には，その原因が明らかにされなければならない。加えて夫婦それぞれの資産・収入，現在の生活状態，未成熟子の養育状態等々が具体的な金額を算定する際の基礎的な資料となる。さらに給付義務について終期を定めるか否かが問題となるときは，これに関する事実が明らかにされなければならない。法的な意味のある事実のみならず，関係人相互で協議の進行・成立を妨げる人間関係，性格等々も手続の進行にとっては重要な意味をもつ。このうち申立人がどこまでの事情を主張すべきか，相手方がどの事実を明らかにすべきか，そうした主張責任の分配に関する基準は明確ではない。包括的に事実関係が明らかにされなければならないが，裁判所は適宜それをすべて関係人から引き出し，自らの調査を加えて全体像が明らかになるよう努めなければならないのである。

(2) 申立てとの関係

家事審判における申立ては，それを申立人の最大限度とみてはならない。また申立ての当初にその申立てが特定されていると扱うこともできない（第5章第2節2）。申立人の真意・本心は，申立時ではなく，相手方の対応や裁判所からの釈明などによって変化し得るものである。そのため，申立てを支える事実も民事訴訟とは扱いを異にしなければならない。

2 事実・証拠申出に関する時間的限界

民事訴訟においては，当事者は口頭弁論の終結に至るまで攻撃防御方法を提出することができる。しかし訴訟の審理は裁判所および相手方との間でなされるものであるから，手続主宰者である裁判所は複雑な事件については審理の計画について当事者と協議し（民訴147条の2），弁論の準備と証拠の整理を行い（同164条以下），準備書面の提出時期を定めるなど審理の集中と充実に努めなければならない。これに応じて当事者の事実・証拠の申出につき適時提出主義が採用され，時機に後れた攻撃防御方法は却下されることがある（同156条，157条等）。これは二当事者が対立的に関与し，当事者が攻撃防御を尽くすことが期待されている訴訟において，訴訟遅延を防止するために認められているものである。

家事審判においても集中した審理・迅速な解決の要請は民事訴訟と異なら

ない。職権探知主義を前提とする家事審判においては，事実の収集，証拠調べは裁判所の職責とされているので，適時提出主義および時機に後れた攻撃防御方法の却下は原則として認められない。それゆえ審理を終結した後で裁判の言い渡し前に当事者等から提出された事実や証拠が，裁判するうえで重要であると認められる場合には，なおこれを斟酌しなければならない。もっとも裁判所が手続指揮の一内容として，当事者に対して相手方主張や事実調査結果に対する意見等の提出を求めるに際して，期間を設けることはできると解される。

3 事実および証拠の収集

1 総 説

家事審判の裁判における事実および証拠の収集につき，家事手続56条1項は「裁判所は職権で事実の調査をし，かつ，申立てにより又は職権で，必要と認める証拠調べをしなければならない」と定める。これは旧家審法7条が準用していた旧非訟法11条および旧家審規7条1項を引き継ぐものである。いわゆる職権探知主義が採用されることを明らかにしている。職権で事実の調査を行ったうえで，必要な場合には証拠調べを行うとするものである。事実の調査の方法については，法律に明文の定めがなく，一般に方式によらない探知（自由な証明）と呼ばれる。旧法下では職権探知主義を定める旧非訟法11条が家事審判法に準用されるかについて疑義を生じさせていた[81]が，家事手続法は非訟法の準用を避け，自らこのことを定めている。

また非訟法が職権探知主義を採用しながら，裁判所に事実や証拠探知のための具体的手段がないのに対して，旧家審法は家裁調査官や技官を配置して職権探知に遺漏が生じないように手当をしていた。家事手続法もこれを引き継いでいる。

2 職権探知主義

(1) その意義

① 原 則

職権探知主義とは，裁判の基礎となる事実や証拠の収集を裁判所の責任とする建前をいう[82]。この考え方は，裁判所は裁判をなすにあたって，当事者

---

[81] 注解家審法83頁〈菊池〉，注解家審規48頁〈山田〉，本書旧版・202頁参照。

が提出した事実のみならず自ら職権を用いて事実を探知し，必要と認める証拠を収集して取り調べなければならないことを意味し，当事者間で争いのない事実であっても疑問があると認めるときは，積極的に事実調査を行って真相を明らかにしなければならないことを意味する[83]。弁論主義の対概念として理解される。従って，申立てによって開始される事件においても，裁判所は事実調査の不足や事実の真偽が不明であることを理由に当事者に対して不利益な判断をすることは許されない[84]。当事者が欠席した場合でもその不利益に事実を擬制することは許されない。当事者が陳述を拒絶したり，証拠の提出を拒否するなど手続に協力しない消極的な態度をとる場合であっても，これを弁論の全趣旨として事実認定の参考とすることができるにとどまり，これに特別の効果を付与することはできないのが原則である（家事手続 64 条 3 項等参照）[85]。しかし当事者にも以下 4 に述べるように，事実収集上の義務が課せられている（家事手続 56 条 2 項）。

職権探知主義の下では裁判所は当事者の申立てがなくても職権で必要と認める証拠調べをしなければならない。

裁判所が事実確定について責任を負うということから，事実の探知や証拠

---

[82] 職権探知主義の内容について，近時多くの研究が公表されている。主要なものとして，畑瑞穂「弁論主義・職権探知主義（等）」民事訴訟雑誌 57 号（2011）94 頁，山田文「職権探知主義における手続規律・序論」法学論叢 157 巻 3 号（2005）1 頁以下，笠井正俊「当事者主義と職権主義」門口正人代表編集『民事証拠法大系第 1 巻』（2007）19 頁以下，高田昌宏「非訟手続における職権探知の審理構造」法曹時報 63 巻 11 号（2011）2571 頁以下，松本博之『人事訴訟法（第 3 版）』（2012）59 頁以下，本間靖規「職権探知主義について」同『手続保障論集』（2015）521 頁，同「非訟事件手続における職権探知主義に関する覚書」同書 547 頁，金子修「家事事件手続法下の家事審判事件における職権探知と手続保障」松原正明＝道垣内弘人編『家事事件の理論と実務第 3 巻』（2016）3 頁以下，平田厚「家事事件手続法における職権主義の消極性と積極性」同書 76 頁以下，杉山悦子「家事事件手続法における裁判所と当事者の役割」徳田和幸先生古稀祝賀論文集『民事手続法の現代的課題と理論的解明』（2017）525 頁。

[83] 名古屋高決昭和 33（1958）・12・20 家月 11 巻 3 号 133 頁。

[84] 東京高決昭和 37（1962）・10・25 家月 15 巻 3 号 136 頁は，就籍の要件をなす事実を認める証拠がないとして申立てを却下した原審判を失当であるとする。

[85] 旧法下においてもそのように理解されていた。家審法講座第 1 巻 56 頁〈綿引〉，本書旧版・203 頁。

の収集について厳格な定めがあるときは，実体的真実を基礎に裁判するという職責を全うできない。そこで審理の方式は一定の法律の枠にはめられるというよりは，無方式であることを特徴とする。すでに述べたように審問も口頭で行うか書面で行うかは，若干の明文規定がある場合を除いて裁判所の裁量に委ねられる。さらに裁判所は当事者の主張や証拠の申出に拘束されないだけでなく，事実探知の方法についても事件の実情に応じて，家裁調査官を活用するか，自ら審問を行うか，あるいは調査嘱託をするか等々，審理の形態について裁量権を行使することができる。

　以上が職権探知主義の内容であるが，家事審判のすべての事件について一律同様に適用されるか，あるいはその適用が緩和されるかについて見解は必ずしも一致していない。とりわけ遺産分割審判等の財産的性格の強い事件では，以下 **4・2** で述べるように当事者主義的運用が議論されている。

　② 職権探知主義の根拠

　職権探知主義が採用されるのは，対象となる事件が公益的性格を有し，事実の取扱いについて当事者の任意処分に委ねるのは適切ではないこと，審判の効力を受ける第三者の利益を保護する必要があること，また対象となる事件に対して国家の後見的関与が重要であることに求められる[86]。とりわけ親権喪失・停止の審判や児童福祉法 28 条の措置承認の審判においては手続の当事者でない子の利益・福祉が重要になるが，その保護のためには裁判所が当事者や利害関係参加人の主張にかかわらずに，事実を調査し最適の解決案を発見しなければならない。未成年養子縁組の許可の審判においても養子となるべき者の利益が確保されているかが重要であり，氏や名の変更許可審判においても戸籍制度の逸脱がないかを職権によって調査する必要がある。

　家事審判事件には，このように多かれ少なかれ公益的の性格が認められる。事件によってその程度には差がある。また時代によって公益性の捉え方にも差が生じる。さらに国家の後見的関与の必要性についても，事件によって違いが生じる。この点については事件ごとに裁判所の事実調査の必要性の範囲の問題として検討することが必要となる。

　③ 申立事件における職権探知

　家事手続 56 条 1 項の職権探知の原則は，職権によって解される事件のみ

---

　(86)　前掲注(82)に掲げた文献が指摘する。通説といってよい。

ならず申立事件についても適用される。法律上適用範囲は制約されていない。しかし，例外的に明文規定で申立事件において申立人に申立てを理由づける事実を提出するよう定めている場合がある。たとえば審判前の保全処分の申立てについては家事手続106条2項が，申立人に保全処分を求める事由を疎明しなければならないと定めている。この場合には申立人に疎明の責任があり，裁判所の探知義務は補充的だと解されている（第5章第3節3・4(1)参照）。

これ以外に解釈によって裁判所の職権探知の義務が抑制され，代わって当事者の事実提出の責任が発生するような場合があるかは解釈による。上記①で述べたように家事審判事件における公益性の強弱，私的利益の考慮等によって職権探知の範囲に差があってよいとの見解が登場する。近時においては財産法的性格の強い事件については，職権探知を全面的に適用することに対して疑問が提起され，また家事審判においても以前から遺産分割審判事件などにおいて当事者主義的運用が提案されてきている（これについては，後述4・2参照）。

④　職権探知と当事者の権利

旧非訟法および旧家審法には定めを欠いていたが，家事手続63条は職権による事実調査の結果について当事者に通知しなければならないことを明規した（この点についての詳細は5・6参照）。

職権探知主義は，裁判所が関係人間の具体的法律関係を形成するうえで最終的な責任を負い，そのための判断材料を収集するについて関係人の意向に左右されないことを基本とするものであるが，後にも触れるように，職権による措置はその裁判過程や審判を通じて，関係人が自律的に自らの法律関係を協議し形成することができる条件を整えるような形で行使されなければならない。やや逆説的に聞こえるが，職権行使が関係人の自主性を引き出していかなければ，関係人の裁判所に対する依存性は解消しない。

なお，事実の調査については当事者に申立権は認められない。裁判資料の提出または収集を望む当事者は，裁判所の職権発動を促すか，証拠の申立てをすることになる[87]。

---

[87]　金子・逐条解説197頁。

第6章　家事審判事件の審理　　299

(2)　事実の調査と証拠調べ

①　原　則

家事手続56条1項は，裁判所は「事実の調査をし，かつ，必要があると認める証拠調べ」を行うと規定している。事実の調査および証拠調べは，いずれも家庭裁判所が行う事実認定のための資料収集の方法をいう。証拠調べについては家事手続64条が定めているため，事実の調査について裁判所はその裁量により無方式でこれを行うことができる。それゆえ，この事実の調査はいわゆる自由な証明と解してよい。証拠調べについては民事訴訟法の規定に従う必要がある（いわゆる厳格な証明である）という差異がある。また，同1項の定めが示すように，証拠調べよりは事実調査を原則としている[88]。その趣旨は，家事事件における職権探知は，一般の民事訴訟や人事訴訟のように時間と費用とをかけて厳格な証拠調べを行うことをなるべく避けて，可能なかぎり強制力によらずに，また方式にとらわれない事実の調査によることとしたのであって，必要がある場合に限って証拠調べの方法によることを意味している[89]。

②　自由な証明と正規の証拠調べの選択

裁判所による方式によらない事実調査（たとえば，電話による問い合わせ，書面による照会，記録の取寄せなど）の場合には，関係人の立会権が認められない。それゆえ，自由な証明によるか，あるいは民事訴訟法の定めに従う正規の証拠調べによるべきかは，関係人の手続上の地位の保障との関係で重要な意味をもつ[90]。どのような事件につき，またどのような事実の確定のために正規の証拠調べによるべきかについては，後述第5節1・2参照。

(3)　調査の範囲

事実の調査については，「家事審判手続では審判資料の収集のみならず無方式かつ非強制的に家庭内の人間関係や環境を調整して事件の解決を図る処理も含まれる」とするのが一般的な理解である[91]。これによれば，家庭裁判

---

[88]　旧法の下での理解であり（注解家審規51頁〈山田〉），現行法の下でも同様に解される。また自由な証明については，高田昌宏『自由証明の研究』（2008）を参照されたい。

[89]　家審法講座3巻179頁〈沼辺〉，注解家審規51頁〈山田〉。

[90]　高田（昌）・前掲注82法曹時報63巻11号2582頁参照。

[91]　山木戸・家事審判法40頁。

所は，申立ての適否，申立ての利益等のほか，本案に関しても単にその法律
要件に関する事実のみならず，申立ての趣旨からより合目的的な解決に必要
と思われる関係人の諸関係についても調査する必要がある。すなわち手続を
円滑に進行させるために必要となる事実と，本案の解決にとって必要となる
両者をともに職権によっても調査しなければならない。

これに対しては，人間関係や環境を調整して「事件の解決を図る処理」は，
審判または調停それ自体の機能であり，事実の調査は事件処理のための資料
の収集を主たる目的として行われる手続的処理であって，「事件の解決を図
る処理」とは異なるとする見解もある[92]。たしかに後者の見解は，理論的に
はそのとおりだといえるが，実際上は両者の区別は困難であろう。たとえば，
本人が出頭を拒否する理由を明らかにして手続の進行を図ろうとする場合に
は，事件の進行に関する局面の打開を主目的とはするが，その事実の中には
本案の解決にとっても重要な事実が含まれていることが多いであろう。また，
家事審判事件においては民事訴訟のように主要事実と間接事実，事情などの
区別もなく，また訴訟資料と訴訟資料との区別もなされていないこと等から，
前者の見解に従う[93]。

⑷　裁判所の釈明義務

家事事件手続法には裁判所の釈明義務は明記されていない。その理由とし
て，職権探知主義が採用されているので，事実上および法律上の事項に関し
て当事者等に問を発し，必要な資料の提出を促すことはあえて規定を設けな
くても当然にすることができるとされている[94]。しかし職権探知主義を採用
したからといって，裁判所の釈明義務が不必要になるわけではないし，職権
探知主義と釈明義務が調和しないというわけではない。裁判所の事実調査と
してなされる場合との明確な区別がつきにくいとはいえるが，当事者に対し
主張を促し，整理させあるいは申立ての趣旨とその原因となる事実主張を変
更させる対応は家事審判においても当然に求められる[95]。

---

[92]　注解家審規 52 頁〈山田〉。

[93]　高野耕一「家庭裁判所の事実調査」同『家事調停論（増補版）』（2012）64 頁以
下参照。

[94]　金子・一問一答 113 頁，高田編・家事事件手続法 204 頁〈金子発言〉。

[95]　高田編・家事事件手続法 206 頁〈山本発言・高田発言〉参照。

第6章　家事審判事件の審理　　301

4　当事者（関係人）の説明義務（手続協力義務）

1　問題の所在

家事手続法2条は，当事者が信義に従って誠実に手続を追行する責務があることを定め，また同56条2項が適切かつ迅速な審理および審判の実現のために事実の調査および証拠調べに協力するものとするとの定めが置かれることになった。これがどのような内容をもつものか，またこれに違反した場合にどのような効果が発生するかについては，明文規定はなかったものの旧法下においても議論があった。以下この点について説明する。

(1)　総　説

上記3・2(1)において述べたとおり，家事審判手続においても例外的であるが，申立人がその申立てを基礎づける事実を自ら提出し，必要な証拠を申し出て疎明しなければならない事件が存在する。これ以外に，関係人は事実主張や証拠の収集の義務を負うといえるであろうか。これはわが国では，旧法下において乙類審判事件の「当事者主義的運用」として議論され，またドイツにおいては関係人の手続協力義務として扱われてきた問題である。職権探知主義が支配する手続のもとで，一見したところこれと矛盾する要求が立てられる。その理由や具体的な内容および解決の可能性について検討することにする。

(2)　実務からの問題提起

以前から「裁判所の職権による資料の蒐集も決して万能ではなく，当事者の協力をまたなければ，真実を究明することは困難であり，ある場合には不可能ですらある。かかる場合に，なおかつ真実究明の責任を裁判所が負担するものとすることは難きを強いるものであろう。いわゆる挙証責任の分配なる観念は存在する余地はないが，ある事実の存在について利益あるものが，その事実の存在について証明の得られないときはその者の不利益に帰せしめられることはいうまでもない。かかる意味においての挙証責任の存在することは否定できないであろう」と主張されていた[96]。すなわち，職権探知主義の限界を指摘し，関係人に対して事案解明への協力を求め，主張や証拠を提出させる考え方である。こうした状況が生まれる理由については，よく理解できる。問題はこれをどのように理論的に解決するかである[97]。

---

(96)　家審法講座1巻61-62頁〈綿引〉。

具体的には次のような提案や希望が，かなり以前から家事審判官の会同の
席上で繰り返し提出されていた[98]。すなわち，①遺産の範囲を確定する方法
として，家庭裁判所に弁論主義に基づく確定手続を設けるか，または地方裁
判所に確定訴訟を提起すべき命令を発しうるように立法してはどうか，②争
訟的審判事件に，弁論主義手続を導入するよう改正を望む，③遺産分割事件
は，家事審判中特に困難な事件である。関係人の主張・立証に弁論主義を
もっと導入しないと，関係人が裁判所に一切お任せという態度になりがちで
ある。そういう意味で遺産分割審判の適正迅速処理のために弁論主義を導入
した方が適切ではないか。④乙類審判事件につき，財産関係の処分の対象と
なり，または審判の前提として審理の対象となる事項については，その主張
する関係人に立証責任を負担させることはできないか，またその方法がない
か等々である。

裁判所による起訴命令は，民事訴訟における不告不理の原則と抵触するお
それが強いので，近時においては，②ないし④を内容とする主張が有力であ
る。

(3) 実務における対処——若干の審判例

それでは，実務はこうした場合に，現実にはどのように対処してきたので
あろうか。若干の例を挙げてみよう。

(裁判例1) 東京高決昭和 53（1978）・10・19家月 31 巻 9 号 31 頁

この事例は，遺産分割審判の原審で土地所有権の帰属および寄与分が争わ
れていたが，抗告人が期日に欠席しがちで，家庭裁判所が十分に審理を尽く
せないまま抗告人の所有権および特別寄与分を否定したのに対して抗告した
ものである。決定理由は次のとおりである。

「尤も，原審において抗告人は重なる裁判所の呼出にも応ぜず，かつ何ら
の主張・立証もしなかったので，原審が他の当事者の主張のみを基礎として
審理・判断していることはやむを得ないといわざるを得ないが，当審におい
て抗告人より初めて主張・立証がなされ，その主張および立証が直ちに排斥
できないものであるときは，抗告人の原審における態度に遺憾なものがあっ

---

(97) この点の詳細については，佐上「利益調整紛争における当事者責任とその限界
(1・2)」家月 37 巻 4 号（1985）1 頁，39 巻 3 号（1987）1 頁参照。

(98) 佐上・前掲注(97)家月 37 巻 4 号 9 頁以下参照。

第6章　家事審判事件の審理　　　303

たとしても，事実につき職権探知の原則の支配下にある家事審判手続においてはなお審理を尽くさねばならないことに変わりはない」。

（裁判例2） 東京高決昭和54（1979）・6・6家月32巻3号101頁

このケースは，抗告人が本件相続開始後，相続財産全部の固定資産税，土地改良費を支払い，またその一部である建物および畑を管理してその費用を負担し，さらに被相続人の妻の医療費を支払ったのに，原審判はこの点を何ら考慮していないからその取消しを求めるとして即時抗告したものである。これに対する決定理由は次のとおりである。

「相続財産に関する固定資産税，土地改良費，管理費等は民法885条1項，259条1項により第一次的には相続財産の負担に帰し，遺産分割の際考慮の対象とすべきであると解される。

ところで家庭裁判所は職権により事実を調査する義務があるが，それには当事者の協力が不可欠である。しかしながら抗告人は，同人が右費用を負担したと抽象的に主張するのみで，具体的に，誰が，いつ，いくら支出したか等抗告人のみが知っている事実につき後日立証すると述べたまま何ら証拠を提出しない。従って原審判において右の点が考慮されなかったのもやむを得ないというべきである」。

（裁判例3） 東京高決平成5（1993）・7・28家月46巻12号37頁

遺産分割審判の手続において，抗告人らは原審において調停期日・審判期日に欠席を続け，家裁調査官からの照会に対しても応答しなかったが，抗告人の一部は遠隔地に居住する等の事情があり，また「今後その主張を補充し，必要な資料の提供もし，裁判所の呼出には必ず応ずべきこと，将来各土地の価額の鑑定が必要となった場合は，手続に要する費用を速やかに予納すべきことを約する旨の上申をしている」として，原審に差し戻しをした。

（裁判例4） 横浜家審平成8（1996）・9・11家月49巻4号64頁

養育費請求事件である。このケースにおいては，本件申立人は住所を変更しながら裁判所にも通知しない，家裁調査官の照会に対しては一回出頭しただけで，それ以外は無視している。審判期日にも無断で出頭しない。こうした状況の下に，裁判所は申立人においては審判を維持遂行する意思が認められないと認定し，手続に協力しない申立人の養育費請求の申立てを不適法として却下した。

（裁判例5） 熊本家審平成10（1998）・3・11家月50巻9号134頁

遺産分割の審判手続において相続財産である多数の建物の特定に必要な資料の提供を釈明にもかかわらず当事者双方が応じないうえ，申立人が本件の申立てを維持する意思を有しないという事例に対して次のようにいう。

「遺産分割事件は，相続財産の分配という私益の優越する手続であり，司法的関与の補充性が要請される性質を有するところ，特に遺産の特定については家審規則 104 条の趣旨から当事者主義的審理に親しむ事項であり，遺産分割事件の当事者は当事者権の実質的保障を受けて主体としての地位を認められる反面として，手続協力義務ないし事案解明義務を負うものと解することができる。本件申立人らは，上記認定のとおり物件目録の大部分の建物についてその特定に必要な事項を明らかにしないのみならず，本件申立てを維持する意思のないことを表明し，当裁判所の釈明にも協力する意思が認められない状態である。これは申立人らの事案解明義務懈怠であり，結局，本件申立は不適法として却下を免れないものということができる」。

2 当事者（関係人）の説明義務の根拠

上に掲げた審判例は，すべてが同一の方向を目指しているものではなく，また対処の仕方も異なっている。ここでは関係人に事実提出や証拠収集に際しての説明義務（協力義務）をどのように考えるかという観点から検討を加えることにする。民事訴訟のように，関係人が第一次的にその義務を負うとはいえないからである[99]。

(1) 申立てと申立ての理由

家事審判において職権探知主義が採用されているからといって，関係人（申立人）は，申立てに至る経過（従前の相手方との交渉の経過や行き詰まりの原因等），申立ての趣旨について，書面または口頭で説明する義務がないと解することはできない。裁判所に対して裁判権の行使を求め，相手方およびその他の関係者を裁判手続に引き入れる申立てをする以上は，最低限度の要請として，裁判所や相手方が応答することのできる内容を説明をし，また事情を明らかにするべき義務を負うと解すべきである。理論的には，職権探知

---

[99] この問題にいち早く注目した指摘として，有紀新「非訟事件における手続関係人の手続協力義務」青山法学論集 14 巻 4 号 (1973) 1 頁，同「非訟手続における審問請求権」民訴雑誌 21 号 (1975) 1 頁がある。しかしこの論文では，手続関係人の主体性を承認することから直接的に事案解明義務までが引き出されており，賛成できない。

主義は事実および証拠の収集に関する裁判所の責任を意味し，裁判所が事実
確定について最終的な責任を負い，事実が解明できなかったことの不利益を
関係人の責めに帰すことができないことを意味する。しかし，これと対極の
考え方である弁論主義が，事実および証拠の収集について全面的に当事者の
責任とすることができないのと同様に，職権探知主義も，現実にはさまざま
な制約がある。

　職権事件にせよ申立事件にせよ，申立人の申立てによって開始される手続
では，申立人が裁判所が事実を探知する端緒を提示しなければ裁判所の職権
を発動させることができない。職権発動を促すに足りる事実は少なくとも提
示しなければならない。申立事件についても同様に解される。申立事件にお
いては審判を得ることによって，申立人に何らかの利益が生じると認められ
る（たとえば財産の分与，寄与分，特別受益等々）。裁判所が申立てを受けて手
続を開始し，相手方が申立てに対して具体的に応答できるような事実を提示
することが求められる。関係人の事実主張や提出した証拠に基づくだけで裁
判所は審判することはできない。これを端緒としてさらに自ら事実調査を行
い，必要な証拠を取り調べなければならない。関係人は少なくとも裁判所に
この職権発動をさせるための資料を提供する必要がある。申立人がこうした
義務を尽くさないときは，相手方および裁判所に対して事案の解明をなすべ
きであると要求できないと解してよい[100]。

(2)　当事者（関係人）の協力なしに探知できない事実

　裁判所が調査の嘱託や記録の取り寄せ等によって事実を収集できる場合は
ともかく，家事審判の対象となる事件においては，関係人間の複雑な事情を
探知することが必要な場合が多い。それは関係人の個人的な生活領域に属す
る事実が多い。たとえば，遺産分割において問題となる寄与分や特別受益，
あるいはある財産の遺産帰属性，その他の遺産の所在等々の調査のためには，
関係人から各自の主張を支える具体的事実と証拠方法が提示されなければ，
裁判所の職権探知は不可能である。関係人が自ら容易になしうる行動をとら

---

　[100]　ドイツにおいては，手続関係人が裁判所の事実探知に対して協力義務を負うこ
　　とは当然だと解されている。また当事者はこのほかに完全陳述義務，真実義務を
　　負っている（FamFG27条2項）。わが国のように「当事者主義的運用」といった
　　曖昧な概念を介在させることなく対応している。この点については，高田（昌）・
　　前掲注[82]法曹時報63巻11号2599頁以下参照。

ないで，裁判所に職権探知を求めるときは，裁判所がそれをしないとして問責できないと解すべきである。裁判所の職権探知の範囲と程度は，関係人の協力に比例するといってもよい。関係人が裁判所の釈明に応じて，事実を明らかにし，証拠提出に協力すれば，それだけ裁判所の探知の成果も期待できるのである[101]。

(3) 適用される手続

家事審判手続において，従来その当事者主義的運用が指摘されていたのは，財産上の争いとしての寄与分，特別受益の審判のほか遺産分割が主に念頭に置かれていた。財産に関係するが，婚姻費用や，養育費あるいは扶養等の事件では裁判所の強度の後見的役割が認められるため，適用されるべきだとの意見はみられなかった。しかし，ここに指摘したように関係人の説明義務，協力義務は，申立てによって開始されるすべての事件について適用されるという一般的性格をもつものと解される。

横浜家審平成 8（1996）・9・11 家月 49 巻 4 号 64 頁（前掲裁判例 4）は，養育費の支払いを求める審判事件であり，申立人が手続協力義務を怠ったことを理由として，また調査結果により申立人が申立てを維持する意思が乏しいことをも理由として不適法な申立てとしてこれを却下している。

(4) 説明義務（手続協力義務）か当事者主義的運用か

上に述べたように，わが国では家事審判事件のうち特に財産権的な争いの性格の強い事件において，当事者主義的運用という解決方法が主流をなしている。職権探知主義の適用の制限，資料収集における当事者責任の強調など

---

(101) なお，家事審判における当事者主義的運用に関しては，佐上・前掲注(97)家月 37 巻 4 号 1 頁，39 巻 3 号 1 頁のほか次のような文献がある。佐上「家事紛争と家庭裁判所」『岩波講座現代の法 5』(1998) 294-295 頁，吉村徳重「家事審判手続の当事者主義的運用？」民訴雑誌 35 号 (1989) 141 頁（後に同『民事紛争処理手続』(2011) 146 頁に収録），池尻郁夫「遺産分割審判手続における事実・証拠の提出責任 (1・2)」愛媛法学会雑誌 17 巻 1 号 (1990) 59 頁，18 巻 1 号 (1991) 1 頁，井上哲男「乙類審判事件における職権探知と適正手続の具体的運用」岡垣学 = 野田愛子編『講座実務家事審判法 1 巻』(1989) 127 頁以下，稲田龍樹「調停前置主義と乙類審判事件（上・下）」家月 52 巻 9 号 (2000) 1 頁，10 号 (2000) 1 頁，小田正二「乙類審判における当事者主義的運用」判タ 1100 号 564 頁，平田厚「乙類審判事件に関する当事者主義的運用の意義と問題点」松原正明 = 道垣内弘人編『家事事件の理論と実務第 1 巻』(2016) 3 頁以下など。

がその内容である。家事手続法のもとで、さらにこれに加えて同法56条2項に定める事実調査及び証拠調べへの協力義務を認める必要があるかについては、なお検討する必要があると思われる。運用というのは実務を意味するのであるが、その法的根拠との関係があいまいであり、理論的な明確さを欠く。また家事手続法に当事者の義務が明記されたことによって、当事者主義的運用論が説いていた内容はほぼカバーされ、もはやこの概念を用いる必要はなくなったと解する余地もある。職権探知主義の内容の具体化と、当事者の説明義務、手続協力義務を明らかにすればよい。私見は旧法下においても当事者主義的運用に対しては批判的であったし、本書では後者の方向を支持したい[102]。

(5) 当事者（関係人）の協力が得られない場合の措置

職権探知による手続においては、事実や証拠が不十分なために裁判の基礎が得られないときは、原則としてそれを関係人の不利益に帰することができない。しかし上に説明したとおり、関係人の説明がなくその協力が得られないことに裁判資料の不十分さの原因があるときは、次のように取り扱うことができる。

問題となっている事項が、家事審判事項（たとえば寄与分、特別受益、遺産分割等）であり、それを判断するために事実関係が、関係人の説明不足や非協力によって十分に明らかにされないときは、すでに得られている資料に基づいて裁判することができる。それによって不利益を受けたと主張する関係人は、裁判に対して即時抗告することができるが、抗告審において自ら事実や証拠を提出する必要がある。

これに対して、判断の前提として訴訟事項（遺産帰属性や遺言の有効性など）が問題となるときは、現行法のもとでは有効な解決策を見いだしがたい。家事審判の中で、それまでに収集されている事実と証拠に基づいて判断することも可能であるが、審判の後に訴訟が提起される可能性がある。むしろ立法論として、審判手続の中止を定めるべきであろう。

(6) 当事者の合意の取扱い

職権探知主義および職権進行主義の支配する手続では、当事者間に争いの

---

[102]　本書旧版・79頁、佐上「家事審判手続における手続保障」法律時報83巻3号（2009）34頁。

ない事実であっても裁判所はそれに拘束されないし，事実関係につき当事者間で合意が存在していても，それをそのまま審判の基礎にすることは許されない。しかし関係人間の合意をそれが公益に反するなど不相当でない場合には，審判に利用することが考えられてよい（東京家審平成8（1996）・6・20家月48巻11号85頁は，遺言中にはある遺産を特定の相続人に取得させる旨の文言も存するが，同遺言で具体的相続分なしとされた相続人を除く全員が，遺言の解釈およびその解釈に基づいて遺産分割手続中で遺産全部を分割することに合意している場合には，右遺産も分割の対象とすることができ，また，遺留分減殺の請求をしている者が，減殺によって取り戻される遺産も含めて分割することに合意している場合，この合意にそって審判できるとしている）。

5 事実の調査

1 総 説

家事審判における事実の調査は，裁判官が行う場合と家裁調査官に調査を命じる方法などがある。裁判官が自ら当事者，関係人の審問を行うときは，事実調査のためと手続保障充足としての意味をもつことになる。両者は重なり合う関係にある。裁判官による当事者の審問・陳述の聴取についてはすでに触れた（第2節3）ので，ここでは調査の嘱託，家裁調査官による調査および別表第2に掲げる事項の家事審判における調停手続でなされた事実調査の利用について説明することにする。

2 他の家庭裁判所等への事実調査の嘱託

(1) 意 義

家庭裁判所は，他の家庭裁判所または簡易裁判所に事実の調査を嘱託することができる（家事手続61条1項）。旧家審規7条2項の定めを継承している（ただし証拠調べに関する部分を除く）。この調査嘱託は裁判所相互間での共助として行われるものである。旧法も現行法も嘱託先として地方裁判所，高等裁判所を含めていない。地方裁判所所在地には必ず家庭裁判所・簡易裁判所があることからあえてこれを含める必要がないためである[103]。

調査の嘱託は，家庭裁判所が事実の調査をするについて，その対象となる人物や目的物が遠隔地にあるなど，自らまたは所属の家裁調査官による調査

---

[103] 注解家審規56頁〈山田博〉，金子・逐条解説208頁。

が困難であるような場合に行われる。裁判所の裁量に委ねられる。家庭裁判所は，事実の調査を家裁調査官に命じて行わせることができる（家事手続58条1項）から，嘱託を受けた家庭裁判所（この職務を行う裁判官を受託裁判官という）は，配属された家裁調査官に調査を命じて調査させることができる。嘱託を受けた裁判所は相当と認めるときはさらに調査の嘱託をすることができる（同61条2項）。

(2) 受命裁判官による事実調査

家事審判事件を合議体で審理している場合には，受命裁判官に事実の調査を行わせることが手続の簡易迅速の要請に適合することから，家事手続61条3項がこれを定めている。この場合に裁判長自身を指定すること，複数の受命裁判官を指定することもできると解されている[104]。

3 官公署等への調査の嘱託・報告請求

(1) 意 義

家庭裁判所は，必要な調査を官庁・公署その他適当であると認める者に嘱託し，または銀行・信託会社，関係人の使用者その他の者に対し関係人の預金，信託財産，収入その他の事項に関して必要な報告を求めることができる（家事手続62条）。家事審判における調査嘱託の相手方は，官公署や公私の団体のみならず「関係人の使用者その他の者」と定めることから明らかなように，民事訴訟の場合と異なり自然人も含まれているとことに特徴がある（民訴132条の4，186条参照）。その理由としては，家事事件の特徴から機動的，かつ簡便に資料を得る必要性が強く，得られた資料の正確性，信頼性については家庭裁判所の合目的的な裁量判断に委ねれば足りるので，自然人に対しては必ず証人尋問などの方法によらなければならないとすると手続が硬直的になることが挙げられる[105]。旧家審規7条の2の定めを継承するものである。

(2) 調査嘱託・報告請求の内容

調査嘱託・報告請求の対象となるのは，家事手続62条が例示するように，当事者および被相続人等事件の関係者の財産状況，身分関係，勤務状態等である。この調査嘱託によってたとえば婚姻費用あるいは子の養育費，財産分与，扶養に関する審判事件では，夫の収入や資産状態が明らかでない場合に，

---

[104] 条解家事手続規則 92 頁。

[105] 注解家審規 99 頁〈向井〉。

夫の勤務先に収入の報告を求め，また預金のある銀行にその存否・額等の報告を求めることができ，また遺産分割事件において遺産の範囲が争われている場合に，相続人がした相続税の申告において遺産として記載している内容についての資料の提示を求めることが可能になる[106]。

(3) 嘱託を受けた者の報告

調査の嘱託または報告の請求を受けた者は，正当な事由のない限りこれに応じなければならないが，これに応じない場合にこれを強制し，または制裁を課す規定は存在しない。民訴法 186 条あるいは弁護士法 23 条の 2 の場合と同様といえる[107]。調査嘱託を受けた者が，個人情報取扱事業者に該当する場合に，個人情報を報告することは第三者提供にあたるが，個人情報保護法23 条 1 項 1 号の法令に基づく場合に該当し，本人の同意を得る必要はない。しかし守秘義務を免除されるわけではないことに注意しなければならない[108]。

4 家裁調査官による調査

(1) 総 説

家事審判手続において家裁調査官による事実調査は極めて大きな意味をもっている。旧家審法自体には家裁調査官の関与，職責等に関する定めはなく，旧家審規 7 条の 2 第 1 項が「家庭裁判所は，家庭裁判所調査官に事実の調査をさせることができる」と定め，この規定が「家庭裁判所の事件処理は

---

[106] 家事手続 62 条は，調査の嘱託と報告の請求を使い分けているが，その内容は基本的に同一であり，また厳密に区別する実益もないといえる。類似の定めとして民調規 16 条は「調停委員会は必要な調査を官庁，公署その他適当であると認める者に嘱託することができる」と定めるにすぎないが，家事手続 62 条と同様に解される。

[107] 民訴法 186 条に関するものであるが，次の判例がある。①調査嘱託に応じる義務は，調査嘱託についての裁判所の権限に対応した一般公法上のものであり，嘱託先が調査嘱託の申立てをした当事者に対して負担する義務ではないから，嘱託先が調査嘱託に応じなかったことをもって申立人に対する職務上の法的義務に違反したとはいえない（東京地判平成 21（2009）・6・19 判時 2058 号 75 頁）。②調査嘱託および弁護士法 23 条の 2 に基づく照会は，いずれも正確な事実に基づく適切妥当な法律事務がなされることを目的とする公的な制度であり，当事者がこれにより情報を得ることによる利益は，上記目的に収れんされ，あるいは上記目的が達せられることにより得られる反射的な利益であって当事者固有の利益ではないとして，嘱託に応じなかったことを理由に不法行為による損害賠償請求を棄却した（福岡高判平成 25（2013）・9・10 判時 2258 号 58 頁）。

第6章　家事審判事件の審理　　311

家裁調査官を活用して行うとする家庭裁判所の事件処理の基本的な在り方を
も示している規定でもある」[109]とされてきた。ところでいかなる場合に家裁
調査官が事件に関与し，調査命令を受けるのかということは家庭裁判所によ
る家裁調査官の活用の基本にかかわる問題であり，また事実収集のあり方の
問題でもある。そのためこの点については，家裁調査官制度発足の当初から
さまざまな検討がなされてきた。

　家事手続58条は，旧家審規7条の2を継承している。旧法下の議論状況
および実務は基本的に家事手続法の下でも引き継がれる。以下家裁調査官に
よる事実調査の概略について説明する。

(2)　事前調査と進行中調査

　家事審判手続における裁判官による調査命令（裁判所61条の2第4項）は，
調査をなすべき時期によって，審判または調停の第一回期日以前に事件の実
情をあらかじめ調査しておく「事前調査」と，第一回期日以降その間の必要
に応じて行われる「進行中調査」がある。また調査の範囲をどのように設定
するかによって，調査すべき事項が特定されない「包括調査」と，当該事件
に関して特定の事項について行う「部分調査」に分けられる[110]。事前調査は
包括調査と結びつきやすい。かつてはこの調査によることが多かったといわ
れる。現在は進行中調査が基本とされる。家裁調査官の効率的で機動的な活
用のためには，裁判官が期日において当事者から直接に事情を聴取したうえ，

---

(108)　税務署に対して当事者の所得についての調査嘱託があった場合に，直ちに守秘
　　義務（国公100条）が免除されるわけではないので，国税庁としては納税者であ
　　る当該の当事者の同意を得ることを要し，同意の得られないときは，それにより
　　審判または調停に重大な支障が生じているときに限り，所得金額，税額，納税額，
　　申告書提出の有無，更正決定の有無，滞納処分の状況等に限って回答して差し支
　　えないとする方針であるとされる（昭和35（1960）年12月全国家事審判官会同
　　家庭局見解『家事執務資料（下巻の2）』355頁，同356頁に昭和53（1978）年11
　　月福岡高裁管内首席調査官会同家庭局見解が掲載されており，昭和35年の見解を
　　踏襲している。

(109)　注解家審規57頁〈山田博〉。なお旧家審規7条の2の制定については，「裁判所
　　法，家事審判規則等の改正」家月昭和26年4月号（1951）2頁参照。

(110)　最高裁家庭局「家事事件における家庭裁判所調査官の関与基準について」家月
　　32巻11号（1975）135頁以下，家庭裁判所調査官研修所編『家事事件の調査方法
　　について（上巻）』（1991）405頁以下。

争点の把握や事実関係の確認をして，なお不十分と認められる事実関係や調査対象となる事項を把握したうえで行うことが求められる[111]。

(3) 家裁調査官の調査の必要な場合

家裁調査官による事実調査が必要なのは，その専門的知識を活用して裁判官だけでは十分に探知・認識できない事実が得られることが期待でき，またその必要があるからである。調査の方法・実施については後述することにして，調査が必要とされる場合を見てみよう。事件の個別的な問題との関係では，次のような場合である。①当事者の出頭確保に問題がある場合（出頭困難な事由，出頭に拒否的・逃避的な理由），②事件の内容，問題の所在，事実関係を直接に把握することが困難なため，これを明確にする必要がある場合（事実関係が複雑多岐にわたるとき，当事者がその主張を的確に表明することができず，申立内容があいまいであり，真意や要求が判然としないとき），③当事者の人間関係や環境あるいは心身の状況に困難な問題があって手続の円滑な進行に支障を来すおそれがある場合（たとえば当事者の性格，行動傾向，情緒的な葛藤，疾病，精神障害，暴力，自殺等不測の事態の発生のおそれ，生活上の急迫した問題等），④専門的見地からの診断評価が必要で，科学的検査や技法を駆使した調査・診断，客観的資料が必要な場合（たとえば監護能力，収入の認定や生活費等の算定）である[112]。家事手続法の下では，さらに⑤子の意思の把握について「家庭裁判所調査官による調査」が明記された（同65条）ことを指摘すべきである。

(4) 調査の実施

事実の調査は単独の家裁調査官によって行われるが，事案が複雑であり，専門的な知識・経験・技法が必要であり，また短期間に報告を取りまとめなければならないような事案では共同の調査が行われる。

家裁調査官が審判手続に関与し，調査命令を受けて行う調査の対象となる事実には，上記のように事件に関する当事者の生活や相続状況などのように，

---

[111]　注解家審規63頁〈山田〉。

[112]　この点については，最高裁家庭局・前掲注[110]家月32巻11号135頁，家庭裁判所調査官研修所編・前掲注[110]家事事件の調査方法について上巻422頁，西岡清一郎＝篠田悦和「科学的調査——家庭裁判所調査官及び医務室技官の活用」岡垣学＝野田愛子編『講座実務家事審判法第1巻』(1989) 149頁，家事調停マニュアル46頁〈相澤教司〉。

財産上・経済的な事実関係，未成年者の監護に関する人間関係，感情等と密接に関係する事実などがあり，さらに審判や調停手続の進行にとって重要な事実も含まれる。後者は当事者の出頭を促し，自主的な判断を促進するため当事者の置かれている人間関係や環境，当事者の性格，行動の性向，生活態度のほか，申立書や答弁書だけでは把握できない事実関係が含まれる。調査項目として整理すると基本的なものは，①当事者，関係人の主張，②申立ての動機，③当事者の生活史，紛争の経過，④当事者の性格，生活態度，⑤家族関係，⑥生活・経済状況などである[113]。

　当事者，関係人との面談による事情の聴取（面接調査）が最も基本的な調査方法である。家庭裁判所内の面接室や裁判所外で行われる。その他関連文書等の調査，書面または電話による照会も用いられる。当事者，関係人の人格理解や家族理解をより精確に行う必要があるときは，行動観察や各種の心理テストを活用することもある（特に子の監護をめぐる紛争において利用されることが多い）。家裁調査官は，事件の関係人を家庭裁判所に呼び出すことができるが，事実調査には強制力はなく，任意の出頭を求めることができるにすぎない。

　事実の調査は上記の調査事項につき，医学，心理学，社会学，経済学その他の専門的知識を活用して行うように努めなければならない（家事手続規則44条1項）。こうした科学的調査の対象となるのは当事者だけでなく，たんに事情を聴取されるにすぎない者も含まれる。

　事実の調査は個別の事件ごとに，その背景事情を含めて多面的に行う必要がある。とりわけ家事事件においては当事者の情緒的，感情的な要素が強く表われ，審判や調停行為に反映する。当事者自身気がついていない紛争の原因が存在することもある。そこで紛争の実態や原因を探り，各当事者の主張の真意や解決への期待などを的確に究明する必要があり，そのためにさまざまな専門的知識を活用して調査することが求められているのである。

(5)　調査結果の報告・意見の提出

　家裁調査官は，自らの行った調査結果を書面または口頭で家庭裁判所に報告しなければならない（家事手続58条3項）。報告内容は，事件の種類と調査命令の時期・内容によっておおむね次のようになる。別表第1に掲げる事

---

[113]　西岡＝篠田・前掲注[112]講座実務家事審判法第1巻150頁。

項の審判事件においては，客観的事実についての報告が中心となるが，養子縁組，特別養子縁組成立，親権喪失・停止，推定相続人廃除，児童福祉法28条の措置承認等の事件においては，審判が事件の当事者・事件本人等に及ぼす影響の重大性にかんがみて，事件の関係人の主観的な内面的な事実も考慮する必要があり，さらに事件本人となる未成年者の福祉に関連しても関係人の意思や性格等についても報告がなされなければならない[114]。

　別表第2に掲げる事項の審判事件においては，法律の要件に該当する客観的事実のほか，当事者の主観的な事実も重要である。調査報告は，裁判官が必要な事実を認定し，事件の処理方針を決定するための資料となる。裁判官による当事者等の口頭による審問が実施されないときは，家裁調査官の事情聴取の報告によって審判がなされることもありうる[115]。

　家裁調査官は，調査結果の報告をする場合に意見を付けることができる（家事手続58条4項）。ここにいう意見とは，調査の結果に関するものであって，包括調査の場合には調査の結果に関する意見から必然的に事件処理に関する意見を導き出すことができるから，この点に意見を付けることが可能であるが，調査事項が特定された部分調査の場合には，全体的な事件処理に関する意見は出すことができないとされている[116]。

5　医務室技官の利用

　医務室技官は，事件の関係人の心身の状況について診断し，その結果を書面または口頭で家庭裁判所に報告する（家事手続60条2項による58条4項の準用）。この措置が取られるのは，審判対象に関する事実を収集することに目的があるのではなく，当該の事件処理の必要のために医学的知識を活用するためである。とりわけ審判・調停手続に対する当事者の手続行為能力の有無および程度，精神医学的観点から見た当事者の事件全体に対する理解・把握の仕方に対する見解，心理的調整の要否等についての助言等を求めるものである。

---

[114]　家庭裁判所調査官研修所編・前掲注[110]家事事件の調査方法について77頁，129頁，358頁など。

[115]　家庭裁判所調査官研修所編・前掲注[110]家事事件の調査方法について41頁。なおこの問題については，前記第3節3・3参照。

[116]　条解家審規67頁〈山田〉。

6 事実調査の通知

⑴ 意 義

家事審判の手続においては，家庭裁判所は職権によって事実を調査しなければならない（家事手続56条1項）。その結果は審判の基礎にされるが，家庭裁判所による事実調査の実施およびそこで得られた内容については，証拠調べと異なり当事者がこれに立ち会うことができないので知ることができない。当事者が裁判所による事実の調査の内容を知らされないまま審判を受けることになると，不意打ちとなり資料の提出や反論の機会の保障の観点から問題となる。

家事手続63条は，家庭裁判所が事実の調査をした場合に，当事者および利害関係参加人への通知を定めるとともに，同70条において別表第2に掲げる事件についての通知を定めている。旧法下ではこれに関する定めは存在せず，実務上も事実調査をしたときに常にその通知をしていたわけではなく，当事者は抗告審で初めてその内容を知るという事態も少なくなかったといわれる[117]。家事審判の手続は職権探知主義で余りにも透明性を欠いているとの批判もあった。家事手続法による新たな規律は，家庭裁判所が収集した資料について当事者の立場からチェックする機能を有し，裁判所の専断を防止し，実体的に真実に合致した判断に資するものである[118]。

⑵ 別表第1に掲げる事項の審判事件における事実調査の通知

① 通知の要件

⒜ 事実の調査をすること

家庭裁判所の事実の調査の対象と方法は上述したように多様である。当事者に通知される事実の調査の対象および内容には制限がなく，すべてのものが含まれる。規定の趣旨から当事者がすでに了知している事実調査は含まれない。

⒝ 当事者の手続追行の重要な変更

家事手続63条は，事実調査の「結果が当事者による家事審判の手続の追行に重要な変更を生じ得ると認めるとき」に通知するものとしている。この

---

[117] 基本法コンメ262頁〈稲田龍樹〉。

[118] 三木浩一「非訟事件手続法・家事審判法改正の課題」ジュリスト1407号（2010）16頁，金子・逐条解説210頁。

定めは，一方では事実の調査をした場合常にその旨を通知することは，家事審判手続の簡易迅速な処理の要請にそぐわないこと，他方で当事者や利害関係参加人が調査結果を知ると必然的に反論や他の資料を提出することが予想される場合にこれがないとその機会を保障されないまま審判されることになることを考慮している[119]。

　手続の追行に重要な変更を生じ得るとは，事実調査の結果申立てが却下されるような資料が現れたような場合を指すとされている[120]。申立人は申立ての認容を当然の前提としているため，新たな資料を提出することは手続の追行の変更とはいえないが，手続追行に重大な影響があると解すべきであろう。家事手続 63 条は当事者の手続追行への重大な変更に限っている。親権喪失の審判事件や児童福祉法 28 条の措置承認審判事件では，申立人だけでなく審判の効力を受ける親権者や審判の結果により直接の影響を受ける未成年者が存在し，利害関係参加をすることができる。調査の結果がこの利害関係参加人の手続追行に重大な影響を与える場合に，立法担当者によれば通知する必要はないとされている[121]。この場合には，利害関係参加人の手続追行上の影響を当然に考慮しなければならないであろう。規律の仕方に疑問を感ぜざるを得ない。むしろこれらの事件では家事手続 70 条と同様の規律が要請される。

　② 通知の手続

　(a) 通知の相手方・通知の対象

　通知を受ける相手方となるのは，当事者および利害関係参加人である（家事手続 63 条）。通知の対象となるのは，家庭裁判所の行った事実の調査である。たとえば調査の嘱託であれば，嘱託先と嘱託事項を通知する。記録の閲覧謄写のきっかけとなる情報が与えられれば足りるので，その結果まで通知する必要はない[122]。事実調査の内容は，通知を受けた当事者等が記録の閲覧等をすることによって確認することになる。

　(b) 通知の時期・通知の方式

　通知の時期については明文の規定がない。調査の都度逐一報告するのでは

---

[119]　金子・逐条解説 211 頁。

[120]　金子・逐条解説 211 頁，高田編・家事事件手続法 229 頁〈金子発言〉。

[121]　高田編・家事事件手続法 230 頁〈金子発言〉。

[122]　金子・逐条解説 211 頁。

第6章　家事審判事件の審理　　317

なく，ある程度まとめて報告してもよい。当事者等に調査内容に対して反論
や資料提出の機会を保障するための制度であるから，当事者の手続追行がで
きる時期に通知しなければならない[123]。

通知は相当と認める方法で行う（家事手続規則5条による民訴規4条1項の
準用）。普通郵便，ファクシミリ，口頭による伝達などである。通知がなさ
れたときは，裁判所書記官がその旨および方法を記録上明らかにしておかな
ければならない（家事手続規則5条による民訴4条2項の準用）。

(3)　別表第2に掲げる事項の審判事件における事実調査の通知

①　通知の要件

別表第2に掲げる事項の審判事件において，家庭裁判所が事実の調査をし
たときは，特に必要がないと認める場合を除いて，その旨を当事者および利
害関係参加人に通知しなければならない（家事手続70条）。別表第2に掲げ
る事項の家事審判は常に相手方の存在を予定し，事実の調査の結果は当事者
の双方にとって重要な意味をもつ。当事者双方に記録閲覧の機会を与え，反
論や新たな資料の提出の機会を保障するため，特に必要がないと認める場合
を除いて，事実の調査をしたことを通知しなければならないとしている。

通知を要しない「特に必要がないと認めるとき」とは，たとえば調査嘱託
をしたところ嘱託先に応じる知見がなかったことが判明し，または嘱託先か
ら有意な情報が得られなかった場合，または事実調査をしたことを当事者が
了知している場合などを指すとされる[124]。

②　通知の手続等

上記(2)②の場合と同様である。そこで指摘した問題はここでも共通する。

---

[123]　人訴法20条後段は，事実の調査の結果について当事者の意見を聞かなければな
らないと定めている。家事手続63条ではこの定めを欠く。家事審判の手続の簡易
迅速の要請，手続の円滑な進行を考慮したためであるとされる（金子・逐条解説
212頁）が，職権探知でも裁判所の事実探知に制限がないのであるから，当事者
の意見を聴取すべきであろう。

[124]　金子・逐条解説235頁。人訴規則24条に家事手続70条と同旨の規定があり，
本文と同様に解されている。岡健太郎＝上拂大作「人事訴訟規則の解説」家月56
巻6号（2004）95頁。

第5節　証拠調べと事実の確定

1　総　説
1　事実調査の優先
　家事審判手続においては，裁判所は「職権で事実の調査をし，かつ，申立てにより又は職権で，必要があると認める証拠調べ」をしなければならない（家事手続56条1項）。証拠調べよりは，事実の調査が原則だとされている。このことは，家事審判手続における職権探知にあっては，訴訟のように時間と費用をかけて厳格な証拠調べを行うことをできる限り避け，また可能な限り強制によらず，かつ，方式にとらわれない事実の調査（自由な証明）によること，証拠調べは必要のある場合に限られることを意味している。家事審判手続における事実調査は上記第4節5で扱った。

　ではいかなる場合に証拠調べの手続によることになるのだろうか。この問題は，理論的には家事審判手続における自由な証明の許容性とその限界として検討されることになる。すでに事実の調査，当事者の立会権の保障等との関係でも扱っているが，ここでまとめておこう。

2　自由な証明とその限界
　厳格な証明とは法律上定められた証拠調べの手続によって行われる証拠調べをいい，自由な証明とはこの法律の手続によらないで行われる証拠調べをいう。いずれも裁判官の確信の度合いにおいて差異はない。証拠調べの手続を厳格に定めることは，事実認定の公正さを担保し，証拠の信頼性を保障し，当事者に証拠調べ手続への立会権，尋問権，証拠弁論権等を認めることによって当事者に真実発見の機会を与えることになるなど，審理手続上も重要な意味をもつ。訴訟手続では厳格な証明を原則とする。

　家事審判手続では上に述べたように裁判所が職権で事実を探知することが求められており，調査嘱託や家裁調査官による事実調査，医務室技官による診察など方式によらない事実調査が予定されている。これによって多くの資料が収集される。それゆえ家事手続では裁判所の事実調査（自由な証明）が原則であるように読める。しかし当事者の証拠の申出権，立会権，尋問権等を認め，また厳格な証明によってもたらされる証拠の信頼性を確保し，事実認定の公正さを担保するという要請は家事審判手続にも妥当する。とりわけ

第6章　家事審判事件の審理　　319

争点の重要性，当事者（関係人）間の利害対立の深刻さ，あるいは審判の結果が当事者，審判の名宛人（いわゆる事件本人）の法的地位に対して与える影響の重大さなどを考慮して，別表第1に掲げる親権喪失・停止，後見人の解任あるいは児童福祉法28条の措置承認審判等の事件のみならず，別表第2に掲げる事項の審判事件においては，自由な証明ではなく厳格な証明を原則とするべきだともいえる[125]。また自由な証明による場合であっても，当事者に対する開示をはじめ立会権や尋問権を認めることは矛盾しないのであって，裁判所はその努力をすべきである。この点で家事手続63条，70条が事実調査の通知を定めたことは，事実調査に対する当事者の手続保障として大きな意味がある。

　実務においても，いかなる場合に正規の証拠調べによるかにつき，事案の重要性により強度の心証が要求される場合とか，強制力を行使してでも取調べを行い心証を得る必要がある場合が挙げられている。たとえば遺産分割審判事件において前提問題となる訴訟事項にあたる遺産の範囲や相続人の範囲，あるいは意見の対立を生じやすい遺産の評価などの事項は，争訟性の強さから訴訟に相応する証拠調べが求められるとし，また重要な参考人が呼出しに応じないために証人尋問の方式によってその出頭を強制する必要性が指摘されている[126]。なお大阪高決昭和58（1983）・7・11家月36巻9号69頁は，遺産評価額が相続時で2億円，分割時で3億円を超す遺産分割事件において，原審が関係人が不動産の価額の鑑定を申し出ているのにかかわらず，宅地価格一覧表，不動産取引広告を主な資料とした家裁調査官の土地建物評価に関する調査結果をほぼ採用して不動産の時価を評価したのに対して，大阪高裁はこのような場合には関係人全員が明確に同意するなど特別の事情がない限り，不動産鑑定士等専門知識を有する者による鑑定の方法を採用するべきであるとする。

---

[125]　高田（昌）・前掲注(88)自由証明の研究269頁。

[126]　飯塚重男「非訟事件における自由な証明」法学新報80巻3号（1973）7頁，注解家審規51頁〈山田〉。また高田（昌）・前掲注(88)自由証明の研究266頁は，①自由な証明ないし無方式の調査によって事実が十分に解明されない場合，②無方式の調査によって収集された重要な事実が争われる場合に厳格な証明が要求されるという。

3 旧家審法・旧家審規における規律の問題点

家事手続法における証拠調べの規律は,「裁判所の判断の基礎となる資料の収集を証拠調べという方式で行う場合には,証拠調べの申立権を認めることをはじめ,基本的には民事訴訟に定める方法によるものとし,民事訴訟手続における叡智と経験を家事手続における手続の証拠調べに生かす手法を採用した」とされている[127]。しかし旧法下における家事審判手続の証拠調べ手続には規定の不備に加え,実務にも不十分さがみられた。この点を手短に確認しておくことは,家事手続における証拠調べの規律の意義を明らかにするためにも必要であろう。

旧家審法自体には証拠調べに関する定めはなく,旧家審規7条6項が証拠調べについては民事訴訟の例によると定めるにとどまっていた。証拠法に関する定めは規則事項ではなく法律事項であるとの原則によれば,旧家審法7条が準用する旧非訟法10条によることになり,そこでは証拠方法としては人証および鑑定が認められているにすぎなかった。書証は認められず,調査嘱託等によって取り寄せることができるにとどまっていた。争訟性の弱い家事審判においてはこのような規律で足りたのであろうが,乙類審判事件や親権喪失等のように厳しい利害対立のある事件では証拠調べの不十分さが認識されていた。そこで学説・判例は実際の要請に応えるとして,旧家審規7条6項により家事審判手続においても民事訴訟に定めるすべての証拠方法が認められると解していた。しかしこの解釈に対しては,「規則を以て制裁の伴う書証,検証,当事者本人尋問までも規定したと解するのは疑問なしとしない」との批判があった[128]。

また民訴法の例によって証拠調べを行うとしながら,実務においては当事者の証拠申立権は認められていなかった[129]し,証拠調べへの立会権も認められていなかった[130]。これを認めるかどうかは裁判所の裁量に委ねられていたのである。このように不十分な状況であった。

---

[127] 金子・一問一答117頁。

[128] 鈴木忠一「非訟事件における民訴規定の準用」同『非訟・家事事件の研究』(1971) 350頁。本書旧版・219頁もこれに従っていた。

[129] 東京高決昭和53 (1978)・7・27家月31巻8号50頁。

[130] 大阪高決昭和58 (1983)・5・2判タ502号184頁。

2 証拠の申出

家事審判手続においては，当事者の申出により，また職権で証拠調べをする（家事手続 56 条 1 項）。旧法下においては当事者には証拠の申出権がなく，裁判所は当事者の証拠の申出に拘束されないと解されてきた。しかし同時に，争訟性の強い乙類審判事件では対立する当事者から証拠の申出がなされるのが通例であり，これが裁判所の職権発動を促し適切な事実認定につながることから，事実上証拠の申出を認める扱いがなされていた。

家事手続法は，当事者の証拠の申出権を認めている。証拠申出書を裁判所に提出する際には，当事者等は当該の書面を直送しなければならない（家事手続規則 46 条 3 項）。民事訴訟と同様の規律である。

3 証拠調べ手続への民訴規定の準用

家事手続法 64 条 1 項は，証拠調べについて民訴法の規定を準用する旨を定めている。民事訴訟においては証人尋問等は公開の法廷で行われるが，家事審判の審理は非公開である（家事手続 33 条）ため，当然に証拠調べ手続も公開されない。民事訴訟法の適用が除外されているものがある。民事訴訟と審理原則が異なっている等の理由による。その内容を明らかにしておこう。

民事訴訟法が弁論主義を採用し，家事手続法が職権探知主義を採用していることから民訴 179 条（裁判上の自白，顕著な事実の不要証），同 208 条（本人尋問への不出頭の効果），同 224 条（相手方が文書提出命令に従わない場合の効果），同 229 条（相手方が筆跡対照文書の提出命令に従わない場合の効果）が準用されない。また家事手続では集中証拠調べが実施されないことから民訴 182 条が準用されず，家事手続法が独自の定めを置いていることから民訴 188 条（疎明）および同 189 条（過料）の定めも準用が排除される。また家事事件では事件本人のもつ情報が重要であるから，当事者訊問と証人尋問の順序に関する民訴 207 条 2 項も準用が排除される。

4 各種の証拠方法

家事審判手続における各種の証拠方法の取り調べについて以下に概説する。もっとも，ここに登場するさまざまな用語・概念は民事訴訟におけると同一であるから，逐一説明するのを省略する。重要な事項，注意を要する必要のある事項の説明にとどめる。

322　　　　　　　　　　　第1編　家事審判

1　証人尋問

(1)　概　説

　家事手続64条1項により，証人尋問に関する民事訴訟法190条ないし
206条の規定が準用される（ただし207条2項，208条を除く）。証人尋問につ
いては，旧法の下でも旧家審法7条により旧非訟法10条が準用されること
によって，民事訴訟法の規定が準用されていたので，家事手続法による変更
はない。

　証人尋問への当事者の立会権，反対尋問権（民訴202条1項）が認められる。
呼出しを受けた証人が出頭しないときの対処（民訴192条1項，193条，194
条），宣誓を拒む場合の制裁（同200条），証言拒絶事由の解釈（同196条，
197条）についても民事訴訟と同様に扱われる[131]。裁判所による任意の事実
調査では可能でない場合に，強制力を用いて証拠調べをするのであって，こ
の制裁に期待がかけられている。

(2)　証人能力

　家事審判手続において証人尋問を実施する場合には，当事者概念との関係
で証人能力について問題を生じる。民事訴訟の場合には，当事者と証人の区
別は比較的容易であるが，家事審判手続では形式的当事者概念が導入された
（第4章第1節1・1(3)）とはいっても，これ以外に審判の名宛人となる者，
審判により直接の影響を受ける者等が存在するから，実質的に判断する必要
がある。立法担当者によれば，利害関係参加人となる者は証人尋問によると
する[132]。しかしこの見解によると，例えば親権喪失事件において申立てを受
ける当該の親権者は証人尋問によることになるが，果たして妥当といえるか
疑問である。旧法下では審判の効力を受けること，実質的当事者となること
を理由に証人能力を否定するのが通説であった[133]。また後見人選任の審判に

---

　[131]　証言拒絶事由の解釈については，民事訴訟と同様に解釈してよい。他方で人事
　　訴訟その他の手続において家事調停委員が証人として喚問された場合において，
　　証言拒絶権が問題になる。証言拒絶権を認めるべきである。第2編第8章第2節
　　参照。また吉田健司「家裁調査官および家事調停員の証人喚問」岡垣学＝野田愛
　　子編『講座実務家事審判法第1巻』(1989) 187頁以下参照。

　[132]　金子・一問一答14頁。

　[133]　鈴木忠一「非訟事件に於ける当事者」同『非訟事件の裁判の既判力』(1969)
　　233頁，本書旧版・222頁。

第6章　家事審判事件の審理　　323

おいて，後見人となるべき者の証人能力も形式的当事者概念に立つと肯定されることになるが，この事件においてはこの者は審判の効力を受ける者であり証人能力を認めることには疑問がある[134]。

2　当事者尋問

家事手続法においては，申立人および相手方が当事者とされる。別表第2に掲げられる事項の審判事件においては，申立人・相手方については民事訴訟と同様に考えてよい。子の監護に関する処分における未成年者は当事者とは扱われない。また申立人および相手方は，陳述の機会が保障され，その期日には相手方も立ち会うことができる（家事手続69条）ので，実際上これとは別に当事者尋問によらなければならない場合は少ないであろう。家庭裁判所は，当事者本人を訊問する場合には，その当事者に対して期日に出頭することを命じることができる（同64条5項）。出頭を命じられた当事者が期日に出頭しないときは，民訴法192条により過料に処せられることがある（家事手続64条6項）。

別表第1に掲げる事項の審判事件において，申立人以外の審判の効力を受ける者は証人ではなく，当事者尋問によるべきことは，上記1(2)で述べた。

3　書　証

(1)　原　則

旧法の下では，家事審判手続において書証に関する民事訴訟法の規定が準用されるかに関して学説上争いがあった。通説は，旧家審規7条を根拠としてすべての証拠方法に関する民事訴訟法の規定が準用されると解していたが，旧家審規7条が旧非訟法10条を準用しているのであり，旧非訟法10条は人証および鑑定を認めているにすぎないと解すべきであるとの見解が対立していた。本書旧版は後者の見解を支持していた。

家事手続法は，書証についても原則として民事訴訟法の規定を準用することを明記し（同64条），弁論主義的な内容をもつ規定の準用を排除している（同3項，4項）。

---

[134]　家審法講座第1巻43頁〈綿引〉，飯塚重男「非訟事件の当事者」鈴木忠一＝三ケ月章監修『実務民事訴訟講座第7巻』（1969）70頁。なお，第4章第1節1・1(3)参照。

(2) 文書提出命令

旧法の下では，家事審判手続において文書提出命令を申し立てることができるか，また家庭裁判所はこれに応じて命令をすることができるかが問題とされてきた[135]。家事手続法はこれを立法的に解決した。

民訴法 220 条の要件を満たすときは，家庭裁判所は文書の所持者にその提出を命じることができる。当事者がその命令に従わないときは，民訴法 224 条は適用されない（家事手続 64 条 1 項かっこ書き）。この効果は弁論主義的な考え方に立脚するもので，職権探知主義を原則とする家事審判手続にはそぐわないからである[136]。当事者が文書提出命令に従わないときは 20 万円以下の過料に処せられる（同 64 条 3 項 1 号）。当事者が提出義務のある文書を滅失させ，その他これを使用することができないようにした場合も同様である（同 2 号）。また当事者が民訴 223 条 1 項の規定による提出命令に従わないとき，または対照の用に供することを妨げる目的で当該物件を滅失させまたは使用することができないようにしたとき等の場合には，10 万円以下の過料に処せられる（同 4 項）。

4　鑑定人

(1)　意　義

鑑定は，裁判官の判断能力を補充するため，特別の学識・経験に属する経験則，その他の専門知識・意見を報告させるための証拠調べである。そしてその証拠方法が鑑定人である。旧法の下でも旧家審法 7 条が準用する旧非訟法 10 条はこの証拠調べを認めていた。これを受けて旧家審規 24 条（家事手続 119 条 1 項相当）は，成年後見の開始を決定するには成年被後見人となるべき者の精神の状況について鑑定をしなければならないと定めていた。単に

---

[135]　大阪高決平成 12（2000）・9・20 家月 53 巻 7 号 134 頁は，遺言執行者からの相続人廃除請求事件において暴行等の事実の立証のため当事者以外の第三者である市民病院に対し診療録の提出命令を申し立てた事件である。原審はこれを認めなかったが，大阪高裁は家庭裁判所には職権で証拠調べをする義務があること，証拠調べは民訴法の例によると定められていること等を理由として，民訴法 224 条を除外して同 220 条以下の準用があるとした。本件に関する評釈はいずれも判旨賛成である（佐藤鉄男・判例評論 511 号（2001）224 頁，高田昌宏・私法判例リマークス 25 号（2002）126 頁，栄春彦・判タ 1096 号（2002）176 頁，清水恵介・金融商事判例 1311 号（2009）86 頁）。

[136]　金子・逐条解説 217 頁。

第6章　家事審判事件の審理　　325

医師の診断書が提出されただけでは足りず，正規の証拠調べを必要とすることによって裁判の適性を確保しようとしている[137]。

(2)　鑑定受忍義務

現行民事訴訟法には，鑑定の目的で身体検査を命じることができる旨の定めがない。この問題は検証受忍義務として議論されている。すなわち，検証の目的物を挙証者の相手方または第三者が所持している場合に，所持者が目的物を裁判所に提出すべき検証物呈示義務および目的物につき検証を受忍すべき検証受忍義務である。

鑑定人が鑑定を実施する際に，当事者または審判の効力を受ける者等を医学的に検査しようとする場合に，被検者はどのような義務を負うのか，またこの義務はどのように実現されるかについて明文規定がない。このことは家事手続133条の保佐開始の審判において開始決定を受けるべき者が精神の状況について鑑定を拒む場合に問題となる。東京家審平成15（2003）・9・4家月56巻4号145頁は，「本人の行動や言動をみると，判断能力について全く問題がないわけではないが，本人が明確に（鑑定を）拒否しているために判断能力については鑑定を行うことができないから，結局のところ保佐を開始する要件が認められない」とする。この点について手続の整備を図る必要がある[138]。証明妨害または事案解明義務違反として証拠提出責任を転換するという解釈論も提唱されている[139]が，家事審判にそのまま用いられるかについては疑問がある。

その他家事事件手続において鑑定が問題となるのは，合意に相当する審判におけるDNA鑑定がある。この手続は当事者間に実質的に争いのない事件を対象とするので，「家裁実務では鑑定を強制するということは，およそ考えられない」と指摘されている[140]。

---

[137]　成年後見事件における鑑定のあり方については，佐上「禁治産・障害者監護と鑑定」同『成年後見事件の審理』（2001）125頁，本書Ⅱ・35頁およびそこに引用の文献など参照。

[138]　本書Ⅱ・37頁。

[139]　春日偉知郎「父子関係訴訟における立証問題と鑑定強制について」ジュリスト1099号（1996）76頁，同「父子関係訴訟における証明問題と鑑定強制（検証受忍義務）」法曹時報49巻2号（1997）325頁（後に同『民事証拠法論』（2009）285頁に収録）。

[140]　梶村太市「家裁実務におけるDNA鑑定」ジュリスト1099号（1996）97頁。

5 検 証

検証は，裁判官がその五感の作用によって直接に事物の性状，現象を検査してその結果を証拠資料とする証拠調べである。家事審判または家事調停において裁判官が直接に事実調査をする場合には，検証に該当する認識を得ることがあり，また家裁調査官の調査活動においても検証に該当する検査結果が得られているともいえる。この調査については当事者等に通知され（家事手続63条，70条），当事者等が意見を述べることも可能である。それ故正規の検証を改めて行う必要性は少ないであろう。

5 事実の確定

1 自由心証主義

(1) 概 説

家事審判においては，当事者の事実主張，裁判官による当事者等の審問のほか，家裁調査官による事実調査および証拠調べから得られる資料をもとに審判がなされる。もっとも家事審判の手続では，自由な証明が広く認められるため，事実調査の結果と証拠調べの結果とは厳密に区別されない。この際どのようにして事実を取捨選択して認定するか，証拠の評価はどのように行われるかという問題がある。これらは民事訴訟においては自由心証主義として扱われている。

民事訴訟において自由心証主義は同法247条に定められている。自由心証主義とは，弁論の全趣旨および証拠調べの結果を斟酌して，経験則を用いて事実上の主張の存否を判断することをいう。この際裁判官は，①あらゆる証拠方法を用いることができ，②証拠方法を自由に評価することができ，さらに③ある事実から別の事実を推認すること（推定）ができることをその骨子とする。このことは現在のすべての裁判手続に共通するものであり，明文規定は存在しないが家事審判においても全く同様に解される。

(2) 自由心証主義における事実の認定

裁判官の事実についての判断を心証といい，事実の存否の判断が確信をもつ状態に至ることを心証形成という。家事審判において心証形成のために用いることのできる資料は，職権探知主義をとり，かつ，職権で事実調査・証拠調べをすることができるので，民事訴訟におけるよりも広範である。この資料は，民事訴訟では適法に口頭弁論に顕出された一切の資料や状況をいい，

適法に行われた証拠調べから得られた証拠資料と弁論の全趣旨を指す。家事審判では家裁調査官の調査から得られた資料その他職権調査から得られた資料を含む（ただし家事手続70条の制限がある）。また家事審判は決定手続であり直接主義・口頭主義などの原則が後退することがあるから，民事訴訟では適法とはいえない証拠資料も審判の基礎とされることがある。

証拠能力の制限，証拠力を経験則に基づいて自由に評価することについては，基本的に民事訴訟におけると異ならない。しかし弁論主義の下では当事者の一方が相手方の証明活動を妨害するような場合に，その制裁としてその当事者の不利益に事実を認定してよいとされる場合があるが，家事審判では手続の全趣旨として考慮されるにとどまる（家事手続64条1項による民訴224条，232条の適用除外）。

(3) 経験則

家事審判においては，法律関係を形成する実体法上の要件が抽象的な形で定められていることが多く，多様な事実群を基礎として裁判官がどのような内容を形成するかを判断する必要がある。経験則が働く余地はきわめて広く，重要な役割を果たしている。審判の対象として夫婦，親子，その他親族に関する問題を扱うため，多様で微妙な経験則が扱われることが多くなる。

また家事審判における事実の調査に際して，家裁調査官による事実調査は医学，心理学，社会学，経済学その他の専門的知識を活用して行われる（家事手続規則44条1項）から，これらの諸科学における知識・法則等が当然に前提にされている。裁判官はこれらを尊重するとともに，当面の処分をすること（あるいはしないこと）が当事者にどのような影響を及ぼすかについても判断を加えなければならない。夫婦同居，子の監護に関する処分あるいは親権に関する事件についてはとりわけこうした人間諸科学の経験則の見極めが重要になる。

事実推定，権利推定等の考え方も他の手続と同様に家事審判の手続においても妥当する。

(4) 行政機関の判断・他の裁判所の判断に対する拘束

① 総説

家事審判事件を処理するうえで，その前提問題として行政機関の処分または他の裁判所の権限に属する事項が問題となることがある。すでに最大決昭和41（1966）・3・2民集20巻3号360頁は，遺産分割の前提問題として家

庭裁判所は訴訟に属する事項についても自ら審理判断できるとしている。しかしすでにその前提問題について行政機関の決定処分または他の裁判所の判決があるとき，家事審判を扱う裁判官は事実認定の上でこれに拘束されるのであろうか，あるいは独自の判断をすることができるのであろうか。

② 行政機関の処分

　行政機関の決定・処分が家事審判の裁判官を拘束するか，あるいは裁判官は前提問題となる行政機関の決定・処分を自ら審査し，異なる判断を下すことができるかという問題である。たとえばある団体への法人格の付与（民法34条，一般法人22条参照）はどうであろうか。これは形成的効果を有するので，裁判官を含めてこの処分を承認しなければならない。これに対して児童福祉法27条により児童相談所長が行った一時保護処分の当否を家庭裁判所が保護者である父母から子の引渡し請求または一時保護によって現に児童を監護している里親からの監護者指定の申立てを審理する前提として審理することができるかが問題となる。この点につき仙台高決平成12（2000）・6・22家月54巻5号125頁は，「一時保護中の児童について，家庭裁判所が，一時保護委託を受けて実際に児童を監護している者に対して，引渡を命ずるか否かの判断を行うことは，行政処分の効力を家庭裁判所の審判で争うものとなり，結局，家庭裁判所の審判権の範囲を超えるものというべきであ（る）」とする。一時保護処分に対しては行政不服審査および行政訴訟がその本来の救済手続であるとすれば，非訟手続である家事審判において行政処分の当否を争わせ，また判断することは許されないといえる[141]。

　同様のことは家事手続法240条1項（別表第1第129項）により，生活保護法30条3項により被保護者を保護施設に収容することについての承認が求められる場合に，家庭裁判所は本人についての生活保護の扶助決定の妥当性を審査できるかという場合にも生じる。この場合も家庭裁判所は行政機関の判断に拘束されるというべきである。中小企業経営承継円滑化法8条1項に定める審判事件において，当該の事案が同法の適用対象となるか否かについても，経済産業大臣の確認の中で行われることが予定されており，家庭裁判所における審理において判断することはできないと考えらえている[142]。

---

(141) この点についての検討は，佐上・前掲注(69)民事手続法制の展開と手続原則48頁。

③ 民事訴訟との関係

たとえば遺産の分割の審判においては，相続人を当事者とする遺産確認の訴えや相続人資格の確認訴訟が提起されることがある。これらはいずれも共同相続人全員が当事者となる固有必要的共同訴訟である[143]。これらの訴訟は，後の遺産分割手続において遺産帰属性や相続人資格に関する紛争の再燃を防止する点に意義があるから，家庭裁判所がこの判決に拘束されるのは当然といえる。

その他の訴訟においては，相続人全員が当事者になっているとは限らない。認知の訴えや嫡出否認などの人事訴訟の判決は，当事者になっていない第三者に対しても効力を生じる（人訴24条1項）。しかしたとえば遺言無効確認の訴えは必要的共同訴訟になるわけではない[144]。それゆえ遺産分割の手続において，前訴で当事者となっていない者との間で遺言の効力について争われることは，理論的には排除されないことに注意が必要である[145]。

2 証明と疎明

(1) 概　説

証明とは，裁判の基礎として明らかにすべき事実について，裁判官が確信を抱いてよい状態，またこの状態に達するように証拠を提出する当事者の努力をいう。民事訴訟において訴えに対する判決の基礎となる事実を認定するには，この証明が必要である。証明は，通常人が経験則の助けをかりて日常生活上の決定や行動の基礎とするのをためらわない程度に確実であるとの蓋然性が認められることをいう[146]。これに対して判決の基礎となる事実以外の迅速な処理を必要とする事項，派生的な手続事項についてはその事実を認定するためには疎明で足りるとされていることが多い（民訴35条1項，44条1項，91条2項，3項など）。疎明は，証明の程度には至らないものの，一応確からしいとの推測をもってよい状態，またはそのような状態に達するよう証

---

[142] 澤村智子「中小企業における経営の承継の円滑化に関する法律（遺留分に関する民法の特例部分）の解説」家月61巻3号（2009）30頁，本書Ⅱ・522頁。

[143] 遺産確認の訴えにつき最判平成1（1989）3・28民集43巻3号167頁，相続欠格につき最判平成16（2004）・7・6民集58巻5号1319頁。

[144] 最判昭和56（1981）・9・11民集35巻6号1013頁。

[145] そのような例として，最判平成9（1997）・3・14判時1600号89頁がある。

[146] 最判昭和50（1975）・10・24民集29巻9号1417頁。

拠を提出する当事者の活動をいう。疎明ではさらに証拠方法も即時に取り調べることができるものに限られるのが原則となる（民訴188条）。

(2) 家事審判と証明・疎明

家事審判は決定によって裁判すべき手続であり，その原則からすると裁判をするには疎明で足りる。しかし家事審判は当事者や審判を受けるべき者等の法的地位に重大な効果を生じさせ，また家事審判事件の本案に関する事件は独立した手続であり，保全処分のように暫定的な裁判ではなく終局的な判断であることから，原則として証明によるべきであり，疎明は明文規定のある場合に限られるべきである[147]。疎明で足りるとされているものとしては，特別代理人の選任に関する家事手続19条2項，審判前の保全処分に関する同106条2項，109条1項などにみられる。疎明は即時に取り調べることのできる資料によらなければならない（同57条）。新非訟法50条と同趣旨である。

3 証明責任とその分配

(1) 証明責任という考え方

証明責任という考え方は，民事訴訟においては次のように説明される。すなわち，判決をするためにはその基礎である事実を認定しなければならない。しかし事実が存否不明のときも判決を可能とする必要があり，そのためには原則として存否不明の事実は存在しないものと扱い，その事実を要件とする法律効果の発生を認めない裁判をする（証明責任規範による）。このことを当事者からみると，ある事実が存否不明のときは，その事実を要件としている自己に有利な法律効果の発生が認められないことになる。このような不利益を当事者からみたとき証明責任という。この証明責任は訴訟における主要事実について定められ，必ず当事者の一方が負担している。

---

[147] 本書旧版・230頁，金子・逐条解説200頁，基本法コンメ236頁〈垣内〉。もっとも家事事件における事実の認定に必要な証明度は，一般の民事訴訟事件におけるよりも低いものでもよいとする見解がある（伊藤滋夫「家事事件と要件事実論との関係についての問題提起」同編『家事事件の要件事実』(2013) 98頁。この見解によれば，証明と疎明の厳格な区別は特に必要がないともいえる。たとえば離婚に伴い親権者を指定するという場合を考えれば，父母のいずれにするか確信が得られなくても，申立てを却下することができず，いずれかに指定しなければならないことからすると，こうした場合が生じるといえる。

第6章　家事審判事件の審理　　331

　証明責任は原告の被告に対する請求を審理するという構造のもとで観念されるから，事実・証拠の収集について弁論主義・職権探知主義のいずれの審理方式の下でも必要となる。人事訴訟においても証明責任が観念される[148]。証明責任は，上述のように本来は審理の最終段階で，事実の存否いずれとも心証を形成できない場合の裁判の仕方を定めるものであるが，その分配を通じて当事者の攻防に大きな影響を及ぼす。訴状における請求原因事実の記載，これに対する被告の認否，自白，抗弁さらに原告の再抗弁等々のように訴訟過程における主張の制御も証明責任の所在を基礎とするから，証明責任とその分配は訴訟過程全体にとって重要な機能を果たすことになる。

(2)　家事審判における証明責任

①　総　説

　家事審判手続において証明責任は一般的には次のように説かれていた。すなわち，「いわゆる挙証責任の分配なる観念は存在する余地がないが，ある事実の存在について利益ある者が，その事実の存在について証明の得られないときはその者の不利益に帰せしめられることはいうまでもない。かかる意味においての挙証責任は存在することは否定できないであろう[149]」。しかしその理由や証明責任の分配が認められないことについての説明が示されていない。ここでは本書旧版における説明を一部修正しつつ説明する。

②　客観的証明責任（確定責任）と証拠提出責任

　証明責任は，一般的には上に述べたとおり確定責任として観念されるが，あわせて証拠提出責任としても理解される。しかし後者は当事者が取調べを求めた証拠しか取り調べることができない弁論主義をとる手続において観念されるのであって，職権探知主義をとる手続では裁判所に事実・証拠の収集責任があるから，これを観念することはできない。また弁論主義の下ではある主要事実が当事者のいずれからも主張されない結果として，当該事実が判決の基礎にされないことになる。この不利益を受ける者にその事実の主張責任がある。しかし職権探知主義の採用されている手続では，主張責任も観念されない。したがって家事審判手続においては主張責任，証拠提出責任は存在しない[150]。

---

　[148]　松本博之『人事訴訟法（第3版）』(2012) 171頁。
　[149]　家審法講座第1巻62頁〈綿引〉。

第1編　家事審判

これに対して職権事件において職権を行使する要件が証明されない限り具体的な処分がなされることがなく，申立事件において申立てを理由づける事実が証明（疎明）されない限り，申立ては認容されない。こうした意味で証明責任をいう概念を用いるならば，たしかに家事審判においてもこれを認めることはできる。

(3)　**証明責任の分配**

①　基本的な考え方

　家事審判手続においては証明責任の分配はこれを認めることはできない。本書旧版においてはその理由として次のように説いていた[150]。すなわち，①証明責任分配の対象となる主要事実が存在しないこと。②家事審判の対象となる事件は，当事者間に具体的な法律関係を形成するものであること。この事件では民事訴訟のような二者択一的な判断ではなく，むしろ個々の事実を将来に形成される法律関係との関係でどのような意味をもたせるか，重要であるか，あるいはさほど比重を置かなくてもよいかの判断に生かすという将来志向的な判断形式をとることになるから，ある事実が存在しなくてもそれを補う別の事実が存在し，あるいは存在しないならば，これを法律関係形成の要因として利用することが可能であり，特定の法律関係を形成するうえで妨げとなる事実が存在しているとしても，別の事実の存在によってその障害が克服できると判断されるならば，この事実を考慮することができる。こうした将来志向的な判断にあっては，特定の事実についてその存否の確定を目的とする証明責任を考えることはなじまないばかりでなく，そもそも不適切である。③当事者の申立てには拘束力がなく，裁判所は自ら正当と認める具体的な法律関係を形成する義務を負う。このことは当事者相互の主張が請求原因と抗弁，再抗弁等々といった具合に整理できないことを意味する。当事者の申立ては一応の提案にすぎない。裁判所が審理の結果，多様な選択肢の中から具体的な法律関係を形成するが，その責任は裁判所にある。当事者の申立ての提案について責任を負わせることはできない。いくつかの選択肢の中から，当該申立てが最適であるという論証を申立人にさせることは，相手方が単にそれを正しくないと主張することだけで責任を果たせることを考慮

---

(150)　人事訴訟手続でも同様である。松本・前掲注(148)人事訴訟法171頁。

(151)　本書旧版・232頁以下。

第6章　家事審判事件の審理　　333

すると，当事者間に実質的な不公平を生じさせるものであって許されない。概ねこのように主張していた[152]。この認識は基本的には変更する必要はないと考える。なお説明を要する部分を次に補足する。

②　別表第1に掲げる事項の審判事件

成年後見開始，後見人の解任，親権喪失・停止，遺言執行者の解任あるいは児童福祉法28条の措置承認審判事件など，いずれも申立人と審判の効力を直接に受ける者との間には厳しい対立が見られる。しかしこれらの審判事件では当事者は申立人しか存在しない。審判の効力を受ける者等が利害関係参加をしても，申立人とこれらの者と間で対立構造を生じるわけでなない。また両者が申立てを理由づける事実と，その障害となる事実の主張・証明責任を分担し合う関係になるのでもない。これらの事件の審判では証明責任の分配は想定することができない。

③　推定相続人の廃除の審判事件

この事件の性質を通説・判例は，被相続人は推定相続人に対して実体法上の廃除権を有するのではなく，国（裁判所）に対して廃除する処分の発動を求めるものであるとしている。そのように捉えるならば，当然のこととして「廃除権発生の要件事実」は考えられないことになる[153]。民法892条の定める「推定相続人が被相続人に対して虐待をし，重大な侮辱を加え，又はその他推定相続人に著しい非行があったこと」は，裁判所が廃除審判の権限を行使するために必要な事実であるが，判断基準は相続共同体の破壊が認められるかどうかであり，申立てを認容する方向にも，却下する方向にも作用する[154]。

これに対して，推定相続人廃除事件は真正争訟事件であり，その本質は民

---

(152)　別表第2に掲げる多くの審判事件の申立人に申立てを特定させる責任を負わせることができないことは，あまり理解されていないように思われる。この点については，佐上「利益調整紛争における手続権保障とその限界」法律時報52巻7号（1980）30頁，同「非訟事件における手続保障と関係人の事案解明義務」吉川大二郎博士追悼論集『手続法の理論と実践下巻』（1981）34頁以下，同「家事審判における当事者権」鈴木忠一＝三ケ月章監修『新実務民事訴訟講座第8巻』（1981）73頁参照。

(153)　長秀行「家事審判と要件事実」伊藤滋夫総括編集『民事要件事実講座第2巻〔総論Ⅱ〕』（2005）121頁。

(154)　長・前掲注(153)民事要件事実講座第2巻121頁。

事訴訟であると解するならば，申立人と相手方との間で証明責任の分配が考えられることになる。

④ 別表第2に掲げる事項の審判事件

別表第2に掲げる事項の審判事件は多様である。別表第1に掲げる事項の審判事件とは異なり，申立人と相手方が常に存在し，この間での紛争性も強い。当事者間で証明責任の分配を考えることもできそうに思えるが，そう簡単ではない。申立人から相手方に対して一定の請求権が主張され，その当否をめぐる争いであるようにみえるが，家庭裁判所の判断は当事者双方の諸事情を総合的に考慮してなされる裁量的な判断である。このような裁量的な判断の基礎となる事実の存否についても，証明責任とその分配を考えることができるかということが問題となる。

たとえば親権者の指定・変更（民法819条）を例にとって考えてみよう。一般に親権者の指定または変更については子の利益・福祉にかなうことが判断基準とされるが，このためには父母の側の事情として，監護に対する意欲と能力，健康状態，経済的・精神的な家庭の環境，居住・教育環境，従前の監護状況，子に対する愛情の程度，実家の資産，親族等の援助の可能性等が，また子の側の事情としては年齢・性別，兄弟姉妹の関係，心身の発達状況，従前の環境への適応状況，環境への適応性，子自身の意向等が問題となり，これらが総合的に判断される[155]。これらの個々の事情はさらに具体的な事実として申立人，相手方から主張され，また家裁調査官の事実調査として裁判所に現れる。ここに掲げられる各事情は，親権者の指定・変更を求めるものあるいはその相手方にとって，その申立てを支える方向にも，その逆に申立認容の障害事由としても機能するものである。当事者は自己にとって有利に作用すると考えて主張した事実が，かえってその反対に評価されることもあり得る。そのためにここに掲げた事実は請求原因事実あるいは抗弁事実として截然と整理できるものではない。

これらの事実について証明責任を観念することは適切ではない。申立人が従前の監護の状況がどうであったか，またそれに対する反省と今後への決意

---

[155] 清水節『判例先例親族法Ⅲ－親権』（2000）99頁，於保不二雄＝中川淳編『新版注釈民法(25)親族(5)改訂版』（2004）48頁以下〈田中通裕〉，梶村太市「親権者指定変更・面接交渉審判事件の要件事実的事実」伊藤滋夫先生喜寿記念『要件事実・事実認定論と基礎法学の新たな展開』（2009）332頁。

第6章　家事審判事件の審理　　335

を述べてもその存在だけで結論を出せるものではなく，相手方の状況や子の状況と照らし合わせて総合的に判断されるのである。個々の具体的な事実についてそれぞれに証明責任を想定することは，総合的判断にはそぐわないものといえる[156]。

　別表第2に掲げる事項の審判事件の多くはこのような総合的判断によって，当事者間に具体的な法律関係が形成される。それゆえ証明責任の分配も考える必要がない。

　もっとも遺産分割審判において訴訟事項である前提問題が争われる場合，たとえばある不動産の遺産帰属性や遺言の効力が争いとなる場合には，遺産であると主張する者，遺言が有効であると主張する者と，これを争う者との間でどのように決着をつけるかに関し，当該争点に関しては民事訴訟事項として証明責任分配を考えることは可能であろう[157]。しかし分割の方法については，家庭裁判所の合理的な裁量によるとされるため，その基礎をなす個々の事情については証明責任の分配は問題とならない。

第6節　審理の終結と手続の中止・終了

1　審理の集結
1　意　義

別表第2に掲げる事項の審判事件は常に相手方が存在し，紛争性が高い。たとえば子の監護に関する処分などにおいては，当事者の主張に待つだけでなく，子の利益・福祉のために家庭裁判所が職権で事実調査をしなければならない。とはいえ，当事者が自らの利益を主張して争うことが基本である。この場合に，相手方の主張に対して反論し，資料を提出する機会を保障することが重要である。家事手続71条は，別表第2に掲げる事項の家事審判の

---

(156)　山本和彦「総合的判断型一般条項と要件事実」伊藤滋夫先生喜寿記念『要件事実・事実認定論と基礎法学の新たな展開』(2009) 65頁以下。なお山本和彦「家事事件における裁量とその統制のあり方雑考」伊藤滋夫編『家事事件の要件事実』（法科大学院要件事実教育研究所報11号）(2013) 103頁は，個々の事実は裁判官の心証をそのまま反映させて判断することが適切であるという。

(157)　長秀行「遺産分割事件における客観的証明責任（試論）」伊藤滋夫先生喜寿記念『要件事実・事実認定論と基礎法学の新たな展開』(2009) 358頁。

手続においては，当事者に対し，裁判資料提出期限を定め，これにより裁判の基礎となる範囲を明らかにし，当事者が十分な攻撃防御を行うことを狙いとしている。家事手続法で新しく導入された制度である。

2　審理を終結できる場合

家庭裁判所は，別表第2に掲げる事件の家事審判の手続において，申立てが不適法であるときまたは申立てに理由がないことが明らかなときを除いて，相当の猶予期間を置いて審理を終結する日を定めなければならない（家事手続71条本文）。相当の猶予期間とは，当事者が主張および資料を提出するのに要する期間をいう。期日において審理を終結する日を定めたときは，その場で告知される。当事者が立ち会うことができる期日（当事者が正式な呼出しを受けた期日をいう）においては，直ちに審理を終結する旨を宣言できる（同ただし書き）。期日外で定められたときは，相当な方法で告知しなければならない。

3　審理終結の効果

審理を終結した後は，当事者等は審判の基本となる資料を提出することができなくなる。また審判の基礎になる資料は，審理終結の日までに提出され，また裁判所によって収集されたものに限られる。審理終結の日の後に提出され，または収集された資料は，審判の基礎にすることができない。これを審判の基礎にするときは，審理を再開する必要があると解される。審理終結の日の定めは，手続の指揮に関する事項であるから必要に応じて変更することができる。このように審理終結の日は，審判の基準時としての意味をもつ[158]。

この規律は別表第2に掲げる事項の家事審判に限られる。別表第1に掲げられた推定相続人廃除の事件には適用がある（家事手続188条4項）。同様に親権喪失・停止・管理権喪失や特別養子縁組成立，児童福祉法28条の措置承認事件などにも類推適用されるべきであろう。

4　審判日の定め

家庭裁判所は，別表第2に掲げられた事項の家事審判の手続で，審理を終結したときは，審判をする日を定めなければならない（家事手続72条）。審理が終結した場合に，審判をする日がいつであるかは当事者にとって重大な利害関係がある事項であり，将来の不服申立ての可能性に備えることを容易

---

(158)　金子・一問一答121頁，金子・逐条解説236頁。

第6章　家事審判事件の審理　　337

にする[159]。家事手続法で新設された。

　審判をする日とは，家庭裁判所が当事者等に相当と認める方法で審判を告
知することができる日をいうが，審判をする日の直前になって指定したので
は当事者への予告機能を発揮することができないので，制度の趣旨に反する。
審判をする日の指定は手続の指揮に関する事項である（家事手続81条2項）
から，事情の変更等によって変更することができる。

2　審判手続の中止

1　職務執行不能・当事者の故障による中止

　旧家審法および旧非訟法には，手続の進行を停止させるについての定めが
なく，民訴法130条に定める裁判所の職務執行不能による停止が裁判手続一
般に適用されると解されていた。しかし同法131条に定める当事者の不定期
間の故障による中止については，非訟事件および家事審判手続では関係人
（当事者）が主体的に手続に関与する程度が弱いので，特に手続の進行を中
止すべき理由はないと解されていた[160]。

　これに対して家事手続法36条は，手続の中止につき民訴法の規定を準用
することを明記した。それゆえ裁判所の職務執行不能および当事者の不定期
間の故障によっても家事審判手続を中止することができる。後者の場合，当
事者に申立権が認められるかについては争いがありうる。申立権を認めると
しても，これを却下する裁判，中止を命じる裁判および中止を命じる裁判を
取り消す裁判に対して即時抗告をすることはできるかについても争いがあ
る[161]。

　手続の中止中は，裁判所および当事者は当該家事事件の手続行為をするこ
とができない。

2　前提問題の訴訟係属と家事審判手続の中止

　家事審判の判断の前提問題として訴訟事項が問題となるとき（例えば遺産
分割の審判における遺産帰属性や遺言の有効性など），家庭裁判所はそれまでに
収集されている事実と証拠に基づいて審理・判断をすることができるが，当

---

[159]　金子・逐条解説237頁。

[160]　家審法講座第1巻66頁〈綿引〉。

[161]　兼子一原著『条解民事訴訟法（第2版）』(2011) 676頁〈竹下守夫＝上原敏夫〉。

事者がこれに関する訴訟を提起してきたとき訴訟の審理を優先させるため，審判手続を中止すべきかについての明文規定は存しない。本書旧版において旧法時においても審判手続の中止の定めを置くべきだと提案していた[162]が，家事手続法の下でも実現するには至らなかった。その理由はおおむね次のように説明されている。すなわち，①事案によって期日指定を工夫することで妥当な審理が行えること，②中止を制度化すると中止決定，それに対する即時抗告などの手続を定めなければならないが，これが事案の解決に資するとはいえないこと，③家庭裁判所と地方裁判所間での通知制度を設けることは容易でないことである[163]。しかし，旧法時においては，審判手続を中止するというよりも，申立てを取り下げてもらうのが実務であると指摘されていたことからすると，今後の実務に注意が必要であろう。

3　家事調停申立てと家事審判手続の中止

家事審判手続の中止につき別表第2に掲げる審判事項においては調停との関係で家事手続275条2項に特別の定めが置かれている。すなわち家事調停の申立てがあった事件について家事審判事件が係属しているとき，または家事審判事件が係属している裁判所が同法274条1項の規定により事件を調停に付したときは，家事審判事件が係属している裁判所は，家事調停事件が終了するまで家事審判の手続を中止することができる。同一の事件について調停と審判が同時に申し立てられた場合に，一方が解決すれば他方の解決も期待されるので，双方ともに手続を進行させる必要がないこと，また別表第2に掲げる事項についても合意に基づく解決を優先させることを理由とした取扱いである。旧家審規30条，130条にも同趣旨の定めがあった。調停と審判の関係としては，当事者が共通で紛争の内容が実質的に同一であるか，相当の程度に関連していて調停事件が解決すれば家事審判も実質的に解決する場合であればよい。

中止するかどうかは家事審判事件が係属している裁判所の裁量による。中止の裁判は審判以外の裁判であり，また手続指揮上の裁判であるから即時抗告をすることはできない[164]。中止の裁判はいつでも取り消すことができる。調停が不成立のときは審判手続が続行される。

---

[162]　本書旧版・212頁。

[163]　金子・逐条解説114頁。

第6章　家事審判事件の審理　　339

旧法の下では何らの手続を要しないで審判手続を進行できると解されてい
た[164]が，当事者に対する手続保障の観点から，中止の決定と同様に取り消し
の裁判をするべきである。

3　審判手続の終了

1　総　説

家事審判手続は，申立てが不適法であるか，あるいは処分をなす理由がな
いとするときは却下の審判により，また申立てが適法で理由があると認める
ときは申立てにそう審判をすることによって終了する。さらに申立ての取下
げ，調停の成立および当事者（事件本人）の死亡によっても審判手続は終了
する。このうち当事者（事件本人）の死亡と手続終了については，第4章第
5節2で扱った。審判については後（第7章）に扱う。ここでは申立ての取
下げについて説明する。

2　申立ての取下げ

(1)　家事審判事件と申立ての取下げの許否

旧法の下では申立ての取下げに関する定めがなかった。そのため一方で職
権事件と解される公益的な事件について取下げを認めるべきかについて見解
が対立することもあった。また別表第2に掲げる審判事件（乙類審判事件）
は紛争性が高く，申立て等につき当事者の処分を許すが，申立ての取下げを
認めるとしてもその要件・効果について民事訴訟と同様に解してよいかにつ
いては争いがあった[166]。

家事手続82条は，家事審判の申立ての取下げは特別の規定がない限り審
判があるまで許されることを認め，さらにその方式等についての定め，申立
ての取下げの擬制の定めを置いている。新しい規律である。この定めを置い
たのは，事件の開始については職権開始事件が少なく，基本的には申立てに
よって開始されること，申立てが当事者の意思に委ねられているのであれば，
申立ての取下げについても当事者の意思に委ねるのが相当であること，特に

---

(164)　金子・逐条解説831頁。なお民調規5条による民事調停の手続の中止に関し，
　　　最判昭和28（1953）・1・23民集7巻1号92頁は，裁判所の裁量に委ねられたも
　　　のであるという。

(165)　注解家審規198頁〈石田〉，実務講義案111頁。

(166)　旧法時における議論状況については本書旧版・235頁以下参照。

340 第1編　家事審判

考慮すべき場合については個別の規定で対応することが適当であることによる[167]。

(2)　家事手続法における申立ての取下げの規律の概観

家事審判事件であっても，別表第1に掲げる審判事件は相手方を予定せず，また告知によって効力を発生させることが原則であるが，別表第2に掲げる審判事件では相手方が存在し，また審判は確定することによって効力を生じるのが原則である。それゆえ申立ての取下げについてもすべての審判事件について一律に定めることができない。こうした状況を踏まえて家事手続法は申立ての取下げについて次のような規律をしている[168]。

まず別表第1に掲げる事項の審判事件についてみてみよう。申立ては審判があるまでその全部または一部を取り下げることができる（家事手続82条1項）。これが原則である。その例外をなすのは，申立ての取下げが裁判所の許可を得なければならないとする定めである（同121条に定める成年後見開始や後見人選任などである）。

別表第2に掲げる家事審判の申立ては，審判が確定するまで取り下げることができる（同82条2項）。この定めは82条1項の例外ともいえる。審判がなされたのちに申立てを取り下げるには相手方の同意が必要とされる。また財産分与に関する処分および遺産分割の審判については，申立ての取下げは相手方が本案について準備書面を提出し，期日に陳述した後にあっては相手方の同意が必要とされる（同153条，199条）。別表第2のその他の事件にはこの要件は課せられていないから，この定めは例外といえる。

また審判前の保全処分の申立ては，審判前の保全処分があった後でもその全部または一部を取り下げることができる（同106条4項）。これも同82条の定めの例外といえるが，この点については第5章第3節**3・3**(3)で扱った。

(3)　申立ての取下げの要件

家事審判の申立ての取下げの要件は，別表第1に掲げる事項の審判事件と，別表第2に掲げる事項の審判事件では異なるので，以下分けて説明する。

---

[167]　金子・一問一答140頁。

[168]　申立ての取下げの規律について，最高裁判所事務総局家庭局監修『家事事件手続法執務資料』（2013）178頁の図表がわかりやすい。

第6章　家事審判事件の審理

① 別表第1に掲げる事項の審判事件

(a) 原　則

申立てを取り下げることができるのは，審判があるまでである（家事手続82条1項）。別表第1に掲げる事項の審判に対しては即時抗告を許すものもあるが，申立ての取下げにこのような時期の制限が課せられるのは次の理由による。すなわち別表第1に掲げる事項は，申立人の利益のためだけでなく事件本人の利益のためにも効力を生じさせるものが多く，裁判所が公益的な性格のある事件について後見的な立場から裁判した以上は，申立人の意思だけでその効果を自由に失わせることは相当ではなく，また審判後に取下げを許すと自己に不利または不都合な審判を受けた者が申立てを取り下げるという不具合を生じさせる。この場合，家事審判では民事訴訟の再訴禁止効（民訴262条2項）を生じさせることができないので弊害が大きくなる[169]。

審判に対して即時抗告を許す審判では，抗告審においてはもはや申立ての取下げはできなくなる。また別表第1に掲げる事項の審判事件では相手方の存在を予定しないのが通例であるが，夫婦財産契約に基づく財産管理者の変更，扶養義務の設定および推定相続人の廃除の審判事件では，相手方が存在する。しかしこの場合でも申立ての取下げには相手方の同意を必要としない。

(b) 申立ての取下げに裁判所の許可が必要な場合

上記(a)の原則は，特別の定めがある場合には適用されない。この特別の定めが家事手続法上で定められているのは，後見開始の申立て，後見人選任，遺言の確認の申立ておよび遺言書の検認申立てである。いずれも申立ての取下げには家庭裁判所の許可を必要とする。

旧禁治産・準禁治産宣告制度およびその後継制度である成年後見制度のもとにおいては，開始申立てを取り下げることができるかについて学説上の争いがあった。家事審判制度全体を通じて検察官の申立てが定められているなど事件の公益的性格から取下げを許さないとする有力説が存在した[170]。しかし禁治産・準禁治産制度および成年後見制度において申立ては義務とされて

---

[169]　金子・一問一答140頁，金子・逐条解説267頁，基本法コンメ275頁〈垣内秀介〉。

[170]　山木戸・家事審判法44頁，家審法講座第1巻67頁〈綿引〉，注解家審法132頁〈安井光雄〉，鈴木忠一「非訟事件に於ける手続の終了と受継」鈴木忠一＝三ケ月章監修『新実務民事訴訟講座第8巻』（1981）42頁。

いないこと，申立てがなくては裁判所は職権で審理・裁判はできないこと，関係者の自主的な対応がなされている場合まで国家が職権で介入することはできないとして，申立ての取下げを許すのが通説であり，実務であった[171]。また申立ての取下げの濫用としてこれを認めないとする実務も報告されていた[172]。

これに対して家事手続法は，申立ての取下げの自由を前提としながら，後見開始，保佐開始および補助開始の申立ては，審判がなされる前であっても，家庭裁判所の許可を得なければ取り下げることができないと定める（同121条1号，133条，142条）。取下げをするときはその理由を明らかにしなければならない（家事手続規則78条1項）。申立人が自ら候補者とした者が後見人に選任される見込みがないことを知って，その申立てを取り下げる（先に掲げた東京高決平成16（2004）・3・30のケース）と，後見開始の要件が充足しているのに後見開始の審判ができず，事件本人の保護に欠けることになるからである[173]。

申立ての取下げ許可の申立てがあったときは，家庭裁判所は取下げの理由，手続の進行の程度，事件本人の状況等を踏まえて判断する。他の申立権者が申立てまたは当事者参加した場合は，当初の申立人の取下げを許可してよいが，審理の経過から後見開始の審判をする蓋然性が高いと判断されるときは許可申立てを却下すべきである。申立権を有する親族が申立人以外にも存在する場合など，裁判所が参加を促すなどの方法をとることが手続開始後の事

---

[171]　東京高決昭和56（1981）・12・3高民集34巻4号370頁（小山昇・判例評釈・判例評論287号184頁判旨賛成），東京高決昭和57（1982）・11・30家月36巻4号69頁（村井衡平・判例評釈・法律時報56巻7号115頁判旨賛成），東京高決平成16（2004）・3・30判時1861号43頁（岡部喜代子・判例評釈・判例評論554号184頁判旨賛成），橋本和夫「後見・保佐，監督に関する問題」判タ1100号（2002）228頁，佐上「禁治産・準禁治産宣告申立ての拘束力」同『成年後見事件の審理』（2001）315頁，323頁，同「後見人選任審判に対する不服申立て」井上治典先生追悼論文集『民事紛争と手続理論の現在』（2008）626頁，新井誠編『成年後見』（2006）166頁〈大門匡〉。

[172]　東京家裁後見問題研究会編『東京家裁後見センターにおける成年後見制度運用の状況と課題』判タ1165号（2005）67頁，坂野征四郎「成年後見開始事件にかかる審判実務と家事事件手続法」実践成年後見39号（2011）17頁。

[173]　金子・逐条解説386頁。

第6章　家事審判事件の審理　　343

件本人の看護，面倒見など後見人の代理権に含まれない様々な業務を果たす
うえで重要になると考えられ[174]，取下げの不許可の判断には慎重さが求めら
れよう。保佐，補助についても同様である。

(c) 後見人選任の申立て

成年後見人または未成年後見人が欠けたときは，本人，親族その他の利害
関係人の請求によって後見人が選任されなければならない（民法843条2項，
840条1項，845条，任意後見4条4項）。旧法の下では必要に応じて新たな申
立てにより後見人を選任すれば足りるとして，申立てを取り下げることがで
きるとの見解があったが，事件本人の保護のために必要であることを理由に
申立てを取り下げることはできないとの見解が有力であった[175]。また民法
841条に未成年後見人選任申立てについては親権者に申立義務が課されてい
るとの解釈からも，申立てを取り下げることができないとされていた。

家事手続法は，申立てを取り下げることができることを原則としつつ，職
権では後見人を選任することができないために，取下げを裁判所の許可にか
からせることにした（同121条2号，180条，221条）。これらの場合，後見人
が存在しないことが明らかであるときは，事件本人の保護のため後見人を選
任する必要があり，しかも裁判所は職権で選任できないため，申立ての取下
げ許可の申立ては却下されることになる。

(d) 遺言の確認および遺言書の検認

遺言の確認は，遺言の内容が遺言者の真意に出たものであることを確認す
るものであって，遺言に立ち会った証人の一人または利害関係人が，遺言の
日から20日以内に申し立てなければならない（民法976条4項）。この期間
を経過した申立ては不適法として却下される。旧法の下では遺言の確認の申
立ては申立人以外の者の利益を害する結果となるときは，申立人の一人の一
存で遺言の効力が左右されるのは好ましくないとして，申立ての取下げには
他の申立権者の同意が必要であると解されていた[176]。

家事手続法は，申立ての取下げが原則であるとしつつ，家庭裁判所の許可

---

(174) 金子・逐条解説386頁。

(175) 村崎満「取下」判タ250号（1970）130頁，山木戸・家事審判法44頁，実務講
義案114頁。

(176) 岡垣学「危急時遺言の確認」判タ150号（1963）29頁，小林崇「危急時遺言と
確認手続」判タ1100号（2002）461頁，なお本書Ⅱ・365頁参照。

を得なければならないとした（同 212 条）。

　また遺言書の検認は，もっぱら遺言の方式に関する事実を調査して遺言書自体の状態を確定し，その現状を明確にするためのものである。遺言書の保管者または遺言書を発見した相続人には申立義務が課されていると解される（民法 1005 条）。この申立ての義務的性格から旧法の下では取下げは許されないとされていた。しかし家事手続 212 条は，取り下げることができるとしつつ，家庭裁判所の許可を必要としている。申立て後に遺言書を滅失した場合，遺言書でないことが明らかになった場合，生存者の遺言書につき検認が申し立てられた場合などは取下げが許可される[177]・[178]。

　②　別表第 2 に掲げる事項の審判申立ての取下げ

　(a)　原　則

　別表第 2 に掲げる事項の家事審判の申立ては，審判が確定するまで取り下げることができる（家事手続 82 条 2 項）。取下げの時期が審判確定まで拡張されている点で，別表第 1 に掲げる審判事件と異なっている。別表第 2 に掲げる審判事件は，確定しなければ効力を生じないのが原則であり，また私的な紛争という性格が強く認められることも多く，審判がなされた後に申立てを取り下げるについても相手方の同意を必要とすることでその利益を保護することができる[179]。

　第一審の審判がなされるまでに申立てを取り下げるには，原則として相手方の同意を必要としない（この例外は次の②で扱う）。この点につき旧法の下では，遺産分割事件について見解の対立があったが，次に述べるように立法的に解決された。

　(b)　相手方の同意を必要とする場合

　旧法の下では特に遺産分割審判の申立ての取下げにつき，他の申立人または相手方の同意が必要かについては見解が対立していた。民事訴訟の訴えの

---

[177]　金子・逐条解説 660 頁。

[178]　旧法時には，以上のほか不在者の財産管理事件（別表第 1 第 55 項），後見人解任申立て（同第 8 項），親権喪失宣告申立て（同第 68 項）などについても，その事件の公益的性格を理由に申立ての取下げが許されないとする見解があった（これについては，本書旧版・236 頁参照）が，家事手続法には特別の定めがないので取下げに裁判所の許可は必要ではない。

[179]　金子・逐条解説 269 頁。

第6章　家事審判事件の審理　　345

取下げに準じて相手方の同意を必要とし，あるいは必要的共同訴訟に準じて他の申立人の同意を必要とするとの審判例がある[180]。しかし通説は，家事審判には既判力が生じないこと，相手方のために本案の審理をしなければならない実益はなく，相手方は自ら申立てをすることも可能であり，取下げによって格別の不利益は生じないことから，申立ての取下げに相手方の同意は必要がないと解していた[181]。

　家事手続法は，遺産分割審判の申立ては，審判の前であっても相手方が本案について準備書面を提出し，または家事審判の手続の期日において陳述した後にあっては，相手方の同意を得なければ申立ての取下げは効力を生じないとした（家事手続199条による153条の準用）。その理由として，遺産分割の審判は共同相続人間の遺産の分割について審理判断するものであり，申立人の利益のみならず相手方にも審判を得ることについて特に強い利益があると類型的に認められることから，その申立てに対して相手方が一定の手続行為をした以上は申立人が自由に取り下げることを許すのは相当でないことが挙げられている[182]。

　別表第2に掲げる事項の審判事件では，さらに財産分与に関する審判事件についても，上記の理由のほか，申立期間の制限があることを理由[183]に，審判前の申立ての取下げは相手方の同意を得なければその効力を生じないとされている（同153条）。しかし他方で，離婚に際して問題となる請求すべき按分割合に関する処分（別表第2第15項）も，婚姻期間中の按分割合の清算でありまた請求期間の定めがある（厚生年金保険法78条の2第1項）という点で財産分与と性質を同じくするが，申立ての取下げには相手方の同意を必要としない。この点について立法担当者は，請求すべき按分割合の処分の審判では，客観的な資料に基づいて早期に処理することができること，審判前であっても一定程度審理が進んだ場合でも相手方の審判を受ける利益が弱いことを理由とする[184]。しかしこの説明には納得できない。財産分与の申立て

---

(180)　大阪高決昭和49（1974）・11・6家月27巻7号49頁。

(181)　家審法講座第1巻68頁〈綿引〉，実務講義案118頁，本書旧版・237頁，高松高決昭和45（1970）・9・21家月23巻7号51頁。

(182)　金子・逐条解説630頁。

(183)　金子・逐条解説494頁。

(184)　金子・逐条解説703頁以下。

と請求すべき按分割合の処分の申立てが同時になされたが，申立ての取下げにつき規律を異にするのは当事者にとっても納得のいく合理的なものであるかは疑問であり，審理が容易か否かで取下げの許否を判断する基準とすることは説明がつかない。また相手方にとって審判の利益が生じるという点についていえば財産法的な性格の強いとされる婚姻費用分担，扶養の程度・方法の審判についても同様のことがいえるはずである。申立ての取下げにつき相手方の同意を要する事件とそうでない事件の区別は，家事手続法では明確でないといわざるを得ない。

(c) 同意を要する相手方

遺産分割の審判において申立人のうちの一人または相手方のうちの一人のみが即時抗告した場合に，他の相続人が抗告審においては相手方となる。この場合，原審の申立人が申立てを取り下げる際の相手方となるのは，抗告人のみならず原審において相手方とされていた者を含むと解すべきであろう。家事審判手続では，民事訴訟の共同訴訟のような関係はなく，原審と抗告審において立場が入れ替わることがあるからである。

(4) **申立ての取下げの手続**

家事審判の申立ての取下げは，家事審判の手続の期日においては口頭ですることができるが，それ以外の場合には書面でしなければならない（家事手続82条5項による民訴261条3項の準用）。取下げに相手方の同意を要しないときは，裁判所書記官は申立ての取下げのあった旨を当事者および利害関係参加人に通知しなければならない（家事手続規則52条1項）。取下げに相手方の同意を要する場合に相手方が同意したときは，裁判所書記官はその旨を当事者および利害関係参加人に通知しなければならない（同2項）。

(5) **申立ての取下げの擬制**

家事審判の申立人および申立ての取下げに相手方の同意を必要とする場合に，当事者双方が連続して二回呼出しを受けた家事審判の期日に出頭せず，または陳述しないで退廷したときは，家庭裁判所は申立ての取下げがあったものとみなすことができる（家事手続83条）。

民事訴訟の手続と同様に，当事者が手続の追行に不熱心で手続の円滑な進行が阻害され，当該手続が終了しないまま長期にわたって裁判所に係属する事態を避けるためである[189]。旧家審法の下では存在しなかった規律である。もっとも家事審判事件においては，公益的・後見的な見地から手続を終了さ

第6章　家事審判事件の審理　　347

せることが適当でないと考えらえる場合が想定されるため，裁判所の裁量に
よってこの効果を発生させることができる[186]。

　この「取下げがあったものとみなす」という裁判所の措置の法的性質は，
調停をしない措置（家事手続271条）と同様に，裁判でない措置と解されて
いる[187]。家事手続82条の規定により家事審判の申立ての取下げがあったと
みなされる場合には，その旨を当事者および利害関係参加人に通知しなけれ
ばならない（家事手続規則52条3項）。民事訴訟の場合と異なり，法律上当
然に取下げの擬制の効果が生じるのではないから，法律関係を明確にするた
めである。

(6)　当事者の合意による申立ての取下げ

　別表第2に掲げる事項の審判手続において，手続外で当事者間に合意が成
立したときは，あわせて申立てを取り下げる旨の合意がなされることになろ
う。この合意については民事訴訟の訴え取下げの合意と同様に扱ってよい。
申立ての取下げの合意が裁判所に明らかになれば，申立ての利益を欠くこと
になり申立てを却下することになる[188]。

(7)　申立て取下げの効果

　申立ての取下げが効力を生じたときは，家事審判の手続は取下げのあった
部分については，はじめから係属していなかったものとみなされる（家事手
続82条5項による民訴262条1項の準用）。審判の後に申立てが取り下げられ
た場合でも，民訴262条2項は準用されていないために，いわゆる再訴禁止
効は生じない。家事審判の手続においては審判の効力を受ける者が申立人で
あるとは限らないこと，申立資格を有する者が複数予定されることがあるこ
と，実体的な真実に合致した裁判をする必要性が高いこと[189]等から，なお審
判によって解決する余地を残しておく必要があるからである。

---

(185)　金子・逐条解説271頁。

(186)　申立ての取下げの擬制をしない事件の基準は明確でない。一方では公益性・後
　見的見地から取下げを裁判所の許可に係らせている事件がある。それ以外では取
　下げが自由とされているのに，なお裁判所が取下げの効果を生じさせないで審理
　を続行する事案がどのようなものであるか疑問が生じる（基本法コンメ278頁〈垣
　内〉）。

(187)　条解家事手続規則132頁。

(188)　基本法コンメ277頁〈垣内〉。

(189)　金子・逐条解説268頁。

3　調停成立による審判手続の終了

　家事審判手続中の事件につき家庭裁判所が調停に付した場合，または当事者から調停の申立てがあった場合において，調停手続において調停が成立し，または調停に代わる決定が確定したときは，審判手続は当然に終了する。

4　当事者・事件本人の死亡

　家事審判の申立権，または審判の目的をなす法律関係が一身専属的なものであるときは，申立人または事件本人の死亡によって審判の対象が消滅するので手続は当然に終了する。ただどのような法律関係が一身専属的と解されるかについては，議論がある。この点については手続の受継に関連して説明した（第4章第5節3参照）。

第7章 審 判

第1節 審判の意義と性質

1 審判の意義

審判という用語は，家事手続法および家事手続規則においてひんぱんに用いられている。そのほとんどは家庭裁判所の観念的な行為（判断，意欲の表示）を意味しているが，家事手続法による手続を指すこともある。

旧法の下では，家庭裁判所の本案に関する裁判のほか，手続上の付随的事項に関する裁判もすべて審判と呼ばれていたが，家事手続法は審判を次の場合に用いることにしている[1]。すなわち，①審判手続における審判（家事手続39条）として。これには別表第1および第2に掲げる事項についての審判，各種審判前の保全処分の審判，各種管理者の改任の審判，審判に対する再審開始決定後の本案についての審判，審判の取消し・変更の審判などがある。②家事調停手続における審判として。これには家事調停の申立てを不適法として却下する審判（同255条2項），調停に代わる審判（同284条），およびこれに対する異議の申立てを却下する審判（同286条3項）などがある。③履行の確保の手続における審判として義務の履行を命じる審判（同290条）がある。

これ以外の場合の家庭裁判所の裁判は，審判ではなく「裁判」と呼ばれることになった。これには，①家事審判の手続における派生的または付随的な事項に関するもの。たとえば移送についての裁判（家事手続9条2項），除斥・忌避についての裁判（同10条～16条），利害関係参加の許可についての裁判（同42条），記録等の閲覧許可申立てについての裁判（同47条），証拠調べの申立てについての裁判（同56条），遺産の換価を命ずる裁判（同194条），調停前の処分（同266条），調停に付する裁判（同274条1項）などがこ

---

(1) 金子・一問一答128頁。

れにあたる。②本案に関する裁判であるが，本案についての終局的判断を示すものではないもの。審判または調停調書の更正決定（同77条，269条），中間決定（同80条）がこれにあたる。

審判と審判以外の裁判を区別することは，審判書の作成の要否（同76条，81条1項）や不服申立てのあり方に意味をもつ。これらの詳細は，該当の個所で説明する。

家庭裁判所の審判は，裁判の形式からみれば「決定」であるが，特にそのように呼ばれるのであり，高等裁判所が家事審判の抗告審としてする裁判は決定であって審判とは呼ばれない（家事手続91条2項，「審判に代わる裁判」という）。しかし高等裁判所が原審判を取り消して自ら事件について裁判するときは審判に代わるものであるから，審判と同一の効力を有する。

以下においては狭義の家事審判手続において家庭裁判所が行う観念的な行為という意味での審判について説明を加える。審判以外の裁判については，その該当箇所で必要に応じて説明する。

2　審判の性質
1　裁判か否か

家事審判は民事裁判権を担当する家庭裁判所が行うものであるから，一般的には裁判であるといってよい。しかしすでに述べたように，家事審判事項には種々雑多な事項がある。別表第2に掲げる審判事項や別表第1第86項に掲げられている推定相続人の廃除の審判のように，法的紛争に対する裁判といって何ら問題のないものがあるが，他方で果たして裁判といえるのか疑問が提起されているものもある。そのような例として，相続の限定承認の申述の受理（別表第1第92項），相続放棄の申述の受理（同95項），遺言の確認（同102項），遺言書の検認（同103項）および相続人捜索の公告（民法952条2項）などが挙げられている[2]。

たしかにこれらの審判は争いのある事実の確定と法の適用あるいは具体的な法律関係の形成という意味合いは希薄である。事実状態を公証することに意味がある。もともと非訟事件では法律関係ないし法律状態等の「公証ない

---

[2]　家審法講座第1巻70頁〈綿引末男〉，注解家審法551頁〈飯島悟〉，実務講義案120頁，梶村＝徳田・家事手続法230頁〈大橋真弓〉など，通説といってよい。

し認証」という役割が大きな位置を占めていた。現在では公証事務の大半は公証人や裁判所書記官に委ねられている。そうした中でも裁判所にもその役割が割り当てられているのは，その審判の後に財産管理人の選任と監督等の事務があるためである[3]・[4]。

2　審判内容の区別

審判は多くの場合法律関係を形成することを内容としている。別表第1に掲げる事項について当事者には処分権がなく，審判によって法律関係の変動が生じる（成年後見の開始，取消し，後見人の解任，親権の喪失・制限等）。別表第2に掲げる審判事項については，当事者が協議によって定めることができるが，協議が調わないときは，申立てによって裁判所が具体的な法律関係を形成する（財産分与，扶養の程度・方法，遺産の分割等）。これらの審判は形成的な審判といえる。

遺言書の検認は，遺言書の性質形状を確認するだけで，遺言書の状態を保存するものであるから，確認的な審判といえる。

家事審判のうち財産分与，親権者または監護者の指定または変更，扶養の

---

(3)　家庭裁判所発足後しばらくは，限定承認や相続放棄の申述受理は裁判所による公証行為だと解されていたが，徐々に裁判に準じるものとして把握されるようになる。たとえば山木戸・家事審判法46頁は，遺言の確認の審判についても「遺言書の真否すなわち遺言が遺言者の真意に基づいたものかどうかを判断する一種の確認行為であって，それらは広い意味での家庭裁判所の裁判であるということができる」という。この見解は，これらの事件や子の氏の変更などの「軽微な事件」は家庭裁判所から簡易裁判所へ移管させるべきであるとする家事審判官らの意見に対抗する形で登場したものである。そして限定承認や相続放棄事件において，実質的審理を必要とするとの立場をとることになる。その問題点については，佐上「相続放棄申述受理の審判について」谷口安平先生古稀祝賀『現代民事司法の諸相』（2005）379頁以下参照。

(4)　旧法時において，相続人捜索の公告（旧家審法9条1項甲類32号）は，「裁判」でないとされていた（家審法講座第1巻70頁〈綿引〉，梶村＝徳田・家事手続法411頁〈大橋〉）。たしかに公告だけを取り出せば裁判とはいえない。しかし公告だけが存在したのではなく，相続人不存在の財産管理人選任の審判がなされ，公告はそれを周知するための措置であり，これに第1回相続人捜索の意味が付与されているのである（本書II・343頁）。家事審判事件では多様な裁判所の関与が必要になる。裁判所の行為のレベルを審判として把握するかの理解の仕方になるが，付随する措置や処分，事実的行為まで対象にする必要はない。

程度・方法あるいは遺産分割等の審判では，金銭の支払い，物の引渡し，登記義務あるいは子の引渡しなどの給付を命じることができる（第5章第2節2・2(5)⑩参照）。申立人の給付請求権の認容の結果として給付が命じられるのではなく，家庭裁判所が形成した具体的法律関係の迅速な執行を可能とするために付随的な処分として給付が命じられる。この点で民事訴訟の給付判決と決定的に異なる。

3　審判の種類

1　概　説

家事審判における審判は，民事訴訟における判決に準じて中間的なものと終局的なものに区別することができる。移送の裁判，審判前の保全処分，証拠調べに関する決定などは中間的な裁判といえるが，家事手続法は審判の前提となる法律関係の争いその他中間の争いに関する裁判のみを，民事訴訟の中間判決の規律によって中間決定と呼ぶことにした（家事手続80条)(5)。審判の前提となる法律関係の例としては，遺産分割審判における遺産の範囲の争いがあり(6)，中間の争いの例としては，国際的な裁判管轄など申立ての適法要件についての争いなどがある。

中間的な裁判は終局的な判断をするものではないので，「審判以外の裁判」（家事手続81条）である。しかし中間の裁判の判断に従って終局の審判がなされることになるから，その判断に至った理由が明確に示されていることが必要であるから，中間決定は審判書を作成しなければならない（同80条2項）。

係属中の事件の全部または一部につき当該審級の審理を終結させる審判が終局審判である。これには一部審判と全部審判があり(7)，また手続要件の欠缺を理由とする審判と本案に関する審判とが区別される。審判手続においては本案の棄却と手続要件欠缺による却下は表現上区別されていない。いずれも申立てを却下するといわれる。

---

(5)　金子・一問一答260頁。

(6)　東京家審（中間）昭和51（1976)・1・28家月28巻9号77頁参照。

(7)　一部審判をなしうるか否かは，主として遺産分割において遺産の全部を一括して分割しなければならないか，あるいは遺産の一部のみの分割も許されるかに関連して争われている。一律に許されないとするのではなく，個々の実情に応じて判断されることになる。

2 手続要件（訴訟要件）と却下の審判

(1) 意 義

非訟事件である家事審判手続においては，民事訴訟の訴訟要件に対応する本案審理または本案の審判の要件をなす手続要件は理論的に十分に体系化されていない。手続の開始自体について職権事件と申立事件の区別があり，相手方ないし事件本人の存在が予定される事件と予定されない事件があり，さらに手続上の問題と実体上の問題を明確に区別しがたいこと等々から，家事審判事件全体について手続要件を整理することが困難だからである。ここではごく簡単に触れるにとどめる。

(2) 手続要件となる事項

民事訴訟においてもどのような事項が訴訟要件になるかについて統一的に規定されているわけではない。理論上個々の訴訟要件は，①裁判所，②当事者および③申立てに関する事項として整理されている。一応これにならって家事審判手続における手続要件を考えてみよう。

① 裁判所に関する事項

家庭裁判所が職分管轄，土地管轄を有することが必要であり，渉外事件についてはわが国の裁判所に国際裁判管轄が認められなければならない。また申立てが適式になされ，別表第2に掲げる審判事件については，申立書の写しが適式に送付されていること（家事手続67条1項）が必要であると解すべきであろう。

② 当事者（事件本人）に関する事項

当事者または審判の効力を受ける事件本人が実在すること，当事者が有効に申立てを行ったこと（申立時に申立人が手続行為能力を有し，あるいは代理人が代理権を有していること）が必要である。民事訴訟では当事者適格が問題となるが，家事審判ではごく限られた例外的な場合に代位による申立てが問題となるにすぎない（第4章第3節2・3参照）。また別表第2に掲げる審判事件では，申立人と相手方が存在するのが通例である。しかし遺産分割審判において相続人全員が共同して申し立てる場合には，相手方を欠くことになるが，申立ては適法である。また数人が共同で申立てをなし，あるいは数人が相手方となっている場合に，この共同関係は当該審級限りであり，上級審では異なる共同関係が成立することがある。民事訴訟の共同訴訟関係が手続の開始から終結時まで維持されているのとは異なる（第4章第1節3参照）。

354 第1編 家事審判

③ 申立てに関する事項

申立てが家事手続別表第1，第2に掲げる審判事項またはその準用（類推適用）が許される審判事件でなければならない。婚姻事件の審判事項は内縁関係には準用されるが，相続に関する審判事件には内縁関係には準用されない[8]。家事審判事項は制限列挙であると解すべきである（第3章第1節2参照）。家庭裁判所に係属している事件と同一内容の事件について他の家庭裁判所に申し立てることはできない（重複申立ての禁止）。申立てを併合し，あるいは申立てを変更するにはその要件を満たさなければならない（家事手続49条3項，50条）。

民事訴訟において問題となる訴えの利益（申立ての利益）は，家事審判事件においては申立認容の実体的要件と区別することが困難であることが多いであろう。たとえば，成年後見人解任の申立てについていえば，解任事由として民法846条は，(a)不正な行為，(b)著しい不行跡，(c)その他後見の任務に適しない事由を挙げている。この要件に該当する具体的事由の評価が解任の申立てを認容させるのであるから，独自に申立ての利益を観念することはできないといえよう。

ひとたび申立却下の審判を受けた場合に，同一内容の申立てをすることが許されるかという問題については，家事審判の既判力との関係で議論がある。後述する（第4節3・7参照）。

第2節　審判の成立と告知

1　審判書の作成

1　審判書

(1)　作成の原則

審判は審判書を作成しなければならない（家事手続76条1項）。審判に対して即時抗告を許す場合には，当事者が審判の理由を知り即時抗告をするか否かの判断をするし，抗告審は原審判の判断理由を知ることができる。裁判所の判断とその理由を明確にするために審判書の作成が原則となる。

審判以外の裁判については審判書の作成は必要的ではない（家事手続81条

---

(8)　最決平成12（2000）・3・10民集54巻3号1040頁。

第7章 審　判　　355

1項による76条1項の準用除外)。しかし中間決定及び更正決定は裁判書を作成しなければならない特例が定められている(同77条2項，80条2項，258条1項)。

(2)　代用審判

即時抗告をすることができない審判については，申立書または調書に審判の主文を記載して裁判官が記名押印して審判書に代えることができる(家事手続76条1項ただし書き)。これを代用審判と呼んでいる。代用審判はもともと非訟事件の裁判が簡易迅速になされることから認められる制度である[9]。家事審判手続の審判は期日における言い渡しがなく，また申立てまたは職権による取消し・変更の対象となりうることを考えると，その運用は慎重であるべきであろう。

合意に相当する審判および調停に代わる審判に対しては即時抗告をすることができない(異議申立てに限られる。家事手続279条，286条)が，判断内容を示す必要があるため審判書を作成しなければならない(同258条1項による76条1項ただし書きの準用除外)。旧法下においても合意に相当する審判は，人事訴訟の簡略な手続であり，また確定すると確定判決と同一の効力を有することになるから，審判書の作成を省略することができないと解されていた[10]。

2　審判書の形式

審判書には，①主文，②理由の要旨，③当事者および法定代理人および④裁判所を記載し(家事手続76条2項)，裁判官が記名押印しなければならない(家事手続規則50条1項)。旧家審規16条1項は，家事審判官が署名押印しなければならないと定めていたが，記名押印をもってこれに代えることができると解されていた[11]。家事手続規則はこの実務を肯認した。以下，主文と理由について説明する。

(1)　主　文

申立てが不適法であるときおよび申立てが理由がないときは，いずれも

---

(9)　旧非訟法17条1項ただし書き参照。この点については，根本松男『非訟事件手続法釈義』(1948)68頁参照。また新非訟57条1項ただし書きにも同じ定めがある。

(10)　家審法講座第3巻314頁〈加藤令造〉，実務講義案361頁，本書旧版・244頁。

(11)　最判昭和45(1970)・11・20家月23巻5号72頁。

「本件申立てを却下する」と記載する。申立てを認容する審判の主文は，事件の種類に応じてそれぞれ異なるが，審判によって形成される法律関係や命じられる給付の内容が簡潔に表示される[12]。

(2) 理由の要旨

審判書に理由が必要なことは判決の場合と異ならない。一般に裁判に理由の記載が求められるのは，判断の客観性と公正さを担保することにその目的がある。審判については理由の要旨の記載で足りるとされているのは，家事事件の迅速な処理の要請からすると常に詳細な理由を記載すべきことを要求することは相当でないからである[13]が，別表第2に掲げる審判事件においては当事者間の利害の対立が深刻で家庭裁判所調査官の調査を経ている場合などは要旨の記載では足りないといえよう[14]。

審判以外の裁判については，裁判書の作成は必要的ではない（家事手続81条1項による76条1項の準用除外）。これに対して中間決定及び更正決定は審判書を作成しなければならないとの特別の定めがある（同77条2項，80条2

---

(12) 戸籍訂正に関する審判事件において，戸籍訂正が複雑な事案では訂正の範囲，方法を個別的に主文に掲げることが困難となり，かえって不正確な訂正となりかねないおそれがある。そのため審判の主文には訂正の基本的事項についての概括的な指示のみを掲げ，これに基づく具体的訂正はすべて戸籍事務管掌者の処理に委ねるとする，いわゆる概括的記載の方法が認められる。この点については本書II・465頁参照。

(13) 金子・逐条解説250頁。

(14) 東京高決昭和53（1978）・10・13家月31巻3号92頁は，「原審判には，その主文に先立って『上記申立人……からの当庁……準禁治産宣告事件……，保佐人選任審判事件について，当裁判所はその申立てを相当と認め次のとおり審判する』との記載があるところ，右にいう『その申立てを相当と認め』とは，原裁判所が，その取り調べた資料に基づいて審理した結果，……申立てのとおり事件本人が心神耗弱の状態にあって準禁治産の宣告をするのを相当と認めた趣旨であることが明らかであり，本件のようにもともと対立当事者およびその間の紛争の存在を予定しないいわゆる甲類審判事件においては，その審判に対し即時抗告が許される場合であっても，なお，右の程度の理由の記載をもって，家事審判規則16条にいう『理由の要旨』の記載を欠くものとまでいうことはできない」という。この決定に対し注解家審規171頁〈飯島悟〉は，救済的な裁判例であるという。しかし上記の「相当と認め」とは結論であって，裁判所がなぜそのように判断したか，その判断過程が理由といえるのであるから，上記のような審判は明らかに理由の要旨の記載を欠く違法なものといわざるを得ないであろう。

第 7 章 審 判　　　357

項，258条1項）。

2　審判の告知と通知

1　告知の方法

　審判は非訟事件である家事審判手続における裁判であるから，判決と異なって言渡しがない（民訴252条参照）。審判は当事者，利害関係参加人および審判を受ける者に対して告知しなければならない（家事手続74条1項）。告知は裁判の内容を知らせることをいう。告知されることによって審判の効力を生じるのが原則である（同2項）。告知は相当と認める方法ですることができる（同1項）。それゆえ，①言い渡し，②書記官による交付送達（民訴100条参照），③執行官・郵便事業者による交付送達（同99条），④書留郵便による送達（同107条），⑤普通郵便による送付，⑥請書による直接交付などの方法がある[15]。

　告知によって審判を受ける者が審判のあったことを了知し，次にとるべき手段を誤らせないことが必要であるから，即時抗告の許されている事件や戸籍の届出を必要とし，かつ，届出期間の定めのある事件（後見人の選任や就籍許可等）では，前記②③ないし⑥の請書による直接交付が行われ，即時抗告の許されない事件や戸籍届出の必要のない事件では，⑤の普通郵便による送付によるとされている[16]。

　告知は受領によって完了し，発信主義を採らない。告知を受けるべき者が所在不明の場合などには公示送達以外の方法がないので，明文規定はないもののこれを認めるべきである。民事訴訟の場合と異なって，申立てを必要とすることなく職権でなしうる[17]。

　審判の告知がなされたときは，裁判所書記官はその旨および告知の方法を

---

[15]　実務講義案127頁，梶村・実務講座家事手続法96頁参照。

[16]　実務講義案127頁。

[17]　山木戸・家事審判法47頁，家審法講座第1巻72頁〈綿引〉，実務講義案127頁。相続の限定承認，相続放棄の申述の受理などは，そもそも審判という概念に入らないと考える説によれば，これについては告知も必要でないとされる（注解家審法551頁〈飯島〉）。しかし限定承認についていえば，限定承認者は受理後5日以内に相続債権者および受遺者に対して限定承認をしたこと，一定の期間内に請求の申出をなすべきことを公告しなければならない（民927条1項）のであるから，告知は必要と解すべきである。

家事審判事件の記録上明らかにしなければならない（家事手続規則 50 条 3 項）。

2 告知を受ける者

旧法の下では，審判はこれを受ける者に対して告知しなければならないと定められていた（旧家審法 13 条）。審判を受ける者が誰であるかについて，一般的には関係人（当事者）および事件本人など，具体的な審判の内容により，一定の行為または負担を命じられた者，資格または権能を与えられた者あるいはこれを奪われた者などをいうと解されていた[18]。従って審判事件ごとにこれを定めていく必要があった。

これに対して，家事手続法 74 条 1 項は，「審判は，特別の定めがある場合を除き，当事者及び利害関係参加人並びにこれらの者以外の審判を受ける者に対し，相当の方法で告知しなければならない」とし，同第 3 項で「申立てを却下する審判は，申立人に告知することによってその効力を生ずる」と定めている。当事者とは，申立人および相手方であり，利害関係参加人は同法 42 条によって参加した者である。審判は，これ以外に特別の定めにより告知を受ける者が定められている。これによって家事事件手続法の下では，個別の審判ごとに，審判を受ける者となるべき者，審判の告知を受ける者が特定されることになる。

特別の定めのあるのは次の場合である。該当する審判と告知を受ける者（受けない者）を一覧表にしておこう。

審判の効力を受けるべき者・審判の告知を受ける者の特則の一覧表

	家事手続条文	審 判	74 条 1 項以外で告知を受ける者
1	122 条 1 項 1 号	後見開始の審判	成年被後見人となるべき者に通知
2	2 号	成年被後見人に宛てた郵便物等の配達の嘱託の審判	成年被後見人に通知
3	同 3 項 1 号	後見開始の審判	成年後見人に選任される者，任意後見人任意後見監督人
4	同 3 項 2 号	後見開始審判の取消し審判	成年後見人，成年後見監督人
5	同 2 項 3 号	成年被後見人に宛てた郵便物等の配達の嘱託の取消し・変更の審判	成年後見人
6	131 条 1 号	保佐開始の審判	保佐人に選任される者，任意後見人任意後見監督人

[18] 市川四郎「家事事件における実務上の問題と判例」家月 8 巻 12 号（1956）26 頁，注解家審法 596 頁〈飯島〉，実務講義案 132 頁。

第7章 審 判　　　　　359

7	同2号	保佐人の同意を得なければならない行為の定めの審判	保佐人，保佐監督人
8	同3号	保佐人の同意に代わる許可の審判	保佐人，保佐監督人
9	同4号	保佐開始審判の取消しの審判	保佐人，保佐監督人
10	同5号	上記第2号審判の取消しの審判	保佐人，保佐監督人
11	同6号	保佐人に対する代理権付与の審判	被保佐人，保佐監督人
12	同7号	上記第6号審判の取消しの審判	被保佐人，保佐監督人
13	140条1号	補助開始の審判	補助人に選任される者，任意後見人　任意後見監督人
14	同2号	補助人の同意を得なければならない行為の定めの審判	補助人，補助監督人
15	同3号	補助人の同意に代わる許可の審判	補助人，補助監督人
16	同4号	補助開始審判の取消し審判	補助人，補助監督人
17	同5号	上記第2号の審判の取消しの審判	補助人，補助監督人
18	同6号	補助人に対する代理権付与の審判	被補助人，補助監督人
19	同7号	上記第6号審判の取消しの審判	被補助人，補助監督人
20	148条4項	失踪の宣告の審判	不在者に告知を必要としない
21	149条3項	失踪宣告の取消しの審判	住所・居所が判明している限り失踪者
22	164条5項	特別養子縁組成立の審判	①養子となるべき者に対し親権を行う者　②養子となるべき者の未成年後見人　③養子となるべき者の父母に対して親権を行う者　④養子となるべき者の父母の後見人
23	同6項	特別養子縁組成立の審判	養子となるべき者に告知を必要としない
24	同7項	特別養子縁組成立の審判	養子となるべき者の父母が知れないときは養子となるべき者の父母，上記③④に告知することを要しない
25	165条5項	特別養子縁組の離縁の審判	養子に対し親権を行う者，養子の後見人　養親の後見人，養子の実父母に対し親権を行う者，養子の実父母の後見人
26	同6項	特別養子縁組の離縁の審判	養子に対しては一切の事情を考慮して告知を要しないことがある
27	170条1号	親権喪失・親権停止・管理権喪失の審判	子（ただし年齢等を考慮）
28	同2号	上記審判の取消しの審判	子，子に対し親権を行う者，子の未成年後見人
29	194条4項	換価を命ずる審判	遺産分割の当事者
30	207条	相続財産の換価を命ずる審判（194条の準用）	特別縁故者財産分与の申立人

31	213条1号	遺言執行者の解任の審判	相続人
32	同2号	負担付贈与に係る遺言の取消しの審判	負担の利益を受けるべき者
33	222条1号	任意後見契約の効力発生のための任意後見監督人選任の審判	本人，任意後見受任者
34	同2号	後見開始，保佐開始，補助開始の審判等の取消しの審判	成年後見では成年後見人，成年後見監督人（保佐人・保佐監督人，補助人・補助監督人）
35	同3号	任意後見人の解任の審判	本人，任意後見監督人
36	同4号	任意後見契約の解除許可の審判	本人，任意後見人，任意後見監督人
37	230条1項	市町村長の処分に対する不服申立てを却下する審判	市町村長
38	237条	都道府県の措置についての承認の審判，期間の更新の審判	児童を現に監護する者，児童に対して親権を行う者，児童の未成年後見人
39	240条5項	施設への入所の許可の審判	被保護者に対して親権を行う者，被保護者の後見人

　この表から確認できるのは，29，30を除くと，特別の定めがあるのはすべて別表第1に掲げる審判事件であることである。別表第1に掲げる審判事件では，申立人が自ら一定の行為または負担を命じられ，あるいは資格・権能を付与され，または奪われるだけでなく，申立人以外の者（事件本人）の法的地位の変動を生じさせることを目的とすることが多いことに原因がある。そしてこの変動に対して直接に影響を受ける利害関係人が存在している。

　家事手続法の定める特別の定めは，果たして問題がないといえるかについては検討が必要である。若干の事項を指摘しておこう。まず後見人解任・保佐人解任・補助人解任の審判は，当事者である申立人と審判の効力を受ける後見人等に告知される（家事手続74条1項）だけで，被後見人・被保佐人や後見監督人等には告知されない。また審判の通知もなされない。後見人等の辞任許可についても同様である。他方で遺言執行者の解任の審判は，相続人に告知される（上記31）。後見人や遺言執行者など他人の代理人である地位にある者が解任されたときは，代理人のない状態を生じ新たな申立てによって選任しなければならない状態は共通する。それにもかかわらず，審判の告知について差異を生じさせる根拠は明らかとはいえないのではなかろうか[19]。

　次に，親権者の指定・変更の審判は，当事者には告知されるが子には告知されない。子が告知を受けようとすると，自ら利害関係参加をしておかねばならない。自らの法的地位に重大な影響を及ぼすこの審判が告知されず，ま

た審判の通知もなされないことの理由は明らかではない。この審判において
は，15歳以上の子は手続行為能力を有し，その陳述を聴かなければならな
い（家事手続169条2項）とされているのであるから，告知を受けて当然と
いえよう。これと同様なのが親権者の辞任・回復の許可の審判である。ここ
でも15歳以上の子は陳述を聴かれる（同169条1項4号）が，告知は受けな
い。親権喪失・制限または財産管理権喪失の審判では，子は審判の告知を受
ける（上記27）こととの権衡からもこれらの場合の取扱いの合理性には疑問
があるといえよう。

3 審判の通知

審判の通知とは，裁判の内容以外の事実を知らせることをいう。家事手続
上「通知」については多くの箇所で定められているが，審判の通知とされて
いるのは，同122条1項1号に定める成年後見開始の審判の成年被後見人と
なるべき者への通知，同2号に定める成年被後見人に宛てた郵便物等の配達
の嘱託の審判の通知および同126条5項に定める後見命令の通知である。

この審判において成年被後見人となるべき者は，審判の効力を受ける者で
あり，家事手続74条1項の原則によれば告知を受ける者に該当する。しか
し審判を受けるには一定の能力が必要であるが，成年後見開始決定を受ける
者は精神上の障害により事理を弁識する能力を欠く常況にあるから，審判の
告知を受ける能力を定型的に欠いている[20]。そこで成年後見開始決定は，開
始決定を受ける者に重大な法的効果を生じさせるから，その保護のために審
判の通知をすることにした。旧家審規26条2項の規律を継承している。

4 審判の効力の発生時期

(1) 即時抗告のできない審判

家事審判の効力の発生時期は，当該の審判に対して即時抗告が許されるか
否かによって異なる。即時抗告のできない審判は，特別の定めのある場合を
除いて審判を受ける者（審判を受ける者が数人あるときはそのうちの一人）に
告知することによって効力を生じる（家事手続74条2項）。家事手続201条7

---

[19] 成年後見人，未成年後見人の解任事件について，本人は手続行為能力を有し，
また解任の審判については被後見人や相続人は即時抗告をなしえない（家事手続
123条1項4号，132条1項6号，141条1項5号，214条4号）という点でも共
通する。

[20] 金子・逐条解説388頁。

項は，限定承認や相続放棄の申述の受理の審判は，申述書にその旨を記載した時にその効力を生じると定める。これは特別の定めにあたる。

(2) 即時抗告をすることができる審判

即時抗告をすることができる審判は，確定しなければ効力を生じない（家事手続74条2項ただし書き）。家事審判の内容は，以下にも説明するように，形成的な内容を中心としているが，告知によって即時に効力を生じることにすると，即時抗告によって抗告審で審判が取り消された場合に法律関係が複雑となって，関係者に損失を被らせるおそれがあるため，確定をまって初めて効力を生じさせることにしている。旧家審法13条ただし書きも同様の考え方をとっていた[21]。家事手続法もこの規律を継承している[22]。

もっとも審判前の保全処分は，緊急性と暫定性に鑑みて，家事手続74条2項ただし書きが適用されず，告知によってただちに効力を生じる（同109条2項）。旧法の下でも同様に扱われていた（旧家審法15条の3第4項）。

(3) 申立てを却下する審判

申立てを却下する審判は，申立人に告知することによって効力を生じる（家事手続74条3項）。申立てを却下するする審判では，申立人が審判を受ける者であるから，申立人に告知することによって効力を生じる。同74条2項から導かれる内容であるが，明確性の観点から規定を置いたものである[23]。

5 公告・戸籍記載・登記の嘱託

(1) 公 告

家事審判の対象となる事件は，人の身分や相続法上の問題を対象とするから，手続に関与した者以外の一般第三者（利害関係人）に対しても影響を生じさせる事項が含まれている。審判による身分関係の変動や財産関係の処理は画一的に行う必要があるが，利害関係人の存在・所在が明らかでなく，告知や通知をすることができないことがある。そこで，審判の結果を公告することにしている[24]。

公告が用いられるのは失踪宣告（家事手続148条3項，家事手続規則88条），失踪宣告の取消し（家事手続149条，家事手続規則89条），相続人不存在の場

---

[21] 山木戸・家事審判法53頁。

[22] 金子・逐条解説245頁。

[23] 金子・逐条解説245頁。

合の相続財産管理人の選任（民952条2項，家事手続規則109条）などである。

(2) 戸籍記載・登記の嘱託

家事手続116条は，別表第1に掲げる事項に関する審判またはこれに代わる裁判で，最高裁判所の定めるものが効力を生じた場合（1号），または審判前の保全処分で最高裁判所の定めるものが効力を生じ，また失効したとき（2号）は，裁判所書記官は遅滞なく戸籍事務を管掌する者または登記所に対し，戸籍記載または任意後見等に関する法律による登記を嘱託しなければならないとする。これを受けて家事手続規則76条が戸籍記載の嘱託の必要な審判やその内容および嘱託の方法について定めている。これは親権または管理権の喪失の審判，未成年後見人を解任する審判，あるいは親権者の職務執行の停止の保全処分など，審判の効力を受ける者に戸籍届出の義務を負わせることが困難であるために，家庭裁判所の書記官に戸籍記載を嘱託させることにしているのである。

また成年後見制度の改正によって，後見，保佐および補助開始等は，戸籍の記載および官報での公告が廃止され，これに代えて後見登記がなされることになった（後見登記4条）。その登記の嘱託に関する家事手続規則の定めが設けられた（家事手続規則77条）。任意後見契約に関する登記も同様である（家事手続116条1項，規則77条1項）。

3 審判の無効

1 無効となる場合

民事訴訟において判決が無効であるとは，判決が上訴などによって取り消されなくてもその内容上の効力である既判力，形成力，執行力などを生じないことをいう。たとえば実在しない者を名宛人とした判決，わが国の裁判権に服しない者に対する判決，当事者適格を有しない者が得た判決などがある。しかし外形的には判決が存在するから，上訴または再審によって取り消すことができる。また当事者が相手方や裁判所を欺いて確定判決を入手した場合には，例外的に判決の無効を主張できるとする判例もある[25]が，通常は判決

---

(24) 旧家審規39条は，失踪の宣告をするには公示催告の手続を経なければならないと定めていた。しかしこの手続は，本来の公示催告とは趣旨を異にすることから，家事手続法は公告と称することになった（この点については，金子・逐条解説481頁，本書II・162頁）。

の成立過程や内容に法律違反があっても当然には無効ではなく，上訴や再審によって取り消される必要がある。

　家事審判においても審判の無効が問題となりうるが，民事訴訟の場合と同様に考えてよい。審判の無効を生じさせる手続上の理由と実体法上の理由にわけて論じられている。

　まず手続上の事項についてみてみよう。訴訟事項と非訟事項である家事審判事項に関する裁判権行使では，訴訟事項を家庭裁判所が家事審判手続によって裁判したときは無効になると解されている[26]。ただし家事審判の前提問題として扱った場合には，当該審判は有効である[27]。これに対して家庭裁判所の権限に属する審判事項を地方裁判所が裁判したとき（人訴32条の場合を除く）は，訴訟手続によったか審判手続によったかを問わずに有効となると解されている。訴訟手続によった場合には違式であるがより慎重な手続によったにすぎないことがその理由とされている。しかし家庭裁判所調査官による事実調査，子の意思の確認など訴訟手続では見られない慎重な手続を欠いた場合にも，裁判を有効と扱ってよいか疑問も残される（第5章第1節2・2(2)参照）。

　土地管轄違背は審判を無効とさせない。その他法律に従い裁判所を構成しなかった場合，除斥または忌避原因のある裁判官が関与した場合，代理権欠缺のままなされた審判，職権によってはなしえないのに職権で審判がなされた場合等は，いずれも当然には無効とはならない[28]。これらの審判は即時抗告によって取消しを求めることができるほか，再審の事由となることがある（第8章第7節3・1参照）。

　実体法上の理由による審判の無効についても，基本的には民事訴訟と同様に解される。そこで現行法上認めることができない法律効果を生じさせる審判，実在しない当事者（事件本人）に関する審判は無効であり，成年者を未

---

(25)　最判昭和44（1969）・7・8民集23巻8号1407頁。

(26)　鈴木忠一「非訟事件に於ける裁判の無効と取消・変更」同『非訟事件の裁判の既判力』（1969）73頁，家審法講座第1巻91頁〈綿引〉，注解家審法635頁〈飯島〉。

(27)　最大決昭和41（1966）・3・2民集20巻3号360頁。

(28)　鈴木（忠）・前掲注(26)非訟事件の裁判の既判力80頁，家審法講座第1巻91頁〈綿引〉，注解家審法635頁〈飯島〉。

成年者と誤って後見人を選任した場合，親権者が存在するのに後見人を選任した場合は，いずれも後見人を選任すべき法律関係になく後見人選任の効果が発生しないので無効である[29]。

2 無効の主張

審判の無効は，取消しをまたずに何人にもこれを主張できる。しかし外形上審判が存在しているので，即時抗告によって不服申立てをすることができる審判についてはそれにより，即時抗告のできない審判については家事手続78条1項によって取消し・変更を求めることができる。審判の確定後は再審によることができる場合がある。審判の無効確認の訴えは許されない[30]。

第3節　審判の取消し・変更

1　趣　旨

1　総　説

一般に裁判は，これを言い渡した裁判所を拘束する。裁判の自己拘束力と呼ばれる効力である。これがないと裁判はいつまでも安定しない。しかし家事手続78条1項は，「家庭裁判所は，審判をした後，その審判を不当であると認めるときは，次に掲げる審判を除き，職権で，これを取り消し，または変更することができる」と定めている。家事審判については，一定の制約があるが，その告知をした後であっても審判をした裁判所によって取り消し，変更ができるのであり，裁判の自己拘束力の大きな例外を認めている。家事審判を含む非訟事件の裁判は，権利または法律関係の終局的確定を目的とするのではなく，裁判所が後見的な見地から私人間の法律関係の形成に関与するものであり，裁判が実情にそぐわないことが明らかになったときは，これ

---

[29]　鈴木（忠）・前掲注[26]非訟事件の裁判の既判力84頁，注解家審法636頁〈飯島〉。

[30]　千葉地判昭和36（1961）・7・7判タ121号121頁は，審判無効確認の訴えについて，「審判は家事審判法によって認められた裁判の一形式であるから，論理上当然に無効である場合を除き，無効となることのないものであり，而して，当然無効の場合は，審判がないに等しいものであるから，その無効を主張して，更に審判を求め得べく，従って，この場合は訴えをもって無効の確認を求める利益がな（い）」という。また大阪地判平成10（1998）・3・23判タ976号206頁も，これと同旨を述べ，審判の無効は家事法で定められた不服申立て方法である即時抗告によってしか争うことができないという。

に拘束されることは適切ではなく，むしろ事実に適合するように裁判を変更することが必要だと考えられているのである。そのために裁判の取消し・変更の制度が認められている。審判の取消しとは，原審判の効力を消滅させることをいい，変更とは原審判の全部または一部を取り消し，または原審判の内容に付加して原審判に代わる内容の裁判をすることをいう。家事手続78条1項は，旧法下の規律（旧家審法7条による旧非訟19条の準用）を引き継いでいる[31]。

　また民法には家事審判の後に当該審判が取り消されることを定めている場合があり，さらに家事手続78条2項は事情変更による審判の取消し・変更にも触れている。以下においては，最初に家事手続78条1項以外の定めによる審判の取消し・変更について概観し，次いで同78条1項の適用される場合を確認し，最後に事情変更による審判の取消し・変更について説明することにする。

2　家事手続78条1項によらない審判の取消し・変更

⑴　民法に明文の定めがある場合

　家事手続78条1項の定めによることなく，民法が明文の規定を置いて確定した審判の取消し・変更を認め，家事手続法がこれを受けて別表に審判事項として掲げているものがある。次のようなものがある。①成年後見開始審判の取消し（民10条，別表第1第2項），②保佐開始審判の取消し（民14条，別表第1第20項），③補助開始審判の取消し（民18条，別表第1第39項），④不在者の財産管理人選任審判の取消し（民25条2項，別表第1第55項），⑤失踪宣告審判の取消し（民32条1項，別表第1第57項），⑥子の監護に関する処分（民766条3項，別表第2第3項），⑦離婚または認知の場合の親権者の変更（民819条6項，別表第2第8項），⑧親権喪失・親権停止または管理権喪失審判の取消し（民836条，別表第1第68項），⑨扶養の順位または扶養の程度・方法に関する処分の取消し（民880条，別表第2第9項，10項），⑩推定相続人廃除の審判の取消し（民894条，別表第1第87項）などがある。

　成年後見開始の審判の取消しを例にとって考えてみよう。成年後見開始の

---

　(31)　金子・逐条解説254頁。なお非訟・家事事件手続法制定に際して，非訟事件の裁判の取消し・変更に関する問題状況を整理したものとして，畑瑞穂「非訟事件における裁判の取消し・変更について」青山善充先生古稀祝賀論文集『民事手続法学の新たな地平』（2009）365頁以下がある。

第 7 章　審　判　　367

審判には即時抗告が許されるが，審判の確定の後に成年被後見人につき成年後見を開始させる要件である「民法 7 条に規定する原因が消滅」（民 10 条）し，精神上の障害により事理を弁識する能力を欠く常況が回復して成年後見による保護を必要としない状態になったときは，成年後見開始審判を将来に向かって取り消すことが必要となる。この要請に応えるのが民法 10 条の定めであり，この審判事件が家事手続別表第 1 第 2 項として掲げられているのである。これは裁判の自己拘束力の例外としての取消し・変更ではなく，別個独立の変更制度であることが分かる。

　親権喪失・親権停止または管理権喪失の審判の取消しについては，その原因となった児童虐待との関係で考えるべき点が多い。親権喪失の回復は，その原因が審判の後に消滅したかどうかの判断にかかる（民 836 条）。親権を喪失した者に再び親権を行使させても困難がなく，また不適当で子の福祉・利益を害するおそれがなくなったことが認められることである。子を虐待するさまざまな環境的・心理的原因等は，親子再統合に向けた児童相談所やその他の児童福祉機関の専門家による相談や指導によって改善することが期待されている。その指導内容と親の態度等の変化によって再発の危険が小さくなっていることが必要である[32]。

　これに対して推定相続人廃除の審判の取消しの場合には，審判確定後に被相続人がその効果を消滅させたいと考えるときはいつでもその効果を失わせることができる（民 894 条）。廃除の取消しには何らの要件も定められていない。その取消申立てが，被相続人の真意に基づくものであるかが審理されるだけである[33]。廃除された推定相続人の態度が改まったといった事情の変化は必要とされない。被相続人の意思の変更だけで足りる[34]。

(2)　**家事手続法に特別の定めがある場合**

　家事手続 78 条とは別に，同法の別の条文で独自に審判の取消し・変更を

---

[32]　この詳細については，本書Ⅱ・258 頁参照。

[33]　本書Ⅱ・299 頁。

[34]　審判例の中では，離婚後の養育費について民 880 条によって変更している例が目立つ。東京家審平成 2（1990）・3・6 家月 42 巻 9 号 51 頁，山口家審平成 4（1992）・12・16 家月 46 巻 4 号 60 頁，福岡高決平成 26（2014）・6・30 家庭の法と裁判 1 号 88 頁などである。これらの事例は，以下 3 で述べる審判後の事情変更による取消し・変更によっても可能である。

定めている場合がある。この場合には，同 78 条は適用されない。これには次のものがある。①審判前の保全処分の取消し（同 112 条 1 項），②審判前の遺産の換価処分（同 194 条 3 項），③不在者の財産管理人の改任（同 125 条 1 項。これは遺産管理人の改任，第三者が子らに与えた財産の管理人の改任に準用される。同 189 条 2 項，202 条 2 項，173 条，180 条），④遺産分割の禁止の取消し・変更（同 197 条）などである。これらは審判手続中の暫定的な処分，事件の実情に即して裁判所が臨機応変に措置をとることが求められている処分といってよい。しかしここに掲げた処分については，即時抗告のできるもの（①，④など）とできない処分が混在している。すべてを統一的に説明できるかについては疑問がありうる[35]。

3 家事手続 78 条の定め

(1) 旧非訟法 19 条の定めとの異同

家事手続 78 条は，旧家審法 7 条によって準用されていた旧非訟法 19 条の規律を引き継ぐものである[36]。しかしその規律には重要な変更があり，旧法下における学説上の争いについて立法的解決を図ったところがある。それは家事手続 78 条 2 項ただし書きである。そこでは事情変更を理由とする審判の取消し・変更は時間の制限を受けない旨が定められている。旧家審法 19 条 1 項は，事情変更を理由とする決定（審判）の取消し・変更についての定めをしていなかった。そのため旧非訟法 19 条 1 項のいう「裁判ヲ不当ト認ムルトキ」の解釈をめぐって学説上の対立があった。要約すると，裁判の不当という概念に，裁判が当初から不当であった場合と，裁判のときには正当であったがその後事情の変化等によって不当になった場合という両者を含むと解すべきか，あるいは前者のみを想定し，裁判後の事情の変化による不当については，非訟事件の性質に基づくものとして別に扱うべきだとする見解との対立であった[37]。

旧非訟法 19 条は，通常抗告を念頭に置いた規定であり，いわゆる再度の考案の変形という性質をもつものである。通常抗告に服する裁判の取消し・

---

[35] 本書旧版・253 頁参照。旧法の下では，①子の懲戒に関する処分の取消し・変更（旧家審規 66 条 2 項），②後見人に対する指示（同 84 条）もここに含まれていたが，①は廃止され，②は後見事務の監督のうちに含められ家事手続法では明文を置いていない。

[36] 金子・逐条解説 254 頁。

変更では，裁判の告知後不服申立てがなされた時点までの事実の変動も当然に審理対象となりうる。しかしこれと形式的に確定した審判や旧非訟法19条3項（家事手続78条1項2号に対応）が定めるように，即時抗告に服する審判が確定した後に，なお事情変更による取消し・変更を認めるかは別の問題である。このように審判後の事情変更による取消し・変更を旧非訟法19条1項の適用から除外すると，即時抗告に服する審判についても非訟事件の一般原則として事情変更による取消し・変更の対象になるという結論を導くことができる。このようにして，旧非訟法19条1項およびこれを引き継ぐ家事手続78条1項は，通常抗告に服する裁判のみを対象とし，即時抗告に服する審判の取消し・変更とは別に扱うべきであるとの見解が有力であった。家事手続はこの問題について，ほとんど触れないままに78条の定めを置いている。本書ではなお以前の立場を前提として説明する。

(2) 家事手続78条1項による取消し・変更の対象となる審判

　家事手続78条1項は，審判をした後その審判を取り消しまたは変更することができるとするが，①申立てのみによって審判をなすべき場合において申立てを却下した審判，②即時抗告をすることができる審判は除かれるとしている。審判以外の裁判に対しても同78条1項が準用される（同81条1項）ため，取消し・変更の対象となるのは，家事審判の終局審判だけでなく，中間的な裁判・付随的な裁判を含むことになる。

　上記①にいう申立てによってのみ開始すべき場合とは，いわゆる職権事件のうち当事者の申立てを要しない事件（第5章第2節1・4参照）を除外する趣旨である。申立ての却下により事件が終了したことになっているのに，当

---

　(37)　前者に立つ見解としては，中島弘道『非訟事件手続法論』（1923）337頁をはじめ，市川・前掲注(18)家月8巻12号26頁，山木戸・家事審判法50頁，家審法講座第1巻79頁〈綿引〉，注解家審法88頁〈菊池信男〉，日野忠和「家事審判の取消し・変更及び再審」岡垣学＝野田愛子編『講座実務家事審判法第1巻』（1989）216頁，日野原昌「家事審判の取消し・変更」同『家族法実務の諸問題』（1990）312頁等がある。これに対して，後者の立場を支持するのは，宮脇幸彦「家事審判及び家事調停の効力」戸籍131号（1959）5頁，鈴木（忠）・前掲注(26)非訟事件の裁判の既判力96頁，飯倉一郎「非訟事件の裁判の変更性と形式的確定力」国学院法学8巻3号（1971）248頁，林順碧「非訟事件の裁判の取消し・変更」鈴木忠一＝三ケ月章監修『実務民事訴訟講座第7巻』（1969）84頁，本書旧版・254頁等があり，両見解が拮抗していた。

事者の申立てがなく家庭裁判所が職権で立件し，審判を変更することができるとすれば，本来申立てに基づいてのみ裁判すべき事件の趣旨に反することになるからである。旧非訟法19条2項もその旨を定めていた。当然のことであり，注意的に定められたものである。

上記②即時抗告をすることができる審判を除外するのは，迅速に手続を終結させて法的安定を図るためである。即時抗告期間経過後もなお取消し・変更が可能であるとすると，不服申立てを即時抗告に限った趣旨が没却されてしまうからである。この意味で，審判が形式的確定力を生じた後は，もはや取消し・変更をなしえないといってよい[38]。家事審判に対する不服申立ては即時抗告に限られていることから，家事手続78条1項の対象となる審判は例外的であるといってよい[39]。限定承認，相続放棄の申述受理の審判に，無能力や意思の瑕疵があることが受理の後に判明したときは，当該の審判の取消しをするのではなく，別途取消しの申述の申立てをすることになる（民919条4項，別表第1第91項）。

(3) 申立て・取消し・変更をなしうる裁判所

① 申立て

審判の取消し・変更は職権によってする。旧法の下では，旧非訟法19条は裁判所が自らのした裁判を不当と認めたとき，これを取消し・変更することを認めたものだとして，当事者には申立権を認めたものではないと解するのが通説であった。これによると申立ては裁判所の職権発動を促すにすぎない[40]。裁判所は当事者の申立てに対して応答する義務はなく，また裁判所の応答がないことに対して不服申立てもすることができない。家事手続法の下

---

(38) 福岡高決平成15（2003）・6・25判タ1145号296頁は，家審法24条（家事手続284条に相当）審判の確定後に，介護費用の支払条項を旧非訟法19条1項に基いて取り消した原審判を，裁判が形式的に確定した後は非訟法19条による審判の取消し・変更はできないとして違法であるとした。この場合，「当事者は前の調停が有効であることを前提として，その後事情の変更があった場合には，その内容の変更を求めて別途家事調停を申し立てる」等の手続をとるべきであるという。

(39) なお，遺留分の放棄についての許可の事情変更による取消しは，家事手続78条1項によるとの見解がある（金子・逐条解説254頁）が，本書では事情変更による取消し・変更と解するので，後記4で扱う。また本書II・400頁参照。

(40) 東京高決昭和60（1985）・3・25家月37巻11号41頁，東京高決昭和60（1985）・8・14家月38巻1号143頁。鈴木（忠）・前掲注(26)非訟事件の裁判の既判力96頁。

でも同様に解されよう。

② 裁判をなしうる裁判所

取消し・変更をすることができるのは，当該の裁判をした家庭裁判所に限られる。抗告裁判所が自らのした裁判を取り消し，または変更することができるかについては争いがあるが，否定説が通説である。抗告裁判所の職責は，原裁判の当否の審査を行うことにあり，その裁判を行うことでその職責は終了していると解される[41]。取消し・変更の審理は以前の手続の継続として，同一手続内で付随的な形で行われる。別個の新しい手続によるのではない。審判を不当とする理由は，事実問題と法律問題によるとを問わないから，事実調査，証拠調べ等一般の審理に必要な行為をすることができる[42]。

(4) 取消し・変更をすることができる時期

旧法の下では，取消し・変更をすることができる時期についての定めはなかったが，家事手続78条2項は，「審判が確定した日から五年を経過したとき」はできないとしている。いつまでも取り消すことができるのは法的安定の要請から相当ではなく，また新たに規定が設けられた再審の手続にも期間制限が設けられていることとのバランスが考慮された[43]。また法的安定，取引安全の保護等の理由から，未成年者に関する審判は成年に達した後はもはや取り消すことができないし，未成年者の養子縁組許可の審判に基づいて縁組の届出が受理された後，あるいは後見人選任の審判や就籍許可の審判について戸籍の記載が完了した後は，もはや取消し・変更ができない[44]。同様に成年被後見人の居住用不動産の処分についての許可（民859条の3，別表第1第11項）や保佐人の同意に代わる許可（民13条3項，別表第1第19項）など，審判に基づいて第三者との法律関係が形成された後も，もはや取消し・変更はできない。

---

(41) 日野・前掲注(37)講座実務家事審判法第1巻219頁，東京高決昭和46（1971）・12・21判タ275号313頁。

(42) 実務講義案150頁。

(43) 金子・一問一答137頁，金子・逐条解説256頁。

(44) 市川・前掲注(18)家月8巻12号28頁，鈴木（忠）・前掲注(26)非訟事件の裁判の既判力117頁，家審法講座第1巻81頁〈綿引〉，日野・前掲注(37)講座実務家事審判法第1巻218頁。

(5) 取消し・変更の理由と審理

家事手続78条1項は，審判を不当と認めるときという。これは審判が当初から不当であったことをいう。旧法の下で通説は，審判がなされた後の事情の変更によって不当になったこともこれに含めていた。しかし本書では先に触れたように，審判後の事情変更による取消し・変更は，これとは別に扱うべきであるとしている（以下4参照）。

審判を不当とする理由は，事実問題および法律問題のいずれであってもよい。法的な見解の変更，法解釈の誤りの発見あるいは判例の変更などがその理由になる。また事実の評価が変化したこと，当初の審判の時点で存在していた事実が，裁判所の探知が十分でなかったために審判手続に現れなかったが後にそれが判明し，これが当初とは異なる内容の審判となることも，取消し・変更の理由となりうる[45]。

家事手続78条1項によって審判を取り消しまたは変更する場合には，その審判における当事者およびその他の審判の効力を受ける者の陳述を聴かなければならない（同3項）。審判の取消し・変更によってこれらの者の利益・法的地位に大きな影響を与えることになるから，その手続保障が必要である。

(6) 取消し・変更の審判とその効力

家事手続78条1項による審判の取消し・変更は，審判がなお未確定の状態での措置である。審判がすでに確定し執行を終えている場合には，もはや

---

[45] 林・前掲注(37)実務民事訴訟講座第7巻85頁。なお，同一の事由により二度の過料の裁判がなされたという事案で，広島地方裁判所が旧非訟法19条1項によって取消しの裁判をしたという事案につき，最決平成16（2004）・12・16判時1884号45頁は，「即時抗告に服する非訟事件の裁判は，法19条1項の規定による取消し及び変更ができないこと（同3項），通常抗告に服する裁判についても，抗告により上級審の判断がなされた場合には，同条1項による取消し及び変更の余地がないことに照らして，非訟事件の裁判が確定したときには，同項による取消し及び変更をすることができない」が，非訟事件の裁判の本質から，「裁判の当時存在し，これが裁判所に認識されていたならば当該裁判がされなかったであろうと認められる事情の存在が，裁判の確定後に判明し，かつ，当該裁判が不当であってこれを維持することが著しく正義に反することが明らかな場合には，当該裁判を行った裁判所は，職権により同裁判を取り消しまたは変更することができる」という。家事手続法の制定にあたっては，本件のような特殊な事案については，解釈によって個別に救済するのが相当で，最高裁判例を踏まえた一般的な規律はしていないという（金子・逐条解説255頁）。

第7章　審　判　　373

取消し・変更は問題とならない。取消し・変更をした場合に，その審判には遡及効が認められるかについては争いがある。審判が当初から不当であったことを理由にするならば，取消し・変更の審判の効力は遡及すると解するのが筋が通るように思われるが，これを認めると当然無効な審判との差異がなくなること，第三者の地位を害すること等から，遡及しないと解するのが通説である[46]。

4　事情変更による審判の取消し・変更

(1)　その必要性

家事手続78条1項による審判の取消し・変更は，形式的確定を生じていない審判につき当初から不当である審判に適用されるにすぎないと解すべきである。しかし家事審判においては，当事者や審判の効力を受ける者の継続的な法律関係に関与することが多く，また審判が将来に向けて長期間にわたって効力を生じることがある。たとえば子の監護に関する処分は，子の成長だけでなく，親の環境の変化によって大きな影響を受ける。裁判所の審判がいつまでも変わらないこと自体が，当事者や利害関係人にとっては桎梏と感じられることがある。このような事件では事情が変化しても審判の効力を維持して法的安定を図るというのではなく，変化した事情に審判を適合させる必要がある。家庭裁判所が後見的機能を発揮するためには，審判の内容が当事者等の事情の変化に対応して取り消され，変更される可能性がなくてはならない。非訟事件の一つの領域をなす家事審判事件の裁判（審判）について，その確定後の事情変更を原因とする取消し・変更が認められる理由はこの点にある。

家事手続78条2項ただし書きは，事情変更による審判の取消し・変更について触れているが，旧法時においても非訟事件の裁判の本質から明文規定を欠いていたものの，当然に認められると解されてきた。家事手続法の下でも78条1項の規律とは別にこれが認められると解する。通説は78条1項では，即時抗告に服する審判の事情変更による取消し・変更を除外するとしつつ，同2項ただし書きでは即時抗告に服する審判も事情変更による取消し・

---

(46)　市川・家事審判法28頁，鈴木（忠）・前掲注(26)非訟事件の裁判の既判力133頁，家審法講座第1巻82頁〈綿引〉，林・前掲注(37)実務民事訴訟法講座第7巻89頁，日野・前掲注(37)講座実務家事審判法第1巻221頁。

変更を可能とするが，解釈上無理がある。

(2) 事情変更による取消し・変更の対象となる審判

事情変更を理由とする取消し・変更の対象となる審判は，継続的な法律関係に関するか，または審判によって継続的な法律関係が創設された場合である[47]。また審判は積極的な内容をもつものでなければならない。その審判に対する不服申立てが即時抗告とされ，確定しているときでも取消し・変更をすることができる。家事手続78条1項2号の制限はここでは働かない。

婚姻費用の分担に関する審判が，審判後の事情の変化により増減をなしうることに異論はないであろう[48]。しかし実務においては，審判の対象が継続的な性質のものでなく1回限りの法律関係に関するものであっても，それ以外に救済の手段がないときは事情変更による取消し・変更を認めている。次の(4)で若干の例を挙げよう。

(3) 事情変更の程度

事情変更による取消し・変更の対象となるのは，元になる審判の際に考慮され，その前提または基礎とされた事情である。審判の際に既に存在し，判明していた事情であり，当事者にとって当然に予見できた事情も含まれる。先の審判の当時には予見できなかった事情の変更であって，その審判を維持することが実情に適合せず，不公平なものとなる場合，元の審判の際に知られていたならば異なった内容のものとなっていたであろうと認められるほどに重要なものでなければならない[49]。したがって予見できた事情がその後に現実化したというだけでは，原則として事情変更とはみなされない。

(4) 事情変更の具体例

神戸家審昭和44（1969）・9・19家月22巻6号71頁は，「婚姻費用分担に関する協議または審判の事情変更に基づく取消し・変更は，協議または審判

---

[47] 鈴木（忠）・前掲注(26)非訟事件の裁判の既判力117頁。

[48] 大阪高決昭和49（1974）・2・28家月26巻12号58頁，東京高決平成16（2004）・9・7家月57巻5号52頁。

[49] 鈴木（忠）・前掲注(26)非訟事件の裁判の既判力101頁，同「扶養の審判に関する問題」同『非訟・家事事件の研究』（1971）196頁，於保不二雄＝中川淳編『新版注釈民法(25)親族(5)改訂版』（2004）805頁〈松尾知子〉，福岡高宮崎支決昭和56（1981）・3・10家月34巻7号25頁，広島家審平成11（1999）・3・17家月51巻8号64頁。

のあった後に，その基準とされた事情に変化が生じ，従前の協議または審判の内容が実情に適合せず不公平なものとなった場合に限られ，右分担額決定に際し，当事者においてすでに判明していた事情ないし，予見し得た事情を理由としてその変更を主張することはできない」とする[50]。

実務上事情変更による審判の取消し・変更が多く問題となっているのは，遺留分放棄許可審判である。状況を概観しておこう。遺留分放棄許可の審判は，家事手続78条1項各号に該当しないので家庭裁判所は職権によって取消し・変更の審判をすることができる[51]。審判が当初から不当であるときは78条1項により，審判後に事情の変更があるときは同2項ただし書きによる。取消し・変更が認められるかは，許可基準に掲げられる諸事情が審判後にどのように変化したかが重要である。事情変更による取消しを認めた例としては，家業を継ぐ予定の者に財産を集中させるために遺留分の放棄をしたが，その後承継予定者が他の仕事につき，かえって遺留分放棄者が家業を継ぐことになったという例[52]，被相続人の死後の面倒をみる者以外の者が遺留分を放棄したが，その後被相続人と扶養義務を負担した者との関係が悪化したという例[53]などがある。

(5) **手続・審判**

当該の審判が申立てによって開始される場合には，事情変更を理由として審判を取り消し，あるいは変更するには当事者の申立てを必要とする。審判の確定後5年を経過した後も取消し・変更ができる（家事手続78条2項ただし書き）。審理および取消し・変更の審判の効力については，先に述べたところ（3(6)）と同様である。

---

(50) 東京高決昭和50（1975）・3・19判時779号66頁も同じ趣旨を述べる。東京高決平成26（2014）・11・26家庭の法と裁判3号67頁

(51) これに対して西原諄「遺留分放棄の撤回と事情変更による取消」判タ613号（1986）118頁は，事情変更の審判ではなく，放棄後相続開始前は撤回の審判によるべきであるとする。

(52) 松江家審昭和47（1972）・7・24家月25巻6号153頁。

(53) 仙台高決昭和56（1981）・8・10家月34巻12号41頁，その他の例については本書II・400頁。

第4節　審判の効力

1　総　説

　審判はその主文に記載された具体的な法律関係につきその内容に応じた効力を生じる。家事手続75条は，旧家審法15条と同様に執行力について触れるにとどまる。しかし従来からその他の効力についても議論されてきた。その効力を考察するにあたっては，民事訴訟の判決と同様に，形式的確定力，既判力，形成力および執行力等に分けて見ていくことが便宜であろう。以下において順次検討する。

2　審判の形式的確定
1　意　義

　審判（審判以外の裁判についても同様）が形式的に確定するとは，審判がその手続内においてもはや取消し・変更できない状態になることをいい，そのような状態になったとき形式的確定力を生じる。審判について通常の不服申立て方法が尽きたときである。即時抗告をすることができる審判は，確定しなければその効力を生じない（家事手続74条2項ただし書き）し，即時抗告の期間満了前は審判は確定しない（同4項）。即時抗告の提起によって審判の確定は遮断される（同5項）。そこで即時抗告期間の徒過，抗告権の放棄，即時抗告期間徒過後の即時抗告の取下げ（家事手続93条3項による民訴292条の準用），抗告審の裁判があったときに審判は確定する。他方，即時抗告のできない審判は，これを受ける者に告知することによって効力を生じ，確定する（同74条2項）。特別抗告または許可抗告の申立て（同97条2項），再審（同103条），審判の取消し・変更（同78条1項）は，通常の不服申立て方法ではなく，審判の確定を遮断しない。家事手続における不服申立ては即時抗告に一本化された（同85条1項，99条）ため，旧法下におけるように通常抗告の許される裁判が形式的に確定しないという状況はなくなった。

　審判が確定すると，当事者は強制執行を行い，あるいは戸籍の記載や訂正を求めるため裁判所書記官に対して確定証明書の交付を求めることができる（家事手続規則49条1項）。審判の確定は，審判の取消し・変更の期間（家事手続78条2項，81条1項），申立ての取下げの時期（同82条2項），再審の申

立て（同 103 条 1 項）等との関係でも意味がある。

2 審判の更正（更正決定）

審判につき計算違い，誤記その他これに類する明白な誤りがあるとき，これを更正することができるかについて旧法には定めがなかったが，民訴法257 条及び民訴規則 160 条の類推適用が認められると解されてきた[54]。家事手続 77 条はこの点について明文規定を置いた。これを更正決定という。

更正をするのは，原則として当該の審判をした家庭裁判所であるが，裁判に審査権限をもつ上級裁判所も更正することができる[55]。更正は当事者の申立てまたは職権によってすることができる（家事手続 77 条 1 項）。更正決定は裁判書を作成してしなければならない（同 2 項）。更正決定に対しては独自に即時抗告が認められるが，審判に対して適法な即時抗告があったときはともに抗告審の判断を受けるから独自に不服を申し立てることはできない（同 5 項）。また更正後の審判が原審判であるとした場合に，即時抗告ができる者に限り即時抗告ができる（同 3 項）。更正申立てを不適法として却下した裁判に対しては即時抗告をすることができる（同 4 項）が，更正申立てを理由なしとして却下する裁判に対しては不服申立てが許されない。裁判所自身が誤りがないとする以上，他から更正を強制される筋合いのものではなく，不服があるならば裁判内容に対する不服申立てとして扱うべきだと考えらえるからである[56]。

3 既判力

1 問題の所在

民事訴訟の判決が確定した場合に生じる判決の実体的確定力を既判力という。既判力とは，確定判決の判断内容が当事者および後訴裁判所を拘束し，

---

(54) 林・前掲注(37)実務民事訴訟講座第 7 巻 156 頁。

(55) 最判昭和 32（1957）・7・2 民集 11 巻 7 号 1186 頁。

(56) 新堂幸司『新民事訴訟法（第 5 版）』（2011）673 頁，大阪高決昭和 59（1984）・11・14 判タ 545 号 261 頁。東京高決平成 14（2002）・3・26 家月 54 巻 9 号 129 頁は，遺産分割審判の更正審判につき，相続人の各相続分の評価額の計算違いは明白な誤りといえなくもないが，これに伴って各相続人が取得する具体的な遺産内容や代償措置を大幅に変更することは，更正の限度を超えており審判は違法かつ無効であるとする。

これに反する主張や矛盾する判断をできなくさせる効力である。このような効力を認めなければ，判決の確定後も同一の紛争について蒸し返し主張が可能となり，また裁判所の判断が異なる余地が生じるので紛争に法的決着をつけることができない。事件について審理を遂げて判決が言い渡され，しかもその手続内で争う可能性がなくなった以上は，その判断内容は他の手続との関係でも尊重されるべきである。既判力はこのような趣旨で認められる。

　家事審判は非訟事件に属するが，非訟事件の裁判に既判力が認められるかについては，事件の性格，手続のあり方等と関連して議論がある。家事審判には別表第1に掲げる事項だけを取り出しても，争訟性の乏しい事件から後見人や遺言執行者の解任，親権の喪失・停止，あるいは児童福祉法28条の措置承認の審判のように申立人と審判の効力を受ける者との間に厳しい利害対立の見られる事件が混在しており，また別表第2に掲げる事件（およびそれと同様に扱われる推定相続人廃除事件）では，相手方が存在し，あたかも民事訴訟に匹敵するほどに紛争性が強い事件がある。家事審判における既判力の問題を考える際には，こうした点を考慮せざるを得ないが，事件の枠組みの理解の仕方についても見解は一致していないことから，議論を一層複雑なものとしている。

2　既判力を生じない審判

　まず最初に既判力を生じないことについて学説・判例の一致しているところを整理しておこう。裁判が形式的に確定し，自己拘束力をもつという既判力発生の条件を欠く審判や審判の実体的効力については別途訴訟手続で争うことが予定されている審判などである。

⑴　家事手続78条1項による取消し・変更の対象となる審判

　家事審判の中には，即時抗告ができず，審判の後であっても当該の審判が当初から不当であるとして取消し・変更ができるものがある（家事手続78条1項）。これらの審判は既判力発生の前提となる自己拘束力を生じない裁判である。別表第1に掲げる家事審判には，これに属するものが比較的多い。たとえば（不在者や相続財産の）財産管理人の選任の審判，後見人等の選任の審判，特別代理人の選任の審判などがこれにあたる[57]。

　また家庭裁判所は，財産管理人や後見人，遺言執行者を選任するだけでなく，その職務が適正に遂行されているか監督する任務を負っている。職権または申立てにより，これらの者に対し指示し，命令し，許可を与える等の審

判がなされる。これらの審判に対しても即時抗告が認められていない。この監督的な措置は，別表第1第14項，34項，53項および81項に掲げる事項のほか，財産目録調製期間の伸長，被後見人の居住用不動産の処分許可，保佐人等の同意を要する行為の指定・同意に代わる許可の審判などもこれに含まれる。臨機応変に監督権を行使しなければならないので，審判に自己拘束力を認めることは適切ではない。

(2) 審判の実体的効力を訴訟によって争うことが予定されている審判

相続の限定承認，相続放棄の申述受理の審判，遺留分の放棄の許可あるいは未成年者養子縁組の許可の審判などは，実体法上の効果の確定を目的とするものではない。審判の実体法上の効果については，関係者は訴訟によって争うことができる。たとえば相続放棄の申述受理の審判があっても，相続債権者は相続放棄の効力が生じていないとして相続人に請求することができ，争いとなれば民事訴訟で決着がつけられる[58]。また未成年者養子縁組の許可の審判があっても，関係者はその無効等を主張する訴訟を提起することができる（人訴2条3号参照）。

また遺言書の検認の審判は遺言書の現状を保全するものであるが，検認を経た遺言書が実体法上有効であるかは検認後でも訴訟によって争うことができ，遺言の確認の審判も裁判所による一種の公証行為であって遺言の有効性を確定するものではなく，利害関係人は後に訴訟でその効力を争うことができる。遺言の確認についても同様である[59]。

---

[57] これに対して市川・前掲注[18]家月8巻12号28頁は，家事審判には既判力が認められるとして，次のようにいう。すなわち「不在者の財産管理人を選任する審判や後見人を選任する審判は告知によってその効力を生じたときは，当然に何人に対する関係においても財産管理人または後見人たる資格が認められ，関係人は別個の事件においてこの資格を否定することができないことはもちろん，裁判所もまた前の審判と抵触する審判をすることができない」と。しかしここで説かれている裁判の効力は，既判力ではなく，形成力であるというべきである。

[58] 最判昭和29（1954）・12・24民集8巻12号2310頁，また本書Ⅱ・319頁，324頁参照。

[59] 詳細については本書Ⅱ・367頁，373頁。なお，渡辺美由紀「家事審判の既判力」徳田和幸先生古稀祝賀論文集『民事手続法の現代的課題と理論的解明』（2017）563頁以下は，既判力を肯定しつつも家事審判のうち争訟的性格の乏しい事件については，既判力を否定している（577頁）。

このようにして家事審判において既判力の有無が問題になるのは，形式的に確定し，自己拘束力を生じる審判に限られることになる。

3　学説・判例の状況

家事審判に既判力を認めるかについて学説は分かれている。今日においても既判力を否定する見解が通説であると思われる[60]。判例も同様であると解してよい。既判力否定説に立ちながら，いわゆる真正訴訟事件についてのみ既判力を認める見解があるが，論者によって真正訴訟事件の定義が異なる。現在の家事審判の事件には真正訴訟事件に該当するものが存在しないとすると，結局のところ既判力否定説と異ならない[61]。この点については後に改めて扱う（以下 6 参照）。

申立てを却下する審判で不服申立てのできる審判に限って制限された既判力（一事不再理）を認める見解がある[62]が，実務的な感覚から家事審判について一事不再理を認めることにはためらいがあるとする見解もある[63]。また家事審判一般に既判力を認めようとする見解がある。近時，訴訟上の和解等について論じられている制限的既判力を認めようとする見解が主張されている[64]。

4　否定説の根拠

いずれの見解を支持すべきか。本書旧版では既判力否定説を支持すべきであるとしていた。なおこの立場を維持することができるであろう。

通説が既判力を否定する理由は，家事審判における法律関係の形成は，民

---

[60]　山木戸克己「家事審判の効力」同『民事訴訟理論の基礎的研究』（1961）241 頁，家審法講座第 1 巻 78 頁〈綿引〉，篠清「審判の効力」判タ 250 号（1970）116 頁，日野・前掲注(37)講座実務家事審判法第 1 巻 210 頁，注解家審法 587 頁〈飯島〉，本書旧版・263 頁，梶村＝徳田 238 頁〈大橋〉。

[61]　鈴木忠一「非訟事件の裁判の既判力」同『非訟事件の裁判の既判力』（1969）48 頁，飯倉一郎「非訟事件の裁判の既判力」民事訴訟雑誌 18 号（1972）18 頁がこの立場に立つ。

[62]　宮脇幸彦「家事審判及び家事調停の効力(4)」戸籍 155 号（1961）1 頁，鈴木正裕「非訟事件の裁判の既判力」鈴木忠一＝三ケ月章監修『実務民事訴訟講座第 7 巻』（1969）103 頁。

[63]　篠・前掲注(60)判タ 250 号 116 頁。

[64]　越山和弘「非訟裁判・家事審判の既判力」法学雑誌 55 巻 3 ＝ 4 号（2009）734 頁，渡辺・前掲注(59)民事手続法の現代的課題と理論的解明 563 頁。

事訴訟の判断とは異なり一定の要件を定めた法規の存在を前提とするもので
はなく，当事者の衡平ないし合目的性の立場からもっぱら家庭裁判所の権能
に基づいて行われるものである。また別表第2に掲げる審判事件では当事者
間の争訟的な性格が強いことは承認するものの，これが家事審判手続におい
て審理されるのは，権利または法律関係の二者択一的な解決を避けて合目的
的に法律関係を形成するためであって，法的安定の要請は働かないことにあ
る。また既判力の正当化根拠として主張されている当事者に対する手続保障
が必ずしも十分に認められていないことから，当事者の自己責任を問うこと
はできないと主張されていた[65]。

　本書旧版においては，上に掲げた理由のほか，家事審判においては合意に
相当する審判（家事手続277条）以外には，既判力を承認しなければならな
い必要性を見出しがたいとして，次の理由を掲げていた。すなわち，家事審
判事件は合目的的見地から将来の具体的法律関係の形成に向けられているの
で，その審判に民事訴訟のような過去の事実の確定とそれに基づく権利の確
定のように，法的安定性を強く求めることにはならない[66]。将来に向けての
法律関係の形成の判断は，その判断基礎とされた事実の評価とその結果がそ
の後に適合しなくなったときは，修正されるべきであるという要請を内在さ
せているのであり，判断の基礎である事実について異なる主張を禁止するこ
とはできない。このように非訟事件である家事審判事件の裁判では，その判
断の拘束力・通用力を貫徹させるのではなく，むしろ事実関係の変動に適応
させていくことが求められるのである[67]。裁判に対する基本的な考え方が民
事訴訟と家事審判では全く異なっていることを十分に考慮する必要がある。

5　判例の状況

　裁判例①東京家審昭和41（1966）・2・23家月18巻9号93頁。本件は，
名の変更申立てを却下された申立人が，同一理由で再度同一の申立てをした
という事案につき，申立却下の審判が確定した場合においても，この審判は
既判力を有しないため，申立人は同一の申立てをなしうるとしつつ，「申立
却下の審判が確定した時期に近接し，また即時抗告期間中でいまだ申立却下

---

[65]　注解家審法587頁〈飯島〉。なおこれに関する議論については本書旧版・263頁
　　以下参照。

[66]　山木戸・家事審判法56頁参照。

[67]　本書旧版・263頁参照。

の審判が確定しない間に，或いはいまだ許可，却下のいずれに審判もなされ
ない間に，前の申立てにおけると同一の事由で，しかもその事由を立証する
に足る新たな証拠資料を補充することもなく，再度同一の申立てをなすがご
ときことはいずれも申立権の濫用として許されない」という。

　裁判例②大阪高決昭和 32（1957）・10・9 家月 9 巻 11 号 61 頁は，扶養料
に関する審判であり，裁判例③広島高松江支決平成 2（1990）・3・26 家月 42
巻 10 号 46 頁は，財産分与に関する審判例であるが，いずれも既判力を否定
する。③は，既判力を否定して，「右審判が確定後に，該処分の審理中に現
れなかった新たな財産が判明するなど，右裁判時に基礎とされた事情に錯誤
があり，またはその後の事情の変更により当該審判の確定による法的安定を
考慮しても，これを維持して当事者を拘束することが著しく信義・衡平に反
する場合には，これを取消し・変更することができる」という。裁判例④東
京高判昭和 58（1983）・9・28 家月 36 巻 11 号 109 頁は，婚姻費用分担審判
に対する請求異議訴訟につき，婚姻費用分担審判には既判力が生じないので，
その確定の前後を問わず婚姻費用分担義務の存否に関する異議の主張ができ
るという。裁判例⑤福岡地判平成 1（1989）・10・4 判時 1341 号 122 頁は，
財産分与の内容を具体的に形成する判決がありそれが確定したときは，当該
判決の形成効によって，夫は妻との間で妻が具体的財産分与請求権を有して
いたこと自体を否定できなくなり，この判決が妻の虚偽の陳述によって裁判
所が誤った判断をしたことによると主張して判決の効力を否定することも，
既判力から説明されるものではないとする。⑥東京地判平成 4（1992）・1・
23 判時 1439 号 136 頁は，離婚とともに財産分与を命じる裁判が確定した後
に不当利得返還の請求をすることは，実質的に同一の争点の蒸し返しであっ
て許されないとする。裁判例⑦東京高判平成 15（2003）・6・26 判時 1855 号
109 頁は，傍論であるが親権者指定や戸籍訂正の許可の審判にはいずれも既
判力がなく，紛争が蒸し返される可能性があることを認める。裁判例⑧東京
高決平成 20（2008）・12・26 家月 61 巻 6 号 106 頁は，危急時遺言は遺言が
真意に出たものであるとの心証を得なければ，これを確認できないがこの確
認には既判力を生じないとする。

6　真正訴訟事件と既判力

　家事審判事件として指定されているものの中には，以前に人事訴訟で扱わ
れていたものがある。旧家審法では乙類審判事件とされ，現行法上別表第 2

第7章　審　判　　383

に掲げられている事件および家事調停ができないとして別表第1に掲げられている推定相続人廃除の審判事件などである。学説上いわゆる真正訴訟事件といわれる。

　この真正訴訟事件の定義については，第2章第1節1・2(4)で扱ったように，性質上民事訴訟事件とその本質を同じくするもので，①二当事者の対立があり，②その間の私法上の権利または法律関係の存否を裁判によって確定することが終局的目的であり，③申立によって開始し，当事者の合意あるいは取下げにより終了させることができる事件である[68]とすると，私見によればこれに該当する事件としては，推定相続人廃除の審判を挙げることができるにすぎない。この審判は，法定の廃除事由（民892条）が存するときは，被相続人に形成権である廃除権が成立し，その行使としてなされるもので，単独行為としてそれだけで効果が発生するが，廃除の効果に鑑みて廃除権行使の原因につき家庭裁判所の認定を必要とすることとして，廃除の意思表示の効果は家庭裁判所の審判の確定を停止条件として発生する[69]。廃除原因の有無について既判力を生じると解することができる。

7　既判力がなくても支障を生じないこと

(1)　既判力肯定説への疑問

　既判力を肯定する見解は，却下の審判につき生じる一事不再理の効力を制限的既判力と命名し，他の見解は訴訟上の和解について論じられている制限的既判力を承認するという[70]。既判力の生じる審判およびその効力の内容が異なり，理解に混乱を生じさせている。たしかに民事訴訟と家事審判では手続構造が異なるから，民事訴訟で論じられる既判力とまったく同一内容の既判力を想定することが困難であるとしても，現在の既判力肯定説は同一概念を用いながらその内容を異にするという状況である。議論の出発点が整理できていないといってよい。また家事審判は非訟事件の一領域であるが，非訟事件の性質を論じる際には行政的性格が指摘されるのに，審判の効力では判決に準じて裁判の確定力による失権効・遮断効を持ち出そうとする傾向がある。この首尾一貫性の欠如も指摘しておくべきであろう。

---

(68)　鈴木（忠）・前掲注(61)非訟事件の裁判の既判力50頁。

(69)　詳細については本書II・287頁参照。

(70)　越山・前掲注(64)法学雑誌55巻3＝4号734頁。

(2) 既判力を必要としない理由

① 申立てを認容する審判の場合

家事審判において既判力を必要としない理由を補足し，あわせて蒸し返し申立てに対する対応についてみておこう[71]。まず申立てを認容する審判の確定後に，同一の当事者が審判の内容に矛盾する主張をする（申立てをする）場合に，既判力が生じないとすると紛争が蒸し返されるといわれる。たとえば，後見人解任の審判が確定したにもかかわらず，当該の後見人が解任は不当であるとして，被後見人の法定代理人として法律行為を行い，あるいは訴訟を提起するような場合が指摘される。よく取り上げられるこの設例は，机上の理論としてはともかく，実際には無理がある。なぜならこの審判が確定すると，戸籍記載がなされ，解任された後見人は代理権を証明できない。戸籍記載の誤りを主張するためには，まずその手続をとならなければならない[72]。戸籍法116条により確定判決を必要とするから，この訴えが許されるのか，仮に許されるとして訴訟裁判所は家庭裁判所と異なる判断をなしうるかという形で問題になるのであろう。後見人の解任についてその当否については，家庭裁判所の専権事項とされていることから民事訴訟でこれを争うことができないと解すべきであり，たとえそのような別訴が可能な場合であっても，訴訟裁判所は家庭裁判所の専権事項性からその判断と異なる判断をすることができない。たとえば，児童福祉法28条により，児童を児童福祉施設に入所させる措置承認の審判がなされ確定した後に，児童相談所長が児童の入所を決定したのに対して保護者が処分取消しの訴えを提起してこの決定を争うことができるかが問われたケースがある[73]。このケースで東京地裁は，

---

[71]　本書旧版・264頁以下参照。なお，徳田和幸「家事審判の既判力」判タ1100号（2002）238頁は，既判力を否定するとしても，結果的にはこれを認めたのと同様の結論を他の理由を通して導いているという。

[72]　別表第1に掲げる審判事件で認容の審判が確定すると，戸籍記載の嘱託がなされる（家事手続116条，家事手続規則76条，77条）。この記載があることにより，解任された後見人は自己の代理権を証明できない。この登記が真実に適合していないことを理由に記載の訂正を求めるには，後見人解任の審判が誤っていることを家事審判手続で主張する以外にない。そのためには，再審の申立てをするなど前の審判を取り消さなければならない。

[73]　東京地判平成20（2008）・7・11裁判所ウェブサイト（TKC LEX/DB 25440329，第一法規法律情報総合データベース判例ID 28152628）。

親権者は施設への入所等の措置の承認の審判が確定した以上は，抗告訴訟において児童福祉法28条1項所定の要件，当該措置の相当性といった実体的要件，および手続的要件についても争うことができないとして，その理由としてこの事項を家庭裁判所の専権に委ねた趣旨に求めている。この説くところは，他の裁判所が家庭裁判所の審判に拘束される理由として職分管轄性が挙げられていた[74]ところと同旨のものと思われる。これを支持すべきであろう。

　この矛盾主張を禁止する効力を既判力によって説明するとすれば，当事者でもなく，審判の効力を受ける者でもなく，裁判の結果により直接の影響を受けるにとどまる者（家事手続42条2項参照）に対しても既判力が及ぶべきことを説明する必要がある。

　他方で既判力がないとすると，申立てを認容する審判が確定した後も，同一の当事者が審判内容に矛盾する主張をして家事審判の申立てをすることが考えられる。申立てについて同一内容，同一の事実関係であることが明らかであれば，形成対象を欠き申立ての利益がないとして不適法却下すれば足りる。たとえば，離婚に伴う財産分与の審判がなされ確定した後に，当事者の一方が分与額を増額する旨の審判の申立てをし，前審判の当時に相手方が財産を隠匿していたことを主張する可能性を生じさせる。これを認めて申立てにつき審判するか，それとも却下するかは，既判力ではなく申立ての利益あるいは事情変更による審判の取消し・変更の問題として処理される。

　②　申立てを却下する審判の場合

　申立てを却下する審判にも既判力は生じない。この場合に裁判所の負担を軽減し，相手方の利益を保護する見地から既判力（一事不再理）を認める見

---

[74]　鈴木（正）・前掲注(62)実務民事訴訟講座第7巻106頁。名古屋地判昭和45（1970）・2・7判タ244号199頁は，不在者の財産管理人選任審判につき「この審判は，家庭裁判所が固有の職分管轄に基づきなす，いわゆる形成の裁判であるから，家庭裁判所が家族法関係法令所定の手続に基づき，これを適法に取消変更しない限り，利害関係人はもちろん一般民事裁判所もこれに拘束され，審判の主文および理由中の判断に抵触する主張ないし判断をなしえない」という。また本間義信「家事審判の効力」大阪学院大学法学研究21巻1＝2号（1995）91頁も，相続放棄・限定承認申述受理審判に関連して同趣旨を述べ，渡辺・前掲注(59)民事手続法の現代的課題と理論的解明578頁も財産管理人解任との関係で同趣旨を述べる。

解があるが，既判力をこの場合に限って認めるのは整合的でなく，否定すべきである。それゆえ，裁判の標準時以前に存在していたが，当事者が主張しなかった事実・証拠には失権効が生じない。したがって，例えば親権喪失の申立てにつき，その理由がないと認めて申立却下の審判がなされ，これが確定した後に再び同一内容の申立てがあったときは，審判前に存在した事実をも斟酌して改めて審理することになる[75]。既判力がないということは，同一内容の申立てについて常に審理しなければならないことを意味しない。形成すべき対象・利益を欠き申立ての利益がないとして却下するのが原則であるが，審判確定直後に同一の事実・証拠によって申立てがあったときは審判例①のように，申立権の濫用として排斥する可能性もありうるであろう。また大阪高決平成 15（2003）・5・22 家月 56 巻 1 号 112 頁は，事件本人である母親を扶養した申立人が，母親の死後寄与分の審判を申し立てたが却下され，その審判確定後に，過去の扶養料の求償を求めた事件につき，申立人の扶養を理由とする寄与分を否定した先行の審判が確定していても，本件審判申立てが紛争の蒸し返しに当たるとは言えないとして，扶養料の求償の可否を判断するための事実調査をさせるために原審に差し戻したものである[76]。

8　家事手続 277 条審判の既判力

　この審判は狭義の家事審判手続においてなされるのではなく，調停前置主義により人事訴訟事件についての調停手続の中でなされるものである。それゆえ別個の判断が必要となる。この審判の対象となる事項は，本来判決によって処理されるべきものであり，またこの審判が確定するとその他の提訴

---

[75]　鈴木（忠）・前掲注[61]非訟事件の裁判の既判力 49 頁，篠・前掲注[60]判タ 250 号 116 頁。これに対して渡辺・前掲注[59]民事手続法の現代的課題と理論的解明 574 頁は，事情変更のないのになされた同一申立てについては一事不再理により却下すべきだとする。

[76]　本件については，島岡大輔「乙類審判における先行審判の蒸し返しの可否」関西家事事件研究会編『家事事件の現況と課題』（2006）356 頁が検討を加えている。越山・前掲注[64]法学雑誌 55 巻 3 ＝ 4 号 731 頁は信義則等による処理に批判的である。しかし，民事訴訟において既判力の概念を精緻化しても，そこから逸脱する事例を生じることは避けがたい。実質的に前訴の判断を蒸し返す主張の遮断を既判力によっては対応できず，信義則等一般条項によらざるを得ない事情がある。既判力を否定する場合であっても，当事者からの申立てを申立権の濫用等の考え方を用いて拒絶することはありうるといわなければならない。

権者も訴えを提起できなくなるなど，人事訴訟の簡略な手続としての性格を有していること等に鑑みて，既判力を肯定するのが通説である[77]。なおこの詳細については，本書第2編第6章第1節6参照。

4　形成力

1　原　則

審判によってその対象である法律関係についての裁判の趣旨に従い，新しい法律状態が発生し，あるいは既存の状態が変更または消滅するときは，その裁判は法律関係を形成する効力（形成力）を有するという[78]。家事審判において，申立てを認容する審判はこの形成力を有する場合が多い。またこれらの事件においては，審判の告知によって効力を生じるが，即時抗告に服する審判はその審判が確定しない限り，何人もその形成の効果を主張することができない。法律関係の形成について当事者に処分権がなくその効果の発生を求める場合には，常に審判の申立てをしなければならない事項（別表第1に掲げる事項の事件の多くがこれに該当する）と，当事者間で合意が成立すればその法律効果の発生を認めるが，協議が整わない場合に家庭裁判所がこれを具体的に形成する場合がある（別表第2に掲げる事件の多くがこれに該当する）[79]。

2　第三者に対する効力

審判による形成の効果は，当事者以外の第三者に対しても及ぶ。家事審判においては申立人，即時抗告権者が予定されているので，それ以外の第三者は実質的に利害関係を有しないことを意味するに過ぎないともいえる。もっとも家事審判が形成力を有するとしても，とくに別表第2に掲げられている事項の審判事件については，その効果が第三者に対しても及ぶことを必然的

---

[77]　山木戸・家事審判法107頁，小山昇「家事審判法23条，24条事件」同『小山昇著作集第8巻家事事件』（1992）36頁，鎌田千恵子「法23条事件運用上の留意点」岡垣学＝野田愛子編『講座実務家事審判法第1巻』（1989）404頁，日野・前掲注[37]講座実務家事審判法第1巻210頁。

[78]　山木戸・家事審判法53頁参照。

[79]　もっとも形成の結果，戸籍の記載を必要とするもののうち，創設的届出とされるものについては，戸籍の記載がない限り，その効果を第三者に対して主張することができない。そのため家事手続規則が戸籍記載の嘱託の手続を定めている（76条）。

な内容としなければならないかについては疑問もある。財産分与の効果や，遺産分割の効果が直ちに第三者に拡張されるわけではない。第三者との関係で所有権帰属が争いになることがありうるが，その争いは別途民事訴訟によって決着がつけられなければならない。たとえば，「遺産分割によって某に分与された」という点を争えないだけであり，その前提となる権利の存否まで第三者との関係で不可争になることはない[80]。

5 執行力
1 給付を命じる審判と執行力

審判の執行力とは，審判がその内容を民事執行（強制執行）によって実現しうる効力をいう。家事手続75条は，金銭の支払い，物の引渡し，登記義務の履行その他給付を命ずる審判は，執行力ある債務名義と同一の効力を有すると規定する。この定めは旧家審法15条を引き継ぐものである。このような定めを置くのは，家事審判の多くは第5章第2節2・2(5)で述べたとおり，当事者間の法律関係の形成を目的とするが，その結果生じる金銭の支払い等についてもあわせて当事者に命じ，これに執行力を付与することが迅速かつ適切な紛争解決のために必要であるからである。給付命令は当事者の申立てがなくても職権で命じることができる。民事執行法との関係でいえば，家事審判においては給付を命じる審判には当然に執行力が付与されていることが特徴といえる。

---

[80] 家事審判は行政機関や他の裁判所に対してどのような効力を生じさせるか。家事審判は既判力を生じないという前提で考えてみよう。限定承認・相続放棄の申述についてもこれが受理されたということ自体は，何人によっても争えなくなる，しかしその実体的な効力は家事審判では確定しないから，民事訴訟等において争われることがある。遺産分割の前提問題である訴訟事項の判断についても同様である。これに関する家庭裁判所の判断は，たとえ当事者が家事審判の当事者と同一である場合でも，当事者相互間でも拘束力はなく，また他の裁判所を拘束する効力を有しない。

他方で，家庭裁判所による後見人選任，遺言執行者の選任等の審判は，家庭裁判所に委ねられた専権事項であり，審判に無効原因がない限り他の行政機関・裁判所によっても承認されなければならない。これらの事項についての家庭裁判所の専属管轄性から，他の機関がこれを尊重することが導かれる。この点については，前述3・7(2)参照。

第7章 審 判　　　389

　家事手続法上で給付を命じることができるとしているのは，本書218頁で
示したように①夫婦間の協力扶助の審判（154条2項1号），②婚姻費用分担
の審判（同3号），③財産分与の審判（同4号），④子の監護に関する処分（同
2項），⑤親権者の指定・変更の審判（同171条），⑥扶養の程度または方法
を定める審判（同185条），⑦遺産分割の審判（同196条），⑧離婚，離縁，
相続に伴う祭祀等の所有権の承継者の指定の審判（同154条4項，163条2項，
190条2項）および⑨夫婦財産契約による財産の管理者の変更等の審判（同
154条2項2号）である。旧法下ではすべて乙類審判事項に関するものであっ
たが，家事手続法は⑨を別表第1に移行させた。

　なお家庭裁判所が財産の管理人に対して，財産の状況の報告や管理の計算
を命じることがあるが，これは家庭裁判所によって選任された財産の管理人
に対する選任庁の命令であって，財産管理人が負う特別の義務を示している
ものである。したがって上記の給付を命じる審判とは性質を異にし，これを
請求できるのは家庭裁判所であって執行力を認めることはできない[81]。この
義務を履行しないときは，解任その他の処分で対応するしかない。

　審判の執行力の客観的範囲は，主文において宣言された給付義務に限られ
る。給付を命じる審判の中には調停に代わる審判（家事手続284条）および
費用の負担を命じる裁判（同31条）を含まない。これらはそれぞれ特別の
定めを有しているからである（同287条，291条1項参照）。執行力を受ける
者は審判書に掲げられた当事者であるが，当該の権利または義務が相続・譲
渡の可能性があるときは承継人にも拡張される[82]。

2 強制執行

(1) 執行文の付与

　強制執行をするには民事執行法の規定に従う。民執22条は，金銭の支払
いその他の給付を命じる審判を債務名義に掲げていないが，これにより強制
執行ができるのは当然とされ，この点について争いはない。家事手続75条
により執行文の付与を必要としない[83]が，執行が条件にかかる場合や当事者
に承継があった場合には執行文の付与を必要とする（民執27条参照）。差押
えについては民事執行法による。以下においては，いわゆる家事債務すなわ

---

[81]　山木戸・家事審判法55頁，家審法講座第1巻75頁〈綿引〉。

[82]　家審法講座第1巻76頁〈綿引〉，注解家審法635頁〈飯島〉。

ち扶養義務等に係る定期金債権による予備的差押えと間接強制および子の引渡しの執行について説明する。

(2) 扶養義務等に係る定期金債権による予備的差押え

民事執行法151条の2第1項に列挙する債権，すなわち①夫婦間の協力扶助（民752条），②婚姻費用の分担（同760条），③子の監護費用（同766条）および④扶養（同877条ないし880条）の義務から生じる債権であって確定期限の定めのある定期金債権（以下，「扶養義務等に係る定期金債権」という）については，その差押えおよび間接強制について特則が置かれている。この債権はその一部についてすでに期限が到来していて履行のないものがあるときは，期限到来に先立って差押えをすることができる（民執151条の2第1項。これを「予備的差押え」という）。予備的差押えの対象となる財産は，各定期金債権についてその確定期限の到来後に弁済期が到来する給料その他継続的給付に係る債権である（同151条の2第2項）[84]。給料債権を差し押さえるときの限度額もその2分の1までその範囲が拡張されている（同152条3項）。これらの債権は通例少額であることから，確定期限の到来ごとに執行の申立てを反復するのは負担が大きいこと，債権が適時に満足を受けることが債権者の生活の維持にとって不可欠であることから，まとまった額につき債務不履行になるのを待って強制執行の申立てをすることができないことを考慮したものである[85]。

(3) 扶養義務等に係る定期金債権についての間接強制

この債権は債権者の生活の維持にとって不可欠であり，給料等の差押えが

---

[83] 市川・家事審判法128頁，山木戸・家事審判法55頁，注解家審法634頁〈飯島〉，実務講義案138頁など。しかしこの点については，鈴木（忠）・前掲注(61)非訟事件の裁判の既判力29頁，家審法講座第1巻77頁〈綿引〉，生熊長幸「執行力ある債務名義について」岡山大学法学会雑誌32巻3＝4号（1983）171頁はこの点を疑問とし，中野貞一郎『民事執行法（増補新訂6版）』（2010）271頁および中野貞一郎＝下村正明『民事執行法』（2016）255頁は，執行力のある債務名義と同一の効力を有するとの法文は，直ちに執行文付与を扶養とする実質上の理由はないとする。家事手続法の立法に際しては，旧法下における多数説に従ったと説明されている（金子・逐条解説249頁）。

[84] いわゆる診療報酬債権もこれに含まれる。最決平成17（2005）・12・6民集59巻10号2629頁。

[85] 谷口園恵＝筒井健夫『改正担保・民事執行法の解説』（2004）100頁。

第7章　審　判　　391

債務者の退職等を招くことからためらわれること，また資力のない債務者に
対しては間接強制の決定がなされるという濫用のおそれは少ないこと，また
このような債務について迅速かつ効率的に執行の目的を達成する必要がある
ことを考慮して[86]，この債務については間接強制の方法が認められる（民執
167条の15第1項）。債権者は一般の金銭執行とこの間接強制の方法を選択
することができる。

　債務者が支払い能力を欠くためにその債務を弁済することができないとき，
またはその債務を弁済することによってその生活が著しく窮迫するときは間
接強制は許されない（同167条の15第1項ただし書き）。民事執行法30条1
項の例外として，扶養義務等に係る定期金債権については，その一部に不履
行があるときはその定期金債権のうち6ケ月以内に確定期限が到来するもの
について間接強制を開始することができる（同167条の16）。

　裁判所は相当と認める一定の額の金銭を債権者に支払うべき旨を命じる。
その後に事情の変化があったときは，債務者の申立てに基づいて強制金決定
を変更または取り消すことができる（同167条の15第6項，3項）。

　強制金決定がなされても扶養義務等に係る義務の履行がないときは，債権
者は強制金の決定の正本に執行文の付与を受けて強制金取立てのため債務者
の財産の差押えを得て，扶養義務等に係る債権に加えてその満足を受けるこ
とができる。

(4)　子の引渡しの執行

　親権者の指定変更や子の監護に関する処分の審判手続においては，審判前
の保全処分として，またその本案の審判において子の引渡しが命じられるこ
とがある（家事手続154条3項，171条，105条1項）。引渡しを命じられた者
が任意に子を引き渡さないとき，どのように強制するかについては，民事執
行法に直接に定めた規定がなく，引渡請求権の法的性格や執行方法をめぐっ
て以前から争いがある。子の引渡しの執行が認められるのは，対象となる子
が意思能力を有しない場合に限られる。

　子の引渡し請求権は，通常の場合には親権または監護権による妨害排除請
求権である。親権・監護権に基づいてその相手方に対して子を引き取るのを

---

[86]　小野瀬厚＝原司『一問一答平成16年改正民事執行法・非訟事件手続法』（2005）
150頁。

妨害してはならないこと，妨害者は権利者の子の引取りを受忍しなければならないことが請求権の内容をなすと考えられる[87]。そうするとその執行は不作為執行の方法によることになる。債務者が子の引取りを妨害するときは間接強制を命じ，あるいは民執171条による適当の処分として執行官が子を取り上げて債権者に引き渡すこともできる。従来の学説においては，直接強制の方法を否定するものがある[88]が，ハーグ条約実施法（国際的な子の奪取の民事上の側面に関する条約の実施に関する法律（平成25（2013）年法律48号））134条が子の返還の強制執行について明文規定を置いたこと，また民事執行法173条が直接強制可能な引渡請求権についても間接強制を可能としたことから，柔軟な解釈が可能となったというべきである。事案に応じた執行方法による子の引渡しの実現を認めるべきである[89]。

直接強制による場合には，債務者は子の抵抗感を取り除くように働きかけるなどして引渡しが円滑に実施できるよう努める義務があると解される[90]。また執行官も子の人権に最大限に配慮して，執行時間や場所，執行に臨む人員等について考慮しなければならない[91]。

---

[87]　中野・前掲注[83]民事執行法799頁。

[88]　子の引渡しの執行をめぐる学説につき，最近の文献として，佐藤道雄「幼児引渡の仮処分」丹野達＝青山善充編『裁判実務大系4民事保全』（1999）320頁，山崎恒＝山田俊雄編『新裁判実務大系12民事執行法』（2001）384頁，山崎恒「子の引渡しの強制執行」判タ1100号（2002）186頁，青木晋「子の引渡しの執行実務」家月58巻7号（2006）93頁，遠藤真澄「子の引渡しと直接強制」家月60巻11号（2008）1頁，野村秀敏「審判前の子の引渡しの保全処分の執行と執行期間」小島武司先生古稀祝賀『民事司法の法理と政策（上）』（2008）1046頁，村上正子「子の引渡し請求の強制執行再考のための覚書」筑波法政53号（2012）35頁，安西明子「子の引渡しをめぐる判断・執行手続」河野正憲先生古稀祝賀『民事手続法の比較法的・歴史的研究』（2014）403頁，安井英俊「子の引渡請求の執行方法についての一試論」福岡大学法学論叢60巻2号（2015）207頁等がある。

[89]　直接強制を申し立てたが執行不能に終わり，改めて間接強制を申し立てることもありうるといえる。しかし東京高決平成23（2011）・3・23家月63巻12号92頁は，子が嫌がっているだけで債務者が執行を妨害していないことを理由に間接強制申立てを却下している（本件紹介・村上正子・民商法雑誌146巻3号（2012）120頁，安井・前掲注[88]福岡大学法学論叢60巻2号219頁は本件決定を疑問だとする）。東京高決平成24（2012）・6・6判時2152号44頁も，直接強制・間接強制のいずれも認められないとする。

[90]　和歌山家審平成22（2010）・7・20家月63巻3号120頁。

第7章 審 判　　　393

実務においても，少し以前までは直接強制を認めず，間接強制によるべきであるとするものが多数であった[92]が，直接強制によることが子の福祉に適う執行方法であるとする審判例も見られる[93]。

(5) 面会交流の強制執行

面会交流が履行されない場合の強制執行は間接強制による。最決平成25 (2013)・3・28民集67巻3号864頁（家月65巻6号96頁）は，「審判において，面会交流の日時または頻度，各回の面会時間の長さ，子の引渡しの方法等が具体的に定められているなど，監護親がすべき給付の特定に欠けるところがないといえる場合は，上記審判に基づき監護親に対し間接強制決定をすることができる」という。

平成23 (2011) 年民法一部改正により，民法766条1項に面会交流が子の監護に関する処分の一つとして規律されることになった。従前より調停や審判において面会交流が定められており，その不履行の場合には間接強制によることが認められてきた[94]。

しかし面会交流の定めが給付を命じたものとはいいがたい場合があり，また給付の具体性に欠ける場合があることから，執行として間接強制を命じるには主文がどのような記載でなければならないかが議論されていた[95]。最高裁はこれについて，「審判において，面会交流の日時または程度，各回の面

---

(91) 執行の実際について，杉山初江『民事執行における子の引渡し』(2010) および杉山初江「『子の引渡し』の現状と問題」市民と法65号 (2010) 14頁がある。また，この点に関する研究として，永末秀伸ほか「子の引渡しの事案における異なる職種間の連携・協働の在り方について」総研所報12号 (2015) 1頁以下がある。

(92) 札幌地決平成6 (1994)・7・8判タ851号299頁は，審判前の保全処分につき直接強制を否定し間接強制のみを認めた。東京高決平成20 (2008)・7・4家月61巻7号53頁，大阪高決平成22 (2010)・9・24家月63巻3号124頁（前掲注(90)に掲げた審判の抗告審）も間接強制によるとする。また東京地八王子支決平成21 (2009)・4・28家月61巻11号80頁は，直接強制も認められるが人格の主体であるから執行官は児童の人格や情操面に最大限配慮すべきであるという。

(93) 東京家審平成8 (1996)・3・28家月49巻7号80頁。相手方に子が連れ去られたこと，審判前の保全処分に対する拒否的な態度等を考慮して，直接強制によるしかないと判示する。

(94) そのような最近の例として，大阪高決平成19 (2007)・6・7判タ1276号338頁（調停調書），岡山家津山支審平成20 (2008)・9・18家月61巻7号69頁（審判），東京高決平成24 (2012)・1・12家月64巻8号60頁などがある。

会時間の長さ，子の引渡しの方法等が具体的に定められているなど，監護親がすべき給付の特定に欠けるところがないといえる場合には，……監護親に対して間接強制決定をすることができる」という[96]。面会交流の定めはこの最高裁決定がいうように，①面会交流の日時または頻度，②面会交流時間の長さ，および③子の引渡し方法の三点が具体的に定まっていれば，間接強制を命じるのに十分であると解してよい。面会交流の場所は，子の引渡場所が明らかであれば，権利者の判断に委ねられる事項であり，面会交流の具体化には影響しない。

　債務者が審判の命令に拒否的であれば当然に間接強制を命じることができる[97]が，未成年者が面会交流の場に行くことを嫌がったため義務の履行がなされなかったときであっても，債務者が未成年者に対して適切な助言指導をすることで未成年者の福祉を害することなく義務を履行することが可能であれば，間接強制を命ずることができるとする先例がある[98]。

⑹　**強制執行ができない場合**

　給付を命じる審判がなされても，その性質上強制執行に親しまないとされているものもある。通説は夫婦同居の審判には直接強制はもちろん間接強制も許されないという。

⑼⑸　最近の文献に限っても，釜本修＝沼田幸雄「面接交渉と強制執行」関西家事事件研究会編『家事事件の現況と課題』(2006) 178 頁，花本彩「面接交渉の間接強制」同書 197 頁，古谷健二郎「間接強制が面接交渉に及ぼす影響について」ケース研究 292 号 (2007) 184 頁，栄春彦＝綿貫義昌「面接交渉の具体的形成と執行」野田愛子＝梶村太市総編集『新家族法実務大系第 2 巻』(2008) 341 頁，石川明「子の面接交渉を定めた調停条項と間接強制」愛知学院大学論叢（法学研究）51 巻 2 号 (2010) 375 頁，遠藤隆幸「面接交渉の執行について」中川淳先生傘寿記念論文集『家族法の理論と実務』(2011) 397 頁。

⑼⑹　最決平成 25 (2013)・3・28 民集 67 巻 3 号 864 頁（家月 65 巻 6 号 96 頁）。その解説として『最高裁判所判例解説民事篇平成 25 年度』(2015) 142 頁〈柴田義明〉がある。また本件決定を契機として間接強制のより具体的な要件を検討するものとして，中野晴行「面会交流の間接強制の可否に関する最高裁決定をめぐる考察」ケース研究 320 号 (2014) 32 頁，田端理恵子＝齋藤敦「間接強制可能な面会交流審判の実情と留意点」判タ 1432 号 (2017) 5 頁などがある。

⑼⑺　東京高決平成 26 (2014)・3・13 判時 2232 号 26 頁。

⑼⑻　大阪高決平成 28 (2016)・2・1 判タ 1430 号 250 頁。

6 審判のその他の効力

別表第1に掲げる審判事項のうち，遺言書検認の審判についてはそもそも審判という概念に含まれるか疑問があるとの見解もある。この審判は遺言書の偽造変造を防止してその保存を確実にするための，たんにその外形的状態を検閲するにとどまり，遺言書の効力を何ら確定するものではない。この検認を経ていなくても遺言書の効力には影響がない[99]。この審判に一種の法定証拠力を認めようとする有力な見解がある[100]が，否定すべきであろう。審判のこの効力は，非訟事件である家事審判の公証的任務から生じるものであって，一種の保存的効力としての確定力を有するにとどまる[101]。

7 外国の非訟裁判の承認

家事手続法には外国の確定裁判の承認に関する民訴法118条に相当する定めがない。旧家審法および旧非訟法のもとでも同様であった。そのため学説・判例上で民訴法118条が非訟事件の裁判に適用または準用されるかについて争いがあった。全面適用を認める見解は少数であり，多くは民訴法118条は適用されないが同条1号に定める裁判管轄および3号の公序良俗の定めは，条理上一般に外国裁判の承認のために欠くことのできない要件であるとして非訟裁判承認の要件になると解するか，あるいは118条が適用されるが1号と3号の要件が満たされていることで足りると解している[102]。非訟事件の裁判は多種多様であり，身分関係に関するものについては跛行的法律関係

---

[99] 松原正明「家庭裁判所における開封・検認手続の実際」判タ1100号（2002）478頁。

[100] 高木積夫「遺言の確認と遺言書検認」判タ167号（1964）71頁，家審法講座第2巻243頁〈岡垣学〉。

[101] 山木戸・家事審判法58頁，山木戸克己「家事審判の効力」同『民事訴訟理論の基礎的研究』（1961）242頁，本書Ⅱ・373頁。

[102] 鈴木忠一「外国の非訟裁判の承認・取消・変更」法曹時報26巻9号（1974）24頁，溜池良夫「渉外人事非訟事件の諸相」鈴木忠一＝三ケ月章監修『新実務民事訴訟講座第7巻』（1982）197頁，山田鐐一『国際私法（第3版）』（2004）531頁，村上正子「外国非訟裁判の承認，執行制度再考」民事訴訟雑誌51号（2005）185頁，酒井一「外国形成裁判の承認」福永有利先生古稀記念『企業紛争と民事手続法理論』（2005）898頁。なお学説の状況について詳しくは，海老沢広美「非訟事件裁判の承認」『新版国際私法の争点』（1996）246頁参照。

を回避すべき要請が強いことにその根拠が求められている。判例は承認の対象となる事件によって差異を生じさせているように思われる[103]。

---

[103] 子の引渡しを命じる裁判につき東京地判平成4（1992）・1・30判時1439号138頁，未成熟子の養育費支払いにつき東京高判平成9（1997）・9・18判時1630号62頁は民訴法118条を全面的に準用するが，子の引渡しを命じる裁判につき東京高判平成5（1993）・11・15家月46巻6号47頁は民訴法118条1号と3号の要件が満たされていれば足りるとする。また京都家審平成6（1994）・3・31判時1545号81頁は，面会交流につき1号，3号の要件で足りるとし，東京地判平成26（2014）・12・25判タ1420号312頁は養育費支払いの裁判につき，3号の要件についてのみ審理している。

第8章　家事審判手続における不服申立て

第1節　概　　説

1　概　説

　家事審判は民事裁判権の行使としてなされる裁判であるから，他の手続における裁判と同様に，不服があるときはこれに対して上訴することができる。裁判の基礎に不適切な事実が認定され，あるいは法解釈の誤りがないとはいえない。これによって不利益を受ける当事者や審判の効力を受ける者等に上訴の機会を与えて，不当・違法な裁判の是正を図る必要がある。

　家事審判は，性質上非訟事件の手続であり，その裁判は審判（決定）によってなされるから，この裁判に対しては抗告による不服申立てが認められる。抗告には申立期間に制限のない通常（普通）抗告と，申立期間の定めのある即時抗告があるが，旧家審法および家事手続法は，身分関係の早期の確定の必要性等を考慮して即時抗告に限っている。ところで家事手続法は自己完結的な法律としているため，非訟法の準用の余地はなくなったが，両法は抗告の定め方について大きな差異を見せている。その理由について検討することは理論的に重要であろう。また家事審判は家庭裁判所の管轄に属し，即時抗告については高等裁判所が決定で裁判する。高等裁判所の抗告審としての決定に対してはさらに抗告（再抗告）をすることができない（裁判所7条2号参照）。最高裁判所に対しては許可抗告が認められるにとどまる（家事手続97条）。

　判決手続においては終局判決に対する控訴・上告のほか，中間的裁判・付随的裁判に対する抗告などがあり，これら全体を含めた総論的な整理が必要となる。しかし家事審判手続においては即時抗告が問題になるにすぎない。それゆえ以下においては即時抗告に即してその適法要件，抗告の申立て，抗告審の審理と裁判等について説明するにとどめる。

　なお家庭裁判所の審判で不服申立てができないもの，高等裁判所の決定に

398　　　第 1 編　家事審判

対して憲法違反を理由として最高裁判所に特別抗告ができる（家事手続 94 条）
が，これは通常の上訴ではない（後述第 5 節参照）。

2　家事事件における即時抗告の状況

最初に司法統計年報・家事事件編により，高等裁判所が取り扱った民事抗
告事件のうち家庭裁判所を原審とする事件数の，この 10 年間の推移をまと
めてみよう。平成 16（2004）年度以降は，人事訴訟法上の抗告事件も含まれ
ているが，ほとんどは家事審判・家事手続法上のものとみてよいであろう。
この 10 年間で抗告申立件数は約 1.7 倍に達しているが，絶対数は必ずしも
多いとはいえないであろう。また申立認容（自判・差戻し）の比率は，20％
を前後して推移している。この点で大きな変化は見られない。

	新受総数	既済								未済
		総数	却下	棄却	自判	差戻し	移送	取下げ	その他	未済
平成 27	3,422	3,185	30	2,994	637	45	6	129	136	703
平成 26	3,357	3,463	43	2,295	796	51	10	114	154	467
平成 25	3,437	3,469	50	2,401	726	41	12	119	120	573
平成 24	3,303	3,345	39	2,498	593	66	7	113	31	604
平成 23	2,956	2,967	43	2,179	528	62	3	113	35	646
平成 22	2,702	2,606	34	1,897	495	38	5	99	38	657
平成 21	2,577	2,475	40	1,761	507	46	4	93	30	561
平成 20	2,219	2,348	30	1,687	442	60	6	96	27	459
平成 19	2,018	2,023	47	1,416	390	32	14	106	28	588
平成 18	1,885	1,798	29	1,210	390	22	5	113	29	603
平成 17	1,937	2,020	44	1,317	441	28	9	141	40	516

＊高等裁判所で取り扱った民事抗告事件のうち家庭裁判所を原審とする事件
司法統計年報・各年度家事事件編第 12 表より作成

第 2 節　即時抗告の適法要件

1　総　説

即時抗告は上訴の一種であり，原裁判の取消し・変更を求めるものである。
そのため即時抗告は，他の上訴と同様に次の要件を満たさなければならない。
すなわち，①原裁判に対する不服申立てが許されること，②即時抗告に関す
る法律・規則の定めに適合していること，③即時抗告の申立期間内に申し立
てられていること，④即時抗告申立人が原裁判に対して不服を申し立てる利

第8章　家事審判手続における不服申立て　　　399

益を有すること，⑤当事者が抗告をしない旨の合意をし，あるいは抗告権を放棄していないことである。さらに⑥抗告申立人が抗告権を濫用していると認められるときは，即時抗告は適法とはみなされない。ここに掲げた適法要件は，民事訴訟を含めて一般的に妥当するものである。しかし家事審判においては，別表第1に掲げる事項の審判では相手方が存在しないこと，その性質が非訟事件であることから申立ての特定等について訴訟とは大きな違いがあること等から，即時抗告の規律については独自の検討を必要とする多くの問題がある。ここでは，①④⑤⑥について説明する。

2　原審判に対して不服申立てが許されること

1　家事事件手続法の規律の特徴

　裁判に対して不服を申し立てることができるか否かはどのようにして定まるか。一般に裁判の性質上不服申立てが許されない裁判が理論上どのように抽出されるかは，終局裁判に対して原則として上訴が許され，これに対して申立人が裁判に対して不服を有するか否かによって決定される。中間的裁判・付随的裁判に対しては個別的に不服申立てができる旨が定められるが，終局裁判に対しては裁判に対する不服を基準に判断される。家事審判と法的性格を共通にする非訟事件手続法でも同様である。これに対して旧家審法および家事手続法は，不服申立てとしての即時抗告は特別の定めがある場合に限って認められると定め（85条，99条），法律が審判または審判以外の裁判に対して即時抗告が許されるか否かを定めるという規律をしている。他の手続法には見られないものである。

2　旧家審法立法者の意図

　旧家審法が終局審判に対して不服申立てができるか否かを，個別的に定めた意図はなんであったかは明確にはできない。審判に対する即時抗告を定めた旧家審法14条の趣旨については，立法担当者による次のような説明がある(1)。

　「問　第14条の趣旨如何。

　答　第7条において準用する非訟事件手続法は，裁判に対して抗告の途を拓いたが，その普通抗告の期間については，何等の制限がないから，審判は永く

---

(1)　「家事審判法質疑応答資料」堀内・家事審判制度の研究436頁。

第1編　家事審判

不確定な状態にある訳である。然し審判が永く不確定の状態にあることは到底許されぬので，本条は審判に対しては，即時抗告だけができることにして，一定期間を画して審判の確定を図った。而して即時抗告の期間は，特別の規定なき限り，第7条において準用する非訟事件手続法第25条民事訴訟法415条第1項により，一週間であるが，審判事項には，相当重要な事項があり判決事項と同様なものがあるので，二週間とした。

　　問　第14条により最高裁判所は，いかなる事項を定めるか。

　　答　(1)即時抗告できる審判とそうでない審判。(2)即時抗告権者。(3)数人に告知のある場合に即時抗告期間の起算日を定める」。

ここからは，旧家審法の立法者がなぜ旧非訟法20条のように，決定により権利を害されたものが抗告できるという定めにせずに，個別に即時抗告のできる審判とそうでない審判を定めようとしたのかは明らかにはならない。家事審判事件の多様性から旧非訟法の一般的な定式では実体的な判断に迷い実務を混乱させることが考慮されたのかもしれない。ともあれ旧家審法のこの規律から，家事審判における即時抗告のできる審判とできない審判の区別に関して，解釈上の問題を生じさせることになった。その一つは旧家審法・旧家審規の類推解釈についてである。

　旧法下においては旧家審規の定めには短期間で立法しなければならなかった等の事情から，不備がないとはいえず「規定の不備ないし遺漏の存することがないではない」[2]とされ，これが認められる場合には，「他の明文規定を類推適用することができるのは，法の解釈理論上疑いを容れないところである」[3]との見解が通説となっていた。もっとも一般論としては共通でも，具体的な例では見解は分かれていた。詳細については各審判事件に即して論じるが，以下3で簡単に触れることにする。

　第二には，旧家審法14条の定めにもかかわらず，なお旧非訟法20条の準用の余地はないか，という問題である。通説はこれを否定していた[4]が，本書旧版は審判に対して即時抗告を認めるか否かの判断の基準として，旧非訟法20条の定式（権利の侵害）が意味を持つとの立場をとっていた[5]。旧法時

---

(2)　山木戸・家事審判法51頁。

(3)　家審法講座第1巻84頁〈綿引末男〉，注解家審法575頁〈岡垣学〉，高木積夫「家事審判に対する即時抗告」岡垣学＝野田愛子編『講座実務家事審判法第1巻』(1989) 231頁。

第8章　家事審判手続における不服申立て　　401

の通説・実務は特別の規定がない限り，審判に対して不服申立ては許されないとしていた[6]。家事手続法は非訟事件手続法とは別に自己完結的な法律として制定されたため，旧法時のように非訟法の準用という問題を生じない。この問題は立法的に解決されたように見える。しかし即時抗告のできる裁判とできない裁判の区別，だれが即時抗告権を有するか等の理論的な問題を判断するには，旧非訟法20条および新非訟法66条の定式がなお意味を持つと考える必要がある。

3　不服申立てを許さない審判

　家事手続法がどのような審判に対して即時抗告を認め，または認めないかについて402頁以下の表に整理した。これによると，審判に対して即時抗告を認める旨の定めがないのは，別表第1に掲げる審判事項に限られている。申立てを認容する審判，申立てを却下する審判のいずれに対しても即時抗告を認めない審判の種類は多い。いくつかについて簡単に見ておこう。

(1)　家庭裁判所における後見事務の監督に属する事件

下記一覧表の⑫〜⑲（成年後見），�932〜㉘38（保佐），㉑51〜㊲57（補助）および㊽80〜

---

(4)　市川・家事審判法128頁，注解家審法609頁〈岡垣〉，蕪山巌「家事審判に対する抗告」鈴木忠一＝三ケ月章監修『実務民事訴訟講座第7巻』(1969) 333頁，吉岡進「家事審判の抗告審に於ける諸問題」鈴木忠一＝三ケ月章監修『新実務民事訴訟講座第8巻』(1981) 278頁。

(5)　本書旧版・272頁。

(6)　最決昭和55 (1980)・2・7家月32巻5号40頁は，精神保健福祉法による保護義務者（後に保護者と改められた。現在は廃止されている）選任審判に対する不服申立てについて，審級制度については憲法81条に定めるところを除いて立法をもって適宜これを定めることができるから，「家審法14条及び特別家事審判規則において右審判に対し即時抗告による不服申立ての方法を認めるかどうかも立法政策の問題に帰着し，右法の規定及び規則が憲法32条に違反するかどうかの問題を生じない」とする。しかし当該の審判に対する不服申立ての許否が他の規定との関係で整合的であるかの検討が必要である。この最高裁決定の後も，遺言執行者の職務執行停止および職務代行者選任の保全処分に対して即時抗告ができないとする東京高決昭和60 (1985)・2・26判時1147号102頁，準禁治産宣告とともになされた保佐人選任の審判に対して独立して即時抗告ができないとする東京高決昭和62 (1987)・11・4判時1261号94頁，後見人選任申立てを却下する審判に対しては即時抗告ができないとする仙台高決昭和63 (1988)・12・9家月41巻8号184頁，東京高決平成12 (2000)・4・25家月53巻3号88頁などがある。

審判に対する即時抗告の可否一覧表

	審判の名称	申立認容審判に対する即時抗告権者	申立却下審判に対する即時抗告権者
別表第1に掲げる審判事件			
①	後見の開始	民7条に定める者・任意後見10条2項に定める者	申立人
②	後見開始の審判の取消し	―	民10条に定める者
③	成年後見人の選任	―	―
④	成年後見人の辞任許可	―	―
⑤	成年後見人の解任	成年後見人	申立人・成年後見監督人・成年被後見人及びその親族
⑥	成年後見監督人の選任	―	―
⑦	成年後見監督人の辞任許可	―	―
⑧	成年後見監督人の解任	成年後見監督人	申立人・成年被後見人及びその親族
⑨	成年被後見人に宛てた郵便物等の配達の嘱託	成年被後見人及びその親族	―
⑩	同上の取消しまたは変更	―	申立人
⑪	成年被後見人の死亡後の契約締結許可	―	申立人
⑫	成年後見に関する財産目録作成期間の伸長	―	―
⑬	成年後見人または成年後見監督人の権限行使の定め及びその取消し	―	―
⑭	成年被後見人の居住用不動産の処分許可	―	―
⑮	成年被後見人に関する特別代理人の選任	―	―
⑯	成年後見人・成年後見監督人に対する報酬付与	―	―
⑰	成年後見の事務の監督	―	―
⑱	第三者が成年被後見人に与えた財産管理の処分	―	―
⑲	成年後見に関する管理の計算期間の伸長	―	―
⑳	保佐の開始	民11条本文，任意後見10条2項に定める者	申立人
㉑	保佐人の同意を得なければならない行為の定め	被保佐人	―
㉒	保佐人の同意に代わる許可	―	申立人
㉓	保佐開始審判の取消し	―	民14条1項に定める者
㉔	保佐人の同意を得なければならない行為の定めの審判の取消し	―	―
㉕	保佐人の選任		

第 8 章　家事審判手続における不服申立て　　　403

㉖	保佐人の辞任許可	—	—
㉗	保佐人の解任	保佐人	申立人・保佐監督人・被保佐人及びその親族
㉘	臨時保佐人の選任	—	—
㉙	保佐監督人の選任	—	—
㉚	保佐監督人の辞任許可	—	—
㉛	保佐監督人の解任	保佐監督人	申立人・被保佐人及びその親族
㉜	保佐人・保佐監督人の権限行使の定め及びその取消し	—	—
㉝	被保佐人の居住用不動産の処分許可	—	—
㉞	保佐人・保佐監督人に対する報酬付与	—	—
㉟	保佐人に対する代理権付与	—	—
㊱	保佐人に対する代理権付与の審判の取消し	—	—
㊲	保佐の事務の監督	—	—
㊳	保佐に関する管理の計算期間の伸長	—	—
㊴	補助の開始	民 15 条 1 項本文・任意後見 10 条 2 項に定める者	申立人
㊵	補助人の同意を得なければならない行為の定め		—
㊶	補助人の同意に代わる許可	—	—
㊷	補助開始の審判の取消し	—	民 18 条に定める者
㊸	補助人の同意を得なければならない行為の定めの審判の取消し	—	—
㊹	補助人の選任	—	—
㊺	補助人の辞任許可	—	—
㊻	補助人の解任	補助人	申立人・補助監督人・被補助人及びその親族
㊼	臨時補助人の選任	—	—
㊽	補助監督人の選任	—	—
㊾	補助監督人の辞任許可	—	—
㊿	補助監督人の解任	補助監督人	申立人・被補助人及びその親族
51	補助人・補助監督人の権限行使の定め及びその取消し	—	—
52	被補助人の居住用不動産の処分許可	—	—
53	補助人・補助監督人に対する報酬付与	—	—
54	補助人に対する代理権付与	—	—
55	補助人に対する代理権付与の審判の取消し	—	—
56	補助の事務の監督	—	—
57	補助に関する管理の計算期間の伸長	—	—
58	不在者の財産の管理に関する処分	—	—
59	失踪の宣告	不在者及び利害関係人	申立人
60	失踪の宣告の取消し	—	申立人

(61)	夫婦財産契約による財産の管理者の変更等	夫及び妻	夫及び妻
(62)	嫡出否認の訴えの特別代理人選任	—	申立人
(63)	子の氏の変更許可	—	申立人
(64)	養子縁組許可	—	申立人
(65)	死後離縁許可	利害関係人（申立人を除く）	申立人
(66)	特別養子縁組成立	養子となるべき者の父母・養子となるべき者に対し親権を行う者で養子の父母でない者・未成年後見人・養子となるべき者の父母に対し親権を行う者及びその後見人	申立人
(67)	特別養子縁組の離縁	養子・養親・養子の実父母・養子に対し親権を行う者・養子の後見人・養親の後見人・養子の実父母に対し親権を行う者及び後見人	申立人
(68)	子に対する特別代理人選任	—	—
(69)	第三者が子に与えた財産に関する処分	—	—
(70)	親権喪失・親権停止・管理権喪失	親権・管理権を喪失・停止される者及びその親族	申立人・子及びその親族・未成年後見人・未成年後見監督人
(71)	親権喪失・親権停止・管理権喪失の審判の取消し	子及びその親族・子に対し親権を行う者・未成年後見人・未成年後見監督人	申立人・親権等を喪失した者及びその親族
(72)	親権または管理権を辞し，または回復するについての許可	—	回復申立てを却下する審判に対して申立人
(73)	養子の離縁後に未成年後見人となるべき者の選任	—	申立人
(74)	未成年後見人の選任	—	—
(75)	未成年後見人の辞任許可	—	—
(76)	未成年後見人の解任	未成年後見人	申立人・未成年後見監督人・被後見人及びその親族
(77)	未成年後見監督人の選任	—	—
(78)	未成年後見監督人の辞任許可	—	—
(79)	未成年後見監督人の解任	未成年後見監督人	申立人・被後見人及びその親族
(80)	未成年後見に関する財産目録作成期間の伸長	—	—
(81)	未成年後見人・後見監督人の権限行使の定め及びその取消し	—	—

⑧	未成年被後見人に関する特別代理人の選任	—	—
⑧	未成年後見人・未成年後見監督人に対する報酬付与	—	—
⑧	未成年後見の事務の監督	—	—
⑧	第三者が未成年被後見人に与えた財産の管理に関する処分	—	—
⑧	未成年後見に関する管理の計算期間の伸長	—	—
⑧	扶養義務の設定	扶養義務者となる者（申立人を除く）	申立人
⑧	扶養義務の設定の取消し	扶養権利者（申立人を除く）	申立人
⑧	推定相続人の廃除	廃除された推定相続人	申立人
⑨	推定相続人廃除の審判の取消し	—	申立人
⑨	推定相続人の廃除又はその審判の取消前の遺産の管理に関する処分	—	—
⑨	相続の承認又は放棄すべき期間の伸長	—	申立人
⑨	相続財産の保存又は管理に関する処分	—	—
⑨	限定承認又は相続放棄の取消申述の受理		限定承認又は相続放棄の取消をすることができる者
⑨	限定承認の申述の受理	—	申述人
⑨	限定承認の場合の鑑定人の選任	—	—
⑨	限定承認を受理した場合の相続財産管理人の選任	—	—
⑨	相続放棄の申述	—	申述人
⑨	財産の分離	相続人	
	民941条1項		相続債権者及び受遺者
	民950条1項		相続人の債権者
⑩	相続財産分離請求後の財産の管理に関する処分	—	
⑩	財産分離の場合における鑑定人の選任	—	—
⑩	相続人不存在の場合における相続財産の管理に関する処分	—	—
⑩	相続人不存在の場合における鑑定人の選任	—	—
⑩	特別縁故者に対する財産の分与	申立人・相続財産管理人	申立人
⑩	遺言の確認	利害関係人	遺言に立会った証人及び利害関係人
⑩	遺言書の検認	—	—
⑩	遺言執行者の選任	—	利害関係人
⑩	遺言執行者に対する報酬付与	—	—
⑩	遺言執行者の解任	遺言執行者	利害関係人
⑩	遺言執行者の辞任許可	—	申立人

⑪	負担付遺贈に係る遺言の取消し	受遺者その他の利害関係人（申立人を除く）	相続人
⑫	遺留分を算定する場合における鑑定人の選任	—	—
⑬	遺留分の放棄許可	—	申立人
⑭	任意後見契約の効力を発生させるための任意後見監督人の選任	—	申立人
⑮	任意後見監督人が欠けた場合の任意後見監督人の選任	—	—
⑯	任意後見監督人を更に選任する場合の任意後見監督人の選任	—	—
⑰	後見開始の審判等の取消し	—	—
⑱	任意後見監督人の職務に関する処分	—	—
⑲	任意後見監督人の辞任許可	—	—
⑳	任意後見監督人の解任	任意後見監督人	申立人・本人及びその親族
㉑	任意後見監督人の権限行使の定め及びその取消し	—	—
㉒	任意後見監督人に対する報酬付与	—	—
㉓	任意後見人の解任	本人及び任意後見人	申立人・任意後見監督人・本人及びその親族
㉔	任意後見契約の解除許可	本人及び任意後見人	申立人
㉕	氏又は名の変更許可		申立人
	氏の変更	利害関係人（申立人を除く）	
㉖	就籍許可	—	申立人
㉗	戸籍の訂正についての許可	利害関係人（申立人を除く）	申立人
㉘	戸籍事務についての市町村長の処分に対する不服	当該市町村長	申立人
㉙	性別の取扱いの変更		申立人
㉚	児童福祉法による都道府県の措置についての承認	児童を現に監護する者・児童に親権を行う者・児童の未成年後見人	申立人
㉛	児童福祉法による都道府県の措置の期間更新の承認	児童を現に監護する者・児童に親権を行う者・児童の未成年後見人	申立人
㉜	生活保護法による施設への入所許可	被保護者に対し親権を行使する者・被保護者の後見人	申立人
㉝	心神喪失等医療観察法による保護者の順位の変更及び保護者の選任	—	申立人
㉞	破産手続開始の場合の夫婦財産契約による財産管理者の変更等	夫及び妻	夫及び妻

第8章　家事審判手続における不服申立て

⑬	親権を行う者につき破産開始の場合における管理権喪失	管理権を喪失する者及びその親族	申立人・子及びその親族・未成年後見人・未成年後見監督人
⑯	破産手続における相続放棄の承認についての申述受理	—	申立人
⑰	中小企業経営承継円滑化法による遺留分算定に係る合意についての許可	当該合意の当事者（申立人を除く）	当該合意の当事者
別表第2に掲げる審判事件			
①	夫婦間の協力扶助に関する処分	夫及び妻	夫及び妻
②	婚姻費用分担に関する処分	夫及び妻	夫及び妻
③	子の監護に関する処分	子の父母及び子の監護者	子の父母及び子の監護者
④	財産の分与に関する処分	夫又は妻であった者	夫又は妻であった者
⑤	離婚等の場合における祭具等の所有権の承継者の指定	婚姻の当事者その他の利害関係人	婚姻の当事者その他の利害関係人
⑥	離縁等の場合における祭具等の所有権の承継者の指定	離縁の当事者その他の利害関係人	離縁の当事者その他の利害関係人
⑦	養子の離縁後に親権者となるべき者の指定	養子の父母及び養子の監護者	申立人・養子の父母及び養子の監護者
⑧	親権者の指定又は変更	子の父母及び子の監護者	子の父母及び子の監護者
⑨	扶養の順位の変更及びその決定の変更又は取消し	申立人及び相手方	申立人及び相手方
⑩	扶養の程度又は方法の決定及びその決定の変更又は取消し	申立人及び相手方	申立人及び相手方
⑪	相続の場合における祭具等の所有権の承継者の指定	相続人その他利害関係人	相続人その他利害関係人
⑫	遺産の分割	相続人	相続人
⑬	遺産分割の禁止	相続人	—
	分割の禁止の審判の取消・変更	相続人	—
⑭	寄与分を定める審判	相続人	申立人
⑮	請求すべき按分割合に関する処分	申立人及び相手方	申立人及び相手方
⑯	生活保護法による扶養義務者の負担すべき費用額の確定	申立人及び相手方	申立人及び相手方
審判前の保全処分			
	保全処分申立て	本案の家事審判に対し即時抗告をすることができる者*3	申立人*1・*2

* 1　第126条1項（134条1項，143条1項で準用），158条（242条3項で準用），200条1項の規定による財産管理者の選任又は管理等に関する指示の保全処分の申立てを却下する審判に対しては即時抗告ができない（110条1項ただし書き1号）。

* 2　第127条1項（135条，144条，181条及び225条1項で準用），166条1項（同5項で準用），174条1項（242条3項で準用），175条3項及び215条1項の規定による職務代行者の選任の保全処分の申立てを却下する審判に対しては即時抗告ができない（110条1項ただし書き2号）。

* 3　第126条，127条に上記*1・*2の審判に対して即時抗告ができる旨の定めはない。

⑧⑥（未成年後見）に掲げる事件は，広い意味で家庭裁判所による後見人等の事務の監督・指導に関する処分である。臨機応変に対応することが求められる。申立てによっても職権によっても開始されることがある。これに属するが後見人等への報酬の付与（⑯，㉞，㊝，㊷）については，不服申立ての余地を検討すべきである。すでに旧法時において，この審判により財産の出捐を義務づけられる被後見人に対して不服申立ての方法を開いておくことを検討すべきであるとの見解が主張されていた[7]。また申立てを却下する審判に対して不服申立てを認めないのは，親族後見人を中心とした状況で，後見人等は報酬請求権を有しないという古い考え方に立脚していると思われる。しかし法律や福祉の専門家が後見人に選任される現在においては，この考え方は改められるべきである[8]。

(2)　後見人・後見監督人・財産管理人等の選任の審判

　通説および実務は，家庭裁判所による後見人，後見監督人，その他の財産管理人等の選任の審判に対しては不服申立てを認めない。表中の③⑥⑮㉕㉘㉙㊺㊼㊽㊾⑦④⑦⑦㉑㉓㉗⑩⑩⑩⑩⑮などその数は多い。選任に対して不満のあるときは後見人，後見監督人など，その解任の定めがある場合については，その申立てによるべきであり，また裁判所が選任したこれらの者に適任でない事由があるときは，裁判所はいつでも改任することができることが，不服申立てを認めない理由となっている[9]。申立てを却下する審判の場合には，それによって被後見人に後見人が不在という事態が生じうる（民法843条2項）ことがあるので，他の申立ての場合と同様に申立人が即時抗告できると解すべきである。保佐人選任，補助人選任の場合も同様である。

---

(7)　注解家審法248頁〈栗原平八郎〉。

(8)　詳細については本書Ⅱ・103頁参照。

(9)　詳細については本書Ⅱ・71頁参照。成年後見人選任の審判は，認容・却下ともに即時抗告を認めない。旧法時にも同様に解されていた。東京高決平成12(2000)・4・25家月53巻3号88頁，東京高決平成12(2000)・9・8家月53巻6号112頁などがある。選任に対する不服は，多くは人選に対する不満である。被後見人にとって当該の後見人は相応しくない，敵対関係にある，あるいは欠格事由があるといった主張である。これに対して特別の理由に基づいて即時抗告を認める可能性があることを主張するものとして，佐上「後見人選任申立審判に対する不服申し立て」井上治典先生追悼論文集『民事紛争と手続理論の現在』(2008) 626頁以下がある。

第8章 家事審判手続における不服申立て 409

(3) 申立認容の審判に対して不服申立てを許さない場合

審判によって法律関係が形成されるもののうち，審判の結果に対しては他の利害関係人からの不服申立てを許さないものがある。申立人の法的地位に関係するだけで，他に影響を及ぼさないと考えられる事例として，㊿の子の氏の変更許可の審判を挙げることができる。子の氏の変更許可の基準については，実務は統一されているとはいえないが，氏が個人の呼称であり，個々人の人格を象徴するものであるとの立場からは，子の氏の変更については子の意思が基準となる。これに第三者が異議を申し立てることができないのは当然といえる[10]。

未成年者養子縁組許可㊿の審判は，養親となる者と養子となる者の合意につき，子の福祉の観点から家庭裁判所が審判をするものである。この許可に対しては不服申立てを許さない。養子縁組の効力を争うのは，非訟事件である家事審判ではなく，別途人事訴訟（人訴2条3号）としてである。㊿㊿の限定承認または相続放棄の申述の受理についても同様である。

4 審判以外の裁判に対する即時抗告

(1) 即時抗告の対象とならない裁判

家事審判の手続においても，他の裁判手続と同様に裁判所のさまざまな判断が積み重ねられて終局裁判を準備する。期日の指定・変更，当事者の審問の実施等多くは家庭裁判所の合目的的な手続指揮上の措置・命令である。これらは必要に応じて家庭裁判所が変更することができ，独立して不服申立ての対象とはならない。

(2) 明示的に不服申立てを許さないとする場合

家事手続6条3項によって管轄裁判所を定める裁判に対しては不服申立てをすることができない。この裁判はいずれの当事者にとっても権利を侵害することにはならないし，さらに必要であれば当事者の申立てまたは職権によって移送することができるからである。不服を申し立てることができないとは，独立して即時抗告ができないだけでなく，家事手続93条3項による民訴法283条の準用により審判に対する抗告審においてもその裁判の当否を争うことができないことを意味する[11]。

---

(10) 詳細については本書Ⅱ・188頁参照。

(11) 金子・逐条解説13頁。

(3) **即時抗告のできる審判以外の裁判**

審判以外の裁判に対しても特別の定めがあるときは，即時抗告をすることができる（家事手続99条）。中間的な裁判・付随的な裁判のうち当事者の手続追行に重大な影響を与える裁判がこれにあたる。家事手続法は，旧法下においては不服申立てが認められないとされていた裁判に対しても即時抗告を認めることに変更したものがある。即時抗告の認められる審判以外の裁判は次のとおりである。ほぼ民事訴訟手続における規律と同じ内容になっている。それぞれの裁判の意味については，該当の個所の説明を参照のこと。

(a) 家事事件の移送の裁判，移送申立てを却下する裁判（家事手続9条3項）

(b) 除斥・忌避申立てを却下する裁判（同12条9項，13条1項，14条1項，15条1項，16条1項）

(c) 特別代理人選任申立てを却下する裁判（同19条5項）

(d) 書記官の処分に対する異議の申立てを却下する裁判（同37条2項）

(e) 当事者参加の申立てを却下する裁判（同41条4項）

(f) 利害関係参加の申出を却下する裁判（同42条6項）

(g) 手続からの排除の裁判（同43条2項）

(h) 受継の申立てを却下する裁判（同44条2項）

(i) 記録の閲覧等の申立てを却下する裁判（同47条8項，10項）

(j) 家事審判の申立書の却下命令（同49条6項，67条4項）

(k) 更生決定および更正申立てを却下する裁判（同77条3項，4項）

5 民事訴訟法の規定による即時抗告権

家事手続法64条1項は，家事審判手続における証拠調べにつき民事訴訟法の規定が準用されることを明記した。その結果たとえば証人の証言拒絶権についての裁判（民訴199条2項），文書提出命令に対して即時抗告をすることができる（同223条7項）。これらの規定による即時抗告は執行停止の効力を有する（家事手続64条2項）。旧法下でも家事審判における鑑定人に対する忌避申立て却下の裁判に対する不服申立期間は，民訴法214条4項により告知のあった日から1週間とするものがあった[12]。また旧法下では家事審判に対する再審を認めるか否か，これを認めるとして再審申立てを却下した審

---

[12] 東京高決昭和33（1958）・5・15高民集11巻4号270頁。

判に対する不服申立ては，旧家審法14条によるのか，民訴法の準用による
のかについて争いがあった。この点は家事手続103条により立法的に解決さ
れた（後述第7節5・2参照）。

3 抗告の要件としての不服

1 家事審判における抗告要件としての不服の位置づけ

旧家審法および家事手続法は，非訟事件手続法やその他の法律と異なり，
審判に対して即時抗告できる場合を個別に規定しているため，他の裁判手続
における上訴要件としての「不服」について検討を加えなくても対応できた
ため，学説においてもほとんど議論されることなく今日に至っている。しか
し理論的に見た場合抗告できる審判とそうでない審判との区別，あるいは抗
告できる者の範囲を考えるうえで，不服について考えることが必要になる。
その意味では新非訟法66条1項にいう「終局決定により権利または法律上
保護される利益を侵害された」という定式は，これを検討するうえで重要な
手掛かりを与えるものである。家事手続法は利用者の便宜を考慮して自己完
結的な法律として，他の法律とりわけ非訟法の準用を排除しているが，家事
審判が非訟事件の一領域を形成することからも，非訟事件手続法から導かれ
る基準との比較を行うことは重要である。

2 権利または法律上保護される利益とその侵害

(1) 原 則

家事審判は主として親族法，相続法とこれに密接に関連する法律に規定す
る事件を扱うが，審理の対象となりまた審判によって影響を受けるのは，人
格権，財産上の権利，身分法上，相続法上の諸権利に限られず，公法上の権
利を含むことがある。また親権や監護権のように権利というよりは義務であ
るとされるものもある。抗告の要件とされる権利侵害の対象となるのはこれ
らの権利である。さらにそれらの総体として法的地位と称されることもある。
伝統的な権利のみならず，さまざまな法的問題に対する自己決定権や法的に
保護される期待権，さらに法的に保護される利益も含まれる。しかし単なる
経済的な利益，倫理的または感情的な利益が侵害されたというだけでは，抗
告を理由づける不服に該当しない[13]。

(2) 親権・後見事件における特則

家事審判の重要な領域の一つに親権・未成年後見の事件がある。ここでは

未成年者または未成年被後見人の利益，福祉を図るために審判に対する抗告との関係でも特別な考慮が必要である。とくに親権喪失・親権停止または管理権喪失の審判や，後見人・後見監督人の解任の審判事件が挙げられる。たとえば親権喪失の審判についてみると，申立人となるのは子，その親族，未成年後見人，未成年後見監督人または検察官である（民834条）。未成年後見人および未成年後見監督人はその職務から申立権を有する。これに対して子の親族に対して申立権を認めるのは子の周辺にいて子の監護に特別の関心をもち，子の利益と福祉を擁護するため親子関係に介入する地位が認められているからである。それゆえ，この審判に対しては認容・却下のいずれの場合にも即時抗告が認められている。法的に保護されるべき利益の一つの例である。後見人等の解任の審判についても同様の考慮が必要である[14]。この点については後述4・2(2)参照。

(3) 権利の侵害

非訟法66条1項による権利の侵害とは，抗告人の権利または法的に保護される利益が審判によって不利益な影響を受けることをいう。審判を受ける者の従前の権利または法的地位が審判によって全部または一部否定され，制限され，負担を課せられあるいは権利行使に障害が生じ困難になること等をいう。この影響が抗告人の権利や法的地位に直接に生じていることが必要である。

抗告を申し立てる審判に対して，抗告人が抗告を申し立てることが定めら

---

(13) 手続上の権利はどのように扱われるか。わが国ではこの点に関する研究は乏しいが，かつてドイツにおいては「関係人の事件の適切な処理を求める一般的な権利」という手続上の権利を非訟法（FGG）20条1項の権利に含め，その侵害がある場合に抗告の理由とすることができると主張されてきた（この点については，佐上「非訟事件における抗告権能」小室直人＝小山昇先生還暦記念『裁判と上訴（下）』（1980）191頁以下参照）。しかしドイツにおいても通説は審問請求権違反を除いては，手続上の権利は抗告の対象である権利には含まれないと解している。手続違反の問責は抗告の適法性に関するものではなく，その理由具備要件に属し，抗告が適法な場合には抗告審は職権をもって原裁判の手続を審査し，違反が認定されると抗告審においてその治癒が考慮されることになる。なお，本間靖規「手続保障侵害の救済」同『手続保障論集』（2015）331頁以下は，この点に関するドイツの学説を検討している。

(14) 詳細については，本書Ⅱ・83頁以下参照。

れている限り，抗告人はいかなる権利・法的利益が侵害されたかを特定して
述べる必要はない。

3　不服の基準

上（2・1）に述べたように，家事審判における抗告には，抗告人の権利・
法的利益の侵害が基本になっている。このことは民事訴訟の上訴要件として
の形式的不服とは異なった考え方を示しているといえる（実体的不服）。また
いわゆる職権事件においては形式的不服概念を基礎とすることができない。
審判の主文に比較される申立てを欠くからである。この限度では，家事審判
の抗告については実体的不服概念に親しむといってよい。職権事件において
は，抗告人が裁判に同意し，自らこれを申し立てている場合であっても，抗
告人の権利が侵害されているときは抗告権を失わないと解する余地もありう
る[15]。

旧法下において，婚姻費用分担，扶養の程度および方法の定め，遺産分割
等の別表第2に掲げる事項の審判では，申立てを認容された申立人も，当該
審判が自己の意図にそぐわず，不当で自己の権利を侵害されたと主張して抗
告をすることができると解されていた[16]。家事手続法の下でも同様に解して
よい。これらの事件において申立てに上限を画することを求めていないこと，
抗告審は続審的構造を有すること，裁判所の裁判は裁量的であること，裁判
内容からさらに新たな主張の可能性がありうることを考慮すると，この見解
を支持すべきであろう[17]。

---

[15]　詳細は本書旧版・281頁。これに対して東京高決平成12（2000）・4・25家月53
　　巻3号88頁は，禁治産宣告の申立人はその宣告の審判に対して即時抗告をするこ
　　とができないとする。

[16]　鈴木忠一「非訟事件における当事者」同『非訟事件の裁判の既判力』（1969）
　　241頁，家審法講座第1巻142頁〈綿引〉，蕪山・前掲注(4)実務民事訴訟講座第7
　　巻336頁，注解家審法571頁〈岡垣〉，高木・前掲注(3)講座実務家事審判法第1巻
　　231頁。

[17]　家事手続法は，別表第1に掲げる審判事件の認容審判に対する即時抗告につい
　　て，申立人を除くとする定めを導入している。⑥⑤の死後離縁許可，⑧⑦⑧⑧の扶養義
　　務の設定とその取消し，⑩負担付遺贈に係る遺言の取消し，⑩⑤氏の変更，⑩②戸籍
　　の訂正許可，⑩⑨遺留分算定に係る合意についての許可などである。いわゆる形式
　　的不服を前提とすれば当然のことといえるのであるが，この考え方の意味および
　　他の理論への影響等についてはなお慎重な検討が必要であるように思われる。

4 未成年者の抗告権

　家事審判においては，未成年者が審判によって直接の影響を受ける事件がある。別表第1に掲げるものとしては，①親権喪失・親権停止または管理権喪失とその取消し，②未成年後見人・未成年後見監督人の解任，③児童福祉法28条による措置承認の審判等が重要であり，別表第2に掲げる事項としては④子の監護に関する処分，⑤親権者の指定または変更がある。これらの審判について，未成年者が抗告をすることができるかをみると，①の親権喪失等の審判に対しては，親権を喪失する者の親族として子も即時抗告をすることができ，申立てを却下する審判に対しても子は即時抗告をすることができる（家事手続172条1項）。しかし②未成年後見人等の解任の審判および申立てを却下する審判に対する抗告人に子は含まれていない。③の審判についても同様である。父母等が当事者となる④⑤の審判に対しても子は抗告人に含まれていない。果たしてこれは適切といえるか疑問である。これらの事件においては，子や未成年被後見人は，審判により直接の影響を受ける者として独自の抗告権が認められなければならない。子が当該の手続に利害関係参加すれば，抗告権が認められるというのは迂遠な解決策である。参加がなくても抗告権が認められる必要がある[18]。

4　即時抗告権を有する者・相手方

1　総　説

　以上において家事審判における抗告権について総論的に検討を加えてきた。かなり抽象的な説明であったので，家事手続法の定めに即してどの審判につき誰に抗告権が帰属するかをやや個別にみてみよう。家事審判に対する不服申立てに関する同法の定めの全体像は，条文をみただけではわかりにくい。402頁以下の一覧表を参照されたい。また抗告権者については旧法の定めが変更されている箇所がある。その変更が家事審判における不服申立権につい

---

[18]　このことを前提に子の抗告権を実質的に保障する法律上の手当てを考える必要がある。この点について本書旧版・285頁で問題を指摘していたが，家事手続法上解決は見ていない。子が15歳以上であれば手続行為能力を認められるが，それ以下の場合には子の法定代理人と子の利益が実質的に背反することがありうるから，特別の代理人を選任する必要がある。この点については，第4章第2節3・5参照。

ての一般的な理論に照らして果たして適合的といえるかについても検討する
必要がある。

2 事件の分類による検討

(1) 概　説

家事審判の個々の審判に対して誰にどのような理由から即時抗告権が認められるかについては，各事件の性質に即した検討が必要である。その詳細については，本書Ⅱ等における各論的な説明に委ねざるをえないが，ここでは第5章第2節1・4において職権事件・申立事件という分類をしているので，それを基礎として一応の整理をしておくことにする。別表第2に掲げる事項の審判は，常に相手方が存在し，申立認容・却下の審判に対して即時抗告をすることができる者の定めはさほど困難ではない。以下の説明では別表第1に掲げる審判事項の審判に関するものとなる。

(2) 職権事件

① 法律が明示的または黙示的に家庭裁判所が職権によって手続を開始する事件

裁判所が選任した管理人，後見人等に対する監督や報酬付与等の審判事件であり，認容・却下のいずれの審判に対しても即時抗告を認めていない。後見事務の監督（民863条，別表第1第14項）では，家庭裁判所による後見事務の中心となる事項であり，後見事務の報告・財産目録の提出，事実の調査，後見事務について必要な処分を行うことにある。この処分の中でも後見人等に対する報酬付与の審判については，従来後見人等には報酬請求権が認められず，報酬額の決定は家庭裁判所の形成処分であることを理由に，即時抗告を認める必要はないとされてきたが，専門職後見人，法人後見人の一般化によって報酬請求権を認めるべきであると解され，後見人等およびこれを負担する被後見人等の即時抗告権を認めるべきである[19]。

② 本質的に職権事件であるが，法律上その発動を申立人の権限とすることによって職権発動を容易にしている事件

成年後見人，未成年後見人，後見監督人等の選任およびその解任の審判事件がこれにあたる。法律に定められた者の請求によるほか，職権によってもなしうる。認容と却下では不服申立てに大きな差がある。認容の審判に対し

---

(19)　詳細については本書Ⅱ・106頁。

ては不服申立てを認めない。人選を含む選任に関する不服は，改任の申立てによって対応するというのが通説・判例の立場である[20]。

これに対して後見人等の解任の審判については，適法な申立てに基づいて審理し，理由があると認めて解任の審判をした場合または裁判所が職権で立件し解任の審判をした場合に，当該の後見人，後見監督人および被後見人とその親族が即時抗告をすることができると定めていた旧家審規87条1項は，家事手続法により解任された後見人・後見監督人だけが即時抗告することができると改められた（同123条1項4号，6号）。保佐人・保佐監督人，補助人・補助監督人についても同様である（同132条1項6号，8号，141条1項5号，7号，179条2号，4号）。その理由として立法担当者は，解任された後見人等が不服を申し立てていないのに，他の親族等が不服申立てをすることは適切でないという[21]。しかしこの変更の理由には納得しがたい。後見人等の職務に対して後見監督人制度を設けるほか，被後見人の親族に対しても独自の解任申立権を認めるなど被後見人の利益を保護する役割を与えているのであり，審判に対しても独自の不服申立権が認められるべきであり，解任の当否を主張する機会が保障されるべきである。この地位は解任された後見人の態度いかんによって定まる便宜的なものではない。旧家審規87条の規律に戻すべきである。

後見人等の解任の申立てを却下する審判に対しては，申立人のほか後見監督人，被後見人およびその親族が即時抗告をすることができる（家事手続123条1項5号，7号，132条1項7号，9号，141条1項6号，8号，179条3号，5号も同旨）。後見人等の職務の遂行によって被後見人に不利益を生じさせているとの主張が認められていないので，解任申立権を有する者が不服申立てをすることができるのは当然であろう。

③　申立てのあることが前提とされるが，その申立てが実際には法律上の義務として定められている場合

父母による未成年後見人の選任の請求（別表第1第71項），辞任した後見人による新たな後見人選任の請求（民845条），利益相反する場合の特別代

---

[20]　東京高決平成12（2000）・4・25家月53巻3号88頁，東京高決平成12（2000）・9・8家月53巻6号112頁。なお本書II・71頁参照。

[21]　金子・逐条解説392頁。

第8章　家事審判手続における不服申立て　　417

理人の選任（別表第1第12項，65項，79項）などの審判がこれに該当する。これらの場合には申立認容・却下のいずれの審判に対しても不服申立てが認められていない。後任の後見人の選任では，その人選が問題となるが，状況は上述②と同様であり，特別代理人選任の審判の場合は，これによって誰にも不利益を生じさせていない。また特別代理人の選任の当否を争うのではなく，特別代理人が代理権を有するか否かを別の手続で争うことも保障されているといえる。

④　申立人自らの権利または法律関係を対象とするのではなく，事件の公益性のゆえに裁判所が後見的に職権によって手続を開始する場合で，関係人による申立てを認めている場合

成年後見の開始・同取消し（別表第1第1，2項。保佐・補助についても同様），親権喪失・親権停止または管理権喪失・同取消しの審判（別表第1第67，68項）がその代表的なものである。この場合には審判が事件本人のみならず，多くの利害関係人に影響を及ぼすため，即時抗告権を有する者が認容・却下の場合とも幅広く認められている点に特徴がある。

(3)　**申立事件**

①　別表第1に掲げる事項の申立事件

相続の承認・放棄，遺留分の放棄許可など，認容の審判に対しては不服申立てを認めない場合が多い。他の者に不利益を与えないか，別途訴訟手続で争うことが予定されているなどの理由による。また民法791条による氏の変更で本妻側の利益を重視すべきであるとすれば，変更許可の審判に対して不服申立てを認めていないことに不満が表明される余地がないとはいえないが，この場合には子の意思が基本となり第三者がこれに異議を申し立てることを否定すべきである。しかし戸籍法107条による氏の変更については，許可の審判によってその変更の効果を受ける同籍者には，その者の利益を擁護するため不服申立てが認められる[22]。相手方とされていなくても審判がいかなる効力を及ぼすか，他に救済を求める手段が存在するか等を考慮して認容審判に対する即時抗告権者が定まる。

②　別表第2に掲げる事項の審判事件

認容審判に対しては，相手方のほか審判の結果により直接の影響を受ける

---

[22]　この点について詳しくは，本書II・169頁，442頁参照。

者の即時抗告権が問題となる。夫婦間，または親権者間の子の監護に関する処分等における未成年の子等の即時抗告権である。この点については，すでに 3 で扱った。

3 抗告の相手方

(1) 明文規定の不存在

家事審判における抗告の相手方を誰にするかについては，家事手続法・同規則にも定めがない。民事訴訟の場合には，二当事者対立構造がとられているので派生的な手続である決定に対する抗告についても相手方を定めるについてはさほど困難ではない。これに対して家事審判においては，申立人以外に審判を受ける者やその他の利害関係人が存在し，抗告権が認められている。第一審の手続の当事者以外の者が抗告を提起したとき，誰が抗告審の当事者（相手方）になるかを考えておく必要がある。以下に一応の考え方を示すことにしよう。

(2) 別表第 1 に掲げる審判事件

別表第 1 に掲げる審判事件の第一審では当事者は申立人だけである。申立認容の審判に対して審判を受ける者のほか，第一審で手続に関与していなかった抗告権を有する者（多くは第一審の申立権者でもある）が抗告をする場合がある。成年後見開始の審判に対して事件本人，その親族が即時抗告をする場合（家事手続 123 条 1 項 1 号）や親権喪失・停止または管理権喪失の審判に対して事件本人およびその親族が即時抗告をする場合（同 172 条 1 項 1 号），さらに申立却下の審判に対して申立人以外の者が即時抗告をする場合（たとえば親権喪失の申立てを却下する審判，遺言執行者の解任の申立てを却下する審判など）がこれにあたる。

抗告人は抗告審において当事者となる。第一審の申立人は抗告審においてもその地位を維持する[23]が，抗告人は第一審申立人を相手方とするのではない[24]。抗告審で新たな当事者が手続に関与したことによって，手続が二当事者対立構造に変化するわけではない[25]。第一審において参加していた審判を受ける者（事件本人）や利害関係参加人が自ら抗告しないときは，抗告審においてもそのままの地位を維持する。

別表第 1 に掲げられているが実質的には別表第 2 に掲げる事件の性質をも

---

[23] 金子・一問一答 149 頁，金子・逐条解説 279 頁。

つ夫婦財産契約に基づく財産管理者の変更（別表第1第58項），扶養義務の設定およびその取消し（同84，85項），推定相続人の廃除および取消し（同86，87項）の各審判については，抗告人は他方を相手方とする。

(3) 別表第2に掲げる審判事件

この審判事件では常に申立人と相手方が存在する。一方が抗告するときは他方を相手方とする。当事者以外の者に抗告権が与えられている場合がある。たとえば子の監護に関する処分や親権者の指定・変更に関する処分において，当事者である父母のほかに子の監護者に抗告権が与えられている（家事手続156条4号，172条1項10号）。第一審の当事者以外の者（第一審手続に参加していた場合を含む）が抗告するときは，その者が当事者となって第一審の当事者を相手方とする。第一審で当事者であった者は，原則として全員が抗告審でも当事者となる。遺産分割審判では，数人の共同相続人は各自が抗告権を有する。その結果数個の抗告が競合することになるが，実務上は最初に抗告を提起した者を抗告人とし，その他の者を相手方と扱う[26]。

旧法の下では原審における対立関与や事件本人の位置づけなどに変更はないと解されていた[27]が，家事手続法の下でも同様に解される[28]。

---

[24] 第一審申立人は自ら審判に対して即時抗告しない場合でも，他の者の抗告によって抗告審手続に関与すると考えられている。その必要性については検討の余地がある。この見解は差戻しの裁判があった場合に第一審申立人に手続遂行の役割を期待するのであろうか。この見解はたとえば成年後見開始の審判についてみると，次のような歴史的経過を前提とするようである。すなわち旧禁治産手続が人事訴訟とされていた当時，その宣告に対する不服の訴えの被告を誰にするかについては問題があった。日本法は禁治産宣告申立人を被告と定めた（旧人訴57条）。しかしなぜ申立人が被告適格を有するかは疑問であったし，申立人が死亡しているときはどうなるのかという問題もあった（松岡義正『特別民事訴訟論』（1925）367頁）。禁治産手続が家事審判手続に移管された際にも，この点について十分な検討がないまま今日に至っている（この点について，佐上「成年後見事件における即時抗告」鈴木正裕先生古稀祝賀『民事訴訟法の史的展開』（2001）852頁）。この事件を公益性の強い事件であるとすると，抗告権を有する者からの適法な抗告がある限りその者に手続を追行させることができ，あえて第一審申立人の関与必要がないと解することもできる。

[25] この点につき本書旧版・291頁。

[26] 注解家審規614頁〈岡垣〉。

5 抗告期間・追完

1 抗告期間

即時抗告をなしうる期間は，特別の定めがある場合を除いて二週間である（家事手続86条1項）。特別の定めは審判以外の裁判に対する即時抗告期間を一週間と定める同101条1項，即時抗告を不適法として却下した審判に対する即時抗告期間を一週間とする同87条5項などにみられる。

民事訴訟の即時抗告の期間が一週間とされている（民訴332条）のに対して，家事手続法で期間を延長しているのは，審判が身分関係に重大な影響を及ぼすから慎重な判断を保障する必要があること，派生的事項に関する裁判ではなく本案に関する裁判であることを考慮したためである（上記**2・2**参照）。

抗告期間は，特別の定めがない限り抗告権者が審判の告知を受ける者である場合には，その審判の告知を受けた日から，審判の告知を受ける者でない場合には申立人が告知を受けた日（2以上あるときは当該日のうち最も遅い日）から進行する（家事手続86条2項）。法律関係を画一的に，かつ迅速に確定させる必要性があるからである[29]。即時抗告期間開始前の抗告の提起も適法である（同86条1項ただし書き）。

この特別の定めは，後見開始審判につき審判を受ける者でない者の即時抗告の期間は，成年後見人に選任される者に告知された日（2以上あるときは最も遅い日）から進行するとする家事手続123条2項（保佐および補助の場合も

---

[27] 鈴木（忠）・前掲注[15]非訟事件の裁判の既判力252頁，注解家審規614頁〈岡垣〉，本書旧版・292頁。

[28] 金子・逐条解説278頁。

[29] 即時抗告の期間の起算日を定めるについて，審判の告知を受けない多数の抗告人が存在する場合に基準を定める必要がある。家事手続法はこれを審判を受ける者への告知ではなく，申立人への告知の日とした。その理由として，立法担当者は，申立人は審判手続に関与しているから明確な形で告知することができるのに対して，審判を受ける者は陳述聴取の対象とされている場合はともかく，審判段階で初めて裁判所が連絡するという事態が生ずることがあり，告知に要する期間に幅が生じやすく，基準として不明確になることが懸念されるからであるという（金子・逐条解説281頁）。しかしこの理由は納得しがたい。抗告権を有する者への審判の通知（告知でなくてもよい）と手続の教示という手続保障を尽くさせるための手続を欠いたまま，裁判所の都合を優先させているということには疑問が残されている。

第8章　家事審判手続における不服申立て　　421

同様。132条2項，141条2項），特別養子縁組の離縁の審判に対する即時抗告
の期間は養子以外の者が審判の告知を受ける日（2以上あるときは最も遅い日）
から進行するとする165条8項，親権喪失の審判に対して審判を受ける者で
ない者および子の即時抗告の期間は親権を喪失する者が審判の告知を受けた
日から進行するとする同172条2項等にみられる[30]。

2　追　完

当事者の責めに帰すことのできない事由によって期日を遵守することがで
きないときは，その事由の止んだ後一週間以内にこれを追完することができ
る（家事手続34条3項による民訴法97条の準用）。外国にある当事者について
はこの期間は2ヶ月である[31]。

第3節　抗告の申立て

1　総　説

旧家審法には抗告に関する直接の定めがなく，旧家審法7条が準用する旧

---

(30) 成年被後見人や未成年者の抗告期間の起算点について

　成年被後見人となるべき者に対して審判は告知されず，通知されるにとどまる
（家事手続122条1項1号）が，即時抗告の期間は成年後見人となるべき者に告知
された日から進行する。しかし成年被後見人の即時抗告権を実質的に保障するに
は，独自の抗告期間を設定する等の手続上の工夫をすることが必要である。禁治
産宣告が人事訴訟手続法に規定されていた当時においては，禁治産宣告を受けた
者の不服申立期間は本人保護の観点から本人自身がそれを知った時から進行する
とされていた（旧人訴55条2項）。家事審判への移管に際して，こうした保護規
定は考慮されなかったし，その後も検討がなされてこなかったのは残念である（佐
上・前掲注(24)民事訴訟の史的展開835頁）。また親権喪失・親権停止または管理権
喪失の審判は，原則的には子に告知するとされているが，子の年齢および発達の
程度その他一切の事情を考慮して子の利益を害すると認める場合には告知するこ
とを要しない（家事手続170条）。この場合には，子の周辺にいる親族等が適宜の
方法で審判内容および不服申立等について子に知らせなければ，子の即時抗告権
は保障されない。このことは法的規制の不十分さを示すものである。審判をその
ままの形で告知することが子の利益にとって不都合があると認めるときは，審判
の要旨を告知し，または告知と手続教示をすることは本来裁判所の義務であると
解される。このような基本的な事項が家事手続法に定められていないことは残念
というべきである。

非訟法 25 条により民訴法の抗告に関する規定がその性質に反しない限りで準用されると解されてきた。これに対して家事手続法は 87 条以下において抗告の提起および抗告審の手続に関する定めを置くとともに，同 93 条が第一審の手続規定および抗告に関する民訴法の規定を準用することを明らかにしている。これによって家事手続法における抗告は続審制を採用したものと解される。

2 抗告の提起
1 原裁判所への抗告状の提出
旧法の下でも即時抗告は，原裁判所に対し書面でするものとされていたが，家事審判では書面または口頭による申立てが認められていた[32]から，即時抗告も口頭でなしうると解されていた。これに対して家事手続法 87 条 1 項は，民訴法 286 条にならって即時抗告は抗告状を原裁判所に提出して行うこととして，旧法の定めを改めている。申立人が求める裁判の内容を明確にし，円滑な手続運営を図るためである[33]。

抗告をすべき裁判所を誤った場合に移送が可能かどうかは，第一審の場合と同様の問題を生じる。抗告状が誤って抗告裁判所である高等裁判所に提出されたときは，原裁判所に移送すべきである[34]。しかし地方裁判所が抗告申立てを受けたときは移送できないとするのが実務の扱いである（第 5 章第 1 節 9 参照）。

---

[31]　家事審判についてこれを認めた例として東京高決昭和 55（1980）・4・8 家月 33 巻 3 号 45 頁がある。また東京高決昭和 57（1982）・2・15 判タ 473 号 236 頁は，氏変更審判に対する即時抗告につき「即時抗告をすることができる者が審判の存在を高度の蓋然性をもって推測させるような事情を知っていたときは，直ちに適切な方法で調査をし審判を具体的に確知するよう努力すべきものであり，これに必要な相当の期間が経過したときには，審判を具体的に確知するに至っていなくても，もはやその責めに帰すべからざる事由によって即時抗告の申出ができないものとすることはできず，即時抗告の期間を遵守することができない事由が止んだものと解するのが相当である」とし，相手方が戸籍謄本の交付を受けた日から追完の期間が進行するとした。

[32]　旧家審規 3 条参照。

[33]　金子・一問一答 106 頁，金子・逐条解説 283 頁。

[34]　注解家審規 176 頁〈岡垣〉，実務講義案 145 頁，本書旧版・294 頁。

2 原裁判所による即時抗告の却下

即時抗告が不適法でその不備を補正することができないことが明らかであるときは，原裁判所はこれを却下しなければならない（家事手続87条3項）。民訴法290条と同趣旨であり，不適法な抗告は抗告審において実体的な審理を必要としないので，迅速な処理のためである。家事手続法では「補正することができないことが明らか」であるとして要件が加重されている。即時抗告が不適法であるとは，即時抗告がその適法要件を欠くことをいい，たとえば不服申立てを許さない審判に対する即時抗告や抗告権を有しない者による即時抗告などである。即時抗告期間を徒過した即時抗告は，不適法であるが追完の可能性があるから，補正することができないことが明らかであるとはいえないであろう[35]。

3 事件の送付・意見の添付

原裁判所は，抗告却下の審判をしたときを除いて，遅滞なく事件を抗告裁判所に送付しなければならない（家事手続規則56条1項）。事件の送付は，原裁判所の書記官が抗告裁判所の書記官に対して家事審判事件の記録を送付してする（同2項）。

また別表第2に掲げる事項についての審判を除いて，審判に対する即時抗告があった場合に，抗告裁判所に事件を送付するときは，原裁判所は抗告事件についての意見を付さなければならない（同57条）。家事手続法においては別表第1に掲げる事項の審判についての即時抗告があったときは，原裁判所による再度の考案が認められ（家事手続90条，以下3参照），即時抗告の理由があるときはその審判の更正がなされる。即時抗告の不服内容すべてについて更正がなされるときは，事件を抗告裁判所に送付する必要はない。抗告裁判所に事件を送付するのは，少なくとも即時抗告の一部が理由のないことを意味することになり，この点についての意見が添付されることになる[36]。

これによって事件は抗告裁判所に移審する（移審の効力）。

---

[35] 谷口知平＝久貴忠彦編『新版注釈民法(27)相続(2)（補訂版）』(2013) 560頁〈小室直人＝浦野由紀子〉。なお金子・逐条解説283頁はこれを補正できない例として挙げているが，疑問である。

[36] 条解家事審判規則141頁。

4 抗告裁判所の裁判長の抗告状の審査

(1) 抗告状の記載事項

抗告状には，①当事者および法定代理人，②原審裁判所の表示およびその審判に対して即時抗告をする旨を記載し，必要な手数料を納付しなければならない（家事手続 87 条 2 項）。抗告状に原審判の取消しまたは変更を求める事由の具体的な記載のないときは，抗告人は即時抗告の提起後 14 日以内にこれを記載した書面を原裁判所に提出しなければならない（家事手続規則 55 条 1 項）。

(2) 抗告状の審査

抗告状が上記(1)に述べた要求に違反する場合，抗告審の裁判長は相当の期間を定め，その期間内に不備を補正すべきことを命じる。抗告人が民訴費用法の規定に従い即時抗告の手数料を納付しないときも同様である（家事手続 87 条 6 項による同 49 条 4 項の準用）。申立人が不備を補正しないとき，または手数料を納付しないときは命令で抗告状を却下する（同 49 条 5 項の準用）。この規定から明らかなように，抗告状の審査権は抗告状の提出を受ける原裁判所にはなく，抗告裁判所の裁判長にある。この命令に対して抗告人は即時抗告をすることができない。

5 二重抗告について

抗告人は重ねて同一の即時抗告をすることができない。重複する抗告を二重抗告という。この場合後からなされた即時抗告は不適法であり，家事手続 87 条 3 項によって却下される。

これに対して数人の抗告権者が抗告期間内に相前後して抗告した場合に，後からなされた抗告をいかに扱うかについては見解の対立がある。最初の抗告によって移審の効果が生じた以上，その後になされた他の抗告権者による抗告は二重抗告で不適法であるから却下すべきであるとの見解がある[37]。しかし通説は，各別に提起された即時抗告はいずれも適法であり，判断矛盾を避けるために各抗告を併合したうえで一事件として審理し，一個の終局裁判で判断するという[38]。家事審判では相手方のある事件でも，申立人であるか

---

[37] 金田宇佐夫「抗告審における手続」判タ 250 号（1970）136 頁，遺産分割審判につき大阪高決昭和 40（1965）・4・15 家月 17 巻 5 号 63 頁。

[38] 注解家審法 579 頁〈岡垣〉，高木・前掲注(3)講座実務家事審判法第 1 巻 234 頁，本書旧版・195 頁。

第8章　家事審判手続における不服申立て　　425

相手方であるかによって手続上の地位に決定的な差異を生じさせないから通説を支持する。各抗告人の抗告理由は，抗告審に対する意見であると扱えばよい。

3　即時抗告の提起と原裁判所による再度の考案
1　趣　旨

抗告が提起されると，原裁判所は上級審の負担を軽減し，また事件を迅速に解決するために，自ら抗告の当否を判断し，理由があると認めるときは原裁判を取り消し，または変更することができる（家事手続90条）。これを再度の考案という。旧家審法にはこれについて定めがなく，家事審判に対する即時抗告で再度の考案が許されるかについて学説上の争いがあった。家事手続90条はこれが許される場合を明記することによって立法的解決を図った。

2　旧家審法下での議論状況

旧法の下では旧家審法の定めが不十分で，民訴法の再度の考案が準用されるか，また旧非訟法19条3項（新非訟法59条1項2号，家事手続78条1項2号相当）が即時抗告のできる裁判について原裁判所が取消し・変更できないと定めていることとの関係をどのように解するかが問題とされていた。再度の考案を肯定する見解は，抗告審の判断を待たずに迅速に事件を処理することができること，即時抗告について再度の考案を禁止する定めがないこと等を理由としていた[39]。これに対して否定説は，旧非訟法19条3項が即時抗告のできる裁判の変更を禁止していることを根拠とし[40]，さらに折衷説は手続上の裁判に対しては再度の考案が許されるが，家事審判のうち財産分与，親権喪失，遺産分割のような実体上の判断で確定力を有する審判に対しては許されないとしていた[41]。

実務も統一されていなかった。いずれも遺産分割の審判に対する抗告につき再度の考案を認める先例と，否定する先例があった[42]。

---

[39]　山木戸・家事審判法48頁，家審法講座第1巻90頁〈綿引〉，実務講義案144頁，奈良次郎「再度の考案について（上）」判時1344号（1990）11頁，花村治郎「再度の考案をめぐる2，3の問題」中村英郎教授古稀祝賀『民事訴訟法学の新たな展開』（1996）381頁。

[40]　鈴木忠一「非訟事件に於ける民訴規定の準用」同『非訟・家事事件の研究』（1971）374頁，本書旧版・297頁。

3 家事手続法の定め

家事手続 90 条は，原則として再度の考案を認めるが，別表第 2 に掲げる事項についての審判に対しては許さないとしている。この事項についての審判では，申立人と相手方との間で紛争性が高いため，抗告審が当事者の陳述を聞いたうえで変更する必要があるから再度の考案は適切ではないとする。

この定めは，旧法時における折衷説の立場を採用したように見えるが，必ずしも一致していない。別表第 1 と第 2 に掲げられている事件の差異は，家事調停の対象となるか否かであって，その審判のもつ実体的な効力による区別ではない。当該の審判が即時抗告をなしうる者の地位に与える影響の直接性や重大性は考慮されていない。家事調停に親しまないとして別表第 1 に掲げられた推定相続人の廃除，扶養義務の設定などの事件の審判は別表第 2 に掲げる事件の審判と同等の意味を有するが，再度の考案は許されることになっている。家事手続法の定めは中途半端である。それゆえ運用にあたっては慎重な扱いが必要である。

4 再度の考案の審理

再度の考案にあたっては，原裁判所は当事者を審尋し新たな事実や証拠を用いて事実認定の不当を理由として審判の取消し・変更をすることができる。裁判所は原審判の全部または一部を不当と認めるときは，不服の申立ての限度でこれを変更することができる。原審判の変更として主文の変更をすることができることに異論はないが，理由だけの変更が許されるかについては争いがある。再度の考案は上訴審の裁判ではなく，裁判の変更や更正に準じてこれを認める見解がある[43]が，再度の考案にも民訴法 302 条の準用があり主文の取消し・変更に限られるとするのが民事訴訟における通説である[44]。家事手続法でも同様に解してよい。

---

(41) 注解家審法 581 頁〈岡垣〉，注解家審規 217 頁〈安井〉，日野原昌「家事審判の取消・変更」同『家事審判実務の諸問題』(1990) 315 頁，吉岡・前掲注(4)新実務民事訴訟講座第 8 巻 280 頁，春日偉知郎「即時抗告をめぐる諸問題」判タ 1100 号 (2002) 579 頁。

(42) 肯定するものとして，広島高決平成 5 (1993)・6・8 判タ 828 号 258 頁があり，否定するものとして東京高決平成 1 (1989)・12・22 家月 42 巻 5 号 82 頁がある。

(43) 兼子一原著『条解民事訴訟法 (第 2 版)』(2011) 1680 頁〈松浦馨＝加藤新太郎〉。

(44) 新堂幸司『新民事訴訟法 (第 5 版)』(2011) 931 頁，伊藤眞『民事訴訟法 (第 4 版)』(2011) 714 頁，松本博之＝上野泰男『民事訴訟法 (第 7 版)』(2012) 823 頁。

第8章　家事審判手続における不服申立て　　427

　再度の考案に基づく更正として，原審判の取消し・変更がなされると，その限りで抗告の対象が消滅し，抗告の手続は終了する[45]。更正決定に対しても即時抗告が許される。抗告を理由がないと認めるときは，その意見を付して事件を抗告裁判所に送付する。

4　抗告状の送付等

1　総　説

　申立てを認容する審判に対して相手方当事者または利害関係参加人等から即時抗告がなされると，抗告人と原審申立人との間には利害の対立状況が生まれる。抗告審の審理においては，手続保障の観点から抗告人および相手方となる原審の当事者等の陳述を聞く必要がある（家事手続89条）。その機会を保障するために適法な即時抗告がなされたときは，第一審における申立書の写しの送付と同様に原則として抗告状の写しを送付することにしている（家事手続88条1項）。相手方に申立ての内容を了知させたうえで手続の進行を図ることが適切な手続進行の実現と早期の紛争の解決という観点から必要であるからである[46]。旧家審法にはこの定めがなく，家事手続法によって新設された。また家事手続102条は同88条の適用を除外しているから，審判以外の裁判に対する即時抗告については抗告状の写しの送付は必要がない。

2　規定制定の背景

　旧法下においても，審判に対して即時抗告があったときは，その抗告状の副本を相手方に送付することは一般的には行われていた。しかしある財産分与請求事件（旧家審法9条1項乙類5号，現行別表第2第4項）において抗告状および抗告理由書の副本を相手方に送達せず，反論の機会を与えないまま相手方に不利益な裁判をしたという事件について，最高裁に特別抗告がなされたのに対し，最高裁は次のように判示した。すなわち，家事審判事件は非訟事件であって憲法32条に違反しないとして特別抗告を却下したが，即時抗告があったことを知らせる措置が取られていないから反論の主張機会が奪われており，十分な審理が尽くされていない疑いが強いと指摘し，抗告の相

---

　(45)　名古屋高決昭和52（1977）・12・5判タ366号214頁は，抗告手続は目的を失って終了するというが，その理論構成上の詳細については，奈良・前掲注(39)判時1345号5頁，花村・前掲注(39)民事訴訟法学の展開374頁参照。

　(46)　金子・一問一答119頁，149頁，金子・逐条解説285頁。

手方に不利益に変更するのであれば，攻撃防御の機会を与えるべきであり，少なくとも実務上一般に行われているように，即時抗告の抗告状および抗告理由書の写しを相手方に送付するという配慮が必要であったとした[47]。学説も抗告状の写しの送付が手続保障の観点から必要であることを一致して主張していた[48]。

家事手続 88 条の定めは，旧法下の状況の改善を図るとともに，抗告状の写しの送付を法律で定めることによって裁判所の手続裁量に枠をはめることになった。

3 抗告状の写しを送付する場合

(1) 抗告状の写しの送付が必要な場合

審判に対して即時抗告にあったときは，原審における当事者および利害関係参加人に抗告状の写しを送付するのが原則である（家事手続 88 条 1 項本文）。ただし次の例外がある。

(2) 抗告状の写しの送付が必要でない場合

抗告状の写しの送付が必要なのは，相手方に反論や証拠提出の機会を与え，審理の充実を図るためであるから，即時抗告が不適法であって補正の余地のないとき，または即時抗告に理由がないことが明らかであって却下を免れない場合には，抗告審における審理の必要がないので，送付も必要ではない（家事手続 88 条 1 項）。

① 抗告が不適法で補正の余地がない場合

前記 2(2)で説明した。

② 抗告に理由がないことが明らかな場合

抗告状に理由が記載されていない場合，理由書の提出がなく補正の余地がない場合，原審での主張の繰り返しにすぎない場合，さらに抗告理由につい

---

(47) 最決平成 20 (2008)・5・8 家月 60 巻 8 号 51 頁。これに対して最決平成 21 (2009)・12・1 家月 62 巻 3 号 47 頁は，即時抗告の相手方に抗告状の副本等の送達をせずに原審判を不利益に変更したが，具体的事情からみて抗告審の手続に裁判に影響を及ぼすことが明らかな法令違反があったとはいえないとした。

(48) この最高裁決定の評釈として，山田文・法セミ増刊判例解説 3 号 (2008) 153 頁，本間靖規・私法判例リマークス 38 号 (2009) 126 頁，垣内秀介・ジュリスト臨時増刊 1376 号 (2009) 155 頁，園田賢治・法政研究 75 巻 3 号 (2009) 115 頁，三木浩一・法学研究 83 巻 10 号 (2009) 84 頁などがある。

第8章　家事審判手続における不服申立て　　429

て原審で十分に判断されており一件記録から抗告に理由がないことが速やか
に判断される場合などがこれにあたる[49]。

(3) 抗告状の写しを送付する相手方等

抗告状の写しの送付を受けるのは，第一審における当事者および利害関係
参加人（抗告人となった場合を除く）である。抗告審において抗告人のほか誰
が相手方になるかについては，上記第2節4・3で扱った。ここでは若干の
補足をしておくにとどめる。

別表第1に掲げる事項の審判事件で申立てを却下する審判に対して第一審
申立人が抗告せず，それ以外の利害関係参加人から即時抗告があったとき
（たとえば親権喪失の申立てを却下する審判に対して第一審申立人以外の子の親族
から即時抗告がなされたとき。家事手続172条1項4号参照）は，第一審申立人
は抗告審でもその地位を有するが，相手方となるわけではないので抗告状の
写しの送付は必要でない。

別表第1に掲げる事項の審判事件で申立認容の審判があり，これに対して
申立人以外の者が即時抗告をする場合（たとえば親権喪失の申立て認容の審判
に対して事件本人またはその親族から即時抗告をする場合）には，第一審申立人
は相手方になるわけではないので抗告状の写しの送付を要しない。しかしこ
の場合には抗告人と第一審申立人との間に実質的な紛争状況が生じていると
もいえる。そこで第一審申立人に抗告に対する反論の機会を付与することが
必要であるから，抗告状の写しを送付することが望ましいといえる。

---

[49]　上訴要件としての不服は，非訟事件である家事審判においては申立ての特定性
　　が必要でないこと，裁判所が拘束されないこと等を理由として実体的不服による
　　とするのが通説である（第2節3・3参照）。これを前提とすると，申立てを認容
　　された者も当該審判が自己の意図にそぐわず，不当で自らの利益を害されたと主
　　張して即時抗告ができると解されてきた（鈴木（忠）・前掲注(16)非訟事件の裁判の
　　既判力241頁，蕪山・前掲注(4)実務民事訴訟講座第7巻336頁，注解家審法571
　　頁〈岡垣〉，高木・前掲注(3)講座実務家事審判法第1巻233頁。家事手続法がこの
　　考え方を踏襲しているかについては検討が必要である。申立てを認容された者の
　　抗告権を排除している（たとえば149条4項1号，162条4項1号，186条1号，
　　3号，231条1号，4号など）ことからみると，申立てを認容された申立人の即時
　　抗告は抗告権のない者の即時抗告または理由がないことが明らかな場合に該当
　　することになる。果たしてこの扱いでよいかについては議論の余地がある（基本
　　法コンメ287頁〈佐上〉）。

別表第 2 に掲げる事項についての審判では常に相手方が存在する。抗告審においても同様である。第一審の当事者以外の者が即時抗告したとき（たとえば親権者の指定または変更の審判に対して子の監護者が即時抗告をする）は，第一審の当事者双方を相手方とするので，この双方に対して送付が必要である。

⑷　**申立てのあったことの通知で足りる場合**

抗告審における手続の円滑な進行を妨げるおそれがあると認められる場合には，即時抗告のあったことを通知することで足りる（家事手続 88 条 1 項ただし書き）。第一審の申立てがあった場合に，申立書の送付ではなくその通知で足りるとする同 67 条 1 項ただし書きと同趣旨である。

抗告状に相手方の感情を刺激するような記載があり，写しを送付することによって対立をさらに激化させ無用の混乱を誘発する虞れがある場合が考えられることを配慮した規定である。しかし第一審で審理を遂げていること，記録閲覧がなされている場合があること（家事手続 47 条 4 項），さらに抗告状の写しの送付が原則であって，この例外が厳格に解釈されるべきであるとされている[50]ことから，抗告状の写しの送付に代わる措置をとることは極めて例外的な場合に限られるべきである[51]。

⑸　**送付の手続等**

抗告状の写しの送付をするのは抗告裁判所である。

抗告裁判所の裁判長は，家事手続 88 条 1 項の規定による抗告状の写しの送付に必要な費用の予納を相当な期間を定めて抗告人に命じた場合において，その予納のないときは命令で抗告状を却下しなければならない（同 2 項）。民訴法 289 条 2 項と同趣旨の定めである。この裁判に対しては即時抗告をすることができない。

5　移審の効果

適法な抗告の提起によって原審判の確定が遮断され，移審の効果が生じる。この確定遮断および移審の効果が生じる範囲は，抗告人の申し立てた不服の範囲に限られず，原審判の全体に及ぶと解するのが民事訴訟における判決に

---

[50]　秋武編・概説 132 頁〈竹内純一〉。

[51]　基本法コンメ 287 頁〈佐上〉。

第8章　家事審判手続における不服申立て　　431

対する上訴の理解である。家事審判は決定手続であるが同様に解してよい[52]。

第4節　審理と諸原則等

1　審理の諸原則

1　概　説

抗告は第一審の審判に対する不服申立てである。抗告審の審理については，控訴等と同様に続審制をとるか覆審制をとるかによって手続のあり方が大きく異なってくる。民事訴訟における抗告についてみると，抗告審の手続ではその性質に反しない限り控訴審手続に関する規定が準用されている（民訴331条）。したがって続審制がとられていることが分かる。家事審判手続における抗告について，家事手続93条1項は特別の定めがある場合を除いて家庭裁判所の審判に関する規定を準用するとしている。家事審判に対する抗告についても続審制がとられているといえる。

旧家審規18条は，即時抗告についてはその性質に反しない限り審判に関する規定を準用するとし，旧家審法7条が準用する旧非訟法25条が特別の定めを除いて民訴法中の抗告に関する規定を準用するとしていたため，解釈によって準用される規定を明らかにしなければならなかった[53]。家事手続法は準用されるべき規定を明記してこの明確化を図っている。

2　準用される規定

(1)　家事審判に関する規定

家事手続93条1項によれば，家事審判に関する規定で高等裁判所が第一審として行う手続の定めを除くすべての規定，審判前の保全処分に関する規定および各種審判事件に関する規定が準用される。したがって本人の自身出頭主義，手続の非公開，職権による事実探知と証拠調べ，当事者に対する陳述聴取等に関する事項は，審判におけると同様である。

抗告裁判所は高等裁判所である。高等裁判所のした決定に対しては特別の定めのある場合でなければ最高裁判所に抗告することができない（裁判所7

---

[52]　この点について検討を加えたものとして，大橋眞弓「家事審判に対する不服申立制度」民事訴訟雑誌61号（2015）34頁以下がある。

[53]　この点につき，鈴木（忠）・前掲注(40)非訟家事事件の研究323頁，注解家審規174頁〈岡垣〉。

条2号）から，第一審と同じ手続行為であってもこれに対しては不服申立てができない。家事手続93条1項カッコ書きの準用の除外の定めがこれにあたる。

(2) 民訴法の規定

民訴法は手続に関する基本的な規定を置いているので，その性質に反しない限り家事審判の抗告審の手続にも準用される（家事手続93条3項）。そのため控訴権の放棄，控訴の取下げ，第一審の訴訟行為の効力，控訴棄却，控訴権の濫用に対する制裁，第一審判決の取消し，事件の差戻し等に関する規定が準用される。民訴法の規定中で準用されないもので重要なのは，いわゆる不利益変更禁止（民訴304条）および附帯控訴（同293条）の定めである。これについては該当の箇所で説明する。

(3) 付調停

旧法下においては，控訴審である高等裁判所は事件を家庭裁判所の調停に付すことはできるが，自庁調停はできないと解されていた[54]。家事手続法はこれを改め，高等裁判所が調停を行うことができることにした（家事手続274条3項）。その手続等については，第2編第5章第1節5で説明する。

(4) 職権による事実調査・証拠調べ

抗告審においても第一審と同様の原則に従う。したがって高等裁判所は職権により事実を調査し，必要と認める証拠調べを実施しなければならない。抗告審の手続は，原則として「第二の第一審」であるといってよい。第一審での資料は抗告審で利用することができるほか，当事者は第一審で主張しなかった事実を提出することができ，新たな証拠調べの申立てをすることができる。抗告裁判所は第一審における手続行為を再度行うことができ，第一審がしなかった手続行為をすることもできる。

抗告審からみて原審が当事者や審判の効力を受ける者，あるいは審判の結果により直接の影響を受ける者に対する陳述機会の保障や証拠調べへの立会い等の手続保障に十分でないと認めるときは，抗告審において必ずこれを認めるべきであろう[55]。なお後述2・3(2)参照。

---

[54]　これについては本書旧版・298頁参照。

[55]　旧法下でもこのように解されていた。菊池博「抗告審における審理」別冊判タ8号（1980）413頁，岡垣学「家事審判に対する抗告について」家月38巻4号（1986）17頁，高木・前掲注(3)講座実務家事審判法第1巻235頁。

第8章　家事審判手続における不服申立て　　433

(5)　その他第1審の規定の準用に関して若干注意を要する事項

①　審判申立ての取下げ

抗告審における審判申立ての取下げは，家事手続93条1項によって同82条が準用される。抗告審における申立ての取下げは，審判がなされた後の申立ての取下げになるから，別表第2に掲げる事件で相手方の同意がある場合を除いて原則として許されないことになる。

②　申立ての変更

抗告審における当事者は申立ての変更をすることができる（家事手続93条による50条の準用）。従前の資料のみでは判断することが困難で，さらに事実の探知や証拠調べをしなければならないときは，著しく手続を遅延させるもの（同50条4項）として許されないものと解することができる[56]。このような事例ではむしろ新たな申立てをさせる方が適当と考えられるからである。家事手続の下でも同様に解される。

2　抗告審の裁判

1　決定による裁判

抗告裁判所である高等裁判所は，即時抗告について決定で裁判する（家事手続91条2項）。抗告審では裁判は審判とは称されない。この規定は旧家審法・旧家審規にはなく，家事手続法によって新設されたものである。家事手続91条2項にいう「審判に代わる裁判」とは旧家審規19条2項にもみられた。これは抗告審である高等裁判所の裁判の形式は審判ではなく，決定であるがその効力は審判と同一であることを表現したものである[57]。

2　決定書

決定書については審判書に関する家事手続76条の規定が準用される（同93条1項）。決定書には主文，理由の要旨，当事者および法定代理人ならびに裁判所を記載しなければならない。その詳細については，第7章第2節1・1参照。

---

[56]　金田・前掲注(37)137頁，注解家審法623頁〈岡垣〉。

[57]　山木戸・家事審判法52頁，注解家審規195頁〈岡垣〉。金子・逐条解説294頁。なお家事手続法における「審判に代わる裁判」の意味については，金子・一問一答17頁参照。

3　裁判の内容

(1)　取消自判の原則

抗告審においては即時抗告の適否および抗告の理由の有無を判断して終局裁判をする。即時抗告が不適法であるか抗告の理由がないときは，これを却下する。審理の結果，即時抗告の理由があるときは，旧法下では原裁判を取り消して事件を原裁判所に差し戻すことを原則としていた（旧家審法19条1項）。家事手続法91条2項は，自ら審判に代わる裁判をしなければならないとして，旧法の考え方を大きく改めている。

旧家審法は，家庭裁判所が家事事件に関する専門の裁判所であり，その審理のために家裁調査官，参与員および家事調停委員を配置しているのに対して，抗告審である高等裁判所はそうした人的施設を有していないために，家庭裁判所で事件を処理させることが適切であるとの考え方に立脚していた。これに対して現在では，高等裁判所にも家裁調査官が配置されていること，実務の運用として即時抗告に理由があると認めるときは高等裁判所が自判していることが多い（398頁の表参照）こと，家事手続法の下では第一審の審理が充実し抗告裁判所は原審判の当否を検討することが中心になると考えられること，迅速処理の観点から高等裁判所が自判することが望ましいこと[58]から，旧法の取消差戻しの原則から取消自判の原則へと転換することとした。

(2)　原審判取消しの裁判と陳述の聴取

抗告裁判所は，原審における当事者およびその他の審判の効力を受ける者（抗告人を除く）の陳述を聴かなければ原審判を取り消すことができない（家事手続89条1項）。別表第2に掲げる事項の審判事件においては，家事手続66条以下の審判手続の特則が抗告審でも準用されるから，原審判の取消しか否かにかかわらず原則として原審における当事者の陳述を聴かなければならない（同2項）。抗告審の手続には第一審の手続規定が準用される（同93条1項）から，各事件について当事者等には陳述機会が保障される。原審判の取消しの裁判については，原審において当事者となっていた者および審判の効力を受ける者に，抗告理由に対する反論や証拠資料の提出の機会を与えないまま裁判すると不意打ちとなることは明らかである。この趣旨から取消しの裁判をする場合の陳述機会の保障が明記された[59]。

---

[58]　金子・逐条解説294頁。

第8章　家事審判手続における不服申立て

この審判に対して家事手続132条の2は，成年被後見人に宛てた郵便物等の配達の嘱託等の審判事件においては，抗告裁判所は信書の送達の事業を行う者の陳述を聴く必要はないとする。信書の送達の事業を行う者は審判の効力を受ける者に該当するとはいえ，この審判に対しては何ら固有の利益を有していないので陳述機会を保障する必要はないとされるためである[60]。

具体的に誰の陳述を聴かなければならないか。申立却下の審判に対しては申立人または利害関係人が即時抗告をすることができ，即時抗告を認容する裁判をするときは，まず審判の効力を受ける者の陳述を聴く必要がある。利害関係人が即時抗告した場合に即時抗告をしなかった申立人は当事者の地位につくと解されるが，認容審判が不意打ちになるとは考えられないから，陳述を聴く必要はない[61]。申立認容の審判に対しては，審判の効力を受ける者および利害関係人から即時抗告をすることができる。申立てを却下するには，申立人および（即時抗告をしていない）審判の効力を受ける者の意見を聴くことになる。

(3)　原審への差戻し

抗告審の手続について家事手続93条3項は，民訴法307条および308条を準用している。家事手続91条2項ただし書きは，この場合の抗告裁判所の裁判について定めている。すなわち抗告裁判所が申立てを不適法として却下した原審判を取り消す場合には，事件についてさらに審理する必要がないときを除いて，事件を第一審に差し戻さなければならない（これを「必要的差戻し」という）。原審が申立てを不適法と判断したときは，本案についての審理が尽くされていないことがあり，即時抗告を理由があると認めて原審判を取り消して自判すると，当事者の審級の利益が奪われることになるからである。しかし申立てを不適法として却下した場合でも，原審で本案を判断す

---

(59)　金子・逐条解説288頁，基本法コンメ288頁〈佐上〉。

(60)　大口善徳＝高木美智代＝田村憲久＝盛山正仁『ハンドブック成年後見2法』
　　(2016) 105頁，大塚竜郎「『成年後見の事務の円滑化を図るための民法および家事事件手続法の一部を改正する法律』の逐条解説」家庭の法と裁判7号 (2016) 87頁。

(61)　金子・逐条解説289頁。また利害関係参加人であって審判の効力を受ける者でない者は，審判変更の影響が小さいと考えられるので家事手続89条1項の陳述聴取の対象にはならない（金子・逐条解説288頁）。

るのに十分な審理が尽くされていると認められる場合には差し戻す必要がない（民訴 307 条 2 項ただし書き）。

家事手続 91 条 2 項は，抗告裁判所が民訴法 307 条以外の理由で原審判を取り消す場合に，事件についてさらに審理を尽くす必要があることを考慮して，さらに民訴 308 条 1 項を準用している（いわゆる「任意的差戻し」）。たとえば法律上関与できない裁判官が審判に関与した場合や，原審が法律上陳述を聞くとされている者の陳述を聴かないで審判した場合などである。

(4) 原審の管轄違いの場合の取扱い

① 専属管轄違反による取消しの原則

家事事件における管轄は，別表第 2 に掲げる事件以外では専属管轄である。原審が管轄違いを認識しないでそのまま事件を処理したときは，専属管轄違反となるから，抗告審においてその違反があった旨の主張があったときは，原審判を取り消さなければならない（民訴 299 条 1 項ただし書き参照）。専属管轄はその遵守の要請が高く，訴訟経済の見地から違反の瑕疵が治癒されない。家事手続 92 条 1 項前段はこのことを明らかにしている。

別表第 2 に掲げる事件については，家事調停が可能であることから管轄違いであっても抗告審において管轄違いの主張をすることができなくなる（民訴 299 条 2 項本文参照）。

自庁処理によって審判をしたときは，自庁処理によってその裁判所に管轄が生じるから家事手続 92 条 1 項がいう「原裁判所の管轄に属しない場合」には該当しない[62]。

抗告裁判所が原審の管轄違いを認めて原審判を取り消す場合には，原審に差し戻してそこから管轄裁判所へ移送する手続を踏むのは迂遠であるから，抗告裁判所から直接に管轄裁判所に移送する（家事手続 92 条 2 項）。民訴法 309 条と同趣旨である。

② 例　外

原審が管轄に属しない事件について審理し，審判した場合であっても，その経過，事件の性質，抗告の理由等に照らして，原審判を取り消さないことを相当とする特別の事情があるときは，例外的に原審判を取り消さないことができる（家事手続 92 条 1 項ただし書き）。家事手続 92 条 1 項の原則どおり

---

[62]　金子・逐条解説 296 頁，秋武編・概説 156 頁〈竹内〉。

第8章　家事審判手続における不服申立て　　437

だとすると，家事事件の迅速処理の要請に反することがあることを考慮して，その例外を認めたものである。原審で適法かつ実質的に審理が尽くされており，当事者に対する陳述機会の保障等に欠けることがなく，かつ，審判を迅速に確定させる特別の必要性が認められる場合である[63]。

4　抗告審における不利益変更の禁止原則

(1)　制度の趣旨と家事審判への準用

民事訴訟の抗告の提起があった場合，抗告審は不服を申し立てられている限度で審理をするのが原則である（民訴331条による296条の準用）。不服申立てのない部分については，第一審の判断を前提にしなければならない。それゆえ抗告審の裁判は，抗告人に対してその申立てを超えて第一審の裁判より有利に変更できない（利益変更の禁止）。また相手方の抗告ないし附帯抗告がない限り，抗告人の不利益に変更することができない（不利益変更の禁止）。これは当事者の申立てを超えて裁判をしてはならないとする民訴法では重要な意味を持つ原則である（民訴304条）。この考え方が家事審判にも妥当するかについては学説上の争いがある。家事審判において裁判所は申立ての内容に厳格には拘束されているわけではないこと，さらに不利益の内容が明確でないことから，家事手続法には不利益変更に関する規定を設けることは見送られている[64]。しかし理論的にどのように解すべきかについて検討しておくべきであろう。

(2)　学説の状況

すべての事件について不利益変更禁止原則の適用を否定するものがある[65]が，申立てによって開始される事件，とりわけ別表第2に掲げる審判事件（旧乙類審判事件）については不利益変更禁止を肯定し，職権によって開始される事件については適用を否定するという考え方が多数を占めている[66]。ま

---

[63]　金子・逐条解説296頁，基本法コンメ292頁〈佐上〉。

[64]　金子・一問一答148頁。

[65]　家審法講座第1巻87頁〈綿引〉，高木・前掲注(3)講座実務家事審判法第1巻241頁。

[66]　鈴木忠一「非訟事件の裁判の既判力」同『非訟事件の裁判の既判力』（1969）91頁，同・前掲注(40)非訟家事事件の研究345頁，金田・前掲注(37)判タ250号135頁，菊池・前掲注(55)別冊判タ8号411頁，吉岡・前掲注(4)新実務民事訴訟講座第8巻290頁，注解家審規186頁〈岡垣〉。

た婚姻費用分担，財産分与など多様な紛争を含む家事審判においては一律に不利益変更禁止原則の適用を判断することは困難であり，原則的には否定説に立ちながら具体的事情に応じて判断するしかないとの見解もある[67]。

具体例に即してみてみよう。

① 子の監護に関する処分・親権者の指定変更の審判

子の監護に関する処分（別表第2第3項，監護者の指定・変更，面会交流，監護費用の分担および子の引渡し）および親権者の指定・変更（別表第2第8項）の審判事件は，家庭裁判所の後見的役割が強く，判断の基準は子の福祉であって当事者の不服ではない。抗告を契機として抗告審は子の福祉の観点から審理し直すべきであり，不利益変更禁止の原則が適用されないことについて見解は一致している。

② 婚姻費用分担・財産分与・扶養の審判

ここに掲げた事件は，扶養の要素を含む点で共通性があり，家庭裁判所の後見的役割が期待されると解される。財産分与については，申立ての拘束力を認めることを前提として不利益変更禁止原則を肯定する見解[68]，不利益変更禁止原則は上訴を提起した者の利益保護の制度であり財産分与においては家庭裁判所の後見性が低いことを理由にその適用を肯定する見解[69]などが主張されている。しかし，これらの事件においては家庭裁判所の裁量の余地が大きく，また審判につき何が不利益であるかを一義的に判断できないことから，不利益変更禁止原則は適用されないと解すべきであろう。最判平成2（1990）・7・20民集44巻5号975頁は，旧人訴法15条1項（現行人訴32条1項）の規定により離婚の訴えにおいてする財産分与の申立てについては，控訴審が控訴人の不利益に分与の額等を認定しても旧民訴186条（現行246条）に違反しないとして，「申立人の相手方のみが控訴の申立てをした場合においても，控訴審裁判所が第一審の定めた分与の額等が正当でないと認めたときは，第一審判決を変更して控訴裁判所の正当とする額等を定めるべき

---

[67] 春日・前掲注(41)判タ1100号237頁。本書旧版・302頁において抗告審はすべて申立事件であり，申立てに対しては抗告人の処分権が認められることを理由として不利益変更禁止原則の適用が認められるとの見解をとっていたが，以下のように改説する。

[68] 山本克己・判例批評・民商法雑誌105巻2号（1991）216頁・

[69] 宇野聡・判例批評・私法判例リマークス6号（1993）139頁。

であり，この場合にはいわゆる不利益変更の禁止の原則は適用がないものと解するのが相当である」という。判例・多数説に従ってよいであろう。

③　遺産分割の審判

遺産分割は財産上の争いであり，私益をめぐる紛争であるとされているが，この点で不利益変更禁止の原則の適用があるとの見解がある[70]。また結論的にその趣旨を示す先例もある[71]。しかし続審である抗告審が分割しようとする場合に，抗告人について不利益変更禁止の原則が作用すると必要的共同訴訟的な性格を有し，合一確定の必要のあることから適切な分割が不可能になるとして不利益変更禁止の原則の適用を否定するのが多数説である[72]。多数説を支持してよいであろう。

このように見てくると別表第2に掲げた審判事件については，その理由は同一ではないが，結果的には不利益変更禁止原則は適用が否定されることになる。

(3)　附帯抗告

抗告審手続において相手方が抗告人の申し立てた審判対象を拡張して，自己に有利な決定を求める申立てを附帯抗告という。附帯控訴（民訴293条）と趣旨を同じくする。附帯控訴についてその本質は控訴ではなくすでに開始された控訴審手続内において不利益禁止の原則を打破するための攻撃的申立てであるとするのが従来の通説であったが，近時においては，本来不服の利益をもちながら控訴権を失った被控訴人に対し相手方の控訴に便乗する形で不服申立ての機会を与えるものと解するのが多数説になっている[73]。

この規定が家事審判手続に準用されるかについても，学説上争いがある。婚姻費用の分担，財産分与，扶養あるいは遺産分割などの別表第2に掲げる審判事件では，当事者が相対立する利害関係にあり，審判が一定の法律関係

---

[70]　金田・前掲注(37)判タ250号136頁。

[71]　高松高決昭和36（1961）・1・8家月14巻7号62頁，福岡高決昭和53（1978）・5・18家月31巻5号85頁。

[72]　鈴木（忠）・前掲注(40)非訟・家事事件の研究345頁，岡垣学＝田中弘「遺産分割をめぐる若干の問題」判タ141号（1963）41頁，注解家審規108頁〈岡垣〉，同書320頁〈石田敏明〉，高木・前掲注(3)講座実務家事審判法第1巻242頁。

[73]　新堂・前掲注(44)新民事訴訟法891頁，伊藤・前掲注(44)民事訴訟法685頁，松本＝上野・前掲注(44)民事訴訟法788頁，小島武司『民事訴訟法』（2013）862頁など。

の形成を目的とする場合には，手続法上の公平と手続経済の見地から附帯抗告をすることができるとする見解が有力である[74]。もっともこの見解も，家事審判においては裁判所を拘束するものではなく，裁判の資料とするための主張にすぎないことを自認している。上にみたように家事審判においては，別表第2に掲げる事件についても不利益変更禁止の原則が適用されないので，依然として附帯抗告を認める必要性に乏しいし，これを否定することになる[75]。

5 即時抗告の提起に伴う執行停止

決定や命令は，告知とともに効力を生じるのが原則であるが，即時抗告が提起されるといったん発生した執行力が停止される（民訴334条1項）。しかし旧家審法13条1項ただし書きは，即時抗告をすることのできる裁判は確定しなければ効力を生じないとして，例外的な定めを置いていた。その理由は法律関係を簡明なものにするという点になる。すなわち審判によって執行が可能だとして強制執行ができ，これが抗告審で取り消されるとすると法律関係を複雑にするので，「即時抗告のできる審判は即時抗告期間の徒過又は即時抗告棄却の審判の確定によって審判が確定する迄は効力を生ぜず，従って審判が確定する迄は形成力も執行力も生じないこととした」[76]のである。家事手続74条2項ただし書きは，旧法のこの考え方を継承している[77]。

第5節 特別抗告

1 意 義

特別抗告は，通常の不服申立てができない決定および命令に対する最高裁判所への抗告である。旧家審法には特別抗告に関する定めを欠いていたが，旧家審法7条による旧非訟法25条の準用により，民訴法336条の準用が可

---

[74] 鈴木（忠）・前掲注⑽非訟家事事件の研究335頁，注解家審法580頁〈岡垣〉。

[75] 本書旧版・303頁において，申立人の申立てを認容する審判に対しても不服申立てを認める立場から附帯抗告は必要がないとの見解を主張していた。しかし家事手続法が認容審判に対する申立人の抗告を否定することになったため，附帯抗告否定についての旧版の理由づけを改める。

[76] 「家事審判法質疑応答資料」堀内・家事審判制度の研究436頁。

[77] 金子・逐条解説245頁。

能であるとの見解が支配的であった。不服申立手続の明確化の一環として[78]、家事手続法94条以下に家事審判事件における特別抗告についての定めが置かれることになった。

2 特別抗告の対象となる裁判

　家事手続94条1項により、特別抗告の対象となる裁判は、①「家庭裁判所の審判で不服を申し立てることができないもの」および②「高等裁判所の家事審判事件についての決定」であって、憲法の解釈の誤りその他憲法違反があることを理由とするときに限って認められる。ここで不服を申し立てることができないものに該当するか否かは、家事事件における裁判で一般的に不服申立てをすることができるかどうかで判断するのではなく、特別抗告をする者を基準として不服申立てをすることができるかどうかで判断する[79]。そこで個別規定によって特定の審判に対して即時抗告権者とされていない者でも特別抗告をすることができる。家事手続94条は、裁判所、裁判官または裁判長がした審判以外の裁判に対しても準用される（同102条）。上記②には高等裁判所が第一審としてする審判に代わる決定、高等裁判所が抗告審としてする審判に代わる裁判、抗告棄却の決定等が含まれる[80]。

3 申立人

　特別抗告は、原裁判の当事者、利害関係参加人のほか明文規定で即時申立権を認められていない利害関係人もすることができる。

　家事手続における即時抗告をすることのできる者の範囲は、個別限定的に定められているから、自ら不服申立てをすることができない者であっても、憲法違反の審判によって不利益を受けることがあり、不服申立てが許容されていない場合でも、憲法違反があるときは特別に非常の不服申立てを許容するという特別抗告の趣旨からすると、その救済を図るのが相当であるからである。これに該当する場合には、即時抗告を経ないで直ちに特別抗告が提起されることになる。

---

[78]　金子・一問一答147頁。

[79]　金子・一問一答156頁、金子・逐条解説309頁。

[80]　金子・逐条解説308頁。

また従前の手続に参加していない利害関係人が，自ら特別抗告をすることができない場合であっても，審判の効力を受ける者であるときは当然に特別抗告の手続に参加することができる（家事手続96条1項による93条の準用，93条1項による41条1項の準用）。またそれ以外の者であるときは，家庭裁判所の許可を得て特別抗告の手続に参加することができる（同96条1項による93条の準用，93条1項による41条2項の準用）。

4 手続等

特別抗告の手続には，抗告審の手続および民事訴訟法上の特別抗告に関する規定が準用される（家事手続96条）。次のようになる。

特別抗告を提起することができるのは，特別抗告を提起することができる者が裁判の告知を受ける者であるときは，裁判の告知を受けた日から，裁判の告知を受ける者でない場合には原審の申立人が裁判の告知を受けた日から，5日の不変期間内である（家事手続96条2項による民訴336条2項の準用）。

抗告状は原裁判所に提出する（同96条1項による87条1項の準用）。抗告状では抗告の理由は必要的記載事項ではない（同87条2項の準用）。この場合には抗告提起後14日の期間内に提出しなければならない（家事手続規則63条）。この期間内に提出がないと，原裁判所は決定で特別抗告を却下する（家事手続96条2項による民訴316条1項2号の準用）。

特別抗告の提起は，原裁判の確定遮断の効力を有しない。執行停止の効力を有しないのが原則であるが，事案によっては執行の停止を認めることもある（同95条1項）。

特別抗告提起期間の徒過など，抗告が不適法でその不備を補正することができないことが明らかなときは，原裁判所は決定で抗告を却下する（同96条1項による87条3項の準用）。

上記のように抗告状却下の命令または抗告却下の決定があったときを除いて，原裁判所は事件を抗告裁判所である最高裁判所に送付しなければならない（家事手続規則65条1項）。記録の送付を受けた最高裁判所は，特別抗告が不適法であるときまたは理由がないことが明らかであるときを除き，抗告状の写しを原審の当事者および利害関係参加人に送付する（家事手続96条1項による88条1項の準用）。

第8章　家事審判手続における不服申立て　　　443

5　審理・裁判

特別抗告審は，抗告状または抗告理由書に記載された特別抗告の理由についてのみ調査する（家事手続94条2項）。

別表第2に掲げる事項についての審判事件については，特別抗告が不適法であるときまたは特別抗告の理由がないことが明らかであるときを除き，抗告裁判所は原審における当事者の陳述を聴かなければならない（同96条1項による89条2項の準用）。それ以外の審判事件については，原審判を取り消す場合には，原審における当事者およびその他の審判の効力を受ける者の陳述を聴かなければならない（同89条1項の準用）。

原審判に，①憲法違反があるとき（同94条1項），または②憲法違反がなくても裁判に影響を及ぼすことが明らかな法令違反があるときは，裁判所は原裁判を取り消さなければならない（同96条2項による民訴325条1項前段の準用）[81]。また②の場合には同96条2項による民訴325条2項の準用により原裁判を取り消すことができる。

第6節　許可抗告

1　意　義

許可抗告は，憲法以外の法令の解釈の統一を図る目的で，高等裁判所の家事審判事件についての決定に対して認められる最高裁判所への抗告である。旧法の下では，旧家審法7条による旧非訟法25条の準用により民訴法337条が準用されると解されていた。家事手続97条1項は明文をもって許可抗告のできる場合と手続を定めた。

2　許可抗告の対象となる裁判

許可抗告の対象となる裁判は，高等裁判所の家事事件についての決定であって，かつ，その決定が家庭裁判所の審判であるとした場合に即時抗告ができるものである（家事手続97条1項）。この裁判で，最高裁判所の判例（こ

---

(81)　審問請求権違反は特別抗告の理由となるか。最決平成20（2008）・5・8家月60
　　巻8号51頁は，那須裁判官の反対意見があるが特別抗告の理由には当たらないと
　　解している。この点について高田編・家事事件手続法315頁山本克己発言および
　　畑瑞穂発言参照。

れがないときは大審院または上告裁判所もしくは抗告裁判所である高等裁判所の判例）と相反する判例がある場合，その他の法令の解釈に関する重要な事項を含むと認められる場合に限られる（同2項）。

3　手続等

　許可抗告の申立人となるのは，当事者のほか当該の裁判が家庭裁判所の審判であるとした場合に即時抗告を提起することができる者である。したがってすでに利害関係参加している者のほか，参加していない場合であっても即時抗告をなしうる者であれば申立てをすることができる[82]。

　許可抗告は，許可抗告理由書を原裁判所に提出してする（家事手続98条1項による87条1項の準用）。この申立ては，申立てをする者が裁判の告知を受ける場合には告知を受けた日から，申立てをする者が裁判の告知を受ける者でないときは原審の申立人が審判の告知を受けた日から，5日以内にしなければならない（同98条1項による同86条2項，民訴336条2項の準用）。許可抗告は通常の不服申立てではないので，許可抗告の申立てによって決定の確定は遮断されない。

　抗告許可の申立書においては，抗告の理由は必要的記載事項ではない（家事手続98条1項による87条の準用）が，その記載のないときは許可抗告提起後14日以内に提出しなければならない（家事手続規則69条1項による55条1項の準用）。期間内に抗告理由書の提出がないとき，あるいは抗告許可の申立ての理由がないと認めるときは，抗告不許可の決定がなされる（同97条2項，同69条2項による民訴規則196条2項の準用）。抗告許可の申立書の却下の命令または抗告不許可の決定があったときを除いて，原裁判所は事件を最高裁判所に送付しなければならない（家事手続規則69条1項による65条1項の準用）。記録の送付を受けた最高裁判所は，許可抗告が不適法であるときまたは理由がないことが明らかであるときを除いて，抗告許可の申立書の写しを原審における当事者および利害関係参加人に送付する（家事手続98条1項による88条1項の準用）[83]。

　許可抗告審においては，許可抗告申立書または許可抗告理由書に記載された許可抗告の理由についてのみ調査する（同97条5項）。別表第2に掲げる

---

[82]　金子・逐条解説319頁。

第8章　家事審判手続における不服申立て　445

事項についての審判事件については，許可抗告が不適法であるときまたは許
可抗告が理由がないことが明らかであるときを除いて，原審における当事者
の陳述を聴かなければならない（同98条1項による89条2項の準用）。これ
以外の審判事件につき原審判を破棄するときは，原審における当事者および
その裁判の効力を受ける者の陳述を聴かなければならない（同98条1項によ
る89条1項の準用）。

第7節　再　　審

1　再審を認める必要性

　再審とは，確定した終局判決に対して，判決が確定し既判力を生じている
からといって無視することができない重大な手続上の瑕疵，あるいは判決の
基礎である裁判資料に異常な欠陥（これらが再審事由として民訴法338条1項
に列挙されている）があるため，確定判決の効力を維持できないとして，確
定判決の取消しと事件の再審理を求める独立の訴えによる不服申立方法をい
う。再審は確定した判決に対するものと，確定した決定・命令に対するもの
が区別され，後者を準再審という（同349条）。家事審判において問題とな
るのはこれであるが，以下においては単に再審という。

　家事審判手続は他の裁判手続と同様に，慎重な審理がなされるがその裁判
に民訴法が定める再審事由が付着することがありうる。このことから非訟事
件である家事審判について再審制度を否定することは不正義を存続させるこ
とになって，到底容認することができない。もっともこのような場合でも家
事審判事件の裁判は既判力を有しない（この点については第7章第4節3参照）
から，再審事由が付着するような場合には事情変更による取消し・変更に
よって対処できるのではないか，という疑問が生じる。しかし事情変更によ

---

(83)　家事事件に対する許可抗告の手続では，すでに利害関係参加している者は決定
　　に対して許可抗告の申立てがあったときは，許可抗告審でも利害関係参加人の地
　　位につき，原則として抗告許可の申立書の写しの送付を受ける（家事手続98条1
　　項による88条1項の準用）。また利害関係を有する者が審判の効力を受ける者で
　　あるとき（たとえば成年後見開始決定）で原決定を取り消すためには原審におけ
　　る裁判を受ける者の陳述を聴かなければならないので，この限度で手続に関与す
　　ることになる（金子・一問一答161頁）。

る取消し・変更の効力は遡及しないこと，また即時抗告の許される審判が確定したときは取消し・変更はできなくなることから，端的に再審を許すのが旧法時における通説であった[84]。

家事手続法は，こうした見解を踏まえて家事審判手続において確定した審判，その他事件を完結させる裁判に対して再審の申立てをすることができることを明記した。

2 再審の対象となる審判

再審の対象となるのは，確定した審判その他の裁判であって事件を終結するもの（家事調停の手続においてなされた裁判を含む[85]）である（家事手続103条1項，288条）。確定した審判とは当事者による通常の不服申立て（即時抗告または異議）が尽きたことをいい，職権による審判の取消しまたは変更の余地があっても確定したことになる[86]。

家事手続103条1項が再審の対象を，事件を完結する裁判に限っているのは，同規定が準用する民訴法339条の規定により，移送の裁判，除斥または

---

[84] 家審法講座第1巻89頁〈綿引〉，注解家審法98頁〈菊池〉，実務講義案154頁，本書旧版・305頁，最判平成7（1995）・7・14民集49巻7号2674頁，最判平成10（1998）・7・14家月51巻2号83頁。これに対して，「裁判確定後の救済方法として考えられるのは，条理上手続法の共通の一般原則として再審の規定の準用を認めることに踏み切るか，又は事情変更に依るかの何れかであろう。筆者は非訟法に再審の規定のない点に鑑み，非訟の本質上事情変更に因る取消変更に依るべきものと考える」との有力な見解（鈴木忠一「非訟事件に於ける裁判の無効と取消・変更」同『非訟事件の裁判の既判力』（1969）100頁）があり，伊東乾＝三井哲夫編『注解非訟事件手続法』（1986）246頁〈豊泉貫太郎〉，戸根住夫「瑕疵のある非訟事件の裁判の確定と訴訟裁判所の判断」同『訴訟と非訟の交錯』（2008）100頁がこれを支持していた。戸根住夫「非訟事件の裁判の取消し，変更と再審」同『民事裁判における適正手続』（2014）46頁は，家事手続法における再審は非紛争的性格の事件の裁判には適用されないとする。また東京高決昭和50（1975）・1・30判時778号64頁も再審を否定して事情変更による取消・変更で対処していた。

[85] 代理権欠缺を理由として遺産分割調停の取消しを認めた例として，静岡家判昭和41（1966）・5・4家月18巻12号54頁，山形家審昭和57（1982）・12・27家月36巻5号109頁がある。

[86] 金子・一問一答166頁，金子・逐条解説336頁。

第8章　家事審判手続における不服申立て　　447

忌避の裁判などの手続上の裁判，その他審判の前提となる裁判（たとえば中間決定）に再審事由がある場合には，その裁判に対して独立した再審の申立てをすることができないことを明らかにするためである[87]。そのため独立して再審の対象となる裁判は，審判のほかたとえば家事事件が審判および調停の成立によらないで完結した場合における手続費用の裁判（家事手続31条による民訴73条1項の準用）などのように，審判の前提とならない自己完結的な裁判に限られることになる[88]。

申立てを却下した審判は既判力を有しない（第7章第4節3・7(2)参照）から，当事者が再び同一の申立てをしようとするときは，わざわざ原審判を遡って取り消す必要はなく，新たな事件として申立てをすればよい。この場合には，原審判に再審事由があっても再審の手続を経る必要はない。このように解するのが旧法下における通説であったし，家事手続法の下でも同様に解してよい[89]。

3　再審事由・再審期間

1　再審事由

審判に対する再審事由については，家事手続103条3項は民訴法338条を準用しているので，民事訴訟の場合と同一である。個々の再審事由について概説しておこう。

①裁判所の構成（民訴法338条1項1号，2号），②代理権の欠缺（同3号），③審判に影響を及ぼすべき可罰行為その他の違法行為があったこと（同4号ないし7号）である。可罰行為は原則として刑事手続で有罪の判決か過料の裁判が確定したことが必要である。しかし有罪判決を得られない事由が証拠

---

[87]　金子・一問一答167頁，金子・逐条解説336頁。

[88]　金子・逐条解説336頁。また最大決昭和30（1955）・7・20民集9巻9号1139頁は，即時抗告のできない裁判であっても終局的な裁判の性格を有する決定であれば独立した再審の申立てをすることができるという。

[89]　別表第1に掲げる審判につき即時抗告を許さない審判において形成的に法律状態が作り出されるとき，その解消を求めることが必要になることがある。たとえば相続財産管理人が選任され財産管理に着手したが，相続人の存在が明らかになったような場合である。この場合には，相続財産管理人の改任の申立てで対処することができるとされる（西口元「家事審判に対する再審」判タ1100号（2002）585頁）。財産管理に着手する前であれば，家事手続78条で取り消すことができる。

不十分ではなく，犯人の死亡，大赦，公訴時効の完成，情状による不起訴処分である場合には，その事由が再審手続で証明されなければならない（同2項後段）。④審判の基礎となった民事または刑事の判決，その他の裁判または行政処分が，後の裁判または行政処分によって変更されたこと（同1項8号）。⑤審判に影響を及ぼすような重要な事項について判断遺脱があったこと（同9号）。当事者が適法に提出した攻撃防御方法で審判の結論に影響するものである。⑥確定審判と抵触するとき（同10号）。これは既判力の抵触を避ける趣旨で認められている再審事由であるが，家事審判については既判力を生じないこと，また個別の事案にそった判断が重要であることから，これが問題となることは稀であると考えられる[90]。

　ここに掲げられている再審事由は，上告理由にも含まれている。審判の確定の前に当事者がこれらの事由のあることを知りながら即時抗告によって主張しなかったとき，または抗告理由としたが却下されたときは，再審事由とすることができない（民訴338条1項ただし書。再審事由の補充性）。即時抗告の許されない審判の場合であっても，いったん終結した裁判を蒸し返すことで紛争解決の遅延を引き起こそうとする濫用的な再審を防止するのが再審の補充性の考え方であるから，これに反する再審は認められないとする見解がある[91]。しかし即時抗告のできる審判に比べ厳格にすぎるであろう。この審判が取消し・変更の審判を経ているときは，そこで再審事由を主張しておく必要がある。

2　再審期間

　再審期間についても民訴法342条の規定が準用される（家事手続103条3項）。そこで再審の申立ては，再審申立人が審判の確定後，再審事由のあることを知った日から30日以内にする必要があり（民訴法342条1項），この期間は不変期間である。審判の確定後5年，あるいは審判確定後に再審事由が発生したときはその時から5年を経過するともはや申し立てられなくなる（同2項）。ただし代理権欠缺，確定審判との抵触を理由とするときは期間に制限がない（同3項）。もっとも可罰行為を理由とするときは，可罰行為が

---

(90)　西塚静子「家事審判と再審」兼子先生還暦記念『裁判法の諸問題（上）』(1969) 734頁参照。

(91)　加波眞一「非訟・家事審判の再審」石川明＝三木浩一編『民事手続法の現代的機能』(2014) 744頁。

第 8 章　家事審判手続における不服申立て　　　449

審判確定前に生じていても，再審期間は有罪の確定判決があった時から進行を開始する[92]。

4　当事者

　再審申立の当事者となるのは，原審判の当事者のほか，審判を受ける者またはこれに準じる者である。原審判の手続に利害関係参加した者も当事者と同様に扱われる。これらの者は瑕疵のない状態で適正な裁判を求める利益を有し，また再審の申立適格を有する者の範囲については必ずしも原審判の当事者に限る必要がないと解されている[93]。それゆえ原審判において審判の結果により直接の影響を受ける者も再審の申立てをすることができる。

5　再審の手続

1　申立てをする裁判所

　再審の申立てをする裁判所は，不服の申し立てられている審判をした裁判所である（家事手続 103 条 3 項による民訴法 349 条 1 項の準用）。

2　再審の裁判

　再審の申立てについては，決定手続で再審事由の存否が審理される。再審期間が遵守されていないなど不適法な申立てであれば却下される（民訴 345 条 1 項参照）が，再審事由が認められないときは申立てが棄却される（同 2 項）。棄却の決定に対しては即時抗告ができる（家事手続 103 条 5 項）。

　再審事由が認められるときは，再審開始決定がなされる（民訴 346 条 1 項参照）。この決定に対しても即時抗告ができる（同 347 条参照）。再審開始決定のような審判以外の裁判に対する即時抗告には執行停止を認めないのが原則である（家事手続 101 条 2 項）が，再審開始の決定についての判断が覆さ

---

[92]　最判昭和 52（1977）・5・27 民集 31 巻 3 号 404 頁。なお長崎家佐世保支審昭和57（1982）・8・10 家月 36 巻 1 号 150 頁は，旧家審法 23 条審判（現行家事手続277 条審判）確定後にその取消しを求める訴えにつき，民訴法第 4 編の規定を厳格に適用するのは相当ではなく，審判が実体的真実に反していることが明らかであり，その後の身分関係の変動を考慮すると審判を取り消すことが公序良俗に適合するという特段の事情がある場合には，民訴法 424 条（現行 342 条）の期間経過後であっても審判を取り消すことができるとしている（しかし実体審理の結果，訴え却下の判決をしている）。

[93]　金子・逐条解説 337 頁，加波・前掲注[91]民事手続法の現代的機能 748 頁。

れる可能性があるのに再審の手続を進行させるのは適当ではないから，執行停止の効力を認めている（同103条4項）。再審開始決定が確定したときは，確定した審判で判断された事件（本案）の審理が続行される。再審開始後の事件の審理および審判は，再審の対象となっている審判がなされた審級の性質に従って行われる（同103条2項）そして再審理の結果，原審判が誤っていたことが判明したときは，確定審判を取り消して新たな審判をする（同103条で読み替える民訴法348条）。審理の結果原裁判を正当と認めるときは再審申立てを棄却するが，この決定に対しては原裁判に対して即時抗告をすることができる者に限って即時抗告をすることができる（同5項）[94]。再審理をしても確定審判（原審判）と同一の結果になるときは，再審の申立てを棄却する（同2項）。

3 執行停止の裁判

再審の申立てがあった場合に，不服の理由として主張されている事情が法律上理由があるとみえ，事実上の点につき疎明があり，かつ，執行により償うことができない損害が生ずるおそれがあることについて疎明があったときは，裁判所は申立てにより，担保を立てさせまたは立てさせないで，強制執行の一時の停止を命じ，または担保を立てさせてすでにした執行処分の取消しを命じることができる（家事手続104条1項）。この裁判に対しては不服を申し立てることができない（同2項）。

---

[94] 仙台高秋田支決平成15（2003）・2・6家月55巻12号60頁は，墓地の継承者指定審判に対する再審申立てを却下した審判に対する即時抗告期間は，民訴法332条の準用により裁判の告知を受けた日から1週間であるとしていた。家事手続101条1項は，審判以外の裁判に対する即時抗告期間を1週間と明記した。

第2編　家事調停

第1章　家事調停概説

第1節　家事調停総説

1　家事調停の概念と性質

1　家事調停の概念と歴史

(1)　家事調停の概念

　家事調停は，家庭に関する紛争の解決手続の一つである。調停とは，調停機関（第三者）が紛争当事者をあっせんして，当事者の権利義務等の法律関係その他の争いにつき合意を成立させることによって，当事者間での紛争の解決を図ることを目的とする制度である。紛争当事者の相対による協議ではなく，第三者である調停委員が関与することによって当事者間での合意の成立を図る。以下に扱う家事調停は，家事手続法 244 条以下に定める家庭裁判所が扱うものである。その趣旨は扱う対象を異にするが，簡易裁判所の民事調停と同様である[1]。当事者がお互いに譲歩することによって，その間に存する争いをやめ，紛争の解決に合意する。当事者の合意による紛争解決であり，裁定型の紛争解決である訴訟または家事審判とは顕著な対照をなす。当事者の自主的な合意を基礎とした手続であり強制力を伴わない解決であるので，裁判外の紛争処理制度（ADR）においては最も基本的なものである。

　民事調停法 1 条は，同法の目的として「民事に関する争いにつき，当事者

---

(1)　わが国において裁判所が扱う調停は，主に民事調停と家事調停である。それぞれ別の法律に基礎を置く。家事調停は，家事審判・人事訴訟だけでなく親族間の財産上の紛争をも対象とするため，民事調停と重なり合う部分がある。兄弟間の会社の経営をめぐる紛争などがその例である（以下，第 2 章第 1 節 2・4 参照）。しかし両者は別々に解説されるのが一般的となっている。ここでも折に触れて民事調停に関する議論を参照するが，家事調停に特化した説明となっている。また労働審判法（平成 16（2004）年法律 45 号）も調停の成立についての定めを置くが，これによって解決に至らない場合の審判が中心に設定されている。

の互譲により，条理にかない実情に即した解決を図る」ことを掲げている。家事手続法には家事調停の目的に関する定めを欠いているが，同様に解してよい。調停という用語は日常的にも用いられ多義的である。ここでは家庭裁判所の行う調停のみを扱うが，それについてもなお多義的である[2]。

(2) 当事者の合意・調停機関の判断

調停の実際では，当事者双方が自ら合意して調停委員に解決案を示すというよりは，第三者である調停機関（調停委員会）が当事者双方に解決案を示すことが多い。この調停委員会の判断は当事者に対してなんら拘束力を生じさせるものではなく，あくまで合意を成立させるための提案・勧告にとどまり，当事者双方がこれを受け入れて初めて当事者間に合意が成立し，紛争の解決が得られる。調停は当事者の合意を最も重視する紛争解決制度であるが，調停に代わる決定・審判（民調17条，家事手続284条）などのように，調停委員会が裁定的な紛争解決基準を示すことを排除しているわけではない。ただこの場合でも，当事者が受け入れない限り，調停に代わる決定も効力を生じない（異議による失効）。当事者の意思いかんにかかわらず終局的に解決案を示し，不服申立てを即時抗告によらせてこれを確定させるいわゆる強制調停は許されていない（第1編第2章第1節2・2参照）。調停に代わる決定・審判等が認められている趣旨については後述するが，これらの制度があることによって調停の制度が裁判であるということにはならない。

調停による紛争の解決は当事者間の合意に求められるとするのが，調停の本質に関するわが国の通説である[3]が，調停は民事訴訟とともに当事者間では解決しえない民事紛争を国家の紛争解決機関の公権的判断によって解決する制度であるとする調停裁判説[4]も有力に説かれている。この後者の見解は民事訴訟と調停では単に公権的判断の対象，主体・手続に技術的な違いがあ

---

(2) 家事調停という概念は，第一に最も広義で家事調停制度自体を指し，第二に家事調停制度を構成する一連の手続過程としての家事調停を意味するものとして使用される。第三には，一連の家事調停過程を組成する個々の調停行為（裁判所や調停委員会および当事者が行う個々の調停手続）を意味するものとして使用され，そして第四には家事調停条項（調停合意）を意味するものとして用いられる（家審法講座第3巻2頁〈渡辺愛一〉，なお民事調停については小山・民事調停法1頁に調停という用語の分析がある）。

(3) 小山・民事調停法101頁，家審法講座第3巻19頁〈沼辺〉。

第1章　家事調停概説　　455

るにすぎないのであって，調停制度の沿革，民事調停法等にみられる強制的
契機，成立した調停の実効性の確保の観点等からもこれを基礎づけることが
できるという。また家事調停に関しては，合意に重点を置いて考えると，合
意がすべての権利関係の正当な判断によらない円満な調停となり，合意を得
るために弱者に対して譲歩を強要することがあることを理由に調停は裁判で
なければならないとする見解[5]もある。また近時においては調停を調停裁判
説または調停合意説のいずれか一方として解すべきではなく，わが国の家事
調停は調停手続と仲裁手続とが連続した一連の手続であると解すべきである
との主張も見られ[6]，当事者の紛争解決能力を前提として当事者が自ら紛争
解決を発見することを援助することが基本であり，当事者主体型の調停を目
指すべきだとの主張も登場している[7]。

　しかし学説上は，裁判所の行う調停につき適正な事実認定を要求し，調停
委員会の法的判断を基礎に当事者をあっせん，説得すべきであるとする調停
裁判説に親和的な主張が徐々に増加しているように見受けられる[8]。本書で
は，家事調停は当事者の合意による自主的な紛争解決であるとの見解を支持
している[9]。その理由は次のとおりである。家事調停においては，当事者の
抱えるさまざまな価値や利益を，法的な基準で整理・序列化し意見が異なる
場合に，この観点から説得するのではなく，多面的な争点を含む紛争と捉え
たうえで，当事者の人間関係を調整しつつ合意の成立を図ることがめざされ
る。この過程では法的側面は一つの基準にすぎない。法的側面を小さく見る
という選択をすることも，当事者の自主的判断である限りは許される。法的
判断をまず前面に立てるという考え方は適切ではない。当事者の合意である
ことから，すべてが正当化されるわけではない。当事者間に存する現実の力

───────────

(4)　とりわけ佐々木吉男『増補民事調停の研究』（1974）の各所に登場するほか，
　　佐々木吉男「民事調停の本質」石川明＝梶村太市編『民事調停法』（1985）22 頁
　　など。

(5)　村崎満「家事調停における法的解決と人間関係調整」中川善之助先生追悼『現
　　代家族法大系第 1 巻』（1980）326 頁，穴澤成己「家事調停に関する 2 つの考察」
　　判タ 589 号（1986）23 頁など。

(6)　松原正明「家事調停の構造」中川淳先生傘寿記念論文集『家族法の理論と実務』
　　（2011）81 頁，同「我が国の家事調停制度の基本構造」法政研究 79 巻 3 号（2012）
　　767 頁，同「家事調停制度の基本構造」Law & Practice No.09（2015）137 頁。

(7)　坂梨喬「現代家事調停論」判タ 1237 号（2007）48 頁。

関係，社会的地位等の格差に起因する不本意な合意がなされることは否定し
がたい[10]が，調停委員会の関与によって可及的に是正されるべきであろう。

(3) 家事調停の対象

　家事調停は，人事に関する訴訟事件その他家庭に関する事件を対象とする
（家事手続244条）。人事に関する訴訟事件とは，人訴法2条に掲げる訴訟事
件をいう。離婚，離縁のほか当事者に実体法上の処分が許されていない婚姻
取消し，親子関係の存否等の争いも家事調停の対象となり，合意に相当する
審判（同277条）によって解決できる。その他の家庭に関する事件には，家
事手続法別表第2に掲げる家事審判事件のほか，相続関係その他親族間の財
産上の紛争がある。その詳細は後に説明する（第2章第1節）。

　家事審判は法律によって列挙された事項のみを対象とするが，家事調停は
家庭に関する紛争であれば家事審判や人事訴訟事件として家庭裁判所の管轄
とされていない事項（通常の民事訴訟の対象となる事項）をも対象とすること
ができるという特徴を有する。調停が一般的な紛争解決制度であるからであ

---

(8)　高野耕一「家事調停論」同『家事調停論（増補版）』（2012）181頁は，家事調
　　停における調停合意説の危険な性格として，①調停機関の中で裁判官の存在が希
　　薄化すること，②調停のプロセスにおける無方式化に傾斜すること，③当事者の
　　家事調停からの逃避の誘いがあることを挙げている。そしてこれらの点をきちん
　　と評価することが重要であると指摘する。また同書においては，調停合意説には
　　調停における事実認定には甘さないし軽視があり，それが調停不信につながった
　　側面がないとはいえないとも指摘している（171頁以下）。高野は，家事調停にお
　　いては調停機関の判断と当事者の合意がともにその本質を構成すること，調停の
　　主体の面からみると調停機関と当事者が共同の主役であるとの認識が，理論的に
　　も実践的にも相当であるとする。さらに篠田省二「家事調停への要望」判時2276
　　号（2016）3頁も同様の趣旨を述べる。また飯田邦男「現代型家事調停事件の性
　　格と家事調停の課題（上・中・下）」判時1927号（2006）3頁，1929号（2006）3
　　頁，1930号（2006）3頁は，家事紛争の性格の変化によって，従来説かれてきた
　　調停合意説では対応できなくなっているとの立場を示している。

(9)　佐上「家事紛争と家庭裁判所」岩波講座現代の法第5巻『現代社会と司法シス
　　テム』（1997）286頁以下。

(10)　この点について，山田文「家事調停の現状と課題」法律時報81巻3号（2009）
　　22頁。また水野紀子「民法典の白紙条項と家事調停」家族〈社会と法〉16号
　　（2000）133頁も，法の基準に基づいた裁判が保障されずに当事者の合意にすべて
　　が任されるのであれば，交渉力のない当事者は保護されないし，結論の公正さも
　　担保されないと指摘する。

り，人間関係の調整を図ることができるからである。

(4) 優先的な紛争解決制度

家庭に関する紛争を解決するための制度としては，家事調停のほかに訴訟（人事訴訟・通常民事訴訟），家事審判制度がある。家事手続法は，人事訴訟やその他の民事訴訟を提起するにあたっては，まず家事調停による解決を試みることを求めている（家事手続257条。これを調停前置主義という）。別表第2に掲げる審判事項についても，事実上家事調停による解決を優先した運用がなされている。このように家事調停は，民事調停と異なり調停優先主義を採用している点で，きわめて特異な法制度となっている。一般に，家庭に関する紛争は調停に親しみやすいと指摘されている。そのことからは直ちに調停前置主義という考え方は導かれないであろう。その理由・根拠および位置づけについては，後に改めて検討する（第2章第2節）。

2 家事調停制度の歴史的展開

家事調停制度は，家庭裁判所発足時からみても70年を経過し，国民の間に定着しているとみてよい。またその運用も安定しているといえる（第2節5参照）。この意味では家事調停制度が，家庭裁判所における家庭に関する紛争解決制度として取り込まれた経過をもはや振り返る必要はないといえるかもしれない。しかし家庭裁判所という専門的な裁判所が特に設けられており，その創設に古い価値観を脱却しなければならなかった経過があること（第1編第1章第1節2・2(1)(2)）から，家事調停についてその導入が求められた理由や経過を振り返っておくことは，なお必要なことだと思われる。

(1) 第2次大戦以前——臨時法制審議会

家事手続法はその第3編に家事調停についての定めを置く。これは旧家審法の定めを継承している。ここでは旧家審法に家事調停制度が取り込まれるに至った過程と，その後の改正経過について概観しておこう。家事調停制度の必要性が説かれ，検討対象となってきたのは家事審判所構想とほぼ軌を一にする。この間の経過については，すでに家事審判制度に関連して触れた（第1編第1章第1節2・2, 3）のでここでは簡単に指摘するにとどめる。臨時法制審議会は，諮問第一号主査会議を設けて民法改正を審議していたが，大正10（1921）年7月7日に，「家事審判ニ関スル綱領」を示し，その中で「温情ヲ本トシ道義ノ観念ニ基ヅキ家庭ニ関スル事件ノ調停及ビ審判」をなすための家事審判所を設けること，「家庭ニ関スル事件ハ先ツ家事審判所ノ

458　　第2編　家事調停

調停審判ヲ受クヘキモノトスルコト」等を議決していた[11]。

　家事調停との関係で，特に指摘しておくべきことは，調停制度の導入が，訴訟による権利の救済の否定として構想され，またそうした考え方が戦前のみならず旧家審法成立後においても根強く存在したということである。まず，戦前の臨時法制審議会の大正11（1922）年6月7日の内閣総理大臣に対する中間答申においては，調停制度の導入が次のように説明されていた。すなわち，「臨時法制審議会ハ諮問一号ニ就キ目下審議中ノ処，我邦ノ醇風美俗ヲ維持スル為民法ノ各部殊ニ親族編相続篇中改正ヲ加フベキ事項ニ付調査ヲ進ムルニ従ヒ，家庭ノ争議ヲ現行ノ制度ニ於ケルガ如ク訴訟ノ形式ニ依ラシムルハ古来ノ美俗ヲ維持スル所以ニ非ズ，寧ロ道義ヲ本トシ温情ヲ以テ円満ニ解決スル為特別ノ制度ヲ設クルノ極メテ緊要ナルヲ確認セリ。而シテ此ノ制度ノ採否ハ本諮問ニ於ケル民法改正ノ事項ニ頗ル密接ナル関係ヲ有シ，寧ロ先決問題タルコトヲ認メタリ。依テ本会ハ本諮問ノ他ノ部分ヲ審議決定スルニ先チ，予メ前記ノ制度ヲ設クルノ点ニ付慎重審議ノ上，全会一致ヲ以テ左ノ如ク議決シタリ。

　道義ニ本キ温情ヲ以テ家庭ニ関スル事項ヲ解決スルタメ特別ノ制度ヲ設クルコト」[12]。

　ここでは，家庭に関する紛争を訴訟の形式によって解決することを否定する考え方が見て取れるのであり，しかも民法という法による解決を否定する考え方が特徴的である。紛争を法によるのではなく，醇風美俗という道徳観を基礎とし，道義に基づき温情によって解決しようとするものである。当事者間の自主的な合意形成ではなく，非・法的あるいは反・法的な紛争解決のための道具だと捉えられているのである。この考え方は人事調停法にそのまま引き継がれる。

---

　(11)　わが国における調停制度の歴史は長い。明治時代以降についても調停は多用されてきた。その歴史的な概観については，最高裁判所事務総局『わが国における調停制度の沿革』（1951），山崎佐『日本調停制度の歴史』（1957）があり，さらに注解民法6頁以下〈石川明＝大内義三〉が詳しい。また佐上「我が国における真正訴訟事件の展開(1)(2)」龍谷法学6巻2号（1974）173頁，3＝4号（1975）321頁は，訴訟事件の非訟化が調停制度によって担われてきたことを指摘する。さらに小山・民事調停法3頁以下でも詳しく述べられている。
　(12)　この点については，堀内・家事審判制度の研究64頁参照。

第1章　家事調停概説　　　459

その後，昭和2（1927）年10月21日に「家事審判法案」が仮決定された。その中でも調停については，①調停は調停主任および調停委員をもって組織する調停委員会においてなすこと，②調停は親族間，戸主家族間，無能力者後見人間，親族会員間または婚姻および縁組の予約者間などにおける紛議について行われ，③とくに婚姻の無効・取消し，離婚若しくは子の否認または認知などの事件については調停前置主義を採用すること，④調停のための審判をなし，調停が成立または当事者が調停のための審判に服したときは，確定判決と同一の効力を生じるとされていた。

(2)　人事調停法の成立

①　制定の趣旨

しかし，民法改正が予定どおりに進行しなかったため，家事審判所の創設も実現をみなかった。ところが，家事審判所の設立に費用がかさむことに加えて，昭和13（1938）年の「日華事変」によって生じた軍人家庭内部の遺族恩給扶助料問題をすみやかに解決し，「銃後の備えを強化して戦線の将士に後顧の憂いなからしめる必要」のため，民法改正や家事審判所の設立とは切り離して，早急に人事調停制度を設ける必要に迫られた。昭和14（1939）年1月28日，人事調停法の議会への提案理由はこの間の事情をよく示している。次のようにいう。

「親族間ノ紛争其ノ他家庭ニ関スル事件ニ付キマシテハ，之ヲ道義ニ本ヅキ温情ヲ以テ解決スルコトガ我国古来ノ醇風美俗ト特有ノ家族制度トニ照シテ最モ望マシイノデアリマシテ，此ノ事ハ固ヨリ申スマデモナイト存ジマス。随テ裁判所ノ調停ニ依リ当事者ノ和衷妥協ヲ図リ，家庭ニ関スル事件ヲ円満ニ処理解決スル途ヲ開クコトハ，多年各方面カラ要望サレテ居タ処デアリマシテ，貴衆両院ニモ屡々其ノ趣旨ノ請願等ガアッタノデアリマス。司法省ニ於キマシテハ既ニ臨時法制審議会ニ於テ決定サレマシタ基本要綱ニ則リ，民法親族編及ビ相続編ノ全般的改正並ビニ之ニ附帯スル家事審判制度ノ制定ニ付テ予テ調査中デアリマシテ，家事審判制度ヲ制定スル際ニハ之ニ調停制度ヲ採入レル積リデアッタノデアリマス。然ルニ今日ノ非常時局ニ際会致シマシテ，家庭ニ関スル紛争ノ円満ナル解決ヲ，調停ノ方法ニ依ッテ解決スル途ヲ開キマスコトハ，正ニ焦眉ノ急務トナッテ参ッタノデアリマシテ，民法改正案等ハ未ダ提案ノ運ビニ至ラヌ事情ニ在リマスケレドモ，人事調停ノ制度ハ急速ニ之ヲ確立スベキモノト認メマシテ，茲ニ本案ヲ提案スルニ至ッタ次

第デアリマス」[13]。

これを受けた人事調停法（昭和14（1939）年3月17日法律第11号）は，次のようなものであった。そう長くはないから，参考のために掲げておこう。

第1条　家族親族間ノ紛争其ノ他一般ニ家庭ニ関スル事件ニ付テハ当事者ハ本法ニ依リ調停ノ申立ヲ為スコトヲ得

第2条　調停ハ道義ニ本ヅキ温情ヲ以テ事件ヲ解決スルコトヲ以テ其ノ本旨トス

第3条　調停ノ申立ハ相手方ノ住所地ヲ管轄スル区裁判所又ハ当事者ノ合意ニ依リテ定ムル区裁判所ニ之ヲ為スコトヲ要ス

第4条　裁判所其管轄ニ属セザル事件ニ付申立ヲ受ケタルトキハ決定ヲ以テ事件ヲ管轄裁判所ニ移送スルコトヲ要ス但シ事件ノ処理上適当ト認ムルトキハ之ヲ他ノ区裁判所ニ移送シ又ハ自カラ処理スルコトヲ妨ゲズ

　　裁判所其ノ管轄ニ属スル事件ニ付申立ヲ受ケタルトキト雖モ事件ノ処理上適当ト認ムルトキハ決定ヲ以テ之ヲ他ノ区裁判所ニ移送スルコトヲ得

　　前2項ノ決定ニ対シテハ不服ヲ申立ツルコトヲ得ズ

第5条　調停ノ申立ガ淳風ニ副ハズ又ハ権利ノ濫用其ノ他不当ノ目的ニ出ヅルモノト認ムルトキハ裁判所ハ其ノ申立ヲ却下スルコトヲ得

第6条　当事者及利害関係人ハ自身出頭スルコトヲ要ス但シ已ムコトヲ得ザル事由アル場合ニ於テハ代理人ヲシテ出頭セシムルコトヲ得

　　弁護士ニ非ザル者前項ノ代理人ト為ルニハ裁判所ノ許可ヲ受クルコトヲ要ス

　　裁判所ハ何時ニテモ前項ノ許可ヲ取消スコトヲ得

第7条　調停ハ裁判上ノ和解ト同一ノ効力ヲ有ス但シ本人ノ処分ヲ許サザル事項ニ関スルモノニ付テハ此ノ限ニ在ラズ

第8条　借地借家調停法第2条，第4条ノ2乃至第6条，第8条乃至第11条，第13条乃至第15条，第16条1項，第18条乃至第23条及第26条乃至第32条ノ規定ハ本法ノ調停ニ付テモ之ヲ準用ス

第9条　調停委員ハ徳望アル者其ノ他適当ト認メラルル者ニ就キ毎年予メ地方裁判所長ノ選任シタル者又ハ当事者ノ合意ニ依リ選定セラレタル者ノ中

---

[13]　堀内・家事審判制度の研究219頁より引用。なお衆議院におけるその提案趣旨の全文と議事要領については同書1010頁に収録されている。

第1章　家事調停概説　　461

ヨリ各事件ニ付調停主任之ヲ指名ス

第10条　調停委員会ヲ開キタル場合ニ於テハ第6条第2項及第3項ニ規定スル裁判所ノ権限ハ調停委員会ニ属ス

第11条　調停委員会第5条ニ規定スル事由アリト認ムルトキハ調停ヲ為サザルコトヲ得

第12条　調停委員又ハ調停委員タリシ者故ナク評議ノ顚末又ハ調停主任，調停委員ノ意見若クハ其ノ多少ノ数ヲ漏泄シタルトキハ1,000円以下ノ罰金ニ処ス

　調停委員又ハ調停委員タリシ者故ナク其ノ職務上取扱ヒタルコトニ付知得タル人ノ秘密ヲ漏泄シタルトキハ3月以下ノ懲役又ハ1,000円以下ノ罰金ニ処ス

　前項ノ罪ハ告訴ヲ待テ之ヲ論ズ

　附則

本法施行ノ期日ハ勅令ヲ以テ定ム（昭和14（1939）年勅令第361号ヲ以テ昭和14年7月1日ヨリ施行ス）

　②　旧家審法との差異

　人事調停法は，たしかに旧家審法の家事調停の前身であることに間違いはないが，制度設計上で両者の間には大きな相違もある。なによりも人事調停法では急いで制度を確立する必要があったため，最小限度の制度設計としており，それ以前から提案されていた調停前置主義が採用されていないこと，借地借家調停法24条による調停に代わる決定（当事者の異議により失効）は存在したが，金銭債務臨時調停法7条によるいわゆる強制調停が存在しなかったことなどが指摘できる。また人事調停法7条は，「調停ハ裁判上ノ和解ト同一ノ効力ヲ有ス但シ本人ノ処分ヲ許サザル事項ニ関スルモノニ付テハ此ノ限ニ在ラズ」と定めていたが，このただし書きの趣旨は，今日の家事手続別表第2の審判事項にあたる事項については「本人ノ処分ヲ許ササル事項」であって，これを調停によって解決することはできないというものとされていた。

　実際の利用という面からみると，新受件数は昭和14（1939）年5,236件，昭和15（1940）年6,899件と増加したが，この後は次第に減少に転じ昭和19（1944）年3,736件，昭和21（1946）年には3,851件であった。調停の成立率は，発足当初の昭和14（1939）年には51％であったが，その後はほぼ61％

前後で推移した[14]。

また人事調停においては昭和18 (1943) 年度において521名にのぼる女性調停委員が携わっていたとされる[15]。同年度の家事調停委員全体の数が9,038名であるからその比率は小さいが，その他の調停と比較すると女性調停委員が多数投入されていたことは特筆されるべきであろう。

2 旧家審法の制定と家事調停

1 旧家審法と民事調停法

旧家審法の制定経過，制度の趣旨等についてはすでに第1編第1章第1節において触れたのでここでは繰り返さない。家事調停に関する事項についてのみ簡単に触れておく。旧家審法の制定に伴い人事調停法は廃止された[16]。

戦後の新しい家事調停制度は，憲法および民法親族・相続法の全面改正を受けて個人の尊厳と両性の本質的平等を基本として，家族の平和と健全な親族共同生活の維持を図ることを目的としていた（旧家審法1条参照）。家事調停制度の構造は人事調停法におけると旧家審法におけるとでは異なることはない。しかしそれを指導する理念・目的は，両者では全く異なる。家事調停に関与する当事者および調停機関を支援する仕組みも，旧家審法の下で初めて整備されている。戦前において早くから提唱されながら，人事調停法の下でも実現できなかった調停前置主義がようやく法制度として承認されたことは，きわめて大きな意義を有している。それが適切に実現されているかという点は，不断に点検を受け評価されてきた。制度の連続と不連続という問題は，審判と同様に家事調停においても生じるのであり，家事調停は民間人から選ばれた調停委員によってなされるだけに，その改善は一層困難であった。制度発足の当初から家事調停に対しては，学説から否定的な評価が多数を占めていた。何よりも改正された民法の原則によらない非・法的ないし反・法的な解決，双方の主張を折半する「マアマア調停」という実態が指摘され批判されてきた。

---

[14] 最高裁判所事務総局・前掲注[11]わが国における調停制度の沿革84 - 85頁の表参照。

[15] 最高裁判所事務総局・前掲注[11]わが国における調停制度の沿革90頁。

2 旧家審法制定後の主要な改正

(1) 旧家審法の下での改正

旧家審法制定後，家事調停に関する事項についても何度かの改正を経てきている。そのうちで最も重要なものは昭和49 (1974) 年改正である。これを中心として概観しておくことにする。昭和26 (1951) 年法律222号により，調停委員会または家庭裁判所の調停前の措置に従わない当事者や参加人に対する過料の制度が導入され，昭和31 (1956) 年には調停または審判で定められた家事債務の履行を確保するために，履行状況の調査勧告，履行命令および寄託の制度が認められた（昭和31年法律91号）。同時に家事審判および調停における事実調査が，医学，心理学，社会学等の専門的知識を活用して行われるべきこと，家庭裁判所が審判や調停事件の処理に関して，家庭その他の環境を調整するために，家裁調査官に社会福祉機関との連絡その他の措置をとらせることができるようにした（昭和31年最高裁規則改正による旧家審規7条の2の追加）。この内容については第1編第6章第2節4参照。

昭和46 (1971) 年には，民事調停および家事調停制度を時代の要請に適合

⒃　戦前における各種調停制度と民事調停法の制定について整理しておこう。

　　戦前においては，人事調停法以外にも借地借家調停法（大正10 (1921) 年），小作調停法（大正13 (1924) 年），商事調停法（大正15 (1926) 年），金銭債務臨時調停法（昭和7 (1932) 年），鉱害の賠償に関する調停につき鉱業法（昭和14 (1939) 年）および戦時民事特別法（昭和17 (1942) 年）があった。戦時民事特別法は昭和20 (1945) 年12月20日に廃止されたが，調停に関する部分は当面なお効力を有するとされていた。これらを取りまとめ，統一して民事調停法となったのは昭和26 (1951) 年になってからである。すでに制定・施行されていた旧家審法に定める家事調停を除いたものを民事調停として統合したのである（小山・民事調停法38頁）。

　　ところで民事調停法と旧家審法17条に定める家事調停との関係について，次のような議論がある。民事調停法2条は，「民事に関して紛争を生じたときは，当事者は，裁判所の調停の申立をすることができる」と定め，旧家審法17条は「人事に関する訴訟事件その他一般に家庭に関する事件について調停を行う」とする。このことから民事調停法が一般法であり，旧家審法17条の家事調停は特別法であるとみるのである。しかしこの見解には賛成できない。家事調停は一般の財産事件とは異なる性質を有することから，独自の裁判所で行われ，また家裁調査官の関与など民事調停とは異なる手続が認められるなど，民事調停とは紛争解決の機能を分担し合う関係にあるとみるべきである（小山・民事調停法119頁参照）。なお，後述第2節2も参照のこと。

させることが必要であるとして，最高裁判所に臨時調停制度審議会が設けられた。そこには，核家族化の進行，家族間における権利意識の高揚等が，多種多様な家庭に関する紛争を生じさせ，調停制度がこれに十分に対応できていないという批判があった。調停委員に関しては，その高齢化，固定化の傾向が指摘され，供給源の狭さに由来する新陳代謝の不活発や肩書のみで現実に職務を行わない委員の存在が指摘された(17)。この答申に基づいて，昭和49（1974）には，優れた人材を調停委員に加え，充実した活動を期待した法改正がなされた（昭和49（1974）年法律55号による旧家審法22条の2，22条の3の追加）。この改正を受けて昭和49（1974）年9月30日最高裁事務総長通達として「調停手続の運用について」が出されている(18)。それによると，家事調停委員は具体的事件の指定とは無関係に，当初から非常勤の裁判所職員（特別国家公務員）として任命され，「一般職の職員の給与に関する法律」22条1項に基づき給与として委員手当が支給されることになった（これ以前は，実費弁償という考え方に基づいていた）(19)。また家事調停委員の任命資格等についても大きな変更が加えられているが，これについては後に詳しく扱う（第3章第1節2・2）。

　また平成15（2003）年には司法制度改革のための裁判所法の一部改正によって，家事調停官の制度が導入された。弁護士で5年以上その職にあった者のうちから任命される非常勤裁判官制度であり調停に従事する（旧家審規26条の2以下，家事手続250条以下参照）。その詳細は後述する（第3章第1節5参照）。平成16（2004）年には新しい人事訴訟法が成立し，人事訴訟事件が家庭裁判所に移管された。家事調停制度自体の改正ではないが，調停と訴訟

---

(17)　この答申書は，家月25巻6号（1973）1頁に掲載されている。その意義について詳しくは，三宅弘人＝浦野雄幸＝南新吾＝伊藤滋夫「民事調停法及び家事審判法の一部を改正する法律の解説(1)法曹時報27巻1号（1975）63頁以下。井上正三司会・座談会「調停制度改正法をめぐって(1)(2)」民商法雑誌71巻2号（1974）275頁，3号（1974）472頁。

(18)　家月26巻12号（1974）116頁以下。

(19)　昭和49（1974）年の改正により，調停委員の地位の改正の趣旨から旧家審法22条2項も改められ，具体的な調停事件を担当する調停委員のうち当該事件の当事者が合意で定める者（合意調停委員）および当該事件の処理のために必要があると認めて指定される者（臨時調停委員）の制度も廃止された。三宅＝浦野＝南＝伊藤・前掲注(17)法曹時報27巻2号（1975）58頁，注解家審法755頁〈岩井俊〉。

第1章　家事調停概説　　　465

手続相互関係の分かりにくさを解消するなど重要な意味をもっていた。

(2) 家事手続法の制定と家事調停の改革

家事手続法は，すでに第1編第1章第1節3で述べたように，国民が家事事件の手続を利用しやすくすることを制定の目的の一つに掲げ，旧家審法の制度の見直し，制度の新設を図っている[20]。家事調停については，調停を成立しやすくするための方法が拡充されている。すなわち，①高等裁判所でも家事調停をすることができるようにする（同274条3項），②旧家審法のもとでは遺産分割調停でしか認められていなかった調停条項案の書面による受諾の方法を拡充する（同270条），③離婚，離縁の調停以外の調停では電話会議システム等により調停を成立させる（同258条1項による54条の準用，268条）といった改正が行われている。また調停に代わる審判をすることができる事件の範囲を別表第2に掲げる事件にまで拡張している（同284条）ことも重要であろう[21]。その他家事審判手続に関する改正に連動する形で多くの規定の改正が行われている。また家事手続法制定を契機として家事調停手続の当事者に対する説明の充実など調停手続に対する当事者の信頼性を高める実務上の工夫がなされている。これらの詳細については該当の個所で説明する。

第2節　家事調停制度の存在理由

1　議論される理由

家庭に関する紛争を国家が関与することなく当事者の合意によって解決することは，広く行われてきたし，今後も同様であろう。当事者の相対による協議が行き詰った場合に，国家が家事調停の制度を用意し，調停委員のあっせんによる合意の成立を図る制度を設けることにはどのような意義が認められるのであろうか。裁判所に家事調停の手続があるのは当然のように思われが，これについては以下のような問いかけがあり，これに答える必要があるのである。すなわち，小山昇『民事調停法（新版）』(1977) 48頁以下は，民

---

[20]　金子・一問一答228頁。

[21]　ここに掲げた仕組みのうち②③については，民事調停においてはなお認められていない。同種の手続でありながら，両者の間にはかなり大きな差異を生じさせている。

事調停について次のようにいう。「法制度には社会に不可欠のものとそうで
あるとはいえないものとがある。訴訟制度は不可欠である……だが，仲裁制
度は必ずしもそうではない。調停制度もまた同様である。このような絶対不
可欠とはいいがたい制度が法制度化される場合には，ある政治目的（＝政策）
としてなされるという色彩と社会的需要を吸い上げてこれに満足を与えると
いう理由が多かれ少なかれ混在する」。そして政策の必要や社会的需要が状
況の変化により減退・消滅してもなお法制度が利用され続けるようになると，
それはすでに日常的・一般的必要性に裏打ちされているという。では家事調
停制度の場合には，これを支える存在理由は何に求められるかが検討されな
ければならない。

　これが家事調停制度の存在意義，存在理由として論じられてきた問題であ
る。小山・民事調停法48頁以下は，①実定成文法規による規制の限界，②
訴訟制度の効用の限界をあげ，とりわけ後者はさらに訴訟による解決が迅
速・簡易・低廉という要請を満たさず，また解決が円満でないこと，すなわ
ち当事者の感情の融和が図れず，一刀両断的解決にとどまるが，調停におい
ては互譲により円満な解決を実現できる長所があると指摘する。民事調停に
ついてのこの説明は一般的には家事調停についても当てはまるといえよう。

　この点について，従来どのように議論され，どのような共通理解が得られ
ているのか，また新たな視点が提起されているのかを確認しておこう。

2　家庭裁判所創設の趣旨から

　すでに家庭裁判所の創設の趣旨について述べた（第1編第1章第1節2・2
参照）ように，家庭に関する紛争を訴訟以外の方法で解決すること，簡易な
手続でかつ秘密の手続で解決することが期待されていた。公開法廷での対審
的な審理構造が，親密な家族共同体の紛争を扱うには好ましくないという理
由付けは，以前においては家族間の紛争を法的関係として構成することなく，
非公開の場所で伝統的な価値観を基礎として非法的に解決するという考え方
と結び付けられやすかった。こうした発想法や価値観はもはや維持できない
し，克服されている。上記第1節1に述べたように，家庭に関する紛争を
関係者の合意の方法で解決することは，まさにそれに相応しい必然性を備え
ている。次の指摘が重要である。すなわち，「家庭に関する紛争に国家が後
見的に関与し，家庭の崩壊を防止し，家庭の維持および健全な発展を期す必

要があること並びにそのためには家庭に関する紛争の特殊性から特別の専門的機関を必要とし，その専門機関による調停が最も適切である」[22]。

　紛争の当事者が自らの選択により自らの問題を自主的に解決することを，国家が側面から援助すること，そのために専門的な裁判所と合意の成立を図る手続を整備することは広く支持を得られるであろう。国家は訴訟制度を準備するだけでよいとする考え方は今日では支持できない。

3　家事紛争の特徴から

　家庭は人の生活の拠点であり，社会生活の重要な単位である。そこに紛争が生じた場合には，国家が後見的に関与する必要性は高い。その理由として次のような点を挙げることができよう。夫婦および未成年の子から構成される家庭では，各人は独自の価値観・倫理観等をもちながら共同生活を営んでいる。共同生活が継続されると，明示の合意や了解のみならず，暗黙の了解や既成事実が付加され，蓄積され，それらもまた一つのルールのように作用する。家庭は各人にとっては日常的で，包括的で継続的であるだけに，各人を取り巻く多様な諸関係が持ち込まれやすい。

　家庭の各構成員の密接な関係のゆえに，家族構成員の価値や考え方は共有されていることが多いとしても，時として衝突し対立することもある。そのような場合にも，各人は通常は自己および相手方を尊重し合い，共同生活を維持するために，共通点を探り，あるいは対立点を受容・容認し新たな関係を築いていくのである。

　しかしこのような関係が何らかの理由によって，当事者間に葛藤を生じさせ，対立点が顕在化し，その修復能力を超えてしまうことがある。そうすると，情緒的不安定をはじめとして，多方面で対立点が拡大される。原因および解決の対象が不明確となってしまうことも多い。このような場合には，心理学，社会学，精神医学等法律以外の諸科学の助けを借りて，紛争・対立・葛藤等の原因を探り，カウンセリング，ケースワークその他の手段によって人間関係の調整を図りながら，その解決を図る必要があるのである。もちろん紛争を解決していくのは当事者自身であり，そのために自由かつ自主的な判断が求められる。国家が当事者に対してこうした助力をするのは，当事者

---

(22)　家審法講座第 3 巻 12 頁〈沼辺〉。

が自主的判断をすることができるようにするためである。家庭裁判所に調査官，医師たる技官を配置し，社会福祉機関等との連絡調整などの措置を講じ，適切な人材によって調停委員会を構成し，当事者に働きかける必要性は，他の領域におけるよりもずっと高いものということができる[23]。

さらに付け加えるならば，親族の関係は当該の問題以外にもさまざまな形で継続する。その安定した関係を維持するためには，裁断的な基準による解決よりも，合意によって解決を受容すること，受容できる条件を整えることが望ましいのである。

4 いわゆる ADR 法と認証紛争解決手続

平成 16（2004）年に「裁判外紛争解決手続の利用の促進に関する法律（いわゆる ADR 法）」が成立し，同法 6 条の要件を満たす民間紛争解決事業者が行う認証紛争解決手続に，家事手続 257 条の調停前置主義による家事調停と同一の効力が与えられる（ADR 法 27 条）。家事紛争に特化したこの手続はまだ存在しないが，各弁護士会に設置されている紛争解決センターでは家事紛争の調停も扱っている。紛争当事者は，この手続と家庭裁判所の家事調停を選択することができる[24]。家庭裁判所による家事調停は，全国でほぼ均一的

---

[23] 紛争当事者を援助し，解決に協力することは裁判所が独占すべきものではない。さまざまな団体が，それぞれの経験や蓄積を基に協働すること，ネットワークを形成し，さまざまな人材がその専門的な知識を生かしながら困難に直面している当事者にかかわり合うことは，家庭裁判所以外の場所でも広く行われているし，今後ますます重要となってくると思われる。「家族〈社会と法〉」29 号（2013）18 頁以下に田中通裕司会「家事紛争における当事者支援」のテーマでシンポジウム報告が掲載されている。こうした動きはわが国のみならず各国に共通するといえる。家事事件を扱う裁判所が，メディエーションやカウンセリングの機能を充実させているのもこうした動きに連動するものといえる。わが国の家庭裁判所は，審判手続や訴訟手続に調停を組み込み，そこに民間人を登用するほか参与員の制度も設けて民間のさまざまな知識・経験を導入しているが，さらに多くの組織・団体との間に連携・協働の関係を構築し，実効的なものとしていくかが，今後の家事紛争の解決や家庭裁判所のあり方として重要な課題となる。片山登志子「家事調停における自主的な解決の促進」二宮周平＝渡辺惺之編『離婚紛争の合意による解決と子の意思の尊重』（2014）43 頁。

[24] 山田文「ADR としての家事調停」野田愛子＝梶村太市総編集『新家族法実務大系第 5 巻』（2008）75 頁参照。

第1章　家事調停概説　　469

な体制・条件が保障されており，調停の導入から不成立後の段階（審判への移行または訴訟の提起）までが整備されていること，さらに豊富な経験を蓄積してこれを活用していることから，今後もこれに代わるものが現れるとは考えられない[25]。

　しかし他方において，わが国の家事調停においては家族，離婚，養子縁組等々に関心をもち多様な人材を擁する行政・民間団体との連携が十分に図られず，これを活用できていないという問題を抱えている。裁判所の努力だけで解決を図るには限界がある。多様化し複雑化し，また個人の自己決定の尊重が重視される中で，家庭裁判所の調停の役割を不断に検討していく必要がある。

5　家事調停の利用実態

　司法統計年報・家事事件編によれば，家事調停は発足当初の昭和24（1949）年には総計約4万件程度であったが，増加を続け平成8（1996）年には総計で10万件を超え，平成27（2015）年には総計でほぼ14万件である。第1編第1章第4節「**表2**」に主要な事件の新受件数の推移を示した。調停事件の中で最も多いのは婚姻中の夫婦間の事件（離婚）であり，全体のほぼ3分の1以上を占めている。別表第2に掲げる事項の調停は発足当初に比べほぼ9倍となっている。別表第2に掲げる事件の中では，夫婦同居・協力扶助に関する事件が減少し，婚姻費用の分担および子の監護に関する事件が増加し，また親権者の指定変更に関する事件も多くなっている。寄与分や遺産分割など相続に関する事件は全体の中では意外に少ないといえる。推定相続人の廃除の事件は家事手続法によって別表第1に移されたため，平成25年以降のものは旧受事件である。

　家事調停の処理結果についても一瞥しておこう[26]。平成27（2015）年度の別表第2に掲げる事件の調停処理総数76,726件中で調停成立は44,049件（57.4％），不成立10,122件（13.2％），取下げ16,303件（21.2％）である。それ以外の家事調停では，既済60,874件中で調停成立が28,996件（47.6％），不

[25]　FPICの活動について，山口恵美子「子ども・親支援のあり方」法律時報83巻12号（2011）30頁，小田八重子「離婚協議等ADRの実践と課題」自由と正義65巻2号（2014）28頁がある。

[26]　司法統計年報・家事事件編平成27年度第4表。

成立 14,624 件（24.0%），取下げ 13,166 件（21.6%）である。この傾向は平成26（2014）年度でも異ならない。別表第 2 に掲げる事件の調停成立の比率がそれ以外の事件より 10 ポイントほど高くなっている。これは別表第 2 以外の事件の調停事件中で合意に相当する審判に関する処理結果（3,735 件中調停成立が 30 件）が影響しているためである（1,897 件で合意に相当する審判がなされている）。これを除けば，調停の成立率はほぼ 50 数パーセントで推移しているといえる。同年度における簡易裁判所の民事調停の処理結果[27]が既済37,062 件中で調停成立が 12,511 件（33.8%）であり，調停に代わる決定による解決 7,539 件（20.3%）をくわえて，ほぼ家事調停の調停成立に匹敵することをみれば，家事調停の成立の比率は相当に高いと評価してよいであろう。

6　家事調停への期待

　夫婦，親子をめぐっては常に新しい価値観が入り込み，従来の伝統的な考え方に問題を投げかけている。これは夫婦の役割，子どもの意思の尊重，老親扶養，相続，祭祀をめぐる考え方等々さまざまな関係に現れる。家族の中でも一致した考え方が共有されにくくなっている。家族の問題と考えられていたものが，個人の問題へと位置づけを変更するとか，公益性が強調されていた事項に私益の立場から異議が唱えられる。家事調停においては，解決の基礎となる規範が法律だけでなく，さまざまなものを取り込むことができるために，多元的で多面的な紛争にもよりよく対応できる。強権的でなく，当事者が主張する価値を尊重しながら解決できる家事調停には，なお期待すべき点が多いと思われる。

---

(27)　司法統計年報・民事行政事件編平成 27 年度第 76 表。

第2章　家事調停の対象と調停前置主義

第1節　家事調停の対象

1　家事調停条項

家事調停の対象となる事項を家事調停条項という。これにつき家事手続244条は，「裁判所は，人事に関する訴訟事件その他家庭に関する事件（別表第1に掲げる事項についての事件を除く）について調停を行う」と定めている。それゆえ，家事調停の対象となるのは，①人事に関する訴訟事件，②別表第2に掲げる事項の審判事件および③その他の家庭に関する訴訟事件ということになる。

以下に，家事調停条項がこのように定められている理由，個々の具体的内容について検討する。

2　人事に関する訴訟事件その他家庭に関する事件

1　概　説

家事手続244条は，旧家審法17条を引き継いだものである。家事調停の対象を「人事に関する訴訟事件その他〈一般に〉家庭に関する事件」とするのは，昭和14（1939）年人事調停法1条が「家族親族間ノ紛争其ノ他一般ニ家庭ニ関スル事件」としていたのと同義であると解されている[1]。しかし人事調停法は離婚，離縁以外の人事訴訟を対象とせず，また同法7条ただし書きは本人の処分を許さない事項についての調停の法的効力を認めていなかったから，旧家審法17条が旧人訴法の趣旨を引き継いでいるとの説明は正確とはいえない。

---

[1]　旧家審法の立法担当者がそのように考えていたことについては，堀内・家事審判制度の研究437頁参照。またこのことを明言するものとして，豊水道祐「家事審判法の解説」法律時報19巻11号（1947）20頁，市川・家事審判法138頁，家審法講座第3巻58頁〈沼辺愛一〉。

家事調停の対象となるのは，一般的にいえば家事手続別表第1に掲げる事項を除く「家庭に関する事件」である。人事に関する訴訟事件等がその例示として掲げられているので，この意味を明らかにしておこう。これを明確にすることは，調停前置主義（家事手続257条）の適用範囲や家事調停と民事調停との境界を明らかにする上で意味がある。

2　人事に関する訴訟事件

人事に関する訴訟事件とは，人訴法2条がいう「人事に関する訴え」と同じ意味であると解してよい。したがって同法2条各号に定める訴えのほか，「その他身分関係の形成または存否の確認を目的とする訴え」を含むことになる。具体的には次の訴えである。

①婚姻の無効および取消しの訴え，離婚の訴え，協議上の離婚の無効および取消しの訴えならびに婚姻関係の存否の確認の訴え（人訴2条1号）。

②嫡出否認の訴え，認知の訴え，認知の無効および取消しの訴え，民法773条により父を定めることを目的とする訴えならびに実親子関係の存否確認の訴え（同2号）。

③養子縁組の無効および取消しの訴え，離縁の訴え，協議上の離縁の無効および取消しの訴えならびに養親子関係の存否の確認の訴え（同3号）。

旧人訴法は，人事訴訟事件について定義規定を設けていなかったため，人事訴訟とされる事件のほか人訴法が適用されることに異論のない準人事訴訟事件が観念されていた。新しい人訴法はその定義を置き，従前準人訴事件とされていた事件をも取り込んでいる。人訴法2条柱書きは，これ以外になお「その他の身分関係の形成または存否の確認」を目的とする訴えを予定している。どのような訴訟がこれに該当するかについて明確でないところがあるが，たとえば夫が妻の死亡後にした姻族関係を終了させる意思表示（民728条2項）の効力が争われる場合の姻族関係の存否の確認を求める訴えなどが考えられている[2]。

ここに掲げた訴訟事件のうち，当事者の合意によって調停を成立させることができるのは離婚，離縁の事件だけである。その他の訴訟事件では，その基本となる法律関係について当事者の実体法上の処分権が認められていないため，当事者間に合意が成立しても，それによって争いを解決させることはできない。このような家事調停の対象とはなるが，当事者の合議による解決ができない事件は，人事訴訟の代用といえる家事手続277条による「合意に

相当する審判」によることになる。

3 別表第2に掲げる審判事件

　家事手続別表第2に掲げる審判事件は家事調停の対象となる。旧家審法の
もとでは同法9条1項乙類に列挙されていた事件と，生活保護法等によって
乙類審判事件とみなされる事件があったが，家事手続法はそれをすべて別表
第2に列挙している。

　旧家審法9条1項乙類には，当事者の実体法上の合意による処分が許され
ないが，家事調停の対象となるものとして，①民法758条2項および3項の
規定による財産の管理者の変更および共有財産の分割に関する処分（乙類2
号），②，民法819条5項または6項の規定による親権者の指定または変更
（乙類7類），③民法877条2項，3項の規定による扶養義務の設定またはそ
の取消し（乙類8号），④民法892条から894条の規定による推定相続人の
廃除およびその取消し（乙類9号）が掲げられていた。家事調停においては
当事者の合意によるだけでなく，調停委員会による正当性の判断がなされる
ので成立した合意が相当でないならば調停不成立として事件を終了させるな
どの対応をすることができる（家事手続272条参照）ので，調停による解決
ができると解されてきた[3]。

　家事手続法は，上記のうち②を除いていずれも当事者による任意処分を許
さないことを理由に，別表第1に掲げる審判事項へと指定替えをした[4]。従

---

(2)　野田愛子＝安倍嘉人監修『改訂人事訴訟法概説』（2007）54頁〈岡部喜代子〉，
　松本博之『人事訴訟法（第3版）』（2012）21頁。なお，東京高判平成15（2003）・
　6・26判時1855号109頁，東京高判平成20（2008）・2・27判タ1278号272頁は，
　協議離婚の際未成年の子の親権者を定める協議における合意の不存在を主張する，
　親権者指定協議無効確認の訴えを人訴法2条により適法としている。この判旨に
　賛成する見解も見られる（村重慶一・戸籍時報580号（2005）28頁，若林昌子・
　判タ1184号（2005）120頁，常岡史子・判例評論551号（2005）194頁）が，人
　訴法2条の制限的な文言から人事訴訟とされるのは限定的であって安易な類推は
　許されないこと，またこの判決があっても親権者を定めるにはさらに家事審判手
　続をとらなければならないこと，また端的に親権者の変更や，場合によっては戸
　籍訂正の審判でも対応が可能であることを考慮すると，この判決の当否は疑問で
　ある（同じく判旨に疑問を提起するものとして，草鹿晋一・私法判例リマークス
　31号（2005）106頁がある）。

(3)　親権者の指定・変更に関してこのことを明言するのは，注解家審法408頁〈沼
　辺愛一〉。

前これらの家事調停では人間関係の調整をはじめとした働きかけが行われていたこと，調停を行うことで何らの支障も生じていなかったこと等を考慮すると，当事者の処分を許さないとの理由だけで家事調停の対象から除外したことには大きな疑問がある[5]。

4　その他「家庭に関する事件」

⑴　その意義

「家庭に関する事件」という概念は，人事調停法以来用いられている[6]。旧人事調停法のもとでもこの「家庭に関する事件」の解釈については争いがあった[7]。現行法の解釈として家事調停の対象となるのが，たんに家庭内の紛争に限られるのではなく，「広く家庭の平和と健全な親族共同体の維持」という家庭裁判所創設の目的に関連する身分上および財産上の紛争を含むという点ではほぼ一致が見られる[8]。しかしこれだけでは，たとえば親族間の

⑷　金子・一問一答 51 頁以下参照。

⑸　実体法上の任意処分が許されないために家事調停の対象にならないというのであれば，人事に関する訴訟事件も，離婚，離縁を除いては調停の対象にならないということになりそうである（人事調停法の立場である）。しかし当事者の実体法上の処分を許さない人事に関する訴訟事件が家事調停の対象となるのは，調停という場で当事者間に調整活動をする点に大きな意味が与えられていたことによる。事実関係の聴取，社会福祉機関との連絡，その他のケースワーク作用等を実施して，人間関係の調整に努めることに家事調停の大きな役割がある。また当事者の合意を調停委員会がその相当性について判断する仕組みが置かれている。実体法上任意処分の許されない訴訟事件についても，このプロセスを経ることで後に予定されている訴訟への橋渡しをし，あるいは合意に相当する審判を行うことになる。別表第 1 に指定替えされた事件についても，当事者の調整的機能の意味は大きい。また当事者間で実質的な合意に至ることが後の関係維持のためにも重要である。扶養義務の設定や推定相続人の廃除の審判事件では，当事者間の利害の対立が深刻であるため家事調停を経ることの意味は重要であるといえる。家事調停を経ないで審判手続だけでこれらの諸機能を充足させることができるかについては疑問が残る。今後の実務に注目したい。

⑹　人事調停法 1 条は，「家族親族間ノ紛議其ノ他一般ニ家庭ニ関スル事件」とし，旧家審法 17 条では「人事訴訟事件その他一般に家庭に関する事件」と表現していた。

⑺　堀内・家事審判制度の研究 220 頁，宮崎澄夫『調停法の理論と実際』(1941) 209 頁以下参照。

⑻　山木戸・家事審判法 83 頁。

第2章　家事調停の対象と調停前置主義　　　475

金銭の貸借や土地建物の賃貸借あるいは閉鎖的会社の経営をめぐる紛争のように，一面では家事調停の対象であり，他面では民事調停の対象ともみられるから，その境界を明らかにしようとするための努力が重ねられてきた。

　現在では家事調停の対象となるのは，①親族またはこれに準じる者という一定の身分関係が存在し，②この者の間で紛争が存在し，かつ，③紛争の内容に人間関係調整の余地が認められるという三つの要素を満たすものであるとの理解が通説となっている[(9)]。以下これに基づいて説明する。

(2)　具体的な検討

①　親族またはこれに準じる者という一定の身分関係の存在

　申立人と相手方との間に，夫婦，親子，兄弟姉妹等の親族関係（民725条参照）があることをいう。家庭に関する事件という以上は，同居の有無を問わず当事者間にこのような身分関係のあることが必要である。しかし実務ではこの要件ははさほど厳格に解されていない。申立ての時点でこの関係があることは必要ではない。離婚後の慰謝料請求や，離婚後の元の夫のつきまといの中止を求める場合もかつて夫婦関係が存在したことで足りる。民法725条に準じる者のほか，内縁の夫婦関係や婚姻予約者の関係にある者（これを「準親族」という）であってもよい。婚約に至らない男女間の紛争は準親族の紛争とはいえないが，実務では実情に応じて家事調停の対象として扱われることもある[(10)]。また最判昭和43（1968）・11・5家月21巻4号136頁も，「事

---

(9)　高野耕一「家事調停の対象となる事件の限界」同『家事調停論（増補版）』
　　（2012）48頁（初出はジュリスト292号（1964）64頁，後に東京家庭裁判所身分
　　法研究会編『家事事件の研究(1)』（1970）391頁に収録）で示された。岩井俊「民
　　事調停と家事調停の限界」別冊判タ4号（1977）70頁，家審法講座3巻60頁〈沼
　　辺〉，注解家審法701頁〈石田敏明〉，実務講義案165頁，石田敏明「家事調停の
　　対象と調停前置主義」判タ1100号（2002）541頁，平城恭子「家事調停の対象」
　　野田愛子＝梶村太市総編集『新家族法実務大系第5巻』（2008）130頁等の支持を
　　受けて今日に至っている。この要件を更に厳密なものにしようとする試みもなさ
　　れている（柳澤千昭「家事調停と民事調停との関係」別冊判タ8号（1980）133
　　頁）が，ややあいまいさを残すとしても家事調停から排斥する趣旨でこの要件が
　　機能することは考えられていないから，ここでは通説に従っておきたい（本書旧
　　版・326頁）。家事手続法の下でも同様に解されることについて，金子・逐条解説
　　737頁，基本法コンメ511頁〈町田弘香〉，職員研修所・概説96頁。

(10)　丹宗朝子「家事調停の手続に関する審判例」栗原平八郎＝太田武男編『家事審
　　判例の軌跡(2)手続編』（1995）83頁，職員研修所・概説97頁。

実上夫婦関係があった者の間の婚姻予約不履行を理由とする慰謝料請求の調停事件を申し立てて成立した後に，自ら調停無効確認の訴えをなした場合，右事件は準親族間の事件として家庭裁判所が調停する権限を有する」とする。相続人でない包括受遺者は，相続人と同一の権利義務を有するので，この包括受遺者と相続人との間の紛争も家事調停の対象となる。同様に相続回復請求，遺留分減殺請求なども一定の身分関係の存在を前提とするので家事調停の対象となる[11]。この要件を制限的に解釈しなければならない特税の理由はないといえる。

② この者の間で紛争が存在すること

一般に紛争とは，もめ事，トラブル，いさかいなどといわれる。家事調停の対象となる紛争の意味も多義的に解釈される。身分関係の存否の争いに限られず財産法上の争いであってもよい。また訴訟または別表第2に掲げる事項に関する法的争いに限られるわけではない。家事調停の対象とするには，紛争が顕在化していなくてもよいとされる。紛争を生じるおそれ，すでになされている合意の履行に対する不安がある場合にも家事調停は可能である。民事訴訟において訴えの利益として要求される「即時確定の利益」は不要である。家事調停においては，訴訟や審判手続では十分に対処・解決できないような紛争（家族・親族間での道徳的・倫理的な価値観の差異が引き起こしているようなトラブルなど）をも対象とし，種々の調整を加えて適切な解決策を見出すよう努めることも重要な役割である[12]。

③ 紛争の内容に人間関係調整の余地が認められること

一定の身分関係のある者の間で生じた紛争には，その背後に複雑な人間関係の葛藤を含んでいることが多く，その解決のためには人間関係の社会的不適合状態の調整が不可欠である。いわゆる同族会社において，ともに会社の

---

[11] 山木戸・家審法84頁，家審法講座3巻60頁〈沼辺〉，注解家審法702頁〈石田敏明〉。なお，近時においては諸外国においては同性の生活パートナーの関係が法律によって承認されるに至っている。わが国でこの関係から生じる問題が家事調停として申し立てられた場合に受理することができるかは微妙である（第1編第3章第1節2・2参照）。生活パートナーの関係は，反・法的または非・法的で公序良俗に反するとはいえないであろうから家事調停で扱うことは十分に可能であろう。

[12] 注解家審法702頁〈石田〉。

第2章　家事調停の対象と調停前置主義　　477

機関である兄弟が相争い会社の業務に支障をきたしている場合や，長男の妻が次男を被告として同人やその母らの組織する合資会社の商業登記無効の訴訟を提起した場合に，次男が家庭平和のために申し立てた調停は家事調停の対象となる[13]。また夫と情交関係を結んだ女性に対する妻からの慰謝料請求に関する紛争も，慰謝料請求の成否の判断だけでは解決に至るものではなく，夫婦関係の調整を必要とするから家事調停の対象となる[14]。

　人間関係の調整の必要性は民事調停においても問題となりうるが，家事調停では家裁調査官や技官の関与，さらに福祉機関との連絡調整が当然に予定されている点で民事調停に対する大きな差異をなす。

(3)　別表第1に掲げる審判事項の除外

　別表第1に掲げる事項の審判事件は家事調停の対象とはならない。これらの事件は一般的に公益性が強く，関係人による任意処分を許さないからその合意だけで法律の予定する効力を発生させることができない[15]。またこれらの審判事件では，申立人は予定されているが相手方が予定されていないこともある。関係人と審判の効力を受ける事件本人が相対で協議し，一定の法律効果を発生ないし変更することは予定されていない。裁判所が裁判することによって画一的な効力を生じさせることを狙いとする審判事件である。

3　民事調停との関係

1　総　説

　家事調停と民事調停は，制度の建前としては対象を異にし，互いに競合することはないが，上述の説明から明らかなように，両者は排斥しあうものではない。通常の民事訴訟の対象となる事件については，いずれの調停の対象となるか明らかでない場合もありうる。こうした場合に，当事者がいずれを

---

(13)　注解家審法704頁〈石田〉，実務講義案165頁。

(14)　田中恒郎「夫と情交関係を結んだ女性に対する妻からの慰謝料請求」ジュリスト550号（1973）117頁，家事調停マニュアル84頁〈沼辺〉。

(15)　もっとも未成年養子縁組（別表第1第61項）は，養親と養子またはその法定代理人との間で縁組について合意が成立している。しかし未成年者の利益・福祉が図られているかを家庭裁判所が審査し，許可することによって効果を発生させる（本書Ⅱ・192頁以下）。また中小企業経営承継円滑化法に関する遺留分の算定に係る合意についても同様である（別表第1第134項，本書Ⅱ・518頁）。しかし調停でこの合意の成立を図ることは予定されていないというべきである。

選択しても調停機関からみて他の調停手続の方が適切であると考えることもある。そこで両手続の間で移送等の定めが置かれている。ほぼ旧法下の規律が維持されている。

2 家庭裁判所から地方裁判所・簡易裁判所への移送

家庭裁判所は，家庭に関する事件の範囲に属しない民事調停の対象となる事件について家事調停の申立てを受けたときは，職権でこれを管轄を有する地方裁判所または簡易裁判所に移送する（家事手続246条1項）。家事調停を行うことができる事件について調停の申立てを受けた場合，事件を処理するために必要があると認めるときは，事件の全部または一部を管轄を有する地方裁判所または簡易裁判所に移行することができる（同2項）。また家庭裁判所は，家庭に関する事件の範囲に属し，かつ，民事調停の対象となる事件について家事調停の申立てを受けた場合に，事件を処理するために必要があると認めるときは事件を地方裁判所または簡易裁判所に移送することができる（同3項）[16]。

当事者は移送の申立権を有しない（同246条各項は職権による移送についてのみ定めている）。移送の裁判に対しては，当事者および利害関係人は即時抗告をすることができる（同4項による9条3項の準用）。

3 地方裁判所・簡易裁判所から家庭裁判所への移送

家庭に関する事件の範囲に属し，民事調停の対象とならない事件について民事調停の申立てがなされた場合には，地方裁判所・簡易裁判所は事件を管轄を有する家庭裁判所に移送しなければならない（民調4条2項本文）。

これに対して家庭に関する事件の範囲に属し，かつ，民事調停の対象でもある事件について民事調停の申立てがあった場合の移送については民調法に明文の規定がない。家事調停を民事調停の特則的なものと考えれば移送を肯定することになろう。しかし，そのように解する必要はなく，地方裁判所・簡易裁判所は自ら処理してよく，必要があれば管轄家庭裁判所に移送してもよいと解すべきである[17]。

---

[16] 財産分与（民法768条），遺産分割（同907条），特別縁故者への財産分与（同958条の3）以外の理由で，農地の所有権の移転や賃貸借等を伴なうことを内容とするときは，成立した調停の効力に差があるから，管轄裁判所に移送して農地調停として処理するのが望ましいとされる（注解家審規391頁〈篠清〉）。

[17] 山木戸・家審法89頁，家審法講座3巻69頁〈沼辺〉，注解家審法706頁〈石田〉。

第2節　調停前置主義

1　意　義
1　その意味

　家事調停条項のうち，訴訟を提起できる事項について訴えを提起しようとする者は，まず家庭裁判所に家事調停の申立てをしなければならず，これをしないで訴えの提起があった場合には，受訴裁判所は事件を原則として家庭裁判所の調停に付さなければならない（家事手続257条1項，2項）。このように家事調停の手続を経なければ訴訟手続を進行させないという原則を調停前置主義という。旧家審法18条で導入され，家事手続法もこれを継承している。近代国家において最も原則的で普遍的な紛争解決制度である訴訟に先立って，当事者の合意による解決が望ましいということを法律によって制度化し，それを経なければ訴訟手続を進行させないということは，裁判所における紛争解決のあり方としてはそこに特別の意義が込められていると解される。一定の政策的な目的がある。その意義を明らかにし，旧家審法の制定時のみならず，家事手続法に改められた今日においてもなおこれに積極的な意義を認めることが説明できなければならない。

　これまでも調停前置主義をめぐっては，その意義や機能について肯定的な見解と消極的な見解が対立してきた。以下に従来の議論を簡単に振り返りつつ，現代における位置づけについて検討することにする。

2　調停前置主義を採用する理由
(1)　従来の考え方
①　旧家審法立法担当者の意図

　家事紛争につき訴訟に先立ってまず調停によって解決するという考え方は，すでに述べたように第二次世界大戦前の家事審判所構想の中に現れていた（第1編第1章第1節2・1(2)参照）。しかし昭和14（1939）年の人事調停法でも実現することなく，昭和22（1947）年制定の旧家審法18条によって初めて実現した。戦前においては，道義に基づき温情をもって解決する，すなわち反・法的な解決を図るという明確な政策的理由から，訴訟よりは調停が優先されしかもそれが正当化された。戦前の考え方を払拭し，個人の尊厳と両性の本質的平等を基礎として，家庭の平和と健全な親族共同生活の維持を図

るという旧家審法のもとで調停前置主義はどのような理由から採用されたのであろうか。

旧家審法の立法担当者は，家庭に関する紛争をいきなり訴訟によって公開の法廷で争うことは，家庭の平和と健全な親族共同体を維持するという見地からは好ましくないので，訴訟はやむを得ない最後の手段とし，なるべく調停による円満な解決が望ましいと考えた[18]。

② 学 説

さらに学説は，調停前置主義を採用する根拠として，①家庭に関する事件は，その特殊性（継続性・非合理性）から訴訟で法の適用により画一的な結論を出すのではなく，紛争の内容によって人間関係の調整を図りながら，円満な関係形成を含めて具体的に妥当な解決を図る必要性が高いこと，②自主的・任意的な解決を導入する必要性が高いこと，③訴訟の構造（一般公開，対審構造）が家庭の平和と健全な親族共同生活の維持を図るために適切とはいえないこと，さらに④調停により簡易迅速に解決する機会を確保することが経済的に弱い立場にある妻などのために必要である，といった理由をあげている。これらの理由はそれ自体としては一応納得できるものであるが，注意すべき点もある。

通説は，次のような認識を基礎としている[19]。すなわち，調停制度が一般に民事裁判に代わる紛争解決の役割を果たすことに懐疑的な立場を表明しつつも，「身分関係が……非合理的であり，これに関する法律は，それ自身と

---

(18) 「家事審判法質疑応答資料」（堀内・家事審判制度の研究438頁）によれば，旧家審法18条の立法の趣旨は次のように説明されている。

「問 18条の立法趣旨如何。

答 第9条に規定する以外の家庭事件（第9条の「民法親族篇，相続篇に規定する事件の中で審判事件より除外した事件は何か」の答中に掲げた事件および親族間の金銭貸借事件等）は，訴訟事件であり従って審判の対象にならぬのであるが，斯る訴訟事件をいきなり訴訟によって争わせることは，家庭の平和と健全な親族共同生活を維持するという見地からは好ましくないことなので，本条は右訴訟事件については，調停前置主義を採り可急的（ママ）に関係人の互譲により円満かつ自主的に解決するように措置したのである。又，本条は，第23条，第24条と相俟って，右訴訟事件の大部分を家庭裁判所において解決し，真に争いのある訴訟事件だけが，通常の訴訟手続によって処理されることになる」。

(19) 我妻栄「家事調停論」同『民法研究Ⅶ‐2』（1969）119頁。

して財産法と異なる性質をもつとともに，その規律する範囲についても重要な限界を与えられるものとすれば，同じく合理的なことを本質的とする裁判制度が身分関係に不適当なものであることはあらためていうまでもない……」として，「家庭事件こそ，調停という特別の紛争処理機構に本質的に適したものだ」という。この論旨は，その後の学説および実務に対して調停前置主義を正当化するものとして絶大な影響を長きにわたって与え続けた[20]。

しかし調停前置主義が家事紛争の解決システムにとってあたかも本質的要請のごとく説かれ，それが身分関係の非合理性に由来するというだけで本当に納得のいく説明となっているかは極めて疑問である。何よりも比較法的にみてこのような説明が普遍的妥当性をもつとはいえないことは明らかである。そうだとすると，この主張はわが国の身分関係のみが非合理性をもち紛争解決システムとしてもその非合理性を尊重し存続させるという趣旨であると解釈されかねない。裁判所による非法の解決が一般的に許されるという印象を与える。そして実際にわが国の調停による紛争解決は非法的ないしは反法的であるとして厳しい批判の対象とされてきた[21]。身分関係の非合理性と非合理的な調停制度という安易な結合を理論的に排斥し，21 世紀にふさわしい根拠づけをする必要がある。

(2) **新しい位置づけ**

近時ようやく新たな観点から調停前置主義を見直し，位置づけようとする理論的試みがなされている。調停では当事者が訴訟におけるように請求を特定する必要がなく，また対審構造的な審理形態をとらないために調停を申し立てることに心理的抵抗が少ないので，利用しやすいのは事実であろう。

調停前置主義は，離婚などのように当事者の合意による身分変動を許す事件のみならず，婚姻無効・取消しや嫡出否認，親子関係存否確認などのよう

---

(20) 家審法講座第 3 巻 66 頁〈沼辺〉，注解家審法 707 頁〈石田〉，青山達「調停前置主義について」中川善之助教授追悼記念『現代家族法大系第 1 巻』(1980) 318 頁，池田光宏「調停前置主義」岡垣学＝野田愛子編『講座実務家事審判法第 1 巻』(1989) 297 頁，石田敏明「家事調停の対象と調停前置主義」判タ 1100 号 (2002) 540 頁，梶村太市『離婚調停ガイドブック（第 4 版）』(2011) 13 頁など。

(21) その代表的なものとして，川島武宜の一連の論文がある。たとえば「新民法と家事調停」，「家事調停制度の当面する諸問題」いずれも『川島武宜著作集第 11 巻』(1986) 所収，「日本人の法意識」『川島武宜著作集第 4 巻』(1982) 所収などがある。

な当事者の合意による解決を認めない事件でも調停を先行させるものである。その理由は，その紛争解決には法的判断だけでなく，その背後や周辺にある当事者の人間関係の調整が法的解決に先立って必要であり，かつ不可欠であるとの認識があるためである。家事調停の対象となる事件の当事者は，夫婦・親子・親族であって緊密な関係にあり，また調停の対象となるのは当事者の最も重要な身分関係や愛情等の感情が影響しやすいものである。身分関係が非合理的であるというのはこのことを指すのである。この感情の対立的状態をそのままにして法的解決をすることは適切でない。法的解決後も親族共同体の人間関係が存続するのであるから，法的解決を受容する環境を整えておくことが重要になる。紛争を取り巻く当事者や関係人の感情的対立，心理的葛藤，社会的不調和，人間理解等々の局面にまで立ち入って問題をとらえ，当事者らを援助して客観的に事態を捉えられるようにし，自ら問題に立ち向かう能力を回復させることが重要である。訴訟手続では果たすことができない機能を家事調停が果たすことが期待されている。事件受付段階のインテーク，調停過程における家裁調査官による調整活動（ケースワークやカウンセリング等），社会福祉機関との連絡，社会的経験の豊富な調停委員との対話等，多様な手段を手続開始から終局的段階まで投入することで当事者が自主的な判断をなしうる諸条件を作り出すことができる。こうした機能は手続構造が柔軟な調停においてこそよりよく発揮できるのである[22]。

　当事者の生活基盤である家族，親族間の紛争について，当事者間の自主的な解決能力を援助するため，訴訟の前にこのような手続を経させることは十分意味のあることだと考えられる。しかし調停前置主義は，訴訟を避けて調停による解決を強行するものではない。合意による解決が可能な場合，当事者間に実質的な争いが消滅した場合には，訴訟手続を省略することができる。こうした紛争の選別効果をもつ調停が，訴訟に勝る紛争解決制度であることを主張するものではなく，また調停による解決を強いるものでもない。調停

---

[22]　稲田龍樹「調停前置主義と乙類審判事件（上）（下）」家月52巻9号（2000）1頁，10号（2000）1頁。同「調停前置主義と訴訟事件」判タ1143号（2004）69頁，佐上「人事訴訟事件等の家庭裁判所への移管と手続構想」民事訴訟雑誌48号（2002）13頁，南方暁「離婚調停と調停前置主義」野田愛子＝梶村太市総編集『新家族法実務大系第5巻』（2008）145頁。なお坂梨喬「現代家事調停論」判タ1237号（2007）48頁以下は当事者主体型調停として人間関係調整の重要性を説く。

と訴訟という異質で，対極的な位置にある解決手法を併用するについて，紛争の対象が身分関係，家庭に関するものであるから，人間関係調整に関する調停の機能を先行させているにすぎないのである。

(3) 人訴法と調停前置主義

　平成13（2001）年6月12日司法制度改革審議会意見書は，国民に利用しやすい司法制度の実現のための項目の一つとして人事訴訟の家庭裁判所への移管をあげていた[23]。人事訴訟事件の家庭裁判所への移管は，調停前置主義を前提として家庭裁判所における手続の利便性を高めるための改正であるといえる。これを受けて家事調停と人事訴訟とのより密接な手続間の連携についても改正がなされている（たとえば管轄に関する人訴法6条の定めなど）。しかしこのような改善が施されたのは，人訴法2条に掲げる人事訴訟に関してのみであり，他の民事訴訟事件（たとえば相続に関する訴訟事件や遺言・遺留分に関係する訴訟事件）と家事調停との関係は，依然として司法制度改革審議会意見書のいう手続の連携のなさ，すなわち利便性の悪さは改善されていないことを忘れてはならない。

　調停が成立しない場合に，訴訟手続には自動的には接続しない。当事者は改めて訴えを提起するか否かを判断しなければならない。また調停手続で得られた資料は訴訟手続でそのまま利用できるわけではない。訴訟に先立つ調停手続は，通常の民事訴訟手続においてみられる争点および証拠の整理手続のような役割を果たすことができない。人事訴訟において改めて審理計画が立てられる必要がある[24]。人事訴訟については，家庭裁判所に移管されたので，むしろ訴訟が提起された後に調停に付すことで調停前置主義に期待されている機能を果たすこともできる。

---

(23)　同意見書は，次のようにいう。「家庭関係事件のうち，離婚，婚姻の取消し，子の認知などの，いわゆる人事訴訟事件については，訴えの提起に先立ち，原則として，まず家庭裁判所に家事調停の申立てをし，調停によって紛争の解決を図るべきものとされている。家事調停が不成立に終わり，改めて訴訟によって解決しようとするときは，地方裁判所に訴えを提起すべきものとされている。このため一つの家庭関係事件の解決が家庭裁判所の調停手続と地方裁判所の人事訴訟手続とに分断され，手続間の連絡も図られていない」。

(24)　梶村太市「審理の方式・手続」野田愛子＝安倍嘉人編『改訂人事訴訟法概説』(2007) 144頁。

2 調停前置主義の運用

1 適用を受ける事件

調停前置主義の適用を受けるのは，家事手続257条1項が「第244条の規定により調停を行う事件について訴えを提起する者」と定めているので，人事訴訟はもちろんその他の民事訴訟を提起できる事件のすべてであると解されている[25]。家事手続244条は，家事調停の対象を「人事に関する訴訟事件その他一般に家庭に関する事件」としているので，親族間の民事訴訟事件をも含むからである（第1節2・2参照）。調停前置主義は訴え提起に先立って，当該事件について調停がなされ自主的な解決の努力がなされていることを尊重するのであるから，調停を申し立てた者が原告ではなく，相手方（被告）であっても差し支えない。

これに対して，別表第2に掲げる事項については調停前置主義が適用されない。しかし実務においては，多くの場合別表第2に掲げる事項の審判の申立てがあるときは，これを不相当とする特別の事情のない限り調停に付しているとされる[26]。

裁判外紛争解決手続の利用の促進に関する法律（いわゆるADR法）27条によれば，同法による認証紛争解決手続によって当事者間に和解が成立する見込みがないことを理由に手続が終了していたときは，家事手続257条は適用されない。

2 渉外事件と調停前置主義

人事に関する紛争を調停によって解決することができるとしている法制度は，世界的にみて必ずしも一般的ではない。そこで日本人と外国人間の人事に関する紛争についても調停前置主義の適用があるかが問題となる。主要には渉外離婚事件をめぐって論じられてきた。

わが国の家事手続法は，裁判手続を定めた法として適用されると解されるが，同法に定めた調停手続が裁判手続といえるかが問題とされてきた。調停離婚が離婚の一つの方法であると解すると，調停離婚が許されるかどうかはたんに手続の問題ではなく，離婚の準拠法によって決定されるべき実体法の

---

[25] これが通説である。家審法講座第3巻67頁〈沼辺〉，注解家審法707頁〈石田〉，池田・前掲注[20]講座実務家審法第1巻306頁など。

[26] 注解家審法708頁〈石田〉。

問題であるともいえるからである。そこで次のように扱われてきた。

準拠法が家事手続法の調停離婚と同様の協議離婚を認めている場合，あるいは法適用通則法 41 条適用の結果，日本法への反致が成立する場合には，わが国で調停離婚を成立させることも可能になるので調停前置主義の適用もあると解される。これに対して準拠法上裁判離婚のみが認められている場合に，調停離婚または審判離婚をなしうるかが問題となる。調停または審判による離婚は，いずれも当事者の合意に基礎を置くものであり，法の適用によって離婚を成立させる裁判離婚とは性質を異にするとして，これをなしえないと解されている[27]。この立場によれば調停前置主義は適用されない。もっとも実務においては，調停は国家機関である裁判所が関与する手続であり，その結論の正当性について調停委員会の判断を経ていることを理由に調停が可能であるとしている[28]。また準拠法上の裁判離婚の原因が認められる場合には，調停離婚，家事手続 284 条による審判離婚を行い，外国における承認を考慮して離婚原因を記載し，「この調停調書は，日本法により確定判決と同一の効力を有する」旨を付記するとされている[29]。こうした事例では調停前置主義は適用されうると解されるが，これを強制することは相当ではない。準拠法が離婚を認めていない場合には，法適用通則法 42 条を準用して準拠法とすべき外国法の適用が公序良俗に反するとして排除することが問題となるが，これは裁判手続においてのみなしうる法適用の問題として調停ではなしえないと解されている[30]。

3 調停手続の開始など

(1) 家事調停手続の進行

家事手続 257 条 1 項によれば，家事調停事項について訴訟を提起しようとする者は，まず家庭裁判所に家事調停の申立てをしなければならない。「家庭に関する事件」に関して財産上の争いであっても民事調停ではなく，家事調停の申立てをしなければならない。また申立てをすればそれで十分という

---

(27) 注解家審法 710 頁〈石田〉。

(28) 松原正明ほか『渉外家事・人事訴訟事件の審理に関する研究』（2010）36 頁。

(29) 吉田健司「家庭裁判所における渉外事件の取扱い」判タ 996 号（1999）169 頁，家事調停マニュアル 436 頁〈小野寺規夫〉，渡辺惺之「調停離婚の外国における効力」野田愛子＝梶村太市総編集『新家族法実務大系第 5 巻』（2008）503 頁。

(30) 注解家審法 711 頁〈石田〉。

のではなく，調停前置主義の趣旨が遵守されたというためには，実質的な調停活動がなされていることが必要である。

(2) 調停申立ての取下げ

家事調停の申立てをしても，申立人はこれを取り下げることができる（家事手続273条1項）。調停申立ての取下げは，民事訴訟における訴えの取下げと同様にそれ以前における調停活動の効力を遡及的に消滅させる（同2項）から，調停申立ての取下げ後に訴えが提起されたときは調停前置主義の要請を満たしていないのではないかという疑問を生じさせる。しかし実質的に考えて，訴え取下げによって調停機関による調整活動等が行われたという事実までが消滅するのではなく，また調停による解決への努力がなされたと評価できる場合には，調停前置がなされたと扱ってよい[31]。

4 付調停（必要的付調停）

(1) 家事手続257条2項本文の場合

家事手続244条の規定により調停を行うことができる事件について，調停の申立てをすることなく訴えが提起されたときは，裁判所は当該事件を家庭裁判所の調停に付さなければならない（同257条2項本文）。これを必要的付調停と呼ぶ。しかし調停申立てはその訴訟の訴訟要件ではなく，たんに審理進行の障害事由にすぎないので，調停を経ていないことを理由に訴えを不適法として却下することはできない。実体法上当事者に処分権がない人事訴訟もこの対象に含まれる。

調停に付された場合，訴訟手続は当然には終了しない。受訴裁判所は調停が終了するまで訴訟手続を中止することができる（家事手続275条1項）。調停に付された事件につき調停が成立したとき（同274条，284条の審判が確定した場合を含む）は，訴えの取下げがあったものとみなされる（同276条1項）。この場合裁判所書記官は当該訴えに係る訴訟が係属していた裁判所に遅滞なくその旨を通知しなければならない（家事手続規則133条1項）。

調停が不成立となったときは，中止の効力が消滅して訴訟手続を続行することになる。

裁判所によって職権で付された調停事件は，当事者によっては取り下げられないと解される。当事者の申立てによって開始されたものではないから裁

---

(31)　家審法講座第1巻68頁〈沼辺〉，注解家審法709頁〈石田〉。

第 2 章　家事調停の対象と調停前置主義　　487

判所の判断が尊重されるべきであり[32]，調停が不成立となれば訴訟手続が続行されるので当事者にとっては不利益ではないからである。

⑵　その例外（家事手続 257 条 2 項ただし書き）

受訴裁判所は，事件を調停に付すことが相当でないと認めるときは調停に付さないことができる（家事手続 257 条 2 項ただし書き）。当事者間の合意による解決が期待できない場合である。次のような場合がある。

①　合意が成立する余地のない場合

相手方が行方不明の事件，相手方が調停行為能力を欠く程度に事理弁識能力の障害のある事件[33]，職務上の当事者として検察官を相手とする人事訴訟事件などである[34]。検察官は公益の代表者として合意による解決をすることができないとされる。

②　合意による解決ができない場合

渉外事件のうち調停による解決ができない事件である。

③　事件の内容から調停の成立の見込みがない場合

当事者が調停に付すことを強く拒んでいる場合，調停を経た訴訟が取り下げられた後に改めて提起された訴えの場合など，当事者間における合意による解決の見通しが極めて乏しい場合である[35]。訴訟が係属した後にも調停に付すことが可能である（家事手続 274 条 1 項）から，訴え提起の段階で調停前置主義を形式的に適用することは妥当ではない。

④　その他適当でない場合

調停前置主義は，家事調停を試みることを意味しているから，事案からみて必ずしも家事調停の対象とはならないような場合（通常民事訴訟事件である事件）にまで適用する必要性も乏しいといえる。また審理の過程で合意による解決が考慮されるなら，上記③と同様にその時点で調停に付すことが可

---

[32]　注解家審法 712 頁〈石田〉。

[33]　ただし代理人による合意が許されない事件であって，成年被後見人の後見監督人を相手方とする離婚調停申立て事件などである。

[34]　検察官を相手方とする認知の訴えにつき最判昭和 36（1961）・6・20 家月 13 巻 11 号 83 頁。

[35]　離婚の訴えの取下げの後，再度離婚の訴えを提起する場合，前訴が調停を経たものであれば後訴では調停を経る必要はないとする名古屋地判昭和 48（1973）・2・19 家月 26 巻 7 号 68 頁がある。

488　　第2編　家事調停

能である。

(3) 調停に付すべき裁判所

調停に付すべき裁判所は，調停事件につき管轄権を有する家庭裁判所である（家事手続257条3項本文）。ただし家事調停事件を処理するために特に必要があると認めるときは，事件を管轄権を有する家庭裁判所以外の家庭裁判所に処理させることができる（同ただし書き）。旧法のもとではこの点に関する明文規定を欠いていたが上と同様に解されていた[36]。手続の明確化のために明示的に規定が置かれることになった。

(4) 任意的付調停

家事調停を行うことのできる事件の訴訟が係属しているときは，受訴裁判所はいつでも職権でその事件を家庭裁判所の調停に付すことができる（家事手続274条1項。これを任意的付調停という）。これについては，第5章第1節5で扱う。

5　不服申立て

調停に付する旨の裁判に対しては不服申立てをすることができない。旧法のもとでも不服申立てを許す旨の規定がなかった[37]。調停に付す措置がとられたとしても，そのことから当事者に特段の不利益を生じさせるわけではなく，不服申立てができなくても当事者に実質的な不利益が生じない。調停前置主義は当事者の意思いかんにかかわらず，家事調停を経させるという法の建前であり手続指揮の措置であるから独立して不服申立てができないと解される[38]。

6　調停前置主義違反の効果

調停前置主義に反して判決がなされた場合，判決の効力には何の影響を与えないし，再審事由にもならない[39]。

---

(36)　家審法講座第3巻133頁〈沼辺〉，注解家審法713頁〈石田〉。

(37)　東京高決昭和29（1954）・4・23高民集7巻3号349頁参照。

(38)　家審法講座第3巻139頁〈沼辺〉，本書旧版・337頁。

(39)　柳澤・前掲注(9)別冊判タ8号136頁，注解家審法714頁〈石田〉。

第3章　家事調停の機関

第1節　家庭裁判所と調停委員会

1　家庭裁判所

　家事調停を行うのは，裁判所法上の裁判所すなわち官署としての家庭裁判所である（裁判所31条の3第1項第1号）。この官署としての家庭裁判所に調停が申し立てられると，事務分配によって手続法上の家庭裁判所（これを「受家庭裁判所」という。以下，たんに「家庭裁判所」というときはこれを指す）が定まる。家庭裁判所は，調停手続に関しては裁判ならびに一定の行為を行うが，調停の主要な行為（これを「本質的調停行為」という）を行う権限は調停委員会または調停を担当する裁判官にある。そして調停委員会が原則的な調停機関である（家事手続247条1項）。裁判官，裁判所書記官，家裁調査官等については，家事審判手続のところで説明した（第1編第1章第2節以下参照）ので，以下調停委員会，家事調停官について説明する。

2　調停委員会
1　組　織
　調停委員会は，一人の裁判官および二人以上の家事調停委員をもって組織される（家事手続248条1項）のが原則である。家庭裁判所が相当と認めるときは，裁判官だけで調停を行うことができる（同247条1項ただし書き）が，当事者の申立てがあるときは調停委員会で調停を行わなければならない（同2項）。

　調停委員会をこのような構成とするのは次の理由による。調停においては当事者の合意による紛争解決が重要であって，法律的な判断作用が最優先されるのではなく，当事者間の実情に即し，かつ，条理にかなった妥当な解決を図るためには専門的な知識と社会経験を有する調停委員を関与させるのが

望ましく，また調停委員会の有する和やかな雰囲気が当事者間の話し合いを促進させるためにふさわしいと考えられるためである。しかし，家庭裁判所でなされる調停においては，当事者間の合意による解決であるとはいえ，法律が無視されてはならないし，適切な法解釈にそったものでなければならない。こうした点を踏まえて裁判官も調停委員会に加わることにされているのである[1]。

調停委員は実際には二名が指定されることが圧倒的に多く，通常の夫婦間の調停事件では男性委員一名，女性委員一名とされることが多い。三名以上の委員が指定されることもある。たとえば，戸籍事務，渉外事件において国際私法の専門的知識を有する委員，遺産分割等財産の評価が問題となる事件において不動産鑑定士の資格を有する委員を追加する場合などである[2]。家事調停委員が最低二人いないと調停委員会を構成しない。裁判官と家事調停委員一人だけのときは，調停委員会による調停ではなく，裁判官だけで行う調停となる[3]。一人の裁判官が多数の事件を担当することから，調停委員とされていても実際にはこれに立ち会うことができないとして，裁判官不在の調停という批判がなされてきた[4]。

2　調停委員とその指定

(1)　調停委員の任命

家事調停委員は，司法行政機関である最高裁判所によって非常勤の公務員として任命される（家事手続 249 条 1 項）。家事調停委員は，家庭裁判所の命を受けてその職務を行う。その任免について「民事調停員及び家事調停委員規則（昭和 49（1974）7 月 13 日最高裁規則 5 号)」が定められている。

家事調停委員に任命されうるのは，「弁護士となる資格を有する者，民事若しくは家事の紛争の解決に有用な専門的知識経験を有する者又は社会生活の上で豊富な知識経験を有する者で，人格識見の高い年齢 40 年以上 70 年未満の者」である（民事調停委員及び家事調停委員規則 1 条）。その任期は 2 年であり（同 3 条），欠格事由（同 2 条）および解任事由（同 6 条）が定められている。旧家審法制定当初の家事調停委員は，具体的な事件の指定を受けては

---

(1)　市川・家事審判法 139 頁，注解家審法 68 頁〈岩井俊〉。

(2)　注解家審規 754 頁〈岩井〉

(3)　実務講義案 170 頁。

じめて調停員会を構成する調停委員の地位を与えらえていたが，昭和49 (1974) 年の調停制度の改革によって調停委員の制度が設けられ，具体的事件の指定とは無関係に当初から非常勤の裁判所職員（特別職の国家公務員）として任命されることになった[5]。家事調停委員の任命要件である「社会生活を送るうえで豊富な知識経験を有する者」は，改正前は「徳望良識のある者」とされていた。地方の名望家や有力者でなく，家族・家庭問題に深い理解力があって社会経験の豊富な者であるべきである[6]。

(2) 調停委員の指定

調停委員会を組織する家事調停委員は，家庭裁判所が各事件について指定する（家事手続248条2項）。ここでいう家庭裁判所は，当該家事調停事件が係属する手続法上の家庭裁判所である。調停委員はあらかじめ最高裁判所によって任命されているので，家庭裁判所による指定は事務の分配の実質を有する職務命令である[7]。

---

(4) この言葉は，もともと高野耕一「家事調停における裁判官の責任」ケース研究72号 (1962) に発表されたものであり（現在は，同『家事調停論（増補版）』(2012) 3頁に収録されている），家事審判官（裁判官）があまりの多忙ゆえに家事調停にほとんど関与できない実情とその打開策について指摘したものである。裁判官の調停委員会に対する関係や責任が明らかにされ，指摘されている。また家審法講座第3巻21頁〈沼辺愛一〉も同様の指摘をする。これに対して家事調停マニュアル44頁〈野田愛子〉，梶村太市『離婚調停ガイドブック（第4版）』(2013) 366頁などは，同一調停期日に同時に数件ないし10件を超える事件が指定されている状況では，裁判官がすべての期日に立ち会うことは物理的に不可能であるが，事件の経過にあわせて時期を選んで立ち会い，その他の事件についても調停委員との評議や調停進行に関する調停委員の手控えや電話連絡等によって調停の進行状況を把握している限り，裁判官は実質的に調停運営に関与しているといえるとして，裁判官不在の調停の批判は当たらないという。たしかにこの言い分にも一理あるように思われるが，調停委員会を構成する裁判官がほとんどの場合に立ち会えないというのが正常な事態といえるかについては大きな疑問が残されるというべきである。

(5) 三宅弘人＝浦野雄幸＝南新吾＝伊藤滋夫「民事調停法および家事審判法の一部を改正する法律の解説(2)」法曹時報27巻2号 (1975) 65頁。

(6) 三宅ほか・前掲注(5)法曹時報27巻2号70頁。

(7) 三宅ほか・前掲注(5)法曹時報27巻2号67頁，注解家審規754頁〈岩井〉。

3 調停委員の職務

1 概 説

家事調停は主として夫婦・親子・親族間の争いを対象とするが，その解決のためには高度に専門的な知識・経験が求められることがある。そうした知識・経験を有する調停委員を確保することはもとより重要であり，事件ごとにそうした人材によって調停委員会を組織することが合理的で，紛争の実態に即した解決を図る点からも望ましい。

ところで家事手続264条1項によれば，家事調停委員は調停委員会が行う調停に関与するほか，家庭裁判所の命を受けて他の調停事件について専門的な知識・経験に基づく意見を述べ，また同263条により嘱託にかかる紛争の解決に関する事件の関係人の意見の聴取を行うとされている。このことから家事調停委員の職務をまとめると[8]，

A：調停委員会の行う調停への関与

①本来の調停における調停委員会委員としての職務（家事手続260条）

②調停委員会の命を受けてする事実の調査（同262条）

B：調停委員会を離れて家事調停委員として行う職務

③他の事件について専門的な知識・経験に基づく意見を述べること（同264条1項）

④嘱託にかかる紛争の解決に関する事件の関係人の意見の聴取を行うこと（同263条）

に分類されることになる。A①②については，後に調停過程として扱うので，ここではB③④について説明しておくことにする。

2 専門的知識・経験に基づく意見の陳述（上記B③）

(1) 規定の趣旨と想定される事例

この規定の趣旨は，専門的な知識・経験を有する者によって常に調停委員会を組織することが困難であることを考慮し，得がたい専門的知識・経験を活用して調停委員会の機能を補充することにある。意見を聴く手続の段階については特に定めがない。立法担当者によると次のような場合が考えられていた。すなわち，①当事者（関係人）の中に精神障害の疑いのある者があっ

---

(8) 松浦登志雄「家事調停委員・参与員の地位・職務・義務」判タ747号（1991）504頁。

て，その者の精神状態が紛争解決の妨げになっている事案，②不動産の得喪・賃借権の存否等が問題となる事案で当該地域における不動産取引の一般的な動向や慣行を知る必要がある事案，③個人企業が遺産分割の対象であるが，動産・不動産・無体財産権・のれん等の結合であって，この企業を存続させつつ遺産分割を行うのが適当と考えらえる場合に，各相続人の経営への関与，利潤の分配等をするとき，企業経営や会計等の専門家の意見を聴く必要のある事案などである(9)。

意見を述べるべきものとして指定を受けた家事調停委員は，調停委員会に出席して口頭で意見を述べる（家事手続264条3項）が，その補充として書面の提出をすることもできる(10)。

当事者および関係人の主張や意向を正確に理解し，問題点を的確に把握するために，家庭裁判所は調停委員から，それぞれの専門分野の基礎的な知識について説明を受け，専門的な立場から見た手続進行上の留意点，争点や明らかにすべき事項の確認，さらには調停条項作成上の注意点等について意見を求めることができる。調停委員会を構成する調停委員に欠けている専門的知識・経験を補うものであるから，その分野を問わない(11)。この意味では，

---

(9) 三宅ほか・前掲注(5)法曹時報27巻3号47頁。これに対して井上薫「調停委員による事実調査の活用」判タ853号（1994）53頁はより広く解している。

(10) 注解家審規417頁〈山田博〉。

(11) 遺産分割調停事件における不動産専門委員の活用の例について，木村要「遺産分割調停委員の事実調査，専門的知識を有する調停委員の活用」判タ688号（1989）161頁，司法研修所編『遺産分割事件の処理をめぐる諸問題』（1994）75頁，雨宮則夫「遺産分割―家裁における遺産分割調停・審判事件の研究」判タ996号（1999）103頁以下参照に詳しい紹介がある。それによると調停委員の意見聴取は，調停期日または期日外において口頭でなされ，その結果としてたとえば不動産の価額が調停または審判で利用される。秘密性が要求される事項ではないので，調停期日調書または事件経過表に記載される。東京家裁では，遺産分割審判に関して不動産専門委員の意見聴取は，①価額についての紛争性が高くなく，専門委員が関与することにより調停の成立する見込みが高いとき，②当事者間で専門委員の意見を尊重し，鑑定を行わないことの合意があるとき，③対象物件の数が少ないとき，④当事者に経済的能力がないなど鑑定費用を負担させることが困難であるとき，また事件の解決に必要かつ相当であるとき，⑤対象物件が都内の住宅地であること，⑥利用権について個別の事情調査が必要な場合でないこと，という条件がいずれも満たされる場合に行われるという。

参与員や家裁調査官あるいは医務室技官の意見陳述と同様の機能を果たすものといえる[12]から，これらの意見陳述について当事者の立会権はないと解される。

(2) 問題点

この制度は，調停委員の専門的な知識・経験を簡単な手続で利用するものであるが，鑑定に類する側面を持つともいえる[13]。家事調停においても証拠調べとしての鑑定をなしうるから，その区別が問題となる。立法担当者は，この制度は手続の全般にわたって調停の適正な進行を図るために，専門的立場からの参考意見を聴こうとするものであって，鑑定とは趣旨・目的を異にし，かつ，鑑定ではまかないきれない広い機能を有するという[14]。

この制度は，平成16（2004）年改正によって民訴法92条の2以下に導入された専門委員の関与の先駆けをなすものと評価することができるが，その関与と当事者の意向の確認，手続過程における当事者の審問との関係などに不透明さを残しているといえる[15]。調停手続自体が厳格な手続ではないということから，調停委員の専門的な意見の聴取も極めて簡易な方法で行うことができるのであるが，民事訴訟手続に専門委員の制度が導入された今日においては少なくとも必要のある専門知識を有する調停委員を追加的に指名するとか，その関与に当事者の意見を聴取し，簡易な鑑定の性質をもつ現地見分などにおいて当事者の立会いを認めるなどの改善が求められよう[16]。

3　嘱託に係る紛争の解決に関する事件の関係人の意見の聴取（上記Ｂ④）

たとえば遺産分割の調停では，遠隔の地に居住する多数の相続人が関与することがある。こうした場合に，テレビ会議システムを利用することも可能である（家事手続258条1項による54条の準用）が，旧法以来認められているのが，当該事件を担当している調停委員会が他の家庭裁判所または簡易裁判

---

(12) 三宅ほか・前掲注(5)法曹時報27巻3号56頁，注解家審規418頁〈山田〉。

(13) 注解家審規416頁〈山田〉。

(14) 三宅ほか・前掲注(5)法曹時報27巻3号48頁。

(15) 上原裕之「家事調停における家事審判官・家事調停委員の役割」野田愛子＝梶村太市総編集『新実務家族法大系第5巻』（2008）198頁は，当事者から不動産鑑定士である調停委員の専門的知識を聞いてほしいとの当事者の申立てに対し，本来当事者が負担するはずの鑑定費用を免れようとするものであるから，調停委員会としては簡単に受け入れられない，無償で提供することを求めるには相当の理由があることが必要であるという。

所に紛争の解決に関する事件の関係人の意見を聴取することを嘱託し（同263条1項），嘱託を受けた裁判所は相当と認めるときは家事調停委員に当該嘱託に係る意見聴取をさせることができる（同2項）という方法である。

　この制度は，遠隔地に居住する事件の当事者の紛争解決に関する考え方を知り，調停手続に反映させることが予定されており[17]，しかも家庭裁判所が自ら聴取するよりも，専門的知識・経験を有する家事調停委員が聴取する方が適切であることが前提とされている。たとえば個人企業財産を対象とする遺産分割事件での遺産の評価方法や分割方法について企業経営上の専門的知識・経験を有する家事調停委員が意見を聴取すること[18]が想定されている。当事者・関係人が調停手続の継続または訴訟提起を考えているか，調停委員会による調停案を受諾する意向があるかあるいは審判を求めているか等の事情を聴くことである。これらは調停手続における事実の調査（家事手続258条1項による56条1項の準用，260条1項6号）とは異なり，当事者に対してあっせん，調整さらに調停案の受諾の説得を行わないものである[19]。

4　調停委員会の権限・任務

　調停委員会は3・1で掲げたように，家事調停を実施する役割のほか，調停過程を通じて当事者に対し家事調停の仕組みや紛争解決の基本となる法律を含む社会規範について説明する役割，さらに紛争により混乱に陥りあるいは冷静な判断が困難となっている当事者を援助し，彼らが自主的に判断し，行動することができるよう援助する役割がある。これらの具体的内容については，それぞれ該当の個所で説明する。

---

　[16]　民訴法92条の2第1項は，専門委員の関与について当事者の意見を聴くこととされ，また当事者の申立てがあるときは関与が取り消されうるし，当事者双方の申立てがあると関与が取り消されなければならないとしている。さらに和解に関与するときは当事者双方の同意と関与が必要とされる。専門委員に対しては除斥・忌避が認められている（同92条の6）。このような手続的配慮が専門的知識を有する調停委員の意見聴取についても参考とされるべきであろう。本書旧版でこのように指摘していた（343頁）が，家事手続法は旧家審規の定めをそのまま継承しただけで状況は変わっていない。

　[17]　三宅ほか・前掲注(5)法曹時報27巻3号51頁，注解家審規418頁〈山田〉。

　[18]　注解家審規420頁〈山田〉。

　[19]　注解家審規420頁〈山田〉。

4 裁判官だけで行う調停

1 家事手続法の考え方

家事調停は，調停委員会によって行うのが原則である。裁判官だけで行う調停（これを「単独調停」という）は例外である。なぜなら，裁判官だけで行う調停は，法律上家庭裁判所が相当と認める場合に限って行うことができ（家事手続247条1項ただし書き），さらに当事者が調停委員会による調停を申し立てたときは，必ず調停委員会で調停を行わなければならないからである（同2項）。

2 相当であると認められる場合

家事調停は，家事調停委員の有する専門的知識・経験を活用することが重要で，また和やかな雰囲気をもつ調停委員会による調停が期待されるから，旧家審法のもとでは単独調停はできる限り避けるべきだとされていた[20]。裁判官だけで調停を行うことができる「相当と認めるとき」（旧家審法3条3項）とは，事件が調停委員会による調停を必要としない事情があることを指す。具体的には，①事件の内容が極めて簡単であるか，あるいはその解決が主として法律上の解釈いかんであり特に調停員会を開くまでもない場合[21]，②きわめて緊急，迅速な解決を必要とし，調停委員会を開く間がない場合，③当事者双方が裁判官だけで調停を行うことを希望し，調停委員会を開くことが適当でない場合などがこれにあたると解されてきた[22]。家事手続法のもとでも同様に解してよい[23]。

相当と認めるか否かの判断は，調停裁判所が行う（家事手続247条1項本

---

[20] 市川・家事審判法139頁，注解家審法68頁〈岩井〉。

[21] たとえば渉外事件で管轄や準拠法の判断が必要な場合や，遺産分割事件で訴訟事項である前提問題が争われているときである。金子・逐条解説744頁参照。

[22] 高野耕一「実務家事審判法─調停関係(1)」ケース研究79号（1963）4頁，家審法講座第3巻37頁〈沼辺〉，注解家審法68頁〈岩井〉。

[23] 金子・逐条解説744頁。単独調停は，形式的には調停であるが，裁判官が全面的に手続に関与するため実質的には審判手続との差が小さくなる（司法研修所編・前掲注(11)遺産分割事件の処理をめぐる諸問題72頁）。たしかに当事者からみれば両手続の差を区別しにくいであろう。単独調停に適するとされる訴訟事項たる前提問題を含む遺産分割事件であっても，弁護士資格を有し，あるいは大学教員である調停委員を活用するなどの工夫をすることによって，調停委員会による調停を実現する努力が求められよう。

第3章　家事調停の機関　　　497

文)。いったん調停委員会で調停を行うものとされ，調停が行われている事件についても，上記の要件が満たされているときは単独調停に切り替えることができる[24]。また単独調停から調停委員会の調停に切り替えることもできる。当事者の申立てがあるときは，必ず調停委員会が調停を行わなければならない（同247条2項）。旧家審法3条3項の規律を継承している。当事者の一方の申立てで足り，共同して申し立てる必要はない。調停委員会による調停が原則であるからである。裁判所による裁量の余地はない[25]。

3　裁判官のみで行う調停の手続

　裁判官のみで家事調停の手続を行う場合においては，家庭裁判所（家事調停の手続を行う裁判官を指す）は，相当と認めるときは，裁判所書記官に事実の調査をさせることができる。ただし家裁調査官に事実の調査をさせることができるときはこの限りではない（家事手続267条1項）。機動的に事実の調査をすることができるためであり，旧家審規142条の定めを継承している。

　裁判官のみで家事調停の手続を行う場合に，意見の聴取の嘱託（家事手続263条），家事調停委員の専門的意見の聴取（同264条），調停の場所（同265条）および調停前の処分（同266条）については，調停委員会による調停の規定が準用される（同267条2項）。

　家事審判事件または訴訟事件を合議体で審理しているときに調停に付される場合に，当該家事審判事件の係属する裁判所が自ら調停を行うときは合議体で調停が行われる。

5　家事調停官

1　制度創設の趣旨

　平成15（2003）年7月18日に「司法制度改革のための裁判所法等の一部を改正する法律」が成立し，それによって民事調停官および家事調停官の制度（いわゆる非常勤裁判官制度）が創設された。これはもともと平成11（1999）年に設置された司法制度改革審議会において，裁判官の供給源の多様化・多元化が提言されていた[26]ところ，最高裁判所と日本弁護士連合会との間での

---

(24)　家審法講座第3巻37頁〈沼辺〉，注解家審法69頁〈岩井〉。

(25)　金子・逐条解説745頁。

(26)　司法制度改革審議会意見書（平成13（2001）年6月12日）11頁。

協議がまとまり，家事審判法等の改正がなされたものである[27]。家事事件手続法もこれを継承している。この制度の趣旨について簡単に説明を加えておこう。

2　家事調停官の地位・職務

家事調停官は，最高裁判所が任命し，調停という裁判所の公務に従事する裁判所の非常勤職員である。家事調停官は，弁護士で5年以上その職にあった者のうちから任命される（家事手続250条1項）。いわゆる弁護士任官を促進することが期待されている。その任期は2年であり，非常勤勤務である（同3項，4項）。家事調停官は，その在任中法定された解任事由に該当する場合を除いては解任されることがない（同5項）。その解任事由は，弁護士の欠格事由に該当すること，心身の故障のため職務の執行ができないことおよび職務上の義務違反その他家事調停官に適しない非行があると認められることである（同1号ないし3号）。

3　家事調停官の権限

家事調停官は，家庭裁判所の指定を受けて家事調停事件を取り扱う（家事手続251条1項）。指定の方法については定めがなく，実務の運用に委ねられる。家事調停官は，その取り扱う調停事件の処理について裁判官が行うものとして規定されている調停に関する権限，および家庭裁判所が行うものとして規定されている調停に関する権限を行うことができる（同2項）。

家事調停官は，独立してその職務を行う（同3項）。それゆえ，家事調停官に対しては除斥・忌避・回避について裁判官と同様に扱われる（家事手続15条。第1編第3章第2節5参照）。

第2節　家事調停の管轄と移送

1　土地管轄

1　土地管轄の定め

家事調停事件の管轄は，家事審判事件と同様に職分管轄と土地管轄が問題となる。家事調停を扱うのは家庭裁判所のみであるから，事物管轄は存在し

---

[27]　小山大士＝武藤貴明「民事調停官及び家事調停官制度の創設について」家月56巻1号（2004）75頁（判タ1128号（2003）2頁以下にも同内容が掲載されている）。

第3章　家事調停の機関　　　　　499

ない。家事手続法は家事審判については事件ごとに管轄の定めをしているの
に対して，家事調停事件の土地管轄は一律に相手方の住所地を標準にすると
している（家事手続245条1項）。これは民事調停でも同様である（民調3
条）[28]。調停事件は申立人が相手方のもとに出向いてするものとするのが，
申立人と手続に関与させられる相手方の公平の理念に合致する。管轄につい
ては旧法の規律をほぼ引き継いでいる[29]。また当事者は合意で管轄裁判所を
定めることができる。

2　寄与分を定める調停事件の管轄

寄与分を定める調停事件については，家事手続245条3項が191条2項を
準用しているので，すでに遺産分割の調停が係属しているときはその遺産分
割事件の係属する家庭裁判所に申し立てなければならない。また遺産分割の
調停事件および寄与分を定める処分の調停事件が係属するときは，これらの
調停事件は併合してしなければならない（同245条3項による192条の準用）。
これらの調停事件の一括処理を図る必要があるからである。

3　訴訟・審判事件との関係

(1)　人事訴訟との関係

相手方の住所地を連結点として管轄裁判所を定めるのは，訴訟事件におけ
る普通裁判籍の考え方と共通するから，その限りでは特に問題はないように
見える。しかし人事訴訟において，特に離婚訴訟においてはその土地管轄の

---

[28]　小山・民事調停法162頁は，調停の土地管轄について次のようにいう。すなわ
ち，「法（民調法を指す。引用者）は土地管轄を一般管轄としている。事柄の性質
に基づく。調停の土地管轄ある裁判所を定める連結点の取り方にはいろいろある
が，法は相手方の生活または業務の本拠を連結点とした。かつて借地借家調停法
は土地または建物の所在地を連結点とし，小作調停法も係争土地の所在地を連結
点とし，鉱業法は鉱害発生地を連結点とし，他方において商事調停法および金銭
債務臨時調停法は相手方の生活または業務の本拠を連結点とした。このように二
つの傾向に分かれていた。戦時民事特別法は後者を踏襲した。昭和26年民事調停
法は後者に統一した。そして今日に至っている」。若干の補足をすると，昭和14
（1939）年人事調停法3条も相手方の住所地を連結点とし，昭和23（1948）年家
事審判規則もこれを引き継いでいた。

　　　また旧法のもとでは，家事審判規則で管轄の定めをしていたが，他の法律との
比較からも法律で定めるべきであると指摘されていた（本書旧版・350頁）。家事
手続法は，法律で管轄の定めをすることになった。

[29]　金子・逐条解説738頁。

定めについて，かねてより疑問が提起されていたところであり，人事訴訟法によって管轄は当事者が普通裁判籍を有する地の家庭裁判所に改められた（人訴4条1項）。そこで離婚訴訟と調停について管轄に違いが生じる可能性がある。人事訴訟においては調停前置主義が採用されているため訴訟事件における管轄の規定と，また別表第2に掲げる事件の調停については調停不調の場合にはただちに審判手続に移行するため審判事件の管轄との調整が必要となる。家事手続法はこの調整と管轄の規律ではなく，移送または自庁処理によって対応している。このために人訴法6条は，本来管轄がない場合でも調停事件が係属していた裁判所において調停の経過，当事者の意思，その他の事情を考慮して特に必要があると認めるときは，申立てまたは職権で自庁で審理・裁判できるとしてこの調整を図っている。人事訴訟に関する調停については，人訴法4条1項のように当事者の住所地の家庭裁判所にも土地管轄を認めることが必要であろう。

(2)　**別表第2に掲げる審判事件**

　別表第2に掲げる審判事件の土地管轄は事件ごとに定められているが，子の住所地や相続開始地などを連結点とするため，これらの審判事件では調停手続との一体的な処理が重要であるだけに，管轄裁判所が可能な限り同一であることが適切である。当事者はこの事件について審判の申立てか調停の申立てかを選択することができる。審判と調停では管轄裁判所が異なることがありうる。たとえば遺産分割について審判の管轄は相続開始地であり（家事手続191条1項），この地が相手方住所地と同一でないことがある。この管轄裁判所の調整は，家事手続法では管轄自体の規律ではなく，移送または自庁処理によって対応することとされている。

2　合意管轄
1　合意の方式

　当事者は家事調停の管轄裁判所につき合意することができる（家事手続245条1項）。旧法の下では，合意の方式は民事訴訟におけるほど厳格に解する必要はないと解されていた[30]。そして実務上は簡単な合意書面が添付され，あるいは申立書に相手方も合意している旨が書き添えられているだけのこともあるとされていた[31]。

　家事手続245条2項は，管轄の合意につき民訴法11条2項，3項を準用

第3章　家事調停の機関　　501

する旨を明らかにした。そのため合意は書面によることを必要とする。合意は電磁的記録によってもすることができる。養育費の支払い合意，扶養，遺産分割協議等に際して管轄合意をしておくことがあり，また調停の当事者双方の代理人がともに同一管轄区域内に事務所がある場合その地の裁判所の管轄に合意することもあろう。

2　合意の内容・時期等

管轄の合意は専属的なものであっても付加的なものであってもよい。専属的な管轄の合意がある場合でも事情に応じて家事手続9条1項によって，本来の管轄家庭裁判所へ移送するか自庁処理すること，同2項によってより適切な裁判所へ移送することができる。

管轄の合意は遅くとも調停申立ての時までになされなければならない。調停申立ての時に管轄が固定されるからである（家事手続8条）。調停申立ての後に管轄の合意がなされても，申立てのあった家庭裁判所の管轄は失われない。しかしこの合意は，自庁処理または移送の判断の資料となる[32]。

3　応訴管轄

相手方の応訴によって生じる管轄を応訴管轄という。家事調停にもこれが認められるかが問題となる。本来管轄のない家庭裁判所に調停が申し立てられ，相手方も何度か出頭して協議をしている場合に，管轄について異議を述べずに暗黙の合意が成立したと認めてよいか，またその後管轄裁判所への移送を求めて出頭しなくなったような場合，その裁判所に応訴管轄が生じているかという問題である。民事調停についても家事調停についても，民事訴訟の応訴管轄に関する規定を置いていない。旧法下と同様であり，あえてこの規定を置いていないとみて，応訴管轄は生じないと解されていた[33]。しかし調停委員会を組織し，相手方当事者が異議を述べていないこと，調停の管轄規制はそれほど強行的とはいえないことから応訴管轄を生じる余地があると解されるが，問題となったときは自庁処理の方法で処理するのが無難であろう。

---

(30)　家審法講座第3巻107頁〈沼辺愛一〉，小山・民事調停法107頁，注解家審規387頁〈篠清〉。

(31)　注解家審規387頁〈篠〉。

(32)　注解家審規387頁〈篠〉。

(33)　注解民事調停法112頁〈岩井俊〉，注解家審規389頁〈篠〉，本書旧版・352頁。

3 移送・自庁処理

1 総 説

家事調停事件の全部または一部がその管轄に属しない場合の移送または自庁処理の扱いは，家事審判の場合と同様である（家事手続9条1項，本書第1編第5章第1節7・8参照）。家事調停の移送または自庁処理は，申立てによって開始された場合だけでなく，調停手続が職権によって開始された場合にもなしうる[34]。

付調停または自庁処理によって管轄を生じている家庭裁判所から他の裁判所に移送するには，家事手続9条1項の管轄権をないことを理由にするのではなく同2項により，手続の遅滞を避け，あるいは事件を処理するため適当であると認める事由があることを理由とするべきである[35]。

2 地方裁判所または簡易裁判所への移送

家庭裁判所に誤って民事調停事件が申し立てられたときは，非訟事件としての同質性があるので移送の対象となる。家事手続246条は次のように定める。まず，家庭裁判所は家事調停の対象でない事件について調停の申立てを受けたときは，職権で管轄地方裁判所または簡易裁判所に移送する（第1項）。家事調停の対象となる事件について調停の申立てを受けた場合において，事件を処理するために必要があると認めるときは，職権で事件の全部または一部を管轄権を有する地方裁判所または簡易裁判所に移送することができる（同2項）。親族間の紛争ではあるが，宅地建物調停や農事調停のように専門の調停委員のいる裁判所での処理がより望ましいと考えられる場合が考えられる[36]。さらに事件を処理するために特に必要があると認めるときは，事件を本来の管轄権を有する地方裁判所または簡易裁判所以外の裁判所に移送することができる（同3項）。本来の土地管轄に従うと，当事者の経済力等を比較して，その一方に不当に著しい負担を強いる結果となる場合，関係人の住所，係争物の所在等から事件処理に多くの時間と費用を要する場合，土地管轄の原則を緩和することが事件の迅速適正な処理のために必要と認められ

---

(34) 家審法講座第3巻110頁〈沼辺〉。

(35) 旧法時のものであるが，東京高決平成21（2009）・4・24家月61巻12号63頁（本件の紹介として本間靖規・民商法雑誌143巻4＝5号（2011）543頁）。また現行法について金子・逐条解説19頁。

(36) 注解家審規391頁〈篠〉，金子・逐条解説742頁。

第3章　家事調停の機関　　503

る場合をいう[37]。家事手続246条3項がカッコ書きで「事物管轄を有するものに限る」との限定をしているのは，本項が土地管轄の定めを緩和するだけで，地方裁判所・簡易裁判所の間の事物管轄の緩和は対象としていないことを意味する。旧法のもとでも同様に解されていた[38]。

　家庭裁判所は家事手続246条2項，3項の移送の裁判をするについて当事者の意見を聴くことができる（家事手続規則124条による同8条2項の準用）。この移送の裁判に対しては即時抗告をすることができる（同4項による9条3項の準用）。しかし同9条1項の場合と異なり，当事者に移送の申立権はなく職権でなされるため，申立てを却下する裁判に対して即時抗告をすることはできない。

3　自庁処理

　土地管轄のない家庭裁判所に家事手続244条の規定により調停をすることができる事件が申し立てられた場合には，移送によって対処するとともに，事件処理のため特に必要があると認めるときは自ら処理することができる（家事手続9条1項）。これを自庁処理という。自庁処理の理由としての「事件処理のため特に必要があると認めるとき」とは，旧法下において「調停申立てを受けた家庭裁判所が義務履行地であるとか，著しき損害又は遅滞を避ける便宜があるといった事情は勿論，その他経済的な理由或いは身体の故障などの理由のため相手方の住所地に出頭しがたい事由があれば，これを相手方の事情と比較の上，これらの事情を考慮に入れて」判断する[39]とされていた。家事手続法の下では電話会議システムまたはテレビ会議システムの利用が可能になっているから，自庁処理の判断も柔軟になしうると考えてよい。自庁処理の措置に対して即時抗告が認められていないことは家事審判の場合と同様である（第1編第5章第1節8・3参照）。

4　渉外家事調停事件の管轄

　渉外家事調停事件の対象となるのは，通常民事訴訟事件，人事訴訟事件お

---

(37)　家審法講座第3巻118頁〈沼辺〉。

(38)　注解家審規390頁〈篠〉。現行法につき金子・逐条解説741頁。

(39)　大阪高決昭和36（1961）・11・28家月14巻4号199頁。これに対して仙台高決平成26（2014）・11・28家庭の法と裁判5号112頁は，自庁処理をすることなく職権による事件を相手方の住所地を管轄する裁判所に移送したことが裁量権の逸脱または濫用であるとする事例である。

よび家事手続法別表第2に掲げる審判事件である。その国際裁判管轄はそれぞれの事件ごとに検討される。当該の事件の訴訟や審判につき，日本に国際裁判管轄があることが前提となるからである。通常民事訴訟事件において人に対する訴えは，被告の住所を基準とする（民訴3条の2）。これに加えて債務の履行地（同3条の3第1号），請求の目的物の所在地（同3号），被相続人の住所地または相続の開始地（同13号）等々が管轄を定める基準となる。

人事訴訟においては明文の定めがなく，国際裁判管轄は条理によって定めるしかないとされるが，最大判昭和39（1964）・3・25民集18巻3号486頁が，離婚訴訟について離婚の国際裁判管轄権の有無を決定するにあたって，被告の住所が原則になるとしつつ原告が遺棄された場合，被告が行方不明である場合その他これに準じる場合には原告の住所によると判示している。親子関係に関する訴訟も，原則としてこの判決の趣旨に従うとされる[40]。

別表第2に掲げる代表的な事項についてみると，財産分与については離婚に伴う財産給付の問題として離婚の含めて考えるのが妥当であるとされ[41]，親権者指定・変更の事件では子の福祉の観点から子と密接な関係を有する地である子の住所地を原則とすべきであるとされる[42]。遺産分割については，相続権に関する訴訟の場合と同様に，被相続人の死亡時の住所地または遺産の所在地国に国際裁判管轄が認められる[43]・[44]。

---

[40] 木棚照一＝松岡博＝渡辺惺之『国際私法概論（第5版）』（2007）315頁〈渡辺〉，渡辺惺之「渉外家事事件における調停と審判」『国際私法の争点（新版）』（1996）251頁。本間靖規＝中野俊一郎＝酒井一『国際民事手続法（第2版）』（2012）82頁〈中野〉は，親権・監護権事件と同じく子の住所地を基準とすべきであるとする。

[41] 山田鐐一『国際私法（第3版）』（2004）452頁。

[42] 木棚＝松岡＝渡辺・前掲注[40]316頁〈渡辺〉，東京高決平成17（2005）・11・24家月58巻11号40頁。

[43] 村重慶一「渉外遺産分割事件の裁判管轄とその準拠法」岡垣学＝野田愛子編『講座実務家事審判法第5巻』（1988）289頁，福岡高決平成4（1992）・12・25家月46巻3号50頁。

[44] なお「人事訴訟事件及び家事事件の国際裁判管轄法制に関する中間試案」が公表されている（家庭の法と裁判2号（2015）137頁以下）。

第4章　家事調停の当事者・代理人

第1節　当　事　者

1　意　義

　訴訟手続において，その名において手続に関与する者を当事者という。調停は，相対立する者同士をあっせんしてその間に合意を成立させる過程であるから，常に相対立する当事者が存在するといえる。訴訟事件を対象とする調停の場合には，法律関係の相対立する者が関与するのが原則である。別表第2に掲げる審判事項の調停では，子の監護に関する処分など子の父母以外の者も当事者となることがあり，当事者間の対立関係が明確でなくなることがある。いずれにせよ家事調停においては家事審判と同様にその名において調停を申し立てている者を申立人，その申立てが向けられている者を相手方といい，この両者を当事者という[1]。当事者の定義については第1編第4章で詳しく触れたので，ここでは家事調停に即して必要な事項のみを指摘する。

　調停手続における当事者は，手続に関与する者として主体性を認められている。調停手続は合意型の手続であり，裁定型の訴訟や審判手続とは異なるから，当事者の地位や権能を単純に比較することは適切とはいえない。もっとも調停においては，その協議対象の選択のみならず，協議の方法の決定，調停の内容についても基本的に当事者の協議と合意が必要であるという意味では，当事者の主体的地位ないし役割は訴訟や審判よりも大きいといえることを認識しておく必要がある。調停手続の進行をはじめとして，内容の形成

---

[1]　家事調停は非訟事件であるから，伝統的な用法によれば当事者ではなく，関係人としなければならない。しかし調停は申立人と相手方の協議であって旧法下でもこの両者を当事者と呼んでいたこと，また家事手続法の立法に際して，形式的に関与している者，調停でいえば申立人と相手方を「当事者」とする考え方が採用された（金子・一問一答13頁）ので，以下においては当事者と表記する。なお家事審判における当事者については，第1編第4章第1節1参照。

が当事者の合意に依存し，それが得られない場合には調停不成立というリスクと隣り合わせの状態にある。それだけに当事者の地位の確保の必要性と，当事者自身の責任の大きさに注意しておくべきである。一部にみられるように調停は非訟手続であるから，当事者の地位がぜい弱であるといった観念は正しくないし通用しない（なお当事者に対する手続保障の考え方については，第1編第4章第1節2を参照のこと）。

2　当事者能力

調停手続において当事者となりうる一般的能力を当事者能力という。旧法のもとでは明文規定がなく，その判断基準は解釈に委ねられていた。本書旧版では，民法の権利能力を基準にすると主張していた[2]が，民事訴訟法の定めが一般的な定めとみられるので家事審判，家事調停にもその準用があるとの見解が有力であった[3]。民事調停についても同様に解されていた[4]。家事手続法は当事者能力については民訴法28条，29条の規定を準用することを明らかにした（17条1項）。それゆえ自然人，法人のみならず，権利能力なき社団または財団で代表者・管理人の定めのあるものにも当事者能力が認められる。

3　調停行為能力（手続行為能力）

1　概　説

調停は，調停委員会（または裁判官）の関与の下に当事者の合意によってなされる手続であるから，当事者は自ら有効に調停行為をなし，相手方や調停委員会（裁判官）の調停行為を受ける能力を必要とする。この能力を調停行為能力と呼んでいる[5]。家事手続法は手続行為能力という（17条，252条）。民事訴訟における訴訟能力，家事審判における手続行為能力に対応する。旧法の下では明文規定がなく，その判断基準は解釈に委ねられていた。民事訴訟の訴訟能力の規定を準用するべきであるとの見解が有力であった[6]。家事

---

(2)　本書旧版・84頁，355頁。

(3)　家審法講座第3巻71頁〈沼辺愛一〉，佐々木平伍郎「夫婦・親子関係調停中における当事者能力・代理・補佐」判タ747号（1991）498頁。

(4)　小山・民事調停法148頁，注解民調法166頁〈高見進〉。

(5)　小山・民事調停法148頁。

第4章　家事調停の当事者・代理人　　507

手続法は家事審判の手続と同様に民事訴訟法の定めを準用することを明らか
にした（17条1項）。

　しかし家事調停においては財産上の紛争ばかりでなく，身分関係が問題と
されている事件では本人の意思が尊重されなければならないため，調停行為
能力についても配慮が必要である。

2　財産上の紛争を対象とする場合

　財産関係を対象とする調停については，民事調停において要求される調停
行為能力と同様に解してよい。調停自体は相手方との合意による法律関係の
形成であり，この合意は権利義務の発生・変更・消滅の原因となるから法律
行為能力が必要である。他方で裁判所において調委委員会の関与の下になさ
れるから，民法の行為能力ではなく民事訴訟法の訴訟能力の規定によること
になる（家事手続17条1項）。未成年者および成年被後見人は，原則として
財産上の紛争に関する調停行為能力を有しない。未成年者であっても婚姻し
ている者は調停行為能力を有し，独立して法律行為をすることができる場合
には，その範囲内の調停について自ら調停行為をすることができる。被保佐
人は自ら調停行為をなしうるが，原則として保佐人の同意を必要とする（民
法13条1項4号）。ただし被保佐人が相手方となって調停行為をするには，
保佐人の同意を要しない（家事手続17条2項）。被保佐人がすでに保佐人の
同意を得ている場合であっても，申立ての取下げ等事件の終結については特
別の同意を必要とする（同3項）。

3　身分行為を対象とする場合

　身分行為については，当事者の地位に重大な影響を及ぼすから可能な限り
本人の意思に基づくことが望ましく，調停行為能力もこの観点から定める必
要がある。通常の訴訟手続において訴訟能力を認められなくても，人事訴訟
においては意思能力がある限り訴訟能力が認められる（人訴13条1項）のは，
そうした考慮による。家事調停においても同様である（家事手続252条1項
各号）。

　このようにして①夫婦間の協力扶助に関する処分の調停事件（別表第2第
1項）における夫および妻，②子の監護に関する処分の調停事件（別表第2

---

(6)　家審法講座第3巻73頁〈沼辺〉，山口幸雄「当事者」岡垣学＝野田愛子編『講
　　座実務家事審判法第1巻』(1989) 92頁。

第3項）における子，③養子の離縁後に親権者となるべき者の指定の調停事件（別表第2第7項）における養子，その父母および養親，④親権者の指定または変更の調停事件（別表第2第8項）における子およびその父母，⑤人事訴訟法2条に規定する人事に関する訴えを提起することができる事項についての調停事件における同法13条1項の規定が適用されることにより訴訟行為をすることができる者は，それぞれ法定代理人によらないで自ら調停行為をすることができる。これらの者が被保佐人または被補助人であって，保佐人または保佐監督人もしくは補助人または補助監督人の同意がない場合も同様である（家事手続252条1項柱書き後段）[7]。

また身分関係に関する事件においては，本人の意思を尊重するため代理に親しまないとされるものがある。この場合には親権者または後見人であっても本人を代理して調停の申立てや合意をすることはできない。家事手続252条2項はこのことを明文で示している。すなわち，①夫婦間の協力扶助に関する処分の調停事件（財産上の給付を求める場合を除く），②養子の離縁後に親権者となるべき者の指定の調停事件，③親権者の指定または変更の調停事件，④離婚についての調停事件，⑤離縁の調停事件においては，当事者となる者の親権者または後見人は，本人を代理して調停を行うことができない。⑤の場合には養子が15歳以上の場合に限られる。

4　調停行為能力を欠く者の行為

調停行為能力のない者のした行為の効力については，民事訴訟，家事審判の手続と同様に解してよい。調停についてのみ別異に解する理由はない。したがって調停行為能力のない者のした行為は無効である。これに気がついたときは，調停委員会または裁判官は，期間を定めてその補正を命じなければならない。ただし遅滞のため損害を生じるおそれがあるときは，一時的に調

⑺　しかし旧法下においては，この趣旨は徹底していなかった。最判昭和43（1968）・8・27民集22巻8号1733頁は，未成年の子が意思能力がある場合でも子の法定代理人が子を代理して認知の訴えを提起できるとしていたので，実務においては調停においても子が意思能力を有していても法定代理人によって手続を進めるべきだとし（山口・前掲注⑹講座実務家審法第1巻93頁），期日ごとの意思能力の判定は容易でないから禁治産者を一方の当事者とする離婚等の調停は避けるべきである（丹宗朝子「家事調停の手続に関する審判例」栗原平八郎＝太田武男編『家事審判例の軌跡⑵手続編』（1995）93頁）とされていた。

第4章　家事調停の当事者・代理人　509

停行為をさせることができる。能力の補正がなされなかったときは，調停申立ては却下される。ただしその者のした行為でも，能力を有するに至った本人または法定代理人が追認することで有効となる（家事手続26条による民訴34条の準用。上記3に掲げた事件では法定代理人の追認はない）。

調停行為能力はあっても，現実に調停委員会や相手方に対して十分に自己の言い分を述べ，あるいはこれを受けることができないときは，調停委員会の許可を受けて補佐人とともに出頭することができる。家事審判手続に関して説明した補佐人の位置づけは，家事調停においても同様に機能する（家事手続27条。第1編第4章第2節4参照）。

5　渉外調停事件における外国人の調停行為能力

渉外調停事件における外国人の当事者能力，調停行為能力がどのように判断されるかについては争いがある。家事調停の対象となるのは一般の民事訴訟事件，人事訴訟事件および家事手続別表第2に掲げる審判事件に分類されるから，調停において問題となっている事項に即して考えることになる。その判断基準については，第1編第4章第1節6・5に述べたというところと同様である。

国際民事訴訟における当事者能力，訴訟能力の準拠法については，法廷地法説と属人法説の対立がある。しかしこの対立は民訴法28条の「民法その他の法令」に法適用通則法を含めて考えるならば，実際には本国実体法を基準とするか，本国訴訟法を基準とするかの違いにすぎなくなり自然人については，裁判を受ける権利の保障という観点から外国人の当事者能力が否定されることはありえない[8]。

調停行為能力については，年齢による能力制限と成年後見開始等の裁判に基づく個別的な制限を分けて考える[9]。前者の場合には判断基準はいずれの法律によるべきかという法抵触法上の問題であり，当事者能力の場合と同様の学説の対立がある。しかし民訴法33条によって，日本の訴訟法上訴訟能力があると認めるべきときはそのように扱われる。これに対して成年後見開始，保佐開始の裁判によって個別的に能力を制限する場合には，外国裁判の承認または法適用通則法の指定する行為能力の準拠法国（本国）における該

---

(8)　木棚照一＝松岡博＝渡辺惺之『国際私法概論（第5版）』（2007）328頁〈渡辺〉。

(9)　木棚＝松岡＝渡辺・前掲注(8)国際私法概論330頁〈渡辺〉。

当者の行為能力を基準とするべきか争いがある。後者により当事者の本国において成年後見開始決定がなされている場合には，日本の裁判所でもこれを尊重することになる。家事手続17条1項は，民訴法33条を準用しているため，その本国法上訴訟能力（調停行為能力）を有しない場合でも日本法によるならばこれを有するべきときは訴訟能力（調停行為能力）を有することになる。それゆえ家事手続252条1項に列挙する調停事件においては，ここに掲げられた者は調停行為能力を有する。

第2節 代理人

1 総説

　家事調停についても代理が認められる。当事者が未成年者または成年被後見人であって調停行為能力を有しないときは，法定代理人によって代理されなければならない。また任意代理に関して，家事調停は本人出頭主義を採用しつつも代理人の出頭を認めている。家事調停における代理は，基本的には家事審判におけると同様である。基本的事項については第1編第4章第2節で説明したので，ここでは重要な事項に関してのみ簡単に指摘するにとどめる。

2 法定代理人

　上記第1節3に説明したように調停行為能力を有しない者は，法定代理人によって代理されなければならない。未成年者の法定代理人はまず親権者であり，第二次的に未成年後見人である。成年被後見人の法定代理人は成年後見人である。

　ところで家事調停の対象となる事件のうち，①人事訴訟事件または家事手続別表第2の審判事件のうちで当事者の意思を尊重することが必要で，かつ，その対象について当事者の処分権が認められている事件（離婚，離縁，親権者の指定，監護者の指定など），②当事者の処分権が認められていないが当事者の自主的な解決が望ましいとされている事件（親権者の変更，監護者の変更），③当事者の処分権もなく自主的な解決も認められないが当事者の意思を尊重する必要のある事件（子の否認）では，法定代理による代理は許されないと解されている。それゆえ，これらの事件では当事者の一方が成年被後見人で

あるときは，法定代理人との間での調停も許されない[10]。この場合は後見監督人が職務上の当事者として関与する（人訴14条1項参照）。

これ以外の場合には，成年被後見人の法定代理人によって調停が追行される。未成年者の場合は常に法定代理人になる。

法定代理権の証明，法定代理権の消滅は民事訴訟の場合と同様である（家事手続20条）。これについてはすでに説明した（第1編第4章第2節2・3，4）。

3　任意代理人
1　代理人の許否

家事調停手続においても，一般的に任意代理が許される。しかし旧家審法・旧家審規には明確な定めがなくその法律上の根拠，権限および地位等について見解が一致していなかった。これに対して家事手続法は次のように定めた。すなわち家事手続22条1項本文は，弁護士でなければ手続代理人になることができないとする。ただし，家庭裁判所においては，その許可を得て弁護士でない者を手続代理人にすることができる（同ただし書き）。当事者が選任した者が調停行為能力を有しているかどうかは問わない。家庭裁判所が許可を与えるに際して，この点も考慮することができるからである[11]。

2　代理権の範囲

旧法の下では任意代理人の代理権の範囲については明文の規定を欠いていたが，家事手続24条は手続代理人の代理権の範囲の規律は手続法の基本に関する事項であるとして明示的に定めることとした。家事調停についていえば，代理人は委任を受けた事件について参加，強制執行および保全処分に関する行為をし，かつ，弁済を受領することができる。しかし本人にとって重要な効果を生じさせる①家事調停の申立ての取下げ，②家事調停の手続においてされた裁判に対する不服申立てとその取下げ，③調停を成立させる合意，④合意に相当する審判における合意，⑤調停条項案の書面による受諾，⑥調停に代わる審判に服する旨の共同の申出，⑦代理人の選任については特別の委任を受けなければならない（24条2項1号，3号から5号。特別の授権とい

---

(10)　最判昭和33（1958）・7・25民集12巻12号1823頁は，心神喪失の常況にあっていまだ禁治産宣告を受けていない者の離婚訴訟については，禁治産宣告の申立てをし，後見人等の選任を経てこの者が当事者となるべきであるとする。

(11)　金子・逐条解説73頁。

う）。家事調停の追行について委任を受けている場合には，上記③④⑤⑥の手続行為は当然に想定されており，本人の意思にも合致すると考えられる[12]ので，特別の授権の対象から除かれている（24条2項ただし書き）。

手続代理人の代理権は制限することができないが，弁護士でない手続代理人の代理権については本人が制限を加えることができる（家事手続24条3項）。

3 手続代理人の代理権の消滅と通知

(1) 代理権の消滅原因

旧法のもとでは代理権の消滅に関する明文の規定がなく，とりわけ当事者の死亡の場合に任意代理権が消滅するかについて疑問を生じさせていた。弁護士の代理に関し手続の目的が一身専属的でない限り，当事者が死亡しても手続は中断せず，その手続を相続人に受け継がせること，代理権が消滅しないとすることが委任者および相続人の意思に合致すること等を理由に，原則として代理権は消滅しないと解されていた[13]。これに対して家事手続26条は，民訴法58条1項，2項を準用することを明らかにした。そのため手続代理人の代理権は，①本人の死亡または手続行為能力の喪失，②本人である法人の合併による消滅，③本人である受託者の信託に関する任務の終了および④法定代理人の死亡，手続行為能力の喪失または代理権の消滅もしくは変更によっては消滅しない。家事手続26条は，弁護士と許可を得た弁護士でない代理人を区別していないから，本人死亡の場合でもこの者の代理権は消滅しない[14]。

(2) 代理権消滅の通知

手続代理人の代理権の消滅は，家事調停事件においては本人または代理人から他方の当事者に通知しなければその効力を生じない（家事手続25条）。通知の方法については定めがないから適当な方法であれば足りるが，裁判所に対する通知は書面によることとされている（家事手続規則18条4項）から，他方の当事者に対しても同様に書面によることが適当であろう。

---

(12) 金子・逐条解説81頁。

(13) 東京高決昭和35（1960）・11・10下民集11巻11号2432頁，家審法講座第3巻81頁〈沼辺〉，佐々木・前掲注(3)判タ747号500頁，本書旧版・359頁。

(14) 民事調停の場合も同様に解されていることについては，小神野利夫「本人の死亡と調停の代理人」判タ501号（1983）64頁。

第4章　家事調停の当事者・代理人

4　無権代理人のした手続行為の効力

無権代理人による調停の申立て，陳述や証拠の申出，互譲や調停条項の受諾，調停申立ての取下げなどの行為は，本人に対してはその効力を生じない[15]。その結果，裁判所との関係でもその効果を生じないとするのが妥当であろう。調停は調停委員会（裁判所）の面前における手続行為であるが，その内容面では私法上の権利・法律関係の発生・変更・消滅の原因となる意思表示がなされる。それゆえこの面では私法上の表見法理が適用されるが，手続法上はその適用ないし準用が否定される可能性がないとはいえない[16]。しかしその効果は一体的に考察することが合理的であろう。実体法上の瑕疵があるときは手続法上にも影響を及ぼし，逆に手続法上の瑕疵があってその効果を生じないときは実体法上も効力を生じさせないと解する。その効力に争いがあれば，調停期日の指定を求めあるいは調停調書無効確認の訴えや請求異議の訴え等によって主張することができる[17]。

第3節　当事者適格

1　概　説

一般に民事訴訟において当事者適格とは，自ら当事者として訴訟を追行し本案判決を求め得る資格をいう。特定の見地・法律関係の存否をめぐる訴訟を追行して本案判決を求めることができる当事者の権能という側面をもつ。したがって訴訟物の内容をなす権利・法律関係につき法律上の権利関係が対立する者，すなわちその存在を主張する者とその義務者とされる者が当事者適格を有し，正当な当事者となる。原告が提示した訴訟物との関係で訴えの利益や当事者適格の有無が判断される。

---

[15]　小山・民事調停法 153 頁。

[16]　たとえば広島高判昭和 40（1965）・1・20 高民集 18 巻 1 号 1 頁，また京都地判昭和 29（1954）・4・13 下民集 5 巻 4 号 484 頁は，追認につき相手方に対するものと裁判所に対するものを分けて効果を判断している。

[17]　家審法講座第 3 巻 290 頁〈沼辺〉。この問題は訴訟上の和解や民事調停の調書に既判力を認めるか否かという問題とも関連する。調停成立後にどのような瑕疵の主張，無効の主張を許すかという問題である。詳細については後述第 5 章第 5 節6・2 参照。

これに対して合意型の手続である調停手続の当事者適格はどのように定まると考えるべきであろうか。家事調停において協議および合意の主体となる正当な主体だとすると最も簡明である。しかしそれでは訴訟や審判の対象との関係が全く反映されないため，当事者と参加人との差異も明らかにならないという問題を抱える。そこで調停における当事者適格を有する者は，「具体的な紛争との関係において，何人が申立人であり何人が相手方である場合に調停を進めることができるのか」，の問いに答えるものであるとする見解がある[18]。この見解によれば，たとえば債権者甲と債務者乙との間の債権の存否をめぐる紛争につき，乙の保証人丙は甲・乙間の紛争が丙の法律上の権利関係に影響し，調停ではこの点も合わせて解決できるから丙も当事者として参加できる場合がある。つまり訴訟物に対する利害関係人が手続の主体として合意形成に関与することが認められることがある[19]。

調停においては結局のところ，本案判決の対象である権利・法律関係から一義的に当事者適格を有する者が定まるのではなく，当事者の合意によってそれに関連する問題をも取り込むこと，あるいはそれを限定することも可能であり，それに対応して当該の調停において当事者としての適格を有する者の範囲も変動することになる。

2 家事調停における適格の定まり方

家事調停の場合にも原則として当該の人事訴訟や別表第2の審判事件の当事者を念頭において考えるが，これ以外の者からの申立て，これ以外の者を相手方とする紛争解決のための調停申立てもありうるから，当事者適格を有する者とその範囲は人事訴訟や家事審判の当事者より幅広いものとなる。たとえば親権者から未成年者を現実に監護する者に対するその引渡しを求める調停（民事訴訟の引渡請求の当事者），夫婦円満調停において調停申立ての原因を作り出している親族等を相手方にして申し立てる場合などがある。現実の紛争とそこで協議され合意されるべき事項に対応して，申立人・相手方が定まる。さらに家事調停では法律事項を扱うだけでなく，当事者の人間関係調整を図る必要があることも，当事者としての適格を考えるにあたって考慮

---

[18] 小山・民事調停法 149 頁，同旨家審法講座第 3 巻 73 頁〈沼辺〉。

[19] 小山・民事調停法 150 頁は，これを「当事者適格の拡大」と呼んでいる。

第4章　家事調停の当事者・代理人　　515

されることになる[20]。以下具体的な例にそって考えてみよう[21]。

3　別表第2に掲げる審判事件に関する調停の当事者適格

　別表第2の審判事件を対象とする家事調停において当事者適格を認められるのは，原則としてその審判の申立人，相手方となる者である。たとえば扶養権利者が扶養の審判を求めるときは，扶養義務者全員を相手方とする必要はなく，扶養義務者が他の扶養義務者に対して申し立てる場合には，多数説によれば扶養権利者を当事者に加える必要があると解されている[22]。遺産分割の調停の当事者となるのは，各相続人および包括受遺者である。通説によれば，相続分の全部を譲渡した相続人は申立権を有しない[23]。この場合には譲受人が当事者になる[24]。また遺産分割の調停では相続人全員が申立人または相手方として手続に関与していなければならない。本来当該家事審判の当事者となりえない者も，調停における協議事項に関して合意の主体となると

---

[20]　家審法講座第3巻72頁〈沼辺〉，山口・前掲注(6)講座実務家審法第1巻96頁。

[21]　調停においては以下に説明するように，当事者と参加人の区別は流動的であり，明確だとはいえない。親権者相互間で子の監護に関する調停を進める場合には，この両者が当事者であり，現実に子を監護している者（たとえば子の祖母）は参加人といってもよい。しかし祖母からの具体的引渡しをめぐって協議する必要があるときは，当事者としての地位を占めることになる。

[22]　加藤令造＝佐久間重吉「扶養審判の構造上の特性」東京家庭裁判所身分法研究会編『家事事件の研究(1)』(1970) 152頁，家審法講座第1巻301頁〈高島良一〉，鈴木忠一「扶養の審判に関する問題」同『非訟・家事事件の研究』(1971) 182頁，中山直子『判例先例親族法—扶養』(2012) 185頁など。もっとも扶養権利者を当事者に加える必要はないとの見解も有力であり，これに従う先例もある（神戸家審昭和48 (1973)・11・27家月26巻8号63頁，静岡家富士支審昭和56 (1981)・2・21判時1023号111頁）。

[23]　大阪高決昭和54 (1979)・7・6家月32巻3号96頁。

[24]　これに対して小山昇「遺産分割事件における当事者適格」同『小山昇著作集第8巻』(1992) は，相続分譲渡人は申立適格を失わず，譲受人は独自の申立権を有しないが譲渡人の申立権を代位行使することができるという。なお，遺産の全部を対象とする包括遺贈がなされ，これに対して遺留分権者が減殺請求権を行使した場合に，遺留分権者に帰属する権利は遺産分割の対象となる相続財産としての性質を有しない（最判平成8 (1996)・1・26民集50巻1号132頁）。それゆえ包括受遺者は自らも相続人であるときは別として，遺産分割の調停の当事者にはならないことになる。

きは当事者として申立てをなし，またその相手方となることができる。

4 人事訴訟事件の調停における当事者適格

　人事訴訟事件の家事調停においては，当事者間に合意が成立して紛争を解決させることができる場合と，親子関係事件などのように当事者間に合意が成立しても当事者に実体法上の処分権がなく，それだけでは紛争解決ができない場合がある。前者の調停では上に述べた家事審判事件の調停の場合と同様に考えてよい。後者の場合について，家事手続277条1項は合意に代わる審判をなしうると定めるが，「当該事項に係る身分関係の当事者の一方が死亡した場合」にはこの審判の対象とならないとする。それゆえ生存する当事者を相手方として人事訴訟を提起することができる場合でも，家事調停はできない。またこの合意に相当する審判における合意の性格をどのように解するかによって，家事調停の当事者適格の捉え方に差異をもたらす。この合意を実体法上のものとするならば身分関係の主体でなければならないが，手続法上のものと解するなら法定代理人の適格が認められることになる。本書では後者の見解を支持している（詳細については，後述第6章第1節3・5）。また合意に相当する審判においては，婚姻取消しについての家事調停につき子の親権者を指定しなければならないが，それ以外の付随事項について合意を成立させることはできない（家事手続282条1項）。

5 その他

　民事調停においては公害調停についてのみ民事訴訟の選定当事者に相当する代表当事者の選任制度が認められている（民調規37条）。当事者の数がきわめて多数となり，当事者間での利害が共通することを考慮した定めである。しかし他の民事調停手続ではこれを認めていないから，一般的には民事調停における任意的訴訟担当を否定する趣旨であると解されている。このことは家事調停についても同様であるとみてよい。

第4章　家事調停の当事者・代理人　　517

第4節　参加・手続の受継

1　家事調停と参加等
1　総　説
　家事手続258条1項は，家事審判手続における当事者参加および利害関係参加に関する41条，42条の規定を家事調停の手続に準用すると定めている。それゆえ基本的には家事審判手続について述べたところ（第1編第4章第4節）が当てはまる。しかし家事調停における参加については，旧法下における議論と家事手続法の規律に差異があり，また家事調停は家事審判事件以外の事件をも対象とするので，家事審判の規定の準用だけで足りるのかについても疑問が生じる。そこでまず，旧法下における理論状況を確認しておくことにする。

2　旧法下での参加の問題点
　旧家審法・家審規も家事調停における参加を認めていた。利害関係人の参加に関する旧家審法12条の規定が同20条によって家事調停に準用され，また旧家審規14条が同131条によって家事調停に準用されていた。

　まず旧法下においては，通説は家事調停における参加には，参加人の調停の結果に対する利害関係の程度によって当事者的参加と補助的参加の2種類があるとしていた。たとえば遺産分割の調停で，生前贈与を受けた者を参加させ一定の給付を命じることを合意する場合や，遺産分割の調停で相続財産に対する譲渡担保権者を参加させ弁済と登記抹消を合意する場合などは，当事者的参加の例とされていた[25]。そして調停条項について当事者適格を有しない者が参加する場合[26]が，補助的参加であるとされていた。私見はこの区別には疑問があり，家事調停における参加人は当事者（申立人および相手方）と合意による解決を図るために関与するのであるから，交渉主体の参加すなわち当事者参加であると解していた[27]。

---

[25]　注解家審法586頁〈山口〉。

[26]　たとえば相続人廃除の審判または調停で，他の相続人が参加する場合である。最決平成14（2002）・7・12家月55巻2号162頁。なおこの決定につき，徳田和幸「家事審判手続における利害関係人の参加と即時抗告」谷口安平先生古稀祝賀『現代民事司法の諸相』（2003）262頁が検討を加えている。

次に調停において参加人は調停案を受諾しないことによって調停を拒み，不利益を回避できるから，法律上の利害関係だけでなく事実上の利害関係を有するにすぎない者に対しても参加を命じることができるとされていた。たとえは離婚調停に事実上の利害関係を有するにすぎない親族を参加させて，道義的な条項を定めたり，債務を負担させないと真の紛争解決に至らない場合が少なくないとされていた[28]。

上記の状況は家事手続法によって大きく変わることになった。

2　当事者参加

家事手続法は家事調停における参加として，当事者参加と利害関係参加の二種類を定めた。旧法下において一部で主張されていた補助的参加は認めていない。また当事者参加も旧法と比較するとその適用範囲が狭くなっている。まず当事者参加から見ていこう。

家事調停において当事者となる資格を有する者は，当事者として参加することができる（家事手続 258 条による 41 条 1 項の準用）。立法担当者によれば，次のような場合が想定されている[29]。①当事者適格を有する者が全員当事者とならなければ調停を行うことができない場合において，そのうちの一部を欠いているときにその者が参加する場合。たとえば遺産分割調停において当事者（相手方）とされなかった相続人が参加する場合である。②申立人または相手方の地位を基礎づける法的地位が第三者に移転した場合に，この第三者が参加する場合。たとえば遺産分割調停において相続人が相続分を第三者に譲渡し，当該譲受人が参加するときである。③現在の申立人・相手方だけで調停を進めることが可能であるが，より抜本的な紛争の解決のためには他の者が当事者として参加することが望ましい場合に，この者が参加するとき。たとえば扶養権利者からある扶養義務者に対する扶養の程度・方法に関する調停において，他の扶養義務者が参加する場合である。④申立人が複数ある人事に関する訴訟事件についての家事調停において，他の申立人となる資格を有する者が参加する場合。たとえば認知を求める調停に申立人以外の直系

---

(27)　本書旧版・365 頁。

(28)　こうした事情について，本書旧版・364 頁参照。

(29)　金子・逐条解説 775 頁。

卑属が参加する場合である（民 787 条参照）。

　調停の経過によって申立人または相手方以外の第三者を名宛人とする合意をすることが紛争の抜本的解決となるような場合であって，当該の第三者が申立ての当初の調停条項について当事者とならないようなとき，前節において説明した当事者適格の拡大という概念を用いると，この第三者も当事者参加の可能性が認められる。しかし家事手続法のもとでは，このような考え方は否定されるようである。たとえば義父・義母の不法行為を理由とする離婚申立ての場合に，不法行為の相手方も調停に関与し同人の支払うべき慰謝料を含めて合意するときは，調停対象が申立ての当初の者とは異なるので，参加ではなく別途申立てをさせて手続を併合する（家事手続 35 条 1 項）か，申立ての追加的変更（同 255 条 4 項による 50 条 1 項の準用）をすることが必要だとされる[30]。また旧法の下で認めていた遺産分割調停手続に遺産の譲渡担保権者が参加し，遺産分割とともに債務の清算，登記等について合意すること[31]や，夫婦関係調整の調停事件に第三者が参加して係争不動産が参加人の所有であることを確認すること[32]などの方法も否定されることになる。これらの第三者は当事者に当たらないうえに，当事者と参加人との法律関係は家事調停の対象ともいえないから，手続の併合や申立ての追加の方法も困難といえるからである。

　しかし，旧法下において認められていた幅広い参加の余地は，家事手続法のもとでも認めてもよいのではなかろうか。立法担当者は，当事者を当初の申立てにかかる調停事項についてのそれに限定しているが，調停は当事者間の協議によって調停事項が拡大・変容することがあり，これによって当事者適格の拡大が生じ，当事者となるべき者の範囲が拡大する。このように考えると旧法時に認められていた実務をあえて否定する必要はなかったと考えられる。

3　利害関係参加

　利害関係参加についても家事手続 42 条が準用されている（同 258 条 1 項）。

---

(30)　金子・逐条解説 776 頁。

(31)　横浜家（調）昭和 33（1958）・5・1 家月 10 巻 5 号 47 頁。

(32)　東京家審昭和 31（1956）・3・17 家月 8 巻 4 号 51 頁。

そのため別表第2に掲げる審判事項の調停事件においては、①審判を受ける者となるべき者（同42条1項）が参加できるほか、②審判を受ける者となるべき者以外の者であって審判の結果により直接の影響を受ける者、または③当事者となる資格を有する者は、家庭裁判所の許可を得て参加することができる（同2項）。この参加を認めるのは、当事者間の調停の合意内容に一定の利害関係を有する者が家事調停の手続に関与し、主張を行い資料を提出する機会を保障することにその目的があるとされる[33]。

　この参加の代表的な例は、親権者指定または変更、子の監護に関する調停事件において未成年の子が参加することである。離婚調停において親権者、監護者を定めまた面会交流について協議される場合の未成年の子も同様である。家事審判でいわゆる事件本人がこれにあたるといえる。この者は家事調停の当事者ではないから、参加人と当事者との間で監護の内容等について協議され、合意されるわけではない。この者は調停事項について当事者適格を有していないし、当事者にはなりえない。しかし当事者間の協議・合意によって自らの法的地位に直接に、かつ、重大な影響を受ける立場にある。家事審判の手続にも参加することが認められており、家事調停に参加することも当然に認められる。自己の立場を調停手続および結果に反映させ、自己の利益を擁護する機会を保障することが重要である[34]。

　旧法の下では、遺産分割調停の手続に相続人の債権者が利害関係人として参加することができた。遺産分割の結果が、債権者を害しないよう相続人を牽制し、自己の利益を擁護するためである[35]。家事手続法の利害関係参加の概念は、このケースには当てはまらない。参加の可能性は否定されたといえる。

　また旧法の下では、多数説は補助的参加（民事訴訟における補助参加に相当する参加）を認めていた。家事手続法はこれを否定している。家事調停においては、たとえば親権者同士の調停における未成年の子のように参加することによって当事者とはならないが、その法的利益を保護するため、独自の主張の機会を保障しなければならない例のほかは、いずれも当事者の地位に

---

(33)　金子・逐条解説 777 頁。

(34)　この場合未成年者が参加するには調停行為能力が必要である（家事手続 252 条
　　　1 項 2 号，4 号）。これを有しない場合には特別代理人の選任を求めることになる。

(35)　この点については本書旧版・366 頁参照。

第4章　家事調停の当事者・代理人　　　521

立って協議し，合意する主体となる。この意味で調停における参加は，当事者としての参加であるとの少数説[36]が結果的に家事手続法によって支持されたといえる。

4　参加の手続

1　当事者参加

当事者として家事調停の手続に参加する者は，参加の趣旨および参加の理由を記載した申立書を提出しなければならない（家事手続258条1項による41条3項の準用）。参加の理由にはどのような資格に基いて調停手続に当事者として参加するかを明らかにしなければならない。裁判所は参加の申立ての適否の判断をする。参加申立てを不適法と認めるときは申立てを却下する。この裁判に対しては即時抗告をすることができる（同258条1項による41条4項の準用）。

2　利害関係参加

(1)　審判を受ける者となるべき者の参加の場合

審判を受ける者となるべき者は，参加申立書に参加の趣旨および参加の理由を記載して裁判所に提出しなければならない（家事手続258条1項による42条4項の準用）。裁判所は参加の申立ての適否を判断する。参加の申立てを不適法と認めるときは申立てを却下する。この裁判に対しては即時抗告をすることができる（同42条6項）。

(2)　調停の結果により直接の影響を受ける者および当事者となる資格を有する者の参加の場合

参加の趣旨と理由を記載した申立書を裁判所に提出する。当事者となる資格を有する者は，当事者参加も可能であるから，いずれの参加を申し立てているかを参加の理由において明らかにしなければならない[37]。家庭裁判所は申立ての適否のほか，申立てが適法である場合でもさらに申立てが相当であるときに限り，参加を許可し，利害関係参加を認めるのが相当でないと認めるときは申立てを却下する（同258条1項による42条2項の準用）。

調停の結果により直接の影響を受ける者とは，別表第2に掲げる審判事項

---

(36)　小山・民事調停法159頁，本書旧版・365頁。

(37)　金子・逐条解説141頁。

の調停のうち，子の監護，親権者の指定変更に関する調停における未成年者が代表的な例であり，また実際上これ以外には考えられない。ところで未成年者の利害関係参加については，家事手続42条5項が特別の定めを置いている。すなわち未成年者が利害関係参加をしようとする場合には，その者の年齢および発達の程度その他一切の事情を考慮して，その者が当該家事調停の手続に参加することがその者の利益を害すると認めるときは，家庭裁判所は参加の申立てを却下しなければならない。別表第2に掲げる事項の調停が不調のときは，手続は自動的に審判手続に移行するから，未成年者の調停手続の参加の許否の判断基準は家事審判手続への参加の許否の基準と同一でなければならない。この基準については，第1編第4章第4節4・4を参照のこと。

(3) 利害関係参加人の地位

利害関係参加人は，上の説明からも明らかなように当事者の地位を有するわけではないが，原則として「当事者がすることができる手続行為をすることができる」（家事手続258条1項による42条7項の準用）。ただし家事調停の申立ての取下げ，申立ての変更，審判に対する不服申立ての取下げおよび書記官の処分に対する異議の取下げをすることができず（42条7項本文カッコ書き），裁判所の裁判に対する不服申立ておよび書記官の処分に対する異議申立ては利害関係参加人ができるものとされていなければすることができない。

利害関係参加人が手続に関与していなくても，調停手続を進めることはできるから，参加の申立てを取り下げることができるが，この場合でも調停委員会は以下5で述べるように職権で引き入れることができる。

5 引込み
1 趣 旨

当事者参加または利害関係参加をなしうる者が自ら手続に参加しないことがある。当事者参加の場合にはこの者を欠いたままでは調停手続を進めることができないし，利害関係参加ではその者に対する手続保障を欠いたまま不利益な結果がもたらされることがある。参加をなしうる者が自ら参加の手続をとらない場合に，当事者からまたは職権によって第三者を手続に参加させる制度が必要になる。これを引込みという。考え方は家事審判の場合と同様

第4章　家事調停の当事者・代理人　　　523

である。

2　当事者による引込み

調停の当事者は，当事者参加をなしうる者がある場合，この者の参加の申立てをすることができる（家事手続258条1項による41条2項の準用）。この申立てがあると，調停委員会は相当と認めるときは参加を命ずる裁判をする。当事者となるべき者が欠けていた場合に，この申立てがあると却下の余地はない[38]。

利害関係参加をなしうる者が，自らこの参加をしない場合に，当事者には参加申立権は認められていない。当事者参加と異なり，この者を欠いていても調停を成立させることが可能であるからである[39]。当事者は職権発動を促すことができる。

3　職権による引込み

調停委員会は，相当と認めるときは職権で当事者参加，利害関係参加を命じることができる（家事手続258条1項による41条2項，42条3項の準用）。参加を命じる裁判に対しては不服申立てをすることができない。家事審判と異なり，参加を命じられたとしても調停に応じない選択をすることができるから，不利益を与えられるわけではないからである。

6　手続からの排除

調停委員会は，当事者となる資格を有しない者および当事者である資格を喪失した者を調停手続から排除することができる（家事手続258条1項による43条の準用）。この排除があったときは，書記官はその旨を当事者および利害関係参加人に通知しなければならない（家事手続規則28条）。排除の裁判に対しては，排除されることになる者は即時抗告をすることができる（家事手続43条2項）。旧家審法には相当する規定がなく，家事手続法で初めて導入された。

---

[38]　金子・逐条解説133頁。

[39]　金子・逐条解説140頁。

7 手続の受継

1 家事調停における中断・受継

　家事手続258条1項は手続の受継に関する同44条を調停手続に準用している。その趣旨については，第1編第4章第5節3で説明した。ここでは調停について特記すべき事項についてのみ補足的に説明するにとどめる[40]。

　家事調停においては，家事審判と同様に当事者の死亡または資格の喪失による手続の中断はないと解されている[41]。家事手続法の下でも同様に解されている[42]。その理由として，家事調停においては当事者が手続に関与する程度が少なく，職権で手続を進めるために中断を認めなくても支障がないとされる。しかしこの説明は適切とはいえない。調停手続は当事者の合意を基礎とするため，手続進行については民事訴訟よりも当事者主義的であるといってよい。また人事訴訟事件やその他の一般の家庭事件も対象とするから，当事者間の対立も厳しく中断を認める実際上の必要性も高いとみられる。この意味では中断を認める十分な理由がある。しかし家事審判手続と同様に，調停手続でも中断の効力を画一的に生じさせることは，この間の家庭裁判所の職権による調査活動等に影響を及ぼすことになるから，この点で中断の制度を認めるには支障がある。そこで中断という制度を認めることはできないが，受継後に承継人に対して不利益が生じないようにその間になされた調査の結果等を開示する等の措置が必要になる。

2 当事者の死亡による調停手続の終了

　家事調停の対象が当事者の一身専属的な権利・法律関係であるときは，当事者や事件本人の死亡によって手続を受継する余地はなく，調停手続は当然に終了する。この点では他の手続と異ならない。そこで婚姻関係事件，養子縁組事件における当事者の一方の死亡，親権者または監護者の指定・変更等に関する事件における当事者の一方の死亡または事件本人（審判の結果によ

---

(40)　小山・民事調停法250頁以下は，この問題を「調停の承継」として扱っている。実体的な権利・義務の承継があったときに，当該権利・義務を中心とする紛争につき係属中の調停手続が新しい適格者に承継されるとし，その原因として相続または法人の合併，債権譲渡や債務引受をあげている。

(41)　家審法講座第3巻95頁〈沼辺〉，篠清「家事調停中の当事者の死亡と受継・参加」別冊判タ8号（1980）137頁，佐々木・前掲注(3)判タ747号50頁。

(42)　金子・逐条解説150頁。

第4章　家事調停の当事者・代理人　　525

り直接に影響を受ける者）である未成年者の死亡，夫婦に関する同居協力扶助，婚姻費用分担等の事件にあっては当事者の死亡により手続は終了する（詳細については第1編第4章第5節2参照）。

3　手続の受継

(1)　受継の意義

家事調停の手続において当事者が死亡，資格の喪失その他の事由によって手続を続行することができない場合には，法令により手続を続行する資格のある者は，その手続を受け継がなければならない（家事手続258条1項による44条1項の準用）。他の当事者は手続の受継の申立てをすることができ，調停委員会も受継の資格を有する者に職権で手続を受け継がせることができる（同44条3項の準用）。これに対して他の申立権者による受継（同45条）は家事調停には準用されていない。この規定の意味については，第1編第4章第5節3で説明した。

当事者の権利ないし地位が，一身専属的であるために受継を考えることができないが，別に法令によって申立資格を有する者がある場合，たとえば夫が子に対し嫡出否認の調停を申し立てた後に死亡したが，別に申立てをなしうる者（その子のために相続権を害される者，その他夫の3親等内の血族）がある場合など，受継が可能とされている[43]。

(2)　受継の手続

法令により手続を続行する資格のある者は，受継の申立てをすることができる（家事手続44条2項の準用）。申立書には申立ての趣旨と受継の理由を記載しなければならない。また手続を続行する資格のある者であることを明らかにする資料を添付しなければならない（家事手続規則29条2項）。申立てを却下する裁判に対しては即時抗告をすることができる（家事手続44条2項）。旧法下では受継申立てに対してする審判は，申立書の余白に「許可」または「不許可」の表示をして，家事審判官が認印すれば足りると解されていた[44]が，家事手続法の下では決定書を作成することになろう。調停委員会は職権によっても手続を受け継がせることができる（同3項）。

---

[43]　家審法講座第3巻98頁〈沼辺〉，実務講義案234頁。

[44]　実務講義案108頁。

第5章　調停手続

第1節　手続の開始

1　概　説

　家事調停の手続は，当事者の申立て，家庭裁判所が別表第2に掲げる家事審判手続中の事件を職権により調停に付すこと，家庭裁判所が係属中の訴訟事件を職権で調停に付すこと等によって開始される。このほか地方裁判所または簡易裁判所から調停事件が移送されることがある。以下その内容について説明する。

2　当事者の申立て

1　申立書とその提出

(1)　申立書の必要性

　家事調停の申立ては，申立書を家庭裁判所に提出してしなければならない（家事手続255条1項）。旧法の下では口頭によっても申し立てることができるとされていた（旧家審規3条1項）が，申立ての段階から申立てによって求める調停条項を明確にして円滑な調停を可能とし，簡易迅速な処理の要請に応えるため[1]に書面によることにした。申立書を必要とすることによって，記載に不備があった場合の対応が可能となるとともに，申立書の写しを相手方に送付する規律にも応じることができる。

　もっとも家事調停では高齢者や未成年者等も申立人となることがあり，また身体障害等によって自ら申立書の作成に困難を有する場合がある。旧法時においても裁判所の事件係等が当事者の申出を代筆して行ういわゆる準口頭申立て（第1編第5章第2節**1・2**参照）が行われていた。この実務は家事手続法の下でも引き続き認められる[2]。また家事調停の申立ては，事件内容が

---

(1)　金子・逐条解説 766 頁。

第5章　調停手続　　527

多岐にわたり必ずしも法的な問題ともいえない場合がありうるから，家事審判の申立てほどに内容が整理されていなくてもやむを得ないといえる[3]。

(2)　申立書の必要的記載事項

家事調停の申立書には，①当事者および法定代理人，②申立ての趣旨および理由を記載しなければならない（家事手続255条2項）。

①　当事者

当事者とは申立人および相手方をいう。旧家審法7条が準用する旧非訟法9条には申立書の記載事項として相手方が掲げられていなかったが，家事調停では常に相手方を予定し，しかも相手方の住所地が管轄裁判所とされていることから立法の不備であると指摘されていた。家事手続法は相手方を含めて当事者の記載の必要性を明記した。当事者は氏名のほか住所まで記載する（家事手続規則1条1項1号参照）。当事者の住所は，その特定のために必要な情報であるが，DV等によって避難している場合にこれが知られることは適切ではない。そこでこのようなケースでは，住所・電話番号等は申立書に記載するのではなく，「連絡先届出書」に記載することにしている[4]。当事者が未成年者または成年被後見人で調停行為能力を有しないときは法定代理人である親権者，後見人の氏名，資格および住所を記載する。

②　申立ての趣旨および理由

(a)　申立ての趣旨

申立ての趣旨は，申立人が求める調停条項をいう。紛争の対象となっている権利または法律関係と，それについての調停を求める趣旨を明らかにする。給付を求める場合には，その法的性質を明らかにする必要があるが，訴訟におけるような厳密さは要求されないと解すべきである。たとえば夫婦間で金銭の支払いを求める調停を申し立てる場合に，婚姻費用の分担かあるいは子の監護に関する処分かの特定は必要でないであろう。また金銭の支払いを求める場合にはその額，財産分与を求める場合には対象物を特定する必要はない[5]。この記載があっても申立人の希望の一端が示されているに過ぎない。

---

(2)　金子・一問一答231頁，金子・逐条解説766頁。

(3)　家事手続法の下でもこのように解されることについて，金子・逐条解説766頁。

(4)　本多智子「家事調停の一般的な審理〜夫婦関係調整調停を中心に」東京家事事件研究会編『家事事件・人事訴訟事件の実務』(2015) 34頁以下に，各種文書の説明がなされている。

この点で家事審判の申立ての趣旨と共通する。

実務の観点からは，申立ての趣旨によって当該調停申立てが別表第2に掲げる事項か，その他の家庭に関する事項かが明確になる程度に記載するように求めることになる(6)。そしてこの区別がつかないときは，申立書の記載として不備であるとするのが立法者の見解である(7)。調停不成立の場合の手続移行（家事手続272条3項・4項）の判断のために必要であることを理由とするが，手続開始後に明確になれば足りるのであるから，申立書の段階でここまで厳密な記載を求める必要はないと解する（なお次の(c)参照）。

(b) 申立ての理由

申立ての理由とは，申立ての趣旨とあいまって調停を求める事項を特定するのに必要な事実をいう（家事手続規則127条による37条1項の準用）。旧法の下では申立書には「事件の実情」を記載するものとされていたが，家事手続法はこれに代えて新しく「申立ての理由」の概念を導入した。その理由は，立法担当者によれば次のように説明されている。すなわち，旧法下における事件の実情とは一方では申立ての基礎となる事実をいい，旧非訟法9条にいう「原因たる事実」と同様に解されていたが，他方では実務上で申立ての動機や紛争の経過をもこれに含めていた。しかし家事手続法で調停申立書を必要とし，その不備がある場合に補正等の措置をとることにすると旧法下における事件の実情という用語では十分ではない。そこで申立書の必要的記載事項として申立ての理由を採用した(8)。

もっとも家事手続規則37条1項では，旧法から引き続き「事件の実情」の記載が求められているので，申立てに至る経緯や紛争の実情についても記載されることになる。この記載は調停申立ての特定ではなく，申立て受理後

---

(5) 民事調停の例であるが，大津地判（中間判決）昭和46（1971）・3・15下民集22巻3＝4号269頁は，「相手方は申立人に対し相当額の損害賠償金を支払うとの調停を求める」という申立ての趣旨であったのに対して，金銭支払いを求める申立ての趣旨は金銭の支払いを求める旨が明らかにされていれば足り，必ずしも一定の金額を明示する必要がないとする。また小山・民事調停法189頁も同趣旨を述べる。家事調停についても同様に解してよい。基本法コンメ529項〈岩田淳之〉。もっとも，以下の2で触れる「調停物」の概念を採用し，厳格に解するとその取扱いは異なったものとなる。

(6) 注解家審規10頁〈山口幸雄〉，実務講義案194頁。

(7) 金子・逐条解説767頁。

第5章　調停手続　　　529

の手続の振分け（インテーク）等にとって重要な意味をもつ。

(c)　記載の程度

　申立ての趣旨と申立ての理由は必ずしも明確に区別することができないこともあり，両者が整然と区別されていなくても，両者があいまって求める調停事項が特定されればよく，この限りでは申立書の不備という問題を生じさせない[9]。他方で立法担当者によれば，調停不成立の場合に手続が家事審判に移行するか（家事手続272条4項），あるいは人事訴訟によることになる（同3項）かが判別できなければならないとし，当事者の調停行為能力や保全処分の要件を満たすか等は調停申立ての段階から問題になりうるので，申立書における申立ての趣旨および申立ての理由の記載の程度としては，およそ別表第2に掲げる事項についての調停か，同表のどの事項についての調停を求めているかの程度まで特定していなければ，申立書の記載としては不備であるとする[10]。しかしこの要請は申立書の適否の審査のための記載のレベルを超えているといえるのではなかろうか。調停不調の場合の手続がどうなるかは，申立書の記載の段階で考慮する必要はない。また当事者の調停行為能力や保全処分の要件等も手続開始後に調停委員会が釈明すべき事項であろう。民事訴訟の訴状の記載事項と比べても調停申立書の記載に多くを要請することは適切ではない，適切な実務の形成を期待したい。

　また調停申立書の写しは原則として相手方に送付されるため，これに記載されない重要な情報があればその都度，事情説明書，非開示の希望等に関する申出書（非開示申出書）等に記載されることになる[11]。

---

(8)　金子・逐条解説767頁。また申立書の記載内容に含まれない情報のうち，申立ての内容に関する事情（裁判所が審理を円滑に進めるために必要な情報を含む），すなわち当事者の居住関係，収入，調停の審理で対立が予想される点等については当事者から事情説明書が提出される。本多・前掲注(4)家事事件・人事訴訟事件の実務37頁。

(9)　秋武編・概説286頁〈高取真理子〉，基本法コンメ529頁〈岩田淳之〉。

(10)　金子・逐条解説767頁。

(11)　本多・前掲注(4)家事事件・人事訴訟事件の実務35頁，40頁。非開示申出書は，当事者から非開示希望のある書面を裁判所が適切に管理するために作成される文書である。この希望のある書面の閲覧・謄写の請求があった場合の開示は家事手続47条の基準によって判断される。

(3) 申立書の却下

家事手続法 255 条 4 項は同 49 条 4 項ないし 6 項を準用している。そこで家庭裁判所は，申立書の必要的記載事項に不備があるときは，相当の期間を定めて補正を命じることができ，申立人がこれに応じないときは申立書を却下することができる。家事調停の申立ての手数料を納付しない場合も同様である。この命令に対しては即時抗告をすることができる。

旧法下では申立書の却下に関する明文の規定がなく，任意の補正にとどまっていた。また申立書に不備があっても，できる限り事実調査等によって補うのが望ましいから，手数料納付の場合を除いて申立書の却下はできるだけ避けるべきであるとされていた[12]。家事手続法の下でも家事調停の申立ての特定については厳密さを要求できないので，十分な配慮が求められる[13]。

(4) 証拠書類の写しの添付

申立ての理由および申立ての実情についての証拠書類があるときは，その写しを家事調停の申立書に添付しなければならない（家事手続規則 127 条による 37 条 2 項の準用）。また家庭裁判所は，家事調停の申立人に対して，当該申立てに係る身分関係についての資料その他家事調停の手続の円滑な進行を図るために必要な資料の提出を求めることができる（同 37 条 3 項）。家庭裁判所は当事者から家事調停の手続の進行に関する意見を聴取することができる（家事手続規則 127 条による 40 条の準用）。

(5) 申立手数料の納付

申立書には民事訴訟費用等に関する法律で定める相当の手数料（印紙）を申立書に貼付して納付しなければならない。同法別表第 1, 15 - 2 によれば，家事調停の申立手数料は係争金額にかかわらず一律に 1,200 円とされている。申立人が手数料を納付しないとき，または納付した手数料に不足があるときは，裁判所は申立人に対して補正を命じることができる。申立人がこれに応じないときは申立書を却下することができる（家事手続 255 条 1 項による 49 条 4 項，5 項の準用）。

申立と同時に，調停手続費用として当事者等の呼出しや告知のための費用を郵便切手で予納させている。

---

(12) 注解家審規 12 頁〈山口〉。

(13) 金子・逐条解説 768 頁。

第 5 章　調停手続　　531

⑹　申立ての併合

家事手続 255 条 4 項は 49 条 3 項を準用しているので，家事調停においても申立ての併合が可能である。併合できる要件は，家事調停事項が同一の事実上および法律上の原因に基づくときである。子の監護に関する処分につき，養育費の支払いと面会交流を同時に申し立てることはもちろん，離婚（夫婦関係調整）と婚姻費用分担の調停のように訴訟事項と家事審判事項とを一つの申立書で申し立てることができる[14]。数個の関連する事件を同一の手続で進めることにより手続の重複を避けることができる。ただし併合管轄は認められないので，いずれの申立てについても申し立てられた裁判所に管轄がなければならない。

⑺　申立ての変更

家事調停にも家事手続 50 条が準用されるので，申立ての基礎に変更がない限り調停の申立てを変更することができる。家事調停では相手方の応答いかんによって協議対象が変更されることがある。家事審判の場合よりも緩やかに解釈してよい[15]。他方で相手方は協議に応じないときは，申立ての基礎に変更がなくても申立ての変更は可能ではない。

なお家事調停の申立てにない事項について当事者間で合意が成立したとき，これをどのように扱うかが一応問題となる。もともと家事調停の申立ては申立ての時点で特定していると解することはできず，調停過程で相手方の対応いかんによって拡大し，あるいは縮小する。この意味では拡大し，申立てに含まれていない事項について合意が成立したときは，申立ての範囲内の合意

⒁　家事調停の立件

　　家事調停の立件の基準は，平成 24（2012）・12・11 付最高裁総三第 000340 事務総長通知「『事件の受付及び分配に関する事務の取り扱いについて』の一部改正について」別表第 5 の 2 家事調停事件によれば，①別表第 2 に掲げる事項に関する申立ては，当該事項についての審判事件の場合と同じく，各項ごとに事件番号を付し，②家事手続 277 条 1 項に規定する事件に関する申立てについては，確認または形成の対象となる身分関係ごとに，また③それ以外の家庭に関する申立てについては，申立書，調停に付する決定書，移送決定書ごとにそれぞれ事件番号を付すとされる（最高裁事務総局家庭局監修『家事事件手続法執務資料』（2013）68頁）。それゆえ申立ての併合の場合にも事件ごとに事件番号が付され，手数料が納付されることになる。

⒂　秋武編・前掲注⑼・概説 288 頁〈高取〉。

であると扱うことが可能である[16]。

2　いわゆる調停物について

近時家事審判における「審判物」と同様に，家事調停における「調停物」について論じられている。調停物とは，調停の目的となり，調停申立ての対象となる事件であり，調停申立ての際の立件の個数や調停発展段階における申立ての変更の要否を判断する場合に問題になるとされる[17]。次のように説かれる。実務上調停受付の際には，別表第2に掲げる事件や人事訴訟事件（合意に相当する審判事件）は，当該審判事項または確認等の対象となる身分事項ごとに別事件となり，その他の家庭に関する一般事件（離婚，離縁を含む）では原則として申立書ごとに別事件となる。申立ての変更については，たとえば離婚（夫婦関係調整）調停申立ての場合には，離婚に附帯して親権者・監護者の指定，子の引渡し，面会交流，財産分与・慰謝料請求に及ぶことはもちろん，さらに関連事項として特有財産の引渡しや不当利得返還請求が追加されることも可能であるとされる[18]。これに対して，同居請求，婚姻費用分担を求める調停から離婚（夫婦関係調整）へ，認知から養育費請求へ，遺留分減殺請求から遺産分割へと調停の趣旨を変更することはできず，申立ての取下げと新しい申立ての手続をとらなければならないという[19]。こうした問題を処理するために，調停物という概念が有用であると主張されるのである。

果たしてそういえるのか，疑問である。まず調停は当事者の合意を基礎とする手続である。申立人の特定の申立てに対して調停機関が法的判断を加えてその受諾を説得するものではないから，家事審判の対象や民事訴訟における訴訟物を論じるのとは自ずと異なる考慮が必要である。申立書における申立ての趣旨と理由から，さしあたって調停の対象が何であるかは明らかにな

---

(16)　旧法下においてそのように解されていたことにつき，注解家審規17頁〈山口〉。金子・一問一答232頁は，民事訴訟法上の和解について訴えの変更がなければ訴訟物以外について和解をすることができないわけではないのと同様に申立ての変更は必要がないとする。職員研修所・概説123頁，基本法コンメ530頁〈岩田〉も同様である。

(17)　梶村太市『新家事調停の技法』（2012）33頁。

(18)　梶村・前掲注(17)・新家事調停の技法34頁。

(19)　梶村・前掲注(17)・新家事調停の技法34頁。

るが，相手方の応答によって調停手続における協議事項が大きく変化することがある。そのような変化の余地を当然のこととして想定しておかなければ，調停の進行および成立を著しく制約しかねない。申立ての変更が許されない例として挙げられている同居請求・婚姻費用分担の調停申立てから離婚（夫婦関係調整）への変更は，家事審判事項から訴訟事項への変更になるために許されないと考えられているようであるが，申立人の意向としては婚姻関係の継続を前提とした夫婦間の懸案事項についての協議であるかもしれないが，相手方としては可能であるならばその旨の協議をし，場合によっては離婚を前提とした諸条件の協議を望んでいることもある。この場合に，調停の対象が離婚となることは当然にありうることといわなければならない。調停の対象は申立人の申立てだけではなく，相手方との協議によって定まると解釈すべきであろう。

先の例で申立人が離婚について協議する意思がなければ，調停の手続は進行せず，不成立となって終了するだけである。これに対して申立人が婚姻関係の継続をあきらめて，離婚について協議することに合意するならば前の申立てを取り下げて新しい申立てをする必要はないであろう。調停物を観念することによってこのような結果を生じさせるならば，むしろ調停物の概念はないほうが適切であろう。申立ての変更を許すかどうかは調停物の同一性という基準ではなく，相手方の合意があるか否かなど別の基準によるべきである。

3　申立ての効果

別表第2に掲げる審判事件については，調停の不成立によって当然に審判手続に移行し，調停の申立ての時に審判の申立てがあったものとされている（家事手続272条4項）。それ以外の請求権を目的とする申立てにおいては，調停の申立ての時に時効中断の効力が生じる。また調停が不成立となった場合，または調停に代わる審判に対して異議申立てがあって失効したとの通知を受けた日から2週間以内に訴えの提起または審判の申立てをしたときは，その訴訟物または審判対象が調停の目的とした請求と同一である限り，調停申立ての時に訴えの提起または審判の申立てがあったものとみなされ（家事手続272条3項，286条6項，7項），その時に時効中断の効力を生じる。

4　申立ての時期

家事手続244条の規定により調停を行う事件について訴えを提起しよう

する場合には，まず調停の申立てをしなければならない（同 257 条 1 項）。これについては調停前置主義としてすでに説明した（第 2 章第 2 節参照）。

別表第 2 に掲げる事件については調停前置主義が適用されないが，調停と審判の両者の関係で次の問題がある。別表第 2 に掲げる事件については，すでに審判手続が係属している場合でも，また審判の申立てと同時であっても調停の申立てをすることができる（第 1 編第 5 章第 2 節 1・1(2)参照）。家事審判手続中に調停の申立てがあったときは，家庭裁判所は調停が終了するまで審判手続を中止することができる（家事手続 275 条 2 項）。審判よりも調停による解決を優先させる趣旨であり，旧法の規律（旧家審規 20 条）を引き継いでいる。ただし審判手続の進行を妨害する意図で調停の申立てをすることがないわけではないから，審判手続を中止するかどうかは家庭裁判所の裁量に委ねられる。中止する旨の裁判に対しては不服申立てをすることができない。

5 調停申立ての不適法却下

家庭裁判所は調停の申立てが不適法であるときは，調停の申立てを却下することができる（家事手続 255 条 3 項）。旧法下ではこれに関する明文規定はなかった。家事調停の申立てが不適法である場合とは，たとえば調停の対象にならない事項についての申立て（たとえば別表第 1 に掲げる相続人廃除または取消しを求める申立て），相手方となるべき適格のない者に対する申立て（たとえば配偶者でない者に対する離婚調停申立て）など，不適法で補正の余地のない申立てをいう[20]。申立てを却下する裁判に対しては即時抗告をすることができる（家事手続 255 条 3 項）。

3 申立書の写しの送付

1 原 則

調停申立書の写しの相手方への送付については，旧法の下では明文の規定がなく，裁判所の裁量に委ねられていた。家事手続法は，相手方が申立書の内容を知ったうえで手続を進めることが家事調停の手続の充実および早期解決の観点から重要であることを考慮して，申立書の写しを相手方に送付することを原則とした（家事手続 256 条 1 項）。

---

[20] 金子・逐条解説 768 頁。旧法のもとでも同様に解されていた（注解家審規 13 頁〈山口〉）。

第 5 章　調停手続　　535

2　申立書の写しの送付を要しない場合

調停申立てを不適法として却下する場合または家事調停の期日を経ないで調停をしない措置（家事手続 271 条）によって家事調停事件を終了させる場合には，申立書の写しを相手方に送付する必要はない（同 256 条 1 項）。家事審判の申立書に関する同 67 条 1 項と同趣旨の定めである。

3　申立書の写しの送付に代わる通知

家事調停の申立書の記載内容によって，当事者間に無用の混乱を招いたり，紛争を激化させたりするなど，当事者間の話合いを通じた自主的な紛争解決という調停制度の趣旨目的を阻害する結果となるおそれがある[21]ときは，家事調停の手続の円滑な進行を妨げるおそれがあると認められるとして，家事調停の申立てがあったことを通知することで，申立書の写しの送付に代えることができる（家事手続 256 条 1 項ただし書き）。申立書や添付の資料から具体的な事情を考慮して判断されることになる。申立書の記載内容が裁判所から見れば行き過ぎのように見えても当事者間の従前の交渉経過から相手方にとっては想定範囲内ということもありうるから，この扱いは慎重であるべきであろう。

4　申立書の写しの送付をすることができない場合の措置

申立書の相手方の住所の記載に不備があって，家事調停の申立書の写しを相手方に送付することができない場合には，裁判長が相当の期間を定めて不備を補正すべきことを命じ，申立人が補正命令に従わないときは命令で申立書を却下することができる。この命令に対しては即時抗告をすることができる（家事手続 256 条 2 項による 49 条 5 項，6 項の準用）。

申立書の写しの送付またはこれに代わる通知の費用を予納しないときも，申立書を却下することができ，この命令に対しては即時抗告をすることができる（家事手続 256 条 2 項による 67 条 3 項，4 項の準用）。

4　手続の選別

調停の申立てがあると，手続法上の家庭裁判所である裁判官が手続の選別を行って，調停委員会による調停とするか，この場合にだれを調停委員に指名するか，あるいは単独調停とするかの振り分けを行う[22]。これを一般に手

---

[21]　金子・一問一答 232 頁，金子・逐条解説 769 頁，秋武編・概説 289 頁〈高取〉。

続の振分け（インテークintake）と呼んでいる。さらにまた申立てが受理された後，裁判官から命を受けた家裁調査官が，申立書や申立付表等の書類を精査し，また申立人等から事情聴取をするなどしてその事件について調停を先行させるか，あるいは家裁調査官を関与させてあらかじめ調査・調整を行うなどの措置を講じるのが適当かの意見を裁判官に提出する。事件の内容や当事者の状況に応じて調停の進行をどのようにするかを考える必要があるからである[23]。

5　付調停

1　意　義

　家事調停の対象となるのは，家事手続法別表第2に掲げる事項と人事訴訟事件およびその他一般に家庭に関する訴訟事件である。このうち別表第2に掲げる事項は，当事者の選択によって調停または審判のいずれの申立ても可能である。この事件については訴訟事件のように調停前置主義は採用されていないが，家庭の平和と健全な親族共同生活の維持を図るためには，強制による解決方法である審判よりは，なるべく合意を基礎とする自主的な解決である調停によることが望ましい。このようにして家事手続274条1項は，審判手続係属中に事件を調停に付すことができると定めている。

　また人事訴訟事件およびその他の家庭に関する訴訟事件については，調停

---

[22]　実務講義案174頁。

[23]　インテークとは，もともとアメリカのソーシャルケースワークに由来し，家庭裁判所の事件受理に採用された事件の振分けをいう。そこでは「紛争当事者から事情を聴取し，当該紛争の性質を概略把握して，当事者に対し現在その家族がいかなる事態に直面しているかを理解させるとともに，当事者に裁判所の機能やサービスを十分に説明したうえで，その問題の処理のため申立てを正式に受理するかどうかを決め，受理するとしてもどのような申立てとして受理するかを決めることが，有効適切な裁判運営のためにも，問題をもった人が家庭裁判所の機能やサービスを建設的に利用するためにも必要である」とされてきた（家審法講座第3巻140頁〈沼辺〉）。こうした考え方はわが国の家庭裁判所にも必要であるとされ，家庭裁判所発足の早い時期から，家事相談，受理面接，申立書付表等の作成，単独調停の試みなど，各家庭裁判所でさまざまな努力が重ねられてきた。今日でもさらに調停や審判等を申し立てようとする人々に対するさまざまな説明書やビデオ等の作成が行われている。なおこれに関連するものとして，以下第3節3・4(5)(6)を参照のこと。

第5章　調停手続　　537

前置主義（家事手続 257 条 1 項）が採用されていることから明らかなように，当事者の合意による解決が優先する。調停前置主義に違反して直ちに訴えが提起されたときは，裁判所は職権で事件を調停に付さなければならない（必要的付調停，同 2 項）。これに対して調停が成立せずに訴えが提起された場合であっても，時間の経過等から再び合意による解決の可能性が生まれていることもあり，また訴訟手続における争点整理等によって当事者間での協議の可能性が生み出されていることもある。そのため受訴裁判所は，職権で当該事件を調停に付すこと（これを「任意的付調停」という。家事手続 275 条 1 項）ができる。

　旧法の下でも家事審判事件の係属中，あるいは訴訟係属中や当事者間の合意による解決を達成するため事件を調停に付すことは認められていた（「付調停」という。旧家審法 11 条，19 条）。家事手続法もこの考え方を継承している。旧法の下ではたとえば調停を受ける裁判所等につき明文規定を欠き，解釈に委ねられるところもあったほか，抗告審では家事調停を行えない制約があったので，必要的付調停について定める旧家審法 19 条を準用して付調停の決定をしていた[24]。家事手続法はこれらの改善を図っている。以下審判事件と訴訟事件に分けて説明する。

2　審判事件の付調停

(1)　調停に付す時期および基準

　どのような時期に，またどのような事情を考慮して事件全体あるいはその一部を調停に付すかについて，家事手続法は明らかにしていない。家庭裁判所の裁量に委ねられているが，一般的には調停によって解決すべき必要性が強いことだといえる。すなわち事件の内容，審判手続の進行状況，当事者の意向さらには調停成立の見通しなどを総合的に考慮して決定することになる。旧法下では別表第 2 に掲げる審判事件は，本来調停に親しむ性質のものであるから，調停に付すことが相当でない事情[25]が見いだせない限り原則として調停に付するのが実務の扱いであるとされていた[26]。家事手続法の下でも同

---

[24]　福岡高決昭和 47（1972）・4・25 家月 25 巻 3 号 97 頁など。

[25]　たとえば同一当事者間で同一または類似の事件について過去の調停申立て，その取下げまたは係争中といった経過があり，調停での解決が困難であることなどの事情である。

[26]　家審法講座第 3 巻〈沼辺〉，注解家審法 580 頁〈石田〉。

様に解されよう[27]。それゆえ付調停の時期および調停に付す事件の範囲については家庭裁判所の裁量に委ねられる。審判事件における審理が事実調査，証拠調べも終え終了段階に至った場合に，それまでに収集した資料から調整活動が容易になることも多く，付調停の可能性が高まることも多い[28]。当事者が調停での解決あるいは審判での解決を望んでいるという事情も，調停に付すか否かの判断にとっては当事者の手続選択権を考慮すると重要な意味をもつ。家事手続274条1項は，調停に付すについて当事者（本案について相手方の陳述がある前は申立人のみ）の意見を聴かなければならないことを明記した。裁判所は当事者の意思に拘束されるわけではなく，当事者が望んでいないときでも付調停の裁判をすることができる。

いったん調停に付したところ，調停が成立せず審判手続に移行した後，改めて事件を調停に付することもできる。付調停の回数にも制限は設けられていない。

高等裁判所が即時抗告によって抗告審に係属中に調停に付する必要性が生じたときもその旨の決定をすることができる（家事手続274条3項）。旧法下では認められていなかったが，実際の必要性および高等裁判所にも家裁調査官が配属されたこと等を考慮して付調停ができるよう法改正がなされた。

(2) 付調停の決定

裁判所が事件を調停に付するためには，付調停の決定をしなければならない。この決定に対しては即時抗告をすることができない。この処分は手続指揮上の措置で裁判所の裁量に委ねられており，また調停に付すことによって当事者に対して格別の不利益を生じさせるものではないからである。別表第2に掲げられる事件は，調停と審判の相互移行が前提とされているが，付調停によって手続構造が変化するため裁判によって明確にするのである[29]。

(3) 付調停を受ける裁判所

旧法下では，この付調停を受ける家庭裁判所は，審判事件を取り扱っている裁判所に限られるのか，あるいは調停事件について管轄権を有する裁判所

---

[27] 金子・逐条解説825頁。

[28] 調停に付す時期について，民事調停法の規準の違いについては，後述3(1)注(33)参照。

[29] 本書旧版・375頁。また調停前置主義の場合の必要的付調停についてであるが，東京高決昭和29（1954）・4・23家月6巻7号76頁もそうした旨を判示している。

第5章　調停手続　　539

であればよいのか，明文規定がないために解釈上争われていた。旧法下では理論上は調停事件について管轄権を有する裁判所であればよいが，審判と調停において事件処理に一貫性を与える必要性，当事者と裁判官，家裁調査官等との信頼関係，意思疎通の円滑さなどが紛争解決にとって重要であることを考慮して，審判事件を担当する家庭裁判所の調停に付すことが適切であるとするのが通説であったと思われる[30]。

　この点につき家事手続法は，裁判所は「事件を管轄権を有する家庭裁判所に処理させなければならない」(274条2項本文)として，移送等の要件を整備したことを踏まえて家事調停事件につき管轄権を有する裁判所であることを明らかにした[31]。ただし家庭裁判所は，家事調停事件を処理するために特に必要があると認めるときは，事件を管轄権を有する家庭裁判所以外の家庭裁判所に処理させることができ(同2項ただし書き)，また自ら処理することができる(自庁処理。同3項)。高等裁判所も自庁処理することができる。

(4)　付調停後の調停手続と審判手続

①　調停委員会の構成

　付調停によって調停が開始される場合にも家事手続248条が適用される。家事審判事件が係属していた家庭裁判所が自庁処理する場合には，家事審判事件が係属している裁判所がその裁判官の中から指定する裁判官一名(合議体であるときはその合議体三名から指定する裁判官一名)と調停委員二名以上で調停委員会を組織する(同274条4項)。高等裁判所が自庁処理する場合も同様である(同5項による247条，第3章の規定の準用)。自庁処理を行う場合であっても，裁判所が相当と認めるときは，裁判官のみで調停を行うことができる(同247条1項ただし書き)。家事審判事件が係属している家庭裁判所が家事調停の手続を行う。その裁判所が合議体であるときも，合議体としてそのまま家事調停の手続を行い，期日の手続の指揮は裁判長が行う(同258条1項による52条1項の準用)。裁判所は受命裁判官に調停の手続を行わせることができる(同258条1項による53条の準用)。高等裁判所が自庁処理で裁判官のみで調停を行う場合も同様である。

---

(30)　家審法講座第3巻129頁〈沼辺〉，注解家審法582頁〈石田〉，実務講義案198頁。

(31)　金子・逐条解説826頁。

② 付調停後の審判手続と調停手続

付調停によって調停手続が開始されたとしても，もとの家事審判事件の係属が消滅するわけではない。このため調停と審判の二つの手続が並存することになるが，審判手続を進行させることは付調停の趣旨に反し，また調停の妨げになることがある。そこで審判事件の係属する家庭裁判所は，調停事件が終了するまで審判手続を中止することができる（家事手続275条）。自動的にこの効果が生じるわけではないので，中止するにはその旨の裁判が必要になる。

付された調停事件が調停成立によって終了し，または調停に代わる決定が確定した場合には，審判手続は何らの手続を要することなく調停成立のときに当然に終了する（家事手続276条2項）。旧法下では明文規定を欠いていたが，通説であった[32]。この場合に裁判所書記官は，当該家事審判事件が係属していた裁判所にその旨を通知しなければならない（家事手続規則133条2項）。家事手続法はこのことを明記した。

これに対して調停が不成立となったときは，調停手続は終了し，残された審判手続が続行される。調停が不成立のときは，裁判所書記官は当事者に対してその旨を通知しなければならない（家事手続272条2項）。調停に付された後に，もとの審判事件が取下げその他の事由によって終了したときは，調停手続も当然に終了する。なお職権によって付された調停は，これを取り下げることによってもとの審判申立ての取下げの効果まで導くことはできないと解されるから，当事者によって取り下げることはできない。

3 訴訟事件の付調停

(1) 調停に付す時期および基準

家事手続法上，この基準は明確にはされていない。すべて裁判所の裁量に委ねられている。別表第2に掲げた事項の付調停と同様に，その時期および基準について検討する[33]。

別表第2に掲げる事項の付調停の場合と同様に，次のような要因が考慮されることになる。まず調停前置によってすでになされた調停が不成立となった事情が訴訟提起後にどのように変化したか，訴訟手続では現れにくい紛争

---

(32) 山木戸・家事審判法44頁，家審法講座第1巻69頁〈綿引〉，同第3巻〈沼辺〉，注解家審法584頁〈石田〉，本書旧版・376頁。

第5章　調停手続　　541

の背景や諸事情，当事者の感情等を十分に聴く必要性，当事者の意向および
調停成立の可能性などである。家裁調査官による人間関係の調整によってよ
り適切な解決が見込めるときは調停に付すことが適切である。

　併合して提起された訴訟のうちの一部について調停に付すこともできる。
たとえば二人に対する慰謝料請求が併合されている場合に，そのうちの一人
に対する部分を調停に付す場合である。これに対して離婚請求に慰謝料請求，
財産分与が併合ないし附帯して請求されている場合に，そのうちの一部分を
調停に付すことは適切とはいえない。

　受訴裁判所が事件を調停に付することができる時期および回数については
制限がない。したがって控訴審裁判所も，事件を調停に付することができる
（家事手続274条3項参照）。調停に付す裁判に対しては不服申立てができな
いことは，別表第2に掲げる事項の付調停の場合と同様である。

(2)　付調停を受ける裁判所

　別表第2に掲げる事項の付調停について述べたところと同様である（上記
2(3)参照）。

(3)　付調停と訴訟手続

　係属中の訴訟事件を家事調停に付したときは，受訴裁判所は調停が終了す
るまで訴訟手続を中止することができる（家事手続275条1項）。調停が成立
し，合意に相当する審判または調停に代わる審判が確定したときは，当該訴
訟について訴えの取下げがあったものとみなされる（同276条1項）。この場
合に，裁判所書記官は当該訴えにかかる訴訟が係属していた裁判所に遅滞な
くこの旨を通知しなければならない（家事手続規則133条1項）。この効果は
法律上当然に生じるため，当事者の手続行為は必要でない。

---

　(33)　民調法20条1項にも同様の規定があり，受訴裁判所は適当であると認めるとき
　　　は，職権で事件を調停に付したうえ，管轄裁判所に処理させまたは自ら処理する
　　　ことができるとする。しかしそのただし書きにおいて，事件について争点または
　　　証拠の整理が完了した後において，当事者の合意がない場合にはこの限りではな
　　　いとする。この点について，小山・民事調停法178頁は，「証拠調べが終われば判
　　　決に熟するから，むしろ判決によって紛争を解決することが妨げられるべきでは
　　　ない，と考えられているのである。訴訟利用と調停利用の調整である。訴訟を調
　　　停より重視しているわけではない」という。しかし家事調停の場合にはこのよう
　　　な制限はない。旧家審法のもとでも家事手続法のもとでも家事事件については調
　　　停優位が明らかである。

訴訟から調停に付された事件について，調停が不成立となったときは，調停手続が終了するとともに，訴訟手続が中止されていたときはその効力が消滅して訴訟手続が続行される。

第2節　調停前の処分

1　概　説

調停は，調停機関（調停委員会または裁判官）のあっせんによって，当事者が互譲し自主的に紛争の解決を図る制度である。そして家庭裁判所で調停が成立し，これが調書に記載されると確定判決ないし確定審判と同一の効力を有し，給付が命じられているときは債務名義となる。

調停の当事者間には多かれ少なかれ対立があり，家事調停が成立するまでには一般的に相当の時間を必要とする。調停の申立てがあっただけでは，当事者は係争の法律関係や財産の処分を制限されることはないから，調停の当事者や利害関係人により争いの目的物が処分され，現状に変更が加えられることがある。これによって調停後の権利の実現が困難になる。また調停の目的が，婚姻費用，扶養料や未成熟子の養育料の支払いである場合には，調停成立まで何らの手当てがなされないならば，当事者の生活基盤が危うくされ取り返しがつかない事態も生じかねない。そのために調停の成立前に，暫定的な措置を講じる必要がある。

調停手続が進行している間に，当事者の一方によって調停の目的とされている物件が処分されると，他方の当事者に対して不信感を生じさせ，調停の進行・成立が危ぶまれることもある。そのため調停委員会（または裁判官）が調停の終了に至るまでの間，仮の処分として成立すべき調停の内容を保全し，あるいは調停成立の障害となるような行為を阻止する措置をとることができる。これを調停前の処分という。旧法下では調停前の措置と呼んでいた。この制度はすでに戦前の人事調停法でも認められていた。家事手続 266 条は旧家審規 133 条を基本的に継承している。民事調停においても同様の制度があるが，その発令要件につき重要な差異が認められる（家事手続 266 条，民調法 12 条参照）[34]。別表第 2 に掲げる事項の調停が行われているときは，家事手続法 105 条以下の審判前の保全処分もなしうるが，これとは別のものである。

第5章　調停手続　　543

2　調停前の処分の要件

調停前の処分は，実体的要件と手続的要件の両者を満たさなければならない。以下それぞれについて説明する。

1　実体的要件

(1)　調停のために必要であること

調停前の処分の実体的要件は，「調停のために必要である」ことである（家事手続266条1項）。その意味は，当事者間の合意の成立を容易にするために障害となるべき事態を排除すること，すなわち調停手続の円滑な進行を図るため障害となる事態を排除する必要があることをいう[35]。調停を進める過程で生じる障害を除去するための措置の必要性と解されているのである。しかし調停過程では成立すべき調停条項を念頭に置くことが必要であり，成立した調停の実現可能性をも考慮しておく必要がある。このことから調停が成立した後のその内容の実現を容易化し，可能とさせるために必要な措置を講じることも可能であると解されている[36]。

(2)　当事者の一方の利益の保全

調停前の処分は，手続的要件で述べるように当事者の申立てを必要としない。調停機関が職権によってなしうる。そのため古い学説においては。調停

---

[34]　民事調停における調停前の措置は，「当事者の申立て」によりなされる（民調法12条）のに対して，家事調停の場合には当事者の申立ては必要がなく，調停機関が職権によってなしうるという点で顕著な差異がある。また同じ家事手続法上の審判前の保全処分と比較しても次のような差異がある。すなわち審判前の保全処分では，当事者が保全の理由を疎明しなければならないのに対して，調停前の処分ではその必要がないこと，また審判前の保全処分は執行力を有するのに対して調停前の処分は執行力がなく，その違反に対しては過料が課せられることである。旧法下ではこの二つの制度は，乙類審判事件が調停に付された場合にのみ競合したが，家事手続法が別表第2の審判事件につき調停が申し立てられた場合にも審判前の保全処分をなしうることにした（同105条1項）ため，競合関係はより一般的になった。昭和55（1980）年に旧家審法一部改正により審判前の保全処分が認められて以来，調停前の措置（調停前の処分）の利用は減少しているといわれる。

[35]　山木戸・家事審判法91頁，家審法講座第3巻152頁〈沼辺〉。

[36]　山木戸克己「調停・審判前の仮の処分」同『民事訴訟法論集』（1990）266頁，注解家審規399頁〈向井〉，永吉盛雄「審判前の保全処分」岡垣学＝野田愛子編『講座実務家事審判法第1巻』（1989）312頁，実務講義案208頁，本書旧版・381頁。これに対して金子・逐条解説799頁は，今後とも解釈に委ねられるとしている。

前の処分では当事者の一方の利益を保全することを目的とした措置はとることができないと主張されていた[37]。この見解によれば、調停前の処分は中立的な調停機関が当事者間における適正妥当な調停成立を期待してとるものであって、一般の保全処分とは制度の趣旨が異なり、また当事者の一方の利益となるような措置を講じることは、かえって調停成立を困難にさせるという配慮に出たものと位置づけられる。しかし上に述べたように調停が成立した後のその内容の実現を容易にするためにもこの措置をとることができるのであるから、旧法下における通説は、当事者の一方の利益を保護するためにもこれを命じることができると解していた[38]。

家事手続法の下では、別表第2に掲げる事件についての調停申立てがあれば、審判前の保全処分を命じることができるようになった（105条1項）。当事者の一方にとって利益となる措置の多くは審判前の保全処分によって対応することができると思われるが、執行力を伴うなど発令要件も厳格さが求められる。また家事審判事件以外の一般の家事調停では審判前の保全処分は利用できない。それゆえ、執行力を伴わない緩やかな措置として、当事者の一方の利益となる措置を講じる可能性はあると考えられる。

2 手続的要件

(1) 措置をとりうる時期

家事手続266条1項は、「家事調停事件が係属している間」という。旧家審規133条は「調停前に」としていたが、その意味を明確にするために改められた[39]。調停申立書の写しが相手方に送付された後、その成否が確定し、調停手続が終了するまでの間を意味する。調停の申立てに先立ってすることはできない。別表第2に掲げる事項について審判申立てがあり、調停に付されたとき、訴訟が提起され調停に付されたときも、調停前の処分をすることができる。

(2) 職権による発令

調停前の処分を命ずるのは調停委員会であり（家事手続266条1項）、急迫の事情があるときは調停委員会を組織する裁判官である（同2項）。旧法の

---

(37) 家審法講座第3巻152頁〈沼辺〉。

(38) 注解家審規400頁〈向井〉、永吉・前掲注(36)講座実務家審法第1巻314頁、実務講義案209頁、本書旧版・382頁。

(39) 金子・逐条解説798頁。

第5章　調停手続　　545

下では調停委員会の調停が行われているときは，その構成員である裁判官は単独ではこの処分を命じることができず，緊急の必要があるときは裁判官の単独調停に切り替えなければならないと解されていた。家事手続法はこれを改めている。

　これを命じるのは職権により，当事者には申立権が認められていない。当事者は職権発動を促すことができるにすぎない。その理由は，「家事調停の場合には，取り扱う事件が複雑多様であり，調停機関としては，家庭の平和と健全な親族共同体の維持を図るために臨機応変の措置をとることが要求され，民事調停の場合に比べ後見的，積極的な関わり方が要求されているためである[40]」とされている。

　別表第2に掲げる事項の調停においては，当事者は審判前の保全処分を申し立てることができる。この調停で当事者が調停前の処分を求めてきたときは，調停委員会は審判前の保全処分の申立てを促して対応することが考えられる。その申立てを却下するとしても，調停前の処分を命じることができ，柔軟に対応することができるからである。

3　審理・発令等

(1)　審理等

　調停前の処分は，調停機関が調停の進行に応じて職権で事実の調査や証拠調べをし，これをするかどうかを決める。調停委員会は直接に当事者その他の事件の関係人から事情を聴取し，また家裁調査官に調査をさせることができる。当事者が調停前の処分の必要性について疎明し，あるいは担保を立てるなどの必要はないが，積極的に疎明資料を提出することが期待されているといえる。審判前の保全処分を申し立てた場合は，当然に疎明義務を負っている（家事手続106条）し，そうでなくとも家事調停において調停委員会の後見的・積極的関与に頼りすぎるのは適切とはいえない。

(2)　調停前の処分の法的性格

　旧法下における調停前の措置の法的性格については，それが調停委員会によってなされるか，裁判官によってなされるかを問わず，旧家審規によって定められた特殊の自由裁量的処分であって裁判ではないと解されていた[41]。

---

(40)　注解家審規401頁〈向井〉，永吉・前掲注(36)講座実務家審法第1巻316頁も同旨を述べる。家事手続法の下でも同様に解されよう。

これに対してこの処分は過料の対象となることから，調停機関による命令（処分）であると明確に位置付けるべきだとの主張があった[42]。家事手続法上の調停前の処分は，審判以外の裁判（同258条1項によって準用される81条）と位置づけられている[43]。後者の考え方が採用されたといえる。

(3) 調停前の処分の対象者

家事手続法は，調停前の処分の対象者については何の定めもしていないが，民事調停前の仮の措置については民調法12条1項が「相手方その他の事件の関係人」としている。家事調停の場合もこれと同様に解してよい。そこで当事者，利害関係参加人のほか，調停の結果について法律上または事実上の利害関係を有する者に対しても，一定の措置を命じることができる。たとえば財産分与事件において分与の対象となるべき預金のある金融機関をはじめ相手方の勤務先[44]，遺産分割事件において遺産分割の対象である家屋の同居人，賃借人等も調停の結果について事実上の利害関係しか有しないが，調停前の処分を命じることができる[45]。

(4) 調停前の処分の告知

調停前の処分は審判以外の裁判である（家事手続258条1項が準用する81条）。調停前の処分は，審判以外の裁判の効力発生に関する定めに従い，そ

---

[41] 家審法講座第3巻157頁〈沼辺〉，注解家審規403頁〈向井〉，松原正明「遺産分割調停と調停前の仮の措置」判タ688号（1989）137頁，永吉・前掲注[36]講座実務家審法第1巻317頁。

[42] 本書旧版・383頁。

[43] 金子・逐条解説800頁。

[44] 東京家審昭和53（1978）・4・20家月31巻3号108頁は，相手方の勤務先に対して退職金の支払いを禁じている。

[45] 利害関係人に対して調停前の処分をする場合には，いきなりこの措置をとることは多くの場合によい結果を期待できないから，それらの者を調停手続に参加させたうえで命じるのが妥当であるとする見解がある（家審法講座第3巻154頁〈沼辺〉），実務講義案211頁），函館家審昭和32（1957）・4・16家月9巻4号63頁）。しかし家事手続法の下では別表第2に掲げる事項の調停においては，調停申立てがあれば仮差押え，仮処分をはじめとする審判前の保全処分を命じることができるから，こうした利害関係人を手続に引き入れる必要性は乏しい。また調停前の処分の実効性を高めるために，手続に参加させたうえで，これに従わないときは過料に処す（家事手続266条4項）というのは，利害関係人に多大な負担を強いるものであり，調停前の処分の相当性を超えているといえよう。

の処分を命じられる者に告知されることによってその効力を生じる。処分を
命じた後に，これを取り消しまたは変更する必要を生じたときは，調停委員
会は自ら取り消し，変更の処分をすることができる（同81条1項，78条）。

調停前の処分を命じる場合には，同時にその違反に対する法律上の制裁を
告知しなければならない（家事手続規則129条）。この制裁は，当事者または
利害関係参加人に対してしか科すことができない（家事手続266条4項）。事
実上の利害関係を有する者に対しては，この命令に従わない場合でも制裁を
科すことはできない。

4 調停前の処分の内容・効力

(1) 命じる内容

調停前の処分として命じることのできる内容につき，民調法12条1項が
「現状の変更または物の処分の禁止その他調停の内容たる事項の実現を不能
にし又は著しく困難ならしめる行為の排除」と規定しているのに対し，家事
手続266条1項は「調停のために必要であると認める処分」と包括的に定め
るにすぎない。しかし両規定の間に実質的に差異はないと解される。実際に
は，①財産の処分禁止を命じること，②当事者に対し債権等の処分を禁止す
るとともに，第三者に対してその弁済を禁止すること，③生活費，養育費あ
るいは物品の給付を命じること，④未成年者の監護につき必要な措置（作
為・不作為）を命じること，⑤その他の措置を命じることが多い[46]。若干の
例を見ておこう。

婚姻費用分担請求や子の養育費請求の調停の場合には，暫定的に金銭の支
払いを命じるなどの断行的な処分をする必要性が高い[47]。このような処分は，
端的に審判前の保全処分によるべきであろう。相手方の陳述を聴く保障があ
る（家事手続107条）こと，執行力が認められていること，履行状況の調査・
勧告も利用できるからである。また調停前の処分として子の引渡しを命じて
いる先例がある[48]が，これは審判前の保全処分に執行力が付与される以前の
ものである。現行法の下では審判前の保全処分によって対応することに異論

---

(46) 家事調停マニュアル91頁〈都築民枝〉。

(47) 注解家審規404頁〈向井〉，永吉・前掲注(36)講座実務家審法第1巻319頁。家事
手続法のもとでも，金子・逐条解説800頁，基本法コンメ545頁〈磯尾俊明〉は
仮払いを命じる処分も可能であるとする。

(48) 静岡家命昭和54（1979）・2・9家月31巻10号97頁。

はないであろう。これに対して家庭に関する紛争の特殊性から，離婚調停において当事者の一方に対し，「今後飲酒を慎み，病気の治療に専念するとともになるべく早く定職に就き，夫婦生活ができる環境を作るよう努め，その間家裁調査官の指導を受けること[49]」といった調整的な措置を内容とすることも可能だとされている[50]。

(2) 調停前の処分の効力

調停前の処分は執行力を有しない（家事手続266条3項）。民事調停でも同様である（民調法12条2項）。審判前の保全処分のように債務名義とならないし，法律関係を形成する効力も有しない。これに違反する法律行為がなされても，私法上の効力には何らの影響も及ぼさない。ただし調停前の処分を命じられた当事者または利害関係参加人が，正当な理由なくこれに従わないときは10万円以下の過料に処せられる（家事手続266条4項）。これによって間接的ながら強制力があることになる[51]。しかしより重要なことは，当該の当事者等に，処分の必要性を認識させ，たとえば養育費を支払いながら調停手続を進行させるという確認（合意）を形成することである。

調停前の処分は，調停の成立に至るまでの間効力を有するに過ぎない。その処分で終期が定められていない限り，調停事件の係属中効力を有し，その係属がなくなると当然に失効する。また別表第2に掲げる事項の審判手続から調停に移行して調停前の処分が命じられ，その後調停不調となって審判手続に移行すると，調停前の処分の効力は消滅する。調停が成立する場合には，調停前の処分でなされた結果との調整をしなければならない[52]。

5 不服申立て

旧法の下では調停前の処分がなされた場合には，それが調停委員会によってなされたか裁判官によってなされたかにかかわらず，調停機関の自由裁量的な裁判であるから不服申し立てはできないと解されていた[53]。調停前の処

---

[49] 札幌家審昭和37（1962）・11・5家月15巻2号160頁。

[50] 実務講義案212頁以下参照。

[51] 実際上は過料に処せられた例は少ない。その一例として，岡山家審昭和52（1977）・9・13家月30巻6号135頁がある。発令のための審理手続が相手方の事情を十分に考慮していないこと，命令自体に対して不服申立てができないことなど，過料の処分は慎重でなければならない。

[52] 注解家審規407頁〈向井〉。

分は，調停が終了するまではいつでも取り消し・変更ができるうえに，執行力がないので不服申立てを認めなくても格別の不都合がないとされているのである。現行法の下でも同様に解される[54]。

調停前の処分に正当な理由なくして従わなかったとして過料に処する裁判がなされたときは，これを受けた当事者または利害関係参加人は，当該の裁判に対して即時抗告をすることができる（家事手続291条2項による新非訟法120条3項の準用）。この中で調停前の処分の当否を争うことができる。

第3節　調停の実施

1　概　説

調停は，調停機関である調停委員会または裁判官が，当事者から事件の実情に関する陳述を聴き，争いのある事実につき調査・証拠調べを実施して真相および当事者の要求を明らかにしたうえで，当事者間の紛争を解決するために解決案（調停案）を作成し，これを当事者に示して受諾を促し，合意の成立を斡旋する手続過程である。そのために調停期日が指定される。期日は家庭裁判所その他の場所に当事者その他の関係人を出頭させ，非公開で行われる。調停機関は，職権によって事実の調査を行い，必要な証拠調べをなしうるが，その対象は法的対立点のみならず，調停手続を進行させあるいは調停による解決のために必要なときは，当事者間の人間関係の調整に関する事実にも及ぶ。その際には，家事調停委員の専門的知識・経験を活用するだけでなく，家裁調査官や技官を活用して必要に応じて精神医学，心理学，社会学，経済学，教育学等の人間関係諸科学の知識を活用しなければならないし，社会福祉を扱う他の行政諸機関との連携にも配慮する必要がある。

ここでは調停期日に関連する事項，調停手続に関する諸原則，調停の進行に関する当事者および調停委員会の役割，事実の調査・証拠調べ，調停案の作成と提示，当事者に対する説得等，調停過程の核心をなす部分について概

---

(53)　家審法講座第3巻164頁〈沼辺〉，注解家審規407頁〈向井〉，永吉・前掲注(36)講座実務家審第1巻323頁，本書旧版・386頁，札幌高決昭和37（1962）・7・17家月14巻11号127頁。民事調停でも同様に解されている。小山・民事調停法260頁，浦和地判昭和37（1962）・4・17下民集13巻4号754頁。

(54)　金子・逐条解説800頁。

説する[55]。

2　調停手続に関する諸原則

1　非公開

(1)　一般公開の禁止

　家事審判および家事調停の手続は公開されない（家事手続33条）。旧家審法は非訟法の規定を準用していたが，自己完結的な法律にするとの趣旨から家事手続法でこれを明記した。調停の非公開については民調法10条にも同様の規定がある。手続の一般公開の禁止に関する定めである。家事審判・家事調停手続を非公開とする理由については，家事審判に即してすでに述べた（第1編第6章第3節1参照）が，簡単に要約すると次のようになる[56]。すなわち，家事調停では家庭内の秘密を保持する必要があること，手続を公開することによって当事者その他の関係人が事件の核心に触れる発言をためらい，事案の真相を把握したり調停案を受諾することが極めて困難になり，結果的に事件の適正な解決が阻害されるおそれが強いためである。当事者の自主性や自律的な判断を尊重するためには，手続の一般公開は適切ではない。また手続を一般公開しなくとも裁判を受ける権利を奪うことにはならない[57]。

　こうした趣旨から調停の過程を非公開とするとともに，家事調停委員の秘密漏洩に対する制裁（家事手続292条），記録の閲覧等の制限（同254条）があわせて定められている。また家事調停委員が別件の民事訴訟等で証人尋問

---

[55]　調停機関の全般的な調停活動のうち，①調停点の探知（当該調停事件における調停を要すべき問題点ないし争点を調査し把握すること），②調停案の作成（調停判断）および③調停合意の形成を，「本質的調停行為」と呼ぶことがある。家審法講座第3巻36頁〈沼辺愛一〉，梶村＝徳田77頁〈梶村〉。

[56]　民事調停についてであるが，調停手続における直接主義・口頭主義について検討を加えたものとして，上田徹一郎「民事調停と直接主義・口頭主義」別冊判タ4号（1977）45頁がある。

[57]　家事調停の対象は，別表第2に掲げた審判事項だけでなく，人事訴訟事件およびその他の家庭に関する紛争の訴訟事件にも及ぶ。これらの訴訟事件が非公開の手続で調停によって処理されるが，調停に応じること，手続対象を処分すること，調停案を受諾すること，すべての事項について当事者の自由な意思によって決定され，また調停案が示されたとしても受諾するかしないかの判断は当事者の意思に委ねられていることから，当事者の意思に反して解決が強行されるわけではない。

を受けるときは，民訴 197 条 1 項 2 号には列挙されていないが，個人の秘密を保護する趣旨から守秘義務を課せられている調停委員にも類推によって当該事項につき証言拒絶権が認められる[58]。

調停委員会は，相当と認める者の傍聴を許すことができる（家事手続 33 条ただし書き）。傍聴を許すのを相当と認める者としては，調停の結果に利害関係を有するなど事件と密接な利害関係を有する者があげられる。実務上では婚姻事件に当事者の親が付き添い，または遺産分割事件において当事者の配偶者が付き添ってくるが，傍聴を許していることが多いとされる[59]。これらの者は利害関係を有するとはいいがたいが，傍聴を許しても特にプライバシーの保護という点で問題がないからである。

その他司法修習生，新たに選任された調停委員や家裁調査官，裁判所書記官にも傍聴を許すことができる。

(2) 当事者公開

家事調停の手続の当事者および参加人等に対するいわゆる当事者公開については，一般公開とは別に検討する必要がある。家事審判と同様に，当事者等に対する手続保障や手続の透明性の確保との関係で検討しなければならない点が多い。調停の過程は，当事者が自己の主張を直接に相手方および調停機関に伝え，また直接に相手方から反論や意見を聴いて判断し，合意点を見出していくものであるから，訴訟手続以上に直接主義と立会権に代表される当事者公開が保障されていなければならない。記録の閲覧や相手方の陳述・証拠調べへの立会いが重要である。それぞれの詳細については，該当の個所で説明する。

2 当事者の本人出頭主義

(1) 制度の趣旨

家事調停の当事者は，自身期日に出頭しなければならない（家事手続 258 条 1 項による 51 条 2 項の準用）。調停期日には呼び出しを受けた当事者（申立人および相手方），参加人その他の事件の関係人は，本人自ら出頭しなければならないとされている。これを本人出頭主義（自身出頭主義）と呼んでいる。

---

[58] 谷口安平＝福永有利編『注釈民事訴訟法(6)』(1995) 315 頁〈坂田宏〉，兼子一原著『条解民事訴訟法』(2011) 1101 頁〈松浦馨＝加藤新太郎〉，門口正人編集代表編『民事証拠法大系第 3 巻』(2013) 68 頁〈早田尚貴〉。

[59] 注解家審規 64 頁〈向井千杉〉。

旧法以来の考え方が家事手続法でも維持されている。

民事訴訟においては期日に代理人を出頭させることができ，裁判所は釈明処分として当事者本人またはその法定代理人に対して口頭弁論期日への出頭を命じることができるにすぎない（民訴151条1項1号）のに対して，家事審判や家事調停では本人の出頭が原則とされている。その趣旨は家事審判につき第1編第6章第2節2・3で説明したのと同様である。要約すると，事件の実情を最もよく知る当事者，参加人その他の利害関係人から直接に事情を聴取することによって調停機関が事案の真相を容易に知ることができること，また調停が当事者の互譲によって成立することから微妙な判断をすることができる本人が出頭していることが調停を成立しやすくするといえる。さらには身分関係に関する紛争については代理に親しまない事件があり，この場合には本人が出頭していなければ調停を成立させることができない。

(2) **本人の陳述機会の保障**

従来は調停期日への本人出頭主義は上のように説明されてきた。しかしさらに事件本人に対する直接の働きかけや意見陳述の機会を保障するためにも本人出頭主義が重要な意味をもつ。後にも述べるように調停期日に不出頭を繰り返す当事者に対してその原因を明らかにするとともに，出頭に向けて援助し，自律的な判断ができるよう働きかけることも本人出頭主義があるために重要な意味をもつ。問題に向き合い，自ら解決する条件や能力を高めていけるよう調停委員会や家裁調査官が働きかけることは，代理人の出頭を原則とする場合には強い要請となって現れない。このことは当事者自身に対し陳述機会を実質的に保障していくことになる。

(3) **出頭の確保**

当事者の出頭を確保するため，当事者の問題やその解決に対する態度，感情，性格さらに調停に対する態度などに問題があって出頭が危惧されたり，出頭しても話合いが困難であると予想されるときは，家裁調査官に当事者に対して導入調整のための働きかけをさせる。家事手続59条3項による調整活動の一種である。調停に対する誤解を解き，調停進行の阻害要因の有無を調査し，助言や示唆を与えることによって出頭を促す[60]。家裁調査官は裁判官の命を受けて当事者の不出頭の理由や事件解決への意向を調査して，出頭の確保や直面している問題の打開策を講じる。そして調停委員会としても，調停期日の場所や日時の工夫，代理人の選任，医務室技官の関与などの対応

を検討することになる[61]。

　家事手続法は，当事者の自身出頭主義を徹底させるため，家庭裁判所または調停委員会の呼出しを受けた事件の関係人が正当な事由がなく出頭しないときは5万円以下の過料に処すことができると定めている（258条1項による51条3項の準用）。しかし実際にはこの処分をとることは困難であり，上記のように家裁調査官による出頭勧告等を通じて出頭を確保することが重要である。不出頭に対して過料の制裁を加えても，円満な協議や手続の進行に協力するかは別問題であり，かえって支障をきたす可能性がある[62]。

(4)　代理人等

　調停の当事者その他の関係人が調停行為能力を欠き，法定代理人によって手続を代理させなければならないときは，本人出頭主義にかかわらず法定代理人が本人を代理して出頭する必要がある。また家事調停も代理に親しむが，この任意代理人の地位等については第1編第4章第2節3において説明したところと同様である。

　当事者本人が調停行為能力を有する場合でも，やむを得ない事情があるときは代理人を出頭させ，または補佐人とともに出頭することができる（家事手続258条1項による51条2項の準用）。「やむを得ない事由」とは，本人が出頭できないほか，出頭しても陳述するについて他人の補助を必要とするような客観的な事情のある場合をいう。本人の心身の状況，年齢その他の事情によって他の者の補助がないと十分に意を尽くして事情を説明し，あるいは相手方や調停委員会の主張や指示を判断できないようなときは補佐人とともに出頭するについてやむを得ない事情があると考えられる。

　弁護士でない者が代理人または補佐人になるには，家庭裁判所の許可を受けなければならない（家事手続22条1項ただし書き）。家庭裁判所はこの許可をいつでも取り消すことができる（同2項）。また不許可の処分や許可の取

---

(60)　この出頭勧告の詳細について，倉田芳敏＝石橋俊子＝早川浩通＝島崎敏明＝山田雅之「出頭勧告の実務について」家月45巻5号（1993）117頁，星山卓朗「出頭勧告事件の実情と留意点」ケース研究247号（1996）119頁。

(61)　家事調停マニュアル114頁〈小田八重子〉。

(62)　札幌家審平成3（1991）・2・4家月44巻2号137頁は，7回の調停期日中，家裁調査官の出頭勧告により第2回の期日に出頭しただけで欠席を重ねた相手方に対して過料を科している。

消しに対しても不服を申し立てることはできない[63]。

(5) 隔地者間の調停と本人出頭主義

当事者の一部の者が遠隔の地に居住しているなどの理由から，管轄裁判所に出頭することができず，調停の内容には同意していても調停の成立が遅れたり，あるいは成立させることができなくなる事態を避けるために，旧法の下では遺産分割の調停についてはあらかじめ調停委員会から提示された調停条項を受諾する旨の書面を提出する方法で調停を成立させる方法が認められていた（旧家審法21条の2）。家事手続法は，離婚または離縁の調停事件を除いて，この方法を家事調停一般に利用できることにした（同270条1項，2項）。この詳細については，後述第5章第5節2・3で説明する。

また家事調停の手続の期日を電話会議システムまたはテレビ会議システムを利用して行うことができるよう改正された（家事手続258条1項による54条1項の準用）。ただし本人の意思の確認が重要な離婚および離縁の調停事件において調停を成立させる場面ではこれを利用することができない（同268条3項）。このシステムについては第1編第6章第2節2・2(2)参照。

3 その他の手続諸原則について

上に述べた原則のほか，家事調停の手続を特徴づける考え方について補足しておこう。民事訴訟の口頭弁論を支える口頭主義，直接主義，双方審尋主義はいずれも調停手続においても必要であり，重要である。家事調停が当事者本人の自身出頭主義を採用していることは，調停機関が口頭で直接に当事者から意見を聴取することを意味している。家事審判手続とは異なり，調停過程は調停機関と当事者との間の口頭での意見陳述，事実の整理，調停案のあっせん，調停案に対する説得が重要な意味をもっている。権利・法律関係の存否の判断のための事実や証拠の評価のみならず，当事者および家族の人間関係や環境など，心理学，社会学等の観点からみた問題点についても，調停機関が直接に印象をもち，それを基礎にして必要に応じて家裁調査官に対して調査命令をだし，その調査の結果から次の対応措置をとることになる。この意味では口頭弁論という方式は採用されていないが，それを支える諸原則は手続の公開を除けば，調停手続においても重要な意味をもつことが確認

---

[63] 注解家審規42頁〈向井〉。民事調停についても同様に解されている。小山・民事調停法217頁。

できる。

さらに職権調査・職権探知主義や人間関係の調整も家事審判と同様に家事調停の手続を特徴づけるものである。これらの点については，該当の個所で説明する。

3　調停手続の進行

1　概　説

家事調停は裁判所においてなされる一つの手続である。その進行については訴訟のように多くが法律によって定められているわけではない。調停の進行は伝統的な考え方を基礎に，調停機関の権限や事実調査，調停案のあっせん等の基本的事項を法律で定めるにとどまり，多くは調停機関の裁量および当事者の合意に委ねている。

調停の進行については様々な説明の方法がありうるが，以下においては調停が手続法の観点から形式的にみれば期日の進行として現れ，期日および期日間における調停機関と当事者の調停行為の積み重ねとして捉えられることから，この過程で重要な意味をもつ事項について順次説明を加えることになる。

2　調停委員会の評議

(1)　評議とその必要性

調停委員会は，原則として裁判官一名と少なくとも二名の調停委員によって構成される合議体である（家事手続 248 条 1 項）。調停委員会が行う調停の手続は調停委員会を組織する裁判官が指揮する（同 259 条）。その意思決定（決議）は，調停委員会の過半数により，可否同数の場合には裁判官の決するところによる（同 248 条 3 項）。この決議をするには，調停委員会の構成員が意見を交換し，協議することが必要である。この経過，各構成員の意見の内容およびその多少を含めて評議という。調停委員会の決議とは，この評議の結論である（評議と決議を合わせて合議という）。調停委員会が調停事件を処理するためには，その都度調停委員会として意見の一致をみなければならない。調停員会の評議は重要な意義を有し，「少なくとも本質的な調停行為については必ず先にこの合議を尽くさなければならない[64]」。

家事手続法において評議を行うとされている事項には次のものがある。明文規定は存在しないものの，当然に評議に基づく調停委員会の意見の一致に

よる措置がある[65]。次のものがある。

①手続代理人の許可（家事手続260条1項1号），②補佐人の許可（同2号），③傍聴の許可（同3号），④手続の併合・分離（同4号），⑤申立ての変更（同5号），⑥参加（同6号），⑦手続からの排除（同6号），⑧受継（同6号），⑨関係人の呼出し（同6号），⑩テレビ会議システムの方法による手続（同6号），⑪民事訴訟法の規定による事実の調査および証拠調べ（同6号），⑫調停委員会を構成する裁判官による事実の調査および証拠調べ（同261条1項），⑬家裁調査官による社会福祉機関との連絡等（同5項），⑭調停委員会を構成する調停委員による事実調査（同262条），⑮事件の関係人の意見聴取の嘱託（同263条），⑯調停委員会を構成する調停委員の意見の聴取（同264条），⑰現地調停の決定（同265条），⑱調停前の処分（同266条），⑲調停を成立させる措置（同268条），⑳調停条項の書面による提示（同270条1項），㉑調停をしない措置（同271条），㉒調停の不成立（同272条1項）などである。

(2)　**評議とその秘密**

調停委員会の評議は裁判官の指揮のもとに行われる。評議は秘密である（家事手続248条4項）。調停室において評議をするときは，当事者，参考人らを退席させるが，必要に応じて家裁調査官・技官を同席させてその意見を聴くことができる。裁判官は調停期日に立ち会っていないことが多いから，評議は「裁判官が調停手続に実質的に関与するための数少ない機会であり調停委員会が裁判官を中心に合議体としての機能を十分に発揮できるかどうかはこの会議のあり方いかんにかかっている[66]」。評議では調停委員から裁判官に調停過程を説明する。発言の順序等については定めがないが，裁判官は調停委員が十分に意見を述べるよう配慮しなければならない。

評議は，評議事項の結論について協議するだけでなく，その結論を支える理由についても十分に協議しなければならない。その事件の内容がどのようなものか，これに対してどのような法規が問題となり，どのような解釈が基

---

[64]　家審法講座第3巻48頁〈沼辺〉。

[65]　注解家審法410頁〈向井〉。

[66]　司法研修所編『遺産分割運営の手引き（上）』(1983) 112頁。家事手続法下の遺産分割調停に関し，高橋伸幸「遺産分割調停・審判事件の実務」東京家事事件研究会編『家事事件・人事訴訟事件の実務』(2015) 154頁も初回評議の重要性を指摘している。

第 5 章　調停手続　　　557

本とされるか，本件に照らしてみた場合にどのように当てはめられるか等を
具体的な事実に即して示される必要がある。また家裁調査官の専門知識・調
査技法を活用した事実調査，当事者への働きかけや技官の医学的知識ないし
これに基づく診断結果をどのように生かすかという点も考慮しなければなら
ない。とくに調停に拒否的な当事者への対応，円滑な手続進行上の障害の確
認と除去のための手立て等を協議することは不可欠である。また当事者に対
する調停案の提示の仕方，説得の手法についてもたんに経験に頼るだけでな
く，科学的な方法が協議され最大限に活用される必要がある。

　調停委員会の秘密保持については，上記 2・1(1)で説明した。

(3) 裁判官と調停委員の評議

　上記(1)に掲げた事項の評議のいわば前段階で，手続の進め方や処理の方針
を確認し，調停委員会として意見の一致をみておく必要がある。法律等に明
記されているわけではないが，合議体として活動する場合には当然に要請さ
れる。その評議の時期と内容については，従来からもさまざまな角度，事件
の態様ごとに提案がなされている[67]。その基本的な型は，おおむね次のよう
に調停の進行順序とそこでの問題点に従ってまとめることができよう。調停
対象は多様であって，人間関係の調整を必要とするか否か等によって調停の
進行や対応に差異を生じさせるが，評議については基本的なパターンは共通
する点が多い。

(4) 調停の進行に関する評議

　調停の進行に即して評議の主要な内容を考えると次のようになる。①手続
の初期段階において事件の基本的な処理方針を立てる。当事者双方から紛争
の経過，現状，紛争原因，解決に対する意向等の聴取を行って，事件の概略
と問題点の所在が確認されると，事件の基本的な処理方針を立てる必要があ

---

[67]　とくに夏井高人「家事調停事件における調停委員会の評議の充実のための方策
　(1)〜(4)完」判タ 817 号（1993）12 頁，818 号 30 頁，819 号 66 頁，820 号 33 頁は，
　評議の種別として必要的評議，準必要的評議（この 2 点は本文(1)に掲げた事項に
　対応する）および任意の評議（たとえば当事者の双方を同時に呼び出すか，一方
　のみを呼び出すか，どの当事者から先に事情聴取するか，当事者から法的事項に
　ついて説明を求められた場合にそれに答えるべきか，答えるとしてどこまで答え
　るか等々に関する評議をいう）に分けて，評議の方法，運用の改善と課題につい
　て詳細に検討している。

る。たとえば夫婦関係調整事件において，同居・婚姻関係継続を模索するか，別居か，さらには離婚かの幅の中でいずれの方向で臨むかなどの判断である。DV が問題となっている場合には，接触を避けるための措置を講じることが重要であり，評議で確認しておく必要がある。②処理方針を変更または修正する必要性について検討する。調停の進行に伴って，新たな事実が明らかになり，当事者の意向が変化し，あるいは環境の変化によって当初の方針を変更または修正する必要があるかを確認する。③家裁調査官や医務室技官の活用を考慮するかについて判断する。準備書面や調停期日における聴取だけでは理解が困難な事実関係の調査・検査等の実施について検討する。④調停案（解決案）の検討を行う。事件処理の基本的方針と当事者の意向が一致するときは，調停案の具体的検討を行う。これに対して，なお当事者間の対立が厳しく自主的な調整が困難であって，さらに家裁調査官による事実調査・調整等が必要であるかの判断が求められることがあり，調停案を提示して説得することについての判断が求められる。⑤調停の継続または打ち切りの判断をする。調停を継続するなら調停案の作成と説得，打切りには調停申立ての取下げ，調停不成立あるいは合意に相当する審判または調停に代わる審判の可能性等の選択と検討がなされなければならない[68]。

3 調停規範

(1) 調停規範の意義

家事調停において従うべき判断基準に関する規定（これを「調停規範」という）は，現行法上は存在していないが，民調 1 条に定めるところに準じて家事調停においても「条理」が基準となる[69]。このことについて異論はないであろう。

---

[68] これらの点については，いずれも旧法に関するものであるが，猪瀬慎一郎「家事審判官と家事調停委員の合議の時期・方法」別冊判タ 8 号（1980）92 頁，司法研修所編・前掲注66遺産分割運営の手引き 113 頁，山田博「調停委員会における家事審判官と家事調停委員との評議」岡垣学＝野田愛子編『講座実務家事審判法第 1 巻』（1989）331 頁。また民事調停については，吉永順作「民事調停の進め方」別冊判タ 4 号（1977）162 頁，村田鋭治「調停における評議」判タ 932 号（1997）107 頁がある。

[69] 梶村・実務講座家事事件法 26 頁。

(2) 調停規範の内容

家事調停は裁判所において実施されるものであるから，憲法の定める個人の尊厳と幸福追求の権利，法の下の平等，家庭生活における個人の尊厳と両性の本質的平等を基本としなければならない。もっとも調停が当事者の合意による紛争の解決であるとすると，強行法規違反があっても当事者が合意している限り問題がないという立場もあり得るが，家事調停においては，当事者が「不当な目的でみだりに調停を申し立てた」と認めるときは調停をしないし（家事手続271条），調停委員会が合意の「相当性」の判断をする（同272条1項）ことから，強行法規定，効力規定に違反してはならないという制約が働く[70]。

調停の基礎とされる規範としては，実定法に限らず，慣習法が含まれるのは当然であり，いまだ判例において確立していなくても解決の基準とすることができる。

4 調停期日の手続

(1) 期日の日時・場所

調停を行うためには，調停期日を指定し，その期日に当事者その他の関係人を呼び出さなければならない。旧法は期日の指定等に関する明文規定を欠いていたが，家事手続34条がこれを定めるとともに民事訴訟法の規定を準用することを明らかにしている（同4項）。調停委員会が行う調停であっても第1回期日は調停委員会の構成員である裁判官が指定する[71]。期日の呼出しは，呼出状の送達，出頭した当事者に対する期日の告知その他相当と認める方法によって行う（民訴94条2項参照）。

家事調停の期日は，指定された日時に，原則として家庭裁判所の庁舎内において開かれる。調停は一般公開されないうえに，当事者間における合意の成立を目指す手続であるから，裁判所の庁舎内の適切な場所において開くことができる。また調停委員会は事件の実情を考慮して裁判所外の適当な場所で調停を行うことができる（家事手続265条）。これを現地調停と呼んでいる。

---

[70] 梶村・前掲注[69]実務講座家事事件法26頁。なお法律によって公認されていない問題（たとえば同性の生活パートナー）についても，条理や外国法の参照等によって対応することができると解すべきである（この点については第1編第3章第1節3注(8)参照。)

[71] 実務講義案219頁。

旧法下でも認められていた。現地調停を行う「事件の事情」として，旧法下
では当事者が高齢または長期の疾病等によって家庭裁判所に出頭することが
困難であるとか，当事者が多数で全員が容易にそろって出頭できない場合，
あるいは紛争の目的地でその目的物を実地に見分しながら調停する必要があ
る場合などが挙げられていた[72]。たんに現地に赴いて紛争の目的物の現状を
確認したいとか，参考人の意見を徴したいというような場合には，事実の調
査または証拠調べの方法によるべきである[73]。この解釈は家事手続法の下で
も維持されると思われる。ただ家事手続法は相当と認めるときはテレビ会議
システムを用いて期日を開くことが可能になった（258条1項による54条の
準用）ため，これを利用できる場合には現地調停は避けられるべきであろ
う[74]。当事者に無用の負担を強いることは避けるべきである。

(2) **期日の開始**

調停期日は，事件の呼上げによって開始される。期日には指定された時刻
に調停委員会を構成する裁判官および調停委員が所定の位置に着席すること
が必要である。事件の呼上げがあると，当事者双方および事件の関係人が調
停室に呼び入れられ，所定の位置に着席する。当事者双方がそろってから調
停が開始されるのが原則である。一方の当事者が出頭しない場合や遅刻する
場合であっても，調停委員会は必要に応じて出頭した一方の側から事件の実
情・意見を聴くために期日を開始することもできる。

(3) **調停の趣旨および進め方の説明（双方立会手続説明）**

当事者双方が着席すると，裁判官または調停委員から，調停制度の趣旨や
手続の概略，調停委員の役割，当事者に求められる態度等々を説明する。第
一回期日の呼出状に調停手続の説明書が添付されているが，各期日の開始に
当たって口頭で調停制度の趣旨等を簡潔に分かりやすく説明することが必要
であり，当事者間の話し合いによって適切妥当な解決を目的としているもの
であることを了解させることが重要である。また同時に調停手続の進め方に
ついても説明し，以下4に説明する当事者双方の事情や意見の聴取の仕方，
当事者の責務につき調停委員会の考え方を具体的に示して，当事者の了解を

---

[72] 家審法講座第3巻185頁〈沼辺〉，金子・逐条解説797頁。
[73] 注解家審規397頁〈山田博〉。
[74] 基本法コンメ543頁〈磯尾俊明〉。

第5章 調停手続 561

得ておくことが必要である[75]。この説明には当事者双方を立ち会わせる[76]。家事手続法の下では双方立会手続説明と呼ばれている。いわゆる同席調停を行う場合には当然の要請であるが、別席調停による場合でも調停の趣旨および進め方の説明は、手続の透明性、公正さを確保し、手続の進行状況や問題を的確に理解させ、また納得させるために当事者双方を立ち会わせる必要がある。

(4) 調停手続の指揮

調停が調停委員会によって行われる場合、調停手続の指揮は調停委員会を組織する裁判官が行う（家事手続259条）。民事訴訟における訴訟指揮と同様に、家事調停手続においても当事者からの事情聴取および合意の成立に向けての当事者の説得という本質的調停行為とは別に、調停手続の指揮という概念が認められる。

調停手続の指揮は、調停を適正迅速に進行させるために認められるから、出頭した当事者・関係人のほか家裁調査官や技官である医師および調停委員もこれに服する。その内容は、①当事者からの事情聴取の際の陳述等の制限等、②事案の真相を明らかにするための審問や証人尋問の際の供述の整理、制限等、③期日に出頭した家裁調査官や技官等の陳述の制限等、④調停委員会を組織する調停委員の当事者に対する発問の整理等、⑤調停委員会の評議の主宰等である[77]。事情聴取の内容や範囲を逸脱する行為を制限し、また一

---

(75) 調停手続の説明については、梶村太市『離婚調停ガイドブック（第4版）』(2013) 103頁、河野清孝「心をつなぐ―別席調停・同席調停論を超えて」ケース研究314号 (2012) 157頁、小田正二＝磯尾俊明「家事事件手続法の下で充実した調停運営を実現するために」ケース研究314号 (2012) 181頁、本多智子「家事事件手続法の下で充実した調停運営を実現するために」ケース研究316号 (2013) 224頁、河野清孝「家事事件手続法の下での家事調停の運用」法の支配171号 (2013) 29頁、本多智子「家事調停の一般的な審理～夫婦関係調整（離婚）調停を中心に」東京家事事件研究会編『家事事件・人事訴訟事件の実務』(2015) 41頁。

(76) 双方立会いの下での手続説明については、注(75)に掲げたもののほか東京家庭裁判所・家事調停ハンドブック検討チーム／東京家事調停協会・家事調停ハンドブック特別委員会「調停委員会による働きかけの充実」ケース研究318号 (2014) 4頁。岩田淳之「東京家庭裁判所における家事事件手続法施行を契機とした運用について」松原正明＝道垣内弘人編『家事事件の理論と実務第3巻』(2016) 47頁。

方の当事者の発言中に他方がこれを妨害するときは禁止するなど，円滑・適切かつ公正に主張が尽くされるよう努めなければならない。裁判官が期日に立ち会わないときは，事前の評議に基づいて調停委員会が手続を指揮する。

これに対して，真相を明らかにするために証拠調べを実施するか，さらに当事者を説得するか，あるいは調停を打ち切るか等の判断は，調停委員会としての判断が求められるのであって，裁判官だけで定めることはできない。

(5) 心理的調整・環境調整

家庭裁判所は調停事件の処理に関して，事件の関係人の家庭その他の環境を調整するために必要があると認めるときは，家裁調査官に社会福祉機関との連絡やその他の措置をとらせることができる（家事手続258条1項による59条3項の準用）。これを環境調整という。この内容として，①社会福祉機関との連絡調整，②当事者の置かれている人間関係・環境に適応させるために当事者やその家族に対して与える助言援助，③情緒的に混乱や葛藤の著しい当事者に対してその情緒の緊張を緩和し，感情の葛藤を鎮め，自己洞察力を回復して理性的な状態で手続に関与できるように働きかける援助がある[78]。このうち①②については，家事審判との関係で第1編第6章第2節4で触れたので，ここでは③について補足的に説明することにする。

以前においては，このような調整活動は家裁調査官による当事者への働きかけは，「家事調停事件の円滑な進行のための準備的措置として当事者に働きかけて理性的な状態で調停に参加できるようこれを援助するもの」として位置づけられていた。これに基づいて家裁調査官は当事者に対するカウンセリングとしての調整をなしうる根拠を与えられたと解されていた。今日においてはこの調整活動は，離婚，親権，監護権に関する調停において不可欠な要素となっている。訪問して話を聞き，助言するだけにとどまらず，家裁調査官によってさまざまなプログラムが開発され実践されている[79]。

---

(77)　注解家審規409頁〈向井〉。

(78)　注解家審規87頁〈山田〉，家事調停マニュアル78頁〈金子のぶ〉，梶村・前掲注(75)離婚調停ガイドブック433頁。また小田正二「子の監護紛争における裁判所内外の専門家の役割」野田愛子＝梶村太市総編集『新家族法実務大系第2巻』（2008）375頁。

(79)　たとえば大阪家庭裁判所「当事者助言用DVDビデオの家事調停事件での活用の在り方について」家月59巻12号（2007）141頁。

第5章　調停手続　　563

　近時においては，離婚調停や子の監護に関する調停において，自己の立場に固執し，未成年の子の利益に配慮できない当事者に対して，最高裁の作成したリーフレットやDVDを視聴し，説明することや，その他の資料を活用して当事者に主体的な解決意欲を高めたり，あるいはたとえば面会交流であれば家裁調査官の関与の下で非監護親が子と面会する試行的面会交流を試みることによって，予定される調停案に対する不安や危惧を解消させ，合意形成に向かわせる試みが報告されている[80]。

(6)　医務室技官による診断

　家事調停の当事者は，複雑な人間関係の葛藤などによる激しいストレスから混乱に陥っていることもあり，また事件の当事者・関係人の精神的な障害が紛争の直接・間接の原因となっていることも多い。家事調停ではこの原因を明らかにし，治療の方向が示されなければ問題の解決ができないことがある。紛争の適切な解決のため，上述の心理的調整・環境調整と同様に，医師の診断によって紛争の原因の発見やその除去を図る必要がある。このために各家庭裁判所に医務室が置かれ，技官として医師が配置されている。

　家事調停事件の関係人に対する医務室技官による診断は，家庭裁判所が医務室技官に診断を命じる（これを診断命令という）ことによって行われる（家事手続258条1項による60条1項の準用）。診断命令は，①当事者に精神障害を疑わせる言動が認められるとき，②当事者に精神障害の既往症があったり，精神科医の診断を受けたことがあるとき，③紛争の原因が当事者の過度の飲酒やこれに伴う暴力行為または薬物依存にあると疑われるとき，④夫婦間の紛争が性に起因する心理的葛藤と推測されるとき，⑤短期間に申立てと取下げが繰り返され，その理由が理解できないとき等になされる[81]。

---

[80]　大阪家庭裁判所「面接交渉に関する父母教育用プログラムの試み」家月55巻4号（2003）111頁，また資料「シリーズ調停充実に向けた家庭裁判所の取組(1)～(4)」家月59巻10号（2007）147頁，59巻11号（2007）211頁，59巻12号（2007）141頁，60巻1号（2008）201頁。このうち(2)は最高裁作成の当事者援助用DVDビデオの活用の手順，試行の実際の分析報告である。さらに最近のものとして大島眞一＝千村隆「大阪家庭裁判所における親ガイダンスの取組について」家庭の法と裁判8号（2017）24頁がある。また秋武憲一『離婚調停』（2012）151頁。さらに裁判所以外でもさまざまな支援システムの構築が必要である。この点について片山登志子「家事調停における自主的な解決の促進」二宮周平＝渡辺惺之編『離婚紛争の合意による解決と子の意思の尊重』（2014）43頁。

医務室技官による診断は、任意的な事実調査の一態様である（裁判所の当事者に対する受診命令ではない）から、診断を受ける者が拒むときはこれを強行することができない[82]。医務室技官の関与は、当事者の治療を目的とするものではなく、調停手続の進行上で障害となる点を明らかにし、その対策をとることにある。調査結果の報告に当たっては、当事者の調停行為能力の有無と程度、さらに精神医学的観点からみた該当者の事件に対する把握・理解および家裁調査官による心理的調整の要否などの意見を付すことができる[83]。

(7) 期日の続行

調停手続は、調停期日を開いて実施する。一回の調停期日で当事者間で合意が成立して手続が終了することは稀であり、期日が続行される。当事者の一方が欠席したときも、その事情を確かめるため期日が続行される。次回期日までの間に、家裁調査官による事実調査や調整的措置あるいは医務室技官による診断などが行われる。また次回期日を指定するにあたっては、各当事者に対して主張の補足、相手方主張への対応、関係資料の提出等の検討を求め、準備すべき事項を具体的に指示し、それに要する期間等を考慮して決定することが重要である。

5 期日の調書

(1) 期日の調書・事件経過表

① 期日の調書

家事調停の手続の期日について、裁判所書記官は調書を作成しなければならない。ただし調停委員会を組織する裁判官においてその必要がないと認めるときはこの限りではない（家事手続253条）。この規律は旧家審規10条と同であるが、家事審判手続の期日の調書作成を定める家事手続46条と異なっている。家事調停手続は話し合いを主体とした手続であることから、別個の定めとしたものである[84]。

裁判所書記官の作成する調書は、期日における手続経過・内容を証明するとともに、当事者等の審問結果は調停の資料となり、また当事者に対する手

---

(81) 西岡清一郎＝篠田悦和「科学的調査—家庭裁判所調査官室及び医務室技官の活用」岡垣学＝野田愛子編『講座実務家事審判法第1巻』（1989）154頁。

(82) 注解家審規94頁〈山田〉。

(83) 西岡＝篠田・前掲注(81)講座実務家審第1巻155頁。

(84) 金子・一問一答99頁。

第5章　調停手続　　565

続公開を保障するものであるから可能な限り作成されるべきである[85]。家事手続法は調書作成を原則としているが，とりわけ次に掲げる重要な手続行為があるときは調書の作成が必要的だと解される。すなわち，①当事者，その他の利害関係人および参考人の陳述から申立ての趣旨の変更，申立ての取下げ，代理人・補佐人の許可申立て，参加・受継申立て，調停前の処分申立て，事実調査・証拠調べの申立てなどがあり，②証人・鑑定人，当事者本人の供述の要旨，④家裁調査官・医務室技官の陳述の要旨，⑤家事調停委員の意見の聴取，⑥調停をしない措置，調停不成立，合意に相当する審判に関する合意などである[86]。

調書の記載事項については，家事手続規則126条1項により，同31条，32条が準用されている（第1編第6章第3節**6・2**参照）。

② 事件経過表

調書が作成されないときは，旧法下では事件経過表が作成されてきた。事件経過表は，各調停期日に実施された手続の概要，次回期日の予定，各当事者の主張とこれに対する他方当事者の認否，反論等を簡潔に記載するものである。この記載は当該期日に行われたことを証明する効力があり，実務上広く利用されていた[87]。これに対して家事手続法は，家事審判の手続の期日と異なり，家事調停が話合いを通じた合意によって解決を目指す手続であることを考慮して，事件経過表の作成を必要的とせず，また記録を残すかどうかを含めて裁判所の裁量に委ねている[88]。しかし調停手続において以前の期日における行為の内容の確認が必要となる場合があることを考慮すると，調書が作成されない場合には事件経過表を作成しておくべきものと解する[89]。

---

[85] 注解家審規113頁〈中島〉，実務講義案230頁。

[86] 注解家審規111頁〈中島〉，実務講義案228頁。

[87] 福岡高決平成8（1996）・7・19家月49巻1号119頁は，調停期日における当事者の合意に従って遺産分割をした原審判に対する抗告審において，当事者の合意の記載のある事件経過表には家事審判官の認印がないので，適式な調書としての効力を認められないとしたものである。

[88] 金子・一問一答99頁，金子・逐条解説761頁。また平成24（2012）・12・10家庭局第1課長・総務局第3課長事務連絡「家事事件の調書通達の概要及び事件経過表の参考様式の送付について」最高裁事務総局家庭局監修『家事事件手続法執務資料』（2013）115頁，129頁参照。

⑵ 記録の閲覧

① 家事調停についての独自の定めの必要性

旧法の下では家事調停の記録の閲覧等については家事審判の場合と同様に，事件の関係人の申立てにより相当と認める場合に限って許可するとされていた（旧家審規12条1項）。家事手続法47条は，家事審判手続における記録閲覧について当事者からの許可申立てについて一定の例外を除いて原則として許可しなければならないとし，利害関係を疎明した第三者からの閲覧等の許可申立ては相当と認める場合に限り許可すると定めている（その詳細については第1編第6章第3節1・4）。これに対して家事調停の記録の閲覧等については家事手続47条とは異なる規律をしている（同254条）。その理由は立法担当者によって次のように説明されている。

すなわち，①家事調停の手続は当事者間の自主的な話し合いによる解決手続であり，当事者であっても記録の閲覧等の必要性は家事審判手続におけるほど高くないこと，②家事調停の事件の記録中には家事審判の場合よりも家庭内の細部にわたる事柄やプライバシーにわたる事項が記録されていることがあり，閲覧を許可することによりプライバシーの保護の観点，また当事者の感情面に配慮する必要があることである[90]。このことから，家事調停における記録の閲覧等の許可は家事審判の場合より制限されることに合理性があり，さらに家事調停の多様性に照らして裁判所にある程度の裁量を認めておく必要があることである[91]。

② 閲覧許可の規律

当事者または利害関係を疎明した第三者は，家庭裁判所の許可を得て家事調停記録の閲覧等を請求することができる（家事手続254条1項）。家庭裁判所は，この許可申立てがあったときは，相当と認めるときはこれを許可することができる（同3項）。この定めは旧法と同一である。許否を決する「相当と認める」との要件について，旧法の下では一方では①開示によるプライバシーの保護，②開示による調停進行上の弊害，③開示による家庭裁判所の秘密性に対する信頼の喪失等の消極的側面と，他方で④当事者に対する手続

---

[89] 基本法コンメ535頁〈岩田淳之〉は，運用上，事件経過表ないしこれに準じた書面の作成を行うことが望ましいという。

[90] 金子・逐条解説763頁。

[91] 金子・逐条解説763頁。

第5章　調停手続　　567

保障の充足，⑤調停手続の公正の保持という積極的要因を考慮して決定すべきだとされていた[92]。この判断枠組みは家事手続法の下でも維持されるであろう[93]。そこで当事者の財産状況が争点となる場合に，これに関する記録はプライバシー保護の要請は低くなり，閲覧許可が原則になる[94]。

　しかしながら，親権者の指定・変更や子の監護に関する調停事件においては，家事調停手続における記録閲覧の制限と同様の考慮が必要となる。調停の当事者については，家事手続47条4項と同様に解してよい。

　家事調停事件の記録の閲覧許可に関する裁判所の裁判に対しては，家事審判手続と異なり即時抗告について定めがないから，不服申立てはできない（家事手続99条参照）。許否の判断は裁判所の裁量に委ねられているからある。

　家事調停のうちで合意に相当する審判の手続における記録については，当事者から閲覧等の請求があった場合は，家事審判事件の記録の閲覧の規定が準用される（家事手続254条6項による47条3項，4項，8項ないし10項の準用）。合意に相当する審判は人事訴訟の簡易な代替手続という性質があり，裁判所が事実の調査を行い審判という形式をとるなど審判や訴訟に近いため，記録の閲覧もそれに対応させるのが妥当であるとされる[95]。

　裁判書または調書の正本等の交付の請求については，家事審判の場合と同様に当事者は裁判所の許可を得ることなく，その交付を請求することができる（家事手続254条4項）。

---

[92]　山名学「記録の開示」岡垣学＝野田愛子編『講座実務家事審判法第1巻』(1989) 176頁，注解家審規131頁〈中島常好〉。実際上，当事者が閲覧することができない資料をもとに説得することは困難であり，閲覧させたうえで対応することが適切だといえるであろう。

[93]　基本法コンメ526頁〈岩田〉。

[94]　秋武編・概説300頁〈高取真理子〉，清水研一＝小田正二「家事事件手続法の意義と今後の展望—裁判官の立場から」法律のひろば64巻10号 (2011) 12頁は，財産状況に関する資料については，当事者が裁判所に提出する際に相手方当事者用の写しを提出する運用が望ましいという。この方法が定着すると，閲覧謄写の請求手続に関する問題も少なくなる。

[95]　金子・逐条解説764頁。

4 事情の聴取

1 聴取する事項

(1) 事情聴取の意味

調停機関は当事者双方から事件の実情や意見を聴かなければならない。調停に関しては，訴訟と異なり家事手続法や規則にはその方式について何らの定めがない。法律問題だけが解決の対象ではなく，話し合いの進め方や必要な場合には同時に人間関係の調整も図ることになるから，いかなる事項につきいかなる方法・順序で意見を聴取するかは，あらかじめ定まっているわけではない。当事者からの事件の実情や意見の聴取は，期日において調停機関が直接に行うのが原則である。通常は申立人，相手方の順序で聴取する。

調停における当事者双方および関係人からの事情聴取は，事件の解決に関する意向を聴取してこれを調停手続の進行に反映させることに目的があり，以下6に述べる事実の認定に必要な事実資料の収集を目的とする事実の調査とは概念上は区別される。しかし他方において，事実の調査においても当事者や関係人から事件に対する見方や考え方，解決に向けての意見等を聴取することが必要であり，両者を厳密に区別することは困難であるといえる[96]。

(2) 事情説明型の聴取

調停期日に先立って，当事者双方からは申立書や答弁書など文書でも事実関係や意見が提出されていることが通常であるが，期日においては単にそれを陳述するというだけでなく，事件の真相を把握するために，改めて口頭でその要点や重視している事項などを述べさせることが重要である。まず申立人に，申立ての趣旨，事件の実情および希望する解決について意見を述べさせる。次いで相手方に申立人の主張した内容に対する答弁を求め，その事情と事件の解決についての意見を述べさせる。

調停においては，この過程で申立人の請求原因を明らかにしたり，あるいは請求が成り立つか否かを判断するのが目的ではなく，紛争の実情や背景，当事者の対立の原因等を明らかにすることがより重要である。それぞれ相手方に対する感情的な表現に終始することは好ましくないが，こうした表現によって当事者のよって立つ価値観や道徳観，当事者間の関係の評価等が表われているのであって，これを適切に見極めることが人間関係の調整等に重要

---

[96] 注解家審規51頁〈山田〉。

第 5 章　調停手続　　569

な示唆を与えることになる[97]。したがって当事者の感情的な表現を一切排除するような事情聴取は，家事調停の場合には適切ではない。

　調停における当事者の事実関係の説明は，訴訟におけるように要件事実型ではなく，事実関係を時系列にそってないしは物語風になされることが多いであろう。どのような関係が，いかなる事情でどのように変化し，その過程で当事者双方の考え方や行動等に齟齬が生じ，紛争が顕在化してきたか，その中で当事者が納得できないこと，あるいは重要と考える事項などが表明される。相手方が自分のことをどのように評価しているかについて疑念を招き，そこからさらに行き違いが拡大再生産されることもある。お互いの不信の根が共通でないこともある。ある流れに沿って話すことがこうした誤解の原因を明らかにすることに役立つ。調停は当事者間の合意の成立を目指す手続であるから，相互の了解を形成しやすい事情説明型の事情聴取が基本になる。

　調停においては上記のように事情説明型の事情聴取であることから，次の点にも注意が必要である。すなわち，申立人が相手方に対して一定の要求を立てている場合であっても，調停はその当否をめぐって議論しあるいは決着をつけることを目的とするのではない。それは調停の申立ての段階での一応の目安に過ぎない。相手方の応答いかんによって申立ても変化するのが通例である。調停においては，申立てを法的に根拠づける事実としての請求原因事実（主要事実）を観念し，調停委員会がこれに基づいて手続の進行を図ろうとすることは適切とはいえない。同様にして，これに対する相手方の主張や反論は，申立人の主張のある一点に対する反論だけにとどまるもの，申立人に対する感情的ないし道義的な批判のみに終始するもの，申立人とは全く異なる新たな事実関係を主張するもの，正面から反論しようとしないもの等々の形態がありうる。これを訴訟のようにはじめから否認や抗弁といった形で，主張や意見を整理することができるわけではない。事実の聴取に当たってはこのことを十分に意識しておくことが重要である。

---

(97)　梶村・前掲注(75)離婚調停ガイドブック108頁。中村芳彦「ADR における事実認定」和田仁孝編『ADR 理論と実践』(2007) 80 頁は，調停においては当事者がこだわっている事実には当事者のたどった想いがあり，これを追体験しその気持ちに寄り添うことが重要であることを指摘する。また山田文「ADR としての家事調停」野田愛子＝梶村太市総編集『新家族法実務大系第 5 巻』(2008) 86 頁も参照。

(3) 事情聴取の継続

当事者双方からの事情聴取が一通り終わると，双方の主張の食い違う点について双方からさらに事情を聴き，また相手方から提示された新しい事情に対して申立人からの言い分を聞く必要がある。双方からの事情聴取によっても依然として双方の言い分が食い違い，いずれが真実か不明な場合も多い。その理由として，当事者の一方または双方が意図的に虚偽の事実を主張していることもあり，さらには自己に不都合と考えらえる事実を隠していることもある。また長い経過の中で思い込まれ修正されないままになっている事実もありうる。調停機関としては，事情聴取の初期の段階では当事者が事実を整理し，評価する基軸である価値観や感情になお変動がありうることを十分に考慮して，できる限り当事者が意見を述べやすい環境を整えることが重要である[98]。

2 期日における当事者の事情聴取

(1) 事情聴取の方式

家事調停だけでなく民事調停における事情や意見の聴取の方式については，法律上何ら定めがない。それゆえ調停機関の裁量によって適宜行うことができるとされ，必ずしも双方同席の上でなされる必要はないと解されてきた[99]。従前の家事審判法や民事調停法の体系書においても，この点について言及されることは少なく，その取扱いは主として実務に委ねられてきた。そしてとくに検討が加えられることもなく，おそらく戦前から実務を継承して当事者の片方を呼び入れて事情を聴取する方式が定着してきたといえる。次のような説明が一般的であった。すなわち，「紛争の当事者は双方とも訴えたいこと話したいことが山積している筈で，それを十分に話させるため，一人づつ部屋に入れ自由に順序の如何を問わず話を遮らずに話させる」[100]というものである。ここでは，以下に説明する個別面接方式（別席調停）が当然の前提とされていた。これに対して 1990 年代になって，同席調停の紹介がなされたことから，調停における事情聴取の方式についても，調停において達成す

---

(98) 家審法講座第 3 巻 189 頁〈沼辺〉。

(99) 実務講義案 222 頁。民事調停の代表的な体系書である小山・民事調停法 213 頁以下の「調停の進行」においても当事者からの事情聴取の方法は扱われていない。

(100) 高木積夫「調停の進め方」沼辺愛一＝岡垣学＝野田愛子編『新家事調停 100 講』(1975) 73 頁。

第5章　調停手続　　　571

べき目標等に立ち返って議論されるようになってきた。

(2)　個別面接方式（別席調停）

　当事者からの事情聴取は，事案によって数回の期日を要することがある。

　ある期日に当事者双方を呼び出しながら，その一方だけの事情聴取を実施し，時間がないなどの理由で他方の事情聴取は次回に延期するといった扱いは，事情を聴取されなかった当事者に対して著しい不公平感を抱かせる。同一期日では双方の当事者に対して平等に陳述の機会を保障することが必要である。

　わが国では調停の進め方は，相手方の在席しない場で当事者のそれぞれから別個に事情を聴き，調停委員会がその内容を相手方に伝えながら事情を聴くという，いわゆる個別面接方式（別席調停または個別調停ともいう）が一般的である。とりわけ家事調停においては，当事者双方の感情的対立が予想される場合や，他方の当事者が在席していては十分な発言ができないと予想される場合，相手方の暴力等が予想される場合などが多く，このようなときは適宜他の当事者を退席させて事情を聴取する必要があると指摘されるのである[101]。もちろん調停委員会は，当事者からの事情聴取を実施するに際して，どのような方法で行うか意向の確認をすることになるが，当事者からも個別面接を希望することも多いとされる。

　調停は当事者が自ら相手方に対して自己の主張をなし，相手方が直接にこれに応答しながら対立点と共通点を確認し，調停機関が斡旋しながら合意の形成を図る手続である。この過程では，調停に至るまでの感情的なもつれが一挙に吐き出されることは稀でない。当事者が心の中に抱いている相手方に対する不平・不満，悩みあるいは愚痴等を封印したまま手続を進めることはできない。これらの感情は調停過程では必然的に表れる[102]。当事者から個別に事情を聴取するのはこうした感情表現が相手方を刺激し，調停の進行を困難にさせ，あるいは相手方が在籍することで本心を語りにくくさせる等の危惧を調停委員会が有していることによる。

---

　[101]　家事審判法講座第3巻190頁〈沼辺〉，実務講義案218頁。

　[102]　この点については，佐上「利益調整紛争における当事者責任とその限界(2)」家月39巻3号（1987）1頁以下で若干の検討を行っている。

(3) 同席調停

一般的に同一の期日に当事者双方が在席し，対面して事情を聴取する方式を同席調停という。この方式が家事調停において原則的な方式であるべきだと主張されたのは，さほど古いことではない。とくに井垣康弘裁判官の実務の紹介と提唱によるところが大きい[103]。

この提唱者によれば，この方式は当事者の同席での事情聴取の方式を強調するだけでなく，当事者の自主的解決能力を最大限に引き出し，双方の自己決定を引き出すことを狙いとする。調停委員会から解決案を提示することはしない。その方法は概ね次のようにまとめられる。まず申立書とともに手続説明書を送付し，第一回期日にはこれをもとに手続の説明を行う。その要点は当事者が主役であり，手続をコントロールできること，当事者にはその能力があることを説明する。手続の進め方についても当事者との協議を経る。当事者双方の事情聴取の後，相手方への悪口雑言などを捨て，当事者が本当に求めているものを探り，これを前向きに方向づけながら当事者と話し合い，当事者の真の要求（ニーズ）を浮かび上がらせる。当事者にこれを語らせ，相手方が直接にこれを聴く。終始一貫して同席での調停が行われる。この考え方によると個別面接方式はとりえないとされる。調停委員会は当事者の交渉が促進できるよう条件整備を行うことに尽きる。この見解は，終始当事者の同席という方式を貫くという点で従来の伝統的な個別面接方式に対する反省を迫り，また調停委員会は当事者自身に紛争解決能力を引き出して自分たちだけで解決策を見出すことを援助するという点でも，従来の調停委員会の役割に対する問題提起を含んでいる。

同席調停の方式はその後支持者を増やしているが，その意義や位置づけについては変化も生じている。今日同席調停を説く見解は，当事者双方の同席での事情聴取を原則としつつも当事者の条件いかんによっては，個別面接方式を併用できるし，この方式の長所も無視することはできないとする。この立場が現在の多数の見解であるといえよう[104]。当事者に対する手続の透明性，公平性の観点からも同席調停が原則的な形態というべきである[105]。

---

[103] 井垣康弘「夫婦同席調停の活用について」ケース研究236号（1993）70頁，同「家事調停の改革」判タ892号（1996）8頁，同「同席調停の狙いと成功の条件」井上治典＝佐藤彰一編『現代調停の技法』（1996）172頁，同「同席調停」村重慶一編『現代裁判法大系10 親族』（1998）77頁など。

第5章　調停手続　　573

5　争点の整理

1　争点整理の意義

　調停委員会による当事者からの事情聴取および以下6で述べる事実の調査によって，事件の概略の把握が可能になると，事件処理の基本方針が評議され，その方針に基づいて争点の整理をする必要がある。家事調停の対象となる事件は，夫婦関係調整事件であれ，遺産分割事件であれ法的にみれば比

---

(104)　高野耕一「家事調停論」同『家事調停論（増補版）』（2012）210頁は，「終始同
　　席調停という想定を除けば，そう新しい調停方式ともいえない」とするが，家事
　　調停マニュアル37頁〈佐藤隆夫〉，梶村・前掲注(75)離婚調停ガイドブック429頁，
　　上原裕之司会「ケース研究『同席調停のすすめ』」鈴木経夫判事退官記念論文集
　　『新しい家庭裁判所をめざして』（2000）116頁，井上治典ほか「シンポジウム調
　　停の技」井上＝佐藤・前掲注(103)現代調停の技法3頁，上原裕之「家事調停の今日
　　的課題」判タ1027号（2000）65頁，坂梨喬「現代家事調停論」判タ1237号
　　（2007）48頁，大塚正之「家事調停の技法」野田愛子＝梶村太市総編集『新家族
　　法実務大系第5巻』（2008）201頁，梶村太市『新家事調停の技法』（2012）350頁
　　などは，同席調停を当事者の自主的交渉能力を前提として積極的に位置づけている。
(105)　一般に別席調停と同席調停の功罪については次のように指摘されている。まず
　　別席調停の利点としては，①相手方が不在のため気楽に本心を語ることができる。
　　要求などを出しやすい。②相手方の欠点を指摘しやすい。③相手方に知られたく
　　ない秘密を守ることができる。他方でその欠点は，①相手方の非難に終始しがち
　　になる。②自己に有利な事実のみを語りやすい。③相手方が何を言っているか情
　　報がなく，疑心暗鬼になって相手方への不信感を抱かせる原因となりやすい。④
　　調停機関の公平な取扱いに対する当事者からの不信を招きやすい。また同席調停
　　の利点としては，①同席し対面して話し合ってこそお互いの対話が促進され，対
　　等な討論が可能となる。②言い分を尽くすことによって感情的葛藤が減少し，理
　　性的会話が可能になる。③公平でフェアな運用が明らかとなり信頼を得やすい。
　　④双方の誤解，誤認が明らかになって事実関係の解明に役立つ。これに対して①
　　言いたいことを言って相手方の憎悪を募らせてしまう。②相手方に気兼ねして言
　　いたいことが言えない。③駆け引きに適せず，お互いになかなか譲歩しない。④
　　事実関係の確認には相手方への反抗から虚偽が混入しやすいといったことが欠点
　　とされる（梶村・前掲注(75)離婚調停ガイドブック430頁，梶村・前掲注(104)新家事
　　調停の技法138頁）。また近時において，調停過程のシミュレーションや動態分析
　　にもとづいて調停のあり方を研究するものが登場している。たとえば高橋裕「家
　　事調停の動態学」山本顕治編『水平的秩序4　紛争と対話』（2007）180頁，同
　　「Both Sides Now ──交互面接方式調停と同席方式調停」仲裁とADR3号（2008）
　　89頁などがある。

較的簡単に争点とされるものを確認できるものであっても，それを論じる前
に処理しなければならない人間的葛藤，相互の理解の行き違いを整理する必
要がある。また遺産分割のように通常の民事訴訟以上に多くの争いを含み，
また当事者も多数になって単純な共同訴訟関係とはいえない複雑な状況を呈
する事件もある。調停事項自体についての主張の対立のみならず協議対象や
協議の順序についても対立を生じる。

　事件・紛争をみる角度によっては些細で末梢的とみえる事項が，当該の紛
争当事者にとってはそれまでの当事者間のいきさつや生活史から大きな意味
をもち，譲れないと感じていることがある。当事者間における実質的な争い
は何であるかを確認し，他の事項がこの実質的な争点との関係でどのように
整理できるかを可能な限り早期に当事者間および調停委員会との間で整理す
ることが重要になる。

　調停過程における事実調査や証拠調べの目安を立てるうえでも，この争点
整理は重要である。この争点整理は調停委員会のみで行うのではなく，当事
者双方が関与し，相互に意見を述べ合い，確認しながら相互の一致点と対立
点を整理することにより，ごく小さな点であれ共通理解を形成していくこと
に大きな意味がある[106]。

2　争点整理の方法

　調停における争点整理は，民事訴訟のように権利・法律関係の存否の判断
のために当事者の主張と証拠を整理することに尽きるわけではない。争いの
原因が何であるかについて共通の理解が得られることによって，その他の事
項について一挙に協議が調うこともありうるから，争いの原因と現在の状況
が当事者双方に共通認識され，当事者が自主的に判断をなしうることが重要
である。調停委員会としては，当事者からの事情聴取の結果を整理し，争い

---

　[106]　争点整理という表現は，調停の本質ないし性質につき調停裁判説に立てば当然
　　のこととして理解される。これに対して調停合意説からは，この用語を用いるこ
　　と自体が適当ではなく，本書が調停裁判説に立脚しているのではないかとの誤解
　　を与えかねない。問題なのは調停委員会が争点を確定し，これに基づいて当事者
　　を説得することである。調停委員会の考える争点の捉え方に理解を示さないのは
　　おかしいという形での調停活動は行うべきではない。調停合意説によっても当事
　　者の主張のポイントを確認しないで済ませることはできない。当事者の主張や要
　　求を正しく理解することが困難なことについては，佐上・前掲注[102]家月39巻3号
　　4頁以下参照。

第5章 調停手続 575

のある部分とない部分を指摘して確認を求め，争いのある事実についてはなお争うかどうか，主張や説明を補足・追加し，必要な資料の提出等について当事者の意向を確認することになる。

この過程で調停委員会は，当事者の合理的でないと認められる主張，誤解または偏見に基づくと思われる主張に対して，これを指摘することも重要である。調停委員会は当事者双方の主張を単に相手方にあっせんするだけでなく，良識を代弁する第三者として当事者の主張を評価し，協議を整理することも重要である。当事者間に共通の理解を形成し，あるいはこれができなくても相手方主張の趣旨を理解させるという役割があるからである。第三者の目で見ると，どのように見えるかを当事者に示すことによって争点を明らかにすることは調停委員会の責務である[107]。

6 事実の調査

1 概 説

(1) 家事調停における事実調査の意義

家事調停は，当事者の合意によって紛争の解決を目指す手続であるから，当事者双方が納得できる事実を基礎とすることで足りる。とりわけ当事者の処分を許す財産関係の事件では，何を調停の基礎となる事実とするかについても当事者の合意を優先させてよい[108]。通常は，民事訴訟や家事審判のよう

---

[107] 調停委員（会）は，現実にはさまざまな姿で現れる。ただ黙って当事者の話を聞くだけで当事者の問いかけにも応答しない消極的な立場に徹するものから，自らの立場を明確に打ち出して当事者をそれに従ってリードする指導者的ないし教育者的な姿勢で臨むこともある。こうした態度の差異が当事者に対してどのような影響を与えるかの研究は重要である。調停においてとるべき調停委員（会）の態度等については，わが国ではなお十分に研究が進んでいないように思われる。後述の調停技法などで経験的に語られることが多い。この点については，佐上・前掲注[102]家月 39 巻 3 号 15 頁以下および前掲注[104]に掲げた文献参照。

[108] 高野耕一「家庭裁判所の事実調査」同・前掲注[104]家事調停論 59 頁以下は，調停裁判説の立場から，家事調停において事実認定軽視の傾向が生じたのは，一つには調停合意説にあるとし，他の一つの要因はいわゆる裁判官不在の調停の実態にあると指摘する（71 - 72 頁）。調停合意説によれば，当事者間の争いのある事実の取り扱い方についても協議の対象となるが，事実の認定が否定されるわけではない。

に，争いのある事実について証拠調べによる事実の確定までは必要でないことが多い。また家裁調査官による事実調査によって，当事者からの事実主張に加えて証拠調べの方法によらないで事実が収集されることになる。

　家事調停においても調停機関は職権によって事実の調査をすることができる（家事手続258条1項による56条1項の準用）。調停においては当事者の合意によって紛争を解決するのであるから，調停機関による事実の調査はその必要性や範囲を含めて当事者に示すとともにできる限りその了解を得て実施することが望ましい[109]。

　以下，家事調停における事実の調査について概説する。なお，当事者は適切かつ迅速な調停の実現のため事実の調査に協力するべきものとされている（家事手続56条2項）。その意味については，第1編第6章第4節**4**参照。

(2) 家事調停における事実調査の対象

　家事調停において事実調査の対象となる事実は多様である。当事者間で協議されている権利・法律関係の存否に関する（主要・間接）事実，当事者間の関係が悪化し調停申立てに至った経緯，当事者が調停期日に出頭しない事情などが考えられる。この事実は調停委員会が調停案を検討するために必要な事実（法律事実）あるいは当事者間の人間関係調整にとって重要な事実（社会的事実），さらには客観的な事実と主観的事実などさまざまに分類されることがある[110]が，家事調停の持つさまざまな機能にとって意味のある事実がこのようにして取り上げられる。そして調停中で問題となっている，あるいは対応しようとしている事項との関係で調査される事実が明らかになる。

(3) 家事調停における事実調査の手続

　事実の調査とは，証拠調べと並んで調停機関が事実を認定するために必要な資料を収集する方法をいう。証拠調べは家事調停においても民事訴訟法に定める手続に従う必要があるが，事実の調査はその方式について別段の定め

---

[109]　松原正明「我が国の調停制度の基本構造」法政研究79巻3号（2012）770頁，同「家事調停制度の基本構造」Law & Practice No.09（2015）140頁。

[110]　高野・前掲注[104]家事調停論64頁以下。同書66頁によると，「客観的事実」とは，たとえば「夫が妻を殴った」というものであり，「主観的事実」とは夫がどのような気持で殴り，妻がどのような心理で受けとめたか，というものである。主観的事実の積み重ねのうちにこそ，夫婦関係の亀裂の真の原因があるとみる。家事調停では主観的事実がとくに重要な意味をもつとされる。

第5章　調停手続　　577

がなく，したがって解釈上何らの制限に服しない。他方で事実調査には強制力を用いることができない。

　事実の調査は，当事者および関係人から事実を聴取すること，実地の検証・見分，官公署等に対する調査嘱託と照会などがあり，さらにその実施主体からみると，家庭裁判所が行うもの，調停機関が行うもの，調停委員会を構成する裁判官または調停委員が行うもの等に区分される。以下に，実施主体ごとに説明する。

2　家庭裁判所の行う事実調査

　家庭裁判所においては，調停機関が職権で事実の調査をするのが原則であり，家事調停を受理した家庭裁判所（手続法上の家庭裁判所）が行う事実の調査は，家事手続法上①合意に相当する審判につき当事者に合意が成立し，当事者双方が申立てにかかる無効または取消しの原因または身分関係の形成もしくは存否の原因について争いがない場合において，その合意が相当であり，合意に相当する審判をするためになされる事実の調査（同277条1項），②移送につき必要な調査（同246条2項，3項），③過料の裁判をするにあたってなされる事実の調査（同51条3項，266条3項）がある。このうち①については合意に相当する審判（第6章第1節3・3）で扱う。その他については，特に説明を必要としないであろう。

3　調停機関の事実調査

(1)　概　説

　調停委員会は，職権で事実の調査をしなければならない（家事手続258条1項による56条1項の準用）。当事者や関係人に対する事情の聴取は，すでに調停委員会による事実の調査の一態様であり，これだけで事案が明確になり当事者間で合意が可能となり，調停委員会のあっせんが可能となる場合がある。しかし多くの場合には，当事者や関係人の事情聴取だけではなお事実関係が明確にならないで，さらに事実認定のために資料の収集を行う必要がある。この事実調査は次のような方法によって行われる。以下調停委員会による事実の調査について説明するが，ここでは調停に関し特記すべき事項のみを取り上げる[11]。裁判官のみで調停が行われる場合も同様である（家事手続267条2項）。

(2)　当事者・関係人の呼出し等

　調停委員会は，当事者および関係人など紛争に関係を有する者あるいはそ

れに関する情報を有する者を参考人として呼び出して事情を聴取し，関係資料を提出させてその説明を求め，あるいは現地に赴いて現状を見分する。調停の管轄裁判所で，当事者等から口頭で直接に事情を聴取するのが原則である。期日に先立って準備書面などが提出されている場合であっても，調停委員会は改めて口頭で説明するよう促すべきである。また事実関係を明らかにするため，当事者双方に対しどのような事項を補充・追加あるいは修正するか等の確認を行う。

(3) 調査の嘱託

　事実の調査を他の家庭裁判所または簡易裁判所に嘱託することである（家事手続258条1項による61条1項の準用）。当事者の一方が遠隔の地に居住して，調査期日への出頭が困難であるなどの事情がある場合に，その者の居住地を管轄する家庭裁判所等にその者の審問や家裁調査官による事情調査を嘱託することができる。旧家審規の定めを継承するものである。家事手続258条1項はテレビ会議システム等を利用した手続の期日に関する同54条を準用しているので，これが利用可能であれば直接の印象を獲得でき，また当事者および調停委員が相互にやり取りできる方法を優先すべきである。手続の詳細については第1編第6章第4節5・2参照。

(4) 官公署等への調査嘱託・報告請求

　調停委員会は，必要な調査を官庁・公署その他適当と認める者に嘱託し，また銀行，信託会社，関係人の使用者その他の者に対して，関係人の預金，信託財産，収入その他の事項に関して必要な報告を求めることができる（家

---

(111)　家事手続258条1項は同63条を準用していない。そこで家事調停委員会が職権で事実の調査を行った場合には，当事者やその他の関係人にその旨を通知する必要はない（63条の不適用）。その意味は，立法担当者によれば次のように説明されている。家事調停は合意に基づく自主的な紛争解決手続であるから，事実の調査の結果により不意打的な判断を避けるために手続保障を図るという家事手続63条の趣旨は必ずしも当てはまらない。かえって当事者間の合意による円満な解決の妨げになることもある。そこで事実調査の結果を通知するか否かについては調停委員会等の裁量にゆだねることにした（金子・逐条解説783頁）。これは職権による事実調査結果に不満があれば，当事者は最終的には合意成立を拒否できるから，事実調査段階での手続保障を厳密に考える必要なないという考え方である。調停機関が当事者に対して秘密をもったまま調停手続を続行すること自体が不適切であり，上記の説明には納得しがたい。

第5章　調停手続　　579

事手続 258 条 1 項による 62 条の準用）。家事手続法における調査嘱託の相手方
は，民事訴訟法の規律（186 条，132 条の 4）よりも広く，自然人に対しても
行うことができる。家事事件の特徴から機動的かつ簡便に資料を得る必要性
が高いからである。その手続，嘱託を受けた者の回答・報告義務等について
は，第 1 編第 6 章第 4 節 5・3 参照。

4　家事調停委員による事実の調査

　調停委員会は，家裁調査官による事実の調査を相当とする場合を除いて，
相当と認めるときは，当該調停委員会を組織する家事調停委員に事実の調査
をさせることができる（家事手続 262 条）。旧家審規 137 条の 4 の規律を継承
するものである。家庭裁判所には心理学，社会学，教育学，経済学等の高度
の専門知識を有する家裁調査官が配置されているから，その活用が求められ
る事実の調査がなされるのが原則である（この意味については第 3 章第 1 節 3・
1 参照）。しかし他方において，上記以外の事項につき合議体としての調停委
員会によって調査するまでもないと思われる場合には，専門性をもつ調停委
員による事実の調査が利用されることになる。民調規 13 条 1 項も同趣旨を
定める。この調査の例としては，①遺産分割事件において不動産の専門委員
（不動産鑑定士など）による不動産の評価，現状の見分，②精神障害者等に関
する事項を精神科医である調停委員に調査させる場合などが考えられる[112]。
しかしながら，家事調停委員による事実の調査は，①機動的な調査を必要と
する場合，②調査の密度が濃く継続的な調査を必要とする場合，③詳細な調
査報告書の作成を必要とする場合などは，理論的には可能であるとしても，
正規の証拠調べとの関係や家裁調査官に対する調査命令との関係などから不
適当であると解されている[113]。この意味で，調停委員会を組織する家事調停
委員による事実の調査が機能する場面は少ないといえる[114]。

---

[112]　昭和 50（1975）年 3 月家事事件担当裁判官協議会家庭局見解。最高裁家庭局監
　　修『家庭家事執務資料下巻の 1』（1996）178 頁。

[113]　注解家審規 427 頁〈山田〉。

[114]　これに対して，井上薫「調停委員による事実調査の活用」判タ 853 号（1994）
　　53 頁は，証拠調べ手続その他法文に特別の定めのある資料収集以外の事実調査
　　（とくに当事者からの事情聴取）にも制限はなく，調停委員による事実の調査を利
　　用できると説く。

5 裁判官の事実調査

調停において事実調査をするのは原則として調停委員会である（家事手続260条1項6号）。しかし調停委員会は合議体であるため，その構成員であり事実認定に専門的な知識経験を有する裁判官に事実の調査を委ねた方が迅速かつ適切に対応できることがある。そこで家事調停員会の決議により，裁判官が事実の調査をすることができるようにしている（同261条1項）。この条文は，調停委員会がその名で家裁調査官や技官に調査を命じることができないことを意味している。調停委員会の決議が必要であるとしているのは，本来であれば調停委員会の権限である事実の調査を委員会を構成する裁判官に委ねるものであること，家裁調査官や技官はその職務を行うについて裁判官の命令に従うとされていることによる（裁判所61条の2参照）。裁判官は，家裁調査官に事実の調査をさせ，また医師である技官に当事者の心身の状況について診断させることができる（家事手続261条2項）。また裁判官は相当と認めるときは書記官に事実の調査をさせることができる（同4項本文）。書記官の事実調査は，家裁調査官の専門性を活用する必要のない事項に限られる。たとえば当事者に対する心理的調整を伴わない意向の照会などである[115]。家裁調査官に事実の調査をさせることが相当なときは書記官による事実調査はすることができない（同4項ただし書き）。これらの定めは旧家審規137条の2の規律を引き継いでいる。

6 家裁調査官による事実調査

家事手続258条1項は，家裁調査官による事実調査に関する同58条を準用している。家事調停手続における家裁調査官の事実調査については，それゆえ第1編第6章第4節5・4で述べたことが当てはまる。

7 医務室技官の利用

家事手続258条1項は同60条を準用している。家事調停手続における医務室技官による心身の状況に関する診断等が問題となる。その詳細については第1編第6章第4節5・5で述べたところが当てはまる。

---

(115) 実務講義案225頁。

7 証拠調べ

1 事実の調査と証拠調べの関係

家事審判における事実調査と証拠調べに関する家事手続56条1項は，家事調停手続に準用される（同258条1項）から，調停委員会が行う事実調査と証拠調べの関係は，家事審判の場合と同様である（第1編第6章第5節1参照）。調停においては当事者の合意があるときは，それに基づいて事実を認定してよく，民事訴訟のような厳格な事実認定の必要性は乏しいこと，当事者の合意を基礎に手続を進行させ調停条項を形成するという手続の性格から強制力を用いることを最小限度にとどめることが望ましいこと，さらに手続を簡易迅速かつ廉価に進めるべき要請が強いことから，証拠調べよりは方式にとらわれない事実調査が原則になる[116]・[117]。

家事調停において書証の取調べは，支障なく行えるが，証人尋問や鑑定などの証拠調べは必要かつやむを得ない場合に行われるにすぎない。しかしながら合意に相当する審判については人事訴訟に代わるものとして証拠調べが必要となり，またその他の人事訴訟や民事訴訟の対象となる事件，別表第2に掲げる事件では当事者間で事実の存否が厳しく争われることも多い。たとえば遺産分割調停においては，遺産帰属性，遺産の評価額，遺言の効力，寄与分や特別受益の評価額等が深刻な対立点となることが少なくない。裁判所が職権によって事実調査をするべきだとしても，当事者にはその申立権はなく，また裁判所の任意の調査には限界もある。このようにして家事審判と同様に，①事案の争訟性から相応する強度の心証が要求され，宣誓によって証拠を確実にする必要がある場合，②当事者等が所持する文書を過料の制裁を背景に提出させようとする場合，③重要な参考人が呼出しに応じないために，証人尋問の方法でその出頭を確保する必要がある場合，④親子関係の存否確

---

[116] 家審法講座第3巻213頁〈沼辺〉，司法研修所編・前掲注[66]遺産分割手続運営の手引94頁，梶村=徳田78頁〈梶村〉。

[117] 遺産分割の調停において不動産の評価額が問題となり，当事者から鑑定の申立てがなされることがある。この場合に，正規の証拠調べとしての鑑定にはかなりの費用が必要であること，時間がかかることを考慮しなければならない。そこで家事手続62条による調査の嘱託によって得られる固定資産税課税標準額，税務署の評価額，地価公示価格などを参考として価額を評価し，当事者の意見を調整することを試みることになる（司法研修所編・前掲注[66]遺産分割運営の手引95頁）。

定のために DNA 鑑定が必要な場合などに証拠調べの必要性が認められることになる（第1編第6章第5節**1・2**参照）。

2 証拠調べ

調停機関は必要があると認めるときは証拠調べをしなければならない（家事手続258条1項による64条の準用）。したがって第1編第6章第5節**2**以下で述べたことが当てはまる。旧家審規7条6項は，証拠調べは民事訴訟の例によると定めていたが，他方で旧家審法7条が準用する旧非訟法10条は証拠方法として「人証及ヒ鑑定」を挙げていたにすぎなかったため，家事審判・家事調停で認められる証拠方法について疑問が生じていた[118]。

家事手続法は証拠調べについて，民事訴訟法の証拠調べの規定を準用する旨を明らかにした。その結果，当事者の証拠申出権（民訴180条），すべての証拠方法が許容されること，証拠調べ期日への立会権，文書提出命令に従わない場合の過料（家事手続64条3項，4項）等について新たに規定が置かれることになった。旧法下においては証拠の申出権，立会権，尋問権等についてはいずれも権利とまでは認めることができないが，当事者の防御権の保障への配慮から事実上これを尊重するという運用がなされていると指摘されていた[119]が，家事手続法の下では，法的に規律されることになった。証拠調べの手続等については第1編第6章第5節**2**以下で扱ったので，ここでは繰り返さない。

家事調停は当事者の合意による解決を目的とするものであって，事実の扱いについても当事者の合意があればそれを基礎としてよく，また争いがある場合でも民事訴訟とは異なって，調停における合意成立の前提としての事実関係が把握できれば足り，厳密に証明の域まで達する必要はないと解してよい[120]。

---

[118] この点につき，本書旧版・219頁参照。また小山・民事調停法219頁は，調停は事実の真否が明確でなくとも，立証責任の分配に依存することなく成立することが可能であるから，証拠調手続上での（証人・鑑定人）義務を民事訴訟におけるほど強いものとしないことも許されるとしていた。

[119] 司法研修所編・前掲注66遺産分割手続運営の手引き17頁，注解家審規55頁〈山田〉，井上哲夫「乙類審判事件における職権探知と適正手続の具体的運用」岡垣学＝野田愛子編『講座実務家事審判法第1巻』（1989）130頁，実務講義案90頁。

8 調停成立に向けた調停委員会の調整

1 総　説

　家事調停においては，当事者からの事情聴取と争点整理を終えた段階で，調停委員会として調停案を作成し，当事者に対する提示と説得がなされる。これが調停の成立または不成立に至る最も核心的な部分といえる。しかしこの過程は，以下に述べる調停技法や説得技術として論じられるにとどまり意外に分析・説明が少ないと思われる。調停に現れる事件が多様であり，調停案の内容も事件ごとに当事者の主張や相手方の応答，調停案の基礎とされるべき調停規範の多様性，あるいは調停委員の当事者への説得技術に対する思い等々から，一律的な方法を説明することが困難であるという事情がある[120]。

2 基本的な調停案の作成

　当事者の主張および争点の整理がなされ，争点についての証拠調べを終えると，事件の真相が把握できることになる。手続がこの段階を迎えると，調停委員会は評議において当事者に対する意見調整のための基本的な調停案を作成する。これは調停委員会における内部的なものであるが，その後の調停活動の基本的方針となるものであり，当事者間に合意が成立した際にそれが相当であるかを判断する基準となる（家事手続 272 条 1 項）。基本的な調停案は合意をあっせんするための指針となるから，争点に対しては調停委員会としての判断を示す。事実の存否の判断を通じて権利・義務の存否などの法的

---

[120]　横山匡輝「民事調停における事実の認定」判タ 932 号（1997）87 頁。しかし近時においては調停における適正な事実認定の必要性が徐々に強調されているように見受けられる。なおこの立場の差異は，調停委員会の判断にどれだけの意味を与えるべきかの議論とも関係する。

[121]　上記 **4・2**(1)において述べた同席調停を徹底する考え方によれば，調停委員会は当事者の主張に対する評価をしないし，調停案を提示することもないといわれる（上原・前掲注[104]新しい家庭裁判所をめざして 137 頁における井垣発言。井垣・前掲注[103]現代調停の技法 172 頁）。同席調停の考え方には現在なお見解の相違が存在することを踏まえると，ここでは一般的に受け入れられると思われる考え方を述べておくことにする。そこで以下においては，司法研修所・前掲注[66]遺産分割手続運営の手引き 115 頁以下に紹介される「基本的な調停案の作成」，「当事者の意見調整」，「調停案の提示」を手掛かりとして，その概要と問題点を整理することにしたい。この内容は，司法研修所編『遺産分割事件の処理をめぐる諸問題』（1994）163 頁以下にも要約して収録されている。

判断が結論的に導かれる。しかし，細部にわたる事項については，当事者の自主的な合意による解決の余地を残してよい。また，たとえば遺産分割調停において遺産の具体的な分割方法等については，基本的な考え方を検討しておけばよく，以後の合意のあっせんの進行状況に応じて徐々に具体化させていくのが通常である[122]。

3 当事者の意見調整

調停委員会は，基本的な調停案を作成すると，これに基づいて各当事者の意見を調整し，合意のあっせんをする。家事調停においては複雑微妙な感情的対立を背景にしている場合や，遺産分割事件のように対立点が多岐にわたり，利害の対立を複雑にしているものまで多様な争いがある。基本的な調停案を作成した後は，各当事者の意見調整を図る必要がある。それは事実認識の共通化と解決案に分けることができる。まず当事者の主張が客観的な事実・証拠に照らして矛盾がないかを確かめ，当事者に対してその修正を働きかけることから始まる。これに先行する事実調査と証拠調べの結果から調停案が作成される過程で，調停委員会としての心証が形成されている。これを基礎として事実・証拠の評価を示し，調停委員会の意見を当事者に示す。

客観的な証拠に加え，調停委員会の立場を示すことによって各当事者の事実認識がある程度修正され，協議のための共通基盤が形成されたと考える場合には，各当事者からそれぞれ解決案を提出させる。意見の差異があっても各当事者自身に問題解決のための現実的な提案をさせることが，その認識のギャップを埋めさせるために最も効果的であるといわれる。可能な限り文書で提案させ，結論に至った根拠・理由を十分に説明させ，調停委員もこれに対して意見を述べる[123]。

4 調停案の提示

当事者間の調整によっても合意が成立しないときは，調停委員会としての解決案である調停案を当事者に提示する。ただし当事者間に明らかに合意が成立する見込みがないとき，調停をせずに審判に移行したとき，調停案と同様の結論が得られる見通しが立たないときは調停案は提示しない[124]。当事者

---

[122] 司法研修所編・前掲注[66]遺産分割手続運営の手引き 115 − 116 頁。

[123] 司法研修所編・前掲注[66]遺産分割運営手続の手引き 117 頁，司法研修所編・前掲注[120]遺産分割事件の処理をめぐる諸問題 164 頁。

間にかなり厳しい意見対立が残されているときであっても，調停委員会が妥
当な調停案を示すことで，円満な話し合いが促進されることもある。それゆ
え調停委員会としての客観的な立場から，最も妥当と考えられる調停案を当
事者に示し，説得することになる。調停案を提示するには，事案の内容や調
停の進行状況，当事者の状況等によって，内容や具体性に次のような差異が
ある。①基本的な調停案自体を示す（絵画に例えるとデッサンである）。②最
終的かつ具体的な解決方法を示す調停案（完成された絵である），③両者の中
間的な調停案（着色途上の絵である）の3つに分類される[125]。

　調停案は当事者によって受諾されなくても，当事者に対して合理的な判断
を援助するための資料提供をすることによって，その後の審判手続をするう
えで効果的であると指摘されていた[126]。しかし，調停不成立後の審判手続に
は，調停手続で収集された資料は自動的には引き継がれない。その問題につ
いては，第4節4・4で扱う。

5　調停技法・説得の技術

　調停の成立のさせ方，調停案の作成の仕方，当事者の説得の方法等につい
ては，古くからさまざまな理論や技法が提案されてきた。その全体像を示す
こと，あるいは最も優れたと思われるものを紹介することは，ここでは意図
していない。論者がどのような調停観に立っているか（たとえば調停裁判説か，
調停合意説か，あるいは別席調停肯定説か同席調停説か等々）によっても，調停
手続，調停過程をどのようにみるか，調停案の当事者に対する説得をどのよ
うに評価するかが異なってくる。さらに調停だけでなく訴訟上の和解や取引
上の交渉過程をも視野に入れるかどうかについても見解は異なる。以前にお
いて調停では和が重要だと指摘されていたが，最近ではそれはごく一部に当
てはまるにすぎないことが当然であるとされている。またこうした問題に対
する学問的関心も広がりを見せ，心理学，コミュニケーション論，倫理学
等々実にさまざまであり，外国のさまざまの理論や実務の紹介もなされてい
る。手続法学についていえば，調停法への関心に加えて裁判外の紛争解決制
度に広がりつつあるが，なお研究の蓄積は豊富とはいえない。今後とも多面

---

(124)　司法研修所編・前掲注(121)遺産分割事件の処理をめぐる諸問題165頁。

(125)　司法研修所編・前掲注(66)遺産分割運営手続の手引き119頁，司法研修所編・前
　　　掲注(121)遺産分割事件の処理をめぐる諸問題165頁。

(126)　司法研修所編・前掲注(66)遺産分割運営手続の手引き119頁。

的に論じられるべきであろう[127]・[128]。

第4節　調停手続の終了

1　総　説

家事調停の手続は次の事由によって終了する。

すなわち，①申立ての取下げ（家事手続273条），②調停機関による「調停しない措置」（同271条），③調停の成立（同268条1項），④家事手続277条による「合意に相当する審判」，⑤同284条による「調停に代わる審判」，⑥調停の不成立（同272条）である。離婚，離縁の調停における当事者の死亡や，親権者の指定・変更の調停における当事者または事件本人である当該の未成年者の死亡によっても調停手続は終了する。これらの終了事由のうち，③④⑤については後に独立して扱うため，ここでは①②および⑥について説明する。

2　調停申立ての取下げ

1　概　説

当事者の申立てによって開始された家事調停の手続は，調停手続が終了す

---

[127]　ここでは小島武司＝加藤新太郎編『民事実務読本Ⅳ（別巻）』（1993），廣田尚久『紛争解決学（新版増補）』（2006），草野芳郎『和解技術論』（1995），レビン小林久子『調停者ハンドブック―調停の理念と技法』（1990），井上＝佐藤・前掲注[103]現代調停の技法，梶村・前掲注[75]離婚調停ガイドブック，梶村・前掲注[104]新家事調停の技法，大塚正之「家事調停の技法」野田愛子＝梶村太市総編集『新家族法実務大系第5巻』（2008）201頁，和田仁孝＝大塚正之編『家事紛争解決プログラムの概要』（2014），京都家庭裁判所「家事調停技法」ケース研究325号（2016）37頁，和田仁孝「家事調停における対話促進スキルの適合性」ケース研究327号（2016）38頁を掲げるにとどめる。

[128]　河村浩「家事調停事件における『説得の基礎』」判タ1151号（2004）26頁は，要件事実論に基づく調停物の特定と要件の明確化を念頭に置き，実体的・手続的調停規範の適用を受ける事実とその事実の確定をもとに調停における法的判断の必要性と有用性を説く。説得はこの法的判断をもとに行われるという。調停裁判説ないしこれに親和的な立場からは理解しやすいであろうが，実体的要件が明確とはいえない事件や人間関係調整を重視しなければならない事件等との調整が図られていない点で不満が残される。

るまで申立人がその全部または一部を取り下げることができる（家事手続
273条1項）。ただし申立て以外の方法で家事調停の手続が開始された場合
（同274条1項による付調停）には，当事者の取下げは許されない[129]。この場
合に家事調停を終了させるには，そのもとになっている家事審判事件や訴訟
事件の申立てを取り下げることになる。

　旧家審法には家事調停申立ての取下げに関する規定がなく，解釈に委ねら
れていた。手続の明確化のため家事手続法は新たに規定を置いた。

2　一部の取下げ

　調停の一部の取下げには，申し立てている事件の一部という意味と，申立
人の一部の者または相手方の一部の意味がある。離婚に加えて慰謝料，財産
分与を求めている調停では，慰謝料や財産分与の申立てを取り下げるのは一
部の取下げであるが，離婚の申立てを取り下げるときは全部の取下げを意味
することになる。

3　一部の者による取下げ

(1)　申立人の一部による取下げ

　数人の当事者による申立てが取り下げられたとき，その一部の者による取
下げは許されるか。また数人の相手方がある場合に，その一部の者に対する
申立てを取り下げることができるか。主要には遺産分割調停において問題と
なる。遺産に関する訴訟は遺産確認の訴えに代表的に示されるように，相続
人全員が当事者になることを必要とし[130]，数人によって提起されたときは，
その一部の者による取下げは許されない。遺産分割事件についても固有必要
的共同訴訟に類似するものと解されている。しかし審判申立ての取下げと同
様に，申立人の一部の者による取下げを認めても，その者を手続に参加させ
るには，残された当事者から相手方としての追加申立て，あるいは当事者参
加（家事手続41条2項）によって目的を達することができるので，とくに不
都合はなく，またこれを認める実際上の必要性もあるとして，これを肯定す
る見解が有力である[131]。この見解を支持してよい[132]。

---

[129]　山木戸・家事審判法96頁，家審法講座第3巻243頁〈沼辺愛一〉，基本法コン
　　メ556頁〈進藤千絵〉。

[130]　最判平成1（1989）・3・28民集43巻3号167頁。

[131]　司法研修所編・前掲注(66)遺産分割手続運営の手引き121頁，司法研修所・前掲
　　注(121)遺産分割事件の処理をめぐる諸問題194頁，実務講義案115頁。

⑵　相手方の一部に対する取下げ

　数人を相手方とする調停申立てにおいて，請求が相手方ごとに可分である
ときは一部の相手方に対する申立てを取り下げることができる。扶養権利者
が複数の扶養義務者に対して扶養調停の申立てをした後，一部の義務者に対
する申立てを取り下げるような場合である。

　これに対して遺産分割の手続においては，複数の相手方の一部に対する申
立ての取下げは許されない。相手方が手続から離脱することは，取下げによ
らなくてもその者が脱退することによって目的を達成することができるし，
相続分を譲渡したにもかかわらず脱退しない者がいるときは，当事者として
手続に残存させ譲渡の有無について判断することが必要であり，この場合に
申立ての取下げを認めると手続が不安定になるので，これを認めないのが相
当である[133]。

4　取下げの手続・効力等

　家事調停の取下げは，調停の終了に至るまですることができる。家事調停
の終了原因ごとにその時点が異なる。すなわち，調停が成立した場合は当事
者間に成立した合意を調停調書に記載したとき（家事手続 268 条 1 項），調停
不成立の場合は調停が成立しないものとして調停を終了させたとき（同 272
条 1 項），調停をしない場合は調停をしないものとして調停を終了させたと
き（同 271 条）であり，合意に相当する審判または調停に代わる審判をした
ときについては，同 278 条，285 条 1 項に定めがある。

　調停の取下げは，取下書の提出によってする（家事手続 273 条 2 項による民
訴 261 条 3 項の準用）。申立ての取下げには家事手続 278 条に定める場合を除
いて相手方の同意を必要としない。取下げのあったときは，裁判所書記官は
その旨を当事者，利害関係参加人に通知しなければならない（家事手続規則
132 条 3 項）のが原則であるが，当該期日に出頭した他の当事者・利害関係
参加人はその場で取下げを知ることができるから通知の必要がない[134]。

---

[132]　大阪高決昭和 54（1979）・7・6 家月 32 巻 3 号 96 頁は，遺産分割調停中に申立
　　人であった相続人の 1 人が他の共同相続人に相続分を譲渡して調停申立てを取り
　　下げた事例である。大阪高裁は，相続分の譲渡により当事者適格を失い，譲受人
　　が終始手続に関与していたから遺産分割審判につき手続上の瑕疵はないとした。

[133]　司法研修所編・前掲注[120]遺産分割事件の処理をめぐる諸問題 193 頁，実務講義
　　案 115 頁。

第5章　調停手続　　589

　取下げの効果は，民事訴訟の訴えの取下げと同様であって，その調停過程
でなされたすべての手続上の行為の効力は失われる（家事手続273条2項に
よる民訴法262条1項の準用）。また調停における譲歩の一つとして，当事者
間の家事調停を取り下げる旨の合意がなされることもある。訴訟上の和解に
おいて，訴えの取下げが合意される場合と同様である。

　家事調停が取り下げられた場合でも，当事者間で実質的な話し合いがなさ
れたと認められる場合には，調停前置の要請は満たされていると評価するこ
とができる[135]。

3　調停をしない措置（調停の拒否）

1　意　義

　調停機関（調停委員会または調停を単独で行う裁判官）は，事件が性質上調
停をするのに適当でないと認めるとき，または当事者が不当な目的で濫りに
調停の申立てをしたと認めるときは，調停事件を終了させることができる
（家事手続271条）。調停の内容が法令や公序良俗に反する場合や，義務の回
避・引延ばしを目的として調停が申し立てられている場合に，調停機関が調
停を拒否し，調停制度の健全な維持を図るものである。民事調停についても
同様の定めがある（民調13条，15条）。

　これに該当するときは，調停機関は「調停をしない」と宣言し，これに
よって調停終了の効果を生じる。この点に関し，旧家審規138条は，「調停
をしないことができる」と定め，民調13条は「調停をしないものとして，
事件を終了させることができる」としているが，両者を別異に解すべきでは
ないとされていた[136]。家事手続271条は民調法の定めと同一のものとした。
この場合，家庭裁判所は調停申立てを不適法として却下するのではない。家

---

[134]　条解家事事件手続規則329頁。

[135]　注解家審法709頁〈石田敏明〉，金子・逐条解説822頁。

[136]　市川・家事審判法140頁，家審法講座第3巻243頁〈沼辺〉。民事調停法以前の
　　各種調停法にも同趣旨の定めがあったが，調停をしないものとして事件を終了さ
　　せる制度はなく，事実上調停をしないことにした場合，事件は受調停裁判所にな
　　お係属し，これを消滅させるためにはさらに裁判所の申立却下決定を必要とする
　　という解釈があったとされている（小山・民事調停法230頁）。旧家審規138条も
　　この意味では民事調停法以前の各種調停法と同様の定めをしていたといえるが，
　　民事調停法制定時に改正されず，ようやく家事手続法によって改められたといえる。

庭裁判所は調停の申立てがあると事件が調停に適するか，あるいは申立てが濫用でないかを審査しないで，直ちに調停機関の処理に付さなければならない。また調停機関が「調停をしない」と宣言したときは，家庭裁判所は改めて調停申立てを却下する裁判をするべきではない[137]。

2 調停をするのに適当でない場合

家事手続 271 条によると，調停をしない場合として二つの要件が区別されている。まず「事件が性質上調停を行うのに適当でない」という要件が掲げられている。これには，①調停を求める事件の内容自体が法令または公序良俗に反し，家庭裁判所における調停をすることが不適当と認められる場合と婚姻中の男性が妻以外の女性との同居を求める場合などがあり，②事件の内容自体は調停をするのに適切であるが，具体的な事件の態様から調停をするのに適当でないという場合を含む[138]。相手方の所在が不明である場合などである[139]。

次に「事件が不当な目的で濫りに調停の申立てをした」とは，訴訟または執行の遅延策として調停を申し立てた場合や，申立人が調停期日に欠席を繰り返して調停を進行させる意思を欠いている場合，調停が成立してその後格別の事情変更がないのに再度調停を申し立てた場合などがこれにあたる[140]。

3 調停機関の措置

事件が上記 2 の要件に該当するときは，調停委員会は調停をしないものとして，家事調停事件を終了させることができる（家事手続 271 条）。調停委員会のこの措置は裁判ではない。しかしこれによって家事調停事件を終了させるものであるから，調書に記載するなどこれを明確にしておく必要がある。また書記官は，当事者および利害関係参加人に対し，遅滞なくその旨を通知しなければならない（家事手続規則 132 条 1 項）。

---

[137] 山木戸・家事審判法 97 頁，家審法講座第 3 巻 243 頁〈沼辺〉，注解家審規 433 頁〈上村平多〉。

[138] 注解家審規 433 頁〈上村〉，金子・逐条解説 811 頁。

[139] 福岡家小倉支審昭和 49（1974）・12・18 家月 27 巻 12 号 68 頁は，調停申立ての趣旨が不明で，また申立てが精神分裂病（統合失調症）による異常体験に基づくものと認めて，旧家審規 138 条（家事手続 271 条）により事件を終結させている。

[140] 注解家審規 433 頁〈上村〉，近藤ルミ子「調停の成立および効力」岡垣学＝野田愛子編『講座実務家事審判法第 1 巻』（1989）348 頁，実務講義案 238 頁。

調停をしない措置に対しては，申立人は不服申立てをすることができないと解されている[141]。実務も同様に解している[142]。

4　別表第2に掲げる事項の調停の拒否

旧法の下で乙類審判事件について家審規138条（家事手続271条に相当）によって調停が拒否された場合に，この事件が審判手続に移行するかについては見解が分かれていた。この措置がとられたとしても，①調停不成立の場合と同様に当事者の利益保護の立場から審判手続に移行することを認める見解[143]，②逆に調停拒否の措置によって事件が終了するとの見解[144]，さらに③不当な目的で濫りに調停申立てがなされたと認める場合には審判手続への移行を認めるべきではないが，事件の性質上調停に適しないとされた場合には移行を認めてよいとする見解[145]があり，④調停が申立てによって開始された場合にはただちに終了するが，審判から移行した場合にはこの措置がとられ

---

[141]　山木戸・家事審判法97頁，家審法講座第3巻244頁〈沼辺〉，注解家審規435頁〈上村〉，実務講義案238頁。

[142]　仙台高決昭和30（1955）・12・27家月8巻6号31頁，東京高決昭和53（1978）・12・21家月31巻7号58頁。

　　民事調停についても同様に解されている。東京地決平成9（1997）・8・28判タ971号256頁，大阪地決平成14（2002）・3・12判タ1126号278頁。民調法13条の措置は決定によって行われたものではなく，民調法21条にいう調停手続における裁判に当たらないことを理由とする。しかし次の点を指摘しておくべきであろう。上記1で触れたように，民事調停法制定以前の各種調停法では裁判所がした調停申立て却下に対して不服申立てが認められるかが問題とされていた。判例は否定していた（大判昭和10（1935）・2・18民集14巻2号132頁，大判昭和15（1940）・7・20民集19巻15号1205頁）が，学説は反対していた（たとえば兼子一・判例評釈『判例民事法昭和10年度』（1936）40頁）。調停申立ては裁判所に対してするものであり，調停委員会がその委任に基づいて職務を行うのであるから，調停機関の措置が裁判でないとの形式論で不服申立てを許さないのは正当ではない（小山・民事調停法231頁）。家事手続法はこの問題に対して特段の定めを置いていないので，旧法時の疑問はそのまま残されることになる。

[143]　山木戸・家事審判法97頁。

[144]　市川・家事審判法140頁，家審法講座第3巻244頁〈沼辺〉，注解家審規838頁〈石田〉。

[145]　家審法講座第3巻245頁〈沼辺〉は注においてこの見解を支持していた。また京都家審昭和59（1984）・4・6家月37巻4号62頁も審判手続に移行させたうえで申立てを却下している。

たとしても審判手続が残るからしかるべき審判によって終了させるとの見解[146]もあった。

家事手続272条4項は，審判手続に移行する要件を「第1項の規定により別表第2に掲げる事件の調停事件が終了した場合」として，調停不成立の場合に限ることに改めている。それゆえ同271条の措置がとられたときは，審判から調停に移行した場合を含めて審判手続に移行しない。審判手続に移行させても適切な審判をすることができるとは考えられないこと，調停をしない措置に対して不服を申し立てることができないこと，調停拒否の事由に不服のある当事者は新たな審判申立てをすることが可能であることから，さほどの不利益がないこと等が理由とされている[147]。

4　調停の不成立

1　概　説

調停機関は，当事者間に合意が成立する見込みがない場合，または成立した合意が相当でないと認める場合に，調停に代わる審判（家事手続284条）をしないときは，調停を成立しないものとして手続を終了させることができる（同272条1項）。家事手続277条に定める事件の調停について，当事者間に合意が成立したが合意に代わる審判をしない場合も同様である（同272条1項カッコ書き）。調停不調と呼ばれる。民事調停についても同様の定めがある（民調14条・15条）。以下，調停不成立の要件，その後の手続について説明する。

2　調停不成立とするための要件

調停機関が調停が成立しないと判断して手続を終了させるための要件は，家事手続272条1項によれば，①当事者間に合意が成立する見込みがないこと，または②当事者間に成立した合意が相当でないと認められることである。①については，当事者間の合意の成立に向けてさまざまな事情を考慮し，調停委員会の努力が重ねられてきたが，不一致の部分で妥協点が見出せず最終的な合意が成立する目処が立たない場合や，当事者が度重なる呼出しにも応じないで出頭しないとか，長期間の外国出張等で調停期日に出頭できる見込

---

(146)　注解家審規434頁〈上村〉，本書旧版・421頁。

(147)　注解家審法838頁〈石田〉，金子・逐条解説812頁。

第5章　調停手続　　593

みがない場合があてはまる。この判断は調停機関に委ねられる。当事者の一方からこれらの事情をもとに調停不成立にしてほしいとの申出があっても，調停機関はこれに拘束されるわけではない。調停成立の見込みがないのに調停手続を引き延ばすのは適切ではない。

②の当事者間に成立した合意が相当でないと認められる場合とは，合意内容が正義と衡平に合致しないことをいう。調停を打ち切るか，さらに調停を続行するかは調停機関の判断に委ねられる[148]。

3　手続の終了

調停機関が調停不成立の措置をとると，調停手続は当然に終了する。裁判所書書記官はこれを調書に記載し，遅滞なく当事者および利害関係参加人に通知しなければならない（家事手続規則132条1項）。調停不成立とする措置に対しては不服申立てができない。調停の不成立は，調停をしない措置とは異なってそれまで進行させてきた調停手続が成功しなかったので続行しないという措置であり，当事者には調停の続行を求める利益が認められるべき場合ではない[149]。

しかし調停が不成立とされても調停に代わる審判（家事手続284条1項）をしたときは，家事調停事件は終了させることができない（同272条1項ただし書き）。

4　調停不成立と家事審判申立ての擬制

(1)　意　義

別表第2に掲げる事件については，家事調停が成立しないときは調停の申立ての時に，当該事項についての家事審判の申立てがあったものとみなされる（家事手続272条4項）。別表第2に掲げる審判事件は，基本的には当事者間における協議によって解決を図ることができるから，その自主的な解決手

---

[148]　注解家審規436頁〈上村〉。たとえば認知請求を放棄する合意や扶養請求を放棄する合意，離婚調停における親権者の指定について，子が小学校に入学するまで母，その後は父を親権者と定める合意などは，いずれも合意内容が違法であるか著しく妥当性を欠くものとされる。また父母間で養育費の請求を放棄する合意があっても，その効力は子に及ばないと解される（家審法講座第3巻247頁〈沼辺〉，注解家審規437頁〈上村〉，実務講義案240頁，283頁）。また慰謝料や財産分与をあまりにも長期間にわたって分割して支払う旨の合意も相当でない場合が多いであろう。なお第5節3参照。

594　　第2編　家事調停

続を先行させている（調停優先主義）。調停で解決できなかった場合には，審判による解決を望んでいるのが当事者の意思に合致すること，審判に移行させても当事者が審判を望まないときは家事審判の申立てを取り下げることができること，および家庭に関する事件はできるだけ早期に解決する必要があることがその理由と考えられている[149]。またこれを認めないと離婚に伴う財産分与（民法768条1項）のように申立期間のある事件や消滅時効期間が徒過して，調停を申し立てたことが当事者の不利益になることを避ける必要がある[151]。旧法の下では調停手続から審判手続への移行といわれていた（旧家審26条1項）。

(2)　申立てが擬制される事件

　調停が不成立になったことによって当然に審判事件の申立てが擬制されるのは，当事者の申立てによって開始された別表第2に掲げられた審判事件に限られる。家事手続274条により審判事件が調停に付されていたときは，調停不調によって調停手続が終了するだけであり，残存している審判手続が続行される。別表第2に掲げる審判事件であるかどうかは，家事調停申立ての事件名によってではなく，申立て内容の実質によって判断すべきである[152]。

---

(149)　東京高決昭和39（1964）・10・28家月16巻11号154頁。また名古屋高決昭和51（1976）・12判時818号62頁は，調停不成立となったため，調停委員会が調停不成立の調書を作成し，原審において即日家事審判事件として立件した上，その3日後に「本件は調停の不成立により終了した」との審判をしたのに対して即時抗告が許されるべきかが問題となったものである。名古屋高裁は，即時抗告を適法としたうえで，抗告理由なしとして却下した。本件では調停の内容は，民法910条による相続分に応ずる価額の支払請求であって，審判事項ではなく訴訟事項であった。以下4で指摘するように，審判手続に移行しない事件であった。原審が誤って立件してしまったために，その結末をつけるための非常措置として本件決定がなされたものであり，調停不調の措置に対する即時抗告を認める先例とはならない。

　　　民事調停についても同様である。小山・民事調停法234頁。名古屋地決昭和41（1966）・1・31判時436号52頁。

(150)　家審法講座第3巻352頁〈沼辺〉，注解家審法834頁〈石田〉，金子・逐条解説817頁。

(151)　旧家審法の立法者もこのことを考えていた。堀内・家事審判制度の研究442頁。

(152)　注解家審法835頁〈石田〉，坂梨喬「調停不成立を巡る諸問題」判タ1100号（2002）549頁。

第 5 章　調停手続　　595

具体例として，東京高決昭和 53（1978）・5・30 家月 31 巻 3 号 86 頁は，親族関係に基づかない扶養に関する事件につき，一般の家庭に関する事件として調停が成立しなかったときは審判に移行しないとし，高松高決平成 8（1996）・8・16 家月 49 巻 2 号 150 頁は，調停の当初は養育費請求として申し立てられたが，その実質は損害賠償を求めるものであったという事案につき，調停不成立により手続は審判に移行せずに終了していると判断している。また最判平成 8（1996）・1・26 民集 50 巻 1 号 132 頁が，遺留分減殺請求権を行使して取り戻した財産の分割は遺産分割ではないと判示するまでは，これに関する調停不成立になった場合に審判に移行するかどうかが争われていた。この判決により遺留分減殺請求に関する家事調停が不成立になったときは，調停手続が終了するだけである。

　別表第 2 に掲げる事件の調停が訴訟事項とともに申し立てられる場合があり，調停不成立となるときは，次のように考えることになる[153]。すなわち，①訴訟事項と別表第 2 の審判事項が事実上緊密な関連を有するが，それぞれ独立に処理できる場合。たとえば離婚後に親権者となった者が，元の配偶者に対して離婚に伴う慰謝料と未成年の子の養育費を請求する場合がこれにあたる。調停不成立のときは，未成年の子の養育費の事項のみが審判手続に移行する[154]。②訴訟事項と別表第 2 の審判事項が，前者の法律関係の形成が後者の請求の条件となっている場合で，前者（訴訟事項）について調停が不成立の場合。たとえば離婚とともに財産分与および親権者指定が申し立てられ，離婚について調停が不成立であるときである。別表第 2 に掲げる事項は審判に移行しない。この前提となる法律関係の形成がなければ審判の余地がないからである[155]。②の併合形態で，離婚については合意が成立したが，別表第 2 に掲げる事項について調停が成立しないときは，見解が分かれている。先の例でいえば，親権者指定については審判に移行させるが，財産分与については審判に移行させずに後日の申立てを待つという取扱いが妥当であるとの

(153)　注解家審法 836 頁〈石田〉。

(154)　最決平成 23（2011）・7・27 家月 64 巻 2 号 104 頁も，申立人が審判への移行を求める意思を有していないなど特段の事情がない限り，乙類に掲げる事項（別表第 2 に掲げる事項に対応）は審判に移行するという。本件決定については，佐上・判例紹介・民商法雑誌 146 巻 2 号（2012）183 頁がある。

(155)　宮崎家日南支審昭和 44（1969）・7・21 家月 22 巻 5 号 75 頁。

見解が有力である[156]。

調停不成立後の手続がどのようになるかについては，裁判所が当事者に対して教示することは手続を誤らないためにも重要であろう。

(3) 申立ての擬制に関連する手続

別表第2に掲げる審判事件については，審判に先立って調停の申立てをすることができる（家事手続244条）。調停が不成立によって終了すると，当然に審判手続に移行しその手続が開始される。当事者の申立てや裁判所の格別の処分が必要となるわけではない。原則として新たな手数料の納付も必要がない。調停申立てのときに審判の申立てがあったと擬制されるから，財産分与請求（民法768条2項）など審判申立期間のあるものについて，調停手続中に申立期間が経過することになっても，当事者には不利益は生じない（家事手続272条4項）。

調停から審判手続に移行することにより事件が係属する裁判所は，家事調停事件が係属していた家庭裁判所である[157]。家事審判事件と家事調停事件の管轄の定め方が異なることから，当該の裁判所に家事審判事件の管轄がない場合がある。調停の不成立による審判手続への移行によっても当該の裁判所に管轄を生じるわけではないから，審判手続を進行させるためには自庁処理（家事手続9条1項ただし書き）の決定をする必要がある。家事調停から審判手続に移行する場合に，調停手続に相手方が出頭していた場合には，「事件を処理するために特に必要である」との要件を満たすと判断されることが多いとされる[158]。これによって当事者に著しい不利益，不公平が生じるならば，移送も可能である。

(4) 移行の効力──調停手続で収集された資料の取扱い

家事手続272条4項による調停申立ての時に審判の申立てがあったとする

---

[156]　親権者の指定は本来離婚と同時に定められるべきであるから，離婚についてのみ合意する場合には審判手続で判断される必要がある。これに対して財産分与は，離婚と切り離して判断してもよい事項であり，調停不成立としていったん終了させ，請求の有無を含めて改めて当事者の判断に委ねることで差支えがない。注解家審法837頁〈石田〉，実務講義案241頁。

[157]　家審法講座第3巻254頁〈沼辺〉，注解家審法839頁〈石田〉，金子・逐条解説818頁。

[158]　注解家審法839頁〈石田〉，金子・逐条解説818頁。

第5章　調停手続　　597

擬制は，調停手続をさかのぼって審判手続の一部とみる趣旨ではない。審判手続への移行にあたっては，改めて司法行政上の事件の分配を受ける。調停を主宰する機関と審判を担当する機関とは観念上同一ではない。両手続に同一裁判官が関与する場合でも心証は引き継がれない。したがって調停手続において収集した資料を審判手続で当然に利用できるかについては，疑問が提起されてきた。他方で全く利用できないとすることも手続の連続性を図るという制度との関係で問題が残る。

　従来調停と審判手続を一連のものと捉える観点から，調停で得られた資料は審判手続においても利用できるとする見解が有力であった[159]。しかし両手続は別個のものである以上，調停の手続において提出または収集された資料は直ちには家事審判の資料とはならない[160]。とくに家事調停の手続における資料としては有益なものであっても，審判の資料としては必要でない当事者の心情を記載した陳述書等は引き継がれないものとする必要がある。旧法下においても，調停手続において収集した資料を，たとえば当事者から書類を提出させたり，陳述内容や合意内容を期日調書に記録化するなど客観化することによって，後日の審判手続で活用するといった指摘がなされていた[161]。これを審判事件の係属する裁判所が職権によって必要な範囲で調査をすることになる。その結果は当事者等に通知される（家事手続70条）。

　家事審判の手続で当事者の陳述を聴取する場合に，調停手続で陳述聴取され書面にされているときは，改めて同じ内容の陳述を聴取する必要はないであろう[162]が，家事手続68条2項の審問期日における陳述聴取は，当事者が期日に裁判官の面前で口頭で自己の認識や意見を述べることに意味があるから，調停手続で実施されていても改めて行う必要がある[163]。

---

[159]　山木戸・家事審判法33頁，家審法講座第3巻253頁〈沼辺〉，近藤・前掲注[140]講座実務家事審判法第1巻386頁。本書旧版・426頁は，調停手続と審判手続の一体的運用の観点から調停手続において収集された資料をほぼ留保なしに審判手続で利用できるとしていたが，本文のように見解を改める。

[160]　金子・一問一答49頁。山田文「家事調停不成立後の家事審判への移行」徳田和幸先生古稀祝賀論文集『民事手続法の現代的課題と理論的解明』（2017）547頁に詳しい検討がなされている。

[161]　注解家審法841頁〈石田〉。家事手続法のもとでも同様の扱いがなされる（金子・逐条解説818頁）。

[162]　金子・逐条解説819頁。

家事調停の手続に当事者参加（家事手続41条），利害関係参加（同42条）をしていた者は，審判手続において改めて参加手続をとるまでもなく，その地位を保持する。また調停手続中になされた審判前の保全処分（同105条）もそのまま効力を保持する。

5　訴え提起の擬制

(1)　意　義

家事手続244条の規定により調停を行うことができる事件について家事調停が成立せず，かつ，その事件について同法277条による合意に相当する審判または同284条の調停に代わる審判をせず，またはこれらの審判がなされ異議申立てによってその効力を失った場合において，当事者が調停不成立の通知（同272条2項）を受け取った日から2週間以内に訴えを提起したときは，調停申立ての時にその訴えの提起があったものとみなされる（同274条3項）。

これは調停前置主義により調停の申立てをした者が，調停不成立になったことによって出訴期間（例えば嫡出否認の訴えについて民法777条）を徒過し，または訴え提起による時効中断の利益を失うなどの不利益を防止するために設けられているものである[164]。民事調停法にも同様の定めがある（民調19条）。別表第2に掲げる審判事件と異なり，調停不成立から自動的に訴訟手続への移行を認めていないのは，調停が不調となった段階で当事者に再考させることが望ましいこと，調停が不成立であるからといって訴訟まで提起する意思を持たない当事者があることを考慮したためである[165]。

(2)　訴え提起の擬制

訴え提起が擬制されるのは，家事調停の申立てがあった訴訟事件である。

---

[165]　金子・逐条解説819頁。

[164]　最判平成5（1993）・3・26民集47巻4号3201頁は，民事調停に関してであるが，調停不成立の一ヶ月以内に訴えを提起したときは，民法151条の類推適用によって，調停の申立ての時に時効中断の効力が生じるとする。また名古屋高金沢支決平成4（1992）・4・22家月45巻3号45頁は，遺言によって認知を受けた相続人が行った価額請求審判の申立てについて，付調停の後不成立になって移行された審判において，当該事件は訴訟事項であるとして不適法却下された場合でも，審判申立ては時効中断の効力があり却下審判の通知を受けた時から二週間以内に訴えを提起したときは，旧家審法26条2項（家事手続272条3項に相当）が類推適用されるとする。

第5章　調停手続　　599

訴訟係属中に家事調停に付された後に調停が不調となったときは，従前から係属し中止されている訴訟手続を進行させることになる（家事手続275条1項）。

　訴え提起が擬制されるのは，家事手続277条の適用を受けて合意に相当する審判がなされうるものと，同284条の調停に代わる審判がされうるものがある。これらの審判がなされないか，なされても適法な異議申立てがあれば，これらの審判が失効して事件は未解決のまま家庭裁判所の係属を離れる。当事者が家事調停の終了（不成立または審判の失効）の通知（同272条2項）を受けた日から二週間以内に訴えの提起をした場合に限って，同272条3項が適用される。この期間は，訴訟係属の効果をさかのぼらせ，実体法上の権利に影響を及ぼすから伸縮することはできない[166]。しかし申立人の責めに帰すことができない事由により，この期間を遵守することができなかったときは，訴えの提起を追完することができる。

　この期間内に訴えを提起したときは，調停申立時に貼用した手数料は，訴状に貼用すべき印紙額に通算される（民訴費用5条1項）。また訴えを提起すべき裁判所は民訴法の規定によって決定される。旧家審法26条2項（家事手続272条3項）は，調停申立ての時を基準としてその後に提起される訴訟の土地管轄を定める趣旨の規定ではない[167]。また家庭裁判所で作成された調停事件の記録は，受訴裁判所には送付されない[168]。

(3)　**調停において提出された資料の訴訟手続における利用**

　家事調停が不成立になった場合に，当事者は別途訴訟を提起することになる。この場合小規模な家庭裁判所では人事訴訟について家事調停に関与した裁判官が，訴訟手続を担当することがありうる。前審関与というわけではないが好ましいとは言えない。しかし調停と訴訟とでは心証を切断できると考えられ法律上は禁止されていない。

　また家事調停において提出され，また調査された資料は訴訟手続には引き

---

[165]　旧家審法の立法者がこのように考えていたことについて，堀内・家事審判制度の研究422頁。家事手続272条3項は旧家審法26条2項の規律を引き継いでいる（金子・逐条解説816頁）。

[166]　家審法講座第3巻257頁〈沼辺〉，注解家審法841頁〈石田〉。

[167]　最判昭和37（1962）・2・16判時289号15頁。

[168]　実務講義案245頁。

継がれない。調停と訴訟手続は独立したものとなっているからである。利用するには書証提出の準備行為としての「調停事件記録の取寄せ」によることになる[169]。

第5節　調停の成立

1　概　説

調停期日において当事者間に合意が成立し，これを調停調書に記載すると調停が成立する（家事手続268条1項）。訴訟上の和解が成立した場合と同様の定めであるが，調停機関が当事者間に成立した合意を相当でないと認めるときは，調停を成立させないで終了させることができる（同272条）。このように当事者間に合意が成立するだけでなく，調停機関による合意内容の相当性の判断が求められている点が異なっている。民事調停にも同様の定めがある（民調14条）。旧家審法制定以前の人事調停法は，調停委員会による調停が成立した場合，裁判所の認可を必要としていた（人事調停法8条による借地借家調停法28条の準用）。その理由は，調停委員会における調停の場合には裁判官である調停主任のほかに素人である調停委員が関与して，公正でない調停をする虞がないではないから，「裁判所をして一応成立せしめた調停を検せしめることが妥当」と考えたことにある[170]。旧家審法の制定に際し，この制度を維持するかどうかが問題とされたが，採用しないこととされた。その理由は，立法担当者によれば，「実際上の取り扱いとして，調停委員会の調停が成立した場合に裁判所が不認可の決定をした事例は皆無であり，且つ，調停委員会の構成員には家事審判官が入っているから，その調停が公正を欠く虞れは皆無」であることである[171]。旧家審法21条はこのように改め

---

[169]　この点について東京家庭裁判所家事第6部編著『東京家庭裁判所における人事訴訟の審理の実情（改訂版）』（2008）7頁。また大塚正之「人事訴訟手続と家事調停の在り方」野田愛子＝安倍嘉人監修『改訂人事訴訟法概説』（2007）393頁，山田文「家事調停の現状と課題」法律時報81巻3号（2009）26頁。また最判昭和45（1970）・3・26民集24巻3号165頁は，「民訴法旧262条（現行186条）に基づく調査嘱託によって得られた回答書の調査の結果を証拠とするには，裁判所がこれを口頭弁論において提出して当事者に意見陳述の機会を与えれば足り，当事者の援用を要しない」とする。

[170]　宮崎澄夫『調停法の理論と実務』（1942）154頁。

られ，現行家事手続268条1項に引き継がれている。

2　当事者間における合意の成立
1　調停条項

　家事手続268条1項によれば，当事者間に合意が成立するだけでは調停は成立しないが，この合意は調停における核心部分をなすものである。その合意の内容は調停条項と呼ばれる。調書への記載は公証的性格を有する手続的な行為である。当事者の合意は裁判所の相当性の判断を経て調書に記載されることによって，法律上確定判決ないし確定審判と同一の効力が与えられる。

　調停手続においてなされる当事者の合意の対象は，主として当事者間の権利関係の処分に関するものである。このうち家事手続277条に定める身分関係に関する調停においては，当事者間の合意が成立するだけでは法律関係を変動させることができない。この場合には家庭裁判所が当事者の合意の基礎となる事実関係をさらに調査したうえ，相当と認めるときは合意に相当する審判をする（同277条1項）。したがって，同268条1項の対象となる当事者の合意は，当事者の合意によって法律関係を処分することのできる訴訟事件と別表第2に掲げる家事審判事件に関するものである。

2　合意の成立
(1)　調停期日における合意

　調停手続は調停期日において行われるから，調停の合意はその期日に当事者双方が出頭して，調停機関の面前でなされることが必要である。各当事者が各別に調停期日に出頭して意思を表示し，調停機関が合意が成立したと判断しても，当事者双方が同一の期日に同席して一致した意思を表示しない限り，合意の成立を認めることができない[172]。それゆえ調停期日外における合意または不出頭の当事者による書面の合意は，家事手続268条1項に言う合意とみなすことができない（なお以下(2)参照）。

　家事調停は本人の出頭が原則であり，やむを得ない事由があるときは代理

---

[171]　「家事審判法質疑応答資料」堀内・家事審判制度の研究438頁。

[172]　注解家審法727頁〈上村〉，金子・逐条解説804頁。これに対して梶村＝徳田・82頁〈梶村〉は，調停機関が前の期日に本人の意思を確認しており，次の期日に代理人が使者としてその意思が不変である旨を述べた場合など，例外的に代理人による合意の成立を認めてよいとする。

人を出頭させることができる（家事手続51条2項）。身分関係の事件については，身分上の合意は代理に親しまないから代理人（訴訟代理人である弁護士を含む）を出頭させて合意することができない[173]。

(2) 電話会議システム等の利用と家事調停

家事手続258条1項は同54条を準用しているので，家事調停についても電話会議システムまたはテレビ会議システムを利用することができる。手続を利用しやすくするという目的に沿う制度の新設である[174]。しかし離婚や離縁の調停では当事者の意思を慎重に確認しなければならないので，電話会議システムでは当事者の置かれている状況，態度等を直接に確認することは困難であるから，人訴法37条3項と同様にこの方法によっては調停を成立させることができない（家事手続268条3項）。

3 調停条項案の書面による受諾

(1) 意 義

当事者が遠隔地に居住していることその他の事由によって，調停の期日に出頭することが困難である場合において，その当事者があらかじめ調停委員会から提示された調停条項を受諾する旨の書面を提出し，他の当事者が家事調停の期日に出頭して当該調停条項案を受諾したときは，当事者間に合意が成立したものとみなされる（家事手続270条1項）。

この方法による調停の成立は，旧法の下では遺産分割の調停に限られていた（旧家審法21条の2）。その後平成8（1996）年民事訴訟法改正に際して，訴訟上の和解につき事件の種類を問わずにこの手続が認められることになった。これを受けて家事手続270条は，対象となる事件の範囲を拡大して，家事調停の全般に利用できることになった[175]。ただし離婚および離縁については，本人の意思確認が重要であるため適用除外とされている（同2項）。

(2) 適用の要件

調停条項案の書面による受諾の方法で，調停の合意を成立させるためには，①当事者が遠隔地に居住しているなど出頭が困難なこと，②調停機関が調停条項案を提示すること，③期日に出頭できない当事者がこの調停条項案を受

---

(173) 実務講義案251頁，熊本家山鹿支審昭和39（1964）・8・20家月16巻12号55頁。

(174) 金子・一問一答37頁。

(175) 金子・逐条解説809頁。

諾する旨の書面を提出したこと，および④出頭した当事者がこの調停条項案を受諾したことである（家事手続270条1項）。②の調停条項案は書面で示さなければならない（家事手続規則131条1項）。③の当事者の調停条項案の受諾する旨の書面の提出があったときは，調停委員会はその当事者の真意を確認しなければならない（同2項）。受諾書面に印鑑登録証明書を添付させるとか，家裁調査官に真意を確認させるとか，あるいは最寄りの家庭裁判所に真意確認の事実調査を嘱託するなどの方法がとられる[176]。

3 調停機関による相当性の判断と調書への記載

家事手続268条1項により，調停は合意の内容（調停条項）を調書に記載することによって成立する。合意の成立から調書への記載の間には，同272条1項に定める調停委員会による成立した合意の相当性の判断が存在する。成立した合意が相当でないと認めるときは，さらに調停を続行させるか，調停を不成立として手続を終了させるか，あるいは調停に代わる審判をするなどの措置がとられる。成立した合意が相当であると認めるときは，裁判所書記官にこれを調書に記載させる。これによって調停が成立する。

合意が相当であるかどうかの判断は，適法・不適法または有効・無効という法律の判断だけでなく，妥当であるかどうかという見地からもしなければならない。相当性の判断に関して従来問題とされてきたのは，別居を認める合意，婚氏続称を禁じる合意あるいは認知請求権の放棄または制限の合意など，私法上なしえない事項についての合意や合意の内容に付款がついている場合であった[177]。個別具体的に妥当な解決であることを考慮して，判断することが必要である。法律の定めに反することがあっても，一概に相当でないということはできない。

4 調停の法的性質

当事者間に成立した合意を調書に記載したとき，その調書の記載にはどのような効力が生じるか，またその効力の発生は実体法，訴訟法あるいはその双方の要件に従って判断されるのか。成立した調停の法的性質として論じられるこの問題の解決については，民事訴訟における訴訟上の和解の法的性質

---

[176] 条解家事手続規則325頁。

と同様に学説上争いがある。民事調停について訴訟法説に立つ有力説がある[178]が，通説は家事調停についてみると私法上の合意と訴訟行為の双方の性質を有するとみる両性説に従っているとみてよい。すなわち成立した調停の実質は当事者の合意であり，係争の法律関係についてなされた私法行為であるが，その手続上裁判所の承認および公証行為によって法律上確定判決または確定審判と同一の効力が認められているのである[179]。それゆえ私法上の合意として民法等の規制を受け，私法上合意の効力を生じないときは手続法上も効力を生じないし，手続的に見れば家事手続268条1項に従って合意がなされなければならないから，この要件を欠いて調停事項として調停機関の審

---

[177]　ここでは認知請求権の放棄または制限について簡単に触れておく。この問題につき，最判昭和37（1962）・4・10民集16巻4号693頁は，「子の父に対する認知の請求権は，その身分上の権利たる性質およびこれを認めた民法の法意に照らし，放棄できない」という。通説もこれを支持する。しかし現実の家事調停においては，認知請求権は一定の条件のもとでは放棄またはその不行使の合意も許されるとする見解が有力に主張されている（日野原昌「認知請求権の放棄」同『家族法実務の研究』（1990）257頁，注解家審法733頁〈上村〉）。放棄無効説に立てば，父の婚姻家族の安泰を図ることと非嫡の子を認知することとは，元来二律背反的なものであるが，その調和を図る接点として，放棄有効説または権利濫用説が登場するのである。これらの説をとることにより多くの事案につき，具体的に妥当な結果が得やすくなるとされ，これに基づいて調停による合意を形成することができるというのである（日野原・前掲259頁）。こうした問題を家事調停でどこまで解決するべきかという難問が提起されている。調停という制度がなく訴訟による解決だけしか設けていないならば，前記の最高裁判決の趣旨を徹底させることはさして困難ではないであろう。しかしそれだけでなく当事者の合意による解決として調停制度を設け，しかもこれによる解決を優先させるという法制度のもとでは，当事者間の具体的妥当な解決のために法律の原則だけでなく，法律的基準による解決の代償的解決の必要性が登場し，またこれを無視することができず，認知請求についても一定期間は行使しないが金銭的給付は認めるとか，あるいは認知請求権を放棄することに代えて金銭的解決を図るといった解決案が登場することを避けることができないともいえる。実体法的に当事者が合意で処分できない紛争について調停による解決を認める以上は，上に述べたような状態が生じることは必要悪として認めざるを得ないであろう。家事調停の実務での処理を最高裁判決に抵触するとして，相当性を欠くとは一概にはいえないであろう。

[178]　小山・民事調停法152頁。

[179]　山木戸・家事審判法102頁，家審法講座第3巻275頁〈沼辺〉，注解家審法726頁〈上村〉，近藤・前掲注[140]講座実務家事審判法第1巻380頁。

査を受けることができないときは，手続上効力を生じないし私法上も効力を生じないといわなければならない。このような趣旨のものとして通説を支持する。もっともこの議論は，調停の無効・取消事由，その主張方法などの問題に関連するが，民事訴訟における訴訟上の和解の法的性質の議論と同様に，その効用性が乏しい。

5　調停調書の更正

1　概　説

調停期日に当事者の合意が成立し，その内容が調書に記載されると調停が成立する。この調停調書は，合意を公証し，調停当事者間の権利・義務等を明らかにし，また給付を命じているときは債務名義となる。この調書に誤記，その他明白な誤りがあるときは，これを訂正・補充できるかについて，旧家審法には定めを欠いていた。民訴法 257 条は裁判の更正に関する一般的な定めと解されるとして，その準用が認められると解されていた。家事手続 269 条はこの趣旨を明文で定めたものである。更正の対象となるのは，調停条項をはじめ記載事項全体に及ぶが，明白な誤記，計算違い，記載漏れその他これに準じる明白な誤りである[180]。

2　更正をする裁判所

更正をなしうるのは，調停事件を処理した家庭裁判所である。調停委員会による調停でも調書の更正は家庭裁判所が行う。更正は職権または申立てにもとづいて行う（家事手続 269 条 1 項）。

3　更正決定・不服申立て

更正決定は裁判書を作成してしなければならない（家事手続 269 条 2 項）。この決定は家事調停に関する審判以外の裁判（同 258 条 1 項による 81 条の準用）であるから，裁判書の作成は義務づけられていないが，更正された内容の明確性を担保するため，その作成が義務づけられている。更正決定は当事者および利害関係参加人に対して告知される（同 81 条 1 項，74 条 1 項）。

更正の決定に対しては即時抗告をすることができる（同 269 条 3 項）。更正の申立てを不適法として却下する決定に対しても即時抗告をすることができ

---

(180)　更正の具体例については，石田敏明「調停調書の更正」判タ 1100 号（2002）544 頁がある。

る（同4項）。更正の申立てを却下する裁判に対して即時抗告をなしうるかについて，旧法下では見解の対立があった。実質審査をなさずに不適法却下した場合には通常抗告ができるが，理由なしとして却下したときは調停調書を認証した裁判官の属する裁判所が明らかな誤りがないとしているのに他からこれを強制することはできないとして不服申立てを許さないとする見解が通説を占めていた[181]。家事手続法は明文規定によりこれを改めた。

6 調書の効力
1 総 説

　調停手続において当事者間に合意が成立し，調停機関がこれを相当と認めて調書に記載したときは調停が成立してその効力を発生させる[182]。その記載は確定判決または確定審判と同一の効力を有する（家事手続268条1項）。その効力は調停対象が訴訟事項か，別表第2に掲げる審判事項であるかによって異なる（同かっこ書き）とされているので，以下これを分けて説明する。また調停の効力と密接に関連することとして，家事調停についてもその無効または取消しを観念することができるかも問題となるので，あわせて検討する。

2 訴訟事項を対象とする家事調停の効力
(1) 民事調停との比較

　訴訟事項を対象とする家事調停の調書は，確定判決と同様の効力を有する（家事手続268条1項）。旧家審法21条1項本文を引き継ぐものである。これに対して民事調停は，裁判上の和解と同一の効力を有すると定める（民調16条）。もっとも，裁判上の和解は「確定判決と同一の効力」を有する（民訴267条）ので，家事調停と民事調停の効力に差異はないと解されるし，差異を設ける根拠も見出しがたい[183]。ともに裁判所における調停であり，家事調

---

(181)　旧法下における学説については，注解家審法726頁〈石田〉参照。

(182)　調停の効力は調書に記載されたときに発生するのが原則であるが，離婚や離縁などは戸籍に記載されることによってその効力を生じる。そのため離婚，離縁その他戸籍の届出または訂正を必要とする事項について家事調停が成立したときは，裁判所書記官は当事者等の本籍地の戸籍事務を管掌するものにその旨を通知しなければならない（家事事件手続規則130条2項）。

(183)　注解民調法215頁〈小室直人〉。

停は当事者間の一定の身分関係の存在と調整の必要性から，通常の民事調停に関する事件をも対象とすることができる（第2章第1節2参照）から，両者は重なり合うともいえるのである。しかしながら同一事項を定めるのにその表現が異なるのは，利用者にとって不親切であり，立法技術上も問題がある。今次の家事手続法の制定でも改められなかった。

確定判決は，訴訟法上の効力として，形式的確定力，既判力，執行力および形成力を有するが，調停調書もこれらの効力を有するかが問われる。

(2) 形式的確定力

民事訴訟や家事審判において，形式的確定とは終局裁判が上訴によってもはや取り消される余地がなくなることをいう。このように形式的確定とは，審級管轄があることを前提とした観念である。これに対して調停においては，上級審が調停手続を審査する制度を予定していないから形式的確定は存在しない[184]。たしかに調停が効力を生じると，その内容は実体的に一応確定し，調停機関は期日の指定，事実調査，合意のやり直しをすることができないという取消不可の状態を生じる。この点で裁判の形式的確定に類する。この状態を形式的確定力によって説明する見解がある[185]。しかし，これらは端的に調停成立による手続上の効果とみれば足り，通常の用法とは異なる意味で形式的確定力という必要はないであろう。

(3) 既判力

既判力とは確定した判決の判断内容が訴訟当事者および裁判所を拘束し，これに反する主張や判断をなしえないものとさせる効力である。訴えにより審理を遂げたうえで判決が言い渡され，もはや当該の手続内で争う可能性がなくなった以上は，その判断内容は尊重されるべきである。このようにして判決後も同一の紛争で蒸し返し主張や矛盾する判断を禁じて紛争解決を図るのである。この既判力が家事調停においても認められるかについては，民事調停および訴訟上の和解の既判力とも関連して古くから争われている。

家事調停についていえば，既判力肯定説が通説である。「調停によって定まった法律関係は不可争であり，その限りで判決と同様であるから既判力を有する」[186]とか，調停によって確定された当事者間の具体的な法律関係の存

---

[184]　小山・民事調停法 284 頁。

[185]　石川明「民事調停の効力」同『民事調停と訴訟上の和解』（1979）55 頁。

在が訴訟において尊重されなかったり，あるいは当事者がこれに反する事実
を主張することができ，また裁判所もこれと異なる判断をなしうるようであ
れば，調停による紛争解決の目的を没却することになるから，家事調停にも
既判力を認める必要があるとされる[187]。第1編第7章第4節3で述べたよう
に，家事審判には既判力を生じないとの前提に立つならば，別表第2に掲げ
る事項の調停については確定した審判と同一の効力を生じる（家事手続268
条1項）にとどまるから既判力は生じない。家事調停の既判力の問題は別表
第2に掲げる事項以外の事件に関するものに限られることになる。しかし同
一の手続によってなされる家事調停で，対象がたまたま訴訟事項であるか審
判事項であるかによって既判力が生じるか否かの区別を生じさせるのは不可
解といえよう。

　家事調停については既判力を肯定するのが通説であるのに対して，民事調
停では既判力肯定の少数の見解[188]を除くと，既判力を否定するのが通説であ
る[189]。同じ調停でありながらこのような温度差をもたらす理由が何かは興味
ある問題である。民事調停が当事者の自主的な紛争の解決として私法上の契
約と観念されやすいのに対して，家事調停の場合には既判力が認められる

---

(186)　山木戸・家事審判法102頁。山本和彦＝山田文『ADR仲裁法』（2008）200頁も，
　　条文上，確定した判決と同一の効力が認められる以上，既判力が肯定されること
　　を基本として考えるべきであるとする。

(187)　家審法講座第3巻289頁〈沼辺〉，同旨，注解家審法741頁〈上村〉，松坂佐一
　　「家事審判法に関する若干の問題」愛知大学法経論集4号（1952）138頁。もっと
　　も山木戸・家事審判法102頁は，「離婚のような法律関係の新たな形成を内容とす
　　る調停では，その形成は当事者の合意に基づくもので，形成判決のような一定の
　　形成要件の確定にもとづくものではないから，そこでは一定の形成要件の存否に
　　ついては既判力を生じる余地がなく，その点では調停の既判力は確定判決の効力
　　と同一ではないという大きな例外を認めている。
　　　実務においても，遺産分割の調停に関して，遺産の範囲を定めた部分は訴訟事
　　項に関する調停として確定判決と同一の効力があるから既判力を有するが，遺産
　　分割を定めた部分は乙類審判事項（別表第2に掲げる審判事項）に関する調停な
　　ので，確定した審判と同一の効力を有するにすぎず，非訟事件の裁判として既判
　　力を有しないとするものがある（大阪高判昭和54（1979）・1・23家月32巻2号
　　70頁，神戸地姫路支判昭和37（1962）・3・23判時319号41頁）。

(188)　小山・民事調停法285頁のほか，佐々木吉男『民事調停の研究（増補版）』
　　（1974）222頁。

第5章　調停手続　　　609

「合意に相当する審判」の制度があったり，調停裁判説が実務家の中に根強く支持されている（第1章第1節1・1参照）という実情が背景にあるのかもしれない。しかし民事調停の対象と家事調停の対象は一部で重なり合う。その調停の効力が両者で異なるのは合理的とはいえないし適切でない。既判力の問題について共通して理解する必要がある。

　家事調停については，民事調停と同様に既判力を認める必要はないと解する。調停の基本は当事者の合意であり，当事者の自主的な紛争解決であり，調停機関から調停条項案が提示され当事者がこれを受諾することによって調停が成立することが一般的であり，あるいは当事者の合意を調停機関が審査する手続が予定されているといっても，重要なのは調停条項を受け入れて紛争をやめるという点である。調停対象に対する調停機関の判断を基礎として既判力の有無を検討するべきではない。またたとえ調停機関の判断である調停条項案の効力に注目するとしても，この成立過程，受諾の過程で当事者に錯誤，詐欺等の介在する余地のあることを考慮しておく必要があり，その救済の途を広く開いておくことが必要である[190]。当事者の意思の瑕疵による調停無効の主張を封じ，再審事由にあたる場合にのみ救済を限定するのは相当ではない。訴訟上の和解と同様に，家事調停に既判力を認めることは相当ではない。ただかつての既判力否定説の根拠として，家事調停においては手続保障を欠くことが挙げられ，それが説得力を持ちえた時期があったことは確かであるが，家事手続法のもとでは手続保障に関する規定が一応整備されていると評価できる。

　また前掲大阪高判昭和54（1979）・1・23は，「確定判決と同一の効力を有する部分は訴訟上の和解と同じく，それが要素の錯誤その他の理由により効力を失わない限り既判力を有する」と判示する。この部分は，訴訟上の和解

---

(189)　石川・前掲注(185)民事調停と訴訟上の和解57頁，石川明「民事調停の効力」別冊判タ4号（1977）66頁，注解民調法222頁〈小室〉，中野貞一郎「民事調停の効力」同『民事訴訟法の論点Ⅰ』（1994）266頁。また下級審判例であるが，鳥取地米子支判昭和31（1956）・1・30下民集7巻1号171頁，名古屋高金沢支判昭和31（1956）・12・5下民集7巻12号3562頁がある。

(190)　鈴木忠一「非訟事件の裁判の既判力」同『非訟事件の裁判の既判力』（1969）65頁，宮脇幸彦「家事審判および家事調停の効力(5)」戸籍156号（1961）3頁，梶村太市・判例評釈・判タ367号（1997）291頁。

の効力に関連して判例が採用するいわゆる制限的既判力を意味するとみられる[191]。これを支持する見解もある[192]。この立場からは，一方では当事者の意思の瑕疵の主張の可能性を認めつつ，それがない限り成立した調停内容と矛盾する主張を禁じることができ，不都合がないように思えるが，これは民法696条によって阻止することができることであり，これを既判力の効力という必要はない。自主的解決に対する拘束力，蒸し返し禁止の効力を規律するのは民法696条の想定する範囲で十分であると考える。民法696条の範囲が明確でないことから，既判力の制度によって代替しなければならないという[193]のは納得できない。またそもそも制限的既判力という概念を認める理論的必要性についても議論の余地がある[194]。

(4) **執行力**

成立した調停が当事者の具体的な給付義務を定めて調書に記載しているときは執行力を有する。執行力のある調停調書は債務名義となる（民執22条7号）。家事手続268条1項は，訴訟事項に関する調停調書は確定判決と同一の効力を有すると定めているから，執行文の付与を求める必要がある。

執行文は申立てにより当該調停をした家庭裁判所の書記官が付与する（民執26条1項）。執行が条件にかかるとき，承継があったときは執行文付与が必要である（同27条。その付与の訴えについては同33条2項6号）。

調停調書による強制執行については，基本的には家事審判の場合と同様である。第1編第7章第4節5参照。

(5) **形成力**

形成訴訟における形成判決は，確定すると法律関係の変動を生じさせる。

---

[191] 注解民調法223頁〈小室〉。

[192] 本田晃「調停成立の効力」判タ1100号（2002）543頁。

[193] 本間靖規「調停と既判力」石川明＝三木浩一編『民事手続法の現代的機能』（2014）781頁。民法696条の範囲は明確でないこと，既判力の機能を完全に代替する保証がないことから，和解の既判力を否定できないとする（同789頁）。しかし制限的既判力説によれば無効取消事由は結局のところ民法の規律に従わなければならないのであるから，この議論は同義反復にすぎないのではなかろうか。

[194] 高橋宏志『重点講義民事訴訟法（上）（第2版補訂版）』（2013）788頁。また訴訟上の和解に既判力を付与することの意味を検討するものとして，高田裕成「訴訟上の和解の効力論への一視角」井上治典先生追悼論文集『民事紛争と手続理論の現在』（2008）260頁以下がある。

第5章　調停手続　　611

この効力を形成判決の形成力と呼んでいる。調停にこのような形成力があるかについて，民事調停では否定説が有力である[195]。また民事調停では形成力を論じる実益に乏しいともいわれる[196]。

　家事調停においては，離婚および離縁の調停との関係で，調停の形成力が承認されてきた。これには次のような経過と必要性があるとされる。まず旧人事調停法7条は，「調停ハ裁判上ノ和解ト同一ノ効力ヲ有ス但シ本人ノ処分ヲ許ササル事項ニ関スルモノニ付テハ此ノ限ニ在ラス」としていた。離婚および離縁については和解による解決が認められていなかったため，仮に離婚するとの調停が成立しても，それによって直ちに法的効力が生じることはなく，届出をすることによってはじめて効力を生じるとされていた（戸籍の創設的届出）。これに対して旧家審法による家事調停においては，確定判決と同様に当然に離婚・離縁の効果が発生し，戸籍の届出は報告的なものにすぎなくなった（戸籍77条，73条，63条参照）。このようにしていわゆる調停離婚が協議離婚，審判離婚および裁判離婚と並ぶ離婚の形態として認められ，その効力も離婚判決と同一とされるに至ったのである[197]。戸籍法施行規則57条2項1号によると，戸籍77条2項2号の事項として，調停による離婚，審判による離婚，和解による離婚，請求の認諾による離婚または判決による離婚の別が示されなければならない。その結果，離婚の調停が成立した旨の通知を受けた後の協議離婚の届出は受理すべきではないし，離婚調停が成立しているにもかかわらず，協議離婚届出をしている場合には，右協議離婚届けを調停離婚に基づく届出の錯誤とみて戸籍法113条所定の訂正をするのが相当であるとされる[198]。

---

[195]　小山・民事調停法292頁は，調停では形成力を生じさせる形成要件が存在しないので，形成力を観念する余地はないという。

[196]　「調停は法律関係の非訟的形成であり，当事者の合意を調停条項の非訟的形成に関するものと解すると，調停に形成力を認めざるを得ない」とする見解もある（石川・前掲注[185]民事調停と訴訟上の和解62頁）。たしかに当事者の合意によって新たな法律関係を作り出すことは，調停という自主的解決にあっては当然のこととして含意されている。しかしこの議論は，判決の効力と対比して調停調書に形成力が認められるかというレベルの問題とは異なるので，これによって調停に形成力があることを説明することは筋違いであろう。

[197]　この点についての詳細は，家審法講座第3巻289頁〈沼辺〉参照。

3 別表第2の審判事項を対象とする調停の効力

別表第2に掲げる審判事項に関する調停は，確定審判と同一の効力を有する（家事手続268条1項カッコ書き）[198]。旧家審法21条1項ただし書きの規律を引き継ぐものである。上記2に述べたのと異なる点についてのみ説明する。

調停によって当事者間に形成ないし確認された権利または法的地位に基づいて，金銭の支払い，物の引渡し等の具体的給付が定められているときは，調停調書の記載は給付を命じる確定審判と同じく，執行力ある債務名義と同一の効力を有する（同268条1項，75条）。それゆえ執行文の付与を必要としない。

別表第2に掲げる事項の審判は，親権者の指定・変更，扶養の程度・方法，寄与分ないし遺産分割のように，その審判には形成力があるとされる。それゆえ調停が成立したときは形成力を認めてよい[200]。別表第2に掲げる審判事項について成立した調停は既判力を有しない。この点について異論はない。

7 戸籍事務管掌者への通知

離婚，離縁その他戸籍の届出または訂正を必要とする事項について調停が成立したときは，裁判所書記官は戸籍事務管掌者に対しその旨を通知しなければならない（家事手続規則130条2項）。調停の成立によって戸籍届出の義務が生じたにもかかわらず，当事者がその義務を怠り，届出が所定の期間内に行われないときは，調停の内容が戸籍に反映されないことになるので，戸籍事務管掌者がその事態を把握し，届出をしない当事者等に対して催告の手続をとり，戸籍記載の正確性を確保できるようにするためである[201]。当事者等に届出義務があるため，裁判所が戸籍記載の嘱託を行うのではない。

---

[198] 昭和39（1964）年12月4日第72回戸籍事務連絡協議会議事録・家月17巻1号（1965）190頁，最高裁家庭局『改訂家事執務資料集（下巻の1）』（1996）303頁。

[199] 山本＝山田・前掲注[186] ADR仲裁法200頁は別表第2に掲げる事項の調停には既判力を否定している。

[200] 家審法講座第3巻292頁〈沼辺〉，実務講義案316頁。ただし家事手続277条1項による婚姻取消しの審判の確定を条件として親権者指定の調停が成立したときは，婚姻取消し審判の確定によって親権者指定の調停の効力が発生するので，このときは調停成立時に形成力が発生しない。

[201] 条解家事手続規則322頁。

8 調停の無効・取消し

1 総 説

家事調停に既判力を認める立場では，調停手続や調停の内容に私法上の意思の瑕疵があっても，それを理由として調停の効力を否定することができない。この不都合を避けるため既判力肯定説の一部は制限的既判力であるとする。しかし本書においては，調停は当事者の私法上の合意を基礎とする自主的な紛争解決であるとみて調停の既判力を否定している。それゆえ錯誤，虚偽表示，詐欺・脅迫等の事由があるときは，これを理由として調停の無効・取消しを主張することができる。その理由は訴訟上の和解と同様に解してよいであろう。

調停の内容が不明確，不定，不能または不法であるときは，その内容上の効力を生じないので，このような調停は当然に無効と解すべきである。また東京高判平成 12（2000）・10・3 家月 54 巻 5 号 118 頁は，離婚の調停条項中の「当事者双方は，本件離婚に関する紛争は一切解決したものとし，今後は相互に名義のいかんを問わず何らの金銭その他の請求をしない」とのいわゆる清算条項のみの無効確認を求める訴えは，これを確認しても当事者間の特定の権利義務の存否や法律関係が確定するものではないから特別の事情のない限り確認の利益を欠くとする。

調停機関が法律の要求（家事手続 247 条，248 条）によらないで構成され，あるいは調停を担当する裁判官や調停委員に欠格事由や除斥事由があるのにこれを看過して調停がなされた場合にも調停は無効となる[202]。

2 無効の主張方法

上記 1 に掲げた私法上の合意の無効等を主張するにはいかなる方法によるか。民事訴訟の訴訟上の和解については，判例・学説は期日指定申立てと，和解無効確認の訴え，請求異議の訴えなど多元的な方法を認めている。家事調停においては，多数説は別訴の提起によることを原則としているといわれる[203]。しかし，期日指定申立て等状況に応じた主張方法が認められてよい[204]。

---

[202] 小山・民事調停法 293 頁，徳田和幸「調停組織上の瑕疵と調停無効」石川明＝梶村太市編『民事調停法』（1985）491 頁。

[203] 本田・前掲注[192]判タ 1100 号 543 頁。

3 再 審

　家事手続288条は，家事調停の手続においてされた裁判についての再審を定めるが，調停の手続あるいは当事者が合意をするに至った判断の基礎に，再審事由に相当する事由がある場合には適用されない[205]。旧法時においても，このような場合に調停が訴訟事項を対象とするときは再審の訴えに準じる調停取消しの訴え，調停が乙類審判事項（別表第2に掲げる審判事項）を対象とするときには，再審の審判の申立てがそれぞれ許されると解されていた[206]。家事手続法の下でもこの解釈が維持されると解される。

　もっとも先に述べたように調停における私法上の合意に無効原因があるときは，調停は無効となるので，再審の訴えによることなく調停無効確認の訴えによって争うことができる。これに対して，再審事由のうち手続法上の理

---

[204]　東京高判昭和59（1984）・9・19判時1131号85頁（時価2500万円の遺産を1300万円程度であると誤信して遺産分割調停を合意するに至った場合につき，要素の錯誤はあるが重大な過失があり無効主張を認めなかった），東京高判昭和60（1985）・9・18判時1167号33頁（離婚に伴う財産分与として譲渡した場合には譲渡所得を負担することはないと思って合意した離婚調停は要素の錯誤があるとの主張を排斥した），福岡高判平成4（1992）・10・29家月45巻12号54頁（遺産分割調停において代理権欠缺を理由に無効主張したもの）は，いずれも調停調書無効確認事件である。また札幌家審昭和52（1977）・1. 17判タ357号321頁は，家事調停機関において成立した調停の効力を有権的に審査する権限がないことを理由に調停期日の指定申立てを却下する。そして新潟家佐渡支審平成8（1996）・1・17家月48巻8号98頁は，「本来，遺産分割調停の無効確認は，その旨の確認訴訟においてなすべきであり，右訴訟における証拠調べによって真偽を確定すべきである。しかし遺産分割調停後に調停期日指定の申立てを行うことも，それ自体直ちに不適法とはいえず，家庭裁判所の家事審判官も，調停期日の指定をなすか否かの判断の前提として意思表示の錯誤等の事実の有無の調査および判断をなしうる」とする。調停委員会を組織する裁判官は，調停の効力について判断することができるから，期日指定申立ての方法を否定することはできないであろう。また別訴において調停の効力を争う可能性も認められるべきであり，当事者はいずれの方法もとることができると解すべきである（梶村太市・前掲札幌家審評釈・判タ361号（1997）109頁，同・判タ367号（1997）293頁参照）。

[205]　家事調停の手続において，再審の対象となるのは，審判または事件を終結させる審判以外の裁判で確定したものに限られる。合意に相当する審判や調停に代わる審判などである。金子・逐条解説871頁頁参照。

[206]　家審法講座第3巻290頁，293頁〈沼辺〉，注解家審法746頁〈上村〉。

第 5 章　調停手続　　615

由（たとえば民訴 338 条 1 項 1 号，2 号，3 号）などに基づくときは，調停を当
然に無効とさせるものではないから，再審の訴えによることになる[207]。

---

[207]　山木戸・家事審判法 103 頁。また先例として，遺産分割の調停で弁護士に対す
る委任状が偽造されたものであり，代理人に必要な授権の欠缺があるとして民訴
法 420 条 1 項 3 号（現行民訴 338 条 1 項 3 号に相当）の再審事由があるとして，
当該調停を取り消した例（静岡家判昭和 41（1966）・5・4 家月 18 巻 12 号 54 頁）
や，乙類審判事項に関する調停につき親権者（父親）と第三者（父親の愛人）が
通謀の上申立人（非親権者である母親）の氏名を冒用して成立させた親権者変更
の調停を取り消した例（山形家審昭和 57（1982）・12・27 家月 36 巻 5 号 109 頁）
などがある。

第6章 合意に相当する審判および調停に代わる審判

第1節 合意に相当する審判

1 制度の趣旨
1 家事手続 277 条の定め
(1) 制度の趣旨

　人訴法2条に掲げる人事に関する訴訟のうち，離婚と離縁は当事者の処分を許し，協議や調停によってもその解決を図ることができる。しかしこれ以外の人事に関する訴えは当事者による任意処分を許さない。他方で家事手続244条は，人事に関する訴訟事件についても家庭裁判所は調停を行うことができる旨を定め，かつ，同257条はこの調停の対象となる事件について訴えを提起しようとする者は，「まず家庭裁判所に調停の申立てをしなければならない」として調停前置主義を採ることを明らかにしている。離婚と離縁以外の事件につき調停において当事者の合意が成立したときどのように処理するか。これを定めるのが家事手続277条の合意に相当する審判である。

　すなわち同条によれば，婚姻または養子縁組の無効または取消し，その他の特定の身分関係に関する事件の調停において，①当事者間に申立ての趣旨のとおり審判を受けることについて合意が成立し，②その原因の有無について争いがない場合に，③家庭裁判所が必要な調査をしたうえ①の合意を正当と認めるときは，④当事者の合意に相当する審判をすることができる。この調停が調停委員会で行われているときは，③につき裁判所は調停委員会を組織する調停委員の意見を聴かなければならない（同2項）。この審判が確定すると確定判決と同一の効力を生じる（同281条）。その結果，この調停手続で形成されまたは確認された身分関係は，人事訴訟によることなく最終的に確定する。これが家事手続277条に定める審判である。旧法下では「23条審判」または「合意に相当する審判」と呼ばれてきた。本書では，「277条審判」または「合意に相当する審判」という。同法284条に定める調停に

第6章　合意に相当する審判および調停に代わる審判　　　617

代わる審判とあわせて「特殊審判」ということもある。

　家事手続法の制定に際して，旧法の基本構造は維持しつつ，手続を明確にするため，対象となる事件，合意をすることのできる当事者，調停の手続主体，申立ての取下げ，当事者による異議申立て等々旧法下において争いのあった事項について規定ぶりを変更している[1]。

(2)　旧家審法立法者の意図

　もともと当事者の任意処分を許さない事項について調停を先行させ，当事者間に争いがない場合に審判によって手続を終結させるという仕組みはどのようにして生み出されたのであろうか。この合意に相当する審判という構想は，大正時代から始まる家事審判所構想の中にも登場していない。戦後の家事審判法制定の過程で，ある意味では突如として登場したものである。昭和21（1946）年9月の「家事審判法要綱案」で初めて登場し，その後文言の訂正があって家審法23条となる。家審法23条の意義について，立法者はどのように考えていたかを確認しておこう。次のように説明している[2]。すなわち，

　　「第23条に規定する事件はいずれも人事訴訟手続法に規定する事件であるが，この事件は公益に関するものであるから，同法に規定する如く，この事件については自白に関する法則を適用せず又弁論主義によらず職権主義を採り，その判決は第三者に対しても効力を有するもので，所謂任意処分を許さぬ事件である。従って，合意が成立したのみでは，確定判決と同一の効力を有せしめることができぬ性質の事件である。然し乍ら，合意が成立している場合にも，訴訟で争わねばならぬとすることは，望ましくないので，本条においてさらに必要な事実を職権調査した上正当と認めた場合には，調停の手続において合意に相当する審判をすることができることにした」というのである。

　この立法担当者の説明には，なお不明確な点があり，旧法下において制度の基本構造をはじめ，合意の意味，合意をする主体等々をめぐる解釈に争い

（1）　金子・一問一答240頁，金子・逐条解説836頁。

（2）　その導入の経緯については堀内節『家事審判制度の研究』（1970）319頁，その趣旨については同書440頁以下に収録されている「家事審判法質疑応答資料」による。

を生じさせてきた[3]。

(3) 二つの側面

旧家審法23条を引き継ぐ家事手続277条は，その文言から見てとれるように，その前半は人事に関する訴訟の調停手続の一部であり，その後半は人事訴訟手続の代用ないし簡略手続としての側面を併せ持つといえる。この意味では異質の内容が一つの条文に盛り込まれているともいえる。事件は調停として申し立てられるからその手続が進行する。そこで当事者間に合意が成立して，調停申立ての基礎となる事実関係に争いがなければ，人事訴訟に代わる手続がなされて審判で決着がつけられる。この制度は，紛争性のない事件についてすべて人事訴訟の提起を強制することは妥当ではないので，これを回避する目的を有し，また人事訴訟の提起に先立って調停による解決を試みることが適切であるとして，一般的には肯定的に受け止められている[4]。

しかし他方では，この制度では当事者の実体上の処分を許さない訴訟事件について調停を行うという点で無理があるといえるし，この非訟的な手続で当事者間に合意が成立し争いがなく，裁判所が正当と認めたときは，本来の訴訟手続を不要とし確定判決と同一の効力を付与するというのであるから，「巧妙な制度であり，考えようによってはかなり乱暴な制度[5]」であるとの評価を生む。二つの側面をどのように理解するかによって，制度の捉え方，個々の論点の解釈が異なってくる。

2 合意に相当する審判の手続構造

上に述べたように，家事手続277条の合意に相当する審判の手続は，調停の開始に始まり，調停期日において調停行為がなされ，当事者間に合意が成立するという調停手続と，家庭裁判所が事実調査および調停委員の意見聴取によって当事者間の合意の正当性を判断し，正当と認めるときはこの合意に相当する審判をするという審判手続が存在している。そこでこの合意型の手続と裁定型の手続との関係をどのように把握するかについて，旧法下において学説上見解の対立があったが，家事手続法のもとでも同様に問題となる。

---

(3) この立法経過を詳しく検討したものとして，唄孝一「家事審判法23条研究序説」同『戦後改革と家族法・家族法著作選集第1巻』(1992) 363頁以下がある。

(4) 注解家審法772頁〈窪田もとむ〉，坂梨喬「合意に相当する審判の問題点」野田愛子＝梶村太市総編集『新家族法実務大系第5巻』(2008) 225頁。

(1) 調停・審判等位説

合意に相当する審判の手続では，調停と審判の手続が等位のものとして構成されているとみる見解である。法が調停前置主義を採用しているのであるから，当事者の任意処分を許さない事項についても家事調停が成立することが想定されていると解し，家事調停の一面があるとする。合意に相当する審判はこのように家事調停の一面と審判手続の要請が兼ね備えられていなければならない。いずれかの手続が主になるという関係ではないとする。現在の通説的な見解とされている[6]。

(2) 調停優位説

合意に相当する審判の手続は，調停を主とし審判を従ととらえる見解である。この手続は初めから最後まで調停手続の枠組みの中で処理されるとみるのである。この見解は，当事者間の合意の正当性の判断，そのための事実の調査，調停委員の意見の聴取は，裁判官が単独で，かつ，職権で行い，また合意に相当する審判も調停委員会の構成員としての裁判官が特別の権限に基づいて行うものとする。このような調停手続として全体を捉えるのであり，

---

(5) 梶村太市「23条・24条審判の異議申立て」中川善之助教授追悼『現代家族法大系第1巻』(1980) 451頁。また平賀健太「人事訴訟」民事訴訟法学会編『民事訴訟法講座第5巻』(1956) 1294頁は，この手続は理論的に説明することは不可能であるとしていたし，鈴木忠一「非訟事件における検察官の地位」同『非訟・家事事件の研究』(1971) 131頁は，「23条の事件は，すべて，本来調停になじまないのに調停の申立てをさせ，合意があるとこれを一つの要件として審判をするのである。しかし『調停の申立て』は決して裁判所の判断を求める申立てではない筈である……訴訟以外に，強制的な調停前置主義の伴はない家審法23条のやうな審判制度……を設けて，此と訴訟との間の自由な選択を当事者に一任しているのでないところに，私は現行法の規定の仕方の一種の恣意，ごまかし，不自然な強制を感ずるのであって，単に現行の規定が当事者にとって便宜であるからとか，また此によって解決される事件が極めて多いからということで，この条文及び家審規139条を全面的に肯定することは，実務家の一人として，疑問なきを得ない」と強烈な批判を展開していた。基本的な状況は家事手続法の下でも変わらない。しかしこの制度を整合的に，また合理的に説明し，運用する努力がなされてきたことも事実である。本書もこのような立場から解釈論を展開している。

(6) 糟谷忠男「家事審判法第23条の合意について」判タ150号 (1963) 35頁，家審法講座第3巻296頁〈加藤令造〉，梶村・前掲注(5)現代家族法大系第1巻451頁，坂梨・前掲注(4)新家族法実務大系第5巻219頁。また家事手続法のもとでの見解として，梶村太市『新版実務講座家事事件法』(2013) 53頁。

これ以外に手続としての審判はないという[7]。

(3) 審判優位説

合意に相当する審判の手続は、人事訴訟の代用ないし簡略な手続であるとの理解のもとに、この手続の中心は家庭裁判所の審判であって、調停は審判の前提となる合意を成立させることにおいてのみ意義があるとする見解である[8]。

(4) 職権による審判であるとする説

以上の見解と全く趣を異にするのは、合意に相当する審判は当事者の間に訴えの請求原因となる事実関係について争いがなく、しかも家庭裁判所の調査によってその真実が認められ、したがって仮に人事訴訟によっても必然的に同一の結論となると認定される場合には、家庭裁判所は訴えまたは調停に相当する審判を職権をもってなしうることを定めたものととらえる見解である[9]。

(5) 本書の立場

いずれの見解を支持すべきかは難問である。人事訴訟事件が家庭裁判所に移管されたのであるから、人事訴訟の審理において当事者間に実質的に争いのない事件の略式的な手続として、合意に相当する事件の処理が扱われるという受皿が用意されることが、問題点の解決の一つの選択肢としてあり得た[10]。調停前置主義を採って、当事者間に争いのない訴訟事件につき、それを判決ではなく審判として処理するという構造のもとでは、いずれの見解にも問題がある。調停優位説には魅力を感じるが、調停という枠組みでは説明が困難な裁判所独自の事実調査の必要性、合意の相当性（一般の調停では「相当性」の判断）の判断さらに人事訴訟の代用的性格を見失わせる危険がある。

---

(7) 高野耕一「家事事件における調停と審判」同『家事調停論（増補版）』(2012) 94頁、同「家事審判法23条の『合意』」同書112頁。

(8) 市川・家事審判法156頁、同「家事審判における実務上の問題と判例」家月8巻12号 (1956) 40頁、宮崎俊行「家事調停における特別の審判」中川善之助教授還暦記念『家族法大系第1巻』(1959) 160頁。実務講義案315頁はこれをかつての通説という。しかし高田編・家事事件手続法341頁〈山本克己発言〉、383頁〈畑瑞穂発言、高田裕成発言〉などは、この立場に立っている。

(9) 鈴木（忠）・前掲注(5)非訟・家事事件の研究137頁。

(10) この点については、たとえば佐上「人事訴訟事件等の家庭裁判所への移管と手続構想」民事訴訟雑誌48号 (2002) 14頁。

また審判優位説は，判決ではなく審判で人事訴訟事件の決着をつけることができるのかという問題の説明に窮する。事件を調停手続によらせている意義を評価する必要がある。結局のところ，現行法の解釈としては，あいまいさを残してはいるが，本書旧版と同様に調停・審判等位説をさしあたりは支持しておきたい。なお立法論としては前述したように，この事件類型については人事訴訟の略式手続として整理する方向を追及するべきである。

3 家事調停の機関

旧家審法23条1項は，合意に相当する審判の手続に関して，「当該調停委員会を組織する家事調停委員の意見を聴く」と定めていたので，家事審判官（裁判官）が単独で行う調停で自己の判断だけで合意に相当する審判を行うことはできないと解されていた[11]。旧家審法23条の調停手続は，審判の前提となる当事者間の合意の成否を確認するためのものであるから，もし家事審判官のみの調停によることができるとすると，訴訟事項を審判手続によって処理するかのような形態となり，制度の趣旨を損なうおそれがあることが理由とされ，昭和49（1974）年の旧家審法一部改正により前記の条文のように改められていた。

しかし家事手続277条は，「裁判官のみで家事調停を行っている場合に合意に相当する審判を否定すべき特段の理由はない」[12]ことを理由に，裁判官のみによる単独調停の場合も一般的に合意に相当する審判をすることができることに改められた。たしかに裁判官による単独調停が例外でなくなり，また高等裁判所でも調停をすることができ自ら処理をする場合においては事件が高等裁判所に係属する高等裁判所の裁判官が行う（家事手続274条）ことから，この法改正にも一定の理由が認められるが，旧法時代において出されていた危惧が残されたままの今次の措置には，全面的には賛成できない。慎重な運用が期待される。

旧法と同様に，調停委員会において調停を行っている場合に，合意に相当する審判をするときは，裁判所は調停委員会を構成する調停委員の意見を聴かなければならない（同277条3項）。

---

[11] 宮崎・前掲注(8)家族法大系第1巻166頁，家審法講座第3巻299頁〈加藤〉，注解家審法798頁〈窪田〉。

[12] 金子・一問一答241頁。

4 利用の実態

平成 27（2015）年度司法統計年報・家事事件編第 4 表によれば，合意に相当する審判の申立件数は 5,000 件前後であり，平成 21（2009）年に比べるとやや増加の傾向にあるといえるが，さほど大きな変化とはいえないであろう（**表 1 参照**）。申立件数の多いのは認知と親子関係存否確認事件である。親子関係存否確認は平成 15（2003）年度には 2,361 件であったがこの 10 年間をみると 1,000 件程度減少している。これに代わって認知が増加していることが注目される。

平成 26（2014）・平成 27（2015）年度の処理の内訳もあわせてみておこう（**表 2 参照**）。平成 26（2014）年度では既済 4,089 に対して，未済は 1,165 件ある。既済の内訳は，調停成立 35 件，調停不成立 778 件，取下げ 1,046 件である。合意に相当する審判をしたものが 1,984 件である（既済事件中 48,5％）。平成 27（2015）年度も大きな変化は見られない。協議離婚無効・取消事件と認知では合意に相当する審判の比率が低く，認知では取下げが目立つ。逆に嫡出否認と親子関係存否確認では合意に相当する審判の比率が高いといえそうである[13]。この両者では合意に相当する審判をする要件としての審判を受けることについての合意の成立または審判の基礎となる事実関係の争いに違いがみられるということであろうか。

〈表 1 家審法 23 条，家事手続 277 条に掲げる調停申立件数の推移〉

	平成 15	平成 21	平成 22	平成 23	平成 24	平成 25	平成 26	平成 27
申立件数	5090	4417	4353	4259	4270	5215	5254	4994
うち協議離婚無効取消	841	721	717	683	642	712	605	552
うち 認知	663	1126	1090	1207	1201	1611	1686	1601
うち 嫡出否認	555	406	370	354	398	457	546	705
うち親子関係存否確認	2361	1431	1472	1362	1365	1619	1661	1389

（司法統計年報各年度・家事事件編表 4 より作成）

---

[13] 坂梨・前掲注(4)・新家族法実務大系第 5 巻 225 頁は，実務家の感覚からいえば合意に相当する審判事件の対象とする事項の多くは訴訟よりも 23 条審判で解決されていると評価されている。また高田編・家事事件手続法 385 頁〈増田勝久発言〉は，認知事件における現実の利益の大きさを指摘している。

第6章　合意に相当する審判および調停に代わる審判　　623

〈表 2　平成 26・27 年度家事手続 277 条に掲げる調停事件処理状況〉

	既済総数	調停成立	調停不成立	取下げ	277 条審判	その比率	未済
全体	4089	35	778	1046	1984	48.5%	1165
	3735	30	725	864	1897	50.8%	1259
協議離婚無効取消	506	12	171	138	157	31.0%	99
	452	10	159	105	159	35.2%	100
認知	1277	9	218	432	545	42.7%	409
	1124	10	204	365	483	42.9%	477
嫡出否認	389	－	20	50	293	75.3%	157
	510	－	21	62	402	78.8%	195
親子関係存否確認	1313	2	164	243	823	62.7%	348
	1041	3	121	182	673	64.6%	348

（司法統計年報各年度・家事事件編表 4 より作成）
＊上段平成 26 年度・下段平成 27 年度

2　合意に相当する審判の対象となる事件

1　総　説

　合意に相当する審判の対象となる事件は，家事手続 277 条 1 項によれば，人事に関する訴訟事件であって，婚姻および離縁の訴えを除いたものである。人事に関する訴えとは，人訴法 2 条に掲げる訴えを指すから，次の 14 の訴訟事件を指すことになる。すなわち，①婚姻の無効（民 742 条），②婚姻取消し（民 743 条以下），③縁組無効（民 802 条），④縁組取消し（民 803 条以下），⑤協議上の離婚の無効，⑥協議上の離婚の取消し（民 764 条），⑦協議離縁の無効，⑧協議離縁の取消し（民 812 条），⑨認知（民 787 条），⑩認知無効（民 786 条），⑪認知取消し（民 812 条），⑫父の確定（民 773 条），⑬嫡出の否認（民 774 条）および⑭身分関係の存否確認に関する訴訟事件である。

　この最後に掲げる⑭身分関係の存否確認に関する訴訟事件は，人訴法 2 条の各号においてそれぞれ定められている「婚姻関係の存否の確認」，「実親子関係の存否確認」および「養親子関係の存否確認」の訴えの総称である。人訴法 2 条各号に定められた事件が合意に相当する審判の対象となることは問題がない。人訴法 2 条柱書きには，これらの人事訴訟のほかに，「その他身分関係の形成または存否の確認を目的とする訴え」を加えている。この事件はどのようなものであり，合意に相当する審判の対象となるのか検討しておこう。

2　身分関係存否確認事件の範囲

　現行人訴法の制定以前においては，協議離婚無効，協議離縁の無効および

身分関係の存否確認の訴訟事件は，人訴法に明文規定を欠くが準人事訴訟事件として，人訴法の準用を受けるとされてきた。これに対して，「その他の身分関係の形成または存否の確認」を目的とする訴えとしてどのようなものが考えられるかについては明記せず，解釈に委ねられることになった[14]。

以前から問題とされたものでは，叔父・姪，兄弟姉妹等のいわゆる第二次的身分関係の存否の確認を人事訴訟の対象とすることができるかということであった。もともと第二次的身分関係の存否の確認が許されるかという問題は，死者との間の身分関係が過去の法律関係であり，この確定を求める訴えの利益を欠くとされていたために，次善の策として求められていたものである。しかし最大判昭和45（1970）・7・15民集24巻7号861頁が，親子関係は父母の両者または子のいずれか一方が死亡した後でも生存する一方が検察官を被告として親子関係存否確認の訴えを提起することができるとし，さらに最判平成1（1989）・4・6民集43巻4号193頁が，認知者死亡後でも被認知者は検察官を相手方として認知無効の訴えを提起することができるとしたために，第二次的身分関係の存否の確認を求める訴えの必要性・利益は失われることになった。このため今日ではもはやこれを合意に相当する審判の調停・審判の対象とする必要性も認められなくなった。通説はこのように理解する[15]。この立場を支持してよい。

夫婦の一方が死亡した後における生存配偶者による姻族関係の終了の意思表示（民728条2項）の効力が問題となる場合に，人事訴訟により姻族関係の存否確認を求めることができるとされている。そして少なくともこのような訴えがありうるとの理解のもとに，「その他の身分関係の形成または確認を目的とする訴え」という定め方がなされている[16]。この訴えは当事者の任

---

[14] 小野瀬厚＝岡健太郎『一問一答新しい人事訴訟制度』（2004）23頁。

[15] 栗原平八郎「二三条審判の諸問題」中川善之助先生追悼『現代家族法大系第1巻』（1980）411頁，岡垣学「特殊家事審判事件の問題点」別冊判タ8号（1980）62頁，注解家審法781頁〈窪田〉，丹宗朝子「家事調停の手続に関する審判例」栗原平八郎＝太田武男編『家事審判例の軌跡(2)手続編』（1995）116頁，原田晃治「合意に相当する審判の制度」判タ747号（1991）514頁，坂梨・前掲注(4)新家族法実務大系第5巻220頁。金子・逐条解説840頁も同旨と解される。

[16] 小野瀬＝岡・前掲注(14)一問一答新しい人事訴訟制度23頁。なお那覇家平良支審昭和62（1987）・4・30家月40巻12号51頁は叔父関係確認を求める申立てを不適法としている。

第6章　合意に相当する審判および調停に代わる審判　　625

意処分を許さない法律関係に関するから，合意に相当する審判の対象となる[17]。

3　訴訟事件に附帯する申立て

　合意に相当する審判の対象となる訴訟事件は，それだけで調停の申立てがなされることが通例であろう。しかし人訴法32条と同様に，婚姻取消しとこれに附帯して未成年の子の監護に関する処分，財産の分与等が申し立てられることも想定される。こうした事態は，人訴法の予定する訴えの併合や別表第2に掲げる事項の附帯申立てに及ぶ。認知の訴えと親権者指定，監護に関する処分が申し立てられるようなことは，縁組の取消しやその他の親子関係の事件でも考えられうる。家事手続277条の手続で，こうした申立てはどこまで併合できるのか，また合意に相当する審判をすることができるのかという問題を生じる。

　旧法下においては見解が分かれていた。乙類審判事件（現行別表第2に掲げる審判事項）を広く一括処理することができるとする少数説があった[18]が，これを許す明文規定がないこと，およびかりに併合処理を認めると不服申立方法が統一されていないことから手続の混乱を生じさせるとして否定する見解も有力であった[19]。これに対して通説は，人事訴訟においても関連する附帯申立てにつき判決と同時に定めなければならないのは，未成年者の親権者指定に限られていることから，合意に相当する審判の手続で併合ないし附帯して申し立て，また審判することができるのは，婚姻取消しとそれに附帯する親権者指定に限られるとしていた[20]。合意に相当する審判は，人事に関する訴訟事件を対象とするが，簡易迅速な解決を図ることを目的としているの

---

(17)　協議離婚の際に未成年者の親権者を定める協議における合意の不存在を理由とする親権者指定協議無効確認の訴えを適法とする例（東京高判平成15（2007）・6・26判時1855号109頁＝判タ1149号28頁），子を認知した父が母との協議なしに親権者指定の届出をしたことを主張する親権者指定無効確認の訴えを適法とする例（東京高判平成20（2008）・2・27判タ1278号272頁）がある。これらの訴えの利益については疑問があるが，仮に適法であるとしても，対象となっているのは親権者の指定または変更である。これは別表第2第8項に該当するから，合意に相当する審判の対象とはならない。

(18)　田中加藤男「家事審判法23条の対象について」判タ156号（1964）52頁。

(19)　山木戸・家事審判法105頁，市川・前掲注(8)家月8巻12号40頁，宮崎・前掲注(8)家族法大系第1巻163頁。

であり，当事者間で多くの争点を含む事件についての一括処理を図ることまでを予定しているものではないことをその理由としていた。

家事手続 282 条は，旧法下の通説を引き継ぎながら次のように定める。すなわち婚姻取消しについて合意に相当する審判をする場合には，当事者間の合意に基づいて子の監護者の指定をしなければならない（第 1 項）が，当事者間で子の親権者の指定について合意が成立しないか，または成立した合意が相当でないと認めるときは，合意に相当する審判をすることができない（同 2 項）。子の親権者の指定について当事者間で合意が成立していない場合でも合意に相当する審判をするとするならば，異議申立ての事由が増え，手続が複雑になること，親権者の指定のために家裁調査官による事実調査をはじめ両親や子の面接調査を行う必要があり，日時を必要とするうえに，当事者の異議申立てによって合意に相当する審判が失効してしまう無駄を避けることがその理由とされている[21]。この規定は上記の理由からも他の事件に類推適用すべきではない。

3　合意に相当する審判の要件

1　総　説

家庭裁判所が人事に関する訴訟事件につき，合意に相当する審判をするためには，訴訟事件および家事調停事件として審理・判断されるための要件を具備していなければならない。すなわち，①裁判所が管轄権を有すること，②当事者が当事者適格を有しあるいは調停追行の資格を有すること，③訴訟能力ないし調停行為能力を有することのほか，家事手続 277 条 1 項が定めるように，④調停において当事者間に申立ての趣旨のとおりの審判を受けることについての合意が成立し，かつ，無効・取消の原因事実について争いがないこと，⑤家庭裁判所が必要な事実を調査すること，および⑥当事者間の合意を正当と認めることというすべての要件を満たさなければならない。また

---

(20)　家審法講座第 3 巻 312 頁〈加藤〉，注解家審法 783 頁〈窪田〉，栗原・前掲注(15)現代家族法大系第 1 巻 412 頁，本書旧版・446 頁，坂梨・前掲注(4)新家族法実務大系第 5 巻 221 頁。また渡辺輝雄 = 田中和平「家事審判法 23 条に関する諸問題と判例学説等の調査および実証的研究」家月 19 巻 4 号（1967）40 頁は，実務はこの立場に立っていると指摘していた。

(21)　金子・一問一答 242 頁，金子・逐条解説 853 頁。

⑦調停委員会における調停の場合に合意に相当する審判をするには，家庭裁判所はその調停委員会を構成する調停委員の意見を聴取することが必要となる（同3項）。

ここでは①を除いて説明を加えることとする。

2　当事者間における合意の成立・原因事実について争いがないこと

(1)　原因事実について争いがないこと

旧家審法23条1項は，「調停委員会の調停において，当事者間に合意が成立し，無効または取消しの原因の有無について争いがない場合」と定めていた。常識的には，調停の結果まず無効または取消しの原因の有無について争いがなくなり，そのために当事者に合意が成立するという手順になるはずなのに，その逆の定め方がなされていたことから，この解釈をめぐって多くの争いを生じさせていた。家事手続277条1項は，1号，2号に要件を整理したうえ，合意の意味を書き加えたことによってその趣旨を分かりやすくする改正をしている[22]。

ともあれ，合意に相当する審判は当事者間に紛争がないことを一つの重要な要件として，人事訴訟によらないで簡易迅速に処理するための制度である。無効または取消しの請求原因事実に争いがあるときはこの審判をすることができない。たとえば婚姻無効確認を求める事件につき，当該婚姻届出が第三者によって偽造されたものであって，当事者には婚姻意思がなかったという事実など，無効の原因となる事実を相手方が争わないこと，あるいはさらに積極的にこれを認めることが必要である。

(2)　当事者間に合意が成立すること

上記(1)で述べたように，通常は無効または取消しの原因事実について争いがなくなることから，当事者間に紛争解決のための合意が成立すると考えられる。ところが規定の定め方は逆になっていた。そうだとすると，この合意は何を意味することになるのか。旧法時にはこの解釈をめぐって見解の対立を生じさせていた。家事手続277条1項1号は，「当事者間に申立ての趣旨のとおりの審判を受けることについて合意が成立していること」と定めたため，合意の意味は分かりやすくなったたようであるが，なお説明を必要とする[23]。旧家審法23条でいう「合意」の意味については見解の対立があった。

---

[22]　金子・逐条解説839頁。

家事手続 277 条の合意の意味を明らかにするためにも，旧法時の状況を確認しておこう。

　① 実体法説

　この合意は調停手続において原因となるべき事実について争いがなく，ここから導かれる実体法上の法的効果についての合意，すなわち「婚姻を無効または有効とし，これを取り消しまたは取り消さないこととし，あるいは身分関係を存在しまたは存在しないものとして確定する」合意であるとする見解である。これを実体法説という[24]。身分権について当事者の処分を認める。当事者のこの身分権の処分に関する合意と公権的である家庭裁判所の審判が一体として働いて身分関係の確定が可能になるとする見解[25]もここに含めてよかろう。

　② 手続法説

　これに対して合意に相当する審判の対象となる事件は，当事者の任意処分を許さないからこの合意を実体法上の法的効果に関するものとして捉えることはできないとして，事件を家庭裁判所の審判で解決することについて異議がない旨の合意であるとする見解がある。すなわち，本来人事訴訟として訴訟手続によって処理解決されるべきであるが，当事者間に請求原因となる事実関係について争いがないため，裁判を受ける権利（これを学説上「人訴権」と呼んでいる）を放棄して非訟手続で審判を受けるという合意であるとするものである。手続法説と呼ばれ，旧法下で実務における多数説とされていた[26]。

---

　[23]　堀内・家事審判制度の研究 323 頁は，旧家審法 23 条の立法段階で当初の案が「調停において，当事者間に婚姻又は縁組の無効または取消しに関する合意が成立した場合に……」とされていたのが，「婚姻又は縁組の無効または取消しに関する事件の調停において，当事者間に合意が成立し，無効または取消しの原因の有無について争いがない場合に……」へと変更されたことは，調停手続を知らないものによってなされた改悪であると批判している。堀内は，次に述べる合意の実体法説の立場に立ってこの批判を展開するのであるが，旧家審法の立法段階から「合意」の法的意義については曖昧だったといえる。

　[24]　山木戸・家事審判法 106 頁，堀内・家事審判制度の研究 323 頁，385 頁。

　[25]　東北大学民法研究会「『合意に相当する審判』の制度（下）」ジュリスト 271 号（1963）16 頁以下。

第6章　合意に相当する審判および調停に代わる審判　　629

③　両性説

第三の見解として，この合意は訴訟法説がいう人訴権の放棄という内容だけでなく，これに加えて実体法説がいう身分行為の無効・取消し，ないし存否確認に関する事実上の合意を含むとする立場がある。後者の実体法上の側面に関する合意は，身分権の処分までは含まない。この調停手続における実体法上の合意を基礎として必ず審判を経ることにこの手続の特徴がある。それゆえ合意に相当する審判の前提である調停手続における当事者の合意には，その核心部分に当該身分関係の変動を意欲する当事者双方の意思表示が内包されているという。これは両性説と呼ばれ，近時の有力説となっていた[27]。

どの見解を支持すべきか。家事手続 277 条 1 項 1 号が「当事者間に申立ての趣旨のとおりの審判を受けることについての合意が成立」したとしているので，実体法説を採用したものでないことは明らかであろう。本書では，両性説を支持したい[28]。当事者の合意は調停手続の中で請求原因事実についての争いがなくなったために，当該の身分行為や身分関係の変動あるいは身分関係の存否について，そのように認めるという実体的な合意を前提として，申立ての趣旨どおりの審判を受ける合意であると解すべきである。実体的な側面を無視して，人訴権を放棄して審判手続での解決を図る合意であるというのは，巧妙であるが当事者の意思に合致しているとはいえない。この点では実体法説ないし両性説に分がある。しかし実体法説は，この合意に身分関

---

(26)　糟谷・前掲注(6)判タ 150 号 38 頁，加藤令造「家事審判法 23 条および 24 条の手続(1)」ケース研究 98 号（1966）30 頁，中島一郎「合意に相当する審判」鈴木忠一＝三ケ月章監修『実務民事訴訟講座第 7 巻』（1969）263 頁，岡垣学「家事審判法 23 条の対象となる事件と同法 24 条の審判」東京家裁身分法研究会編『家事事件の研究(1)』（1971）444 頁，栗原・前掲注(15)現代家族法大系第 1 巻 399 頁，小山昇「家事審判法 23 条，24 条事件」鈴木忠一＝三ケ月章監修『新実務民事訴訟講座第 8 巻』（1981）223 頁（後に，同『小山昇著作集第 8 巻家事事件の研究』（1992）36 頁に収録）。

(27)　梶村太市「親子の一方死亡後生存者を相手方として第三者の提起する親子関係存否確認の訴えと家事審判法 23 条審判の適否（下）」ジュリスト 587 号（1975）117 頁，同・前掲注(6)実務講座家事事件法 54 頁，注解家事法 787 頁〈窪田〉，原田・前掲注(15)判タ 747 号 516 頁，また高野・前掲注(7)家事調停論 128 頁は，自説を「新両性説」とでも称すべきか，という。

(28)　本書旧版・449 頁参照。

係の処分とその効力発生まで認めてしまう点で行きすぎである。この合意には実体法上の効果を認めることはできない。その効力の発生には，家事手続277条による審判が重ねられる必要がある[29]。この合意は手続的にみれば，当事者間に紛争がないことあるいは紛争が消滅したことを証するものであり，合意に相当する審判による法的効果付与の不可欠の前提条件といえる[30]。

3 家庭裁判所による必要な調査

調停手続において当事者間に合意が成立し，その原因事実について争いがない場合であっても，家庭裁判所（手続法上の意味であり，受調停裁判所である裁判官を意味する）は職権によって必要な調査をしなければならない（家事手続277条1項）。人事訴訟において自白に関する法則が採用されず（人訴19条），当事者間に争いのない事実であっても職権によって事実を調査しなければならない（同20条）のと趣旨を同じくする。この事実調査は証拠調べを含む。

この事実調査の程度について，旧家審法の立法担当者は，「公益に関する事件であるから，人事訴訟手続法におけると同一程度の職権調査を行う」と説明していた[31]。家事手続法のもとでも同様に解される。実務においては，裁判官による当事者や証人からの事情聴取，家裁調査官による調査，調停委員会を構成する調停委員による事実の聴取あるいは必要に応じて証人尋問やDNA鑑定等の証拠調べが行われる[32]。事実の調査をどの手続段階で実施すべきかについては各別の定めがないから，調停機関の判断に委ねられる[33]。当事者の合意が成立した後にすることが多いと思われるが，その前に必要な調査をすることもできる。

事実の調査に家事調停委員を立ち会わせる必要があるだろうか。旧法時に

---

 (29) 梶村・前掲注(27)ジュリスト587号117頁，高野・前掲注(7)家事調停論128頁，
  坂梨・前掲注(4)新家族法実務大系第5巻223頁。

 (30) 高野・前掲注(7)家事調停論128頁。これに対して，高田編・家事事件手続法
  388頁〈金子発言〉は両性説に理解を示すが，〈山本発言〉は手続法説によること
  を明らかにする。

 (31) 堀内・家事審判制度の研究440頁に掲載の「家事審判法質疑応答資料」による。

 (32) 鎌田千恵子「法23条事件の運用上の留意点」岡垣学＝野田愛子編『講座実務家
  事審判法第1巻』（1989）405頁，実務講義案355頁，坂梨・前掲注(4)新家族法実
  務大系第5巻224頁，基本法コンメ566頁〈我妻学〉。

 (33) 注解家審法788頁〈窪田〉。

おいても事実の調査は裁判官が本来単独で職権をもって行うものであるから，必ずしも立ち会わせる必要はないと解されていた。しかし調停委員会における調停で合意に相当する審判をするには，調停委員会を構成する調停委員の意見を聴取する必要があるから，事実調査において調停委員を立ち会わせることが望ましいであろう。

4 合意の成立

(1) 合意を正当と認めるとき

家庭裁判所が当事者の合意を正当と認めるときにはじめて合意に相当する審判をすることができる。「正当と認めるとき」とは，申立ての原因となる事実が上記3で述べた事実調査・証拠調べの結果に照らして真実と認められ，かつ，その事実を実体法が定める無効・取消原因として評価できることをいう。言い換えると申立ての趣旨に沿った審判をすることが，法的に正当として是認できることである[34]。当事者の任意処分を許さない訴訟事件が，非訟手続である家事審判において処理することが許され，また是認されるのはこの正当性の判断によって真実性が担保されるからである。

当事者間の合意を正当と認めるときは，家庭裁判所はその旨の審判をしなければならない。各要件が具備されている限り，家庭裁判所は合意に相当する審判をするか否かについて裁量権を有しない。

(2) 合意を正当と認めないとき

当事者の合意が正当であると認められないときは，調停が成立しないものとして事件を終了させる（家事手続272条1項）。通常は，調停期日を定めて調停不成立の措置をとることになるが，この措置は本質的な調停行為ではないから期日外でも行うことができる。この措置をとったときは，家庭裁判所は当事者に対してその旨を通知しなければならない（同2項）。

5 当事者適格

(1) 問題の所在

ここで当事者適格とは，家事手続277条の調停事件につき誰が当事者として手続を追行することができるかを問うものである。上記2(2)で述べた合意につき実体法説を採れば，何よりも身分行為をなしその法律関係について効

---

(34) 家審法講座第3巻323頁〈加藤〉，宮崎・前掲注(8)家族法大系第1巻168頁，注解家審法789頁〈窪田〉，基本法コンメ567頁〈我妻〉。

力を与えることができる者はその主体に限られるから，同 277 条の手続で当
事者になれるのは当該身分関係の主体となることになる（これを身分関係主
体説という）。これに対して，手続法説ないし両性説によれば，同 277 条の
審判は人事訴訟の簡略な手続と捉えることができるから，人事訴訟の考え方
をほぼ流用して考えることができる。そうすると人事訴訟において当事者適
格を有する者が家事手続 277 条の事件でも当事者になることができるといえ
る（これを当事者適格説という）。この説によれば，身分関係の主体以外の第
三者が提起することができる婚姻取消しや親子関係存否確認の訴えの場合な
ど，当事者となりうるのは身分関係主体説よりも広がることになる。旧法の
下では，人事訴訟において身分関係の主体が死亡した後にもなお訴えを提起
することが可能であり，この場合にもそれ以外の者が合意に相当する審判の
申立をすることができるかが争われていた。

(2) 具体的な対立点

　上記の見解の対立は，旧法の下では①人事訴訟において身分行為の当事者
または身分関係の主体の一部が意思能力を欠くため法定代理人に当事者適格
が認められる場合，②身分行為の当事者または身分行為の一部が死亡してい
るため，その親族または検察官に当事者適格が認められている場合に，合意
に相当する審判の手続で当事者となるのは誰か，またこれらの者を相手方と
した申立ては適法とみられるか，という形で争われていた。実務においては，
当事者適格説のうち検察官を除くという立場が主流であるとされていた[35]。

　これに対して家事手続法は，当該事項に係る身分関係の当事者の一方が死
亡した後は，この合意に相当する審判の適用を除外することを明らかにした
（同 277 条 1 項ただし書き）。その理由として，当事者の一方が死亡している
場合には，合意に相当する審判の対象となる事件の原因となる事実関係の真
実性が十分に担保されるとはいえないから，人事訴訟手続によらずに簡易な
合意に相当する審判による解決を図る前提を欠くという点が挙げられてい
る[36]。しかし合意に相当する審判は，当事者間で争いがないことに加えて，
家庭裁判所が必要な調査をしたうえでなされるのであり，この調査は人事訴
訟における職権探知の程度と同様であると解されているのであるから，当事

---

(35)　注解家審法 793 頁〈窪田〉，丹宗・前掲注(15)家事審判例の軌跡 122 頁。

(36)　金子・一問一答 240 頁，金子・逐条解説 837 頁。

第6章　合意に相当する審判および調停に代わる審判　　633

者の一方が死亡している事案においても合意による審判の真実適合性には格別の問題を生じさせているわけではないから，今次の立法判断には大きな疑問が残されるといえる。

ともあれ現行法のもとでは，従来の学説の対立はほとんど上記①の場合に限られることになった。また②の適用場面については疑問もある。

①身分行為の当事者または身分行為の主体の一部が意思能力を欠くため法定代理人に当事者適格が認められる場合の例（人訴14条2項）。

次のような場合が問題となる。

	主体説	適格説
子が意思能力を欠く場合の親権を行う母または特別代理人に対する嫡出否認の訴え（民775条）	×	○
夫が成年被後見人である場合の成年後見人が提起する嫡出否認の訴え（人訴14条）	×	○
子が意思能力を欠く場合の法定代理人が提起する認知の訴え（民787条）	×	○

×は合意に相当する審判ができないこと，○はできることを示す。

②身分行為の当事者または身分行為の主体の一部が死亡しているため，その親族に当事者適格が認められる場合の例。

次のような場合が問題になる。

	相手方	主体説	適格説	現行法
夫婦の一方が死亡した後，第三者が提起する婚姻無効・取消の訴え	生存者	×	○	×*
当事者の一方が死亡した後，第三者が提起する離縁無効・取消の訴え	生存者	×	○	×*
夫が嫡出否認の訴えを提起しないで死亡したとき，子のために相続分を害される者による嫡出否認の訴え	子または親権を行う母	×	○	×
子または母が提起する父を定める訴えで被告とすべき母の先夫または後夫のいずれか一方が死亡	生存者	×	○	×
子が死亡した後にその直系卑属が提起する認知の訴え	父	×	○	×*

＊金子・逐条解説837頁による。

(3)　本書の立場

本書旧版においては，人事訴訟で当事者適格を有する者は人事訴訟の簡易手続としての性質を有する旧家審法23条の手続を追行することができ，しかもこの当事者は検察官を含めてよいとの見解を主張していた[37]。法改正によって，この見解を維持することができなくなった。しかし，「当該事項に

係る身分関係の当事者の一方が死亡した後」には，合意に相当する審判の適用対象から除外し，また当事者の死亡後に検察官が当事者となる場合にも合意に相当する審判はできないとする立法担当者の次の説明には大きな疑問点も残されていることをあえて指摘しておくべきであろう。すなわち，「合意に相当する審判の手続において当事者間の合意に加えて原因事実に争いがないことを要件としているのは，原因関係について最もよく知る者と一般的に考えらえる身分関係の当事者が原因事実について争わない場合に限って，本来人事訴訟の手続により確定すべき重大な身分関係について調査し，合意の正当性を確保するという簡易な手続で事件を審理することを認めることにしたためである」[38]から，法律関係の主体以外の者が当事者となる場合には，原因関係の真実性が十分に担保されているとはいえないというのである[39]。

　しかし合意に相当する審判は，当事者間における合意の成立と原因事実について争いがないことに加えて，家庭裁判所が必要な調査を行って合意の正当性を確認することが求められている。家庭裁判所による職権調査は人事訴訟と同一である必要はないとされているものの，職権による証拠調べも予定されている。この調査による合意の正当性の確信の担保が，合意に相当する審判には不可欠である。この家庭裁判所の調査の充実があれば，当事者の一方が死亡している場合の法律関係であっても，合意に相当する審判を維持することは十分に可能であったといえる。法律関係の主体以外の者が調停を申し立てる場合であっても，死者の身近にいる者なのであって，その主張が一概に真実性を欠くということはできないであろう。また合意や原因事実の調査によって，その不足を補うことが十分可能であったのに，その方向が採用されなかったのは残念である[40]。

---

(37)　本書旧版・454頁。

(38)　金子・逐条解説837頁。

(39)　金子・一問一答240頁。また家事手続法のもとでの多くの学説もこの説明を受け入れている。秋武編・概説315頁〈高取真理子〉，基本法コンメ565頁〈我妻〉。

(40)　なお金子・逐条解説838頁は，合意に相当する審判の要件として①当事者間に申立ての趣旨のとおりの審判を受けることについての合意の成立，②当事者双方が申立てに係る無効もしくは取消しの原因または身分関係の形成もしくは存否の原因について争わないこと，③家庭裁判所が必要な調査をしたうえで①の合意を正当と認めることを掲げながら，①②についてのみの解説にとどめているのは，上記の文脈からすると不可解であるといわざるを得ない。

第 6 章　合意に相当する審判および調停に代わる審判　　635

　なお検察官を相手とする場合には，合意の成立が不可能であるとするのが
これまでの通説であり，家事手続法のもとでも同様に解されている[41]。

(4)　問題となる若干の例

　合意に相当する審判の当事者は，基本的には人事訴訟の当事者適格者と同
様に考えてよい。しかし訴訟という形式をとるのではないから，調停が開始
された段階で人事訴訟の当事者が手続に関与しておればよいといえる。それ
ゆえ子から父に対する嫡出否認または親子関係不存在確認申立事件において，
子から父に対して申立てがあった場合でも，父がこれに応じてその旨の審判
を受けることに合意すれば，父からの申立ての場合と同様に扱ってよい[42]。

　これに対して，人事訴訟でも当事者適格を否定される場合には，合意に相
当する審判の申立ても認められない。最判昭和 63（1988）・3・1 民集 42 巻 3
号 157 頁は，養親と五親等，養子と四親等の血族の間柄にある者が養子縁組
無効確認を求めた事件について，その無効により自己の身分関係に関する地
位に直接の影響がないとして原告の適格を否定している。合意に相当する審
判申立てにおいても同様に扱うべきである。

(5)　代理人による合意の可能性

　合意の性質について実体法説を採れば，合意に相当する審判の合意は身分
法上の法律効果を伴なうものであるから代理人による合意は許されなくなる。
しかし手続法説ないし両性説によれば，この合意は主として手続法上の効果
を生じさせるものであるから，代理に親しみ代理人によってもすることがで
きる[43]。

(6)　調停手続中における当事者の死亡

　合意に相当する審判の調停手続の係属中に当事者の一方または双方が死亡
したときは，家事手続 277 条 1 項柱書きただし書きの定めにより，合意に相

---

[41]　加藤令造「家事審判法 23 条及び 24 条審判に対する一実務家の見解」法曹時報
　　　14 巻 10 号（1961）2 頁は，検察官が原告となる場合には，強行法規が遵守されな
　　　いのを是正し，法が望んでいる法秩序の維持を図るため，公益の代表として訴え
　　　を提起するのであるから，調停の合意をすることができるとは予想も期待もでき
　　　ないとしていたし，金子・逐条解説 873 頁にも同趣旨の説明がある。

[42]　東京家審昭和 43（1968）・5・7 家月 20 巻 10 号 93 頁，奈良家審平成 4（1992）・
　　　12・16 家月 46 巻 4 号 56 頁（梶村・判例評釈・判タ 882 号 148 頁〈判旨賛成〉）。

[43]　注解家審法 796 頁〈窪田〉。

当する審判をすることができなくなるので手続は終了する。当事者は改めて
人事訴訟を提起することになる。これに関して家事手続283条は，夫が嫡出
否認についての調停申立てをした後に死亡した場合に，当該申立てに係る子
のために相続を害される者その他夫の三親等内の血族が夫の死亡の日から一
年以内に嫡出否認の訴えを提起したときは，夫がした調停の申立ての時にそ
の訴えの提起があったものとみなすと定めて，人訴法41条2項と同様の手
当てをしている。

6　申立ての取下げ

(1)　取下げの制限

　旧法の下では合意に相当する審判の申立て（家事調停の申立て）の取下げ
については各別の定めはなかった。家事手続278条は，家事調停の申立ての
取下げは，合意に相当する審判がなされた後は相手方の同意を得なければそ
の効力を生じないと定める。これは家事調停の申立ては，家事調停手続が終
了するまでその全部または一部を取り下げることができるとする同273条1
項の特則を定めるものである[44]。

　その理由は，合意に相当する審判の対象となる事件は公益性が強く，実体
的真実に合致した審判をする要請が強いことから，裁判所も必要な調査を
行ったうえで合意に相当する審判をしているという点を考慮すると，申立人
の意思のみでこれを無に帰せしめるのは相当でないこと，また当事者は例外
的な場合を除いて審判に対して異議申立てをすることができないので，利害
関係人から異議がなければ当該審判が確定するという相手方の期待を保護す
る必要があることにある[45]。

(2)　取下げの手続

　家事調停の取下げの手続および効果には，民訴法261条，262条1項の規
定が準用される（家事手続273条2項）。調停の申立ての取下げにより調停が
終了したときは，裁判所書記官は当事者および利害関係人に対し遅滞なくそ
の旨を通知しなければならない（家事手続規則132条3項）。

---

[44]　金子・一問一答241頁，金子・逐条解説844頁。

[45]　金子・逐条解説844頁。

第6章　合意に相当する審判および調停に代わる審判　　637

4　審　判

　上に掲げた要件が満たされているときは，家庭裁判所は合意に相当する審判をする。家事手続277条1項柱書きは，「審判することができる」として裁判所に裁量権を与えたように規定しているが，これは家庭裁判所の権限を意味するものであり，個々の事件の処理にあたっては要件が充足する限り必ずこの審判をしなければならない[46]。

　合意に相当する審判は，家事調停に関する審判であるから，審判書の作成，審判の告知，審判の方式等については家事手続73条，74条，77条の規定が準用される（同258条1項）。

5　審判に対する異議申立て

1　異議申立て

　家事手続277条の審判に対しては，当事者および利害関係人は家庭裁判所に異議を申し立てることができる。ただし当事者が異議申立てをするには，同277条1項各号に掲げる要件に該当しないことを理由とする場合に限る（同279条1項）。異議申立ての期間は二週間の不変期間である（同2項）。旧法の下では当事者の異議申立てについて明文の定めがなく，判例および学説はこれを肯定していたが，異議理由等について争いも存在していた。家事手続法はこの点を整備した。

　合意に相当する審判に対する異議は，審判の効力を失わせることを目的としており，合意に相当する審判による事件処理を拒否する申立てである。異議は同一審級内でなされる不服申立てである。審判について再審理によってその取消し，変更を求めるものではない。合意に相当する審判の対象となるのは，人事訴訟事件である。この事件の非訟的な処理に対して不服のある者に即時抗告権を認めて，抗告審でその当否を判断して審判を確定させることは，人事訴訟による解決の途を防ぐことになり，裁判を受ける権利を侵害することになる。

---

[46]　小山・前掲注[26]著作集第8巻58頁は文字どおり「できる」ことを定めたものとするが，賛成できない。家審法講座第3巻250頁〈沼辺〉。本書旧版・456頁，基本法コンメ567頁〈我妻〉参照。

2 利害関係人の異議

利害関係人とは，合意に相当する審判に対して異議を申し立てることによってその審判の効力を失わせ，訴訟手続によって裁判を求めることを狙いとするものであるから，当該審判の対象である身分関係を訴訟物とする人事訴訟の当事者適格を有する者であると解すべきである[47]。実務は，学説よりやや広くとらえているようにも解される。すなわち，浦和家川越支審昭和58（1983）・6・27家月36巻8号124頁は，利害関係人を審判または訴えの方法で同一事項を主張することができる自己の利益を侵害された者であるとし，嫡出否認に関する合意に相当する審判中で子の実親と認定された者は，この審判に対して異議申立てができないとするが，東京高決平成18（2006）・10・13家月59巻3号69頁は，利害関係人を当該審判により直接身分関係に何らかの変化を生ずる者に限られず，本件審判を前提に一定の身分関係の変動を生ずる蓋然性が現実化している者を含むとして，審判の確定により子との間に親子関係が形成される可能性があり，その親子関係を前提に親としての義務を請求されているという関係にある者の利害関係人に含まれるとする。この東京高決の利害関係の捉え方は広すぎるといえる[48]。

利害関係人が異議申立てをする場合には，特別の異議事由は存しない[49]。異議申立ては書面でしなければならない（家事手続規則135条1項）。異議申立書には，判断を迅速に行えるよう利害関係を記載し，かつ，利害関係を有することを明らかにする資料を添付しなければならない（同3項）。

3 当事者の異議

旧法では合意に相当する審判に対する当事者の異議については明文規定がなかった。当事者は当該の審判に対して合意しているのであるから，それを基礎としてなされた審判に対して異議申立てを認める必要はないとするのが従来の通説であった[50]。しかし当事者に対し異議申立てを認めないのは，当事者間に争いがなくとも三審制を認める人事訴訟との対比からも不合理であ

---

[47] 梶村・前掲注(5)現代家族法大系第1巻459頁，注解家審法827頁〈窪田〉。具体的には婚姻の無効確認により嫡出でない子となる者や認知により相続権を侵害される女の子などが考えられる（条解家事手続規則335頁）。

[48] 若林昌子・本件判批・民商法雑誌137巻1号（2007）124頁，基本法コンメ570頁〈我妻学〉。

[49] 山木戸・家事審判法107頁，梶村・前掲注(5)現代家族法大系第1巻461頁。

第6章 合意に相当する審判および調停に代わる審判 639

るとの有力な批判もあった[51]。最高裁も次のように述べて当事者の異議申立
ての可能性を認めていた。すなわち，最決昭和44 (1969)・11・11民集23
巻11号2015頁は，「23条審判の対象となる事件は，本来訴訟事件の性質を
有するものであるところ，調停において家審法23条所定の合意が当事者間
に有効に成立する場合に限り対審判決の手続によらずに同条所定の手続によ
り審判することができるものとされているのであって，同法23条所定の合
意が有効に成立することが23条審判の前提条件をなすものであるから，も
し，同法23条所定の合意が不存在または無効の場合は，同法25条，家審規
139条1項前段を類推適用し，利害関係人の異議申立てに準じ，当事者は家
審法23条所定の当事者間の合意の不存在または無効を理由として，23条審
判に対し異議の申立てをすることができるものと解すべきである」という。

家事手続279条1項ただし書きは，上記判例の趣旨を受け，当事者の異議
申立てを家事手続「277条1項各号に掲げる要件に該当しない」ことを理由
とする場合に限り認めることを明文化した。当事者が異議申立てをするには，
申立書にたとえば「申立ての趣旨のとおりの審判を受けることについての当
事者間の合意は無効である」といった異議の理由を記載し，かつ，異議理由
を明らかにする資料を添付しなければならない（家事手続規則135条2項）。

4 異議申立手続等

異議申立期間は，審判の告知を受ける者である場合には，その者が審判の
告知を受けた日から，審判の告知を受ける者でない場合には当事者が審判の
告知を受けた日から二週間以内である（家事手続279条2項，3項）。

旧法の下では，異議申立権の放棄はこれを認める規定がないため許されな
いと解されていた[52]。これに対して家事手続279条4項は，異議申立権は放
棄することができると定めている。審判に対する即時抗告権の放棄が認めら

---

(50) 旧家審法の立法担当者もそのように考えていたといわれる。中島・前掲注(26)実
務民事訴訟講座7巻267頁。坂梨喬「23条審判・24条審判に対する異議申立て」
判タ1100号（2002）552頁。旧法下では当事者には異議申立権が認められていな
かったが，本文に掲げる最決昭和44 (1969)・11・11は当事者の合意の不存在ま
たは無効を理由として異議申立てができるとし，学説もこれを支持していた。こ
の点について学説の整理・検討を加えたものとして畑瑞穂「いわゆる合意に相当
する審判に対する当事者の不服申立て」仲裁とADR4号（2009）15頁がある。

(51) 鈴木（忠）・前掲注(5)非訟・家事事件の研究130頁。

(52) 注解家審法929頁〈島田〉。

れているのと趣旨を同じくする[53]。

(1) 利害関係人の異議申立て

利害関係人の異議申立てについては，異議申立てをなしうる利害関係人に該当するか否か，申立期間内になされているかという異議の適否が問題となるにすぎない。家庭裁判所は，異議申立てが不適法であると認めるときは異議申立てを却下し，適法な異議と認めるときは，合意に相当する審判は効力を失う（家事手続280条1項，4項）。合意に相当する審判が効力を失ったときは，家庭裁判所は当事者に対してその旨を通知しなければならない（同4項）。異議申立てが却下されたときは，異議を申し立てた利害関係人は即時抗告をすることができる（同2項）。

(2) 当事者の異議申立て

当事者からの異議申立てが適法で理由があると認めるときは，家庭裁判所は合意に相当する審判を取り消さなければならない（家事手続280条3項）。この審判に対して不服申立ては認められない。合意に相当する審判は人事訴訟事件を対象としていること，当事者の一方から異議が申し立てられ裁判所がそれを理由ありとする以上，訴訟手続で争うことが相当であると考えられるからである[54]。

審判が取り消されると，手続は合意に相当する審判をする前の状態に復帰し，家事調停手続が続行される。この時点で改めて当事者の合意の成立等を確認し，再び合意に相当する審判をするか，あるいは合意が成立する見込みがないと認めて調停不成立により家事調停手続を終了させることになる（家事手続272条1項）[55]。

異議申立てを却下する裁判に対しては即時抗告をすることができる（同280条2項）。

6 確定した審判の効力
1 確定判決と同一の効力

合意に相当する審判に対して期間内に異議申立てがなく，または異議申立てがなされても却下の裁判がなされてこれが確定したときは，確定判決と同

---

[53] 金子・逐条解説848頁。

[54] 金子・逐条解説850頁。

[55] 金子・一問一答243頁，235頁参照。

第 6 章　合意に相当する審判および調停に代わる審判　　641

一の効力を有する（家事手続281条）。合意に相当する審判は、人事訴訟における判決を簡略な手続で取得できる途を開いたものであり、判決の代用的な性格を有する。それゆえ人事訴訟の判決と同様に、その主文は内容に応じて既判力、執行力を有する。またその対世的効力（人訴24条）、判決確定後の人事に関する再訴禁止効（同25条）も生じることになる。これは旧法下における通説であり、現行法の下でも同様に解される[56]。

2　戸籍訂正等

合意に相当する審判（高等裁判所が自ら調停を行うときは審判に代わる決定）が確定したときは、裁判所書記官は遅滞なく当該審判にかかる身分関係の当事者の本籍地の戸籍事務管掌者に対して、その旨を通知しなければならない（家事手続規則134条）。調停が成立した場合（同130条2項）と同趣旨である。

3　合意に相当する審判に対する再審

旧法の下では合意に相当する審判に対する再審について明文規定を欠いていたが、学説は、合意に相当する審判が確定すると確定判決と同一の効力を有するので、再審事由（民訴338条1項）に該当する事由がある場合、再審に準じる審判取消しの訴えによって取り消すことができると解していた[57]。

これに対して家事手続288条は、家事調停の手続においてされた裁判に対する再審については同103条を準用するとして、明文をもって再審に関する定めをしている。その管轄裁判所は当該審判をした家庭裁判所である。事件に関与しその経過を知悉している第一審裁判所である家庭裁判所が管轄することが手続経済にも資する。この訴えによって開始された手続では、再審事由の存否だけが審理対象となり、それが認められたときは判決をもって審判を取り消し、その結果もとの277条事件の調停手続が当然に復活して進行を開始する[58]。

---

[56]　山木戸・家事審判法107頁、家審法講座第3巻312頁〈加藤〉、注解家審法830頁〈島田〉、実務講義案363頁、基本法コンメ573頁〈我妻〉梶村＝徳田・家事事件手続法102頁〈梶村〉。

[57]　家審法講座第3巻344頁〈加藤〉、脇屋寿夫＝宍戸達徳「家事審判法23条の審判（合意に相当する審判）の再審」東京家庭裁判所身分法研究会編『家事事件の研究(1)』(1971) 450頁、梶村・前掲注(5)現代家族法体系第1巻463頁、長崎家佐世保支審昭和57 (1982)・8・10家月36巻1号150頁。

[58]　注解家審法832頁〈島田〉、本書旧版・459頁。

第2節　調停に代わる審判

1　制度の趣旨
1　家事手続284条の意義

　家事手続284条1項は，家庭裁判所は調停が成立しない場合において相当と認めるときは，当事者双方のために衡平に考慮し，一切の事情を考慮して，職権で，事件の解決のため必要な審判をすることができると定める。これが調停に代わる審判と呼ばれる制度である。旧法時には「24条審判」とも呼ばれていた。現行法の下でも「284条審判」と呼ばれることがある。合意型の紛争解決の制度に，こうした裁定型の解決が組み込まれているわけである。その趣旨はどのような点に認められるのであろうか。

　家事調停は，民事調停と同様に当事者の合意による自主的な紛争の解決制度であり，調停委員会は当事者間に合意が成立するようにあっせんし，具体的に妥当な解決を図ろうとする。合意の成立にとって障害となる原因を軽減する措置や，援助も用意している。当事者自身の自由な決定が手続を進め，調停案を受諾することになる。調停委員会や裁判官が紛争の解決のために事情を聴取し，事実を調査し，さらに証拠調べを実施して，当事者双方にとって最適と考えられる調停条項を見出して説得したとしても，最終的に当事者に受け入れられなければ調停は成立しない。

　しかし他方において合意が得られない理由が，一方の当事者の自己中心的な態度であったり，基本的な条件について合意しながら体面を理由に，あるいは些細な条項のために最終的な合意の成立ができないことがある。このような場合に，調停不成立として手続を打ち切るのではなく，解決案を提示して当事者に対して受諾を勧告することは，合意型の紛争解決手続においても十分に認められる選択肢であるといえる。家庭裁判所が衡平に考慮した解決案を示すとともに，これを契機として当事者が再考し合意の成立に至る場合があるからである。

　旧法下においても24条審判として制度化されていた。しかし旧法下においては24条審判（調停に代わる審判）の制度は，ほとんど利用されていなかった。たとえば家事調停の中で申立件数の多い婚姻中の夫婦間の事件につ

第6章　合意に相当する審判および調停に代わる審判　　643

いて，各年度の新受件数と処理内訳を示すと次のようになる。

	平成15	平成21	平成22	平成23	平成24	平成25	平成26	平成27
新受件数	62,526	57,389	57,362	53,625	53,427	50,581	47,691	47,865
調停成立	27,878	28,896	29,353	27,756	27,706	28,910	25,660	25,406
調停不成立	13,249	11,545	11,822	11,742	11,552	10,901	11,227	11,059
取下げ	19,500	14,854	14,303	13,469	12,471	11,432	9,969	9,640
調停に代わる審判	55	100	75	83	88	182	300	386

〈司法統計年報家事事件編表4をもとに作成〉

　この10年間の統計を見ても，調停に代わる審判をした総数は年間せいぜい100件にとどまっていた。「制度としての存在意義をまともに主張できない程度の数字であるというほかはない[59]」といわれるゆえんである。調停に代わる審判の制度は，以下に述べるように当事者の異議申立てによって当然に審判が失効するという問題を抱えており，その利用拡大や制度充実の提案があるとはいえ，いわゆる強制調停による裁判を受ける権利の制限（第1編第2章第1節2参照）との関係から具体的な改善が困難であるとされていた[60]。しかし，家事手続法のもとではこの制度の積極的な運用に期待が表明されている[61]。それを示すように平成25（2013）年度からは顕著な増加がみられる。
　すなわち平成24（2012）年度までは，調停に代わる審判は別表第2に掲げ

[59]　西理「家事審判法23条，24条について」判タ1124号（2003）66頁。

[60]　たとえば西・前掲注[59]判タ1124号67頁は，審判手続か人事訴訟によるかの選択権を認め当事者双方が一致して審判手続によるべきことを選択したときは，以後審判手続による審理を行い，認容または棄却の審判をする。この審判に対しては即時抗告することができる。このような手続構想を提案していたが，今次の家事手続法制定に際しては調停に代わる審判の基本構造は，原則的に旧法を引き継ぐものとされた（金子・一問一答244頁）。

[61]　清水研一＝小田正二「家事事件手続法の意義と今後の展望」法律のひろば64巻10号（2011）24頁，小田正二「家事事件手続法の概要と運用に関する課題」戸籍時報682号（2012）45頁，東京家庭裁判所調停事件等検討委員会「家事事件手続法下における『調停に代わる審判』活用に向けて」ケース研究316号（2014）204頁，矢尾和子＝佐々木公「家事事件における調停に代わる審判の活用について」判タ1416号（2015）5頁，重高啓「調停に代わる審判の活用」ケース研究324号（2015）166頁，矢尾和子＝船所寛生「調停に代わる審判の活用と合意に相当する審判の運用の実情」東京家事事件研究会『家事事件・人事訴訟事件の実情』（2015）262頁。小田正二ほか「東京家庭裁判所家事第5部における遺産分割事件の運用」判タ1418号（2016）16頁。

る事項以外の調停事件でわずかに利用されていたにすぎない。しかし家事事件手続法の施行と，それに伴う実務改善の提案等によって平成25（2013）年からは，むしろ別表第2に掲げる事項の調停，とくに子の監護に関する処分，親権者の指定・変更および遺産分割の調停で爆発的な増加を見ている。今後どこまで増加していくかは容易に予想できない。近いうちに実務の詳細な紹介とその評価が必要であろう。

調停に代わる審判の最近の推移

	平成22	平成23	平成24	平成25	平成26	平成27
全体	88	101	110	812	2,415	3,628
別表第2の事件	1	–	5	596	2,043	3,167
養育費支払い	–	–	3	172	452	620
面会交流	–	–	2	8	68	178
親権者指定・変更	–	–	–	108	238	291
遺産分割	–	–	–	208	892	1,546
別表第2以外の事件	87	101	105	216	372	461

2　調停に代わる審判に先行する制度・立法

(1)　先行する制度

調停に代わる審判という制度も，合意に相当する審判と同様に，旧人事調停法には見られなかったものである。しかし第二次大戦以前に制定されていた各種調停法の中には二つの類似の制度があった。

まずいわゆる強制調停があった。これは調停不調の場合に，調停委員会が当該紛争につき適当と認める調停条項を定め，当事者にその調書の正本を送達して受諾を勧告することができ，当事者がこの正本の送達を受けてから一ヶ月以内に異議を述べなければ調停に服したものとみなすものであった[62]。もう一つは調停に代わる裁判である。これは調停不調の場合に，調停事件が係属する裁判所が相当と認めるときは，非訟事件手続法に従い職権によって調停委員の意見を聴いて当事者双方の利益を衡平に考慮し，一切の事情を斟酌して，当該紛争につき調停に代えて裁判することができるとするものである。これも強制調停と呼ばれることがある。この裁判に対しては，告知を受けた日から二週間以内に即時抗告をすることができるが，確定すると裁判上

---

[62]　借地借家調停法（大正11年法律41号）24条，小作調停法（大正13年法律18号）36条，商事調停法（大正15年法律42号）2条，戦時民事特別法（昭和17年法律63号）18条に定めがあった。

第 6 章　合意に相当する審判および調停に代わる審判　　645

の和解と同一の効力を生じた[63]。

　金銭債務臨時調停法 7 条による調停に代わる裁判については，最大決昭和
35（1960）・7・6 民集 14 巻 9 号 1657 頁によって，いわゆる純然たる訴訟事
件につき公開の法廷における対審・判決によらないでなされるものであり，
憲法 82 条，32 条に照らし違憲であるとされた（この点については，第 1 編第
2 章第 1 節 2・2 参照）。これに対して旧家審法 24 条の審判は，当事者が異議
を申し立てないときはこれを受諾したものとされるが，異議申立てがあると
その理由のいかんを問わず当然に失効するものとされているため，強制の要
素を有しない点で旧制度の調停に代わる裁判とは異なっている[64]。

(2)　旧家審法における立法趣旨

　旧家審法の立法者は，旧家審法 24 条の調停に代わる審判の制度の導入を
どのようにみていたのであろうか。これまでたびたび引用してきた「家事審
判法質疑応答資料」についてみてみよう[65]。少し長いがそれだけ説明する必
要があったことを示している。なお，ここで立法者はこれを「強制調停」と
表現している。

　「問　第 24 条の立法趣旨如何。

　答　調停を任意調停のみに限り，当事者間に合意が成立しない限り，調停が
成立しないものとすると，一方当事者の頑固な恣意により又は僅かな意見の相
違により調停が成立しない場合が生じ調停制度の実効を収め得ないので，本法
条は，伝家の宝刀として，現行人事調停法の認めていない強制調停の途を開いて，
可及的に家庭の訴訟事件を調停で処理することにした（第 1 項）。然しながら，
第 9 条第 1 項乙類に規定する審判事件は，任意調停が成立しなければ，当然審
判手続に移行し，審判することができるので，この審判事件については強制調

---

[63]　金銭債務臨時調停法（昭和 7 年法律 26 号）7 条ないし 10 条，戦時民事特別法
19 条 2 項に定めがあった。

[64]　旧家審法と同時期に制定された民事調停法でも同趣旨の定めを置く（民調 17
条）。この制度も長く利用されなかったが，いわゆるサラ金調停の増加に伴って多
く利用されるようになった。この経過について日本法律家協会編『民事調停の研
究』（1991）327 頁以下参照。ちなみに平成 27（2015）年度の簡易裁判所における
民事調停既済 37,062 件中で，調停に代わる決定をしたのは 7,539 件（20.3％）に及
んでいる（特定調停に限ると調停に代わる決定は 59.3％に及ぶ）。家事調停とは顕
著な対照を示している。

[65]　堀内・家事審判制度の研究 441 頁以下に収録。

停をしないこととした（第2項）。従って，強制調停のできる事件は，訴訟事件に限るわけである。

問　第24条の強制調停は，第23条に掲げる事件についてもできるか。

答　理論上はできるが，実際上強制調停する場合は少ないであろう。

問　強制調停は，当事者の意思を無視圧迫する官僚独善的な措置ではないか。

答　強制という名称は官僚独善的な響きを与えるが，強制調停は一方に味方して他方を圧迫する意味の強制でもなければ，又無理やり纏めんがために纏めるというお座なり的なやり方でもない。法の精神は，長い間血で血を洗うようなことをして困る親戚紛争を，いい加減のところで折合って仲直りさせたいという意味で妥当な案を立てて仲裁解決せんとするものであるから，不当に一方を圧迫するものではない。そればかりでなく，強制調停をしても，第25条により異議の申立があれば，その強制調停は効力を失うのであるから，何等当事者の意思を無視し，これを圧迫するものではない」。

3　調停に代わる審判の法的性質

旧家審法24条およびこれを引き継いだ家事手続284条の調停に代わる審判は，調停と裁判の中間的な性質を有するようにみえる。旧法以来その捉え方については見解が対立している。調停に比重を置いて理解する見解（調停合意説）と，裁判に比重を置く見解（調停裁判説）が主張されてきた。調停裁判説は，この審判は家庭裁判所が行うとされていることを重視し，「この審判は，調停手続においてなされる裁判であって，広義における強制調停に属する」という[66]。

しかし現在の通説は調停合意説に立っている。この立場は，調停に代わる審判は「審判」という形式をとるが，あくまで調停による解決案の提示，または合意の勧告という意味であると解する。家庭裁判所が解決案を示すことによって，当事者が再考する機会をもち，そのことによって紛争が解決することもあり，また当事者が解決案に不満であれば異議申立てをすると審判が失効することが保障されているので，裁判という強制的契機をもたない。このようにして調停に代わる審判は決して権利・法律関係の確定といった裁判

---

[66]　山木戸・家事審判法108頁，佐々木吉男「調停に代わる裁判」鈴木忠一＝三ケ月章監修『実務民事訴訟講座第7巻』（1969）269頁，穴澤成巳「家事調停に関する2つの考察」判タ589号（1986）29頁。

第 6 章　合意に相当する審判および調停に代わる審判　　647

ではなく，当事者に対して裁判所が審判の形式で勧告する合意案にとどまると解するのである[67]。また裁判と調停の双方の性質を有しているのでいずれかの判断をするのは適切でないとの見解もある[68]。本書では調停合意説を支持する。

2　調停に代わる審判の対象

1　概　説

調停に代わる審判の対象となるのは，家事手続 277 条 1 項に定める合意に相当する審判の対象となる事項を除いた家事調停の対象となる事件である（同 284 条 1 項）。旧法の下では，乙類審判事件（別表第 2 に掲げる審判事件に相当）は調停に代わる審判の対象から除外されていた（旧家審法 23 条 2 項）。その対象となるのは，離婚，離縁等の調停事件に限られていた。家事手続法は，調停に代わる審判の制度の趣旨は訴訟事件に限られないとして，別表第 2 に掲げる事項の調停にも適用があるとした[69]。

2　別表第 2 に掲げる事項

旧法の下では，これに関して次のような問題が指摘されていた。たとえば離婚事件についてその旨の審判をする場合に，その夫婦間に未成年の子があるときは民法 819 条 2 項によって，同時に親権者を定めなければならないが，親権者の指定は旧家審法 9 条 1 項乙類 7 号（家事手続別表第 2 第 8 項）に該当し，離婚の審判をする場合に，一方では離婚の審判が確定しているのに親権者が定められないという不都合な状態を生じることになる。これは未成年者保護の観点から望ましくなく，民法 819 条 2 項の趣旨に反するので，調停に代わる審判で同時に扱う必要があるというのである[70]。

---

[67]　家審法講座第 3 巻 329 頁〈加藤〉，梶村・前掲注(5)現代家族法大系第 1 巻 452 頁，梶村・前掲注(6)新版実務講座家事事件法 57 頁，沼辺愛一＝三井善見「調停に代わる審判の運用上の諸問題」東京家庭裁判所身分法研究会編『家事事件の研究(2)』(1973) 388 頁，高野耕一「人訴移管後の家事調停」ケース研究 296 号 (2008) 3 頁。

[68]　宮崎・前掲注(8)家族法大系第 1 巻 173 頁，注解家審法 803 頁〈島田〉。また松原正明「家事調停について」仲裁と ADR 3 号 (2008) 30 頁は，調停に代わる審判を「当事者を拘束しない仲裁」といえるとする。

[69]　金子・一問一答 244 頁，金子・逐条解説 859 頁。

[70]　家審法講座第 3 巻 334 頁〈加藤〉，注解家審法 804 頁〈島田〉，実務講案 378 頁，神戸家審昭和 50 (1975)・9・13 家月 28 巻 10 号 96 頁。

離婚調停において，財産分与，子の監護に関する処分等が附帯して申し立てられることは多い。この場合に離婚の審判をするとき，これら乙類審判事項（別表第2に掲げる事項）を同時に処理しなければならない法律上の要請は，親権者指定を除けば存在しない。しかし離婚調停において財産分与，離婚後扶養，面会交流などがあわせて問題となり，当事者が一括して解決を望んでいることは多い。人訴法32条も，こうした要請に応えて離婚訴訟に附帯処分を申し立てることができ，かつ，一括して判決できるとしている。家事調停においては，調停前置主義がとられているために，訴訟に先立って一括して処理でできることが望ましい。旧法下においても有力な反対説が存在した[71]が，通説は乙類審判事件についても調停に代わる審判をすることができると解していた[72]。

家事手続284条1項は，上に述べたように訴訟事件と別表第2に掲げる事件の一体的処理の要請が満たされる場合に限らずに，別表第2に掲げる事件の調停において一般的に調停に代わる審判の制度を適用することにした。しかしこの改正には疑問を生じる。旧法の下で，乙類審判事件に調停に代わる審判を適用しなかったのは，上に引用した旧家審法の立法担当者の説明にあるとおり，調停が成立しない場合には当然に審判に移行する（旧家審法26条1項）とされていたからである。家事手続272条4項もこの趣旨を引き継いでいる。この前提を変更して審判に移行するよりは調停に代わる審判をする必要性はこれまでも指摘されていなかった。調停に代わる審判をして，当事者の異議があって審判に移行するのは迂遠であろう[73]。

3　家事手続277条に掲げる事件

家事手続284条1項ただし書きは，調停に代わる審判は合意に相当する審

---

[71]　小山昇「家事審判について」同『小山昇著作集第8巻家事事件の研究』（1992）203頁。旧家審法24条は訴訟による解決を前提とし，かつ背景として認められているものである。したがって乙類審判事件について24条審判をすることは，性質的には同じ審判を別の形式で行うにすぎず，効力の点では24条審判をすることは乙類審判事件が受けることのできない効力をこれに与えることになることを理由としていた。

[72]　山木戸克己「家事調停における審判」私法2号（1950）125頁，家審法講座第3巻334頁〈加藤〉，注解家審法805頁〈島田〉，実務講義案378頁，本書旧版・464頁，福島家郡山支審昭和48（1973）・10・18家月26巻4号88頁，大阪家岸和田支審平成3（1991）・6・20家月44巻11号89頁。

第6章　合意に相当する審判および調停に代わる審判　　　649

判の対象となる事件には適用されないことを明らかにしている。旧家審法の
下では，立法者が「理論上はできるが，実際上強制調停する場合は少ないで
あろう」としていたため，学説において争いを生じていた。婚姻無効・取消
しなどの事件についても，合意不成立の場合には，理論上はこの審判をなし
うるとの見解もあった（肯定説）[74]。しかし多数説は，合意に相当する審判と
調停に代わる審判では，その制度目的，判断基準が異なるのであるから，当
事者の任意処分を許さない訴訟事件について調停に代わる審判によって合意
成立を擬制したり，本来調停に代わる審判の対象でない訴訟事件に拡張して
利用することは許されないと解すべきだと主張していた（否定説）[75]。実務も
おおむねこれに従っているとされていた。

　実務においては否定説が多数といわれながら，肯定説に立つ審判例も多く

---

[73]　基本法コンメ 579 頁〈松本博之〉も同旨か。この改正につき次のような推測を
　　することが可能である。まず調停に代わる審判の利用拡大を期待することである。
　　第二に，調停に代わる審判をしても，「異議が出て失効する事例は思ったより少な
　　い」（坂梨・前掲注(4)新家族法実務大系第 5 巻 238 頁）という実務家の評価を前提
　　として，積極的に活用しようとする意図である。旧法下でも，異議による失効を
　　おそれずに調停に代わる審判をするのは人事訴訟などの手続で役に立つことを期
　　待して，この制度の活用が説かれていた（梶村太市「人事訴訟からみた家事調停」
　　ケース研究 196 号（1983）53 頁，注解家審法 423 頁〈島田〉）。別表第 2 に掲げる
　　事件では調停と審判が連続した手続であることを考慮すると，調停が不調である
　　としてこの審判がなされることは，当事者に対して相当な圧力になることは疑い
　　がないであろう。後に審判手続を予定する以上，このような判断を示すことは適
　　切であるとは思われない。結局のところ，別表第 2 に掲げる事件に家事手続 284
　　条が適用されるのは，訴訟事件と一括して処理する場合に限られると解するのが
　　相当である。

[74]　山木戸・前掲注[72]私法 2 号 125 頁。

[75]　実務家は多くがこの立場に立っていた。家審法講座第 3 巻 323 頁〈加藤〉，糟谷
　　忠男「家事審判法 23 条の合意について」判タ 150 号（1963）40 頁，岡垣学「家
　　事審判法 23 条の対象となる事件と同法 24 条の審判」東京家庭裁判所身分法研究
　　会編『家事事件の研究(1)』（1971）428 頁，注解家審法 809 頁〈島田〉，島田充子
　　「法 24 条事件の運用上の留意点」岡垣学＝野田愛子編『講座実務家事審判法第 1
　　巻』（1989）415 頁。さらに合意に相当する審判の調停において当事者間に合意が
　　成立しないときでも，まず合意の代用として調停に代わる審判を行い，それが確
　　定したときは合意が成立したものとして合意に相当する審判をすることが許され
　　るとの見解もあった（宮崎・前掲注(8)家族法大系第 1 巻 176 頁。

見られた[76]。とくに①当事者双方が期日に出頭し，原因の有無について争いがないが合意が成立しない場合，②当事者の一方が調停期日に出頭せず，合意の成立を図ることができないが，原因の有無について争いがない場合（当事者が遠隔の地に居住しているとか，病気等で出頭できない場合），③渉外離婚等，準拠法上外国法で調停を成立させることができない場合には，例外的に調停に代わる審判の必要性があると指摘されていた[77]。

家事手続284条1項ただし書きは，旧法下における多数説に従い，277条1項に規定する事項についての家事調停には適用しないことを明記した。その理由を立法担当者は，①合意に相当する審判は本来人事訴訟によってのみ解決し得る事件について一定の要件を満たす場合に限り簡易な手続により処理することを認めた制度であって，調停に代わる審判とは根本的に趣旨を異にすること，②合意に相当する審判の手続では，重要な身分関係の形成または存否の確認に関する事項を対象としていることから，申立ての趣旨のとおりの審判を受けることの合意を慎重に確認することが重要で，調停に代わる審判の確定を合意と同視することはできないことに求めている[78]。しかし実務が必要に迫られて旧23条事件につき調停に代わる審判をしていた状況を考慮すると，このような形式的な割り切り方が適切であるかについては疑問も残されるようにおもわれる。

3 調停に代わる審判の要件

1 概　説

家事手続284条によれば，調停に代わる審判をするには，①調停が成立しないこと，②家庭裁判所が相当と認めること，③家事調停の手続が調停委員会で行われている場合には，調停委員会を組織する家事調停委員の意見を聴

---

[76] 肯定説に立つ審判例は昭和30年代から一貫してみられる。比較的最近のものを掲げておこう。親子関係不存在確認事件が目立っていた。大阪家岸和田支審昭和51（1976）・2・23家月28巻11号102頁，盛岡家審昭和49（1974）・1・10家月26巻8号89頁，秋田家審昭和46（1971）・12・27家月25巻2号104頁等。

[77] 丹宗・前掲注(15)家事審判例の軌跡140頁，家事調停研究会「家事審判法24条をめぐる問題点」法の支配87号（1992）164頁。本書旧版・465頁は，このような例外的な場合には許されると解していた。

[78] 金子・逐条解説860頁。

第6章　合意に相当する審判および調停に代わる審判　　651

くこと，④当事者双方のために衡平に考慮し，一切の事情を考慮することが
必要である。以下各要件について説明する。

2　調停が成立しないこと

家事手続284条の調停に代わる審判は，その制度趣旨から明らかなように，
一方当事者のかたくなな姿勢や欠席，あるいはわずかな意見の相違などから
調停が成立しない場合に，家庭裁判所が衡平な解決案を提示することによっ
て，当事者の合意を図ろうとするものであるから，調停不成立の原因が明ら
かになっていることが通例であろう。離婚調停のように代理が許されないた
めに，当事者間に実質的な合意が成立しているが，一方当事者が遠隔の地に
居住しているとか病気，収監等のために出頭できない場合や，離婚の主要な
点について合意が成立しているが，細かい付随的な点についてのみ合意が成
立しない場合が本来的な適用場面である[79]。

また当事者間に合意が成立したが，調停委員会がこれを公序良俗に反する
等の理由から相当と認めないときも調停不成立と扱われる[80]。

3　家庭裁判所が相当と認めること

家事手続277条による合意に相当する審判をするのは，家庭裁判所が当事
者間に成立した合意を「正当と認める」ことが要件とされている。これに対
して同284条の調停に代わる審判では，調停が成立しない場合において「相
当と認める」ときに審判をする。合意に相当する審判でいう「正当性」は，
申立ての趣旨に従った審判をすることが法的に正当と認められることをいう

---

[79]　注解家審法812頁〈島田〉，丹宗・前掲注(15)家事審判例の軌跡130頁，山田博
　　「調停に代わる審判の現状と問題点」沼辺愛一＝太田武男＝久貴忠彦編『家事審判
　　事件の研究(2)』(1988) 209頁。ただ家事手続270条は，当事者が遠隔の地に居住
　　していること等の事由により，期日に出頭することが困難な事例については調停
　　条項の書面による受諾の方法を用意していることに注意すべきである。これに該
　　当するときはまずその利用が図られるべきであろう。基本法コンメ580頁〈松本〉。
[80]　精神障害者であって成年後見開始決定を受けている者は，離婚調停手続におい
　　ても意思能力を有するときは調停行為能力を有する（人訴13条1項，家事手続
　　252条1項5号）。この場合，その法定代理人は職務上の当事者として被後見人の
　　ために調停の申立てをなし，また相手方となることができる（人訴14条1項）。
　　本人の調停行為と後見人の行為が衝突する場合に，いずれの意見を基礎とするべ
　　きかという問題がある。見解は分かれるが，本人の手続行為を基準とするべきで
　　あろう（第1編第4章第1節6・7参照）。

（上記第1節**3・4**参照）。人事訴訟の簡略な手続としての性格から，紛争の実態と申立ての趣旨から判断される。これに対して調停に代わる審判の場合の「相当性」とは，当事者に対して合意に代わる裁判所の解決案を提示することが，調停の経過からみて妥当であること，すなわち当該紛争を調停不成立として終了させることと審判という解決案を提示することとの長所・短所の比較がなされる必要があることを意味する。「相当性」は，調停に代わる審判をする時期，紛争の態様，当事者の意向等を総合的に考慮した判断する必要がある[81]。

当事者の一方が調停に代わる審判を希望して，他方がさほど強く反対していないような場合，あるいは主要な内容については合意が成立している場合は，調停に代わる審判をなしうる。当事者が訴訟による解決をためらいつつも，合意することを拒否しているような場合には，たんに調停と訴訟による解決の長所と短所の比較から調停手続による解決を相当とするのではなく，改めて調停委員会や家裁調査官による事情の聴取を行い，当事者の意向を確かめなければならないであろう。上記2で述べた事情があるときは，相当性の要件を満たしているといえる。

調停に代わる審判に対して当事者から異議申立てがなされる蓋然性は，本来は考慮すべきではないといわれる[82]。しかし実際には，異議申立てによって審判が無条件で失効してしまうという法制度のもとでは，異議申立ての蓋然性は相当性の判断に大きく影響しているであろう[83]。審判内容を検討する努力が無駄になる確率が高いときは，調停を不成立とすることもやむを得ないといえる。

当事者の一方が行方不明で異議申立てをすることができないような場合に，調停に代わる審判をすることは相当性の要件を欠く。

---

[81]　福井家審平成21（2009）・10・7家月62巻4号105頁は，婚姻による同居期間5年（それ以前の同居5年），別居約25年に及びこの間相手方（夫）から生活費の援助がなく，20年以上にわたって婚姻が形骸化しており，しかも相手方が調停期日に出頭しないという事案につき，調停に代わる審判をした例である。梶村太市・本件紹介・民商法雑誌143巻2号（2010）278頁は，当事者の訴訟経済と弱者の保護を考え本件審判に踏み切ったことに敬意を表するという。

[82]　注解家審法816頁〈島田〉，佐々木・前掲注[66]実務民事訴訟講座第7巻276頁。

[83]　山田・前掲注[79]家事審判事件の研究222頁，坂梨喬「24条審判をめぐる諸問題」判タ1100号（2002）550頁。

第6章　合意に相当する審判および調停に代わる審判　　653

4　調停委員会の意見の聴取

家事手続284条2項は，家事調停の手続が調停委員会で行われている場合において調停に代わる審判をするときは，家庭裁判所はその調停委員会を組織する家事調停委員の意見を聴かなければならないと定める。その趣旨は，紛争の実情を把握している調停委員が裁判官と異なる立場で事件処理のあり方について適切な意見をもっていることがあるから，これを聴くことが解決案を提示するために適切だと考えられるからである。意見聴取の方法については特に定めはなく，また調停委員の意見は裁判官を拘束するものではない。調停委員の意見を聴いたことは，調書または審判で明らかにしておくべきである[84]。

旧法の下では調停に代わる審判をなしうるのは，調停委員会の行う調停事件であると解されていた[85]。しかし家事手続284条2項は，裁判官の単独調停の場合には，調停委員会の意見の聴取が不要であることを明らかにしている。調停に代わる審判の対象となる事件の拡大によって，単独調停が増加することが期待されているからである[86]。

5　衡平な考慮

家事手続284条の調停に代わる審判は，当事者双方のために衡平に考慮し，一切の事情をみてなされなければならない。当事者の合意に代わるものであるから，当然の要請であり，特に説明を必要としないであろう。調停による解決は条理にかない，実情に即したものでなければならない（民調1条参照）から，裁判所の裁量により具体的な事案に適した内容が示されなければならない。

旧家審法24条は，さらに調停に代わる審判の内容が当事者双方の申立ての趣旨に反しないことが必要であるとしていた。この点については次のように解されていた。調停に代わる審判は，当事者間に合意が成立しないときになされ，なお対立点が残されていてもよい。その争点に関して裁判所が判断を示すことに意義があるのであって，たとえば当事者の一方がなお離婚に反対していても，離婚を認めることは申立ての趣旨に反するとは一概にはいえ

---

(84)　基本法コンメ581頁〈松本〉。旧法のもとでもそのように解されていた。注解家審法817頁〈島田〉，本書旧版・468頁。

(85)　注解家審法819頁〈島田〉，本書旧版・468頁。

(86)　金子・逐条解説862頁。

ない[87]。異議申立てによって審判は効力を失うという保障があるから，この
要件を形式的に捉えることは適切でない[88]。

これに対して家事手続284条でこの要件が削除されたのは，旧家審法の上
記条文の意味内容が必ずしも明確でないこと，審判内容が当事者双方の申立
ての趣旨に反してはならないことは当事者双方のための衡平の考慮からも当
然であるとの理由による[89]。しかし当事者双方のための衡平の内容として，
申立ての趣旨に反しないことが考慮されるのであって，その意味は失われて
いないこと，本条と趣旨を同じくする民調法17条にはなお「当事者双方の
申立ての趣旨に反しない」との要件が維持されていることから，両制度の比
較の観点から，この要件を削除したことは好ましいとはいえないであろう。

4　審　判
1　概　説
家事手続284条の調停に代わる審判は，家事調停に関する審判であり調停
が成立しない場合であって，事件がなお家庭裁判所に係属している間になさ
れなければならない。家事手続272条1項により調停が不成立として終了さ
れる前になされなければならない。

なしうる審判は，離婚，離縁のほか，別表第2に掲げる事項の解決に必要
な事項である[90]。これに加えて子の引渡し，金銭の支払いその他財産上の給
付を命じることができる（同284条3項）。

2　審判書
審判の方式および審判書については，家事手続258条1項により同76条
が準用される。旧法の下で，審判書の理由記載につては簡単でもよいとの見
解が有力であった[91]が，当事者の異議申立てがないときは確定判決と同一の

---

[87]　神戸家審昭和50（1975）・9・13家月28巻10号96頁。

[88]　注解家審法818頁〈島田〉，坂梨・前掲注[83]判タ1100号550頁。

[89]　金子・逐条解説860頁。

[90]　旧法下において調停に代わる審判の対象となることが最も多かったのは離婚で
ある。これによる離婚を「審判離婚」と呼ぶ。旧家審法によって作り出された離
婚形態であり，その法的性質等について学説上の争いがあるが，ここでは説明を
省略する。

[91]　山田・前掲注[79]家事審判事件の研究223頁，注解家審法818頁〈島田〉。

効力を認められることから，理由の簡略化には問題があると指摘されていた[92]。家事手続76条2項の準用に何の留保も付けられていないから，審判書の方式は他の一般の場合と異ならないと解すべきである。審判書またはこれを同時に送付される別紙において，審判に対して異議を申し立てることができること，異議申立てがあると審判は効力を失う旨の教示をなすべきである[93]。

3 審判の告知

審判の告知は，特別の定めがある場合を除いて当事者および利害関係参加人並びにこれらの者以外の審判を受ける者に対して，裁判所が相当と認める方法によって行う（家事手続258条1項による74条1項の準用）。しかし所在不明者に対して公示送達の方法はとることができない（同285条2項）。調停に代わる審判は，重大な身分上の効果を発生させるが，公示送達を認めると実質的にその者の異議申立権を奪ってしまう結果となるからである。旧法時にもそのように解されていた[94]ので，家事手続285条はこのことを明文によって明らかにした。

調停に代わる審判をした後に当事者が所在不明になると公示送達ができないため，審判を告知することができなくなる。この場合には審判が未確定のままになるから，家事手続285条3項は審判を取り消さなければならないと定める。審判の取消しによって，調停に代わる審判をする前の状態に復し，当事者間に合意が成立する見込みがないとして同272条1項により家事調停事件を終了させることになる[95]。

4 審判後の調停申立ての取下げ

家事手続285条1項は，家事調停の申立ては，調停に代わる審判がなされた後は取り下げることができないと定める。立法担当者の説明によると，調停に代わる審判がなされた後に，申立人がこれを受け入れたくなければ，異議の申立てをすれば審判は失効すること，調停に代わる審判がなされないと

---

[92]　梶村太市「24条審判の性質と基準」別冊判タ8号（1980）130頁。

[93]　基本法コンメ578頁〈松本〉。

[94]　注解家審法820頁〈島田〉，西原諄「24条審判と異議申立権」判タ507号（1983）126頁，本書旧版・479頁。

[95]　金子・逐条解説864頁。旧法下で旧家審法24条審判を取り消した例として神戸家尼崎支審昭和47（1972）・12・15家月25巻8号82頁がある。

きは調停不成立により家事調停事件が終了し，もはや家事調停の申立ての取下げができないこととの均衡を失することがその理由とされている[96]。しかし調停の申立ての取下げと調停に代わる審判に対する異議申立ては，その法的効果が異なるのであり，別表第2に掲げる事項の調停の場合には異議申立て後の審判手続では（審判申立ての）取下げが許されるのであるから，調停に代わる審判の後に調停申立ての取り下げを認めても何ら支障は生じないはずである。このようにみると家事手続285条1項の定めには疑問があるといえる[97]。

5 審判の効力

(1) 総 説

調停に代わる審判に対して異議申立てがなく確定したとき，または異議の申立てを却下する審判が確定したときは，別表第2に掲げる事項についての調停に代わる審判は，家事手続39条の規定による審判と同一の効力を有し，その他の調停に代わる審判は確定判決と同一の効力を生じる（同287条）。この審判に形成力，執行力を生じることについては異論がない。既判力も生じないと解すべきである。別表第2に掲げる事項についての審判には既判力が生じないことについては，すでに第1編第7章第4節3で説明したとおりであり，その他の訴訟事件についての調停に代わる審判についても，同277条の合意に相当する審判とは異なり，家庭裁判所が必要な調査によって審判の実体的な正当性について担保する保障がなく，実体的な権利・法律関係の存否を確定することを目的としていないからである。学説上既判力を認める見解は極めて少数である[98]。

離婚または離縁する旨の審判は，離婚または離縁の判決が確定した場合と同様の効果を生じる。また別表第2に掲げる事項について給付を命じる部分については，確定すると家事手続75条の定めにより執行力のある債務名義と同一の効力を有する。そのため単純執行文の付与を受けることなく，この

---

[96] 金子・一問一答2445頁，金子・逐条解説863頁。

[97] 基本法コンメ582頁〈松本〉も，立法担当者の掲げる理由の妥当性に疑問を提示している。

[98] 佐々木・前掲注[66]実務民事訴訟講座第7巻290頁。家事手続法の解釈として，梶村・前掲注(6)新版実務講座家事事件法61頁は既判力を認めるようであるが，基本法コンメ586頁〈松本〉は既判力を付与する基礎を欠くとする。

審判を債務名義として強制執行をすることができる。これ以外の事項についての審判には家事手続75条が準用されないので，強制執行をするには旧法時と同様に執行文の付与を受けなければならない[99]。

(2) 審判確定による戸籍届出等

審判が確定してその効力を生じたときは，調停の申立人は審判確定の日から10日以内に審判書の謄本を添付して戸籍の届出をしなければならない（戸籍63条，68条の2，69条，73条，77条など）。離婚や離縁等戸籍の届出や訂正を必要とする事項については，調停に代わる審判が確定したときは，裁判所書記官は当該調停に係る身分関係の当事者（または子）の本籍地の戸籍管掌者に対してその旨を通知する（家事手続規則130条2項）。

5 異議申立て

1 概 説

家事手続284条の調停に代わる審判は，旧制度と異なり異議申立てによって失効するから強制調停とはいえず，また裁判を受ける権利を侵害するものではない。しかし逆にこの審判の効力は極めて弱いものになっている。調停に代わる審判の制度の利用を促進しようとする立場からは，異議申立て制度の廃止が主張されることもある。この立場は，前掲最大決昭和35（1960）・7・6民集14巻9号1657頁（第1編第2章第1節2・2参照）に照らして支持することはできない。

2 異議申立権者

家事手続284条の調停に代わる審判に対しては，当事者のみが異議の申立てをすることができる（同286条）。旧法の下では利害関係人にも異議申立てが認められていた（旧家審法25条1項，旧家審規139条1項）。しかし①当事者が異議を申し立てていないのに，第三者からの異議申立てにより審判の効力を失わせてしまうのは相当ではない[100]こと，②自ら権利または利益を処分することができる家事調停の当事者に決定権を認めれば足り，第三者が調停の成立に対して異議の申立てをすることができないのと同様に，第三者に調停に代わる審判に対して異議の申立てを認める必要はない[101]として，利害

---

[99] 注解家審法831頁〈島田〉。

[100] 金子・一問一答246頁，金子・逐条解説866頁。

関係人の異議申立権は否定されることになった。

たしかに旧法の下で，利害関係人に異議申立てを認めることには批判があり，その範囲は制限的に解すべきだと指摘されていた[102]。これは調停に代わる審判の対象が訴訟事件に限られていたからである。家事手続284条は別表第2に掲げる事項で審判がなされた場合に，当事者以外の第三者が即時抗告をすることができる場合がある[103]。同286条1項によれば，この場合に利害関係人は異議申立権を否定されているが，これは明らかに不当である[104]。別表第2に掲げる事項について調停に代わる審判がなされる場合には，当該審判があったとすれば即時抗告をなしうる者は同286条1項にかかわらず異議申立権を認められるべきである。

3　異議申立手続等

異議申立ての期間は，当事者が審判の告知を受けた日から二週間以内である（家事手続286条2項による279条2項の準用）。この期間は異議申立権者が審判を受ける者である場合には審判の告知を受けた日から，また審判の告知を受ける者でない場合には当事者が審判の告知を受けた日から進行する（同286条2項による279条3項の準用）。異議の申立ては，当該家庭裁判所に対し書面でしなければならない（家事手続規則137条1項）。

異議の申立ては適法なものでなければならない（家事手続286条3項）が，異議申立権を有する者から申立期間内に申立てがなされることで足りる。異議の当否を判断することはできない。申立てを却下する審判に対しては，異議申立人から即時抗告をすることができる（家事手続286条4項）。

調停に代わる審判に対する異議申立権は放棄することができる（家事手続286条2項による279条の準用）。民事訴訟における控訴権の放棄と同様に，調停に代わる審判がなされる前に放棄することはできない。

---

(101)　金子・逐条解説866頁。

(102)　注解家審法827頁〈島田〉，梶村・前掲注(5)現代家族法大系第1巻467頁，本書旧版・472頁。

(103)　別表第2第4項の子の監護に関する処分につき156条4号，別表第2第7項の養子の離縁後に親権者となるべき者の指定につき172条1項8号，別表第2第8項の親権者の指定または変更につき172条1項10号など。

(104)　同旨，基本法コンメ583頁〈松本〉。

第6章　合意に相当する審判および調停に代わる審判　　659

4　異議の理由

異議には何らの理由を付すことを要しない。調停に代わる審判に対する異議は，合意に相当する審判に対する異議と同様に，審判による事件の解決を拒否する申立てであり，審判を失効させることを目的とするものである。その理由を問わない。申立てが適法であれば，審判は当然に失効する（家事手続 286 条 5 項前段）[105]。

5　異議申立ての効果

(1)　審判の失効

適法な異議があると，調停に代わる審判は直ちにその効力を失う（家事手続 286 条 5 項前段）。申立てに理由があるか否かは問わない。審判がその効力を失うと，その事件は異議申立てがあった日に完結する。この場合には家庭裁判所は，当事者に対しその旨を通知しなければならない（同後段）。また裁判所書記官は，利害関係参加人に対して遅滞なくその旨を通知しなければならない（家事手続規則 137 条による 132 条 2 項の準用）。利害関係参加人は，事件の帰趨に利害関係を有しているが，異議申立てによる調停に代わる審判

---

[105]　この点に関し，盛岡家大船渡支審平成 5（1993)・10・21 判タ 832 号 212 頁は，離婚調停において離婚を認める審判をした上で，親権者を夫とし妻に対して夫に慰謝料の支払いを命じたが，夫からの養育費請求を認めないという調停に代わる審判がなされたところ，夫から異議申立てがなされたという事案である。家庭裁判所は，「本件離婚審判のうち，子の親権者を異議申立人と定める部分は，異議申立人の主張・希望に合致するものである。加えて……異議申立人は，本件離婚審判のうちこれらの部分に対して特段不満を主張しているわけではないし，……（相手方も）本件離婚審判に対して何の異議申立てもしていない。したがって，異議申立人の本件異議申立てのうち，本件離婚審判中の離婚を命ずる部分及びこの親権者を異議申立人と定める部分に対する異議申立ては，異議の利益がない。そして異議申立ての利益は，通常訴訟における訴訟要件と同様の意味で，申立ての適法要件であると解されるので，異議申立ての利益を欠く部分は不適法である」と判示する。しかしこの審判は，根本的に誤っているといわざるを得ない。申立権を有する者から申立期間内に適法な異議があれば，その理由を問うことなく，また申立ての利益について判断することなく当然に審判による解決を阻止できるという点に，この異議制度の意味がある。異議申立書にどのような理由が記載されていようと，これを考慮してはならないのであり，また妥当な理由があって初めて異議が認められるというような制限を加えることも許されないのである（注解家審法 828 頁〈島田〉）。これと反対に，理由があって初めて適法な異議となると解することが誤りなのである。

の効力が失われたことを当然には知りえないからである[106]。

(2) 審判の一部に対する異議申立て

調停に代わる審判の一部に対して適法な異議申立てがあった場合でも，当該の審判全体が効力を失うのが原則である。離婚に加えて子の監護および財産分与を対象とする調停につき，調停に代わる審判がなされ，財産分与についてのみ異議申立てがなされた場合に，異議申立てのない部分は確定させる扱いをすることができるか。これを肯定する見解もある[107]が，審判全体の効力を失わせ，全体を訴訟による解決に委ねると解することが妥当であろう[108]。

(3) 審判失効後の手続等

適法な異議の申立てによって調停に代わる審判が効力を失った場合において，当事者が異議申立てによる審判の失効の通知を受けた日から二週間以内に家事調停の申立てがあった事件について訴えを提起したときは，家事調停の申立ての時にその訴えの提起があったものとみなされる（家事手続286条6項）。調停不成立の場合の訴えの提起の扱い（同272条3項）と同様であり，出訴期間の徒過または消滅時効完成の不利益を回避するものである（その効果については第5章第4節**4・4**参照）。

別表第2に掲げる事項について調停に代わる審判に対して異議申立てがなされ，審判が効力を失ったときは，家事調停申立ての時に当該事項についての家事審判の申立てがあったものとみなされる（同286条7項）。調停不成立の場合の扱いと同様であり，当然に審判手続に移行する（移行に伴う効果については，第5章第4節**4・5**参照）。

(4) 調停に代わる審判に服する旨の共同の申出

離婚および離縁の調停事件を除いて，当事者が申立てにかかる家事調停の手続において，調停に代わる審判に服する旨の共同の申出をしたときは，調停に代わる審判に対して異議を申し立てることはできない（家事手続286条8項）。この共同の申出は，書面でしなければならない（同9項）。当事者は調停に代わる審判の告知の前に限り，この共同の申出を撤回することができ，これにつき相手方の同意を必要としない（同10項）。異議申立権の事前の放

---

　(106)　家事事件手続規則解説339頁。
　(107)　梶村・前掲注(5)現代家族法大系第1巻470頁。
　(108)　注解家審法830頁〈島田〉，本書旧版・473頁。

第6章　合意に相当する審判および調停に代わる審判　　661

棄によって，調停に代わる審判の確定を早めようとするものである[109]。

　離婚および離縁の調停事件には適用されない。これらの訴訟事件では民事訴訟法264条の和解条項案の書面による受諾，同265条の裁判所等が定める和解条項の定めが適用されないのと同趣旨である[110]。

6　渉外離婚事件と調停に代わる審判

　渉外離婚事件についても，手続は法廷地法によるとの原則から調停に代わる審判をすることができる。準拠法上調停類似の制度があり，協議離婚が認められるなど調停の対象となる権利・法律関係について当事者の任意処分が許されている場合には，調停に代わる審判が可能であることについて異論はない。

　これに対して準拠法が訴訟手続による離婚しか認めていない場合にも調停に代わる審判をすることができるかについては学説が対立している。調停は協議離婚の一種とみられていることを理由にできないとする有力説がある[111]が，離婚について準拠法上当事者に処分が許されているか，国家（裁判所）に権限があるかに区分し個々の離婚準拠法ごとに検討すべきであるとの見解が支配的となっている[112]。実務では，旧家審法23条（家事手続277条）の審判をした例がある[113]が，大勢は調停に代わる審判によっているとされる[114]。

---

(109)　金子・逐条解説869頁。

(110)　金子・逐条解説869頁。これに対して梶村太市『新家事調停の技法』(2012) 348頁は，離婚・離縁事件を適用除外した実質的な理由に乏しいという。そしてこのような事例ではたとえ離婚だけの合意で離婚調停を成立させたうえで，親権者指定や監護者指定の審判または調停に代わる審判をする，あるいは離婚後の財産分与の審判をすることが可能であるという。

(111)　山田鐐一『国際私法（第3版）』(2004) 449頁，溜池良夫『国際私法概説（第3版）』(2005) 465頁。

(112)　鳥居淳子・判批『渉外判例百選（第3版）』(1995) 130頁，渡辺惺之・判批・民商法雑誌107巻2号 (1992) 279頁，中西康・判批『国際私法判例百選』(2004) 112頁。

(113)　横浜家審平成3 (1991)・5・14家月43巻10号48頁。

(114)　詳細については松原正明ほか『渉外家事・人事訴訟事件の審理に関する研究』(2010) 36頁。

第7章　履行確保

1　概　説

　家事債務の履行確保は，家庭裁判所が家事事件に関する審判や調停で定まった義務（これを「家事債務」という）の実現を図ることをいい，昭和31（1956）年の旧家審法の改正によって認められた履行調査と勧告および履行命令の制度をいう。家庭裁判所で扱われる義務は，婚姻費用，子の養育費，扶養料等生活に密着し，それを支えるものであり，しかも一般的には少額である。家庭裁判所発足当初から，これらの義務の履行状況は満足すべきものではなく，家庭裁判所に強制力のある措置を期待する声が強かった[1]。

　とりわけ，家事債務の履行については，①一般に少額であり，かつ分割支払いとされた金銭債務が多く，強制執行の費用倒れになる，②家庭裁判所に登場する当事者は，多くは法律手続になじみがなく，社会的弱者が多いことから，正規の執行手続をなしえないことが多い，③親族または親族であった者同士での執行手続となり，強制的な手続になじみにくいといった特徴が指摘される。さらに家庭裁判所の後見的機能から，審判・調停で定められた内容が履行されているかどうか，アフターケアをなすべきであると指摘される[2]。このような事情を背景として，昭和31（1956）年に旧家審法の一部改正が図られ，履行状況の調査および履行の勧告（旧家審法15条の5），履行命令（同15条の6），寄託（同15条の7）が追加されるとともに，旧家審規に第

---

(1)　この間の状況については，注解家審法663頁〈谷川克〉，下夷美幸『養育費政策の源流——家庭裁判所における履行確保制度の制定過程』（2015）参照。また家事事件手続法制定前の家事債務の履行・執行に関する状況については，西川佳代「家事事件における執行」法律時報81巻3号（2009）52頁。

(2)　河野力「履行の確保」中川善之助教授還暦記念『家族法大系第1巻』（1960）141頁，松井薫「家事債務の履行確保制度の運用」鈴木忠一＝三ケ月章監修『実務民事訴訟講座第7巻』（1969）356頁，家審法講座第4巻144頁以下〈沼辺愛一〉，湯沢雍彦「家事債務の履行確保」中川善之助先生追悼『現代家族法大系第1巻』（1980）471頁。長谷部由起子「家事債務の履行確保」戸籍時報428号（1993）46頁，後に『変革の中の民事裁判』（1998）166頁に収録。

第7章　履行確保　　663

4章が追加された（143条の2から11まで）。

　履行確保の制度は，履行の調査と勧告，履行命令を内容とするが，義務の内容を強制力をもって実現することを目的とするものではないから，通常の強制執行に代わるものではない。権利者はいずれの方法も選択できる。この制度は，平成15（2003）年の人事訴訟法制定によって，人事訴訟の附帯処分としてなされる乙類審判事項（別表第2に掲げる事項に対応）にかかる義務についても利用されることになった（人訴38条以下）。従来，地方裁判所で離婚事件につき附帯申立てを扱っても，履行確保手段がなかったが，人事訴訟が家庭裁判所へ移管されたことによって家事審判と同様の扱いが可能となった[3]。

　しかし以下に説明するように履行命令は実際上ほとんど利用されず，また寄託制度は導入後はかなりの成果をあげていたが権利者の預金口座への振込みを定める条項の一般化，金融機関のオンライン化による振込みの簡易化に伴ってその意味を低下させていた。人事訴訟法の制定時には寄託は維持されたが，家事手続法の制定に際してはすでにその歴史的使命を終えたとされ，廃止されることになった[4]。

　家事手続法以外の分野でも家事債務の実現の容易化に向けた改正がなされている。第1編第7章第4節5・2で説明したように，民事執行法151条の2により，夫婦間の協力扶助，婚姻費用の分担，子の監護に関する義務および扶養義務などの家事債務について，その一部についての不履行があるときは，確定期限の到来していないものについても執行を開始できるようになった。また同167条の15によりこれらの義務履行につき間接強制を利用することができるようになった。さらに平成16（2004）年年金関連改革により，離婚時に当事者の合意または裁判所の審判によって請求すべき按分割合に関する処分が可能となった（人訴32条1項，家事手続別表第2第15項参照）。これによって当事者間において支払いや不履行の問題を生じさせない解決が可能となった。こうした周辺の制度の改革も，履行確保にとって重要である。

---

(3)　この状況については，小野瀬厚＝岡健太郎『一問一答新しい人事訴訟制度』（2004）174頁参照。

(4)　金子・一問一答248頁。

2 履行状況の調査・履行の勧告

1 制度の趣旨・実情

履行状況の調査とは，審判等で定められた家事債務がその本旨に従って履行されているか，履行されていないとするとどのような理由によるかを調べることであり，履行の勧告とは，正当な理由がなく義務を履行しない者に対して，その義務を自発的に履行するよう助言や指導を行ってその履行を促すことをいう（家事手続289条1項）。家事債務もその実現のためには最終的には強制執行を必要とするが，上に述べたような特徴を有することから，強制手段の前に不履行に陥っている義務者が自発的に義務を履行するよう促すことが望ましい。その際に家庭裁判所が専門的な知識を活用して不履行の原因となっている問題の解決等を援助することが期待される。このような趣旨からみると，履行状況の調査および勧告は，家庭裁判所が当事者に対して審判や調停の終了後も，持続的に援助することを意味する。裁判に対する一種のアフターケアであり，家事審判・家事調停の非訟的性格を示すものといってよい[5]。

履行状況の調査・履行の勧告の平成27（2015）年における利用は，全国で16,599件に及んでいる[6]。その結果は，金銭債務14,413件につき，全部履行4,956件，一部履行2,705件，不詳その他6,752件であり，人間関係調整2,186件につき目的を達したもの558件，一部目的を達したもの251件，目的を達

---

[5]　松井・前掲注(2)実務民事訴訟講座第7巻336頁，家審法講座第4巻149頁〈沼辺〉。また河野・前掲注(2)家族法大系第1巻141頁は，家庭裁判所のこの活動は一つのプロベーションであって，その使命は，審判・調停があったことによって終了するものではなく，むしろ審判・調停は家族等における新たな人間関係の始まりである，それはまた新たな調整を必要とし，家庭裁判所は自己が作り出した新たな人間関係についても責任をもつべきであるという理念に基づいて履行確保にあたるべきだと指摘していた。制度導入時の理念が示されている。家事手続案内（以前の家事相談）の実施にはじまり，履行確保に至るまでの一貫した後見的役割がみられる。遠藤賢治「家事債務の履行確保・強制執行と手続保障」野田愛子＝梶村太市総編集『新家族法実務大系第5巻』（2008）93頁は，これを法律で定める意義は，これによる履行が「急がば回れ」の価値をを有することにあるという。こうした家庭裁判所の後見的な活動が，現在においてどこまで維持されるべきかは検討を要するであろう。当事者の自己責任のあり方との関係が問い直されていると思われる。

[6]　平成27（2015）年度司法統計年報・家事事件編第55表，56表による。

しないもの 894 件となっている。約半数でなんらかの成果が見られたということになる。

2 調査・勧告の対象となる義務

義務の履行状況の調査および履行の勧告の対象となるのは，審判または調停で定められた義務である（家事手続 289 条 1 項）。家庭裁判所が命じたものだけでなく，抗告裁判所または高等裁判所が命じたものを含む。婚姻費用や養育費，慰謝料などの金銭支払義務，登記移転義務等の財産上の給付義務のほか，その他一切の作為・不作為の義務も含まれる。未成年の子の引渡し，面会交流の義務もその対象となる。夫婦同居義務については，性質上強制執行に親しまないが，履行調査や履行勧告の対象になると解されている[7]。さらにたとえば「今後当事者双方は円満な家庭を築くよう努力すること」といった道義的ないし非法律的条項についても，その対象になると解されている[8]。

審判前の保全処分による義務も履行の調査・勧告の対象となる（家事手続 289 条 7 項参照）。

3 調査および勧告

(1) 権利者の申出

履行状況の調査および勧告は，権利者の申出があった場合に限って行われる（家事手続 289 条 1 項）。職権によって開始することはできない。申出は，家庭裁判所に対して調査および勧告を求める意思の表示であるが，家事手続 49 条にいう申立てではない。裁判を求める行為ではなく，権利者の事実上の希望を明らかにするという程度の意味である[9]。その方式には定めがないので，書面または口頭でもできる。電話による申出も可能とされている。手数料の納付も必要でない。この申出があったときは，家事雑事件として立件される。

履行状況の調査および勧告の申出は，効果があがるまで何度でもこれをなしうる[10]。また継続的給付義務については，一度権利者からの申出があれば，

---

(7) 河野・前掲注(2)家族法大系第 1 巻 143 頁，家審法講座第 4 巻 156 頁〈沼辺〉，注解家審法 667 頁〈谷川克〉，白鳥敬三「履行確保制度について」島津一郎教授古稀記念『講座現代家族法第 4 巻』（1992）325 頁，実務講義案 412 頁など通説である。

(8) 上記注(7)に掲げた文献に加えて，松井・前掲注(2)実務民事訴訟講座第 7 巻 359 頁。

(9) 実務講義案 413 頁。

その後履行期ごとに改めて申出がなくても調査および勧告をなしうる。

(2) 調査および勧告の管轄裁判所

調査および勧告は，その義務を定めた家庭裁判所の管轄である。抗告審である高等裁判所が定めたときは，その原審家庭裁判所であり，家事手続105条2項により高等裁判所が義務を定めたときは，第1審となる家庭裁判所の管轄である（同289条1項）。調査および勧告は，義務を定める審判や調停のアフターケア的な業務であるから，それを発令した裁判所が担当するのが適切である。しかし義務者が義務を命じた裁判所の管轄外に居住することがあるから，この場合には他の家庭裁判所へこれを嘱託することができる（同2項）。

(3) 調査および勧告

権利者からの申出があると，家庭裁判所は調査を実施する。この調査を家裁調査官に命じることもでき（家事手続289条3項），事件の関係人の家庭環境その他の環境の調整を行うために必要があると認めるときは，家裁調査官に社会福祉機関との連絡その他の措置をとらせることができる（同4項）。調査の方法については，義務者に出頭を命じて審問し，書面による照会を行い，家裁調査官による聞き取り調査を実施するほか，官庁，公署その他適当と認める者に調査を嘱託し，または銀行，信託会社，関係人の使用者その他の者に対し関係人の預金，信託財産，収入その他の事項に関して必要な報告を求めることができる（同5項）。この調査については強制力を行使することができない。

調査の結果，相当と認めるときは家庭裁判所は，義務者に対して義務の履行を勧告することができ，またこれを家裁調査官にさせることができる（同289条1項，3項）。この勧告は履行勧告書の送付，口頭での履行勧告または

---

(10) 平成27（2015）年度司法統計年報・家事事件編第56表によると，申出回数1回のものが約半数を占めているが，3回までのものもかなり多い。処理期間もほとんどは3ケ月以内である。他方6回以上のものも16,559件中2,132件に及んでいる。長い期間にわたって履行の調査および勧告を継続することには疑問もある。執行手続の簡易化・多様化が認められたことを考慮し，債権者が自ら行動を起こすようにすべきであろう。以下3で触れるように，勧告に続いて申立てにより履行命令を発してもなお不履行の場合には過料に処することができるが，債権者の満足とはならない。

面接等の方法で行われるが，裁判という性質を有しない。義務者の自発的な履行を促すにとどまり，法律上も何らの効力を有しない。ただ，それぞれの調査，勧告の内容およびその結果は，裁判所書記官によって調査勧告票の経過欄に記載される。調査および勧告をしないのが相当と認めるとき，調査および勧告を終了させてよいと認めるときは，いわゆる終了認定によって事件を終了させる。将来の履行の見込み，履行の完了のほか，義務者の所在不明，権利者による強制執行の申立て，当事者による再調停の申立てがあるとき等がこれにあたる[11]。面会交流について履行勧告によっても実現できない場合には，当事者間で再調整や事情変更を考慮する必要があることもあり，当事者間で再度話し合わせる（再度の家事調停の申立て）によることになる[12]。

家庭裁判所は，事件の関係人から当該事件の記録の閲覧等またはその複製の請求があった場合に，相当と認めるときはこれを許可することができる（家事手続 289 条 6 項）。

3　義務履行の命令

1　意　義

家事債務のうち，金銭の支払いその他財産上の給付を命じるものについて，家庭裁判所が相当と認めるときは，権利者の申立てによってその義務の履行を怠っている者に対して，相当の期限を定めてその義務の履行をなすべきことを命じることができる（家事手続 290 条 1 項）。これを義務履行の命令という。この命令は，その命令をする時までに義務者が履行を怠った義務の全部または一部についてする。この命令に従わないときは，10 万円以下の過料に処せられる（同 5 項）。これによって義務者を心理的に強制して義務の履行をはかろうとする趣旨である[13]。

---

[11]　実務講義案 415 頁。上記(1)で触れたように，数回にわたって申出を受けた家庭裁判所が調査・勧告を行うことは，やや過剰な介入といえなくもない。権利者に対しては履行命令の申立てへの変更，強制執行の着手，再調停の申立てを助言・教示し，義務者に対しても調停の申立てを教示するなどの対応が適切である。ただしこの助言や教示によって紛争が拡大することがないよう留意しなければならない。遠藤・前掲注(5)新家族法実務大系第 5 巻 94 頁。

[12]　水野有子＝中野晴行「面会交流の調停・審判事件の審理」東京家事事件研究会編『家事事件・人事訴訟事件の審理』(2015) 224 頁。

家事債務は民事法上の義務である。一般に民事法上の義務の不履行に対しては、強制執行による実現によって対処するのが原則である。その不履行に対し国家が債権者を支援することはない。権利の実現は債権者の自己責任に委ねられる。ただ執行を容易にするため民執151条の2により、執行の容易化を定め、さらに同167条の15で間接強制を定めて家事債務の特殊性に対応している。これでかなりの部分をカバーすることができる。これに対して履行命令では、不履行に対して秩序罰である過料によって強制を加えようとしているが、現在においては中途半端なものといえるであろう(14)。

2 対象となる義務

義務履行の命令の対象となるのは、家事審判または調停で定められた金銭の支払いその他の財産上の給付を目的とするものである（家事手続290条1項）。調停に代わる審判において定められた義務を含む（同3項）。実務上執行につき問題の多い子の引渡し、面会交流等の義務はこの義務履行命令を利用することはできない。

面会交流の義務の履行は、過料の制裁をもって間接的に強制することにより履行の見込みが高まるとはいえないこと、履行の強制としては間接強制がより適切であること、面会交流の義務の履行は義務者の協力なしに実現することは困難であって、家庭裁判所の調整機能を発揮しやすい履行勧告によることが相当であり、履行命令の対象とする必要性は低いとされる(15)。また子の引渡しについても過料の制裁で履行の見込みが高まるとはいえないこと、

---

(13) 履行の調査・勧告の制度は広く利用されているが、この義務履行の命令は平成27（2015）年度司法統計年報・家事事件編第58表によると、同年度の申立件数はわずかに85件であり、認容は46件にとどまっており、制度存立の意義自体が問われる数字であるといってよいであろう。履行調査・勧告で改善が見られなかった事件が多数あるのに対して、義務履行命令がほとんど利用されていないのは、立法に際し厳格な運用が求められていたこと（この点については、家審法講座第4巻149頁〈沼辺〉）、履行命令の実効性が乏しいこと、あるいは事情の変更等を理由に当事者間において再調停その他の申立てがなされていること等の理由が挙げられている（白鳥・前掲注(7)講座現代家族法第4巻323頁）。長谷部・前掲注(2)変革の中の民事裁判169頁は、家事債務の履行を強制する手段として間接強制という迂遠な方法を採用したことに問題があると指摘する。

(14) 遠藤・前掲注(5)新家族法実務大系第5巻96頁。

(15) 金子・逐条解説880頁、秋武編・概説334頁〈高取真理子〉。

第7章　履行確保　　669

子の引渡しについては迅速性が求められ，むしろより強制力の強い間接強制
か直接強制が妥当だといえる[16]。

3　申立て

(1)　申立て

義務履行の命令は権利者の申立てによって行われる（家事手続290条1項）。
申立ては書面によって行う。家事雑事件として立件され，また手数料を納付
しなければならない（民訴費用3条，別表第1第17イ(ハ)により500円）。義務
履行の命令は，それ自体として申立ての要件，発令の要件が審理されるので
あって，履行調査・勧告の申出がこれに先立ってなされている必要はない。
調査・勧告を経ないで直ちに義務履行の申立てがなされることはなんら差支
えがない。直接に義務履行の申立てがなされたときは，調査・勧告の申出を
包含していると解されている[17]。

(2)　管轄裁判所

義務履行の命令の管轄裁判所は，履行状況の調査と同じくその義務を定め
る審判または調停をした家庭裁判所であり，抗告審である高等裁判所が裁判
をした場合にはその原審となる家庭裁判所である（家事手続290条1項）。義
務履行の命令は，申立てに基づく手続であるから，移送等については家事手
続第2編第1章の規定が準用される。

(3)　申立人

履行命令を申し立てることができるのは，審判または調停で財産上の給付
の権利者として表示されている者およびその承継人である。参加人であって
もよく，申立てにおいて相手方とされていた場合であっても，審判において
権利者と表示されている場合には，この申立てをすることができる。強制執
行を目的とするのではないから，承継人についても承継執行文の付与を必要
としない。義務者となるのは，審判・調停において家事債務の義務者とされ
ている者およびその承継人である。承継人にあたるか否かの判断は，家庭裁
判所が事実を調査した上で行う。

---

(16)　金子・逐条解説880頁，基本法コンメ591頁〈武田純一〉。
(17)　注解家審法676頁〈谷川〉。

670 第2編　家事調停

4　義務履行命令

(1)　義務履行命令の要件

　義務履行の命令は，家庭裁判所が「相当と認めるとき」に相当の期間を定めて発令する（家事手続290条1項）。この「相当と認める」とはどのような意味であろうか。これにつき通説は，次のように解している。すなわち，①過料という制裁をもって義務を履行するよう間接的に強制すれば履行する見込みが立ち，②それをすることが現在の事情からみて義務者を著しい窮迫状況に追い込むことがなく，③権利者にとってその義務を履行してもらうことがその経済上，家庭生活上において物心いずれかの面で，社会通念上も実質的な効用をもたらすことが認められることである[18]。したがって，義務者がその義務を履行することが事実上可能でなければならない[19]。最も重要な判断要素は①である。

　もっとも家事債務に対しては間接強制が認められるから，この利用が図られてよく，その限りでは義務履行命令の選択は低下するであろう。

(2)　義務履行命令の性質

　義務履行の命令は，家庭裁判所が義務の不履行者に対してする一種の履行の催告であると解されている。義務履行の命令の対象となる権利義務は，すでに審判または調停において確定しているものであり，この命令はそれに何らかの効果を与えるものではなく，義務履行の命令が相当な期限を定めて命じられてもこれによって期限の猶予を与えるものではない。またこの命令は，権利の主体でない家庭裁判所が，権利者の申立てに基づきそれを相当と認める場合に，後見的な立場から義務の履行を催告する点に特徴がある。それゆえ，義務履行の命令には時効の中断，解除権の発生など実体法上の効果は一切与えられないと解すべきである[20]。また義務の履行命令はそれ自体執行力

---

(18)　注解家審法 679 頁〈谷川〉。

(19)　家審法講座 4 巻 201 頁〈沼辺〉，白鳥・前掲注(7)講座現代家族法第 4 巻 323 頁，福島家審昭和 46（1971）・5・19 家月 24 巻 6 号 58 頁も，履行命令は債務名義の執行ではなく，履行の円滑のために行う一種の催告であって，その義務を履行するに足る資力を欠いている者に対して発することは相当ではないとする。遠藤・前掲注(5)新家族法実務大系第 5 巻 96 頁も同旨を述べる。この立場を支持してよいであろう。これに対して実務講義案 418 頁は，権利者の収入，資産・生活状況等を考慮することはできないという。

(20)　家審法講座第 4 巻 168 頁〈沼辺〉。

第7章　履行確保　　671

を有するものではない。

(3)　義務の履行命令

義務の履行命令を発令するには，義務者の陳述を聴かなければならない（家事手続290条2項）。その不履行が過料の処分につながるため，義務者に注意を喚起し，対応する機会を与えて相当性の判断の参考として慎重を期すためである。義務履行の命令の内容は，本来の義務の範囲内でなければならないが，権利者の申立てに拘束されることがなく，命令をするまでに履行が遅滞している義務の全体を対象とすることができる。もちろん義務の一部についてのみ命じることもできる。履行命令は履行すべき相当の期間を定めてなされる（家事手続290条1項）。

義務の履行命令をするには，命令書を作成しなければならない（家事手続290条4項による76条1項の準用）。命令は義務者に告知することによって効力を生じる。告知する際には，同時に義務者に対してその違反に対する法律上の制裁（10万円以内の過料）を告知しなければならない（家事手続規則140条1項）。

(4)　履行命令に対する不服申立て

義務の履行命令あるいは申立てを却下する審判に対しては不服申立てをすることができない。その理由は，この審判が実体上の権利関係に対してなんらの影響を与えないことから，申立てを却下されたときは強制執行によって権利の実現を図ればよく，また命令を受けた者は発令前に意見陳述の機会があり，過料に処せられたとしてもこれに対して即時抗告ができるから，救済を欠くことにはならないからである[21]。

(5)　履行命令手続の終了

義務履行の命令事件は，履行命令の発令，申立ての却下，申立ての取下げによって終了する。履行命令はその不履行の場合には過料の裁判につながるから，義務者の資力等を考慮して不履行の一部にとどめられる場合もある。この場合，残余の部分についても結末がつけられたと考えられ，手続は全体が終了したと扱われる。

---

(21)　注解家審法680頁〈谷川〉。

4 記録の閲覧等

　家事債務の履行状況の調査および履行の勧告の手続は，家事審判や家事調停の手続ではない。そのため家事手続47条，258条に定める記録閲覧等の規定は適用されない。しかし履行状況の調査等は，当事者の申出を受けて行われるものであるから，記録の閲覧も一定の条件の下で認めるのが相当である。旧法下では規定がなかったが，家事手続法はこれについて定めを置いた[22]。

　履行状況の調査および履行の勧告は，裁判所の判断作用を伴なうものではないこと，その作用も事実上のもので当事者以外の者には及ばないことから，当事者（権利者・義務者）に限って，裁判所は相当と認める場合にのみ閲覧等を許可することができる（家事手続289条6項）。その事務は裁判所書記官が扱う（家事手続規則139条3項）。

　履行命令は審判であるから，家事手続290条4項が，第2編第1章の定めを準用している。

---

[22]　金子・逐条解説877頁，秋武編・概説333頁〈高取〉。

第8章 罰　　則

第1節　過　　料

1　趣　旨

　家事手続法は，事件の当事者その他の者が手続上の義務に違反した場合の過料と，参与員や調停委員が正当な理由なくその秘密を漏らしたことに対する刑事罰を定めている。これらについて以下，その内容を概説する。民事調停法にも同趣旨の規定がある（民調34条以下）。

2　家事手続における過料の裁判

　家事手続法が定める過料は，裁判所が秩序を維持するために命じた義務の違反に対して科すものであり，訴訟上の秩序罰である。以下に述べるように，①証拠調べの手続，②出頭命令違反，③履行命令違反および④調停前の処分違反に対して科せられる。

　過料の裁判は家庭裁判所が行う。過料の裁判は，旧法の下では独立の審判とみられていたが，家事手続法はその位置づけを変更している。すなわち過料の裁判は本案の手続に付随的または派生的事項に関するものであるから，独立した家事審判の手続ではなく，審判以外の裁判と位置づけられる[1]。過料の裁判については，その賦課徴収手続に関する一般法とされる非訟法の規定が適用される（家事手続291条2項。ただし検察官に関する部分は除外されている）。過料の裁判をするには，家庭裁判所は過料を受ける者の陳述を聴かなければならない（非訟120条2項）が，相当と認めるときは当事者の意見を聴かないで過料の裁判をすることができる（略式手続。同122条1項）。この場合には，当事者は裁判の告知を受けたときから一週間以内に異議申立てをすることができ，この異議申立てがあると過料の裁判は効力を失い，家庭

---

(1)　金子・一問一答250頁，金子・逐条解説884頁。

裁判所は当事者の陳述を聴いてさらに過料の裁判をすることになる（同2項）。過料の裁判には理由を付さなければならない（同120条1項）。過料の裁判に対しては，これを受けた当事者のみが即時抗告をすることができる（同3項）。この裁判手続は憲法31条，32条に違反しない[2]。

3 不出頭に対する過料

1 関係人

家事手続51条3項は，家庭裁判所の呼出しを受けた事件の関係人が正当な事由なく出頭しないときは，家庭裁判所はこれを5万円以下の過料に処すると定める。この規定は家事調停手続にも準用される（同258条1項）。家事事件の審理については本人の自身出頭主義が採用されている（同51条1項）ことから，その出頭を確保し充実した審理を図ることを目的とする[3]。

関係人とは，当事者，参加人その他審判または調停の結果に法律上・事実上利害関係を有する者をさし，単なる参考人は含まれない。家事手続51条2項が，本人出頭主義についていう関係人と同義である[4]。

2 呼出し・正当な事由

過料の裁判を科すためには，その呼出しにつき正式の送達・告知の方法をとり，呼出状には不出頭に対する法律上の制裁を記載しなければならない（民調規7条参照）。呼出状または期日通知書を通常郵便で送付するだけでは

---

[2] 最大決昭和41（1966）・12・27民集20巻10号2279頁。平成16（2004）年に旧非訟法の一部改正により，過料の手続に関する改正が行われている。しかしこの改正においては従前の規定が憲法に違反しないとの前提に立っているため，学説において指摘されていた疑問に答えるものとなっていない。少なくとも公開・対審の原則を何らかの形で導入すべきであるとの提案（たとえば新堂幸司『判例民事手続法』（1994）6頁）は採用されていない。新非訟法制定に際しても，過料の裁判については平成16（2004）年改正で「すでに一定の改善が図られていたことから，今回の新法の制定にあたっては，基本的に旧法の規律の内容を維持」したとされている（金子修『一問一答非訟事件手続法』（2012）136頁）。

[3] その一例として，財産分与調停の期日に正当な事由なく出頭しなかった相手方を3万円の過料に処したものとして，札幌家審平成3（1991）・2・4家月44巻2号137頁がある。

[4] 通説である。家審法講座第3巻171頁〈沼辺愛一〉，同第4巻214頁〈岡垣学〉，注解家審法844頁〈生熊長幸〉，実務講義案426頁。

足りない[5]。家事審判や調停においては呼出状による正式の送達が行われることは稀であり，便宜的な方法では過料を科すことはできない[6]。

不出頭であっても，正当な事由があれば過料の対象とはならない。出頭しなかった事由が客観的にみて正当と判断されなければならない。たとえば，家事調停において遠隔地に居住する当事者が家事手続 270 条所定の書面を提出して期日に欠席しても正当な事由があるとされる[7]。呼出に応じない不出頭の期日ごとに過料に処せられる。たとえば 3 回欠席したのをまとめて過料の対象とするのではない[8]。正当事由の有無の判断は家庭裁判所が行う。家事調停の場合に，調停委員会の呼出しに対する不出頭の場合であっても同様である。

4　調停前の処分に従わない場合の過料

調停委員会または家庭裁判所によって調停前の処分として必要な措置が命じられた当事者または参加人が，正当な事由なくその措置に従わないときは，家庭裁判所はこれを 10 万円以下の過料に処すことができる（家事手続 266 条 4 項）。この措置の違反に過料を科すのは，調停前の処分に執行力を認めることは不適切であり，困難であるが，他方で何らの法的効力もなくたんに当事者の任意履行に期待するのも相当でなく，結局，その中間的な方策として過料を科して間接強制的に強制し，その遵守を図り実効をあげようとしたためである[9]。

過料に科すのは当該調停手続が係属している家庭裁判所である。過料の裁判を受けるのは調停前の処分を命じられた当事者または参加人である。

---

(5)　家審法講座第 4 巻 214 頁〈岡垣〉。

(6)　大阪高決昭和 33（1958）・3・11 家月 11 巻 6 号 116 頁。もっとも呼出状に誤記があっても，当事者が出頭すべき正確な日時を知っていたときは，誤記は過料の裁判に影響を及ぼさないとする広島高松江支決昭和 56（1981）・3・13 家月 35 巻 1 号 97 頁がある。

(7)　具体的には，第 1 編第 6 章第 2 節 2・3 および第 2 編第 5 章第 3 節 2・2 参照。

(8)　家審法講座第 4 巻 216 頁〈岡垣〉，実務講義案 427 頁。

(9)　家審法講座第 4 巻 238 頁〈岡垣〉。

676 第2編　家事調停

5　証拠の提出命令等に従わない場合の過料

1　規定の新設

旧家審法の下では，家事審判手続における証拠調べについて，民事訴訟法の規定の適用ないし準用の関係が明らかでないところがあり，当事者が文書提出命令に従わない場合に過料の処分をなしうるかについて疑問が残されていた。家事手続法は，家事事件手続における証拠調べにつき民事訴訟法の規定の準用を明らかにした（同64条1項）ことから，証拠収集に関して当事者が裁判所の命令に従わない場合の過料についても規定を置いた[10]。

2　文書提出命令に従わない場合

当事者が文書提出の命令に従わないとき，正当な理由なく検証の目的物の提示の命令に従わないとき（家事手続64条3項1号），または検証を妨げる目的でその目的物を滅失させ，これを使用できないようにしたとき（同2号）には，20万円以下の過料に処せられる。

3　文書の成立の真正の証明に関する文書等の提出命令に従わない場合

当事者が，文書の成立の真正の証明に関する文書の提出命令に従わない場合（家事手続64条4項1号），対照の用に供することを妨げる目的で対照用の筆跡または印影を備える文書を滅失させ，これを使用できないようにした場合（同2号），または対照の用に供すべき文字の筆記命令に従わない場合または書体を変えて筆記した場合（同3号）には，10万円以下の過料に処せられる。

これらの規定は家事調停の手続にも準用される（同258条1項による64条の準用）。

6　履行命令に従わない場合の過料

家庭裁判所から審判，調停または調停に代わる審判で定められた義務の履行を命じられた義務者が，正当な事由なくその命令に従わないときは，家庭裁判所はこれを10万円以下の過料に処することができる（家事手続290条5項）。この過料は，審判または調停等で定められた財産上の給付義務の履行を確保するための強制手段である。法律上は裁判所の命令に対する不服従に対する制裁として定められているが，実質的には上記義務の履行を確保する

---

[10]　金子・一問一答118頁。

ための強制手段であり，履行命令の間接強制として機能する[11]。一個の履行命令に対して制裁が科せられる。履行命令に従わない回数が複数あれば，それだけ過料が科せられる。

7　過料の裁判の執行

　過料の裁判は，裁判官の命令で執行する（家事手続291条1項前段）。この命令は執行力ある債務名義と同一の効力を有する（同後段）。過料の裁判については非訟法の規定が準用される（同2項）。執行命令に基づいて過料の納付を督促しても，納付期限までに納付されないときは，訟廷管理官はその旨を歳入徴収官に通知し，歳入徴収官は所属する裁判所所在地の法務局長（地方法務局長）に対し，執行命令書を添えて過料の取立てを依頼し，法務局長が執行手続をとる[12]。過料の裁判の執行は，民事執行法その他の手続法の規定に従ってなされる（非訟121条2項）。債務名義は裁判官の執行命令であり，これは執行する前に送達することを要しない（同2項）。

---

[11]　たしかに私法上の義務の履行に対して過料の制裁を科すことは，他にみられない独自の定めである。昭和31（1956）年の導入に際しても批判的な見解があった（その詳細については，家審法講座第4巻222頁〈岡垣〉，注解家審法847頁〈生熊〉）が，家事債務の特殊な性格，家庭裁判所の後見的機能，さらに当時の強制執行制度の不備による家事債務実現の条件整備の必要性などを考慮して導入された。しかし，他方で平成16（2004）年の民事執行法改正により，同法167条の15が家事債務について間接強制を導入したため，過料の方法による履行の強制はほとんど存立の基礎を失ったといってよいであろう。また旧法の下では，履行命令に従わない場合の過料の制裁に関し，その趣旨が義務者に任意かつ確実な履行をさせることにあるとして，過料の制裁が確定した後であっても義務者が履行をした場合には過料の裁判を取り消す可能性を指摘する見解があった（家審法講座第4巻234頁〈岡垣〉）が，こうした措置は間接強制に委ねられるべきである。家事手続法制定に関して，この点には触れられることはなかった。家事審判・調停における義務履行への対応は，間接強制に限るべきであろう。過料を科しても，権利者の救済にはならないことにも注意すべきである。

[12]　実務講義案429頁。

第2節　罰　　則

1　人の秘密を漏らす罪

　参与員，家事調停委員またはこれらの職にあった者が，正当な事由がなくその職務上取り扱ったことについて知り得た人の秘密を洩らしたときは，1年以下の懲役または50万円以下の罰金に処せられる（家事手続292条）。参与員，調停委員は家事事件の手続に関与することによって，当事者や関係人の秘密を知ることができる。家事事件の手続は非公開とされ，秘密が維持されることによって当事者，関係人は安心して実情・意見を述べることができる。これが確保されることで家事事件の適正な運営が保持される。この違反に対して罰則をもって対処している。

　処罰の対象となるのは，「その職務上取り扱ったことについて知り得た人の秘密」を漏らすことである。人の秘密とは，参与員，調停委員が審判・調停手続に関与した際にその事件に関連して知った当事者等の秘密であって，客観的に本人の秘密として保護されるのが相当であると認められる事実である。その事実がすでに噂として世人の話題になっている場合を含む[13]。正当な事由があれば刑事責任を免除される。その秘密を漏らすことにつき，真にやむを得ない事情があるときに限られる。参与員や調停委員が民事訴訟・人事訴訟において証言を求められた場合には，証言を拒絶することができる（民訴197条1項1号）。監督官庁の承認があっても黙秘の義務は免除されない。

2　評議の秘密を漏らす罪

　家事調停委員または家事調停委員であった者が，正当な事由なく評議の経過または裁判官，家事調停官もしくは家事調停委員の意見もしくはその多少の数を漏らしたときは，30万円以下の罰金に処せられる（家事手続293条前段）。参与員または参与員であった者についても同様である（同後段）。

　調停委員会は，裁判官と二名以上の家事調停委員をもって組織され，その内部意思を統一するために評議が行われる。評議が秘密とされるのは，調停委員会を構成するものが外部に対する考慮なしに安心してその意見を述べる

---

[13]　家審法講座第4巻272頁〈岡垣〉，家審法講座第3巻53頁〈沼辺〉。

第8章 罰 則　　679

ことによって，厳正で公平な調停が行われ，適切な結果をもたらすよう配慮
する必要があるからである[14]。

　処罰の対象となるのは，「評議の経過または裁判官もしくは家事調停委員
の意見もしくはその多少の数」を漏らすことである。正当な事由の判断は厳
格に解釈されるべきで，たとえば調停委員が証人として喚問された場合に，
この秘密保持義務を遵守することによって自己またはその親族が刑事訴追を
受けるおそれがあるような場合に限られる[15]。証言拒絶については上記1で
述べたところと同様である。

---

[14]　家審法講座第4巻265頁〈岡垣〉，金子・逐条解説888頁。
[15]　家審法講座第4巻267頁〈岡垣〉，家審法講座第3巻38頁〈沼辺〉。

事 項 索 引

〈あ〉

相手方　505
相手方の死亡　162
相手方の住所地　499
相手方の同意　340, 344

〈い〉

異議申立て　637, 652, 657
異議申立権の放棄　639, 658
異議理由　637
意見の添付　423
移行の効力　596
遺産分割の前提問題　55, 79
意思能力　120
医師の診断　24
移送　178, 422, 478, 500, 502
移送の裁判　180
一事不再理　380
一身専属的な権利　159
一定の身分関係　475
一般公開の禁止　275, 551
違反に対する法律上の制裁　547
医務室技官　314
インターネット等を利用した申立て　193

〈う〉

受付事務　29
訴え提起の擬制　598
訴えの提起　660
訴えの取下げ　486

〈え〉

ADR 法　468, 484

〈お〉

応訴管轄　172, 501
乙類審判事件　4, 45, 73

〈か〉

外国人の当事者能力　114
外国の非訟裁判の承認　395
回 避　87

回 付　175
カウンセリング　273, 562
科学的調査　313
各自負担の原則　247
隔地者間の調停　554
確定遮断　442, 444
確定判決と同一の効力　604, 612, 640, 656
確認的な審判　351
過去の法律関係　624
家裁調査官の事実調査　285, 310, 580
家裁調査官の除斥　94
家事債務　662
家事事件　14
家事事件および非訟事件手続法（FamFG）11
家事事件手続規則　30
家事事件手続法　11
家事審判官　9, 16
家事審判規則（家審規）　30
家事審判事項　3, 26, 69, 83
家事審判所　5
家事審判手続の中止　337
家事審判法　5
家事審判法の見直しに関する中間試案　12
家事審判申立ての擬制　593
家事相談　28
家事調停委員　16, 490
家事調停委員の忌避　96
家事調停委員の除斥　95
家事調停官（非常勤裁判官）　16, 464, 497
家事調停官に対する除斥・忌避　94
家事調停条項　471
家事調停制度の存在意義　466
家事手続案内　28
家事紛争の特徴　467

事項索引

家庭裁判所調査官（家裁調査官）　22, 94
家庭裁判所　489
家庭裁判所の専権事項　384
家庭裁判所らしさ　34
家庭に関する事件　474, 484, 485
仮の地位を定める仮処分　233
過　料　553, 668, 673
過料の裁判の執行　677
簡易却下　91, 92
管轄違背　169
管轄が定まらないとき　171
管轄原因　174
管轄裁判所の指定　173
管轄裁判所への移送　178
管轄の合意（合意管轄）　500
管轄のない裁判所への移送　179
管轄の標準時　175
環境調整　562
関係人　47, 98
官公署等への調査嘱託　578
間接強制　391, 393, 394, 668
鑑　定　324, 494
　〈き〉
期　間　287
技官たる医師　23
期　日　257
期日調書　290
期日の指定　559
期日の続行　564
期日の調書　564
期日の呼出し　559
期日への立会い　264
寄託制度　663
既判力　378, 607, 656
忌　避　87
忌避事由　90, 92
基本的な調停案　583
義務履行の命令　667
客観的証明責任　331
給付を命じる申立て　218

狭義の審判　37
教　示　182
行政機関の決定　84
行政機関の処分　328
行政機関の手続関与　189
強制金決定　391
強制参加　147, 149
強制執行　389
強制調停　49, , 51, 643, 645
共同の当事者　109
許可抗告　443
寄与分を定める調停事件　499
記録の閲覧　239, 277, 566, 672
　〈け〉
経過の要領の記録　291
経験則　327
形式的確定力　607
形式的当事者概念　98, 101
形式的不服　413
形成的な審判　351
形成力　387
係争物に関する仮処分　232
ケースワーク的活動　273
決　定　350
決定書　433
厳格な証明　319
欠缺の補正　122
検察官　188, 487, 632
検察官への通知　190
検　証　326
検証受忍義務　325
現地調停　559
権利者の申出　665
　〈こ〉
合意管轄　171
行為期間　287
合意に相当する審判　516, 649
合意の成立　601
合意の相当性　603, 631
公　益　39

事 項 索 引　　683

公益的性格　297
公益の代表者　189
公開の法廷における対審　52
後見命令　230
公　告　362
抗告権能　105
抗告状の写しの送付　427
公示送達　655
更正決定　377, 605
口頭主義　282
口頭での審問　283
口頭弁論に代わる審問　282
交付送達　357
衡平な考慮　653
甲類審判事件　4, 45, 73
国際裁判管轄　176, 504
個人情報　310
戸籍記載事項証明書　197
戸籍記載の嘱託　363
戸籍事務管掌者への通知　612
戸籍訂正　641
戸籍の届出　657
国庫立替え　251
古典的非訟事件　39, 41, 62
子ども代理人　135, 270
子の住所地　504
子の引渡し　81
子の引渡しの執行　391
個別面接方式（別席調停）　571
　〈さ〉
再移送　180
財産管理人選任　229
再　審　614, 641
再審開始決定　449
再審期間　448
再審事由　447
再審事由の補充性　448
再審の対象　446
再訴禁止効　347
再度の考案　425

再度の申立て　221
裁　判　349
裁判外の紛争処理制度　453
裁判官に対する忌避　90
裁判官に対する除斥　87
裁判官の更迭　284
裁判官の事実調査　580
裁判官不在の調停　491
裁判上の和解と同一の効力　606
裁判所書記官　18, 91
裁判所書記官に対する除斥　91
裁判所の応答義務　202
裁判所の許可　347
裁判所の許可による代理人　132
裁判所の職権発動　201, 370, 415
裁判長による手続代理人の選任　133
裁判の形式的確定　377
裁判の自己拘束力　365
裁判の不当　368
裁判を受ける権利　49
裁量的な判断　334
参加の趣旨　146
参加の申立て　148, 150
参加の理由　146
参加命令　154
参加申立書　521
参加申出の取下げ　149
参与員　16, 18, 93
参与員による説明聴取（予備審問）　21, 284
参与員の活用　20
参与員の関与　19
　〈し〉
事案解明義務　108
事件経過表　290, 565
事件の関係人　260
事件の実情　194, 196, 528
事件の送付　423
事件本人　47, 104, 151
事実上の調査　262

事項索引

事実調査の通知　315
事実の調査　577
自主的な紛争解決　455
事情説明型の事情聴取　568
事情説明書　529
事情聴取　568, 577
事情の調査　313
事情変更による取消し・変更　369, 372
私生活についての重大な秘密　280
事前調査　311
自庁処理　181, 500, 502, 596
執行停止　241, 440, 450
執行文の付与　389
執行力のある債務名義　388, 656
執行力のある調停調書　610
執行力の客観的範囲　389
実質上の当事者　100
実質的当事者概念　102, 139
実体的不服　413
実体法上の法定代理人　125
事物管轄　503
司法制度改革審議会意見書　482
氏名冒用　112
社会的事実　576
社会福祉機関との連絡　271
釈明義務　300
住所地　170
自由心証主義　326
自由な証明　299, 318, 326
受継　164, 525
受継の申立て　525
出訴期間　598
出頭代理人　130, 261
出頭の確保　552
受命裁判官　283
受命裁判官による事実調査　309
準口頭申立て　193, 526
準再審　445
準人事訴訟事件　471
純然たる訴訟事件　49, 51, 645

醇風美俗　458
渉外事件　484
渉外調停事件　509
渉外離婚事件　661
証拠調べ　582
証拠調べとしての審問　282
証拠提出責任　331
証拠の申出権　321
証人能力　322
少年の保護事件　25
証明　329
証明責任　48, 330
証明責任の分配　332
将来志向的な判断　332
条理　558
書記官の事実調査　580
嘱託に係る意見聴取　495
職分管轄　168, 498
職務執行停止　231
職務上の当事者　141
職務代行者選任　231
書証　323
除斥　87
除斥事由　88, 92
除斥の申立て　89
職権事件　47, 199
職権進行主義　256
職権探知主義　295
職権による事実調査　630
職権による引込み　149, 153, 523
職権発動の促し　305, 545
書面主義　283
書面による陳述聴取　269
書面による申立て　192
進行中調査　311
人事訴訟事件の家庭裁判所への移管
　27, 63
人事訴訟手続の代用　618
人事調停法　459
人事に関する訴訟事件　456, 471, 516,

事項索引 685

623
心証の引継ぎ　597
審尋請求権　65
人身保護請求　82
真正訴訟事件　41, 185, 333, 380, 383
人訴権　628
診断命令　563
審判以外の裁判　673
審判機関　86
審判権の排除　85
審判事件の付調停　537
審判書　354, 654
審判手続への移行　591, 660
審判に代わる裁判　433
審判に服する旨の共同の申出　660
審判の結果により直接の影響を受ける者
　151, 268
審判の更正　377
審判の効力を受ける者　268
審判の告知　361, 655
審判の失効　659
審判の取消し　366, 378
審判の変更　366, 378
審判の無効　364
審判物　203
審判要求の特定責任　209
審判要求の名称　223
審判離婚　485
審判を受ける者　105, 358
審判を受ける者となるべき者　151
審問　262
審問期日　263
信頼できる人物　270
心理的調整　273
審理を終結する日　336
　〈せ〉
制限的既判力　383, 610
正式の送達　674
性質上非訟事件　51, 56
説得の技術　585

専属管轄違反　436
選定当事者　141
専門委員　494
専門的知識・経験に基づく意見　492
　〈そ〉
争点整理　574
相当と認める　651
双方審尋主義　285
双方代理　124, 132
双方立会手続説明　560
即時抗告期間　420
続審制　431
属人法説　509
訴訟委任による代理人　130
訴訟事件の非訟化　62
訴訟事件の付調停　540
訴訟手続の中止　541
訴訟能力　507
訴訟の代替手続　42
疎明　329
疎明の義務　237
　〈た〉
代位申立て　139, 190
第三者からの異議申立て　657
第三者の手続保障　142
第二次的身分関係の存否の確認　624
第二の第一審　432
代表当事者の選任制度　516
代用審判　355
代理権の消滅　512
代理権の存在　124
代理人の出頭　260
立会権　322
断行的な処分　547
単独調停　496, 621
　〈ち〉
遅滞を避けるための移送　180
中間決定　352
中間的な裁判　369
調査勧告表　667

686　　　　　　　　　　事項索引

調査嘱託　308, 578
調査命令　23
調整のための措置　271
調停員会による事実調査　579
調停委員会の決議　555
調停委員会の構成　539
調停委員の意見　653
調停委員の立会い　630
調停委員会　489
調停規範　558
調停技法　585
調停合意説　455
調停行為能力　506
調停行為能力のない者　508
調停裁判説　454
調停事件記録の取寄せ　600
調停条項　601
調停条項案の書面による受諾　465, 602
調停前置主義　457, 461, 479, 534, 537,
　616
調停調書の更正　605
調停手続の当然の終了　524
調停に代わる裁判　49, 644
調停の拒否　589
調停の形成力　611
調停の承継　524
調停の不成立　540, 592
調停の無効・取消し　613
調停物　532
調停前の処分　542
調停前の処分の効力　548
調停前の処分の対象者　546
調停無効確認の訴え　513
調停申立ての取下げ　486, 587
調停離婚　485, 611
調停をしない　198, 589
調停するのに適当でない　590
直接強制　393
直接交付　357
直接主義　283

直接の審問　263
陳述機会の保障　158, 552
陳述の聴取　238, 262, 434
　〈つ〉
追　完　289, 421
　〈て〉
手数料　245
手数料の納付　596
手続からの排除　156, 523
手続協力義務　301, 307
手続行為能力　115, 506
手続終了の原則　160
手続終了の宣言　167
手続上の救助　252
手続代理権　130
手続代理権の消滅　131
手続代理人　511
手続追行の重要な変更　315
手続の著しい遅延　226
手続の全趣旨　327
手続の中断　157, 524
手続の同種　220
手続の振分け（インテーク）　529, 536
手続の併合　519
手続費用　245
手続費用の負担　245
手続補佐人　123, 137
手続保障　106
手続要件　353
手続を続行する資格のある者　165
テレビ会議システム　258, 494, 503,
　554, 560, 602
　〈と〉
ドイツ非訟事件手続法（FGG）　43, 72
同一の事実上の原因　220
同一の法律上の原因　220
登記事項証明書　197
登記の嘱託　363
当事者以外の者の陳述聴取　264
当事者間の意見調整　584

事項索引

当事者間の合意　454
当事者権　107
当事者公開　276, 551
当事者参加　145, 517
当事者主義的運用　108, 301, 306
当事者尋問　323
当事者適格　138, 514, 631
当事者適格の拡大　519
当事者的参加　517
当事者となる資格を有する者　152
当事者による引込み　523
当事者の異議申立て　639, 640
当事者の一方の利益の保全　544
当事者能力　113, 506
当事者の確定　111
当事者の協議　41
当事者の自己決定　66
当事者の死亡　635
当事者の説明義務　304, 307
当事者の手続保障　13
当事者の申立て　187
当事者費用　245
当初からの不当　368, 372
同席調停　572
特殊保全処分　228
特別家事審判規則（特別家審規）　30
特別抗告　440
特別裁判所　15
特別代理人　126
特別の委任事項　131
特別の授権　119
特別の同意　507
独立業務　29
土地管轄　170, 498
取消自判　434
取下書　588
取引の安全　371
　〈に〉
二者択一的判断　63
二重抗告　424

23条審判　616
24条審判　642
二当事者対立構造　418
任意代理人　129, 511, 533
任意的差戻し　436
任意的付調停　488, 537
人間関係の調整　476, 482
認証紛争解決手続　468
認知請求権の放棄　603
　〈は〉
ハーグ条約実施法　392
廃除の取消し　367
　〈ひ〉
引込まれる者　148
引込み　147, 522
非訟化の限界　64
非訟事件　43
非訟事件の本質　46
非訟的な手続　618
必要的差戻し　435
必要的付調停　486, 537
人の秘密を漏らす罪　678
費用額の確定　250
評議　555
評議の時期　557
評議の秘密　556
評議の秘密を漏らす罪　678
費用の償還　248
費用負担の裁判　250
　〈ふ〉
付加期間　288
不出頭に対する制裁　261
付随的な裁判　369
付随的な処分　352
附帯抗告　439
附帯申立て　79, 625
付調停　78
付調停の決定　538
普通裁判籍　499
不服　411

事 項 索 引

扶養義務等に係る定期金債権　390
不利益変更の禁止　437
プロベーション　664
文書提出命令　324
紛争事件　77
紛争性　76
〈へ〉
併合管轄　171
併行理論　176
別席調停　571
別表第1に掲げる審判事件　38, 205,
　265, 77
別表第1への指定替え　75, 77
別表第2に掲げる審判事件　206, 264,
　473, 515, 594, 647
弁護士強制主義　123
弁護士任官　498
弁論能力　122
〈ほ〉
包括的な事実主張　293
報告請求　309
方式にとらわれない事実の調査　318
傍聴　551
傍聴の許可　275
法定期間　288
法定代理権の消滅　128
法定代理権の範囲　127
法定代理人　125
法廷地法説　509
法的安定　371, 381
法律事項　31
法律事実　576
補佐人　553
補助的参加　143, 517
補正命令　202, 535
保全処分の取消し　241
本案に対する付従性　235
本案認容の蓋然性　236
本案の審判事件　234
本質的調停行為　489, 561

本人出頭主義（自身出頭主義）　259,
　551
〈み〉
未成年者の利益　280
未成年者の利害関係参加　154
身分関係の主体　632
身分関係の非合理性　481
身分権の処分　628
民事訴訟事項　26
民事調停　78, 477
民事非訟事件　44, 186
〈む〉
無権代理人　124, 513
無効または取消しの原因の有無　627
矛盾する主張　385
〈め〉
命令書　671
面会交流の執行　393
〈も〉
申立権の濫用　191
申立書の写しの送付　534
申立書の必要的記載事項　194
申立手数料　530
申立人　187, 505
申立人の死亡　161
申立ての基礎　224
申立ての拘束力　205
申立ての趣旨　194, 223, 527
申立ての趣旨のとおりの審判　627, 629
申立ての追加　619
申立ての取下げ　338, 433, 626, 656
申立ての取下げの擬制　346
申立ての併合　220, 531
申立ての変更　222, 433
申立ての利益　354
申立ての理由　195, 197, 528
申立てを取り下げる旨の合意　347
〈ゆ〉
優先管轄　173
猶予期間　287

事 項 索 引　　　689

〈よ〉
予　納　251
予納命令　252
呼出状　258
予備的差押え　390
〈り〉
利益変更の禁止　437
利害関係参加　150, 549
利害関係参加人　102
利害関係人　188, 638
利害関係人の異議申立て　640, 658

利害関係を疎明した第三者　278
履行確保　243
履行勧告書　666
履行状況の調査　664
理由の要旨　356
臨時調停制度審議会　464
〈れ〉
連絡先届出書　195, 527
〈わ〉
枠組み法　254

判 例 索 引

〈大審院〉

大決昭和 2（1927）・9・6 民集 6 巻 495 頁 ……………………………………… 158

大判昭和 7（1932）・10・6 民録 11 巻 2023 頁………………………………… 114

大判昭和 10（1935）・2・18 民集 14 巻 2 号 132 頁……………………………… 591

大判昭和 15（1940）・7・20 民集 19 巻 15 号 1205 頁…………………………… 591

〈最高裁判所〉

最判昭和 24（1949）・1・18 民集 3 巻 1 号 10 頁………………………………… 82

最判昭和 24（1949）・4・12 民集 3 巻 4 号 97 頁………………………………… 289

最判昭和 28（1953）・1・23 民集 7 巻 1 号 92 頁………………………………… 339

最判昭和 29（1954）・6・11 民集 8 巻 6 号 1055 頁……………………………… 122

最判昭和 29（1954）・12・24 民集 8 巻 12 号 2310 頁…………………………… 379

最判昭和 30（1955）・1・28 民集 9 巻 1 号 83 頁………………………………… 90

最判昭和 30（1955）・3・29 民集 9 巻 3 号 395 頁 ……………………………… 88

最大決昭和 30（1955）・7・20 民集 9 巻 9 号 1139 頁…………………………… 447

最大判昭和 31（1956）・5・30 民集 10 巻 5 号 756 頁…………………………… 15

最判昭和 31（1956）・9・18 民集 10 巻 9 号 1160 頁…………………………… 126

最大決昭和 31（1956）・10・31 民集 10 巻 10 号 1355 頁 ……………………… 49

最判昭和 32（1957）・7・2 民集 11 巻 7 号 1186 頁……………………………… 377

最大決昭和 33（1958）・3・5 民集 12 巻 3 号 381 頁…………………………… 50

最判昭和 33（1958）・4・11 民集 12 巻 5 号 789 頁 …………………………… 71

最判昭和 33（1958）・7・25 民集 12 巻 12 号 1823 頁………………………… 126,511

最判昭和 34（1959）・7・17 民集 13 巻 8 号 1095 頁 …………………………… 92

最大決昭和 35（1960）・7・6 民集 14 巻 9 号 1657 頁………………………… 51,645,657

最判昭和 36（1961）・1・26 民集 15 巻 1 号 175 頁……………………………… 261

最判昭和 36（1961）・6・20 家月 13 巻 11 号 83 頁……………………………… 487

最判昭和 36（1961）・10・31 家月 14 巻 3 号 107 頁 …………………………… 128

最判昭和 37（1962）・2・16 判時 289 号 15 頁…………………………………… 599

最判昭和 37（1962）・4・10 民集 16 巻 4 号 693 頁……………………………… 604

最決昭和 37（1962）・10・31 家月 15 巻 2 号 87 頁……………………………… 53,275

最大決昭和 38（1963）・10・30 民集 17 巻 9 号 1266 頁 ……………………… 132

最判昭和 38（1963）・11・15 民集 17 巻 11 号 1364 頁 ………………………… 183

最大判昭和 39（1964）・3・25 民集 18 巻 3 号 486 頁…………………………… 504

最大決昭和 40（1965）・6・30 民集 19 巻 4 号 1089 頁………………………… 53,107

最大決昭和 40（1965）・6・30 民集 19 巻 4 号 1114 頁………………………… 53

最大決昭和 41（1966）・3・2 民集 20 巻 3 号 360 頁 ………………………… 55,327,364

最判昭和 41（1966）・3・31 判時 443 号 31 頁…………………………………… 175

最判昭和 41（1966）・7・15 民集 20 巻 6 号 1197 頁 …………………………… 207

判例索引

最大決昭和 41（1966）・12・27 民集 20 巻 10 号 2279 頁 ……………………… 674
最判昭和 42（1967）・2・17 民集 21 巻 1 号 133 頁……………………………… 169
最判昭和 43（1968）・5・31 民集 22 巻 5 号 1137 頁 …………………………… 126
最判昭和 43（1968）・6・21 民集 22 巻 6 号 1297 頁 …………………………… 132
最判昭和 43（1968）・7・4 民集 22 巻 7 号 1441 頁……………………………… 82
最判昭和 43（1968）・8・27 民集 22 巻 8 号 1733 頁 ………………… 120, 508
最判昭和 43（1968）・9・20 民集 22 巻 9 号 1938 頁 …………………………… 169
最判昭和 43（1968）・11・5 家月 21 巻 4 号 136 頁……………………………… 475
最判昭和 44（1969）・2・20 民集 23 巻 2 号 399 頁 …………………………… 183
最判昭和 44（1969）・3・25 刑集 23 巻 3 号 212 頁 …………………………… 175
最判昭和 44（1969）・7・8 民集 23 巻 8 号 1407 頁 …………………………… 364
最判昭和 44（1969）・9・30 判時 573 号 62 頁…………………………………… 82
最決昭和 44（1969）・11・11 民集 23 巻 11 号 2015 頁 ………………………… 639
最判昭和 45（1970）・3・26 民集 24 巻 3 号 165 頁 …………………………… 600
最大判昭和 45（1970）・7・15 民集 24 巻 7 号 861 頁…………………………… 624
最判昭和 45（1970）・11・20 家月 23 巻 5 号 72 頁……………………………… 355
最決昭和 46（1971）・7・8 家月 24 巻 2 号 105 頁 ……………………………… 59
最判昭和 46（1971）・7・23 民集 25 巻 5 号 805 頁……………………… 162, 214
最判昭和 47（1972）・7・6 民集 26 巻 6 号 1133 頁 …………………………… 125
最判昭和 47（1972）・11・9 民集 26 巻 9 号 1566 頁 …………………………… 125
最判昭和 48（1973）・2・8 家月 25 巻 9 号 82 頁………………………………… 124
最判昭和 50（1975）・10・24 民集 29 巻 9 号 1417 頁…………………………… 329
最判昭和 50（1975）・10・24 民集 29 巻 13 号 1483 頁 ………………………… 126
最判昭和 52（1977）・5・27 民集 31 巻 3 号 404 頁……………………………… 449
最判昭和 53（1978）・2・21 家月 30 巻 9 号 74 頁 ……………………………… 214
最判昭和 54（1979）・4・17 民集 33 巻 3 号 366 頁……………………………… 243
最決昭和 55（1980）・2・7 家月 32 巻 5 号 40 頁………………………………… 401
最決昭和 55（1980）・7・10 家月 23 巻 1 号 66 頁 ……………………………… 59
最判昭和 55（1980）・7・11 民集 34 巻 4 号 628 頁……………………… 162, 190
最判昭和 55（1980）・10・28 判時 984 号 68 頁………………………………… 289
最判昭和 56（1981）・9・11 民集 35 巻 6 号 1013 頁…………………………… 329
最判昭和 58（1983）・2・3 民集 37 巻 1 号 45 頁………………………………… 184
最決昭和 59（1984）・3・22 家月 36 巻 10 号 79 頁……………………………… 59
最判昭和 59（1984）・3・29 家月 37 巻 2 号 141 頁……………………………… 82
最判昭和 59（1984）・4・27 民集 38 巻 6 号 698 頁……………………………… 191
最判昭和 61（1986）・3・13 民集 40 巻 2 号 389 頁……………………………… 80
最大判昭和 62（1987）・9・2 民集 41 巻 6 号 1423 頁…………………………… 65
最判昭和 63（1988）・3・1 民集 42 巻 3 号 157 頁 ……………………………… 635
最判平成 1（1989）・3・28 民集 43 巻 3 号 167 頁 ……………………… 329, 587
最判平成 1（1989）・4・6 民集 43 巻 4 号 193 頁………………………………… 624

最判平成 1（1989）・12・11 民集 43 巻 12 号 1763 頁……………………………… 140,221

最判平成 2（1990）・7・20 民集 44 巻 5 号 975 頁 ………………………………… 207,438

最判平成 4（1992）・4・28 判時 1455 号 92 頁…………………………………………… 289

最判平成 5（1993）・2・18 民集 47 巻 2 号 632 頁 ……………………………………… 184

最判平成 5（1993）・3・26 民集 47 巻 4 号 3201 頁……………………………………… 598

最判平成 5（1993）・10・19 民集 47 巻 8 号 5099 頁 ………………………………………83

最判平成 6（1994）・4・26 民集 48 巻 3 号 992 頁 …………………………………………83

最判平成 6（1994）・7・8 判時 1507 号 124 頁………………………………………………83

最判平成 7（1995）・3・7 民集 49 巻 3 号 893 頁……………………………………… 61,80

最判平成 7（1995）・7・14 民集 49 巻 7 号 2674 頁……………………………………… 446

最判平成 8（1996）・1・26 民集 50 巻 1 号 132 頁 …………………………………… 515,595

最判平成 9（1997）・3・14 判時 1600 号 89 頁…………………………………………… 329

最判平成 10（1998）・7・14 家月 51 巻 2 号 83 頁 ……………………………………… 446

最判平成 11（1999）・4・26 家月 51 巻 10 号 109 頁 ………………………………………83

最判平成 11（1999）・11・9 民集 53 巻 8 号 1421 頁…………………………………… 111

最判平成 12（2000）・2・24 民集 54 巻 2 号 523 頁……………………………………… 61,80

最決平成 12（2000）・3・10 民集 54 巻 3 号 1040 頁……………………………………… 71,354

最決平成 12（2000）・5・1 民集 54 巻 5 号 1607 頁……………………………………… 71

最決平成 14（2002）・7・12 家月 55 巻 2 号 162 頁 ……………………………………… 143,517

最判平成 15（2003）・11・13 民集 57 巻 10 号 1531 頁………………………………… 290

最判平成 16（2004）・7・6 民集 58 巻 5 号 1319 頁…………………………………… 80,329

最決平成 16（2004）・12・16 判時 1884 号 45 頁………………………………………… 372

最判平成 17（2005）・9・8 民集 59 巻 7 号 1931 頁……………………………………… 26

最決平成 17（2005）・12・6 民集 59 巻 10 号 2629 頁…………………………………… 390

最決平成 20（2008）・5・8 家月 60 巻 8 号 51 頁………………………… 107,288,428,443

最決平成 21（2009）・12・1 家月 62 巻 3 号 47 頁……………………………………… 428

最判平成 22（2010）・5・25 判時 2085 号 160 頁…………………………………………89

最決平成 23（2011）・7・27 家月 64 巻 2 号 104 頁……………………………………… 595

最決平成 25（2013）・3・28 家月 65 巻 6 号 96 頁 ……………………………………… 393,394

〈高等裁判所〉

東京高決昭和 29（1954）・4・23 家月 6 巻 7 号 76 頁 ………………………………… 538

東京高決昭和 29（1954）・5・26 東高民時報 5 巻 5 号 118 頁 ………………………… 173

仙台高決昭和 30（1955）・12・27 家月 8 巻 6 号 31 頁 ………………………………… 591

東京高決昭和 31（1956）・12・1 家月 9 巻 1 号 23 頁…………………………………… 213

名古屋高金沢支判昭和 31（1956）・12・5 下民集 7 巻 12 号 3562 頁 ………………… 609

大阪高決昭和 32（1957）・10・9 家月 9 巻 11 号 61 頁………………………………… 382

大阪高決昭和 33（1958）・3・11 家月 11 巻 6 号 116 頁……………………………… 259,675

東京高決昭和 33（1958）・5・15 家月 10 巻 11 号 44 頁………………………………… 225

東京高決昭和 33（1958）・5・15 高民集 11 巻 4 号 270 頁……………………………… 410

福岡高決昭和 33（1958）・9・27 高民集 11 巻 8 号 523 頁………………………………59

判 例 索 引　　　693

名古屋高決昭和 33（1958）・12・20 家月 11 巻 3 号 133 頁 ……………………… 296

高松高決昭和 35（1960）・4・15 家月 13 巻 1 号 138 頁……………………………… 131

東京高決昭和 35（1960）・11・10 下民集 11 巻 11 号 2432 頁 ……………………… 512

高松高決昭和 36（1961）・1・8 家月 14 巻 7 号 62 頁……………………………… 439

大阪高決昭和 36（1961）・11・28 家月 14 巻 4 号 199 頁 ………………………… 503

札幌高決昭和 37（1962）・7・17 家月 14 巻 11 号 127 頁 ………………………… 549

東京高決昭和 37（1962）・10・25 家月 15 巻 3 号 136 頁 ………………………… 296

広島高決昭和 38（1963）・6・19 家月 15 巻 10 号 130 頁 ………………………… 71

東京高決昭和 39（1964）・10・28 家月 16 巻 11 号 154 頁 ……………………… 594

広島高判昭和 40（1965）・1・20 高民集 18 巻 1 号 1 頁…………………………… 513

大阪高決昭和 40（1965）・4・15 家月 17 巻 5 号 63 頁 ………………………… 424

名古屋高決昭和 43（1968）・1・30 家月 20 巻 8 号 47 頁 ……………………… 191

福岡高決昭和 43（1968）・6・14 家月 21 巻 5 号 56 頁 ………………………… 213

東京高決昭和 45（1970）・5・8 判時 590 号 18 頁 ……………………………… 90

高松高決昭和 45（1970）・9・21 家月 23 巻 7 号 51 頁 ………………………… 345

東京高決昭和 46（1971）・3・15 家月 23 巻 10 号 44 頁………………………… 223

東京高決昭和 46（1971）・12・21 判タ 275 号 313 頁…………………………… 371

福岡高決昭和 47（1972）・4・25 家月 25 巻 3 号 97 頁 ………………………… 537

名古屋高決昭和 47（1972）・6・29 家月 25 巻 5 号 37 頁 ……………………… 191

大阪高決昭和 48（1973）・2・6 家月 25 巻 9 号 84 頁…………………………… 225

名古屋高決昭和 48（1973）・5・4 家月 25 巻 11 号 92 頁 ……………………… 288

大阪高決昭和 49（1974）・2・28 家月 26 巻 12 号 58 頁………………………… 374

大阪高決昭和 49（1974）・9・5 家月 27 巻 8 号 70 頁…………………………… 286

大阪高決昭和 49（1974）・11・6 家月 27 巻 7 号 49 頁 ………………………… 345

東京高決昭和 50（1975）・1・30 判時 778 号 64 頁 …………………………… 446

東京高決昭和 50（1975）・3・19 判時 779 号 66 頁 …………………………… 375

高松高決昭和 50（1975）・6・6 家月 29 巻 8 号 48 頁 ………………………… 278

名古屋高決昭和 51（1976）・1・12 判時 818 号 62 頁…………………………… 549

福岡高決昭和 52（1977）・3・29 家月 29 巻 11 号 87 頁………………………… 81

東京高決昭和 52（1977）・6・27 判時 864 号 92 頁 …………………………… 284

東京高決昭和 52（1977）・10・25 家月 30 巻 5 号 108 頁 ……………………… 163

名古屋高決昭和 52（1977）・12・5 判タ 366 号 214 頁 ………………………… 427

広島高松江支決昭和 53（1978）・4・24 家月 30 巻 9 号 78 頁 ………………… 278

福岡高決昭和 53（1978）・5・18 家月 31 巻 5 号 85 頁 ………………………… 439

東京高決昭和 53（1978）・5・30 家月 31 巻 3 号 86 頁 ………………………… 595

東京高決昭和 53（1978）・7・27 家月 31 巻 8 号 50 頁 …………… 286, 287, 320

東京高決昭和 53（1978）・10・13 家月 31 巻 3 号 92 頁 ……………………… 356

東京高決昭和 53（1978）・10・19 家月 31 巻 9 号 31 頁 ……………………… 302

東京高決昭和 53（1978）・12・21 家月 31 巻 7 号 58 頁………………………… 591

大阪高判昭和 54（1979）・1・23 家月 32 巻 2 号 70 頁 ………………… 608, 609

大阪高決昭和 54（1979）・3・23 家月 31 巻 10 号 59 頁……………………… 163
東京高決昭和 54（1979）・6・6 家月 32 巻 3 号 101 頁 ……………………… 303
大阪高決昭和 54（1979）・7・6 家月 32 巻 3 号 96 頁……………………… 515,588
東京高決昭和 55（1980）・4・8 家月 33 巻 3 号 45 頁……………………… 422
東京高決昭和 55（1980）・12・25 判タ 437 号 153 頁……………………… 290
福岡高宮崎支決昭和 56（1981）・3・10 家月 34 巻 7 号 25 頁……………… 374
広島高松江支決昭和 56（1981）・3・13 家月 35 巻 1 号 97 頁 …………… 259,675
東京高決昭和 56（1981）・6・29 家月 34 巻 7 号 58 頁 ……………………… 229
仙台高決昭和 56（1981）・8・10 家月 34 巻 12 号 41 頁 …………………… 375
東京高決昭和 56（1981）・12・3 高民集 34 巻 4 号 370 頁 ………………… 342
東京高決昭和 57（1982）・2・15 家月 35 巻 6 号 94 頁 ……………………… 290
東京高決昭和 57（1982）・2・15 判タ 473 号 236 頁 ……………………… 422
大阪高決昭和 57（1982）・3・10 家月 35 巻 7 号 63 頁 ……………………… 110
東京高決昭和 57（1982）・11・30 家月 36 巻 4 号 69 頁 …………………… 342
大阪高決昭和 58（1983）・1・31 家月 36 巻 6 号 47 頁……………………… 95
大阪高決昭和 58（1983）・5・2 判タ 502 号 184 頁……………………… 320
大阪高決昭和 58（1983）・7・11 家月 36 巻 9 号 69 頁 …………………… 319
東京高判昭和 58（1983）・9・28 家月 36 巻 11 号 109 頁 ………………… 382
福岡高決昭和 59（1984）・1・6 家月 36 巻 12 号 67 頁 …………………… 244
大阪高決昭和 59（1984）・9・5 家月 37 巻 7 号 50 頁……………………… 233
東京高判昭和 59（1984）・9・19 判時 1131 号 85 頁 ……………………… 614
大阪高決昭和 59（1984）・11・14 判タ 545 号 261 頁……………………… 377
東京高決昭和 60（1985）・2・26 判時 1147 号 102 頁……………………… 401
東京高決昭和 60（1985）・3・25 家月 37 巻 11 号 41 頁 …………………… 370
大阪高決昭和 60（1985）・5・20 家月 37 巻 10 号 97 頁…………………… 231
東京高決昭和 60（1985）・8・14 家月 38 巻 1 号 143 頁…………………… 370
東京高判昭和 60（1985）・9・18 判時 1167 号 33 頁 ……………………… 614
名古屋高金沢支決昭和 61（1986）・11・4 家月 39 巻 4 号 27 頁 ………… 164
東京高決昭和 62（1987）・11・4 判時 1261 号 94 頁 ……………………… 401
東京高決昭和 62（1987）・12・8 判時 1267 号 37 頁 ……………………… 126
東京高決昭和 63（1988）・1・14 家月 40 巻 5 号 142 頁 ………………… 27
東京高決昭和 63（1988）・5・11 判タ 681 号 187 頁 ……………………… 27
仙台高決昭和 63（1988）・12・9 家月 41 巻 8 号 184 頁 ………………… 401
東京高決平成 1（1989）・4・25 東京民時報 40 巻 1 = 4 号 39 頁……… 290
東京高決平成 1（1989）・12・22 家月 42 巻 5 号 82 頁 …………………… 426
広島高松江支決平成 2（1990）・3・26 家月 42 巻 10 号 46 頁 …………… 382
名古屋高金沢支決平成 4（1992）・4・22 家月 45 巻 3 号 45 頁………… 598
大阪高決平成 4（1992）・6・5 家月 45 巻 3 号 49 頁 ……………………… 164
東京高決平成 4（1992）・6・10 判時 1425 号 69 頁……………………… 242
福岡高判平成 4（1992）・10・29 家月 45 巻 12 号 54 頁…………………… 614

判 例 索 引 695

東京高決平成 4（1992）・12・11 判時 1448 号 130 頁…………………………… 218
福岡高決平成 4（1992）・12・25 家月 46 巻 3 号 50 頁 …………………………… 504
広島高決平成 5（1993）・6・8 判タ 828 号 258 頁 ……………………………… 426
東京高決平成 5（1993）・7・28 家月 46 巻 12 号 37 頁 …………………………… 303
東京高判平成 5（1993）・10・28 判時 1478 号 139 頁…………………………… 230
東京高判平成 5（1993）・11・15 家月 46 巻 6 号 47 頁 …………………………… 396
大阪高決平成 5（1993）・12・28 家月 47 巻 1 号 129 頁 ………………………… 160
大阪高決平成 6（1994）・3・28 家月 47 巻 2 号 174 頁 …………………………… 240
東京高決平成 6（1994）・4・20 家月 47 巻 3 号 76 頁 …………………………… 140
福岡高決平成 8（1996）・7・19 家月 49 巻 1 号 119 頁 …………………………… 565
高松高決平成 8（1996）・8・16 家月 49 巻 2 号 150 頁 …………………………… 595
東京高判平成 9（1997）・9・18 判時 1630 号 62 頁……………………………… 396
名古屋高決平成 10（1998）・10・13 家月 51 巻 4 号 187 頁 …………………… 80
東京高決平成 12（2000）・4・25 家月 53 巻 3 号 88 頁 …………… 401,408,413,416
仙台高決平成 12（2000）・6・22 家月 54 巻 5 号 125 頁 ………………… 86,326
東京高決平成 12（2000）・9・8 家月 53 巻 6 号 112 頁 ………………… 408,416
大阪高決平成 12（2000）・9・20 家月 53 巻 7 号 134 頁 ………………………… 324
東京高判平成 12（2000）・10・3 家月 54 巻 5 号 118 頁 ………………………… 613
東京高決平成 14（2002）・3・26 家月 54 巻 9 号 129 頁 ………………………… 377
仙台高秋田支決平成 15（2003）・2・6 家月 55 巻 12 号 60 頁 ………………… 450
仙台高決平成 15（2003）・2・27 家月 55 巻 10 号 78 頁 ………………………… 215
大阪高決平成 15（2003）・5・22 家月 56 巻 1 号 112 頁 ………………………… 386
福岡高決平成 15（2003）・6・25 判タ 1145 号 296 頁…………………………… 370
東京高判平成 15（2003）・6・26 判時 1855 号 109 頁……………… 382,473,625
東京高決平成 15（2003）・12・25 家月 56 巻 8 号 60 頁………………………… 242
東京高決平成 16（2004）・3・1 家月 56 巻 12 号 110 頁 ………………………… 164
東京高決平成 16（2004）・3・30 判時 1861 号 43 頁 …………………………… 342
東京高決平成 16（2004）・9・7 家月 57 巻 5 号 52 頁…………………………… 374
東京高決平成 17（2005）・11・24 家月 58 巻 11 号 40 頁 ……………………… 504
大阪高決平成 18（2006）・7・28 家月 59 巻 4 号 111 頁 ………………………… 192
東京高決平成 18（2006）・10・13 家月 59 巻 3 号 69 頁………………………… 638
広島高決平成 19（2007）・1・22 家月 59 巻 8 号 39 頁 ………………………… 226
大阪高決平成 19（2007）・6・7 判タ 1276 号 338 頁 …………………………… 393
東京高判平成 20（2008）・2・27 判タ 1278 号 272 頁…………………… 473,625
東京高決平成 20（2008）・7・4 家月 61 巻 7 号 53 頁…………………………… 393
東京高決平成 20（2008）・12・18 家月 61 巻 7 号 59 頁………………………… 233
東京高決平成 20（2008）・12・26 家月 61 巻 6 号 106 頁 ……………………… 382
東京高決平成 21（2009）・4・21 家月 62 巻 6 号 69 頁 ………………………… 70
東京高決平成 21（2009）・4・24 家月 61 巻 12 号 63 頁………………… 180,502
大阪高決平成 21（2009）・9・7 家月 62 巻 7 号 61 頁…………………………… 206

大阪高決平成 22（2010）・9・24 家月 63 巻 3 号 124 頁……………………………… 393
東京高決平成 23（2011）・3・23 家月 63 巻 12 号 92 頁…………………………… 392
東京高決平成 23（2011）・8・30 家月 64 巻 10 号 48 頁…………………………… 160
大阪高決平成 23（2011）・11・15 家月 65 巻 4 号 40 頁…………………………… 162
東京高決平成 24（2012）・1・12 家月 64 巻 8 号 60 頁 …………………………… 393
東京高決平成 24（2012）・6・6 判時 2152 号 44 頁………………………………… 392
東京高決平成 24（2012）・10・5 判タ 1383 号 327 頁……………………………… 233
東京高決平成 24（2012）・10・18 判時 2164 号 55 頁……………………………… 242
東京高決平成 25（2013）・7・3 家庭の法と裁判 1 号 117 頁……………………… 164
福岡高判平成 25（2013）・9・10 判時 2258 号 58 頁 ……………………………… 310
東京高決平成 26（2014）・3・13 判時 2232 号 26 頁 ……………………………… 394
福岡高決平成 26（2014）・6・30 家庭の法と裁判 1 号 88 頁……………………… 367
東京高決平成 26（2014）・11・26 家庭の法と裁判 3 号 67 頁 …………………… 375
仙台高決平成 26（2014）・11・28 家庭の法と裁判 5 号 112 頁………………… 182,503
大阪高決平成 28（2016）・2・1 判タ 1430 号 250 頁 ……………………………… 394

〈地方裁判所・家庭裁判所〉

京都地判昭和 29（1954）・4・13 下民集 5 巻 4 号 484 頁 ………………………… 513
鳥取地米子支判昭和 31（1956）・1・30 下民集 7 巻 1 号 171 頁 ………………… 609
東京家審昭和 31（1956）・3・17 家月 8 巻 4 号 51 頁……………………………… 519
函館家審昭和 32（1957）・4・16 家月 9 巻 4 号 63 頁……………………………… 546
横浜家（調）昭和 33（1958）・5・1 家月 10 巻 5 号 47 頁………………………… 519
千葉地判昭和 36（1961）・7・7 判タ 121 号 121 頁………………………………… 365
神戸地姫路支判昭和 37（1962）・3・23 判時 319 号 41 頁………………………… 608
浦和地判昭和 37（1962）・4・17 下民集 13 巻 4 号 754 頁………………………… 549
前橋家桐生支審昭和 37（1962）・10・16 家月 15 巻 1 号 148 頁 ………………… 212
札幌家審昭和 37（1962）・11・5 家月 15 巻 2 号 160 頁…………………………… 548
浦和家審昭和 38（1963）・3・15 家月 15 巻 7 号 118 頁…………………………… 113
熊本家山鹿支審昭和 39（1964）・8・20 家月 16 巻 12 号 55 頁…………………… 602
名古屋地決昭和 41（1966）・1・31 判時 436 号 52 頁……………………………… 594
東京家審昭和 41（1966）・2・23 家月 18 巻 9 号 93 頁 ………………………… 192,381
静岡家判昭和 41（1966）・5・4 家月 18 巻 12 号 54 頁 ………………………… 446,615
広島家審昭和 41（1966）・6・7 家月 19 巻 1 号 61 頁……………………………… 151
福岡家甘木支審昭和 41（1966）・11・8 家月 19 巻 7 号 67 頁 …………………… 210
福島家郡山支審昭和 43（1968）・2・26 家月 20 巻 8 号 84 頁 …………………… 164
静岡家浜松支審昭和 43（1968）・3・13 家月 20 巻 9 号 102 頁…………………… 161
東京家審昭和 43（1968）・5・7 家月 20 巻 10 号 93 頁…………………………… 635
宮崎家日南支審昭和 44（1969）・7・21 家月 22 巻 5 号 75 頁 …………………… 595
神戸家審昭和 44（1969）・9・19 家月 22 巻 6 号 71 頁 …………………………… 374
名古屋地判昭和 45（1970）・2・7 判タ 244 号 199 頁……………………………… 385
大津地判（中間）昭和 46（1971）・3・15 下民集 22 巻 3 ＝ 4 号 269 頁………………… 528

判例索引 697

東京家審昭和 46 （1971）・4・26 家月 24 巻 5 号 63 頁 ……………………… 181

福島家審昭和 46 （1971）・5・19 家月 24 巻 6 号 58 頁 ……………………… 670

札幌家審昭和 46 （1971）・11・8 家月 25 巻 9 号 98 頁 ……………………… 215

秋田家審昭和 46 （1971）・12・27 家月 25 巻 2 号 104 頁 …………………… 650

仙台家古川支審昭和 47 （1972）・3・23 家月 25 巻 4 号 76 頁 …………… 164

松江家審昭和 47 （1972）・7・24 家月 25 巻 6 号 153 頁…………………… 375

神戸家尼崎支審昭和 47 （1972）・12・15 家月 25 巻 8 号 82 頁………… 655

名古屋地判昭和 48 （1973）・2・19 家月 26 巻 7 号 68 頁 ………………… 487

福島家郡山支審昭和 48 （1973）・10・18 家月 26 巻 4 号 88 頁………… 648

東京家審昭和 48 （1973）・11・24 家月 26 巻 6 号 33 頁…………………… 162

神戸家審昭和 48 （1973）・11・27 家月 26 巻 8 号 63 頁…………………… 515

盛岡家審昭和 49 （1974）・1・10 家月 26 巻 8 号 89 頁…………………… 650

福岡家小倉支審昭和 49 （1974）・12・18 家月 27 巻 12 号 68 頁 ……… 199,590

神戸家審昭和 50 （1975）・9・13 家月 28 巻 10 号 96 頁………………… 647,654

東京家審（中間）昭和 51 （1976）・1・28 家月 28 巻 9 号 77 頁 ……… 352

大阪家岸和田支審昭和 51 （1976）・2・23 家月 28 巻 11 号 102 頁 …… 650

神戸家審昭和 51 （1976）・4・24 判時 822 号 17 頁……………………… 164

大阪家審昭和 51 （1976）・6・4 家月 29 巻 6 号 50 頁…………………… 181

札幌家審昭和 52 （1977）・1・17 判タ 357 号 321 頁 …………………… 614

旭川家審昭和 52 （1977）・2・17 家月 29 巻 11 号 100 頁 ……………… 215

岡山家審昭和 52 （1977）・9・13 家月 30 巻 6 号 135 頁 ………………… 548

東京家審昭和 53 （1978）・4・20 家月 31 巻 3 号 108 頁 ………………… 546

釧路家審昭和 53 （1978）・11・15 家月 31 巻 8 号 68 頁 ………………… 163

静岡家命昭和 54 （1979）・2・9 家月 31 巻 10 号 97 頁………………… 547

浦和家審昭和 55 （1980）・9・16 家月 33 巻 10 号 81 頁 ………………… 163

静岡家富士支審昭和 56 （1981）・2・21 判時 1023 号 111 頁………… 140,515

熊本家八代支審昭和 56 （1981）・8・7 家月 34 巻 11 号 51 頁 ………… 163,199

長崎家佐世保支審昭和 57 （1982）・8・10 家月 36 巻 1 号 150 頁…… 449,641

山形家審昭和 57 （1982）・12・27 家月 36 巻 5 号 109 頁 ……………… 446,615

浦和家川越支審昭和 58 （1983）・6・27 家月 36 巻 8 号 124 頁………… 638

長崎家佐世保支審昭和 59 （1984）・3・30 家月 37 巻 1 号 124 頁……… 214

京都家審昭和 59 （1984）・4・6 家月 37 巻 4 号 62 頁………………… 199,591

那覇家平良支審昭和 62 （1987）・4・30 家月 40 巻 12 号 51 頁………… 624

福岡地判平成 1 （1989）・10・4 判時 1341 号 122 頁 …………………… 382

東京家審平成 2 （1990）・3・6 家月 42 巻 9 号 51 頁 …………………… 367

岡山家審平成 2 （1990）・12・3 家月 43 巻 10 号 38 頁 ………………… 216

札幌家審平成 3 （1991）・2・4 家月 44 巻 2 号 137 頁…………………… 553,674

横浜家審平成 3 （1991）・5・14 家月 43 巻 10 号 48 頁 ………………… 661

大阪家岸和田支審平成 3 （1991）・6・20 家月 44 巻 11 号 89 頁 ……… 648

東京地判平成 4 （1992）・1・23 判時 1439 号 136 頁 …………………… 382

東京地判平成 4 (1992)・1・30 判時 1439 号 138 頁 ························ 396

札幌家審平成 4 (1992)・4・28 家月 45 巻 1 号 132 頁 ····················· 232

奈良家審平成 4 (1992)・12・16 家月 46 巻 4 号 56 頁 ···················· 635

山口家審平成 4 (1992)・12・16 家月 46 巻 4 号 60 頁 ···················· 367

盛岡家大船渡支審平成 5 (1993)・10・21 判タ 832 号 212 頁 ·············· 659

京都家審平成 6 (1994)・3・31 判時 1545 号 81 頁 ························· 396

札幌地決平成 6 (1994)・7・8 判タ 851 号 299 頁 ························· 393

新潟家佐渡支審平成 8 (1996)・1・17 家月 48 巻 8 号 98 頁 ··············· 614

東京家審平成 8 (1996)・3・28 家月 49 巻 7 号 80 頁 ····················· 393

東京家審平成 8 (1996)・6・20 家月 48 巻 11 号 85 頁 ···················· 308

横浜家審平成 8 (1996)・9・11 家月 49 巻 4 号 64 頁 ············ 261, 303, 306

東京地決平成 9 (1997)・8・28 判タ 971 号 256 頁 ························ 591

熊本家審平成 10 (1998)・3・11 家月 50 巻 9 号 134 頁 ··················· 303

大阪地判平成 10 (1998)・3・23 判タ 976 号 206 頁 ······················ 365

広島家審平成 11 (1999)・3・17 家月 51 巻 8 号 64 頁 ···················· 374

東京家審平成 11 (1999)・8・2 家月 52 巻 3 号 50 頁 ····················· 199

大阪地決平成 14 (2002)・3・12 判タ 1126 号 278 頁 ····················· 591

東京家審平成 15 (2003)・9・4 家月 56 巻 4 号 145 頁 ···················· 325

水戸家審平成 17 (2005)・2・8 家月 57 巻 9 号 44 頁 ····················· 246

大阪地判平成 17 (2005)・10・14 裁判所ウェブサイト (LEX/DB25410464) ··········67

福岡家小倉支審平成 18 (2006)・4・27 家月 59 巻 5 号 93 頁 ·············· 234

名古屋家審平成 18 (2006)・7・25 家月 59 巻 4 号 127 頁 ················· 231

横浜家川崎支審平成 19 (2007)・10・15 家月 60 巻 7 号 84 頁 ············· 206

津家審平成 20 (2008)・1・25 家月 62 巻 8 号 83 頁 ······················ 231

さいたま家審平成 20 (2008)・4・3 家月 60 巻 11 号 89 頁 ················ 233

東京地判平成 20 (2008)・7・11 裁判所ウェブサイト (LEX/DB25440329) ········· 384

岡山家津山支審平成 20 (2008)・9・18 家月 61 巻 7 号 69 頁 ·············· 393

横浜家審平成 21 (2009)・1・6 家月 62 巻 1 号 105 頁 ···················· 215

さいたま地判平成 21 (2009)・1・30 裁判所ウェブサイト (LEX/DB25440381) ········20

東京家審平成 21 (2009)・3・30 家月 61 巻 10 号 75 頁 ··················· 192

東京地八王子支決平成 21 (2009)・4・28 家月 61 巻 11 号 80 頁 ············ 393

東京地判平成 21 (2009)・6・19 判時 2058 号 75 頁 ······················ 310

福井家審平成 21 (2009)・10・7 家月 62 巻 4 号 105 頁 ··················· 652

和歌山家審平成 22 (2010)・7・20 家月 63 巻 3 号 120 頁 ················· 392

大阪地判平成 23 (2011)・8・25 判例地方自治 362 号 101 頁 ···············85

大阪地判平成 23 (2011)・12・27 判例地方自治 367 号 69 頁 ···············67

横浜地判平成 24 (2012)・10・30 判時 2172 号 62 頁 ······················85

東京地判平成 26 (2014)・12・25 判タ 1420 号 312 頁 ···················· 396

東京家審平成 27 (2015)・4・14 家庭の法と裁判 5 号 103 頁 ··············· 232

〈著者紹介〉

佐上善和（さがみ・よしかず）

1946年　奈良県生まれ
1969年　立命館大学法学部卒業
1973年　大阪市立大学大学院法学研究科博士課程退学
現　在　学校法人立命館常勤監事，立命館大学名誉教授・博士（法学）

〈著　書〉

『家事事件手続法Ⅱ〔別表第1の審判事件〕』（2014年 信山社）
『家事審判法』（2007年 信山社）
『民事救済手続法（第2版）』（2002年 法律文化社 共編著）
『成年後見事件の審理』（2000年 信山社）

家事事件手続法Ⅰ〔家事審判・家事調停〕

2017年（平成29年）12月25日　第1版第1刷発行

著　者　佐　上　善　和
発行者　今　井　　　貴
　　　　渡　辺　左　近
発行所　信山社出版株式会社
　　　　〒113-0033　東京都文京区本郷6-2-9-102
　　　　電　話　03（3818）1019
　　　　ＦＡＸ　03（3818）0344

Printed in Japan

Ⓒ佐上善和，2017．　印刷・製本／暁印刷・日進堂
ISBN978-4-7972-2697-3 C3332

佐上善和 著
『家事事件手続法Ⅱ　別表第1の審判事件』（既刊）

佐上善和 著
『家事事件手続法Ⅲ　別表第2の審判事件』（続刊）

中野貞一郎 著
『民事訴訟・執行法の世界』

中野貞一郎 著
『民事裁判小論集』

石川　明 著
『訴訟上の和解』

信 山 社

鈴木正裕 著
『近代民事訴訟法史・ドイツ』

鈴木正裕 著
『近代民事訴訟法史・オーストリア』

本間靖規 著
『手続保障論集』

高野耕一 著
『家事調停論（増補版）』

廣田尚久 著
『紛争解決学（新版増補）』

信山社

草野芳郎 著
『和解技術論 (第2版)』

レヴィン小林久子 著
『調停者ハンドブック 調停の理念と技法』

吉村徳重 著
『民事判決効の理論 上』 民事手続法研究1

吉村徳重 著
『民事判決効の理論 下』 民事手続法研究2

吉村徳重 著
『比較民事手続法』 民事手続法研究3

吉村徳重 著
『民事紛争処理手続』 民事手続法研究4

信 山 社